Das verborgene Wissen der Welt

wird herausgegeben von
Dr. Hans Christian Meiser.

Über die Autorin:

Helma Marx wurde 1940 in München geboren. Sie studierte Religionswissenschaft und beschäftigte sich intensiv mit den östlichen Kulturen. Als Journalistin und Autorin lebt sie in Uffing am Staffelsee.

Helma Marx
Das Buch der Mythen
aller Zeiten aller Völker

BASTEI LÜBBE TASCHENBUCH
Band 70165

1. Auflage: November 2000

Vollständige Taschenbuchausgabe

Bastei Lübbe Taschenbücher
ist ein Imprint der Verlagsgruppe Lübbe

© 1999 by Verlag Styria Graz Wien Köln und
Eugen Diederichs Verlag, München
Lizenzausgabe:
Verlagsgruppe Lübbe GmbH & Co. KG,
Bergisch Gladbach
Umschlaggestaltung: Wustmann & Ziegenfeuter,
Dortmund
Satz: Textverarbeitung Garbe, Köln
Druck und Verarbeitung: Ebner Ulm
Printed in Germany
ISBN 3-404-70165-8

Sie finden uns im Internet unter
http://www.luebbe.de

Der Preis dieses Bandes versteht sich einschließlich
der gesetzlichen Mehrwertsteuer.

Inhalt

Einleitung 7

1. Die Sumerer 9
2. Die Babylonier 25
3. Die Hurriter und Hethiter 35
4. Die Ägypter 38
5. Die Kanaanäer 56
6. Die Israeliten 67
7. Die Perser 74
8. Die Griechen 89
9. Die Römer 131
10. Hellenismus und Spätantike 152
11. Die Kelten 166
12. Die Germanen 188
13. Die Slawen 218
14. Die Balten 229
15. Die Ungarn 240
16. Die Finnen 248
17. Die Inder 262
18. Der Jainismus 332
19. Zentralindische Stämme 338
20. Der Buddhismus 344
21. Die Chinesen 366
22. Die Japaner 387
23. Die Südostasiaten 417
24. Die Sibirer 438
25. Die Eskimos 451
26. Die Tibeter 462
27. Die Afrikaner 474

28. Die Nordamerikaner	545
29. Die Mittelamerikaner	562
30. Die Südamerikaner	577
31. Die Ozeanier	616
32. Die Australier	631
33. Der Islam	637
34. Das Judentum	663
35. Heilige Erzählungen des Christentums	683
Anhang: Die Welt der Mythen	696
Abkürzungen und Quellenangaben	732
Literatur	733

Einleitung

Die *Mythen der Völker* und Kulturen finden heute wieder ein breites Interesse. Viele Zeitgenossen möchten wissen, wie frühere Menschengenerationen ihr Leben gedeutet und ihr Dasein gestaltet haben. Denn die Mythen sind »heilige Erzählungen«, in denen die Menschen ihre emotionalen Erfahrungen und ihre Lebenssituationen auf symbolische Weise darstellen.

Wir entdecken heute die innere Dynamik der Mythen wieder, sie haben viel mit unserem eigenen Erleben zu tun. Es ist wie mit »virtuellen Welten«, in denen sich immer reale Lebenswelten von Menschen spiegeln. Vermutlich entkommen wir dem Mythos gar nicht, aber wir haben die Wahl zwischen verschiedenen Formen der Symbolwelten; auch zwischen lebenentfaltenden und lebensfeindlichen Mythen.

Die völlige »Entzauberung der Welt« (Max Weber) hat nicht stattgefunden, eine »Entmythologisierung« (Rudolf Bultmann) ist gar nicht möglich. Denn es ist keineswegs ausgemacht, daß unsere Welt nur eine empirische Dimension hat. Diese Einsicht führt uns zu viel Respekt vor den Mythen, aber auch zu ihrer Faszination.

Gewiß, wir können Mythen auf unterschiedliche Weise deuten. Wir können fragen, welche Kulturform sich darin spiegelt, welche emotionalen Prozesse darin ausgedrückt werden, welche rationalen Lebensdeutungen enthalten sind, welche sozialen Strukturen erkennbar werden, wie das Verhältnis der beiden Geschlechter ist. Aber immer hat das empirische Leben noch eine andere Dimension und ein Geheimnis.

In diesem Buch werden die *Mythen aller großen Kulturen der Erde*, von denen wir ein Wissen haben, in einfacher Sprache nacherzählt. Die Anregung dazu kam von dem großen Sammelwerk »Die Mythen der Völker«, das Pierre Grimal 1954 herausgegeben hatte. Für jeden Mythos wird die Quelle angegeben.

Die Arbeit wurde in einem Team von Religionswissenschaftlern unter Anleitung von Prof. Anton Grabner-Haider (Graz) ausgeführt: Christa Hellstern, Helma Marx, Susanne Benendt, Christa Felicetti, Hans Walder. Im Anhang des Buches findet sich ein Beitrag über Formen der Mythosdeutung.

Möge das »Buch der Mythen« für viele Leser eine persönliche Hilfe und eine Anregung zur Lebensdeutung sein. Denn wir leben nun einmal nicht allein vom Verstand her, wir brauchen auch den symbolischen Ausdruck unserer Gefühle.

Helma Marx

1
Die Sumerer

Einleitung

Die Kultur von Sumer hat uns die älteste Schriftkultur der Erde hinterlassen. Es ist das Land zwischen den Flüssen Euphrat und Tigris am Persischen Golf. An den Ufern der beiden Flüsse wurden die frühesten Ackerbaukulturen entwickelt. So siedelten in diesem Land gleichzeitig Fischer und Jäger, dann niedere Bodenbauern, Hirtennomaden und höhere Bodenbauern. Es wurden Gerste und Hirse als Getreide gesät, und es wurden Obstbäume gepflanzt. Die archäologisch faßbaren Siedlungen reichen zurück bis ins 6. Jahrtausend v. Chr.

Ab ca. 3000 v. Chr. sind bereits erste Tempelbauten aus gebrannten Lehmziegeln in Resten erhalten. Es entstand eine frühe Stadtkultur mit vielen kleinen Stadtkönigreichen und den umliegenden Feldern und Viehweiden. Die größeren Königsstädte aus dieser Kultur sind: Uruk, Akkad, Eridu. Die sumerische Sprache zählt zu den agglutinierenden Sprachen. Sie ist weder der semitischen noch der indoeuropäischen Sprachenfamilie zuzuordnen.

1. Wie das Korn nach Sumer kam

In der Frühzeit aßen die Menschen Pflanzen und lebten vom Gras, wie die Schafe. Da ließ der Himmelsgott *An* an einem vorher bestimmten Tag die Göttin der Gerste vom Himmelsgefilde auf das Menschenland hinabsteigen. Sie brachte die Gerste. Danach stieg der Gott *Enlil* in der Gestalt eines Wildschafes auf die Berge hinauf und weidete. Er erhob seine Vorderfüße und blickte umher. Nun sah er im Süden das glitzernde Marschland der Flüsse. Und er sah im Norden die Berge mit Zedern bewachsen.

Nun wuchs auf den Feldern der Menschen die Gerste. Doch der Gott *Enlil* nahm die Gerste in den Tälern und brachte sie auch auf die Berge, so daß sie auch dort wachsen konnte. So brachten zwei Götter das Korn nach Sumer, und die Menschen hatten Nahrung in Überfluß.

(Hb RG I, 86f)

2. Der Himmelsbaum

Am Anfang war der große Baum, der die Welt der Götter mit der Welt der Menschen verband. Wie ein Opferpfahl ragte er aus der Erde in den Himmel hinein. Dieser »Baum des Urabgrunds« bedeckte alle Länder, alle Wälder und Felder. Er stand am Tor eines gewaltigen Tempels, der wie ein Schiffsmast weit in den Himmel hineinreichte. Deswegen heißt er auch der »große Mast« im Lande Sumer.

Der Tempel wurde so hoch gebaut, damit er in den Götterhimmel reiche. Er hatte die Form eines Stufenturms und hieß das »Band zwischen Himmel und Erde«. Damit waren die Götter mit den Menschen in Verbindung gekommen, sie hörten die Gebete der Menschen.

(MdV I, 88f)

3. Die großen Götter

Da war der Himmelsgott *An,* er herrschte über alle die anderen Götter. Dann war der Gott des Windes und des Sturmes *Enlil.* Er ließ die Stürme losbrechen und bannte sie wieder. Dann war die große Göttin *Ninhursag,* die Urmutter und Gebärerin aller anderen Götter. Und es war der Gott der Erde *Enki*, der über die Menschen und die Tiere zu bestimmen hatte.

Die große Göttin aber, die dem Himmel und der Erde das Leben gab, war *Nammu.* Sie lebte im Meer, aus dem alles Leben kam. Auch sie hieß die »Mutter der Götter«. Sie gebar den Gott *Enki*, der die Welt der Menschen leitete und regierte.

(MdV I, 88–90)

4. Der Himmel und die Erde

Da war der Himmel, das Land der Götter. Und da war die Erde, das Land der Menschen. Beide Länder waren aus dem Urmeer geworden, sie waren aus der Urmutter geboren. So waren sie Zwillinge und noch miteinander verbunden. Doch die Trennung begann, der Gott des Windes vollzog sie. Er blies nämlich den Sturmwind zwischen beide Zwillinge, so daß der Himmel nach oben stieg und die Erde nach unten gedrückt wurde.

Der Sturmgott war entschlossen, das zu tun, was nützlich schien. Seine Entschlüsse waren unerschütterlich, wie die eines Fürsten.

Danach ließ er die Samen der Gräser aus der Erde wachsen. Denn er hatte sich entschieden, den Himmel und die Erde zu trennen. Dann bestimmte er die Namen und das Schicksal der Menschen auf der Erde. Und er selbst wurde zum Fürsten und Beherrscher der Erde. Als die Trennung von Himmel und Erde abgeschlossen war, wurde er auch zum Fürsten und Beherrscher der Götter im Himmel.

(MdV I, 90–91)

5. Die Göttin der Unterwelt

Als der Himmel und die Erde getrennt waren, als die Erde weit vom Himmel entfernt war, da wurden auf der Erde die Menschen gesät. Wie Getreidesamen wurden sie auf die Erde gestreut, sie wuchsen und vermehrten sich.

Da war auch die Göttin der Unterwelt *Ereschkigal,* sie erhielt das Land der Toten als ihr Herrschaftsgebiet. Sie bestimmte über alle Verstorbenen. Am Ufer des Euphratflusses wuchs ein Baum, seine Früchte hießen »Menschenbrot«. Die Göttin der Unterwelt aber war die Herrin im »Land ohne Wiederkehr«. Die Seelen der Toten blieben bei ihr gefangen und lebten dort weiter.

(MdV I, 92f)

6. Das Land des Anfangs

Der Gott *Enki* und die »reine Jungfrau« waren am Anfang das einzige Paar. Sie schliefen friedlich im unberührten Land *Tilmun*. Außer ihnen war noch kein lebendiges Wesen da. Noch krächzte kein Rabe, noch sang kein Wildvogel. Der Löwe tötete noch nicht die anderen Tiere. Der Wolf raubte keine Schafe, der Windhund war noch nicht da.

Noch sprach kein krankes Auge: »Mir tut das Auge weh.« Und der kranke Kopf sagte noch nicht: »Mir tut der Kopf weh.« Die alte Frau sagte noch nicht: »Ich bin eine alte Frau.« Und der alte Mann klagte noch nicht: »Ich bin ein alter Mann.« Es gab noch kein Alter, keine Krankheit und keinen Tod.

(MdV I, 92f)

7. Der Anfang des Lebens

Nun forderte die »reine Jungfrau« den Gott *Enki* auf, er möge das Wasser erschaffen. Dann sprach der Gott *Enki*: »Es möge der Sonnengott an einem Tag das Wasser aus der Erde steigen lassen. Es möge das süße Wasser aus dem Mund der Erde emporsteigen.« Der Sonnengott gab dazu den Befehl, und das Wasser stieg aus der Erde empor.

Nun kann das Land *Tilmun* das Wasser in Fülle trinken. Aus einem Brunnen, in dem früher Salzwasser war, kommt nun Süßwasser. Nun beginnen die Äcker und die Felder zu gedeihen, das Korn wächst in Fülle. Die Menschen bauen sich eine Stadt. Und sie kaufen und verkaufen dort das Korn, das sie ernten.

(MdV I, 93)

8. Die Hochzeit der Götter

Der Gott *Enki* lebte bei der Göttin *Nintus*, der »Herrin des Landes«. Da ergoß er seinen männlichen Samen in das sumpfige

Land und machte es fruchtbar. Danach vereinigte er sich mit der Göttin und goß seinen Samen in ihren Schoß.

Bei dieser sexuellen Paarung erhielt sie ihren Namen. Sie gebar ein Kind, eine göttliche Tochter *Ninmu*. Bei der Geburt erhielt die Göttin wieder einen neuen Namen, nämlich *Ninhursag*. So erhielten auch die Frauen der Menschen nach der Zeugung und nach der Geburt neue Namen.

Der Gott *Enki* paarte sich auch mit seiner Tochter. Sie gebar ihm wieder eine göttliche Tochter, die Göttin *Uttu*. Die göttliche Großmutter riet ihrer göttlichen Enkelin, die Hochzeitsgeschenke des Gottes *Enki* anzunehmen. Es waren dies Gurken, Äpfel und Trauben; alles, was im Land Sumer wuchs.

Danach paarten sich der Gott *Enki* und seine Enkelin *Uttu*, sie feierten Hochzeit. Doch die Göttin *Ninhursag* nahm einen Teil des männlichen Samens des Gottes *Enki* beiseite und erschuf daraus die verschiedenen Pflanzen. Diese gedeihen im Sumpfland der Flüsse prächtig, und der Gott *Enki* kann reichlich davon essen.

(MdV I, 92–94)

9. Der Fluch der Göttin

Doch die Göttin *Ninhursag* sprach einen Fluch aus über den Gott *Enki*. Danach verschwand sie aus der Versammlung der Götter, der *Anunnaki*. Die Götter waren verwirrt und bestürzt. Doch da trat der Fuchs auf und versprach, die Göttin *Ninhursag* wiederzufinden. Doch wollte er dafür eine Belohnung.

Da versprach ihm der Gott *Enlil*: »Wenn du die Göttin *Ninhursag* wieder in die Versammlung zurückbringst, dann will ich in meiner Stadt Nippur Kornfelder und Fruchtbäume pflanzen und sie dir übergeben. Und alle werden dort deinen Namen preisen.« Nun suchte der Fuchs die Göttin, er fand sie und kehrte mit ihr in die Versammlung der Götter zurück.

(MdV I, 92–94)

10. Bestimmung des Schicksals

Als der Gott *Enki* wegen des Fluches der Göttin krank wurde und im Sterben lag, da eilte die Göttin noch einmal zu ihm, und sie sprach zu ihm: »Bruder, wo hast du Schmerzen?« *Enki* nannte die acht Teile seines Körpers, die ihm Schmerzen verursachten: der Kopf, das Auge, das Herz, das Ohr, der Hals, die Brust, der Bauch, die Füße.

Da sagte die Göttin: »Ich habe mehrere Götter geboren, die können dich heilen.«

Dann bestimmte der Gott *Enki* das Schicksal der jungen Götter. Der Gott *Enschag* wurde zum Schutzgott über das Land *Tilmun* bestimmt. (MdV I, 92–94)

11. Die große Flut

Es war die Muttergöttin *Ninhursag*, die zusammen mit drei männlichen Göttern, nämlich mit *An*, mit *Enki* und mit *Enlil*, die Menschen erschuf. Diese hießen die »Schwarzköpfe«.

Dann ließen die Götter die Gräser und Kräuter aus der Erde wachsen. Und schließlich erschufen sie die Tiere, die Vierfüßer der Städte. Danach setzten sie bei den Menschen das Königtum ein. Sie brachten die Hoheitszeichen der Könige vom Götterhimmel auf die Menschenerde hinab. Dann gründeten die Götter die fünf Königsstädte, nämlich Eridu, Badtibira, Larak, Sippar und Schuruppak.

Doch dann beschlossen die Götter in ihrer Versammlung, die Menschen wieder zu vernichten. (Der Text hat hier eine Lücke, deswegen erfahren wir nicht den Grund für diesen Götterbeschluß.) Aber einer der Götter teilte dem Menschenkönig von Schuruppak diesen Götterbeschluß mit.

Der König der Stadt, *Ziusudra*, baute für seine Sippe ein großes Schiff aus Holz. Dann ging er mit seiner Sippe auf das Schiff und lebte dort sieben Tage und sieben Nächte lang, während eine große Flut die Erde zerstörte. So bewahrte er den

»Samen der Menschheit«. Nach der großen Flut teilten die Götter dem König das Land Tilmun zu. Das Land liegt im Osten, wo die Sonne aufgeht. Nun hat der König sogar einen Anteil am Leben der Götter. (MdV I, 96f)

12. Die Aufgabe der Menschen

Es gab am Anfang eine Zeit, wo die Götter (*Anunnaki*) sich weder satt essen, noch satt trinken konnten. Denn es waren noch nicht ihre Diener, die Menschen, geschaffen. Am Anfang hatte der Gott *An* die anderen Götter auf dem Himmelsgebirge und auf den Erdenbergen erschaffen. Aber es waren noch keine arbeitenden Wesen da. Denn es geziemte sich nicht für Götter, mit den Händen zu arbeiten.

So war der Name der Getreidegöttin (*Aschnan*) noch nicht geboren und gebildet. Auch die Göttin der Webkunst (*Uttu*) war noch nicht gebildet. Es gab noch keine Ziegen und Schafe, weil die Namen der Schutzgötter für das Vieh noch nicht bekannt waren. Es gab auch noch kein Getreide. So kannten die Götter noch nicht das Brot, um sich von ihm zu ernähren. Sie hatten auch noch keine Kleider, um sich zu bekleiden. So aßen sie die wilden Gräser mit dem Mund, so wie es die Schafe tun. Und sie tranken das Wasser aus den Gräben.

Da erschufen die Götter den Schutzgott des Weizens und den Gott des gezähmten Viehs. Nun begann auf der Erde der Weizen zu wachsen, und die Wildtiere wurden zahm. Doch niemand konnte die Felder bearbeiten und das Vieh auf die Weiden treiben. Dafür erschufen die Götter nun die Menschen, und sie gaben ihnen den Lebensatem. Die Menschen mußten nun die Felder bearbeiten und die Viehherden weiden.

Nun war die Welt geordnet.

Die Menschen müssen den Acker bearbeiten und den Göttern dienen. Nun können die Götter ein sorgloses und glückliches Leben führen, denn sie haben die Menschen als ihre Arbeitssklaven. Seither ist es die Aufgabe der Menschen, den Göttern durch Arbeit zu dienen. (MdV I, 97–98)

13. Die Kämpfe der Götter

Der Held *Ninurta* zog in den Kampf, seine Gestalt reichte von der Erde bis zum Himmel. Das Wurfholz und die Schleuder machte er bereit für den Kampf. Da stand die Sonne still, und der Mond zog in die Unterwelt, der Tag wurde schwarz wie Pech. Da trat der Dämon *Asag* in den Kampf, wie ein Drache mit gesenktem Kopf, wie ein wilder Hund. So stürzte er sich auf *Ninurta*, den Sohn des Gottes *Enlil*.

Wild schrie der Drache am Tag der Verdammnis. Mit seinem Schwanz fegte er die Kornfelder leer, er trocknete die Brunnen aus, spritzte Gift über die Äcker und überzog den Himmel mit Blut. Seine Pfeile schleuderte er gegen die Menschen, und er trieb die Völker auseinander. Die Bäume verbrannten im Feuer, nur die Asche blieb zurück.

Als er den Himmel erschütterte, erschrak der Gott *Enlil*, und die Götter flohen mit erhobenen Armen. Wie Tauben jammerten sie vor Schmerz. *Enlil* rief zu seiner Frau: »Mein Weib, was kann ich tun? Meinem Sohn *Ninurta*, schön an Gestalt, gelingt nicht der Sieg über den Drachen.« (Hb RG I, 447–448)

14. Die Erschaffung der Flüsse

Als der Wassergott *Enki* die beiden lebenspendenden Flüsse schuf, nämlich den Euphrat und den Tigris, da erhob er seine Manneskraft und ergoß seinen Samen. Den Fluß Tigris erfüllte er mit leuchtendem Wasser. Darauf erhob der Fluß Tigris seine Manneskraft und brachte die Hochzeitsgabe hervor. Wie ein Jungstier vergoß er seinen Samen und ließ die Wasser steigen. Dann brachte er die Gerste hervor, von der nun die Menschen leben. (Hb RG I, 448–449)

15. Die Urstadt der Götter

Es gab die Urstadt der Götter *Uru ulla*, in ihr wohnten Väter und Mütter. Aus ihnen wurde der Erdgott *Enlil* geboren. Die Götter wohnten auf dem heiligen Hügel und herrschten über der Erde, über die Luft, über die Blütenknospen, über die Berge und den Horizont. Sie versammelten sich zum Rat und befolgten alle kultischen Normen.

Doch einige Götter sündigten durch Hochmut und Stolz, sie machten ihren Kopf dick. Zur Strafe wurden sie in die Unterwelt verstoßen, wo sie die sieben Tore bewachen. Da wurde ein Gott getötet, als er Opfer darbrachte. Aus seinem Fleisch und Blut wurden die Menschen gemacht.

(Hb RG I, 452)

16. Das Schlangenschiff

An jenem Tag, als die Blütenknospen entstanden, als das Korn gesät wurde, als das Feuer gemacht wurde, als sich der Himmel von der Erde entfernte, als der Same der Menschheit gesät wurde, da bestieg der Ozeangott *Enki* das große Schlangenschiff. Er fuhr aus eigener Kraft und eroberte den Ozean. Er verschlang alle seine Feinde im Wasser.

Da wuchs ein eigenartiger Baum am Ufer des Flusses Euphrat. An seinem Fuß hatte ein Drache sein Nest errichtet, in seiner Krone nistete der Vogel des Sturmes. Im Stamm wohnte der Drache *Lilith*. In der Krone des Baumes wohnen auch der Sonnengott und der Himmelsdrache.

(Hb RG I, 453–454)

17. Die Hochzeit von Erde und Himmel

An jenem Tag hatte es auf der Erde noch nicht geregnet. Da waren die Götter *Enki* und *Ninki* noch nicht, die Blumen waren nicht. Der Tag war dunkel, der Neumond war noch nicht am Himmel. Da riefen sich Himmel und Erde zu. Der Sturm machte sich mächtig, Blitze fuhren zur Erde. Der Himmel redete mit der Erde. Diese schmückte sich mit edlen Steinen, mit Karneol und Meteorit. Und der Himmel bekleidete sich mit blühenden Blumen. So erwartete die unberührte Erde den blühenden Himmel zur Hochzeit.

Der Himmel kniete sich auf die Erde und paarte sich mit ihr. Sie wurde schwanger. Er legte in sie den Samen für die Helden, für die Bäume, für das Schilfrohr. Wie eine Kuh es tut, so hegte die Erde den Samen des Himmels in ihrem Schoß. Voll Freude bereitete sie sich auf die Geburt des Lebens vor.

Voll Glück trug sie ihre Fruchtbarkeit. Sie schwitzte Wein und Honig. Als sie den Baum und das Schilfrohr geboren hatte, steckten diese die Köpfe zusammen und berührten sich mit leuchtenden Zweigen. Beide waren aus dem Nebel geworden, gezeugt von den Wolken des Himmels. (Hb RG I, 456–457)

18. Geschenke des Himmels

Vom Himmel kommen der Sturm und das Feuer, sie sind seine Kinder. Auch das Königtum wurde vom Himmel auf die Erde herabgelassen. Auch die Tempel kommen vom Himmel auf die Erde. Sie sind die Orte, an denen der Same keimt. Die Steinblöcke kommen aus dem Himmel. Die Tempel der Urzeit hießen Hausberg, Urwohnung, Himmelsband, heiliger Hügel, Berg von Himmel und Erde, tiefer Ozean. (Hb RG I, 458–459)

19. Die sieben Dämonen

Auch die bösen Dämonen sind Kinder des Himmelsgottes. Sie wurden vom Himmel gezeugt und von der Erde geboren. Sie rufen Krankheit hervor und kriechen wie Schlangen. Sieben ist ihre Zahl. Aus der Tiefe des Ozeans stiegen sie auf, aus der Unterwelt kamen sie. Sie sind nicht Mann und nicht Frau, sie zeugen nicht und gebären nicht.

Wie ein Hauch sind sie, der umherwirbelt. Auf Gebete und
Flehen hören sie nicht. Wie Maultiere aus den Bergen sind sie,
wie die Thronträger der Götter. Sie belagern die Wege und
bringen die Menschen in Verwirrung.

»Sie sollen gebannt sein, beim Leben des Himmels und der
Erde!« (Hb RG I, 460–461)

20. Die große Weltordnung

Das Wort des Gottes *Enki* näherte sich dem Himmel, dieser ließ
daraufhin fruchtbaren Regen fallen. Sein Wort näherte sich der
Erde, und es kam aus ihr die Wasserflut. Das göttliche Wort
näherte sich den Feldern, und das Korn wuchs reichlich.

Der Gott *Enki* hat den Weltenbaum geschmückt, darinnen
wohnt die Sonne. Dann bestimmte er das Schicksal im Lande
Sumer. Dieses Land ist kunstvoll geordnet, niemand kann es
ganz durchschauen.

Aus dem Verstand des Gottes sind die anderen Götter geworden. Niemand kann ihn begreifen. Er segnete die Städte
Nibru und *Ur*. Dann vermählte er sich mit dem Fluß Euphrat
und ließ seine Wasser steigen. Er setzte Aufseher über die
künstlichen Bewässerungsgräben im Land ein. Der Sonnengott
wurde zum Wächter über die Gerechtigkeit bestellt.

(Hb RG I, 469)

21. Der Schöpfergott Enki

Der Gott *Enki* paarte sich mit der großen Muttergöttin. Sie wurde schwanger und gebar eine Tochter. Danach schwängerte der
Gott die Tochter, später auch deren Tochter. Dieser gelang es
beim Liebesspiel, den Samen des Gottes, der sich mit Weinlaub
und Gurken geschmückt hatte, in die Hände zu bekommen.

Sie verstreute diesen Samen auf die Erde. Aus ihm wuchsen
die verschiedenen Pflanzen und Gräser. Als der Gott von die-

sen Kräutern aß, wurde er krank, denn er hatte ein Tabu verletzt.

Da kam die Muttergöttin und Geburtshelferin zu ihm. Sie nahm ihn zwischen ihre Beine und führte ihn zu ihrem weiblichen Schoß. Nun wurde aus dem Scheitel des liegenden Gottes der Pflanzengott geboren, dann alle Pflanzen. Und aus den Gliedern des Gottes wurden die anderen Götter geboren.

(Hb RG I, 470f)

22. Der große Heiler

Der Heiler *Asalluhi* wanderte über die Steppe und entdeckte den Lebensbaum der Menschen (*Ural*). Da traf er einen alten Mann, der wurde von einem Stein in seinem Körper geplagt. Der Heiler nahm die Blätter vom Lebensbaum und deckte den kranken Mann damit zu. Dann gab er ihm Wasser aus dem Fluß der Unterwelt und etwas Mehl in den Mund.

Am Abend des neunten Tages schüttelte er den Körper des kranken Mannes. Er sprach die Beschwörungsformel und riß ihm den Stein aus dem Leib, der ihn gequält hatte. So wurde der alte Mann wieder gesund.

(Hb RG I, 470–471)

23. Das Freudenmädchen des Himmels

Inanna heißt die »Königin des Himmels«. Sie liebt alle männlichen Götter und paart sich mit ihnen. Sie kann Männer in Frauen verwandeln und Frauen in Männer. Als schöne und sinnliche Frau steht sie auf den Marktplätzen, wo die käufliche Liebe angeboten wird.

Vor den Herbergen holt sie sich ihre Liebhaber. Wo sie sich hinsetzt, wächst ein blühender Garten, gefüllt mit Granatäpfeln. Wenn sie sich zum Liebesspiel hinlegt, erstrahlen ihre Augen in Glanz und Freude.

(Hb RG I, 476)

24. Die Fahrt in die Unterwelt

Inanna fuhr in die Unterwelt, dort herrschte die Göttin *Ereschkigal.* Nun hörte auf der Erde das sexuelle Verlangen der Tiere und der Menschen auf. Mit ihrem »Blick des Todes« tötete die Göttin der Unterwelt die Göttin *Inanna.*

Doch nun kamen zwei Schamanen, sie gossen das lebenspendende Wasser des Gottes *Enki* über die tote *Inanna.* Nun erwachte diese wieder zum Leben, sie kehrte auf die Erde zurück. Dann stieg sie zum Himmel auf. Doch sie mußte einen Ersatz für die Unterwelt finden.

Sie wählte den Gott *Dumuzi,* der als einziger der Götter den Tod der Göttin nicht betrauert hatte. Mit bösen Dämonen verfolgte sie den Gott und seine Schwester, die ihn verstecken wollte. Doch die Dämonen töten den Gott und seine Schwester.

Beide müssen nun in die Unterwelt. Dort werden sie zum Richter und zur Schreiberin bestellt. Aber sie können regelmäßig für kurze Zeit in den Götterhimmel zurückkehren. Die Menschen sehen die Bilder dieser Götter auch in den Sternen.

(Hb RG I, 480–482)

25. Die heilige Hochzeit

Die Priesterin der Göttin *Inanna* begrüßt feierlich geschmückt den König, den sie zur Heiligen Hochzeit erwartet. Sie singt ihr festliches Lied: »Für den König, den großen Priester, habe ich mich gebadet. Für den Hirten und Sohn des Landes Sumer. Mit einem Kranz habe ich mich geschmückt, mit Duftstoffen habe ich mein Gesicht gesalbt.«

»Mit einem Stück Kohle habe ich meine Augen geschmückt. Wenn der Priester in das reine Bett *Inannas* kommt, wenn ich meine Arme um seine Hüften lege, und wenn er sagen wird: Ich will ihren Schoß öffnen … Wenn er seine Hand in meinen Schoß legt. Dann will ich ihn liebkosen und ihm ein gutes Schicksal bestimmen.«

So wiederholen der König und die Priesterin das Geschehen der Urzeit, die Hochzeit zwischen Himmel und Erde. Sie tun dies jedes Jahr, in jeder Stadt des Landes. Damit beginnt ein neues Fruchtjahr, und die Kornfelder beginnen zu wachsen.

(Hb RG I, 484–485)

26. Der Staat der Götter

Die Götter leben im Himmel, ähnlich wie die Menschen auf der Erde leben. Sie haben ihre Ratsversammlung und einen Leiter des Rates. Sie haben ihren Hofstaat, bestehend aus dem Mundschenk, dem Bäcker, den Musikern, den Wächtern, den Läufern. Und sie feiern große Feste und spielen kultische Spiele.

Es gibt Streitgespräche der Götter, den Wettkampf der Worte. Doch führen sie auch Wettkämpfe mit den Kriegswaffen aus. Die Götter leben wie die Menschen, nur sind sie größer und stärker als diese. (Hb RG I, 487)

27. Die Erschaffung der Menschen I

Als das Schicksal für alles Lebendige festgelegt war, da wuchsen die Pflanzen und die Menschen aus der Erde. Sie wuchsen im Fruchtjahr des Himmelsgottes, sie brachen aus der Erdrinde hervor.

Der Gott *Enki* formte den ersten Menschen aus Lehm und legte ihn in eine Ziegelform. Dann durchbohrte der Mensch die Erde und wuchs aus der Ziegelform. So war der Same der Menschen in die Erde gelegt worden. (Hb RG I, 488)

28. Erschaffung der Menschen II

Am Anfang mußten sich die Götter ihr Brot selber verdienen. Sie mußten die Erde und die Felder bearbeiten. Da lag der Gott

Enki in der Meerestiefe und schlief. Die Götter weinten und klagten wegen ihrer harten Arbeit. Aber niemand wagte die Ruhe des Gottes im Meer zu stören.

Doch die große Göttermutter, die viele Götterkinder geboren hatte, brachte die Klage der Götter zu ihrem Sohn. Sie sprach: »Mein Sohn, du schläfst? Aber den Göttern, die du geschaffen hast, geht es schlecht. Sie müssen harte Arbeit leisten. Erschaffe doch andere Wesen, die diese harte Arbeit tun. Dann können die Götter die schweren Tragkörbe wegwerfen.«

Da wachte der Gott auf und befahl seiner Mutter, die neuen Wesen zu formen und zu gebären. Sie mußte mit anderen Göttern zusammen Lehm nehmen und diesen kneten und ihm eine Form geben. Dann mußte sie die neuen Wesen gebären, die Göttinnen leisteten ihr dabei die Geburtshilfe. So wurden die Menschen aus dem Schoß der Erdmutter geboren.

Sie müssen nun die harte Arbeit für die Götter übernehmen, die Götter müssen nicht mehr mit ihren Händen arbeiten. Doch in den Menschen ist ein göttlicher Same, deswegen werden sie alt und leben lange. Sie sollen ihren Verstand pflegen und nutzen.

(Hb RG I, 488–489)

29. Götter und Menschen

Die Götter lenkten das weite Land Sumer, sie geboten über die Lebenskraft im Land. Die Menschen verrichteten für sie die Arbeit und erhielten dafür einen Lohn. So lebten die Götter und die Menschen in enger Gemeinschaft zusammen. Bei den Festen und bei der Heiligen Hochzeit wurden die Götter von Priestern und Priesterinnen vertreten. Diese trugen weiße Kleider aus Leinen.

Die Götter nahmen an den Kultmählern der Menschen teil. Sie sorgten für Gerechtigkeit im ganzen Land. So taten die Reichen den Waisen und den Witwen kein Unrecht. Wenn in einem Haus kein Sohn geboren wurde, trat die Tochter das Erbe des Hauses an.

An den großen Festzeiten wurden im ganzen Land die Schulden aufgehoben, die Sklaven wurden freigelassen. Die niederen Götter waren Vasallen der höheren Götter, so wie es bei den Menschen die Ordnung war. Die Könige der Menschen gingen nach ihrem Tod in den Himmel der Götter ein.

(Hb RG I, 490–491)

30. Gebet zum Schutzgott

Jeder Mensch hatte seinen Schutzgott, der ihn hörte und ihn wie ein Hirte durchs Leben begleitete. Ein junger Beter sprach zu ihm:

»Mein guter Hirt wird böse auf mich, ich habe wenig Einsicht.

Viele Lügner bedrängen mich, viel Feinde bereiten mir Schmerz.

Mein bester Freund spricht böse zu mir.

Mein Gott, ziehst du sie nicht zur Verantwortung?

Sie überschütten mich mit Zorn. Sie haben mir die Kleider genommen.

Hunger und Schmerz sind mein Los. Für mich ist es Nacht geworden.

Schreie der Verzweiflung strömen aus mir.

Wie lange noch willst du dich nicht um mich sorgen?

Nie hat eine Mutter ein Kind ohne Sünde geboren.

– Doch mein Gott hat mein Gebet erhört, er hat mein Elend beendet.

Wer ist so groß, daß er den Himmel erreichen kann?«

(Hb RG I, 495–496)

2
Die Babylonier

Einleitung

Um 2000 v. Chr. wandern semitische Stämme in das Land zwischen Euphrat und Tigris ein, die Babylonier und die Assyrer. Sie siedeln zusammen mit den Sumerern und vermischen sich mit deren Kultur. Die sumerische Sprache wird noch lange Zeit im Kult verwendet, die Mythen werden weiterentwickelt. Wir haben von den heiligen Erzählungen schriftliche Zeugnisse in Fragmenten vorliegen.

Die semitischen Könige von Isin und Larem machen der Herrschaft der Sumerer ein Ende. Die Stadt Babylon wird ein neues Kult- und Herrschaftszentrum, der Gott Marduk wird dort als oberster Schutzgott verehrt. Der berühmteste König ist Hammurapi im 18. Jh. v. Chr., der in seinem Reich allgemeine Gesetze aufstellte, um die Schwachen vor den Stärkeren zu schützen. Weitere Kultorte sind Nippur für den Gott Enlil, Ur für den Gott Sin, Uruk für den Gott Anuk.

Überliefert sind das große Lied von der Weltschöpfung »Enuma Elisch« und ein Epos des Helden Gilgamesch, der um 2000 v. Chr. König von Uruk war. Viele Texte sind uns auf Keilschrifttafeln erhalten geblieben. Es ist eine Kultur von Ackerbauern und von Viehzüchtern, die mehrere Stadtkönigreiche bilden. Die großen Rituale der Fruchtbarkeit werden jedes Jahr vom König und der obersten Priesterin in der Form der »Heiligen Hochzeit« gefeiert, in allen Städten des Reiches. Die Menschen erkennen, daß der Tod ihr Schicksal ist und daß sie nicht ewig leben können.

1. Mythos des Königs Hammurapi

»Als der Gott *Anum* und der Gott *Enlil* dem Gott *Marduk* die Herrschaft über das ganze Land bestimmten, als sie die Stadt

Babylon zur Stadt des Königs machten, als sie dort ein ewiges Königtum errichteten, da ernannten *Anum* und *Enlil* mich *Hammurapi* zum König. Ich sollte es auf mich nehmen, das Wohlergehen des Volkes zu fördern.

Ich sollte das Land durch Gerechtigkeit leiten, damit die bösen Menschen zerstört werden, damit die Stärkeren über die Schwächeren keinen Vorteil haben. Ich sollte wie die Sonne über dem Volk leuchten, ich sollte sein Licht sein.«

(Hb RG I, 498)

2. Die Geburt der Götter I

Als oben der Himmel noch nicht mit dem Namen benannt war, als es noch keinen festen Grund gab, da waren nur das Süßwasser (*Apzu*) und das Salzwasser (*Tiamat*). Es gab noch kein Marschland, keine Inseln und keine anderen Götter. Da paarten sich *Apzu* und *Tiamat*.

Danach gebar die Urmutter des Meeres (*Tiamat*) ein Götterpaar, *Lakmu* und *Lakamu*. Beide wurden erwachsen und paarten sich. Ihre beiden Kinder waren *Anschar* und *Kischar*. Von diesen beiden stammt der Gott *Anum*, er wurde nach dem »Bild« seines Vaters geschaffen.

Sein Sohn ist der Gott *Enki*, gewaltig an Kraft, rastlos und voller Pläne. Er bringt Unruhe und Streit in die Welt der Götter. Sein Aussehen ist wie das eines Menschen.

(Hb RG I, 508–510)

3. Der Rat der Götter

Die älteren Götter der Natur waren schon an die Ruhe gewöhnt. Doch die jüngeren Götter des Krieges schlossen sich zusammen und waren kämpferisch unterwegs. Sie störten die Ruhe der Meeresgöttin *Tiamat*, denn sie tanzten bei den Festungen des Himmels. Da rief der Süßwassergott *Apzu* seinen Diener.

Gemeinsam gingen sie zur Meeresgöttin und hielten Rat, was zu tun sei.

Apzu versprach, dem Treiben der jungen Götter ein Ende zu bereiten, damit die alten Götter der Natur wieder ihre Ruhe haben. Doch die Göttermutter plädierte für Geduld mit den jungen und kriegerischen Göttern.

Doch *Apzu* wollte seinen Plan ausführen, er wurde aber den jungen Göttern verraten. Diese waren erschrocken. Doch dann trat der Gott *Enki* mit klugem Verstand auf. Er ersann einen Gegenplan. Er versetzte den Gott *Apzu* durch eine magische Beschwörung in einen tiefen Schlaf.

Nun nahm der Gott *Enki* dem Gott *Apzu* alle Zeichen der Hoheit, die Krone und den Strahlenkranz. Danach tötete er ihn. Seinen Diener fesselte er und führte ihn mit einem Nasenring vor die jungen Götter. So hatte er seinen Gegner durch die Macht des Zaubers besiegt. (Hb RG I, 510–512)

4. Geburt des Kriegsgottes Marduk

Nun hatte der Gott *Enki* auf dem Körper des toten Flußgottes *Apzu* seine Wohnung errichtet. Dort paarte er sich mit seiner Gattin. Danach gebar sie den Sohn *Marduk*. Sein Name bedeutet »Kalb des Sonnengottes«. Er wurde nun zum weisesten unter allen Göttern.

Denn er hatte zwei Augenpaare und zwei Gesichter, er wurde von edler Milch ernährt. Unruhig wogte die Meeresgöttin *Tiamat* bei Tag und bei Nacht. Sie hatte sich nun den Drachen *Kingu* zum Gemahl genommen. Gemeinsam planten sie die Vernichtung der jungen Götter. (Hb RG I, 513–514)

5. Der Rat der Götter II

Die jungen Götter haben von den Vernichtungsplänen der Göttin *Tiamat* und des Drachen *Kingu* gehört. Wieder begannen sie den Kampf gegen die beiden mit magischer Beschwörung. Doch diesmal hatten sie keinen Erfolg. Da wählten sie den Gott *Marduk* zu ihrem Anführer im Kampf gegen den Meeresdrachen.

Marduk stellte die Bedingung, sie müßten ihn als obersten Herrn der Götter anerkennen, wenn er den Kampf gewinnt. Dann bestimmte er das Schicksal des Krieges. Die jungen Götter setzten sich zu Tisch, sie aßen und tranken Wein, sie sangen magische Lieder. Dann nahmen sie die Bedingung des Gottes *Marduk* an. (Hb RG I, 514f)

6. Die Einsetzung des Königtums

Nun stellten die jungen Götter in ihrer Versammlung einen Königsthron auf. Der Gott *Marduk* bestieg den Thron. Sie versprachen ihm Gehorsam, seine Befehle sollten ewig gelten. Sein Wort darf nicht erschüttert werden, sie schenkten ihm das Königtum.

Nun hat *Marduk* die Macht über alle Götter und Menschen, sein Wort allein soll alles entscheiden. Die Götter baten um Kriegsglück für ihren neuen König, um den Sieg über seine Feinde. (Hb RG I, 516)

7. Der Kampf der Götter

Der junge Götterkönig *Marduk* rüstete sich nun zum Kampf. Mit einem Streitwagen fuhr er der Meeresgöttin *Tiamat* und dem Meeresdrachen *Kingu* entgegen. Der Anführer der Drachen verlor den Zweikampf und wurde besiegt. Nun kämpfte *Marduk* gegen die Meeresgöttin.

Er sandte die vier Winde, um ihren Rachen zu öffnen. Der Körper der Göttin blähte sich auf. Dann schoß er den tödlichen Pfeil gegen sie ab, der ihr Herz durchbohrte. Sie starb, und der Anführer der Meeresdrachen wurde gefangen. (Hb RG I, 517)

8. Die Erschaffung der Welt

Die jungen Kriegsgötter haben den Sieg davongetragen, nun beginnt eine neue Weltordnung. Der Sieger erschafft aus dem Leichnam der toten Meeresgöttin eine neue Welt. Er spaltet den toten Körper in zwei Teile und formt daraus den Himmel und die Erde.

Am Himmelszelt befestigt er die Sonne, den Mond und die Sterne als Leuchten. Die Erde bewässert er durch die Flüsse Euphrat und Tigris. Den Göttern teilt er neu ihre Rollen und Aufgaben zu.

In der Stadt Babylon ließ der Gott *Marduk* den Saal für die göttliche Versammlung einrichten. Dann beschloß er, für die Götter Arbeitssklaven zu erschaffen. So schuf er die Menschen, er nannte sie *Lullu*. Die Götter sollten ab jetzt keine Arbeit mehr tun.

Dann ließ er den Meeresdrachen *Kingu* in einem Ritual töten. Aus seinem Blut sollten die Menschen erschaffen werden. Der Gott *Enki* führte mit großer Kenntnis das magische Tötungsritual aus. So wurden die Menschen erschaffen. Sie sollten die Tempel der Götter beaufsichtigen und ihnen viele Opfer darbringen.

Sie sind fortan die Arbeitssklaven für die Götter. Böse Dämonen bedrohen die Menschen mit Krankheit und Leiden, doch die Götter können ihnen dabei helfen. Durch Riten und Opfer in den Tempeln können die Menschen die Hilfe der Götter erzwingen. (Hb RG I, 516–518)

9. Das große Ritual

Jedes Jahr zum Neujahrsfest im Monat Nisan soll das große Siegeslied für den Gott *Marduk* von den Priestern gesungen werden. Das Fest dauert eine Woche und richtet sich nach dem Mondumlauf. Dabei sollen diese Ereignisse der Urzeit als kultisches Drama gespielt werden.

Der König hat darin die Rolle des Gottes *Marduk* auszufüllen. Auch der Krieg gegen die dämonischen Mächte der Urzeit soll jedes Jahr dargestellt werden. Denn auf diese Weise werden die Ordnung der Welt und die Herrschaft des Königs im ganzen Land gefestigt. (Hb RG I, 520f)

10. Die Erschaffung des Himmels

Als der Kriegsgott *Marduk* die Meeresgöttin *Tiamat* besiegt und getötet hatte, da beschloß er, aus ihrem toten Körper ein Kunstwerk zu schaffen. Er spaltete ihren Schädel, dann schnitt er den Leichnam entzwei. Aus der einen Hälfte machte er das Himmelszelt mit dem »Wasser oben«. Dort errichtete er seine Wohnung.

Auch die Götter *Anu, Enlil* und *Enki* durften mit ihren Sippen dort wohnen. Er stellte Wachen auf und schob einen großen Riegel vor die Wohnstatt der Götter, damit sie von keinen Feinden überfallen werden. (MdV I, 104f)

11. Die Erschaffung der Menschen I

Der Gott *Marduk* richtete sein Wort an den Gott *Enki* und sprach: »Ich will ein weiteres Kunstwerk schaffen. Ich will das Blut erschaffen und den Knochenbau. Ich will ein Wesen schaffen, das den Namen Mensch trägt.«

Da fesselten die Götter den Anführer des Meeresdrachen *Kingu*, sie schnitten ihm die Adern auf. Aus seinem Blut erschuf nun der Gott *Enki* die Menschen. Er legte ihnen den Arbeitsdienst für die Götter auf. (MdV I, 106f)

12. Die Erschaffung der Menschen II

Als der Himmel und die Erde getrennt waren, als die Urmutter der Götter geworden war, als die Erde gestaltet wurde, als die

Schicksale von Himmel und Erde bestimmt wurden, als die Wassergräben und die Kanäle ihre Richtung bekamen, als die Ufer des Euphrat und des Tigris festgelegt wurden, da fragten die großen Götter: »Und was werden wir jetzt erschaffen?«

Und sie beschlossen in ihrer Ratsversammlung, die Menschen zu erschaffen. Sie sprachen zum Gott *Enlil*: »In Uzumua, wo der Himmel und die Erde sich berühren, opfere zwei niedere Götter. Aus ihrem Blut wollen wir dann die Menschen erschaffen. Sie sollen für die Götter arbeiten auf immer, sie sollen unsere Sklaven sein.«

So entstanden die Urahnen aller Menschen, *Ulligara* und *Zalgara*. (Kosmologie von Assur, MdV I, 108f)

13. Die Erschaffung der Menschen III

Die Götter sprachen zur weisen Göttermutter *Mami*: »Du Urmutter aller Wesen, du mußt die Menschen gebären. Erschaffe die *Lullu*, damit sie unser Joch tragen. Der Mensch sei geformt aus Lehm, er werde belebt durch das Blut eines Gottes. Zur Reinigung der anderen Götter soll ein Gott geopfert werden. Die Göttermutter vermische Lehm und Blut, daraus soll sie die Menschen formen. Denn Gott und Mensch sollen eins werden im Lehm.« (MdV I, 109)

14. Die Erschaffung der Welt

Als der Gott *Anu* den Himmel erschuf, da machte der Gott *Ea* zuerst das Süßwasser (*Apzu*). Er nahm eine Handvoll Lehm aus dem Süßwasser der Flüsse und formte damit den Gott *Kal*. Dieser sollte nun aus Lehm die Tempel bauen. Dann erschuf er die Berge und das Meer, die Götter der Arbeit und die Früchte der Erde.

Er formte zwei Opfergötter, die im Tempel die Riten leiteten. Dann erschuf er den obersten Priester, der die Opfer leitete. Dann machte er den König, damit er den Tempel mit Waffen verteidige. Zuletzt erschuf er die vielen Menschen, damit sie für die Götter die Arbeit verrichteten. (MdV I, 110)

15. Die Hochzeit des Königs Gilgamesch

Gilgamesch war König in der Stadt *Uruk*, er regierte streng. Doch hatte er unter den Kriegern keinen gleich starken Rivalen. Deswegen erschuf ihm die große Göttin den Jäger *Enkidu*, mit dem er lange um die Vormacht kämpfte. Nach dem Kampf wurden beide Freunde und Verbündete.

Als der König in Uruk seine Hochzeit feierte, da kämpfte er einen Zweikampf gegen seinen Freund. Jahr für Jahr wiederholte er diesen.

Doch nun trat die Göttin *Ischtar* auf, sie hatte sich nämlich in den König verliebt. Sie schlug ihm die Hochzeit vor. Der König lehnte dies ab. Er sagte, alle die früheren Liebhaber der Göttin seien übel zugrunde gegangen.

Über diese Zurückweisung wurde die Göttin *Ischtar* zornig. Sie bat ihren Vater *Anu*, er möge dem König den gewaltigen Himmelsstier schicken. Der Stier griff den König an.

Doch *Gilgamesch* kämpfte zusammen mit seinem Freund *Enkidu*. Beide zusammen besiegten und töteten den Stier. Zur Strafe beschlossen die Götter, daß der Kampfgefährte von *Gilgamesch* sterben mußte. So kam sein Leben zu Ende.

(Hb RG I, 522–523)

16. Die Irrfahrt des Königs Gilgamesch

Beim Tod seines Freundes *Enkidu* erkannte der König, daß auch er sterben mußte. So besuchte er seine Vorfahren am Ende der Welt, ihnen hatten die Götter die Unsterblichkeit geschenkt. Auch er wollte unsterblich werden. Als er in eine Herberge kam, sagte ihm die Wirtin, der Tod sei das Schicksal jedes

Menschen, die Unsterblichkeit hätten sich allein die Götter vorbehalten.

Deswegen sollten die Menschen ihr Leben genießen, sie sollten essen und trinken und sich an Tanz und Spielen erfreuen. Sie sollen sich baden und täglich frische Gewänder tragen. Sie sollen sich an ihren Kindern freuen und Sinnlichkeit und Sexualität genießen. Dies sei die Aufgabe der Menschen.

(Hb RG I, 524)

17. Die große Flut

Doch der König *Gilgamesch* war damit nicht zufrieden, er suchte weiter. Mit einer Fähre gelangte er in das Land seiner Vorfahren. Diese erzählten ihm, daß sie nur deswegen unsterblich geworden waren, weil sie als einziges Menschenpaar eine große Flut überlebt hätten. Als nämlich die Menschen durch Kriege zu laut wurden, da beschlossen die Götter, sie wieder zu vertilgen. Nur das eine Menschenpaar ließen sie ein Schiff bauen, damit sie überleben konnten. Denn sie mußten ja den Göttern die Opfer darbringen.

Nach der großen Flut landete das Schiff auf dem Berg *Nisir*. Dort bauten die Überlebenden einen Brandopferaltar. Die Götter freuten sich über die täglichen Opfer. Sie brauchten dieses Menschenpaar, deswegen machten sie es unsterblich. Aber das Los ihrer Nachkommen war der Tod. Dies mußte der König *Gilgamesch* von seinen Urahnen hören.

(Hb RG I, 524f)

18. Die Reise des Königs Gilgamesch

Doch seine Vorfahren sagten dem König, daß es auf dem Meeresgrund eine Pflanze gibt, die jedem Menschen ewige Jugend schenkt. Der König tauchte zum Meeresgrund, er fand die Pflanze und nahm sie mit sich. Er legte die Pflanze an das Ufer und nahm ein Bad im Meer. Da stahl eine Schlange die Verjüngungspflanze. Nun konnte *Gilgamesch* nicht mehr ewig jung werden.

Da fragte der König die Seele seines verstorbenen Freundes *Enkidu*, wie es in der Unterwelt sei. Die Seele antwortete, dort sei es entsetzlich und zum Weinen. Es sei eine Welt der Schatten, alles sei mit Staub bedeckt. Es sei ein Land ohne Licht, aus dem niemand mehr zurückkehren könne. Die Seelen der Verstorbenen essen Staub und Erde, sie sind gekleidet wie die Vögel.

Nun weiß *Gilgamesch*, daß sein Leben zu Ende kommt, daß auch er in die Unterwelt muß. Deswegen beschließt er, sein Leben hier auf der Erde zu genießen. (Hb RG I, 524–525)

3
Die Hurriter und Hethiter

Einleitung

Die Hethiter sind ein indoeuropäischer Volksstamm. Sie treffen im 17. Jh. v. Chr. mit dem Volk der Hurriter zusammen, die im nördlichen Mesopotamien (Syrien) siedeln. Beide Völker kommen mit der Kultur von Babylon in Berührung, ihre Mythen vermischen sich. Sie schreiben zwei große Mythenzyklen auf: »Das Königreich im Himmel« und den »Gesang des Ullikummi«.

1. Die Götter des Anfangs

Am Uranfang gab es die alten Götter, die Väter der späteren Götter. Sie waren noch schwach und ungeschickt im Krieg. Sie lebten in der dunklen Erde, in Höhlen. Doch ihnen wurden junge Götter geboren, diese wurden klug und stark. Sie vertrieben die alten Götter aus ihren Wohnungen und gründeten ein neues »Königreich im Himmel«. Dort fiel der Same der männlichen Götter auf den heiligen Berg *Kansura*.

Auf diesem Berg begannen nun die Pflanzen zu wachsen. Im Himmel regierte jeder König nur neun Jahre lang. Im neunten Jahr wurde er von seinem Sohn gestürzt. Beim Kampf der Götter biß der Sohn *Kumarbi* seinem Vater *Anu* die Geschlechtsteile ab. Der Same des Gottes fiel dabei auf die Erde. Aus ihr wurden zwei Kinder geboren, nämlich die Flüsse Euphrat und Tigris.

(MdV I, 124–125)

2. Die Geburt des Gottessohnes

Die Götter kämpften weiter um die Vorherrschaft. Die Söhne schmiedeten Pläne, wie sie ihre Väter stürzen könnten. Da wurde dem Gott *Kumarbi* ein Sohn geboren, er nannte ihn *Ullikummi*.

Er übergab das Kind den Göttinnen zur Erziehung und Pflege. Sie brachten es auf die dunkle Erde zu einem heiligen Stein. Dieser Stein wuchs als ein hoher Tempel bis in den Himmel. Nun konnten der Sonnengott und der Gewittergott mit dem göttlichen Kind sprechen. Sie bereiteten sich auf den großen Götterkampf vor.

(MdV I, 124f)

3. Der große Götterkampf

Die Kriegsgötter rüsten sich zum großen Kampf. Doch die Göttin *Ischtar* spielt die magische Harfe. Im Kampf wurde der Gewittergott besiegt. Die Ordnung der Welt war bedroht.

Nun versammelten sich die Götter zum Rat und stellten eine neue Ordnung her. Ein junger Kriegsgott übernahm die Herrschaft im Himmel, er errichtete ein neues Reich.

(MdV I, 129–130)

4. Der Mythos von Telepinu

Der Gott *Telepinu* ist aus dem Himmel fortgegangen und hat das Getreide mitgenommen. Nun wächst auch auf der Erde der Menschen nichts mehr. Das Vieh und die Menschen können sich nicht fortpflanzen. Die Götter haben Hunger und bekommen keine Opfer mehr. Sie machen sich auf die Suche nach dem verschwundenen Gott *Telepinu*.

Schließlich ist es die Biene, die den Gott in einem Wald findet. Sie sticht ihn und weckt ihn aus dem Schlaf. Dann führt sie ihn wieder in den Götterhimmel zurück. Er kehrt auch in seinen Tempel zurück.

Nun geht auch auf der Erde das Leben wieder weiter. Die Tiere und die Menschen paaren sich. Die Felder tragen wieder Früchte, und die Götter bekommen ihre Opfer.

(Ähnliches hatten die Priester in Babylon erzählt. Dort war die Göttin *Ischtar* in die Unterwelt hinabgestiegen. In dieser Zeit gab es auf der Erde und im Himmel kein Wachstum.)

(MdV I, 124ff)

4
Die Ägypter

Einleitung

Die Ägypter waren Semiten, sie vermischten sich aber mit der afrikanischen Urbevölkerung. Und sie entwickelten eine der ältesten Schriftkulturen der Erde. Die Menschen lebten teils als Jäger, Sammler und Fischer, teils als Hirtennomaden und teils als niedere und höhere Ackerbauern. Bereits um 3200 v. Chr. entstand durch die gewaltsame Einigung mehrerer Stämme ein kleines Reich am Nil.

Bis in die hellenistische Zeit wurden dann 30 Königsdynastien gezählt. Ein »Altes Reich« bestand zwischen 2700 und 2050 v. Chr. Dann folgte ein »Mittleres Reich« von 2050 bis 1550 v. Chr. und schließlich ein »Neues Reich« von 1550 bis 332 v. Chr. Danach kam die hellenistische und dann die römische Herrschaft über das Land.

Die Schrift der Ägypter ist eine Bilderschrift. Die wichtigsten schriftlichen Quellen für die Mythen dieser Kultur sind: die Pyramidentexte, die Sargtexte, ein Totenbuch, ein Orakelbuch, mehrere Weisheitsbücher u.a. Die mythischen Erzählungen sind eng mit den rituellen Handlungen in mehreren Tempelstädten verbunden. Es muß mit einer zahlreichen Priesterschaft an den Tempeln gerechnet werden.

1. Das Leben der Götter

Die Götter leben ähnlich wie die Menschen. Nur sind sie größer, stärker und lichtvoller als Menschen. Sie haben teilweise die Gestalt von Tieren, teilweise von Menschen. Sie sind sterblich, kommen aber nach dem Tod erneut zu einem Leben.

Sie haben männliches oder weibliches Geschlecht, einige sind zweigeschlechtlich.

Von den Menschen erwarten sie Opfer und Riten, sie hören ihre Gebete. Und sie üben die Kontrolle über die Menschenwelt aus. Auch die Götter leben in großen Sippen und Familien zusammen, auch sie kennen Streit und Versöhnung.

Der König der Menschen ist ein »Sohn« der Götter und damit ein Vermittler zwischen den Menschen und den Göttern. In den Tempeln haben sie ihre Wohnsitze. Viele Priester sind damit beschäftigt, ihnen zu dienen. Dort sind ihre Bilder aufgestellt, und dort werden sie durch tägliche Riten verehrt.

(Hb RG I, 372–373)

2. Die Götter Isis und Osiris

Der Gott *Osiris* war in der Urzeit König in Ägypten. Er war gerecht und gab dem Volk gute Gesetze. Er lehrte es auch die Musik, den Tanz und den Gesang. Doch im 28. Jahr seiner Regierung wurde er von seinem Bruder *Typhon* getötet. Er hatte sich in einen Mumiensarg gelegt, dem Ritual entsprechend. Da schlug *Typhon* den Sargdeckel zu und warf den Sarg ins Meer.

Nun trat die Göttin *Isis* auf, die Ehefrau und Schwester des Gottkönigs *Osiris*. Sie suchte den toten Gemahl und Bruder und fand ihn in der Stadt Byblos in Palästina. Der Sarg war zu einem Baum und der Baum zu einer Säule in einem Königspalast geworden. Sie nahm die Säule mit nach Ägypten, in ihr war der tote *Osiris*.

Doch *Typhon* raubte auch die Säule und zerstückelte sie. Damit zerstückelte er auch den Leichnam des *Osiris*. Er warf die Leichenteile auf die Felder, damit diese fruchtbar werden.

Doch nun zog *Isis* aus und sammelte alle Leichenteile ein. Sie fügte sie zusammen und hauchte ihnen wieder den Lebensatem ein. Damit kam *Osiris* wieder zum Leben, doch mußte er in der Unterwelt weiterleben.

(Hb RG I, 374–375)

3. Das Ritual des Königs

Wie der Gottkönig *Osiris,* so wurde auch der Menschenkönig in der Frühzeit im 30. Jahr seiner Regierung getötet. Er mußte sich in einen Sarg legen, sein Leichnam wurde zerstückelt. Denn er konnte die Fruchtbarkeit im Land nicht mehr garantieren. Die Teile seiner Leiche wurden über die Felder verstreut, um diese fruchtbar zu machen. Denn es war in seinem Körper noch Lebenskraft.

Osiris war der Urkönig, er ist nun der Herrscher über die Totenseelen in der Unterwelt. Doch er gibt auch dem heiligen Fluß Nil die Befehle, damit dieser die Felder der Menschen mit fruchtbarem Schlamm überschwemmt. *Osiris* trägt die Kronen der beiden Reiche, des oberen und des unteren. In der Hand hält er den Krummstab des Hirten und die Peitsche des Richters.
(Hb RG I, 375f)

4. Die Göttin Isis

Isis ist die Halbschwester und Ehefrau des Gottes *Osiris*. Beide haben dieselbe Mutter, aber verschiedene Väter. Als große Mutter und Gattin ist sie das Vorbild aller Ehefrauen in Ägypten. Mit ihrem magischen Wort kann sie Böses und Unheil von ihrer Sippe fernhalten. Doch mit magischer Kraft vermag sie dem toten *Osiris* wieder Leben zu geben.

Sie ist die Göttin, die die Seelen der Toten in die Unterwelt begleitet und sie dort wieder lebendig macht. Auf dem Kopf trägt sie einen Kranz aus Schlangen, dazu die Sonnenscheibe und zwei Hörner einer Kuh. Sie heißt die »Königin des Himmels« und steht auf dem Halbmond.

Sie schenkt in der Nacht das fahle Licht, das auch in der Unterwelt leuchtet. In ihren Armen hält sie den göttlichen Sohn, den Knaben *Horus*. Die Schiffer auf dem Nil und die Seefahrer nennen sie den »Stern der Meere«.
(Hb RG I, 376–377)

5. Der Gott Horus

Horus ist der Sohn der Göttin *Isis*. Er ist ein junger Krieger und kämpft gegen die Feinde des Sonnengottes *Re*. Als strahlender Sieger geht er aus diesem Kampf hervor. Er kämpft gegen alle Mächte, die das Königtum bedrohen. Er kämpft gegen böse Dämonen, die in der Gestalt von Krokodilen und Flußpferden auftreten. Denn er will die Ordnung im Land aufrechterhalten und das Chaos verhindern. So tritt er in mehreren Gestalten auf: als geflügelte Sonne, als Krieger mit einem Falkenkopf und als Falke. Er schützt das Land der Väter, denn er hat selbst einmal über Ägypten geherrscht.

(Hb RG I, 378)

6. Die Sonnengötter

Re ist der Gott der Sonne, der Erschaffer der Welt, der Herr des Lebens und der Ordnung. Seine Tochter *Maat* ist die göttliche Ordnung und die Weisheit. Alles in der Welt geschieht nach ihren Plänen. *Nut* ist die Mutter des Sonnengottes, sie verneigt sich vor ihrem Sohn. Denn der Sonnengott herrscht von Osten bis Westen, edle Schönheit strahlt aus seinem Gesicht. Seinen Thron hat er auf zwei Sonnenbooten.

Am Tag fährt er mit dem Tagesboot über den großen Himmelsozean. In der Nacht fährt er mit dem Nachtboot wieder zurück. Er wird von einem Schreiber und einem Güterverwalter begleitet. Die Welt regiert er mit seiner Weisheit und mit seinem magischen Wort. Die Fahrt über den Himmelsozean ist voller Gefahren. Eine böse Schlange lauert dem Boot ständig auf. Auch *Isis* und *Maat* fahren im Sonnenboot mit.

Der Menschenkönig ist der Sohn des Sonnengottes, dieser schützt die königliche Macht bei den Menschen. So ist *Re* der oberste aller Götter.

(Hb RG I, 380f)

7. Der Sonnengott Amon-Re

Als der Menschenkönig seine Hauptstadt nach Memphis verlegte, verehrte er den Gott *Amon*. Und er verband diesen mit dem Gott *Re*. So nannte er seinen neuen Reichsgott *Amon-Re*. Dieser war für ihn der König unter den Göttern, der am östlichen Sonnenberg aufgeht und am westlichen Sonnenberg sich zur Ruhe begibt. Er ist der Herr über beide Sonnenboote.

Und er hat alles geschaffen: Aus seinen Augen sind die Menschen geworden. Und aus seinem magischen Wort sind die Götter geworden. Er schuf das Gras für das Vieh und die Obstbäume für die Menschen. Er erschuf die Fische und die Vögel, die Würmer und die Flöhe. Und er gab allen Lebewesen Nahrung in Fülle.

Amon-Re war es auch, der das Fremdvolk der Hyksos aus dem Land vertrieb, als dieses dort eingefallen war und hundert Jahre dort herrschte. (Hb RG I, 383–384)

8. Der Sonnengott Aton

Als *Amenophis IV.* König in Ägypten wurde, da nannte er sich *Echnaton*. Er verlegte seine Hauptstadt von Theben nach Achet-Aton. Bei seiner Thronbesteigung hatte er sich *Amenhotep* genannt. Im Streit mit den Priestern in Theben erhob er den Gott *Aton* zum neuen und alleinigen Schutzgott seines Reiches.

Und er selbst nannte sich der »Glanz des *Aton*«. Der Sonnengott *Aton* sollte nur mehr als glänzende Scheibe dargestellt werden. Die Namen der anderen Götter sollten im ganzen Land getilgt werden, denn sie hatten keine Macht mehr.

In einem großen Preislied lobte er den Sonnengott, der das Land mit Schönheit erfüllt: *Aton* hat die Erde und die Menschen geschaffen, er ist der einzige Gott, der Ursprung alles Lebens. Die Welt erschuf er nach seinem Herzen. Auch die Menschen, die Wildtiere und das gezähmte Vieh, die Vögel und die Fische erschuf er so.

Allen Lebewesen hat er ihren Platz und die Nahrung gegeben. Die Menschen hat er nach Sprachen und Hautfarben getrennt. So ist *Aton* der Gott der ganzen Welt, aller Sprachen und Hautfarben. Durch seine Strahlen werden die Felder ernährt. Er schenkt die beiden Jahreszeiten, den Sommer und den Winter.
(Hb RG I, 388–392)

9. Der Menschenkönig

Der König ist der Sohn des Gottes *Horus* und trägt auch seinen Namen. Auf der Stirn trägt er die magische Schlange, darüber eine Krone. In der Hand hält er den Stab und das Zepter. So regiert er gemäß der göttlichen Weisheit und hält die Ordnung in der Welt aufrecht. Er sorgt für das Leben der Menschen, für die Fruchtbarkeit der Felder und der Tiere.

Alle Lebewesen sollen ihre Nahrung haben. Seine Sorge gilt dem Schutz des Reiches, dem Frieden und der Gerechtigkeit. In der Menschenwelt führt er die göttliche Ordnung durch.

In der Frühzeit mußte der König sterben, wenn seine Lebenskraft nachließ. Er mußte dann einem jüngeren König Platz machen, der die sexuelle Fruchtbarkeit garantieren konnte.

Nach seinem Tod geht der Menschenkönig in die Welt der Götter ein. Er wird als ein göttliches Wesen verehrt.
(Hb RG I, 392–395)

10. Der Anfang der Götter

Am Uranfang war ein ungeordnetes Urmeer, *Nun* genannt. In ihm lebte der Gott *Atum*, er hieß der »Ganze« bzw. der »Vollständige«. Ohne Mitwirkung einer Frau erschuf er aus seinem männlichen Samen das erste Götterpaar, *Schu* und *Tefnut*, die Luft und die Feuchtigkeit.

Beide paarten sich und hatten Kinder. Das sind *Nut*, die Göttin des Himmels, und *Gebeb*, die Göttin der Erde. Auch diese

Götter paarten sich. Zu ihren Kindern gehören die Götterpaare *Isis* und *Osiris*, *Seth* und *Nephthys*. Diese Götter aus vier Generationen bilden in Ägypten fortan die oberste Götterneunheit.

(Lehre von Heliopolis; MdV I, 43–45)

11. Der Anfang der Welt I

Am Anfang war das Urmeer. Aus ihm wuchs ein Hügel empor, die »Insel der Flammen«. Auf dieser Insel lebten vier Götterpaare: *Nun* und *Naunet*, die Götter der Wasser; dann *Huh* und *Hauhet*, die Götter, die die Sonne bewegen; dann *Kuk* und *Kauket*, die Götter des Tages und der Nacht; schließlich *Amun* und *Maunet*, die das Verborgene kennen.

Diese vier Götterpaare erwecken gemeinsam die Sonne zum Leben. Sie heißen fortan die »Väter und Mütter des Lichtes« oder die göttliche Achtheit. Sie erheben die Sonne zum obersten Himmelsgott.

Die Sonne erschafft und belebt nun alle anderen Wesen: die Pflanzen, die Tiere und die Menschen. Die Sonne selbst entfaltet sich aus einer Lotusblume, die aus dem Urmeer gewachsen ist. Die vier männlichen Götter der Achtheit haben Köpfe von Fröschen. Die vier weiblichen Götter haben Köpfe von Schlangen.

(Lehre von Hermopolis; MdV I, 46–47)

12. Der Anfang der Welt II

Am Anfang war das Urmeer, das Chaoswasser. In ihm lebte der Gott *Ptah*. In ihm waren alle acht Formen der Lebewesen enthalten. Durch seine Gedanken und durch sein magisches Wort begann er nun, die ganze Welt zu formen und zu gestalten. Nach den acht Formen, die in ihm waren, dachte er sich die Lebewesen aus.

Dann sprach er sein magisches Wort, und diese Wesen entstanden. Auf diese Weise erschuf er die Steine, die Berge, die

Flüsse, die Fische, die Vögel, die Wildtiere, die Haustiere, die Menschen.

Um sein Werk abzusichern, erschuf er die Gerechtigkeit und die Gesetze. Damit hat die Welt Bestand. Die Menschen können mit den Pflanzen und den Tieren leben.

(Lehre von Memphis; MdV I, 48–49)

13. Der Schöpfergott

Der Gott *Ptah* ist es, der alles erschuf. Er brachte auch die anderen Götter hervor. Von ihm kommen alle guten Dinge, die Nahrung, das Getreide, die Opfer für die Götter. Er brachte auch alle Götterworte hervor, die nur die Priester kennen.

Er erschuf die Götter, er baute die Städte der Menschen, er teilte das Land in Verwaltungsbezirke ein. Dann machte er die Heiligtümer und die Tempel, er setzte die Opfer und die Priester ein. Die Körper der Götter formte er nach deren Wunsch: aus Holz, aus Ton oder aus Stein. Dann nahmen die Götter in ihren Körpern und Bildern Platz.

Der Gott *Ptah* trägt eine Lotusblume auf seinem Kopf. Seine Gemahlin ist *Sachmet*, die Göttin der Schlangen. Sie hat einen menschlichen Körper, aber den Kopf einer Löwin.

Dann formte *Ptah* alle Lebewesen mit seiner Töpferscheibe aus Ton und Lehm. Seither ist er der Schutzgott der Töpfer bei den Menschen. Sein Oberpriester trägt den Titel »Leiter der Handwerker«. Jedes Wesen wurde geformt, wie der Gott es sich dachte und wie er es mit seinem Wort aussprach.

(Lehre von Memphis; Hb RG I, 393–396)

14. Die Erschaffung der Menschen I

Der Gott *Ptah* trägt auch den Namen *Tatenen*. Er ist der Vater der Götter, der große Gott der Urzeit. Er hat die anderen Götter erschaffen und die Menschen aus Lehm geformt. Er war am

Anfang und gestaltete den Himmel nach seinem Plan. Er dehnte ihn wie ein Hirtenzelt aus und hob ihn in die Höhe.

Dann befestigte er die Erde, die er mit dem Meer umgab. Danach schuf er die Unterwelt, passend für die Toten. Zuletzt ließ er die Sonne kommen, um allen Wesen den Reichtum und die Fülle zu schenken. So ist der Gott *Ptah* der ewige Herrscher der Welt.

(Lehre von Heliopolis; Hb RG I, 398–399)

15. Die Erschaffung der Menschen II

Der Sonnengott erschuf die Erde nach seinem Herzen. Da er allein war, schuf er die Menschen, die Viehherden, die Wildtiere. Er erschuf alles, was auf der Erde kriecht und was in der Luft fliegt. Er machte die Länder Syrien, Nubien und Ägypten.

Dann stellte er jedes Lebewesen an seinen Platz, er gab jedem Wesen die Nahrung. Dann berechnete er die Lebenszeit für jedes Wesen. Danach trennte er die Menschen nach Hautfarbe und nach der Sprache. Er nannte sie seine »Kinder« oder seine »Abbilder« oder seine »Haustiere«.

(Lehre von Tell el Amarna; Hb RG I, 400)

16. Das Lebensziel der Menschen

Die Menschen lebten als Bodenbauern und als Viehzüchter, sie freuten sich ihres Lebens. Es gab für sie zwei Leben (ankh), eines vor dem Tod des Körpers und eines nach dessen Tod. Die Lebenden wohnten östlich des Flusses Nil, sie hießen *Imentet*.

Die Toten wohnten im Westen des Nil, sie hießen *Imentiu*. Die Lebenskraft wirkte auch nach dem Tod des Körpers weiter. So bekamen die Toten Speisen und Getränke in ihre Gräber. Ihre Körper wurden mit Pflanzenextrakten einbalsamiert, denn sie sollten auch für das Leben nach dem Tod erhalten bleiben.

(Hb RG I, 402–403)

17. Der Weg der Totenseelen

Jeder Mensch hat mehrere Seelen. Eine bleibt immer mit seinem Körper verbunden. Eine andere Seele kann sich vom Körper trennen und wie ein Vogel frei fliegen. Eine weitere Seelenkraft erzeugt die Gedanken und Vorstellungen. Die freie Seele kann aus dem Grab heraustreten, sie kann Opfer und Gaben entgegennehmen. So sind die Toten in der Unterwelt ständig mit den Lebenden auf der Erde verbunden.

Die freie Seele des Königs aber steigt nach dem Tod des Körpers in den Himmel auf, sie wohnt in der Welt der Götter. Dabei wird sie emporgehoben, oder sie steigt über eine »Himmelleiter« empor. Vom Sonnengott *Re* wird sie feierlich empfangen, sie sitzt an seiner Seite. Auch die Seelen der Helden und der Kulturbringer steigen zum Himmel auf. Dort müssen sie das Sonnenboot besteigen und über den Himmelsozean steuern.

(Hb RG I, 404–406)

18. Die Reise der Totenseelen

Die Seele der gewöhnlichen Menschen begibt sich nach dem Tod des Körpers auf eine lange Reise. Auf der Innenseite des Sarges wird diese Reise in Bildern dargestellt. So weiß die Seele, wohin die Reise geht. Zunächst wird sie dem großen Totengericht vorgeführt. Der Gott *Osiris* ist dort der Richter, er hat 42 Beisitzer. Dabei wird das Herz des Toten auf einer Waagschale gewogen, die Ergebnisse werden im »Buch des Lebens« aufgeschrieben.

Neben dem Gericht lauert ein Ungeheuer, halb Hund und halb Krokodil. Nach dem Gericht geleitet der Gott *Horus* die Seele weiter. Sie muß allen Sünden abschwören und bekennen, daß sie nichts Böses mehr getan hat, daß sie niemandem Leid zugefügt hat, daß sie nicht gemordet hat und nicht morden hat lassen, daß sie keine Opfer gestohlen hat. Dann wird sie in die Unterwelt gebracht.

Der Körper des Toten wird 70 Tage lang in einer Natronlauge balsamiert. Dann wird er mit einem Boot vom Osten nach Westen über den heiligen Fluß Nil geführt. Klagefrauen begleiten den Totenzug. Ein Priester öffnet dem Toten den Mund, damit er in der Unterwelt wieder sprechen kann.

Zum Schluß opfert der Priester den Göttern ein Tier, als Dank für die gelungene Seelenreise. In den Gräbern zeigen Bilder die Taten des Verstorbenen.

(Hb RG I, 407–410)

19. Der Dienst der Priester

In der Mitte des Tempels stand eine große Steinsäule, die den Urhügel der Welt darstellte. Vor dieser Säule war der Opferaltar. Dort wurden den Göttern Tieropfer und Menschenopfer gebracht. Außerhalb des Tempels stand das Sonnenboot aus gebranntem Ton.

Die Priester taten im Tempel ihren Dienst, sie brachten die Opfer und sprachen zu den Göttern die Gebete. An ihrer Penisvorhaut waren sie beschnitten. Das war ein Zeichen, daß sie den Göttern gehörten. Sie trugen weiße Gewänder aus Leinen, ihr Kopfhaar war kahlgeschoren. Bei den Altären für die Göttinnen taten auch Priesterinnen ihren Dienst.

Jeden Morgen mußten sich die Priester reinigen. Dann weckten sie mit Weihrauch im Tempel die schlafenden Götter auf. Sie riefen sie beim Namen und sangen ihnen Loblieder. Dann weckten sie den König. Nun begann im Land das Leben des Tages.

Die Priester traten vor das Götterbild, sie warfen sich vor ihm auf die Erde. Sie wuschen und salbten die Götterbilder. Dann legten sie den Bildern neue Kleider an und stellten sie im Tempel auf. Sie sangen Loblieder an die Schutzgötter, sie baten um Frieden und um Fruchtbarkeit. Sie erbaten Glück und Wohlergehen für den König und das ganze Volk.

Am Abend wiederholten sie den Dienst. Sie entkleideten die Götterbilder, sie wuschen und salbten sie. Dann legten sie die Bilder zur Ruhe. Zum Schluß baten sie die Götter um Frieden und um Ruhe für die Nacht. (Hb RG I, 410–417)

20. Das große Sed-Fest

Dieses Fest wurde gefeiert, um die Herrschaft des Königs zu erneuern. Es begann mit langen Riten der Reinigung, die Menschen sollten frei sein von Schuld. Dann folgte eine lange Prozession mit den Götterbildern, die der König anführte. Die Adeligen unterwarfen sich der Herrschaft des Königs, sie brachten ihm Opfergaben.

Auch die Götterbilder verneigten sich vor dem König und seiner Größe. Sänger sangen Preislieder, Weisheitslehrer verkündeten die göttliche Weisheit des Königs. Dann folgte die Fußwaschung, die Priester wuschen dem König die Füße. Dann bat der König die Schutzgötter um Frieden, um Fruchtbarkeit und um Lebensglück für das ganze Volk.

Danach bekleidete sich der König mit einem Tierfell. Er tanzte über einen Acker, in der Hand hielt er die Peitsche und die Buchrolle. Er sollte mit Weisheit und mit Strenge das Volk beherrschen. Danach wurde der König zum Bild des Gottes *Horus* getragen. Dort wurde seine Herrschaft über die beiden Reiche erneuert.

Zuerst erhielt er von den Priestern den Krummstab und die Peitsche, dann den Pfeil und den Bogen. Nun setzte er sich auf den Königsthron und blickte in alle vier Himmelsrichtungen. Dann schoß er nach allen vier Richtungen seine Pfeile ab, um seine Macht zu zeigen. Damit wurde die Herrschaft des Königs jedes Jahr erneuert. (Hb RG I, 420–422)

21. Die Schlange des Himmels

Immer, wenn der Sonnengott mit dem Tagesboot über den Himmelsozean fuhr, wurde er von der großen Himmelsschlange bedroht. Denn die Anführerin der Finsternisdämonen kämpfte ständig gegen den Lichtgott. Jeden Tag wurde dieser Kampf von neuem ausgetragen.

So war die Himmelsreise des Sonnengottes ständig mit Gefahren verbunden. Einmal wollte die Himmelsschlange sogar den Himmelsozean trockenlegen. Doch das gelang ihr nicht. Dieser ewige Kampf zwischen dem Licht und der Finsternis hält die Welt im Gleichgewicht.

(MdV I, 56–58)

22. Der geheime Name des Sonnengottes

Die Göttin *Isis*, die große Zauberin, wußte alles, was auf dem Himmel und auf der Erde geschah. Nur den geheimen Namen des Gottes *Re* kannte sie nicht. So hatte sie keine Macht über ihn, er war der Beherrscher der Welt. Daher ersann sie eine List. Sie sammelte den Speichel eines alten Gottes, vermischte den Speichel mit Lehm und formte daraus eine Schlange. Dann hauchte sie der Schlange Leben ein und legte sie auf den Weg, den der Sonnengott *Re* täglich gehen mußte.

Da trat der Gott auf die Schlange und wurde von ihr gebissen. Voll Schmerz rief er die Göttin um Hilfe. Diese eilte herbei und versprach, ihn zu heilen. Doch sie konnte ihn nur heilen, wenn er ihr seinen Geheimnamen sagte. In seinem Schmerz verriet er ihr den Namen. Sie konnte ihn heilen. Doch nun hatte sie Macht über den Sonnengott, den Herrn der ganzen Welt.

(MdV I, 58–59)

23. Die Strafe für die Menschen

Als der Sonnengott *Re*, der König über die Götter und Menschen, alt wurde und sich seine Haare grau färbten, da wurden die Menschen auf der Erde immer anmaßender. Sie planten einen Aufstand gegen ihn. Doch da berief der Gott *Re* den Rat der neun Götter ein. Sie beschlossen, die Menschen zu bestrafen.

Die Göttin *Hathor* sollte auf der Menschenwelt ein Blutbad anrichten. Das tat sie sogleich und tötete viele Menschen.

Als der Gott *Re* dies sah, reute ihn dieser Beschluß, er wollte den Rest der Menschheit schonen. Um den Blutdurst der Göttin *Hathor* zu stillen, ließ er ein Getränk mit roter Farbe über die Erde gießen. Die Göttin trank davon und war wie berauscht. Nun war ihr Durst nach Blut gestillt. Auf diese Weise wurde der Rest der Menschheit gerettet. (MdV I, 59–60)

24. Die Geburt des Königs

Der König stammte von den Göttern ab, er war halb Mensch und halb ein Gott. Er hatte einen göttlichen Vater und eine menschliche Mutter. In der Frühzeit galt der Sonnengott *Re* als sein Vater. In der Spätzeit war es der Gott *Amun*.

Dieser beschloß in der Götterversammlung, einen Sohn zu zeugen. Dieser sollte auf der Erde König sein. Der Gott stieg auf die Erde und paarte sich mit der Königin. Dann legte er das Schicksal des Kindes fest. Er beauftragte den Gott *Chnum*, auf der Töpferscheibe einen wunderschönen Körper zu formen. Das tat der Töpfergott, er formte den Körper und die Seelenkraft *Ka*.

Nun gebar die Königin den Sohn, zwei Hebammen halfen ihr dabei. Die Götter beglückwünschten sie zu dieser Geburt. Die Göttin *Hathor* nahm das Kind in den Arm und zeigte es dem Göttervater *Amun*.

Dann gab sie das Kind der Königin und ihren Ammen zurück. Es sollte mit Weisheit und in der Kunst der Schreiber erzogen werden. Dann wurde noch einmal das Schicksal festgelegt. So war jeder König in Ägypten der Sohn eines Gottes und einer menschlichen Mutter. (MdV I, 63–65)

25. Der Krieg des Gottes Horus

Die Anhänger des Gottes *Apophis* begannen einen Aufstand gegen den Sonnengott *Re*. Dieser beauftragte seinen Sohn *Horus*, den Krieg gegen die Aufständischen zu führen. *Horus* erkämpfte zuerst in Nubien einen Sieg. Dann verfolgte er die Gegner entlang des Flusses Nil.

Die Feinde verwandelten sich in Krokodile und in Flußpferde. Doch *Horus* besiegte diese Feinde und trieb sie durch das Rote Meer nach Asien. Damit war das Land Ägypten von seinen Feinden gesäubert, der Sonnengott war wieder oberster Herr. Die große Weltordnung war wiederhergestellt.

(MdV I, 65–66)

26. Die Kämpfe zwischen Seth und Horus

Die Götter hatten sich im Rat versammelt, um zu beschließen, wer in Ägypten König sein sollte. Der böse Gott *Seth* und der gute Gott *Horus* kämpften um den Thron. Die Götter beschlossen, dem Gott *Horus* die Königswürde zu geben.

Doch *Seth* wollte den Beschluß nicht anerkennen, er forderte *Horus* zum Zweikampf heraus. Beide verwandelten sich in Nilpferde. Wer länger unter Wasser bleiben konnte, sollte der Sieger sein. In diesem Kampf verlor *Horus* zwei Augen, aber er wurde wieder geheilt. Der Kampf endete unentschieden.

Nun trat die Götterversammlung wieder zusammen. Sie übergab erneut an den Gott *Horus* die Königswürde. Wieder forderte *Seth* den Gegner zum Zweikampf. Es sollten zwei Schiffe aus Steinen gebaut werden. Wessen Schiff länger über Wasser blieb, der sollte der Sieger sein. *Horus* baute sein Schiff aus Holz und tarnte es mit Steinen. Das Schiff des *Seth* war aus Steinen und versank als erstes. Nun hatte *Horus* gesiegt.

Da mischte sich der Gott der Unterwelt in die Götterversammlung ein. Er forderte, das Königtum des Gottes *Horus* endlich durchzusetzen. Nun wurde also *Horus* König von Ägypten, er konnte den Thron besteigen. Der Gott *Seth* aber wurde zum König der Stürme eingesetzt, der am Himmel heult.

(MdV I, 68–73)

27. Die Schutzgötter des Volkes

Das Volk verehrte den Gott *Bes*, der die Gestalt eines Zwerges hatte. Er war gut zu den Menschen und hielt von ihnen die bösen Dämonen fern. Er beschützte die Schlafenden und die gebärenden Frauen. Den Menschen zeigte er sich in der Musik und im Tanz.

Die Menschen verehrten auch die Göttin *Thoeris*, sie hatte die Gestalt eines Nilpferdes. Auch sie schützte die Menschen vor bösen Dämonen. Den Frauen und den Müttern half sie beim Baden.

Auch die Schlangengöttin *Renen* wurde verehrt, weil sie den Bauern gute Ernten brachte. So stellten die Bauern ihr Bild an den Ackerrändern und vor den Kornspeichern auf. Diese Göttin legte bei der Geburt eines Kindes das Schicksal fest. Deswegen wurde sie im Volk geliebt und hochgeachtet.

(MdV I, 73–74)

28. Schutzgötter des Lebens

Das Volk verehrte vor allem die Göttin *Maat*, die Schützerin der Weisheit. Von ihr erwarteten sich die Menschen die Führung durch das Leben. Auch der Schöpferwille der Götter war ihnen heilig. Sie verehrten einen Schutzgott der Wahrnehmungen, der sie sehen und hören, tasten und riechen ließ. Ein Schutzgott der Macht gab jedem Menschen sein Maß an Körperkraft und das Ansehen in der Gemeinschaft.

Jede Region im Lande hatte ihre Schutzgötter, diese brachten den Menschen Wohlstand und Lebensglück. Die Bauern und die Handwerker stellten die Bilder der Götter in den Dörfern auf. So fühlten sie sich bei den göttlichen Wesen geborgen und geschützt. Vor bösen Dämonen hatten sie weniger Angst.

(MdV I, 74ff)

29. Die fremden Götter

Als Menschen fremder Völker nach Ägypten kamen, brachten diese ihre Schutzgötter mit. Die Ägypter begannen auch diese Götter zu verehren. Denn auch diese hatten Macht und Stärke. So verehrten sie die Götter *Baal* und *Rescheph*, aber auch die Göttinnen *Astarte* und *Anat*, die aus dem Land Kanaan stammten.

Die beiden ersten galten ihnen als Mehrer ihrer Kriegskraft, als Schützer der Fruchtbarkeit. Die beiden Göttinnen wurden angerufen, um die sexuelle Lebenskraft zu stärken, um Glück in der Liebe. So waren die Ägypter ein duldsames Volk, denn sie waren überzeugt, daß auch die Götter fremder Völker Macht besaßen.

(MdV I, 75f)

30. Göttliche Menschen

Die Priester lehrten, daß der König im Lande Ägypten von den Göttern abstammte. Denn sie hatten sein Königtum eingesetzt. So war der Pharao die Erscheinung des Gottkönigs *Horus* unter den Menschen. Nach seinem Tod saß er mit dem Totengott *Horus* auf dem Thron der Unterwelt.

Die Menschen waren überzeugt, daß auch die großen Kriegshelden und die Beamten des Königs aus der göttlichen Welt gekommen seien. So riefen sie diese um Hilfe an und stellten sich unter ihren Schutz.

Viele glaubten, daß auch die Heilungskünstler, die Schamanen und Magier, aus der göttlichen Welt zu den Menschen gekommen seien. Als die Griechen ihre Götter nach Ägypten brachten, wurde das Volk in seiner Verehrung göttlicher Menschen sehr gestärkt.

(MdV I, 76-77)

31. Der Sonnengott Aton

Der König *Amenophis* und seine Anhänger wollten nur einen einzigen Gott verehren, den Sonnengott *Aton*. So kämpften sie gegen die Lehren der Priester, die viele andere Götter verkündeten. *Aton* war nun der einzige Gott, die Quelle des Lebens und des Lichtes. Alle Tugenden und Fähigkeiten wurden den Menschen von ihm geschenkt. Er war im Besitz der kosmischen Weltordnung *Maat*. So garantierte er unter den Menschen die Gerechtigkeit und die Wahrheit. Die frühere Göttin der Weisheit wurde nun ein Teil seines Wesens.

Aton wird in der Gestalt der Sonnenscheibe verehrt. Seine Strahlen gehen zur Erde und erfüllen alle Lebewesen mit Lebenskraft. Alle Geschöpfe, die Tiere und die Menschen, erhalten vom Sonnengott ihre Wohltaten. Sie singen sein Lob und seinen Dank. Er ist der Gott der Vorsehung, denn er weiß alles und sieht alles im voraus.

Er beschützt das Volk der Ägypter, aber auch die fremden Völker, die im Land sind. Er vereint alle Menschen in seiner göttlichen Liebe. Täglich erneuert er das Leben im Land, er reguliert das Wasser im heiligen Fluß Nil. Er läßt die Kornfelder gedeihen und die Obstbäume Früchte tragen. Als gütiger und lichtvoller Gott sorgt er für die Pflanzen, für die Tiere und für die Menschen. Alles, was die guten Götter bisher taten, bewirkte nun der eine Gott *Aton*. (MdV I, 78–83)

5
Die Kanaanäer

Einleitung

Zu den westsemitischen Völkern zählen die Kanaanäer, die Syrer und die Israeliten. Im Land Kanaan (später Palästina) ist die herrschende Bevölkerung seit ungefähr 3000 v. Chr. semitisch, durch Namen archäologisch gut bezeugt.

Die Menschen leben teilweise als wandernde Hirtennomaden, zum Teil aber sind sie schon seßhaft und betreiben Ackerbau. Es gibt einen intensiven Kulturaustausch mit den Ägyptern im Süden und mit den Babyloniern im Osten. Die frühen Bodenbauern bauten die ersten befestigten Städte, sie bildeten kleine Stadtkönigreiche. Mit dem Ackerbau entwickelten sie das Handwerk und den Handel, die Seefahrt und die Fischerei.

Der religiöse Kult war zunächst an die Sippe gebunden, doch es gab auch öffentliche Kultplätze. Das waren Steinsäulen, Quellen, heilige Bäume, Holzpflöcke. Diese Orte galten als heilig, auf ihnen ruhten die göttlichen und dämonischen Kräfte. Dort wurden Altäre aus Stein gebaut, um Tieropfer und Menschenopfer zu bringen. Es gab Frühformen von Tempeln, wo die Rituale der Fruchtbarkeit ausgeführt wurden. Dort gab es kultische Prostitution mit »heiligen Frauen« (quedeschah), um den Feldern, den Obstbäumen, den Haustieren und den Menschen die Fruchtbarkeit zu schenken.

Die archäologischen Ausgrabungen von Ugarit (Ras Schamra) seit 1929 zeigen, daß diese Kultur bis ca. 4000 v. Chr. zurückverfolgt werden kann. Die dort gefundenen Keilschrifttexte geben uns Einblick in die Mythologie dieser Kultur. Zwei ausgegrabene Tempel aus dem 2. Jahrtausend v. Chr. sind dem Gott Baal und dem Gott Dagan geweiht. Beide sind Schutzgötter für den Ackerbau und für die Viehzucht, beide werden um Fruchtbarkeit angerufen.

Durch das jährliche Ritual der »Heiligen Hochzeit« wird das Wachstum der Felder geweckt. Die Götter erhalten Erntegaben, Tieropfer und auch Menschenopfer. Vor allem die Erstgeburten sind ihnen geweiht. Im Ritual wurden der Tod und die Auferstehung des Gottes Baal gefeiert. Viele Elemente dieser Mythologie finden sich in der Religion des Volkes Israel.

1. Der Rindergott El

El ist der oberste der Götter, sein Symbol ist der Stier. Wie dieser die Kuhherden befruchtet, so macht der Gott *El* die Viehherden, die Felder und die Menschen fruchtbar. Er heißt auch der »Vater der Menschen« oder der »Erschaffer der Dinge«, der »Vater der Jahre« oder der »Alte der Tage«. Als alter Mann besitzt er Weisheit und Güte. Deswegen nennen ihn die Menschen den »Gnädigen« und den »Erbarmer«.

Er wohnt an einem fernen Ort, der den Menschen verborgen ist; an der Quelle von Flüssen oder in den tiefen Tälern. Zu ihm kommen die anderen Götter, um ihm ihre Beschwerden vorzutragen. Er hat die Welt der Menschen erschaffen, aber er greift in den Lauf der Dinge nicht mehr ein. Er lebt ruhig und zurückgezogen und genießt sein göttliches Leben.

(MdV I, 136f)

2. Der junge Gott Baal

Der Gott *Baal* hatte die Gestalt eines jungen Mannes und eines tapferen Kriegers. Er trug die Steinkeule und die Lanze aus Eisen. Aus der Lanze zuckte ein Blitz. Auf seinem Helm trug er zwei Stierhörner, er trat auch in der Gestalt des himmlischen Stieres auf. Er fuhr über die Gewitterwolken, er brüllte im Donner und leuchtete im Blitz. Er herrschte über die Wasser des Himmels und über die Wasser der Erde.

Weil er der Schutzgott der Rinder war, bildeten ihn die Hirten in der Gestalt eines Stieres ab. Als sie Gold gewinnen konnten, vergoldeten sie diese Bilder, sie machten ein »goldenes Kalb«. Als Krieger hatte er den obersten Platz unter den Göttern. Er herrschte als König über die Götter und über die Menschen.

Doch im Kampf gegen seine Feinde wurde er getötet. Aber er blieb nicht in der Unterwelt, sondern er stand zu einem neuen Leben auf. Sein Tod und seine Auferstehung wiederholen sich jedes Jahr.

(MdV I, 137f)

3. Die Geburt von Göttern

Der Gott *El* lebte am Ufer des Meeres. Sein starkes männliches Glied beeindruckte zwei Göttinnen. Er paarte sich mit beiden, während im Opferfeuer ein Vogel gebraten wurde. Die beiden Göttinnen wurden schwanger und gebaren drei »huldvolle Götter«, nämlich die Morgenröte (Sahar), den Frieden (Schalim) und die Dämmerung. Die Götterkinder wurden von der barmherzigen Göttin *Athirat* gestillt. Sie wuchsen schnell heran und mußten sieben Jahre lang die Äcker und die Viehweiden beschützen.

In dieser Zeit füllten sich die Kornspeicher mit Vorräten. Es wurde die »Heilige Hochzeit« gefeiert, dabei wurde ein Ziegenlamm in Milch gekocht. Durch diese Riten sollte das Wachstum der Felder vermehrt werden, die Tiere sollten trächtig werden.

(MdV I, 136f)

4. Der Kampf gegen den Meeresgott

Der Meeresgott *Jam* wollte sich einen großen Palast errichten lassen. Der Schutzgott der Handwerker, *Kuthar,* sollte das Bauwerk ausführen. Doch dieser wohnte auf der Insel Kreta und in Ägypten. Der Göttervater *El* hatte diesem Plan schon zugestimmt.

Doch die Göttin *Astar* protestierte und forderte den Meeresgott zum Zweikampf heraus. Doch dieser verlangte von der

Versammlung der Götter, daß ihm der junge Gott *Baal* als Arbeitssklave übergeben werde. Der Göttervater kam diesem Wunsch nach. Er sagte aber voller Ironie voraus, daß dieser Gott *Baal* sein starker Gegner sein werde.

Es kam zum Kampf der Götter. Die Göttinnen *Anat* und *Astarte* kämpften auf der Seite des jungen *Baal*. Dieser hatte zwei magische Keulen eingesetzt, die geheime Namen trugen. Mit diesen Keulen zerschmetterte er den Kopf des Meeresgottes *Jam*. Und die Göttin *Astarte* rief aus: »*Jam* ist tot. Es lebe *Baal*. Er ist unser König!« Damit konnte der junge Kriegergott *Baal* den Königsthron in der Götterwelt besteigen.

(MdV I, 138f)

5. Der Königspalast des Gottes Baal

Baal hatte noch keinen Palast im Himmel, um mit seinen Freunden ein großes Fest feiern zu können. Da schickte er seine Schwester *Anat* zum Göttervater *El*, um ihn zu bitten, er möge auch für *Baal* einen Palast erbauen lassen. Auch die Göttermutter *Athirat* schloß sich dieser Bitte an. Der Palast sollte aus Gold, aus Silber und aus Lapislazuli-Steinen gefertigt werden. Dann sollte der Gott *Baal* den Göttern und den Menschen reichlich Regen senden.

El ließ aus Ägypten den Baumeister *Kuthar* holen, dieser baute nun den wunderschönen Palast für *Baal*. In der Zwischenzeit besuchte der Gott *Baal* die Städte seines Königreiches. Als er zurückkehrte, war der Palast fertig. Es wurde ein großes Fest gefeiert, dabei bestieg er seinen Königsthron.

Dasselbe tut der Menschenkönig. Auch er feiert jedes Jahr ein großes Fest und besteigt den Königsthron, um seine Herrschaft zu erneuern.

Baal sandte den Göttern und den Menschen den Regen, so daß die Felder gedeihen und das Korn wachsen konnte.

(MdV I, 138–140)

6. Die Kämpfe der Göttin Anat

Anat war die Schwester des Gottes *Baal*. Sie war eine begeisterte Kriegerin und kämpfte gegen viele Feinde. Sie hatte gefährliche Waffen und watete im Blut ihrer Feinde. Die Köpfe der getöteten Feinde stapelte sie zu einem Hügel. Nachdem sie den Kampf gewonnen hatte, gab sie ihrem Bruder *Baal* den Befehl, jetzt wieder Frieden zu halten und den Feldern die Fruchtbarkeit zu schenken.

Denn die Menschen und Götter mußten sich ja ernähren. Im Kampf hatte sie die Feinde des Baal getötet, nämlich den Meeresdämon, einen wilden Drachen und eine Schlange mit sieben Köpfen. Als wilde Kriegerin war sie auch beim Göttervater sehr angesehen. Und die Könige der Menschen riefen sie um Kriegsglück an. (MdV I, 139f)

7. Der Tod des Gottes Baal

Der Regengott *Baal* mußte jedes Jahr sterben, um die Felder fruchtbar zu machen. Er mußte sich selbst zum Opfer bringen. Der Getreidegott *Mot* forderte den Regengott *Baal* auf, in seine dürstende Kehle hinabzusteigen. Vorher hatte *Baal* mit der Göttin *Anat* noch einen Sohn gezeugt. Dann war er bereit, sich für die Fruchtbarkeit der Felder und der Herdentiere zu opfern.

Er stieg in den Rachen des Gottes *Mot* hinab und wurde von diesem gierig verschlungen. Nun war der »Fürst der Erde« tot. Die Göttin *Anat* weinte und klagte und schlug wild an ihre Brust.

Mit der Sonnengöttin *Schapasch*, die alle Winkel der Erde ausleuchtet und kennt, machte sie sich auf die Suche nach dem Getreidegott *Mot*. Sie fand ihn und tötete ihn mit einem Schwert. Dann zerstückelte sie seinen toten Körper und verstreute die Leichenteile über die Felder, um sie wieder fruchtbar zu machen. Auch die Vögel fraßen von den Leichenteilen.

Da sah der Göttervater im Traum, daß der tote Gott *Baal* dem Leben wieder zurückgegeben werde. Er sah, wie Öl und Honig vom Himmel auf die Erde flossen. Die beiden Göttinnen suchten weiter nach dem toten *Baal.* Sie fanden ihn und setzten ihn auf einen Tragsessel. Nun kam wieder Leben in seinen Körper, und er konnte die Herrschaft über sein Land wiederaufnehmen.

Die Götter und die Menschen, die vorher um den toten *Baal* getrauert hatten, feierten nun ein großes Freudenfest. Denn *Baal* lebte wieder. Dieses Fest der Auferstehung des Gottes *Baal* feiern sie jedes Jahr, damit ihre Felder fruchtbar bleiben.

(MdV I, 140–142)

8. Die Göttin Athirat

Die Göttin *Athirat* ist die Ehefrau des Göttervaters *El.* Sie ist die Beschützerin der Ehen bei den Göttern und bei den Menschen. Als große »Göttermutter« hat sie siebzig Gottessöhnen das Leben geschenkt.

Den Bäumen schenkt sie reichlich Früchte, sie schützt die Frauen bei der Geburt. Die Seefahrer rufen sie als die Beschützerin der Meere an. Die Menschen stellen sie in vielen Bildern und Statuen dar, um ihren Schutz zu haben. (Hb RG II, 41–42)

9. Der Gott Baal in der Unterwelt

Der Göttervater *El* gibt dem jungen Gott *Baal* jedes Jahr den Befehl, sich zu opfern und in die Unterwelt hinabzusteigen. Wenn *Baal* tot ist, dann verdorrt das Gras auf den Feldern, die Tiere lechzen nach Wasser. Die Menschen verlieren ihre Lebenskraft. Auf der Erde hört das Wachstum auf. Es fällt kein Regen mehr, denn *Baal* hat den großen »Wassersack« mitgenommen. Selbst der Göttervater trauert um den toten *Baal.*

Dann steigt die Göttin *Anat* zusammen mit der Sonnengöttin in die Unterwelt hinab. Beide finden den toten Baal und tragen gemeinsam seinen Leichnam auf den Götterberg im Norden. Dort beweinen sie ihn und bestatten ihn in der Höhle eines Drachen.

Dann tötet die Göttin *Anat* den Totengott *Mot*. Sie holt die Seelenkraft des toten *Baal* aus der Unterwelt. Jetzt kehrt *Baal* zum Leben zurück. Vom Himmel regnen Öl und Honig auf die Erde. Die Felder der Menschen beginnen zu wachsen, die Tiere werden wieder fruchtbar.

(Hb RG II, 44–46)

10. Die Heilige Hochzeit

Die Meeresgöttin *Athirat* reitet auf einem prächtig geschmückten Esel hinauf zu den Quellen des großen Flusses, zu den Feldern des Göttervaters *El,* zu den Bergen des Nordens. *El* empfängt die Göttin voller Freude, auf seinem Thron sitzend. Er ruft es laut hinaus, daß *Baal* nun König und Richter ist. Nun wird für den *Baal* ein »Haus« gebaut, ein großer Tempel.

Sieben Tage lang brennen die Opfer auf den Altären des Tempels. Die Götter feiern das große Freudenfest, sie essen das Opferfleisch und trinken den Opferwein. Dann feiert der Göttervater mit der Göttin *Athirat* die »Heilige Hochzeit«. Sie paaren sich. Er läßt den Donner erschallen, reichlich strömt der Regen auf die Erde.

Er steigt auf den Königsthron und ruft sich selbst zum König aus. Nun ist die Fruchtbarkeit der Felder, der Tiere und der Menschen wieder für ein Jahr gesichert. So feiern die Götter und die Menschen jedes Jahr das große Fest. Denn jedes Jahr beugt sich das Leben für kurze Zeit dem Tod. Doch am Ende trägt der Gott des Lebens den Sieg davon.

(Hb RG II, 44–47)

11. Die Ordnung der Zeit

Für den Göttervater *El* wird ein großes Festmahl bereitet, für acht Götter werden Sitze aufgestellt. Dann werden zwei Göttinnen in das Heiligtum des Gottes *El* geleitet. Dort füllt der Göttervater ein Becken mit Wasser. Dann paart er sich mit beiden Göttinnen, er feiert mit ihnen die Heilige Hochzeit. Die beiden Göttinnen gebären ihm zwei Söhne, die Morgendämmerung und den Sonnenuntergang.

Dann wird ein Vogel als Opfer dargebracht. Die beiden Göttersöhne ordnen die Zeit. Der eine bestimmt über den Morgen, der andere über den Abend. Dann wandern sie gemeinsam über die heilige Wiese und suchen die Freundschaft mit den Steinen und den Bäumen. Vom Wächter der Getreidefelder verlangen sie Korn und Wein als Nahrung.

(Hb RG II, 49–50)

12. Das Chaos des Tötens

Nachdem die Göttin *Anat* den toten *Baal* gesehen hatte, brach sie in Raserei aus. Sie tötete den bösen Drachen und die Schlange mit den sieben Köpfen. Dann ging sie mit dem Schwert auf die Götter der eigenen Stadt los und tötete sie, bis sie im Blut watete. Danach vollzog sie ein Reinigungsritual mit Wasser und mit Öl.

In der Zeit, als der Gott *Baal* in der Unterwelt war, da war in der Götterwelt das Chaos des Tötens ausgebrochen. Erst als die Wiederkehr des Lebensgottes *Baal* aus der Unterwelt vorbereitet wurde, kam das Töten zu Ende. (Hb RG II, 50–51)

13. Der König Daniel

Der König Daniel hatte noch keinen Sohn. Er brachte den Göttern sieben Tage lang große Opfer dar und bat sie um einen

Sohn. Im Traum erhielt er die Zusage der Götter, einen Sohn zu bekommen. Danach paarte sich der König mit der Königin, und sie gebar einen Sohn. Dieser erhielt den Namen *Aquat*. Es wurde das große Geburtsfest gefeiert, dabei wurde das Schicksal bestimmt.

Doch das Schicksal sagte, daß der Sohn bald sterben muß. Da stürzte sich ein Adler auf den Königssohn und tötete ihn. Nun war Trauerzeit im ganzen Reich, der Gott *Baal* hielt den Regen zurück.

Der tote Königssohn wurde im Trauerritual feierlich begraben. Doch die Schwester des Königssohnes rächte ihren Bruder, sie tötete den Adler. Danach zeugte der König mit der Königin einen zweiten Sohn.

(Hb RG II, 52–53)

14. Die Hochzeit des Königs

Der König *Keret* war ein Sohn des Göttervaters *El* und einer Menschenfrau. In einem Traum erfuhr er von *El*, daß er bald Söhne bekommen werde. Er sollte sich eine Braut aus dem Land Edom werben. Er brachte dem Göttervater ein Opfer dar, dann begab er sich auf die Brautschau. Auf dem Weg nach Edom besuchte er das Heiligtum der Göttin *Athirat* im Land der Tyrer. Sie war die Beschützerin der Ehe. Er versprach ihr ein großes Opfer, wenn die Hochzeit gelingen sollte.

Als der König mit seinen Kriegern nach Edom kam, da befürchtete der König von Edom einen Krieg. Er bot Frieden an. Doch *Keret* sprach: »Gib mir deine schöne Tochter, von edlem Geschlecht, deine Erstgeborene. Sie ist schön wie die Göttinnen *Anat* und *Astarte*. Ihre Augen strahlen wie edle Steine.« Da willigte der König in die Hochzeit seiner Tochter ein.

Im Himmel versammelten sich die Götter und gaben ihre Zustimmung zur Hochzeit des Königs. Der Göttervater *El* sagte dem König voraus, er werde acht Söhne und vier Töchter bekommen. Nun feierte der König mit seinen Getreuen das Hochzeitsfest, mit Fleisch und Wein.

Danach paarte er sich mit seiner Braut. Die junge Königin wurde schwanger und gebar der Reihe nach acht Söhne und vier Töchter. So hatte sich der Segen des Göttervaters *El* erfüllt.

(Hb RG II, 54–55)

15. Krankheit und Tod des Königs

Im Haus des Königs *Keret* wurde ein großes Fest gefeiert. Doch der König war nicht dabei, er war krank. Sein Sohn klagte und fragte laut, wie es sein kann, daß der König, ein Sohn des Göttervaters *El,* sterben muß. Da er krank war, hielt ihm die älteste Tochter die Klage. Es wurde ein großes Opfer gebracht, als Bitte um Regen und reiche Ernte und um Gesundung des Königs.

Nun fragte der Göttervater *El* die Götterversammlung siebenmal, ob er die Krankheit des Königs vertreiben solle. Da niemand antwortete, sagte er, er werde die Krankheit vertreiben. Darauf wurde der König gesund und bestieg wieder den Königsthron. Doch nun wollte bereits dessen Sohn König werden. Der Vater verfluchte den Sohn.

Nach ein paar Jahren wurde der König wieder krank. Doch diesmal wurde er nicht geheilt, sondern mußte sterben. Er wurde feierlich begraben. Es wurde ihm ein großes Opferfest gestaltet. Nun ging er als Sohn des Göttervaters in die Welt der Götter ein. Auf der Erde übernahm sein Sohn die Herrschaft.

(Hb RG II, 55–56)

16. Der sterbende Gott Adonis

Im Land der Phöniker wurde der Gott *Adonis* verehrt. Er war der Herr der Fruchtbarkeit. Doch jedes Jahr mußte er sterben und in die Unterwelt gehen. Dann kam auf der Erde das Wachstum zu Ende. Nach einiger Zeit kam *Adonis* wieder aus der Unterwelt in den Himmel zurück. Auf der Erde begannen die Felder zu grünen, das Getreide wuchs.

Götter und Menschen feierten ein großes Fest, das der König leitete. Es wurden viele Opfer gebracht: Tiere und Menschen. Erstgeborene Kinder wurden den Göttern geopfert.

Der König feierte mit der Königin oder mit einer Priesterin im ganzen Land die »Heilige Hochzeit«. Damit sollte die Fruchtbarkeit für ein weiteres Jahr gesichert sein. *Adonis* hatte die Mächte der Finsternis besiegt. Er brachte den Menschen auch die Heilung von Krankheit. Daher war die Schlange sein heiliges Tier.

(Hb RG II, 56–58)

6
Die Israeliten

Einleitung

Auch die Israeliten sind ein westsemitisches Volk. Ihre Wurzeln liegen zum Teil in Babylonien, zum Teil in Ägypten. Um 1200 v. Chr. wandern sie als Hirtennomaden in das Land der Kanaanäer. Nach und nach besiegen sie die einzelnen Städte der Kanaanäer und werden selber seßhafte Ackerbauern. Sie vermischen sich mit den Besiegten.

Die einzelnen Stämme haben ihre Schutzgötter, sie bilden Kampfbündnisse. Bei einem Bundesschluß am heiligen Berg Sinai einigen sie sich auf einen gemeinsamen Schutzgott Jahwe. Er war vorher ein Schutzgott der Rinder bei den Medianitern. Doch sie verehrten weiterhin auch die Götter El, Aschera, Athirat u. a.

Das Kriegerbündnis wurde in der Frühzeit von Richtern und Kriegern geleitet. Als sie vom Nachbarvolk der Philister bedroht wurden, machten sie ihren Heerführer Saul zu ihrem König. In der Folgezeit wurde ein Tempel gebaut. Doch das Reich zerfiel in zwei Teile. Es wurde von den Babyloniern abhängig, später von den Persern, danach von den Makedoniern und zuletzt von den Römern. Der Glaube an den Bundesgott Jahwe formte die Identität des Volkes.

1. Die Erschaffung der Welt I

Als der Himmelsgott *El/Jahwe* die Erde erschuf, da gab es noch keine Sträucher, keine Fruchtbäume, kein Getreide. Es gab noch keinen Regen und keine Menschen. Da strömte Wasser aus der Tiefe des Ackerbodens. Nun formte der Gott *El/Jahwe* aus der feuchten Ackererde den Menschenmann. Er blies ihm seinen Lebensatem durch die Nase.

Dann führte er ihn in einen wunderbaren Fruchtgarten mit vielen Obstbäumen. Vier Flüsse flossen durch diesen Garten. Der Gott *El/Jahwe* erlaubte dem Menschenmann, von allen Bäumen die Früchte zu essen. Nur von zwei Bäumen in der Mitte des Gartens durfte er nicht essen. Es waren dies der Baum der Erkenntnis von Gut und Böse und der Baum des Lebens.
(Gen 2, 4–16)

2. Die Erschaffung der Menschenfrau

Nun sah der Gott *El/Jahwe*, daß der Menschenmann allein war. Er versprach, er wolle ihm eine Gehilfin machen. Zuerst formte er aus der Ackererde alle Feldtiere und die Vögel. Der Menschenmann sollte ihnen die Namen geben. Danach ließ er den Menschenmann in tiefen Schlaf fallen. Er nahm eine Rippe aus seinem Körper und formte daraus die Menschenfrau.

Der Mann erkannte sie als Fleisch von seinem Fleisch, als Bein von seinem Bein. Beide waren unbekleidet, sie paarten sich und hatten Söhne. Damit begann unter den Menschen die Ehe: Die Männer verlassen ihre Sippe und schließen sich der Sippe ihrer Frauen an.
(Gen 2, 17–24)

3. Der große Sündenfall

Die Schlange war ein heiliges Tier. Vor allem die Frauen verehrten sie. Diese Schlange sprach zur Menschenfrau, sie solle von den Früchten der verbotenen Bäume essen. Dann werde sie das Gute und das Böse selbst erkennen, und sie werde nicht sterben.

Die Frau glaubte der Schlange und begann von den Früchten des einen Baumes zu essen. Und sie gab auch dem Mann zu essen. Und beide aßen von den verbotenen Früchten. Nun erkannten sie, daß sie unbekleidet waren. Sie machten sich Kleider aus Fellen und Blättern.

Da ging der Gott *El/Jahwe* durch den Obstgarten. Er rief nach dem Menschenmann: »Warum hast du vom verbotenen Baum gegessen?« Der Mann gab der Frau die Schuld. Die Frau gab der Schlange die Schuld. (Gen 3, 1–13)

4. Die Vertreibung aus dem Obstgarten

Da verfluchte der Gott *El/Jahwe* die Schlange unter allen Tieren: Sie sollte ohne Beine im Staub kriechen. Dann bestrafte er die Frau: Sie sollte ihre Kinder mit vielen Schmerzen gebären und dem Mann untertan sein.

Zuletzt bestrafte er den Mann: Die Ackererde sollte verflucht sein, dort sollten Dornen und Disteln wachsen. Der Mann soll mit großer Mühe das Getreide ernten. Beide Menschen müssen sterben und zum Staub zurückkehren, denn sie wurden aus dem Staub gemacht.

Die Menschen hatten vom Baum der Erkenntnis gegessen: Nun konnten sie selber erkennen, was für sie gut und was schlecht war. Der Gott *El/Jahwe* wollte verhindern, daß sie auch vom Baum des Lebens essen, damit sie nicht unsterblich werden.

Deswegen vertrieb er sie aus dem Obstgarten. Er stellte einen Engel mit dem Flammenschwert zur Bewachung auf. Nun mußten die Menschen den Ackerboden bebauen, um mühsam ihr Korn und ihr Brot zu haben. Und am Ende wartete auf sie der Tod. (Gen 3, 14–24)

5. Der erste Totschlag

Das erste Menschenpaar hatte zwei Söhne: Kain wurde Ackerbauer, Abel wurde Viehhirt. Beide lebten friedlich zusammen. Eines Tages brachte Kain für den Gott *El/Jahwe* ein Opfer mit Feldfrüchten dar. Und Abel brachte ein Opfer dar mit Erstlingstieren. Da nahm der Gott *El/Jahwe* nur das Opfer des

Schafhirten an. Das Opfer des Ackerbauern nahm er nicht an. Daraufhin wurde Kain zornig und erschlug seinen Bruder Abel.

Das Blut des Getöteten schrie zum Himmel. Der Gott *El/Jahwe* sprach zu Kain: »Was hast du getan? Du sollst verflucht sein, vom Ackerland vertrieben. Du sollst aus der Welt der Menschen ausgeschlossen sein.«

Daraufhin machte Gott dem Mörder ein Zeichen auf die Stirn, das ihn schützen sollte. Niemand durfte den Kain töten.

(Gen 4, 1–16)

6. Die Gottessöhne

Die Menschen vermehrten sich, ihnen wurden Söhne und Töchter geboren. Da sahen die Gottessöhne im Himmel, daß die Menschentöchter auf der Erde schön waren. Sie nahmen sich diese zu Frauen und paarten sich mit ihnen.

Da verbot der Gott *El/Jahwe* seinen Söhnen die Ehe mit den Menschentöchtern. Er wollte nicht, daß sein Lebensgeist in das sterbliche Menschenfleisch gerate. Die Gottessöhne aber lebten lange Zeit auf der Erde, sie waren Riesen und große Kriegshelden. Für die Menschen aber bestimmte der Gott *El/Jahwe* die Lebenszeit auf höchstens hundert Jahre.

(Gen 6, 1–5)

7. Die große Flut

Da begann der große Regen, er dauerte 40 Tage und 40 Nächte lang. Die ganze Ackererde war überflutet, alle Tiere und Menschen kamen in den Fluten um. Nur Noah war auf göttlichen Auftrag hin mit seiner Sippe und den ausgewählten Tieren in ein Schiff gegangen. Das Schiff schwamm über die Wasserfluten. Nach 40 Tagen schloß der Gott *El/Jahwe* die Wasserfluten im Himmel und die Fluten unter der Erde ein. Er ließ den Wind wehen, und die Erde trocknete langsam wieder ab.

Da schickte Noah die Taube aus dem Schiff. Sie sollte erkunden, ob die Erde schon trocken war. Dann segnete der Gott die Sippe des Noah und die Tiere, die im Schiff waren. Alle verließen das Schiff. Die Tiere und die Menschen paarten sich und mehrten sich.

Noah baute für seinen Gott einen Altar und brachte ihm ein Brandopfer dar. Der Gott *El/Jahwe* versprach nun feierlich, daß er die Menschen nicht mehr vertilgen werde. Er ordnete den Ablauf der Zeit, die Aussaat und die Ernte. Er ordnete Kälte und Hitze, den Tag und die Nacht. (Gen 7, 17–8, 22)

8. Der Turmbau zu Babel

Am Anfang hatten alle Menschen dieselbe Sprache, sie benutzten dieselben Worte. Als sie im Osten siedelten, lernten sie, aus Lehm Ziegel zu formen. Sie brannten sie in der Sonne zu festen Steinen. Und sie begannen, damit ihre Stadt zu bauen. Sie bauten auch einen Stufenturm, immer höher in den Himmel. Denn sie wollten sich auf der Erde einen großen Namen machen.

Da stieg der Gott *El/Jahwe* vom Himmel herab und sah den Turm. Er sagte zu sich: »Weil sie alle dieselbe Sprache haben, können sie einen solchen Turm bauen. Ich will ihre Sprache verwirren, damit sie sich nicht mehr verstehen. Und ich will sie über die ganze Erde zerstreuen, damit sie mir keinen Turm mehr bis zum Himmel bauen.«

Seither sind die Sprachen der Völker verwirrt, sie können einander nicht mehr verstehen. (Gen 11, 1–9)

9. Die Erschaffung der Welt II

Am Anfang, als der Gott *El/Jahwe* den Himmel und die Erde erschuf, da lag Finsternis über der großen Urflut. Der Geist des Gottes schwebte über den Wassern. Und der Gott sprach mit seinem mächtigen Wort: »Es werde Licht.« So wurden der Tag und die Nacht.

Dann erschuf er durch sein machtvolles Wort das Himmelszelt, das die Wasser oben und die Wasser unten trennt. Dann ließ er das trockene Land sich sammeln und setzte dem Meer eine Grenze.

Dann ließ er durch sein mächtiges Wort die Gräser, die Pflanzen und die Bäume aus der Erde sprießen. Danach befestigte er zwei große Leuchten am Himmelsgewölbe, die Sonne für den Tag, den Mond für die Nacht. Und er erschuf alle Sterne.

Dann ließ er durch sein gewaltiges Wort das Leben hervorkommen, im Wasser, in der Luft und auf der Erde. Er segnete alle Lebewesen. Danach ließ er die Feldtiere, die Wildtiere und die Kriechtiere hervortreten.

Zuletzt erschuf der Gott durch sein mächtiges Wort die Menschen. Er schuf sie als seine »Abbilder«, als Männer und als Frauen. Sie sollten sich paaren und vermehren. Sie sollten über die Vögel, über die Fische, über die Tiere auf der Erde bestimmen. Die Pflanzen und die Fruchtbäume gab er den Menschen zur Nahrung.

So wurden der Himmel und die Erde in sechs Tagen vollendet. Am siebten Tag ruhte der Gott von seinem Werk. Seither sollen auch die Menschen an diesem Tag ruhen.

(Gen 1, 1–2, 3)

10. Das Bündnis mit Abram

Der Gott *El/Jahwe* sprach zu Abram: »Zieh weg aus diesem Land. Ich will dich zu einem großen Volk machen. Ich will diejenigen segnen, die dich segnen. Und ich will diejenigen verfluchen, die dich verfluchen.« Da zog Abram mit seiner Sippe aus dem Land seiner Väter weg.

Nach langer Wanderung kam er in das Land Kanaan, wo er als Fremdling leben mußte. Bei einer Orakeleiche sagte ihm sein Schutzgott, daß er ihm das Land Kanaan geben werde. Als eine Hungersnot kam, zog Abram nach Ägypten. Als die Not vorbei war, kam er wieder nach Kanaan. Er errichtete einen Altar und brachte seinem Schutzgott ein Dankopfer dar. Dieser versprach ihm reiche Nachkommenschaft. (Gen 12, 1–13, 4)

7
Die Perser

Einleitung

Die Kultur der alten Iranier ist eng mit der der Inder verbunden. Beide Völker gehören zur indoeuropäischen Völkergruppe, die ab 1500 v. Chr. in Persien und in Indien einwanderten. Sie leben zunächst als Hirtennomaden und werden dann als Ackerbauern seßhaft. Sie bilden kleine Stadtkulturen und leben in Sippen und in Stammesverbänden. Es bilden sich soziale Schichten heraus: Krieger und Priester als Oberschicht, Bauern, Hirten, Händler und Handwerker als Mittelschicht und Arbeitssklaven als Unterschicht.

Im 9. Jh. v. Chr. siedeln die Iranier in der Landschaft Parsua, sie nennen sich selbst Parsa (Perser). Im Westen stoßen sie auf die Kultur der Babylonier, denen sie Tribut zahlen müssen. Ab dem 7. Jh. v. Chr. bilden sie größere Königreiche. Kyros II. gründete das Großreich der Achämeniden. Babylon, Ägypten und Kleinasien wurden erobert. Die Perser kämpfen gegen die Griechen, werden aber 331 v. Chr. vom Makedonierkönig Alexander besiegt und in sein Weltreich eingegliedert.

Ethnologisch sind drei Sprachen auszumachen, die der Meder, der Parther und die der Perser. Die ältesten schriftlichen Quellen sind kultische und rituelle Texte aus der Zeit des Propheten Zarathustra (5. Jh. v. Chr.): die Schrift Awesta mit ihren Hymnen, den Gathas. In diesen Texten wie auch in der altpersischen Keilschrift nennen sich die Perser Aryas (Arier), wie die Inder. Ihr Land nennen sie aryanam, später eran und Iran. Griechische Schriftsteller (Herodot, Plutarch, Strabo) berichten über das Volk der Perser.

Im 6. Jh. v. Chr. wirkte im Osten des Landes der Prophet Zarathustra. Er verkündete den Kampf zweier gegensätzlicher Geistwesen, die Erwartung des Weltendes, die Ausrottung der Lüge, ein glückliches

Leben. Die Zahl der Tieropfer soll er reduziert haben. Dem Vatergott Ahura Mazda steht der böse Gott Aryman feindlich gegenüber. Das Haoma-Ritual, das dem indischen Soma-Ritual entspricht, wird ausgeführt, um sich mit der Kraft der guten Schutzgeister zu vereinigen. Die Priester (magi) haben die Kraft des maga, nämlich die Offenbarung und den Bund des obersten Schutzgottes. Feuerkulte galten der Reinigung, außerdem waren Kulte der Fruchtbarkeit verbreitet.

Im 6. Jh. v. Chr. wurden kultische Texte unter dem Namen Awesta gesammelt. Einige Gebete, Hymnen und Bekenntnisse dürften auf Zarathustra zurückgehen. Im Westen heißen die Mythen der Perser auch die »Lehren der Chaldäer«. Seit dem 18. Jh. wurden diese Schriften auch in Europa bekannt. Die Awesta-Texte sind heute in zahlreichen Handschriften erhalten.

1. Der Gott Ahura Mazda

In der Welt gibt es viele Geistwesen, die *Amesha Spenta*. Sie sind Mittelwesen zwischen dem göttlichen Schöpfer *Ahura Mazda* und seinen vielen Geschöpfen. Diese Geistwesen leben unsichtbar in der ganzen Natur, in den Bäumen, in den Wäldern, bei den Quellen, auf den Bergen.

Der gute Geist *Vohu Mana* führt die Seelen der Toten in ein Totenland. Die Seelen der gerechten Menschen führt er zum obersten Gott. Dieser heißt *Ahura Mazda* und herrscht über die sechs göttlichen Wesen. (MdV II, 10–11)

2. Der Feuergott Ascha

Ascha ist der Schutzgott des Feuers. Er hat die Welt geordnet und hält diese Ordnung aufrecht. So sorgt er sich auch in der Welt der Menschen um die moralische Ordnung. Aber er ordnet im Kosmos den Lauf der Gestirne. Seine Gegner sind die bösen Dämonen. Sie wollen die Ordnung der Welt und der Menschen ständig stören.

Ascha ist auch der Schützer der Eide, die die Menschen schwören. Jeder Eid wird vor dem Feuer abgelegt. *Ascha* nimmt auch die Reinigung im Feuer vor, und er nimmt die Opfergaben der Menschen an. Er erscheint in den vielen Feuertempeln, die im ganzen Land verteilt sind. Die Menschen haben große Angst vor diesem gewaltigen Gott.

(MdV II, 12f)

3. Der Kriegergott Kschatra

Kschatra ist der Schutzgott der Krieger. Aber er schützt auch die Metalle, welche die Krieger bei ihren Kämpfen verwenden. Er schützt das Eisen. Sonst steht er auf der Seite der Armen und verteidigt ihre Rechte. Wenn die Menschen in den Krieg ziehen, dann kämpfen die Schutzgötter auf beiden Seiten.

Kschatra ist der Schutzgott des Königs. Er möchte die Kämpfe im Land beenden und dem König den Frieden sichern. Der Name des Königs ist *Schah*. Er steht unter dem besonderen Schutz des Kriegsgottes, denn er ist der Anführer der Krieger.

(MdV II, 12f)

4. Die Göttin Spenta Aramati

Diese Göttin ist die Schutzherrin der ganzen Erde und aller Lebewesen auf ihr. Doch sie verlangt von allen Lebewesen die Unterwerfung unter die Götter. Vor allem die Menschen müssen regelmäßig die Riten ausführen und sie müssen die Geistwesen anbeten.

Die Göttin wird von einem göttlichen Paar begleitet, das die Ganzheit, die Gesundheit und die Unsterblichkeit mit sich trägt.

Dieses Paar, *Haurvatat* und *Ameretat*, herrscht über die Wasser und über die Pflanzen. Diese zwei Götter kennen die Heilkräfte im Wasser und die Heilpflanzen. Die Menschen rufen diese beiden Götter bei Krankheit und in Todesangst an, sie bitten um ein langes und gesundes Leben. (MdV II, 12)

5. Die Welt der Götter

Ahura Mazda heißt auch *Ormuzd*, er herrscht über die sechs großen Götter. Er ist der Oberste der großen Sieben. Im Himmel in der Götterversammlung sitzen drei Götter zu seiner rechten Seite, drei sitzen zu seiner Linken. Ihm gegenüber sitzt der Gott *Srooscha*, der über die Welt herrscht.

Dieser begleitet die Seelen der Verstorbenen in das Land der Toten. Die Menschen verehren den Seelenbegleiter und rufen ihn drei Tage lang nach dem Tod eines Menschen an. Sie bringen ihm Opfer dar und rufen seinen Namen. Sie bitten um eine gute Seelenreise für den Verstorbenen.

(MdV II, 12–13)

6. Die göttliche Kraft des Feuers

Der oberste Gott *Ormuzd* erschuf den Ruhm und die Berufung (Kvarnah), die er den Priestern und den Propheten zuteilte. Jedem Menschen gab er ein Stück dieser Berufung, doch am meisten erhielt der König. Die Priester erhalten eine besondere Ehre und Berufung, weil sie mit ihren Opferriten die Ordnung der Welt aufrechterhalten.

Die göttliche Berufung ist wie ein Feuer, das nahe beim Wasser weilt. Das göttliche Feuer verlieh den Helden der Frühzeit ihre Kraft im Kampf. Auch der erste Mensch *Jima* war mit diesem göttlichen Feuer begabt. Doch er hat es durch eigenes Verschulden wieder verloren.

Die Kraft des göttlichen Feuers lebt auch in verschiedenen Tieren, die den Göttern heilig sind. Doch das ganze Volk der Perser ist durch die göttliche Feuerkraft unbesiegbar geworden. (MdV II, 13–14)

7. Die niederen Götter

Dem Gott *Vohu Mana* stehen drei göttliche Gehilfen zur Seite. Da ist zunächst einmal *Mah*, der Gott des Mondes. Er regelt die Zeit und läßt die Wasser des Meeres ansteigen und fallen. Der zweite Gehilfe ist *Geusch Urvan*, der in der Seelenkraft des Rindes anwesend ist.

Deswegen ist das Rind ein heiliges Tier, von ihm leben die Hirtennomaden. Der dritte Gehilfe ist *Ram*, der die Seelen der Verstorbenen auf ihrer Reise in das Land der Toten begleitet. Er hilft ihnen, die vielen Hindernisse zu überwinden und gut anzukommen. (MdV II, 14–15)

8. Der Gott Ormuzd

Der oberste aller Götter ist *Ormuzd*, er heißt auch *Ahura Mazda*. Er ist der Erschaffer der Welt und setzt ihr die Grenzen. Er gibt ihr Dauer und Bestand. Er bestimmt die Zeit des Bösen, das ihm feindlich gegenübertritt. Er kämpft gegen die Mächte des Bösen einen erbitterten Kampf. Doch er wird der Sieger sein.

Die Zeit hat den Dämonen der Finsternis eine Grenze gesetzt. Das Böse ermattet im Kampf gegen den Lichtergott, seine Zeit kommt zu Ende. Folglich wird auch in der Menschenwelt das Gute über das Böse siegen. Darauf können die Menschen vertrauen. (MdV II, 14–15)

9. Das göttliche Feuer

Der ganze Kosmos wird vom göttlichen Feuer erfüllt. Es brennt vor dem Schöpfergott *Ormuzd*, aber es brennt in allen Göttern. Auch in den Menschen und in den Tieren brennt dieses göttliche Feuer. Es ist auch in den Pflanzen und gibt ihnen das Leben. Vor allem ist es im Blitz, und es wohnt in den Wolken. Von dort steigt es im Gewitter auf die Erde herab.

Die Priester hüten das heilige Feuer in vielen Tempeln, es darf dort nie erlöschen. Denn im Feuer reinigen sich die Menschen von ihrer Schuld. Das Feuer bringt die Opfer der Menschen vor die Götter und verwandelt die Opfer.

Den Menschen hilft es beim Schmelzen der Steine, beim Erzeugen der Metalle Bronze und Eisen. Bei der Erschaffung der Welt wurde das Feuer jedem der sechs Elemente beigemischt; nämlich dem Himmel, dem Wasser, der Erde, den Pflanzen, den Haustieren und den Menschen.

Es brennt in allen Elementen und gibt ihnen das Leben. So verehren die Menschen das göttliche Feuer in 15 Abstufungen. Das höchste Feuer brennt vor dem Gott *Ormuzd*. Die Menschen schwören ihre Eide beim Feuer, das in den Tempeln brennt. So vertreiben sie die bösen Dämonen, die überall lauern. Daher nennen sich die Perser die Verehrer und »Anbeter des Feuers«.
(MdV II, 15–17)

10. Der Lichtgott Mithras

Mithras ist umgeben von den Sterngöttern, der Sonne und den anderen Gestirnen. Er schenkt den Menschen die Kunst, Eisen herzustellen, denn er läßt die Steine mit Feuer schmelzen. So lehrt er sie, die Kriegswaffen aus Eisen zu formen. Er beschützt die Krieger, sie müssen die Ordnung der Welt bewachen. Er leitet die Krieger an, in Selbstzucht und in Mäßigung zu leben.

Sie müssen das Recht und die Gerechtigkeit bei den Menschen schützen. Dafür aber müssen sie die Menschenseele kennen. Diese Kenntnis erhalten sie von der Sonne. Der Gott *Mithras* wird ständig von der Sonne begleitet. Beim großen Totengericht sitzt er auf dem Richterstuhl. Alle Seelen der Toten müssen vor ihn hintreten. Er spricht über sie das letzte Urteil. Doch die Herrschaft über das Land der Toten hat der Gott *Ormuzd*.
(MdV II, 17–18)

11. Die weiblichen Götter

Die Göttin *Ardvisura Anahita* herrscht über die Wasser, über die Bäche und Flüsse, über die Quellen im Land. Sie gibt dem Land die Fruchtbarkeit, wenn die Wasser über die Kornfelder fließen. Sie ernährt die Pflanzen, die Tiere und die Menschen. Den Tieren und den Menschen schenkt sie den Samenfluß, so daß diese sich durch Zeugung vermehren können. Bei der Zeugung und bei der Geburt ist sie anwesend, denn sie gibt die Lebenswasser weiter.

Im heiligen Trinkritual des *Haoma* ist sie anwesend. Der heilige Saft wird aus einer magischen Pflanze gepreßt. Wenn die Menschen im Ritual von diesem Saft trinken, begegnen sie der lebenspendenden Göttin. Sie begleitet die Opfer der Menschen, die allesamt das große Opfer am Ende der Zeit vorbereiten.

Die Göttin *Daeana* vermittelt den Menschen das Wissen von den Göttern, die rechte Verehrung der göttlichen Wesen. Sie läßt die Menschen die guten Götter von den bösen Dämonen unterscheiden. Sie ist die Offenbarung des Himmelsgottes *Ormuzd*, und sie zeigt den Menschen die Riten. Aber sie lehrt sie auch die Tugenden, die sie leben müssen. (MdV II, 20–21)

12. Die göttlichen Wesen

Der Gott *Khordat* hat drei Helfer, nämlich den Wind, den Siriusstern und den Regen. Ihn umgeben die *Fravaschi*, das sind Geistwesen, die den Menschen hilfreich sind. Sie treten in Gruppen auf, beschützen die Menschen und bringen ihnen die Fruchtbarkeit. Sie unterstützen das Wachstum der Getreidefelder, sie wehren böse Dämonen ab, sie begleiten die Seelen der Toten auf der Totenreise.

Sie verteidigen alle Lebewesen, wenn sie angegriffen werden. Die Sippen und die Stämme der Menschen halten sie zusammen, sie geben ihnen die Kraft zum Überleben.

Am Ende der Zeit wird der göttliche Krieger *Soschyant* auftreten. Er gilt als der vollkommene und gerechte Mensch, der die ganze Welt vom Bösen erlösen wird. So wird die Weltzeit für alle Wesen ein gutes Ende haben.

(MdV II, 20–21)

13. Der Kampf des Guten gegen das Böse

Jeder gute Gott hat einen bösen Dämon als Gegenspieler. In jeder menschlichen Tugend ist auch ein Laster als Gegenüber. In dieser Gegensätzlichkeit geschieht das kosmische Leben, aber auch das Leben der Menschen.

Der Lichtgott und die Menschen kämpfen einen ständigen Kampf gegen die Mächte des Bösen, die das Leben bedrohen und zerstören.

Am Uranfang kämpften zwei Urgötter in der Gestalt von Tieren gegeneinander, nämlich der gute Gott *Ormuzd* gegen den bösen Gott *Ahriman*. Beide waren durch einen tiefen Abgrund getrennt. Der dunkle Gott des Bösen wollte ständig in die Lichtwelt des guten Gottes eindringen. Doch durch die magische Kraft der Gebete wurde der Gott des Bösen schon besiegt.

Doch es war nur ein Teilsieg, der endgültige Sieg steht noch aus. So geht der Kampf weiter, und die Menschen haben kein ruhiges Leben. Sie sind an diesem kosmischen Kampf beteiligt. Doch ist ihnen verheißen, daß am Ende der Lichtgott über den Gott der Finsternis siegen wird. Dann wird im Kosmos und in der Menschenwelt Ruhe und Frieden sein. Der Lichtgott gibt den Menschen Mut und Hoffnung für ihr hartes Leben.

(MdV II, 22–23)

14. Der Mythos des Zurvan

Am Anfang war der Gott der Zeit *Zurvan*. Er teilte die Weltzeit in drei Zeitalter. Zuerst war die Zeit der Erschaffung des Guten und des Bösen. Dann war die Zeit der Vermischung des Guten und des Bösen. Zuletzt kam die Zeit des Kampfes und des Sieges des Guten über das Böse.

Der Gott *Zurvan* hatte um Söhne gebetet und tausend Jahre lang Opfer dargebracht. Doch dann zweifelte er an der Kraft der Opfer. In diesem Augenblick wuchsen im Körper der göttlichen Mutter Zwillinge heran: Es war der Gott *Ormuzd*, der aus der Hoffnung geboren wurde. Und es war der Gott *Ahriman*, der aus dem Zweifel geboren wurde.

Nun kämpften beide Söhne einen erbitterten Kampf um ihr Recht der Erstgeburt. Doch der göttliche Vater sicherte seinem Sohn des Lichtes und der Hoffnung den Sieg über den Sohn des Zweifels und des Dunkels. Doch der Kampf der feindlichen Zwillinge dauert an, die Zeit des endgültigen Sieges ist noch nicht gekommen.

(MdV II, 24–25)

15. Die Erschaffung der Welt

Der Gott der Zeit hat dem Kampf der feindlichen Götterzwillinge eine Grenze gesetzt. Die Welt ist aus dem Körper des Gottes *Ormuzd* herausgewachsen. Deswegen ist sie gut und lichtvoll. Aus seinem Kopf ist der Himmel gewachsen, aus seinen Füßen ist die Erde geworden. Aus seinen Tränen sind die Wasser geworden, aus seinen Haaren sind die vielen Pflanzen gewachsen.

Aus seiner rechten Hand kommen die Rinderherden, die die Menschen nähren. Aus seinem Geist ist das Feuer geworden, es gibt allen Wesen die Lebenskraft. Somit ist die ganze Welt gut und lichtvoll, sie ist aus dem Lichtgott gewachsen. Doch die bösen Dämonen kämpfen gegen das Gute und gegen das Licht.

(MdV II, 25–26)

16. Die Geburt des Zarathustra

Der Gott der Zeit *Zurvan* hatte seinen männlichen Samen in einen großen See vergossen. Dieser Same schwamm an der Oberfläche des Wassers, bis ein junges Mädchen im See badete. Dabei wurde das Mädchen vom Samen des Gottes *Zurvan* befruchtet. Und es gebar einen Sohn, den Propheten *Zarathustra*. Er ist der Sohn des Gottes der Zeit und einer menschlichen Mutter.

Mit seiner Geburt begann eine neue Zeitepoche. *Zarathustra* hat den Opferkult neu geordnet und den Menschen viele Weisheiten gebracht. (MdV II, 23–24)

17. Die Großtaten des Zarathustra

Zarathustra ist göttlicher Herkunft. Als Priester leitete er die Trankopfer und das *Haoma*-Ritual. Dadurch sollte die Welt sich jedes Jahr erneuern. Winter und Sommer sollten sich abwechseln. Aber *Zarathustra* wurde von einem bösen Dämon behindert. Doch durch seine wunderbare Kraft hat er die Dämonen zurückgedrängt.

Er ist mit dem ersten Menschen *Gajomart* und mit dem letzten Menschen *Soschjan* in Verbindung. Damit sichert er den Bestand des Menschengeschlechtes. Seine Opferriten haben kosmische Wirkung, sie schwächen die Kraft der bösen Dämonen. Zeitweise werden diese durch die Opfer sogar gelähmt.

Zarathustra bekehrte den König Vischtaspa zur Religion des guten Lichtgottes *Ormuzd*. Der Lichtgott schickte dem König zwei Engel, die ihm die Schönheit der Lichtwelt zeigten. Danach verehrte der König den guten Lichtgott. Er führte viele Kriege gegen die Anhänger des bösen Gottes der Finsternis. Diese Kriege werden erst in der Zukunft entschieden, aber sie enden mit dem Sieg des Lichtgottes. Das ist die Lehre des *Zarathustra*. (MdV II, 29)

18. Die Seelenreise

Nach dem Tod eines Menschen trennt sich seine Seele vom Körper. Am vierten Tag wandert sie aus, bei Tagesanbruch schreitet sie über eine große Brücke. Sie wird von guten Geistwesen begleitet, die sie vor bösen Dämonen schützen. Dann kommt sie vor den großen Seelenrichter, der »Ausleser« heißt. Mit seinen drei Gehilfen wiegt er die guten Taten der Seele, die ein Mensch auf der Erde vollbracht hat.

Die Seele mit vielen guten Taten wird von jungen Mädchen in Empfang genommen. Sie trägt ihre guten Taten mit sich. Die Mädchen geleiten die Seele in das helle Lichtreich, wo warmer und duftender Wind weht. Dort darf sie bleiben.

Doch die böse Seele wird von bösen Dämonen in Empfang genommen und in einen tiefen Abgrund gestürzt. Dort wird sie von ihren eigenen bösen Taten ewig gequält. So erhalten die guten Taten den Lohn im Lichtreich. Die bösen Taten aber werden mit den Qualen des Abgrundes bestraft. (MdV II, 29–30)

19. Die Weltzeiten

Die drei Zeitepochen folgen aufeinander. In der letzten Epoche soll der Kampf des Guten gegen das Böse vollendet werden. Die ganze Schöpfung des Gottes *Ormuzd* hat den Zweck, das Böse im Kosmos endgültig zu besiegen. Dann wird die Welt wieder zu ihrem guten Anfang zurückkehren.

Doch jetzt erfolgt der Kampf des Lichtgottes gegen die Mächte der Finsternis. Für die Menschen bedeutet dies Not und vielfältiges Unglück. Ihre Felder werden überschwemmt, oder sie trocknen in der Dürrezeit aus. Es gibt unter den Königen viele Tyrannen, die die Menschen bedrücken.

(MdV II, 31–32)

20. Die Auferstehung der Toten

Doch am Ende der Zeit wird das Licht den Sieg davontragen. Dann werden auch die Körper der toten Menschen zu neuem Leben auferstehen. Der Gott *Soschyan* wird als Opferpriester den heiligen Stier *Hadahyans* schlachten. Dann vermischt er dessen Fett mit dem *Haoma*-Trunk. Damit wird den Menschen der Trunk der Unsterblichkeit zubereitet.

Durch die Kraft der Opfer und des *Haoma*-Trunkes werden die Toten wieder lebendig. Ihre Körper stehen zu neuem Leben auf: Die ganze Schöpfung kehrt in den Urzustand zurück. Die Menschen werden mit allem beschenkt, was sie sich wünschen. Alle finden ihre Ehepartner und erhalten reiche Nachkommenschaft. So leben sie mit dem Lichtgott *Ormuzd* in einer glücklichen Welt.

Im Feuer geschmolzenes Metall überzieht nun die ganze Erde. Durch den Feuerfluß werden auch die bösen Menschen von ihren bösen Taten gereinigt. Ihre Qual in den Abgründen kommt zu Ende. Nun kommen alle Menschen, die guten und die bösen, in die Lichtwelt des Gottes *Ormuzd*. Der Gott der Finsternis ist endgültig besiegt. Dies ist das Ende der Zeit, die Welt ist zu ihrem Ursprung zurückgekehrt. (MdV II, 31–32)

21. Der erste König

Jima war der erste Mensch und der erste König. Ihm wurden vom höchsten Lichtgott *Ormuzd* die Offenbarungen angeboten. Doch *Jima* lehnte diese ab. Daraufhin erhielt er vom Schöpfergott den Ring und den goldenen Rittersporn. Und er wurde König über die Menschen. Er mußte von ihnen die Unwetter, die Krankheit und den frühen Tod fernhalten.

Doch die Menschen und ihre Haustiere vermehrten sich so rasch, daß ihnen wenig Platz zum Leben blieb. Durch seine magische Kraft vermehrte der König die Größe der Kornfelder. Doch der Himmelsgott verminderte die Zahl der Menschen, er schickte ihnen große Überschwemmungen und eiskalte Winter. Aber der König sollte die Samen von allen Pflanzen sammeln, damit sie den Eiswinter und die Überschwemmung überlebten. So kamen viele Tiere und Menschen um. Die Lebenszeit der Menschen wurde fortan auf 40 Jahre begrenzt.

Nach einer langen Regierung, in der es den Menschen gutging, kam der König zum Sterben. Er wurde vom bösen Dämon *Azhi Dajaka* angegriffen und in zwei Teile zersägt. Denn er war den Göttern zu stolz und zu mächtig geworden. So starb der erste König, die Erinnerung an ihn blieb bei den Menschen. Er war ein großer Held und ein Bringer der Kulturgüter.

(MdV II, 34–35)

22. Der Urahn Gajomart

Der Urahn der Menschen *Gajomart* wurde vom Schöpfergott *Ormuzd* nach dem Rind erschaffen. Denn das Rind sollte den Menschen mit seiner Milch ernähren. Der Same des Rindes stammte aus dem göttlichen Feuer. Seither ist dieses Tier den Menschen heilig. *Gajomart* wohnte an den Ufern eines großen Flusses. Am anderen Ufer lebte der große Stier. Der Stier und der Mensch wurden vom bösen Gott *Ahriman* angegriffen und getötet.

Im Sterben ergoß der Urmensch seinen Samen auf die Erde. Daraus wuchs eine Pflanze. Und aus dieser geheimnisvollen Pflanze wuchs das erste Menschenpaar *Maschya* und *Maschyani*. Die magische Pflanze enthielt beide Geschlechter der Menschen.

Der Same des sterbenden Stiers fiel auf den Mond und wird seither in der Mondsichel aufbewahrt. Das erste Menschenpaar aber pflanzte sich fort, so vermehrten sich die Menschen in großer Zahl.

(MdV II, 35–36)

23. Der König Thraetona

Der König *Thraetona* hatte seinen Gegenspieler *Dahak* im Kampf besiegt. Danach hatte er ihn an den Berg Demavand gefesselt, wo er am Ende der Zeit den Tod finden soll. *Dahak* hatte die Welt unter seine drei Söhne aufgeteilt.

Der erste forderte den Reichtum und erhielt die Länder des Ostens. Der zweite forderte die Tapferkeit und erhielt die Länder des Westens. Der dritte forderte Gesetz und Religion und erhielt die Länder der Mitte. Das waren die Länder Iran und Indien. Doch die drei Brüder gerieten in Streit, dieser hatte einen langen Krieg zur Folge. (MdV II, 36–37)

24. Der König Kay Us

Der Urkönig *Kay Us* herrschte über die Welt. Seine Paläste standen auf hohen Bergen. Sie waren aus Gold, aus Silber und aus Eisen und mit Bergkristallen geschmückt. Diese Paläste hatten eine magische Kraft. Wenn Kranke und Greise sie umschritten, wurden sie gesund und wieder jung. Doch der König hatte den Ehrgeiz, auch die Paläste der Götter zu erobern. Aber das führte zu seinem Untergang.

Ein heiliger Stier hatte mit seinen Hufen die Grenzen für sein Königreich gezogen. Doch der König wollte diese Grenzen nicht anerkennen. So schickte er seinen tapfersten Kriegshelden *Srit* aus, um den Stier zu töten. Doch der Stier warnte ihn, dies zu tun.

In einem Wald wurde der Kriegsheld nun von einer Hündin angefallen. Er kämpfte gegen sie, doch die Hündin vermehrte sich plötzlich. Nun mußte der Held gegen eine Meute von vielen Hunden kämpfen. Die Hunde töteten ihn und fraßen seinen Körper auf. Schließlich wurde auch der König getötet. Denn in der Hündin lebte ein böser Dämon, der sich beliebig vermehren konnte. (MdV II, 37–38)

25. Der König Kay Husrav

Der Enkel des Königs *Kay Us* hieß *Kay Husrav*. Auch er war ein tapferer Krieger. Eines Tages ließ er einen Tempel zerstören, in dem viele Götterbilder standen. Der Tempel lag an einem großen See. Er hatte das Feuer geschickt, dieses hatte den Tempel zerstört.

Danach ließ er einen neuen Tempel errichten, der nur dem Gott des Feuers geweiht war. Dort gab es viele Feueraltäre, wo Tiere und auch Menschen geopfert wurden. Denn der König glaubte, daß die Welt nur durch die Kraft der Opfer und die Kraft des Feuers bestehen kann. (MdV II, 38–39)

26. Die Lehren der Parsen

Der Lichtgott *Ormuzd* kämpft weiterhin gegen den dunklen Gott *Ahriman.* Der Lichtgott hatte den Propheten *Zarathustra* geschickt, um die Menschen zu belehren. Dieser Gott hat viele Helfer, die die Menschen um Hilfe anrufen können. Diese Helfer geleiten die Seelen der Verstorbenen ins Totenland. Sie helfen den Kriegern und schenken ihnen die Siege.

In jedem Haus soll ein Feuer brennen, damit die bösen Dämonen ferngehalten werden. Denn der Kampf gegen die bösen Dämonen geht weiter. *Ormuzd* sendet den Menschen viele Kinder, er gibt ihnen Erfolg bei der Arbeit, er verleiht ihnen den Reichtum und den Überfluß.

Durch gute Gedanken und Worte, vor allem durch gute Taten können die Menschen die Macht der bösen Dämonen schwächen. So ist jeder Mensch in diesen großen Kampf des Lichtes gegen die Finsternis eingespannt. (Hb RG II, 361–365)

8
Die Griechen

Einleitung

Auch die Griechen sind ein indo-europäisches Volk. Ihre Wanderungen von Asien nach dem Westen begannen im 2. Jahrtausend vor Christus. In mehreren Wellen wanderten sie in den östlichen Mittelmeerraum ein. Zuerst erfahren wir von der Wanderung der Achäer, dann der Jonier, zuletzt der Dorer.

Als kriegerische Hirtennomaden stießen sie auf alte Ackerbaukulturen. Sie lernten den Ackerbau und wurden seßhaft. Und sie bildeten kleine Stadtkönigreiche mit einer klaren sozialen Schichtung: die Krieger und Priester; dann die Hirten, Bauern, Handwerker und Händler; zuletzt die Besitzlosen und die Arbeitssklaven. Sie waren mehrheitlich patriarchal organisiert, doch in ihrer Mythologie finden sich noch Spuren matriarchaler Daseinsdeutung.

Sie entwickelten frühzeitig eine Schriftkultur, angeregt von den phönikischen Schriftzeichen. Zunächst auf Kreta eine Linear-A-Schrift und eine Linear-B-Schrift. Ab 800 v. Chr. entstanden große schriftliche Werke, vor allem von den beiden Kultsängern Homer und Hesiod. Es sind dies die Werke »Ilias« und »Odyssee« bzw. die »Theogonie« und »Werke und Tage«. Aus diesen und aus vielen späteren Quellen dieser großen Schriftkultur kennen wir die Mythologie der Griechen ziemlich genau.

Mit dem Aufkommen einer Philosophie wurden die Mythen zunehmend allegorisch interpretiert. Sie blieben eine der Säulen der griechischen Kultur, viele Dichter haben sich ihrer bedient. Und viele dieser Mythen sind in das europäische Kulturgut eingegangen. Einige von ihnen leben in der christlichen Religion weiter. Wir können auch diese vielgestaltige Mythologie als Spiegelung realer Lebenswelten lesen und interpretieren.

1. Die Anfänge der Welt

Am Anfang war das *Chaos*, eine ungeordnete Masse, oben und unten. Aus ihm wuchs die Göttin *Gaia*, die Urmutter der Erde. Das Chaos unten gebar den dunklen Raum (Erebos), der später zur Unterwelt wurde. Aus dem Chaos oben gebar die göttliche Urmutter den Himmel.

Nun gab es bereits die göttliche Erde, die Unterwelt und den Himmel. Dann wurde der männliche Liebesgott *Eros* geboren. Er war fortan die Triebkraft der ganzen Schöpfung.

Aus dem Chaos unten entstanden die Unterwelt und die Nacht. Aus dem Chaos oben wurden die Gebirge und die Quellengeister, die Nymphen. Dann gebar die göttliche Urmutter Erde das Meer, die männlich vorgestellte Flut des Wassers.

Und die dunkle Nacht gebar fortan die Luft (*Aither*) und den Tag (*Hemeros*). Nun können sich Licht und Finsternis abwechseln, der Tag erhellt die Welt der Sterblichen. Das volle Licht ist nur den Göttern zu eigen, denn sie sind die Lichtvollen, die Größeren und die Stärkeren.

(MdV I, 159–160)

2. Die Herrschaft der Titanen

Fortan bildeten der Himmel (*Uranos*) und die Erde (*Gaia*) ein Paar. Sie zeugten zwölf Kinder miteinander, sechs männliche und sechs weibliche Titanen. Diese hießen: Okeanos, Koios, Krios, Hyperion, Japetos, Kronos bzw. Theia, Rheia, Themis, Mnemosyne, Phoibe und Thetys. Sie brachten die Gerechtigkeit, die Erinnerung und das Gedächtnis in die Weltordnung.

Thetys und Okeanos paarten sich, sie zeugten und gebaren die 3 000 Flüsse der Erde. Hyperion und Theia paarten sich, aus ihnen wurden die Sonne (*Helios*) und der Mond (*Selene*) geboren.

Koios paarte sich mit seiner Schwester Phoibe und zeugte die Leto. Krios paarte sich mit Eurybia, ihnen wurde der Riese

Pallas als Sohn geboren. Japetos paarte sich mit seiner Nichte
Klymene, ihnen wurde der Riese Atlas als Sohn geboren.

(MdV I, 160-161)

3. Die Geburt der Göttin Aphrodite

Uranos paarte sich andauernd mit der großen Muttergöttin
Gaia. Sie gebar viele Riesen, Kyklopen und Dämonen. Da sie
der vielen Schwangerschaften überdrüssig wurde, wollte sie
sich an *Uranos* rächen. Sie stiftete ihren Sohn *Kronos* an, der seinen Vater haßte. Ihm gab sie eine Sichel.

Und als sich *Uranos* mit *Gaia* paarte, schnitt ihm der Sohn
die Geschlechtsorgane ab. Sein Same vermischte sich mit Blut
und fiel vom Götterhimmel in das Meer. Aus dem Meer wurde
die Liebesgöttin *Aphrodite* geboren.

Ein Teil des Blutes fiel auf die Erde, aus ihr wurden die
Schicksalsgöttinnen (*Erynien*) geboren. Die Göttin *Aphrodite*
aber war erfüllt von sinnlicher Liebe und von edlem Verlangen.
Sie schützte fortan die sinnliche Liebe bei den Göttern und bei
den Menschen. (Hesiod, Theogonia 201ff; MdV I, 161)

4. Die Urgötter

Nun begann *Kronos*, der jüngste der Titanen, über die Welt
zu herrschen. Doch die dunkle Urmutter Nacht (*Nyx*) gebar
ohne männliche Zeugung, also auf jungfräuliche Weise, viele
göttliche Wesen. So gebar sie das Schicksal, dann den Tod,
den Augenblick, den Schlaf, die Träume, den Schmerz, die
Rache.

Weiter gebar sie die Nymphen des Abends, die bei den »Inseln der Seligen« im Meer einen wunderbaren Obstgarten bewachten. In diesem Obstgarten wuchsen goldene Früchte.

Doch die dunkle Nacht gebar weiter: die bösen Dämonen, den Betrug, das Alter, die Zärtlichkeit, den Streit, das

Vergessen, den Hunger, den Krieg, den Eid. So ist die dunkle Nacht die Urmutter der düsteren Ereignisse des Lebens.

(MdV I, 163)

5. Die Meeresdämonen

Im Meer wohnen unzählige gute und böse Dämonen. Zu den guten Meeresgeistern gehören die *Nereiden*, mit schöner weiblicher Gestalt. Sie spielen und singen im goldenen Palast ihres Vaters, sie betören die Seefahrer.

Zu den bösen Dämonen des Meeres gehören der Sturmwind und die Verwüsterinnen. Wie Raubvögel stürzen sich diese auf die Seefahrer nieder. Dann gibt es die drei alten Frauen des Meeres (Graien), die im Nebel wohnen.

Ihre Schwestern sind die drei *Gorgonen*, die düsteren und gefährlichen Ungeheuer. Ihre Haare sind wie Schlangen, ihr Blick kann jeden Menschen in Stein verwandeln. Vor ihnen fürchten sich die Götter und die Menschen. Es waren viele menschliche Kriegshelden, die den Kampf gegen diese bösen Meeresdämonen gewagt haben.

(MdV I, 164–165)

6. Die Geburt des Gottes Zeus

Kronos paarte sich mit seiner Schwester *Rheia*, sie hatten gemeinsam sechs Kinder: *Histia, Demeter, Hera, Hades, Poseidon* und *Zeus*. Der Vater hatte Angst, seine Kinder könnten ihn vom Königsthron stürzen. Also verschlang er die ersten fünf Kinder gleich nach der Geburt. Doch den jüngsten Sohn *Zeus* versteckte die Mutter nach der Geburt in einer Höhle auf Kreta. Dem *Kronos* gab sie einen Stein, den dieser verschlang. So wuchs der Gott *Zeus* in Kreta auf, gepflegt wurde er von der Nymphe *Amalthea*.

Als *Zeus* erwachsen war, erhielt er von seiner Gefährtin *Metis* eine Zauberpflanze. Diese gab er seinem Vater *Kronos* zum

Essen. Als dieser sie gegessen hatte, mußte er die fünf verschlungenen Kinder wieder ausspeien. So rettete *Zeus* seine fünf Geschwister.

Diese verbündeten sich mit ihm nun zu einem Kampf gegen den grausamen Vater. Der Kampf dauerte zehn Jahre, dann siegten die jungen Götter über den alten Vater und die anderen Titanen. Nun wurden alle Titanen von den Siegern in die Tiefen der Unterwelt gestürzt.

Nach diesem großen Sieg teilten die sechs jungen Götter die ganze Welt unter sich neu auf. Den jüngsten Bruder *Zeus*, der den Kampf angeführt hatte, anerkannten sie als obersten Herrscher. *Poseidon* wurde zum Herrn über das Meer bestimmt. Und *Hades* wurde zum König über die Unterwelt eingesetzt.

(MdV I, 165–167)

7. Der Kampf der Giganten

Doch die Herrschaft der jungen Götter war noch nicht gesichert. Vor allem die Urmutter Erde (Gaia) war voll Trauer darüber, daß ihre Söhne, die Titanen, in der Unterwelt eingesperrt wurden. So bat sie ihre anderen Söhne, die Giganten, gegen *Zeus* und seine Geschwister zu kämpfen. Die Giganten waren mit magischen Kräften ausgestattet, ein Zauberkraut schützte sie.

Doch es gelang dem *Zeus* mit der Hilfe seiner Gefährtin *Metis*, das Zauberkraut zu finden. Nun begann der große Krieg gegen die Giganten. Diese schleuderten Felsbrocken und brennende Bäume. Doch *Zeus* warf den Blitz, und *Poseidon* kämpfte mit dem Dreizack. Auch *Athena*, die Tochter des Zeus, kämpfte an der Seite ihres Vaters.

Sogar *Herakles*, ein sterblicher Krieger, war auf der Seite des *Zeus*. Da dieser das Zauberkraut der Giganten kannte, konnte er ihren magischen Schutz brechen. Und so gewann er den Krieg gegen die Giganten, die Gigantomachie. (MdV I, 168f)

8. Der Kampf gegen Typhon

Typhon war der jüngste Sohn der Göttin *Gaia* und des *Tartaros*. Er war ungeheuer groß und reichte über die Berge bis zu den Gestirnen. An seinen Händen hatte er hundert Drachenköpfe. Sein Unterkörper bestand aus Schlangen, aus seinen Augen schlugen Feuerflammen. Mit großen Flügeln flog er durch die Luft.

Als *Zeus* ihn sah, schleuderte er ihm den Blitz entgegen. Das Ungeheuer wurde vom Blitz geschwächt, aber nicht getötet. So ging der wilde Kampf weiter, die Götter flohen aus dem Himmel. Einige flüchteten nach Ägypten und nahmen Tiergestalt an.

Auf der Seite des *Zeus* kämpfte seine Tochter, die Kriegsgöttin *Athene*. Im Kampf mit Typhon wurde *Zeus* an den Sehnen verletzt, doch die Götter *Hermes* und *Pan* haben ihn wieder geheilt.

Dann bestieg *Zeus* den großen Kampfwagen und fuhr bis zum Himmel empor. Von dort schleuderte er viele Blitze auf *Typhon*. Dann warf er den Berg Ätna auf seinen Gegner. Dieser Berg drückte den Riesen nun zu Boden und hält ihn auf ewig gefangen. Aus Zorn schnaubt Typhon im Berg Ätna, er speit aus ihm Feuer und Rauch. (MdV I, 169–170)

9. Die Geburt der Göttin Athene

Zeus hatte zuerst die Göttin *Metis* als Frau und Gefährtin. Doch das Orakel sagte ihm voraus, sein zweiter Sohn mit *Metis* würde ihn vom Götterthron stürzen. Darauf verschlang *Zeus* seine Gattin *Metis*, die gerade schwanger war. Als die Zeit der Entbindung kam, da überfiel den *Zeus* ein unerträglicher Kopfschmerz.

Er bat den Schmiedegott *Hephaistos*, daß er ihm mit der Axt die Nackensehne spalte. Als *Hephaistos* dies tat, da wurde aus dem Kopf des *Zeus* eine junge Göttin geboren. Es war die Göttin der Krieger, *Athene*. Schon bei der Geburt trug sie die Rüstung der Krieger. Sie schenkte den Menschen fortan Tapferkeit im Krieg, aber auch die Weisheit. Die Stadt Athen hat sich unter ihren Schutz gestellt. (MdV I, 171–172)

10. Die Kinder der Themis

Die zweite Ehefrau des Gottes *Zeus* war die Titanin *Themis*. Sie schützt das Gesetz und die Gerechtigkeit. Aus dieser Ehe stammten drei Töchter, nämlich die drei *Horen*. Sie schützen die Jahreszeiten, die Ordnung unter den Menschen, die Gerechtigkeit und den Frieden. Sie begleiten das Wachsen und das Reifen der Feldfrüchte.

Drei weitere Töchter aus dieser Ehe sind die drei *Parzen* (Moirai), die für jeden Menschen das Schicksal bestimmen. Diese drei ziehen und spinnen den Schicksalsfaden. Wenn ein Leben zu Ende kommt, dann schneiden sie diesen Faden durch. (MdV I, 172)

11. Die Kinder der Eurynomea

Die dritte Ehefrau des Gottes *Zeus* war die *Eurynomea* aus der Sippe der Okeaniden. Aus dieser Ehe stammen drei Töchter, die drei *Grazien* (Chariten): *Aglaia*, die Schützerin des Frohsinns; *Euphrosyne*, die Schützerin des Glanzes; *Thaleia*, die Blühende. Auch sie schenken den Feldern und den Wiesen das Wachstum und die Fruchtbarkeit. Auf dem Götterberg Olymp singen und tanzen sie mit den neun Musen. Sie begleiten die Kriegsgöttin *Athene*, und sie schützen die Frauen bei der Arbeit. (MdV I, 172)

12. Die neun Musen

Zeus paarte sich mit der Titanin *Mnemosyne* und hatte mit ihr neun Töchter, die neun Musen. Sie vergnügten sich mit Tanz und Musik und machten allen Göttern Freude. Bei den Menschen schützten sie die Künste und die geistigen Tätigkeiten: nämlich die Redekunst, die Überzeugungskraft, die Weisheit, die Kenntnis der Vergangenheit und der Weltgesetze, die Mathematik, die Astronomie, die Dichtkunst, die Musik und den Tanz.

Nach den großen Schlachten singen sie die Preislieder für die Sieger. Ihre Namen sind: *Kalliope* für die Kunst der Versdichtung, *Kleio* für die Erforschung der Geschichte, *Polymythia* für die Bildhauerkunst, *Euterpe* für das Flötenspiel, *Terpsichore* für die freie Dichtung und den Tanz, *Eurato* für den Chorgesang, *Melpomene* für die Tragödie, *Thaleia* für die Komödie, *Urania* für die Astronomie. So wurden alle menschlichen Künste von den neun Musen begleitet und beschützt.

(MdV I, 173)

13. Frauen des Zeus

Eine weitere Gemahlin des Gottes *Zeus* war die Titanin *Leto*. Mit ihr hatte er zwei Götterkinder, nämlich *Artemis* und *Apollon*. Mit der Titanin *Maia* zeugte *Zeus* den Götterboten *Hermes*. Seine letzte und bleibende Ehefrau war die Göttin *Hera*, seine Schwester. Mit ihr hatte er drei Kinder, nämlich den Kriegsgott *Ares*, die Göttin der Jugend *Hebe* und die Schutzgöttin der Gebärenden *Ilithia*.

Doch Zeus paarte sich auch mit vielen Menschenfrauen, ihre Kinder waren demnach »Gottmenschen«. Mit *Alkmene* hatte er den Sohn *Herakles*, der große Heldentaten vollbrachte. Mit *Semele* hatte er den Sohn *Dionysos*, den Schutzgott des Weines und der Trunkenheit.

Auch *Hera* gebar ihm einen Sohn, nämlich *Hephaistos*, den Schutzgott des Feuers und der Schmiede. Doch diesen Sohn gebar sie ganz ohne Zutun des *Zeus*, nämlich aus eigener jungfräulicher Kraft.

(MdV I, 174)

14. Die Geistwesen der Natur

In der Natur lebten der Sonnengott *Helios* und die Mondgöttin *Selene*, auch die Morgenröte *Eos*. Sie fuhren jeden Tag mit prächtigen Wagen über den Himmel und schenkten den Menschen Licht. In den Gewässern des Ozeans lebte *Amphitrite*, die Gemahlin des Gottes *Poseidon*. Und in den Bergen wohnte der Gott der Fruchtbarkeit, *Pan*. Er war bisexuell, halb Mann und halb Weib, halb Tier und halb Mensch. Sein Instrument war die Flöte.

An den Quellen, in den Bäumen und im Meer lebten die vielen *Nymphen*, weibliche Geistwesen. In den Flüssen aber wohnten männliche Götter. Beide paarten sich und hatten gemeinsam viele Kinder. Sie konnten sich in Tiere oder in Pflanzen verwandeln. Diese Geistwesen und Dämonen (daimones) waren zu den Menschen teils gut und helfend, teils aber waren sie böse und bedrohlich. Sie belebten die ganze Natur, den Wald, das Wasser, die Luft, die Erde, die Pflanzen, die Tiere. So waren für die Menschen in allen Dingen der Umwelt unberechenbare Kräfte und Kraftfelder. (MdV I, 174–176)

15. Die Entstehung der Menschen

Nach der Lehre der Priester stammten die Krieger und die Priester von den Göttern ab. Das breite Volk aber, die Bauern, die Hirten, die Handwerker, die Händler und die Sklaven, sind aus der Erde gewachsen.

In Argos erzählte man von einem ersten Menschenmann *Phoroneus*, er war der Sohn eines Flußgottes und einer Nymphe. Seine Seele hatte er mit den Pflanzen und den Tieren gemeinsam. Er fand eine Menschenfrau, paarte sich mit ihr, und sie gaben beide das Leben weiter.

In Arkadien wurde vom ersten Menschenmann *Pelasgos* erzählt. Er sei von der Sonne geboren worden, als es den Mond noch nicht gab. Seither kommt den Menschen die ganze Lebenskraft von der Sonne zu.

So sind die Menschen nur etwas kleiner und geringer als die Götter, aber diesen ähnlich. Die großen Götter gelten als unsterblich, während die niederen Götter sterben müssen. Götter und Menschen benutzen dieselbe Sprache, sie erfreuen sich an denselben Schönheiten und Lüsten. Beide sind dem Schicksal unterworfen, nämlich dem Spruch des obersten Himmelsgottes *Zeus*.

(MdV I, 176–177)

16. Prometheus und Epimetheus

Prometheus und *Epimetheus* waren zwei gegensätzliche Brüder. Beide sind sie Söhne der Titanen und damit Vettern des Gottes *Zeus*. *Prometheus* hatte die Menschen aus Lehm geformt. Er war fortan der größte Wohltäter der Menschen. Er brachte ihnen das Glück und die Kulturgüter.

Zu einem großen Opferfest lud er den Göttervater *Zeus*. Dieser sollte seinen Teil des Tieropfers wählen. Die Reste des Opfers sollten den Menschen gehören. Zeus wählte das Fett. Doch darunter waren nur die Knochen versteckt.

Die Menschen erhielten die wohlschmeckenden Eingeweide, die in der Haut des Tieres versteckt waren. Nun fühlte sich *Zeus* betrogen, er grollte dem *Prometheus* und den Menschen. Er raubte den Menschen das Feuer, das sie schon hatten. Nun konnten sie nur Rohes essen.

Doch *Prometheus* schlich sich in den Götterhimmel und entwendete aus dem Sonnenrad einige »Feuersamen«. Er brachte diese in einem Schilfrohr versteckt auf die Erde zu den Menschen. Nun hatten die Menschen das Feuer wieder. Doch *Zeus* entbrannte vor Zorn und ließ den *Prometheus* mit Ketten an den Berg Kaukasos schmieden. Ein Adler fraß seine Leber, die ihm ständig nachwuchs. *Prometheus* war ja unsterblich. Den Menschen aber sandte *Zeus* zur Strafe alle Übel, die in einem Zauberkrug versteckt waren.

(MdV I, 177–178)

17. Der Krug der Pandora

Hephaistos und *Athene* wollten eine wunderschöne Menschenfrau erschaffen. Sie taten es und gaben ihr den Namen *Pandora*, denn sie erhielt von den Göttern alle guten Geschenke. Sie war weise und schön, voller Überzeugungskraft. Doch *Hermes* hatte die Lüge in ihr Herz gesenkt. *Zeus* bot sie dem *Epimetheus* zur Ehefrau an. Sein Bruder hatte ihn vor dieser Ehe gewarnt, doch *Epimetheus* machte sie zu seiner Frau.

So stieg *Pandora* vom Himmel auf die Erde herab. Dort lebten die Menschen noch gesund und glücklich. Die Leiden waren ihnen noch fremd. Denn alle Übel waren noch in einem magischen Krug eingeschlossen. *Pandora* war eine neugierige Frau, sie stöberte überall auf der Erde und fand den verschlossenen Krug.

Sie öffnete den Deckel, und nun strömten alle Plagen und Leiden aus dem Krug und fielen über die Menschen her. Seither werden die Menschen krank und müssen viel leiden. Als *Pandora* den Deckel des Kruges wieder schloß, blieb nur der Dämon Hoffnung im Krug zurück. Seither haben die Menschen nur mehr die Hoffnung auf ein besseres Leben.

(MdV I, 178–179)

18. Die große Flut

So lebten die Menschen voller Laster, sie verübten viele Gewalttaten. Es war das Zeitalter der Lebewesen aus Bronze. Da lebte ein rechtschaffenes Ehepaar, nämlich *Deukalion* und *Pyrrha*. Sie war rothaarig und die Tochter des *Epimetheus* und der *Pandora*.

Zeus beschloß, die Menschen wegen ihrer Übeltaten zu strafen. Er wollte sie in einer großen Flut umkommen lassen. Nur *Deukalion* und *Pyrrha* sollten überleben. So gab ihnen *Zeus* die Anweisung, ein großes Schiff zu bauen. Dort sollten sie wohnen. Dann ließ er neun Tage und neun Nächte lang regnen. Alle Lebewesen kamen in den Wasserfluten um. Nach der Flut landete das Schiff auf einem Berg in Thessalien.

Der Götterbote *Hermes* kam zu *Deukalion* und *Pyrrha*, sie durften sich etwas wünschen. *Deukalion* wünschte sich menschliche Gefährten in dieser verwüsteten Welt. *Hermes* sagte zu den beiden, sie sollten die »Knochen der Mutter Erde«, also die Steine, über ihre Schulter nach hinten werfen. Sie taten es mit einigem Zögern.

Aus den Steinen, die *Deukalion* warf, wurden die Männer. Und aus den Steinen, die Pyrrha warf, wurden die Frauen. So bevölkerte sich die Erde wieder. *Deukalion* und *Pyrrha* paarten sich und zeugten viele Kinder. Ihre Nachfahren waren die Hellenen, die Vorfahren der Dorer, der Aiolier, der Achaier und der Jonier. (MdV I, 179–180)

19. Der Göttervater Zeus

Zeus war zuerst ein Gott der Gewitter und der Fruchtbarkeit. Als sich die griechischen Stämme vereinten, machten sie ihn zum obersten Gott des Himmels, zum Beherrscher der Götter und der Menschen. Viele Adelsgeschlechter führten ihre Herkunft auf *Zeus* zurück. So heißt er der »Vater aller Menschen«. Er schützt die Verträge, die Eidrituale und die Gastfreundschaft. Als der Herr über das himmlische Feuer sieht er alles, was im Götterhimmel und auf der Menschenerde vor sich geht. Souverän bestimmt er das Schicksal für jeden Menschen.

Vor seinem glänzenden Palast im Himmel hat er zwei Krüge aufgestellt. Der eine enthält das gute Schicksal, der andere das böse Geschick. Für jeden Menschen zieht er die Lose aus beiden Krügen und vermischt sie. Einigen Menschen gibt er mehr Glück, anderen teilt er mehr Unglück zu. Niemand kann ihm deswegen Vorwürfe machen, denn er ist niemandem Rechenschaft schuldig.

Die Gedanken des *Zeus* sind die Gesetze der Welt, die ewig gleichbleiben. Er schenkt den Menschen Wissen und Weisheit. In Kreta wird seine Geburtshöhle verehrt, er gilt dort als Gott der Fruchtbarkeit. Er führt ein sinnliches und sexuell freizügiges Leben, er liebt viele Göttinnen und Menschenfrauen.

So taten es bei den Menschen auch die Adeligen und die Krieger, auch sie hatten viele Frauen als Liebespartnerinnen. Die Adeligen führten ihre Herkunft auf *Zeus* zurück. Ihre Vorfahren waren »Gottmenschen«, sie stammten von einem göttlichen Vater und einer menschlichen Mutter ab. (MdV I, 183-185)

20. Zeus und die Priesterin Io

Zeus liebte das Mädchen *Io*, eine Priesterin der Göttin *Hera*. Das Mädchen befragte mit seinem Vater das Orakel in Delphi, ob es sich dem *Zeus* in Liebe hingeben dürfe. Das Orakel gab den Rat, dies zu tun. Da gab sich *Io* dem Göttervater hin. Um das Mädchen vor der Rache seiner Göttergattin *Hera* zu schützen, verwandelte *Zeus* das Mädchen in eine Kuh. Und *Zeus* schwor seiner Frau *Hera*, daß er sich niemals mit einer Kuh gepaart habe.

Nun irrte *Io* als Kuh durch die ganze Welt, sie schwamm von Europa nach Asien. Seither heißt die Meeresenge, die sie durchschwamm, *Bosphorus*, d.h. »Übergang der Kuh«. Sie kam nach Ägypten und gebar dort einen Sohn. Sie selbst wurde in einen Stern verwandelt. Ihr Sohn *Epaphos* wurde in Ägypten aufgezogen. Er wurde zum Stammvater der Königsgeschlechter von Libyien, von Ägypten und von Syrien. Auch der erste König von Theben zählt zu seinen Nachfahren.

(MdV I, 185-186)

21. Zeus und die Königstochter Europa

Als die Königstochter von Syrien, *Europa,* mit ihren Freundinnen am Meeresstrand von Tyros spielte und badete, da wurde

sie vom griechischen Göttervater erblickt. Er hatte ein Auge für
alles Schöne auf der Welt. So entflammte er in Liebe und Begehren
nach dem schönen Mädchen.

Doch er verwandelte sich in einen Stier und legte sich zahm
der *Europa* zu Füßen. Diese stieg auf seinen Rücken, und *Zeus*
schwamm in der Gestalt des Stieres mit *Europa* auf dem Rücken
über das Meer bis zur Insel Kreta. Bei einer Quelle im Schatten
von Platanen vereinigte sich Zeus mit der *Europa*. Seither bleiben
die Bäume in Kreta auch im Winter grün.

Europa gebar drei Söhne, den *Minos*, den *Sarpedon* und den
Rhadamanthys. Danach heiratete der König von Kreta die Europa
und adoptierte ihre drei Söhne, die »Gottmenschen« waren.
Nach ihrem Tod wurde *Europa* in einen Stern verwandelt. Und
sie gab dem Land westlich des Ionischen Meeres den Namen,
bis heute. (MdV I, 186–187)

22. Zeus und die Königstochter Danae

Danae war die Tochter des Königs *Danaos*. Dieser hatte seinen
Töchtern befohlen, ihre Ehemänner zu töten. *Danae* heiratete
den *Akrisios*. Dieser hörte von seinem Onkel vom Auftrag ihres
Vaters. Da er einen Sohn wollte, paarte er sich mit *Danae*. Doch
dann sperrte er sie in eine unterirdische Kammer, die Wände
ließ er mit Bronze verkleiden.

Der Göttervater sah von seinem Himmelsthron aus die
schöne *Danae* in ihrem Gefängnis. Er verwandelte sich in einen
Goldregen und paarte sich mit ihr. Sie wurde schwanger und
gebar den Sohn *Perseus*.

Danach baute der Ehemann *Akrisios* einen Kasten aus Holz,
er sperrte *Danae* und ihren Sohn in den Kasten und setzte sie
im Meer aus. Der Kasten schwamm bis zur Insel Seriphos. Dort
wuchs *Perseus* auf, er wurde ein tapferer Kriegsheld. Auch er
war ein Gottmensch, von ihm stammte das Adelsgeschlecht der
Herakliden. (MdV I, 187–188)

23. Zeus und die Königstochter Leda

Die schöne *Leda* war die Tochter des Königs von *Aitolien*. Mit ihrer Schönheit weckte sie die Leidenschaft des Göttervaters *Zeus*. Er näherte sich ihr in der Gestalt eines Schwanes und paarte sich mit ihr. *Leda* gebar zwei Geschwisterpaare, nämlich *Pollux* und *Klytaimestra* sowie *Kastor* und *Helena*.

Leda war aber bereits die Frau des Königs *Tyndareos*. Da er sich in der gleichen Nacht wie *Zeus* mit *Leda* paarte, glaubte er, daß die vier Kinder von ihm seien. Er wußte nicht, daß sie einen göttlichen Vater hatten. Nur *Leda* wußte es, das war ihr Geheimnis.

(MdV I, 187–189)

24. Die Helden Kastor und Polydeukes

Beide waren die Söhne der *Leda*. Sie wuchsen zu tüchtigen Kriegern und Faustkämpfern heran. Sie nahmen an vielen Kriegszügen teil. Bei einem Kampf wurde *Kastor* getötet und kam in den Götterhimmel. Und bei einem Brautraub wurde auch *Polydeukes*, der auch *Pollux* hieß, in den Himmel der Götter entführt.

Zeus bot ihm wegen seiner Tapferkeit die Unsterblichkeit an. Doch *Pollux* wollte bei seinem Bruder *Kastor* sein. *Zeus* war einverstanden, jeden zweiten Tag durften sie beide an der Tafel der Götter speisen. So lebten sie im Götterhimmel und wurden in das Sternzeichen der Zwillinge verwandelt. Vom Himmel senden sie den Seefahrern die Elmsfeuer, die ein gutes Schicksal bringen.

(MdV I, 188)

25. Die Taten des Gottes Zeus

Eines Tages plante die Göttin *Hera* mit den Göttern *Athene*, *Apollo* und *Poseidon* einen Aufstand gegen den Herrscher der Götter, *Zeus*. Doch die Göttin *Thetis* hatte ihm diese Pläne verraten. So schickte er ein großes Ungeheuer in den Himmel, um die Rebellen zu erschrecken. Diese erzitterten vor Angst und gaben ihre Pläne des Umsturzes sofort auf. Sie unterwarfen sich wieder dem Göttervater Zeus.

Wenn die Götter in Streit gerieten, griff der Göttervater *Zeus* als Schiedsrichter ein. Er strafte den Gott *Hephaistos*, als dieser einen Aufstand plante. Er packte ihn am Bein und warf ihn in die Luft. Seither ist der Gott *Hephaistos* an der Hüfte verletzt und humpelt beim Gehen.

Auf der Erde leitet *Zeus* die Kriegshelden bei ihren Kämpfen. So schützt er den Helden Herakles und bewahrt ihn vor Unheil. Den Bauern gilt er als Gewittergott, der die Wolken versammelt, der die Blitze schleudert und den Regen bringt. Er hütet die Geheimnisse des Weltalls, er hat alles in seiner göttlichen Weisheit geordnet.

Doch *Zeus* gilt den Menschen auch als der sinnliche und liebeshungrige Mann, der sich an Lust und Sexualität jederzeit erfreut. In einer patriarchalen Kultur wählt er frei seine Liebespartnerinnen, er nähert sich den Götterfrauen und den Menschenfrauen in unterschiedlicher Gestalt. Denn er hielt es so im Himmel, wie es auf der Erde die Menschenkönige und die Krieger taten. (MdV I, 189–190)

26. Die Göttin Hera

Hera war eine Tochter des *Kronos* und der *Rhea*, damit eine Schwester des *Zeus*. Sie wurde im Palast des Meeresgottes *Okeanos* erzogen. *Zeus* wollte auch sie als Frau, nachdem er viele andere Frauen hatte. Im Winter näherte er sich ihr in der Gestalt eines Kuckucks, den die Göttin liebevoll an ihren Busen nahm. Als *Zeus* sich zu erkennen gab und sie um die Ehe bat, da willigte sie ein.

Doch sie stellte die Bedingung, daß sie seine rechtmäßige Erstfrau sein müsse. *Zeus* war einverstanden. *Hera* war eine jungfräuliche Göttin, die autonom über ihre Sexualität verfügte. Jedes Jahr nahm sie in der heiligen Quelle *Nauplia* ein Bad, um ihre Jungfrauschaft wieder zu erlangen.

Als *Zeus* und *Hera* die Hochzeit feierten, da begannen auf der Erde die Wiesen zu blühen, und die Felder der Menschen wurden fruchtbar. Die Menschen feierten jedes Jahr im Hochzeitsmonat Mai das Hochzeitsfest von *Hera* und *Zeus*. Sie zogen in festlicher Prozession zum Tempel der *Hera* und bereiteten ihr Hochzeitsbett. Dann feierten sie selber Hochzeit. Und die Felder und die Wiesen wurden jedes Jahr fruchtbar.

Als *Hera* sich wegen der vielen sexuellen Seitensprünge ihres Gatten beklagte, da erhielt sie den Rat, sich eine männliche Statue aus Holz in das Bett zu legen. Diese sollte den Ehemann magisch ins Bett ziehen. Als *Zeus* die Statue sah, war er voll Eifersucht, und er paarte sich wieder mit *Hera*. So taten es auch die Menschenfrauen auf der Erde.

Doch auch *Zeus* hatte einen ähnlichen Trick. Als er sich mit *Hera* gestritten hatte, floh diese nach Euböa und verweigerte die Paarung. Nun legte sich *Zeus* eine weibliche Statue aus Holz in das Bett. Als *Hera* die Statue sah, war auch sie voll Eifersucht, sie paarte sich wieder mit Zeus.

So glaubten auch die Menschen, daß sie mit einer magischen Statue die Liebe des Ehegatten erzwingen könnten.

(MdV I, 190–191)

27. Das Leben der Göttin Hera

Hera feierte die Hochzeit mit *Zeus* im Garten der Hesperiden, im Westen des Großen Meeres. Die goldenen Äpfel des Gartens waren ein Hochzeitsgeschenk der Urmutter *Gaia*. *Zeus* und *Hera* hatten mehrere Götterkinder: *Ares, Ilytheus, Hebe, Hephaistos*. *Hera* war die Schutzgöttin der gesetzlichen Ehen. Liebesabenteuer des Gatten verfolgte sie mit Eifersucht und Haß. Auch die unehelichen Kinder ihres Göttergatten verfolgte sie mit Bitterkeit.

Auf dem Berg Ida in Phrygien trat sie mit zwei anderen Göttinnen zum Wettstreit um die Palme der Schönheit an. *Zeus* hatte den Hirten *Paris* zum Richter bestimmt. Dieser sprach der Liebesgöttin *Aphrodite* die Palme der Schönheit zu. Darauf rächte sich *Hera* an den Helden, die unter dem Schutz ihrer Konkurrentinnen standen. So taten es auch die Frauen aus der Kriegerschicht bei den Menschen.

Das heilige Tier der Göttin *Hera* war der Pfau, mit seinen hundert Augen auf den Federn konnte er alles sehen. Ihre heilige Frucht war der Granatapfel, das Zeichen der Fruchtbarkeit. Die Menschen haben ihr viele Tempel erbaut. Die Stadt Argos ehrte sie als Schutzgöttin und als große Mutter. (MdV I, 192)

28. Die Göttin Demeter

Sie war eine Tochter des *Kronos* und der *Rhea*. Ihre Aufgabe war es, die bebauten Felder zu schützen und das Wachstum des Kornes zu bewirken. Sie war die Ehefrau des Pferdegottes *Poseidon*. Beide paarten sich in der Gestalt von Pferden in Arkadien. Ihre Kinder sind das Pferd *Areion* und eine Göttertochter, die »Herrin« heißt.

Demeter liebte auch den Gott *Jason*. Ihr gemeinsamer Sohn war *Plutos*, der Gott des Reichtums. *Zeus* sah diese Liebesspiele vom Himmel aus mit Eifersucht. Deswegen erschlug er den Gott *Jason* mit einem Blitz. (MdV I, 193-194)

29. Der Raub der Persephone

Demeter war auch eine der Gemahlinnen des *Zeus* gewesen. Beide hatten sie die Tochter *Persephone*. Diese wuchs mit *Athene* und *Artemis* unter den Nymphen auf. Sie dachte noch nicht an die Hochzeit. Da verliebte sich ihr Onkel *Hades* in sie, raubte sie und führte sie in die Unterwelt. Das war eine Raubehe, wie sie auch unter den Menschen üblich war.

Als die Mutter *Demeter* den Raub der Tochter bemerkte, begann sie, auf der ganzen Erde nach ihr zu suchen. Sie wußte nicht, daß *Hades* der Räuber war. Sie suchte mit zwei Fackeln in den Händen. Am zehnten Tag traf sie die Göttin *Hekate*. Diese hatte das Schreien der Tochter gehört, doch den Räuber sah sie nicht. Sein Kopf war mit Finsternis umhüllt. Nur die Sonne, das »Auge der Welt«, wußte, wo *Persephone* war.

Als *Demeter* dies von der Sonne erfuhr, war sie voll Trauer und Zorn. Sie verweigerte ihre Tätigkeit und schützte nicht mehr die Getreidefelder. Jetzt wurden die Felder unfruchtbar, nichts konnte mehr wachsen. Die Göttin verwandelte sich in eine alte Frau und zog nach Eleusis. Dort wartete sie auf den »freudlosen Stein«, von einer Frau bekam sie eine Suppe.

Sie trat in den Dienst eines Königs und erzog dessen Sohn. Doch in der Nacht sah die Königin, wie die Erzieherin den Sohn über das Feuer hielt. Sie stieß einen Schrei aus, da ließ *Demeter* den Knaben fallen. Sie sagte, sie wollte ihn über dem Feuer unsterblich machen. Auf der Erde hatte sie dem Bauern *Triptolemos* gezeigt, wie man das Getreide sät. Dann stieg sie wieder zum Götterhimmel auf.

Doch die Ordnung der Welt war noch immer gestört. Nun mußte der Göttervater eingreifen. Er befahl dem *Hades*, die Tochter wieder zurückzugeben. *Hades* sagte, das sei nicht mehr möglich, denn *Persephone* hatte schon von den Früchten des Granatapfelbaumes gegessen.

Doch *Demeter* forderte ihre Tochter zurück. *Zeus* und *Hades* schlossen einen Kompromiß. *Demeter* sollte für eine Hälfte des Jahres in der Unterwelt bei *Hades* als Ehefrau sein. Die andere Hälfte des Jahres sollte sie bei ihrer Mutter auf der Erde sein. Seither gedeihen die Felder jedes Jahr nur im Sommer, wenn *Persephone* auf der Erde wohnt. Wenn sie im Winter in der Unterwelt wohnt, dann hört auf der Erde das Wachstum auf.

In Eleusis errichteten die Menschen für die Korngöttin *Demeter* einen großen Tempel. Denn die Göttin war bei der Suche nach ihrer Tochter dort vorbeigekommen. Die Menschen feierten jedes Jahr zu Beginn des Sommers die Geheimnisse der Göttin, um reiche Ernten zu bekommen. (MdV I, 195–196)

30. Der Göttersohn Zagreus

Nun verliebte sich auch *Zeus* in die Göttin *Persephone*. Er vereinigte sich mit ihr in der Gestalt einer Schlange. Ihr gemeinsamer Sohn war *Zagreus*. Ihn wollte *Zeus* zum König über die Menschenwelt machen, doch die Göttinnen des Schicksals verhinderten dies. So wurde *Zagreus* dem Gott *Apollo* und den *Kureten* zur Erziehung übergeben.

Doch *Hera* suchte nach dem unehelichen Kind des Gatten *Zeus*. So wurde *Zagreus* von *Zeus* in einen Stier verwandelt. Die Titanen fingen den Stier ein, töteten ihn und aßen ihn: die eine Hälfte roh, die andere gekocht. Das Herz des *Zagreus* blieb übrig. *Zeus* nahm es und schluckte es. In seinem Götterkörper kam *Zagreus* wieder zum Leben. Er erhielt nun den Namen *Iakchos*.

Das ist auch der rituelle Schrei, den die Menschen bei der Prozession in Eleusis ausstoßen. *Iakchos* war durch das Mahl der Titanen unsterblich geworden. Folglich glaubten die Menschen, wenn sie am Einweihungsritual in Eleusis teilnehmen, dann würden auch sie unsterblich werden. (MdV I, 196–197)

31. Der Gott Apollo

Zeus hatte sich in die Göttin *Leto* verliebt. Er paarte sich mit ihr, sie wurde schwanger. Doch *Hera* hatte von der Liebesnacht des Gatten gehört. Sie verfolgte *Leto* auf der ganzen Welt. Diese floh auf eine unfruchtbare Insel Ortygia. Dort brachte sie ihre beiden Götterkinder *Artemis* und *Apollo* zur Welt. *Zeus* nannte daraufhin die Insel Delos, d.h. die »Strahlende«. Zur Zeit der Geburt umkreisten heilige Schwäne siebenmal die Insel. *Zeus* schenkte seinem Sohn *Apollo* eine goldene Mütze, einen Wagen, der von Schwänen gezogen wird, und eine Lyra für die Musik. Er sollte nach Delphi ziehen und dort ein Heiligtum gründen.

Apollo machte sich auf den Weg, er zog nach Norden und kam zum Volk der Hyperboraier. Sie machten ihn zu ihrem Schutzgott. Dort lebten die Menschen glücklich. Die Greise stürzten sich am Ende ihres Lebens freiwillig ins Meer, um ihren Söhnen nicht zur Last zu sein. *Apollo* blieb ein Jahr lang bei diesem Volk. Danach zog er weiter nach Delphi.

Als er in Delphi ankam, begannen die Felder und die Wiesen zu blühen. Es war Frühling. Doch im Lande hauste der Drache *Python*, der das Orakel der Göttin *Themis* hütete. *Apollo* tötete mit seinen Pfeilen den Drachen. Zur Sühne gründete er die Pythischen Spiele. Er wollte sich mit dem Schatten des Drachen versöhnen. Nun übernahm *Apollo* das alte Orakel. Er richtete einen Tempel ein mit einer Priesterschaft. Die Priesterin *Pythia* sollte auf einem Dreifuß sitzend den Menschen das Orakel mitteilen.

Später wanderte *Apollo* nach Thessalien, um sich von der Ermordung des Drachen zu reinigen. Als er nach Delphi zurückkam, wollte der Kriegsheld *Herakles* sein Orakel samt der Priesterin entführen. Es kam zu einem wilden Kampf, *Zeus* mußte mit seinem Blitz eingreifen. Doch das Orakel konnte in Delphi bleiben.

(MdV I, 198–199)

32. Die Liebe des Gottes Apollo

Apollo war ein junger und schöner Mann mit blauen Locken. Er verliebte sich in die Nymphe *Daphne*, die Tochter des Flußgottes. Doch sie erwiderte seine Liebe nicht, sondern floh in die Berge. Als *Apollo* sie verfolgte, bat sie ihren Vater, er möge sie in einen Baum verwandeln. So wurde sie zu einem Lorbeerbaum. Seither ist dieser Baum dem Gott *Apollo* heilig.

Der Gott liebte auch die Nymphe *Kyrene*, von der er einen Sohn bekam, den Halbgott *Aristeus*. *Apollo* war Musiker, er leitete den Chor der Musen und schützte alle Musiker auf der Welt. Mit einigen der Musen paarte er sich und hatte mit ihnen Kinder. Von der Muse *Urania* stammen die beiden Sänger *Linos* und *Orpheus*. (MdV I, 199)

33. Der Heilungsgott Asklepios

Apollo liebte die Königstochter *Koronis* aus Thessalien. Sie wurde schwanger. Als sie auch einen menschlichen Liebhaber hatte, erfuhr es *Apollo* durch die Krähe. *Apollo* beschloß, die schwangere Freundin zu töten. Er verbrannte sie auf dem Scheiterhaufen. Aus ihrem sterbenden Körper zog er einen Sohn, den Halbgott *Asklepios*.

Dieser wurde vom Kentauren *Cheiron* erzogen. Bei ihm lernte er die Heilkunst. So entdeckte er ein Zaubermittel, das den Toten das Leben wiedergab. Er hatte von der Göttin *Athene* das Blut der *Medusa* bekommen. Das Blut der linken Körperseite war das tödliche Gift. Das Blut der rechten Seite machte die Toten wieder lebendig.

So bewahrte *Asklepios* viele Menschen vor dem Tod. Da beklagte sich *Hades*, der Gott der Unterwelt, daß zu wenig Tote in sein Reich kämen. Auch *Zeus* fürchtete, die Weltordnung könnte gestört werden. Deswegen erschlug er den Gottmenschen *Asklepios* mit dem Blitz.

Da wurde *Apollo* zornig, er tötete mit seinen Pfeilen die Kyklopen, die für *Zeus* den Blitz geschmiedet hatten. Doch *Zeus* strafte seinen Göttersohn *Apollo*, dieser mußte ein Jahr lang als Rinderhirt bei Menschen dienen. So kam *Apollo* nach Thessalien, wo er die Rinder des Königs *Admetes* hütete. (MdV I, 200)

34. Apollo und die Königstochter Marpessa

Der Gott *Apollo* liebte die Königstochter *Marpessa* von Aitolien. Sie wurde ihm aber von einem Königssohn *Idas* auf einem geflügelten Wagen entführt. *Apollo* holte das Paar ein und wollte mit *Idas* kämpfen.

Doch da griff *Zeus* ein: *Marpessa* sollte frei den Mann ihrer Liebe wählen können. Sie gab dem Königssohn *Idas* den Vorzug. Denn sie fürchtete, vom Gott *Apollo* verlassen zu werden, wenn ihre Schönheit verwelkte. (MdV I, 200–201)

35. Apollo und die Königstochter Kassandra

Apollo verliebte sich in *Kassandra*, eine Tochter des Königs *Priamos* von Troja. Er versprach ihr, sie in die Kunst der Wahrsagung einzuführen. Als sie diese Kunst gelernt hatte, weigerte sie sich, dem Gott sexuell hörig zu sein. Der Gott wurde zornig und wollte sie bestrafen. Die Kunst der Wahrsagung konnte er ihr nicht mehr nehmen. Also nahm er ihr die Kunst der überzeugenden Rede.

So sah *Kassandra* viel Böses voraus, das auf ihre Stadt zukommen sollte. Aber niemand glaubte ihr, was sie sagte. *Apollo* aber paarte sich mit der Mutter der *Kassandra*, mit der Königin *Hekuba*. Mit ihr hatte er den Sohn *Troilos*.

(MdV I, 201f)

36. Hyakinthos und Kyparissos

Apollo liebte zwei junge Fürsten *Hyakinthos* und *Kyparissos*. Er war ihnen gleichgeschlechtlich zugetan. Als er mit *Hyakinthos* im Gymnasion unbekleidet den Diskus warf, zerschellte die Scheibe an einem Felsen. *Hyakinthos* wurde von einem Stein am Kopf getroffen und war tot. *Apollo* klagte lange Zeit um seinen toten Freund. Um ihn unsterblich zu machen, verwandelte er seinen toten Körper in eine Blume, in die Hyazinthe.

Kyparissos tötete versehentlich mit seinem Speer einen heiligen Hirschen. In seiner Verzweiflung wollte der junge Mann sterben. Doch *Apollo* verwandelte ihn in eine Zypresse, den Baum der Trauer. So endete die Männerliebe des Gottes tragisch.

(MdV I, 201–202)

37. Apollo und die Tiere

Apollo war früher ein Schutzgott des Wachstums. Als er die Kühe des Königs *Admetos* hütete, wurden die Kühe zweimal im Jahr trächtig. Als er auf dem Berg Ida große Viehherden hütete, lernte er die Musik der Hirten. Seither schützt er die Musik. Die Dichter rufen ihn um Erleuchtung an, die Orakel teilt er den Menschen im Versmaß mit.

Er ist ein scharfer Bogenschütze, bei vielen Menschen verursacht er den plötzlichen Tod. Den Kriegsheeren sendet er Seuchen, wenn sie gegen seine Helden kämpfen. Unter seinem besonderen Schutz stehen der Wolf, das Reh, die Hirschkuh, der Schwan, die Krähe. Und im Meer schützt er den Delphin, der seinen Namen vom Orakel in Delphi erhielt.

(MdV I, 202)

38. Die Göttin Artemis

Artemis war die Schwester des Gottes *Apollo*, ihre Mutter war *Leto*. Gleich nach ihrer Geburt half *Artemis* ihrer Mutter als Hebamme. Deswegen schützte sie auch die Menschenfrauen bei der Geburt. Als Jägerin streifte sie mit Hunden und wilden Tieren durch die Wälder. Sie tötete den Jäger *Orion*, der sie vergewaltigen wollte. *Orion* wurde zusammen mit dem Skorpion, der ihn stach, zu einem Himmelsgestirn.

Als die Göttin nackt in einer Quelle badete, da wurde sie vom Jäger *Aktaion* überrascht. Sie verwandelte diesen in einen Hirsch und ihre Hunde töteten ihn. Als der König *Oineus* der Göttin keine Erstlingsfrüchte weihte, wurde sie zornig. Sie schickte einen Eber, der seine Kornfelder verwüstete.

(MdV I, 203)

39. Die Königstochter Iphigenie

Als der Heerführer *Agamemnon* einen Hirsch erlegte, da rief er aus: »Selbst *Artemis* hätte das nicht besser gemacht!« Daraufhin wurde die Göttin eifersüchtig, als sie dies hörte. Sie schickte seiner Flotte eine Windstille, so daß er nicht segeln konnte.

Der Seher *Thereisias* erkannte den Grund. Die erzürnte Göttin verlangte nämlich die Tochter des Heerführers *Iphigenie* als Opfer. Als die Tochter schon auf dem Opferaltar lag, gab sich die Göttin mit einem Hirsch als Ersatzopfer zufrieden. *Iphigenie* wurde nach Tauros entführt, wo sie als Priesterin den Kult der Göttin leitete. (MdV I, 204)

40. Die glückliche Mutter Niobe

Niobe hatte sieben Söhne und sieben Töchter. Da rief sie aus, sie sei glücklicher als die Göttin *Leto*, denn diese habe nur zwei Kinder geboren. Darauf töteten die Kinder der *Leto*, *Apollo* und *Artemis*, mit ihren Pfeilen die 14 Kinder der *Niobe*. Die Mutter wurde in einen Felsen verwandelt. Aus ihm entsprang eine Quelle. Das sind die Tränen der *Niobe*. (MdV I, 204)

41. Die Amazonen

In Ephesos war das große Heiligtum der Göttin *Artemis*. Es wurde von den Amazonen gegründet. Das waren Kriegerinnen, die in ihrem Staat den Männern nur niedrige Dienste zuwiesen. Ihre männlichen Kinder verstümmelten oder töteten sie. Sie paarten sich mit fremden Männern, die nicht in ihrem Land lebten. So pflanzten sie sich fort.

Ihren Töchtern verbrannten sie die rechte Brust, damit diese den Bogen und die Lanze besser ansetzen konnten. Die Amazonen kämpften viele Kriege gegen Männerhelden; gegen *Bellerophon*, gegen *Herakles*, gegen *Theseus*, gegen *Achilles*. Ihre

Königin *Penthesilea* wurde von *Achilles* getötet, doch ihr letzter Blick hatte ihm tiefe Liebe eingeflößt.

Artemis war die Schutzgöttin der kriegerischen Amazonen. Sie war auch die Herrin der wilden Tiere, denn sie schützte die Fruchtbarkeit bei Tier und Mensch. (MdV I, 204–205)

42. Der Gott Hermes

Hermes war ein Sohn des *Zeus* und der Plejadin *Maia*. Schon als Kind flüchtete er aus der Wiege und wurde Rinderhirt. Er stahl dem Gott *Apollo* zwölf Kühe und hundert Kalbinnen, während dieser einen Knaben liebte. Dann nahm er die Schale einer Schildkröte, spannte darüber die Gedärme von Rindern, und so machte er die Lyra.

Dann erfand er ein zweites Musikinstrument, die Syrinx. Diese verkaufte er an den Gott *Apollo*, der ihm dafür die goldene Rute gab. Aus ihr wurde der magische Schlangenstab. Diesen trug *Hermes*, als er zum Boten der Götter bestellt wurde. Er mußte nun die Botschaften der Götter überbringen. Außerdem führte er die Seelen der Toten in die Unterwelt. Er schützte die Kaufleute, die Reisenden und die Diebe. Die Menschen errichteten für ihn Steinhaufen als Opferplätze.

(MdV I, 205–206)

43. Die Göttin Athene

Sie war die Tochter des *Zeus* und wurde aus seinem Kopf geboren, weil er ihre schwangere Mutter *Metis* verschlungen hatte. *Athene* war die jungfräuliche Kriegerin, mit Lanze und Brustharnisch. Im Kampf um die Stadt Troja kämpfte sie auf der Seite der Griechen. Sie schützte den *Odysseus* und half dem Helden *Herakles*.

Sie hat die Kriegswagen und die Kriegsschiffe erfunden. Als sie mit dem Gott *Poseidon* um die Schutzherrschaft über das

Land Attika stritt, da ließ sie den Ölbaum wachsen. Dieser ist seither ein Zeichen des Friedens. Von ihr erwarten sich die Menschen Schutz und Lebensglück. (MdV I, 209)

44. Der König Erichthonios

Athene wollte Jungfrau bleiben. Doch der Gott *Hephaistos* liebte und verfolgte sie. Auf der Burg von Athen holte er sie ein und spritzte seinen männlichen Samen auf ihren Schenkel. Die Göttin wischte sich mit Wolle den Samen ab und warf das Bündel zu Boden. Nun wurde die Erde mit dem Samen des Gottes befruchtet, diese gebar den *Erichthonios*.

Die Göttin erzog ihn wie einen Sohn im Weidenkorb. Als die drei Königstöchter von Athen den Korb öffneten, sahen sie das Kind, das von zwei Schlangen bewacht wurde. Sie waren von diesem Anblick verwirrt und stürzten sich vom Felsen der Burg. Nun erzog *Athene* ihren Sohn im Heiligtum von Athen. Er wurde der erste König dieser Stadt.

(MdV I, 209-210)

45. Das Palladion

Athene übte sich mit ihrer Freundin *Pallas* im Handwerk der Waffen. Doch dabei verletzte sie die Freundin tödlich.

Nun sühnte sie den Tod, sie formte aus Holz eine Statue der toten Freundin. Und sie nahm selbst deren Namen an, seither heißt die Göttin *Pallas Athene*. Die Statue wurde auf dem Götterberg Olymp aufgestellt.

Doch als *Zeus* die Königstochter *Elektra* vergewaltigen wollte, wurde die Statue vom Olymp gestürzt. Und sie fiel auf die Stadt Troja. Dort wurde sie aufgestellt und verehrt. Aber es war der Kriegsheld *Odysseus*, der sie von dort entführt hat.

So kam die Statue aus Holz nach Arkadien, später nach Athen. Zuletzt kam sie in die Stadt Rom, dort wurde sie im

Tempel der Göttin *Vesta* aufgestellt. So hielt die Göttin *Athene* ihre getötete Freundin *Pallas* in Erinnerung. Die Statue wurde das Palladion genannt. (MdV I, 210f)

46. Die Lydierin Arachne

Athene war auch die Schutzherrin des weiblichen Handwerks, des Spinnens, des Webens und des Strickens. Die Lydierin *Arachne* war besonders geschickt im Weben. Sie forderte die Göttin *Athene* zu einem Wettstreit heraus. Als das Werk der *Arachne* tatsächlich schöner war als das Werk der Göttin, da wurde diese sehr zornig. Sie zerriß das Webstück der *Arachne* und schlug mit dem Weberschiffchen auf sie ein. Dann verwandelte sie die Konkurrentin in eine Spinne. (MdV I, 211)

47. Der Königssohn Adonis

Der König von Syrien hatte sich unwissend mit seiner Tochter *Myrrha* gepaart. Als er dies bemerkte, wollte er seine Tochter töten. Doch die Götter verwandelten sie in einen Myrrhenbaum. Aus der Rinde dieses Baumes wurde nach zehn Monaten ein Sohn geboren, der Knabe *Adonis*.

Da er wunderschön war, stritten sich die Göttinnen *Aphrodite* und *Persephone* um den Knaben. Da mußte der Götterherrscher *Zeus* entscheiden, wer den Knaben haben sollte. *Adonis* sollte ein Drittel des Jahres bei der Göttin *Aphrodite* sein, ein Drittel des Jahres bei der Göttin *Persephone*. Und über ein Drittel solle er frei wählen können. *Adonis* entschied sich für *Aphrodite*.

Seither verbringt der Königssohn *Adonis* jedes Jahr zwei Drittel der Zeit bei der Göttin *Aphrodite*. In dieser Zeit wachsen die Felder, und die Bäume tragen reichlich Früchte. Ein Drittel des Jahres muß er in der Unterwelt bei der Göttin *Persephone* verbringen. In dieser Zeit hört auf der Erde das Wachstum auf, die Bäume tragen keine Früchte.

Auf der Jagd wurde *Adonis* von einem Eber verletzt. *Aphrodite* wollte ihm helfen, doch sie verletzte sich selbst an einem Dorn. Aus dem Blut des *Adonis* wuchsen nun die vielen Anemonen. Die Frauen in Syrien feierten jedes Jahr im Frühling das Fest des *Adonis*. Dabei gedachten sie seines Todes, denn er war an den Verletzungen des Ebers gestorben. Die Frauen trauerten um den schönen Königssohn *Adonis*. Sie pflanzten für ihn eigene Adonisgärten, um in der Liebe glücklich zu werden.

(MdV I, 212–213)

48. Anchises und Aineas

Die Göttin *Aphrodite* verliebte sich in den Königssohn *Anchises*, den Prinzen der Stadt Troja. Er hütete die Schafherden seines Vaters. Die Göttin sah ihn und gab sich als Königstochter von Phrygien aus. Beide liebten sich. Doch nach der Paarung gab sie sich als Göttin zu erkennen. Sie gebar den Sohn *Aineas*, dem ein großes Schicksal vorausgesagt wurde.

Sie verbot dem *Anchises*, von ihrer Liebe zu erzählen. Als dieser trunken vom Wein war, da erzählte er es weiter. Doch *Zeus* bestrafte ihn mit Blindheit und einem lahmen Fuß.

(MdV I, 213–214)

49. Die Wahl des Schafhirten Paris

Die Göttin der Zwietracht hatte einen Apfel in die Versammlung der Götter geworfen. Er sollte der schönsten von allen Göttinnen übergeben werden. Auf dem heiligen Berg Ida in Phrygien sollte der große Schönheitswettbewerb abgehalten werden. Der Schafhirt *Paris* war ein Sohn des Königs *Priamos*. Er wurde zum Schiedsrichter im Wettbewerb bestimmt.

Die Göttinnen *Hera*, *Athene* und *Aphrodite* kämpften um den Apfel. *Hera* bot dem *Paris* die Königswürde an. *Athene* versprach ihm, sie könne ihn im Krieg vor den Feinden unsichtbar machen. Doch *Aphrodite* versprach ihm die Ehe mit der schönen Königstochter *Helena*. Der Schafhirt und Königssohn *Paris* entschied sich für die Königstochter *Helena*, er sprach der Göttin *Aphrodite* den Preis zu.

Wegen dieses Wettbewerbs begann der große Krieg um die Stadt Troja. *Aphrodite* schützte den *Paris* und den König von Troja. Doch *Athene* und *Hera* standen auf der Seite der Griechen, die gegen die Stadt kämpften. Doch als die Stadt von den Griechen erobert und zerstört wurde, da verhalf die besiegte *Aphrodite* dem König *Aineas* mit seinem Vater *Anchises* zur Flucht. Die Königssippe flüchtete nach Italien und war an der Gründung der Stadt Rom beteiligt. (MdV I, 214–215)

50. Der Kriegsgott Ares

Ares war ein Sohn des *Zeus* und seiner Frau *Hera*. Seine Liebespartnerin war die Göttin *Aphrodite*. Doch er liebte auch die Göttin *Harmonia*. Ihre gemeinsamen Kinder waren die kriegerischen Amazonen, gefürchtete Kämpferinnen. Der Gott *Ares* begleitete die Krieger auf das Schlachtfeld. Auf seiner Seite waren die Dämonen der Furcht und des Schreckens.

Beim Krieg um Troja wurde der Kriegsgott verwundet. Doch *Zeus* ließ ihn auf dem Götterberg Olymp verarzten und verbinden. Auch vom Helden *Herakles* wurde der Kriegsgott am Schenkel verwundet. Als seine Tochter *Penthesilea*, die Königin der Amazonen, in der Schlacht um Troja getötet wurde, da wollte sich der Kriegsgott bitter rächen. Doch der Götterherrscher *Zeus* konnte das mit seinem Blitz verhindern.

Der Burgberg in Athen trägt den Namen des Kriegsgottes *Ares*, er heißt Areopag. Dort mußte der Kriegsgott vor ein Göttergericht treten, weil er einen Vergewaltiger seiner Tochter getötet hatte. *Ares* wurde vom Göttergericht freigesprochen. Seit diesem Richterspruch hielt auch der König von Athen auf dem Areopag seine Gerichtstage ab.

Ares liebte viele Menschenfrauen und hatte mit ihnen viele Kinder. Einer seiner Söhne war der König *Oinomaos*. Er forderte alle Brautwerber für seine Tochter zu einem Wagenrennen heraus. Dabei besiegte er jeden Brautwerber und tötete jeden. Nur der letzte Bewerber, in den sich die Königstochter verliebt hatte, entfernte aus dem Rennwagen des Königs einen Bolzen. Beim Wettkampf zerbrach der Wagen des Königs, dieser wurde von den wilden Pferden zu Tode geschleift. (MdV I, 215–217)

51. Der Meeresgott Poseidon

Er war der Sohn des *Kronos* und der *Rhea*. Er herrschte über das Meer und alle seine Küsten. Er heiratete die *Halia* und hatte mit ihr sechs Söhne und eine Tochter. Seine Tochter hieß *Rhodos*, sie wurde zur Beschützerin einer schönen Insel.

Poseidon erschüttert die Felsen und Inseln, er läßt die Erde beben. Und er läßt aus der Erde alle Quellen entspringen. Wie ein Thunfischjäger fährt er mit seinem Dreizack über das Meer. Sein Streitwagen wird von tierischen Ungeheuern gezogen. Sie sind halb Pferd und halb Schlange. Zu seinem Hofstaat gehören die Delphine, die Nereiden und alle Meeresdämonen.

Als *Poseidon* sich am Aufstand der Göttin *Hera* gegen ihren Gatten und Bruder *Zeus* beteiligte, da wurde er hart bestraft. Er mußte bei einem Menschenkönig Maurerdienste verrichten. Einmal verhängte er eine Dürrezeit über das Land Argolis, er ließ alle Quellen versiegen. Doch da verliebte er sich in die schöne Menschenfrau *Amymone*. Er hob den Fluch auf, die Dürre kam zu Ende. Ihr gemeinsamer Sohn war der Held *Nauplios*.

Poseidon hatte viele Frauen und Kinder. Zu seinen Nachkommen zählen der Kyklope *Polyphemos*, der Riese *Chrysaor* und das Wildpferd *Pegasos*. Viele Könige zählen sich zu seinen Nachfahren. Zu seinen Frauen zählen *Thoosa*, *Medusa* und *Libya*.

(MdV I, 217–218)

52. Die Unterwelt als Totenland

Die Unterwelt ist das große Königreich des Gottes *Hades*. Sie ist ein Sumpfgebiet mit mehreren Flüssen. Es sind die Flüsse des Schmerzes, des Seufzens, des Feuers und des Vergessens. Der Fluß *Styx* war gefüllt mit giftigem Wasser. Er war ein Sohn der Göttin der Nacht. Die Götter schöpften das Wasser aus diesem Fluß, wenn sie auf dem Götterberg Olymp ihre heiligen Eide schwören mußten.

Die Seelen der Toten kamen in die Unterwelt. Zuerst mußten sie einen Sumpf überqueren, auf einer Fähre mit dem Fährmann *Charon*. Als Preis mußten sie ihm einen Obolos zahlen. Wer nicht zahlen konnte, mußte ruhelos am Flußufer umherirren. Deswegen legten die Menschen ihren Toten einen Obolos mit ins Grab. Auch die Seelen, deren Körper nicht nach dem Ritual bestattet wurden, bekamen keine Überfuhr.

Nach der Überfahrt begann für die Seelen das große Totengericht, vor drei Totenrichtern. Die im Leben Böses taten und schuldig wurden, kamen an einen Ort der Qualen, *Tartaros* genannt. Die Seelen, die Gutes getan haben und nicht schuldig wurden, kamen nach dem Gericht in das *Elysion*. Das waren große blühende Felder, mit Blumen übersät. Sie lebten dort glücklich. Doch ihr Leben war langsamer, als es auf der Erde war. (MdV I, 221f)

53. Das Los der Verdammten

Zu den Verdammten gehörte *Sisyphos*, der den Todesgott gefesselt hatte. So war lange Zeit niemand gestorben. Das konnten *Zeus* und *Hades* nicht zulassen. Sie verurteilten ihn. Zur Strafe mußte er einen Felsblock auf einen Berghang hinaufwälzen, der aber immer wieder in die Tiefe rollte.

Ein anderer Verdammter war *Tantalos*, er hatte viele Eide gebrochen. So wurde er in einen See geworfen, doch er konnte das Wasser nicht trinken. So drohte er zu verdursten. Vor ihm hingen schöne Äpfel, aber er konnte sie nicht erreichen. Seine Qualen waren groß.

Ision wollte die Göttin *Hera* vergewaltigen. Auch er wurde vom Göttergericht bestraft und auf ein brennendes Rad gebunden. Auch die fünfzig Töchter des Königs *Danaos* waren im Tartaros. Denn sie hatten in der Hochzeitsnacht ihre Ehemänner getötet. Zur Strafe mußten sie ein Gefäß ohne Boden mit Wasser füllen.

Den Eingang zur Unterwelt bewachte der Hund *Kerberos*. Er hatte drei Köpfe und drei Schwänze. Sein Fell bestand aus vielen Schlangen. Er war angekettet, keine Seele durfte die Unterwelt verlassen. Nur der Kriegsheld *Herakles* hatte ihn gebändigt und aus der Unterwelt entführt. Doch er mußte ihn wieder dorthin zurückbringen. Und der Sänger *Orpheus* hatte den Höllenhund mit seinen magischen Gesängen verzaubert.

(MdV I, 221-222)

54. Der Gott Dionysos

Er war ein Gottmensch. Sein Vater war *Zeus,* seine Mutter war die Königstochter *Semele*. Nach der Paarung mit *Zeus* wurde *Semele* vom Blitz erschlagen. Doch *Zeus* riß ihr das Kind aus dem Leib, mit dem sie schwanger war. Er nähte das Kind an seinen Schenkel. Als die Zeit reif war, wurde *Dionysos* aus dem Schenkel des Göttervaters *Zeus* geboren. Da die Göttin *Hera* dem Kind voll Eifersucht nachstellte, wurde es von den Nymphen in Nysa erzogen. In diesem Land entdeckte der junge *Dionysos* die Weinrebe und den Wein.

Aber *Hera* verfolgte den *Dionysos,* sie schlug ihn mit Wahnsinn. Doch die große Göttin in Phrygien, *Kybele,* entsühnte ihn und befreite ihn vom Wahn. Danach kam er nach Thrakien zum König *Lykurgos*. Viele weibliche Begleiterinnen, die *Mainaden,* folgten ihm auf dem Weg. Nun wurde auch der König *Lykurgos* mit dem Wahnsinn geschlagen. Ein Orakel forderte das Opfer des Königs. So wurde der König getötet und in vier

Stücke zerteilt. Denn es gab in diesem Land noch das Königsopfer.

Kurze Zeit war *Dionysos* in Indien. Doch er kam wieder in das Land der Griechen zurück. In feierlichem Triumph zog er in das Land, sein Wagen wurde von Panthern gezogen. Er war mit Weinreben geschmückt. Begleitet wurde der Festzug von den *Selenen*, den *Mainaden*, den *Satyrn*, den Dämonen der Fruchtbarkeit, und von dem Gott *Priapos*, dessen männliches Glied immer aufgerichtet war.

In Theben wurde das Fest der Bacchanalien eingeführt. Die Frauen tanzten sich in einen mystischen Wahn. Sie liefen auf den heiligen Berg Parnassos und stießen wilde Schreie aus.

Als der Gott mit seinem Festschiff nach Delos fuhr, wollten ihn die Seeräuber als Sklaven verkaufen. Doch *Dionysos* verwandelte die Ruder der Seeräuber in Schlangen. Ihr Schiff füllte er mit Efeu. Darauf stürzten sich die Seeräuber in das Meer und wurden in Delphine verwandelt.

Zuletzt fuhr *Dionysos* in die Unterwelt, er wollte dort seine Mutter *Semele* suchen. Er fand sie und durfte sie in den Götterhimmel emporführen. Dort bekam sie einen neuen Namen. Als *Dionysos* selbst in den Götterhimmel einzog, da nahm er sich die Menschenfrau *Ariadne* als seine Gefährtin mit.

(MdV I, 223–224)

55. Die Gefährten des Dionysos

Zu seinen Gefährten gehörten die *Satyrn*. Das sind die Fruchtbarkeitsgeister der Felder. Sie waren halb Menschen und halb Tiere. Ihr männliches Glied war immer aufgerichtet, sie waren immer zur Zeugung bereit. So verfolgten sie die weiblichen Nymphen. Sie aßen viel und schliefen in der Sonne oder in kühlen Grotten.

Einer der Satyrn war *Silenos*, ein Sohn des Gottes *Pan.* Er wußte viele Orakelsprüche. So kam er zum König *Midas* in Phrygien, der ihn von Fesseln befreite. Daraufhin gab *Silenos* dem König die magische Kraft, alles in Gold zu verwandeln, was er berührte.

Zum Gefolge des *Dionysos* zählen die *Kentauren*, die halb Pferd und halb Mensch sind. Sie lebten in den Bergen und Wäldern und nährten sich von rohem Fleisch. Häufig raubten sie junge Mädchen. Als sie zu einer Hochzeit geladen waren, wollten sie die Braut *Hippodamia* vergewaltigen. Doch der Brautvater, der König *Theseus*, besiegte sie in der großen Kentaurenschlacht. Sie mußten das Land der Menschen daraufhin verlassen, weil sie wild waren und keine Kultur annahmen.

Nur zwei der Kentauren lernten weichere Sitten, das waren *Cheiron* und *Pholos*. Sie wurden die Beschützer des Königs *Peleas*, des Vaters des Kriegshelden *Achilles*. (MdV I, 225f)

56. Der Kriegsheld Herakles

Auch *Herakles* war ein Gottmensch. Sein Vater war der Götterbeherrscher *Zeus*, seine Mutter war die Menschenfrau *Alkmene*. Die Göttin *Hera* war voll Eifersucht auf den unehelichen Sohn ihres Gatten. Sie verfolgte den jungen *Herakles* erbittert. Als das Kind acht Monate alt war, schickte sie zwei Schlangen an sein Bett. Doch der junge *Herakles* war so stark, daß er beide Schlangen erwürgte.

Dann lernte er schreiben und die Musik. Doch in seiner Wildheit tötete er seinen Lehrer. Danach wurde er Schafhirt und lernte die Kunst des Bogenschießens. Mit seinem Bogen tötete er einen gefährlichen Löwen, der die Herden bedrohte.

Ein König gab ihm fünfzig Töchter zu Frauen. *Herakles* war sexuell so stark, daß er mit jeder dieser Frauen einen Sohn zeugte. Das waren die fünfzig *Thespiden*, die später in Sardinien lebten. Danach führte er einen Krieg gegen den König von Theben.

Doch wurde *Herakles* weiterhin von der Göttin *Hera* verfolgt, sie schlug ihn mit Wahnsinn. So tötete er fünf seiner Kinder.

Zur Sühne wurde er vom Göttergericht verurteilt, zwölf schwierige Heldentaten auszuführen. So rüstete er sich mit einer Holzkeule, mit einem Schwert, einem Bogen und mit Pfeilen. Dann zog er aus, um die Taten zu vollbringen. Die Kriegsgöttin *Athene* war seine Beschützerin. (MdV I, 288ff)

57. Die Heldentaten des Herakles

Zuerst jagte er den Löwen von *Nemea*. Er fing den Löwen in einer Höhle und erwürgte ihn mit seinen kräftigen Händen. Die Haut des Löwen war fortan sein Harnisch, der Löwenkopf war sein Helm. In Nemea wurden daraufhin kultische Spiele eingerichtet.

Dann besiegte er die Hydra von *Lerna*. Das war ein Ungeheuer mit hundert Köpfen. Sobald er die Köpfe abschnitt, wuchsen sie wieder nach. Daher brannte er mit einem glühenden Ast die Wunden aus. Dann konnte kein Kopf mehr wachsen. Seine Pfeile tauchte er in das Blut der *Hydra*, so wurden sie sehr giftig.

Dann tötete *Herakles* einen wilden Eber auf dem Berg Erymanthos. Dieser hatte die Menschen bedroht. In Oinoi verfolgte und tötete er eine Hirschkuh, die die Kornfelder der Bauern verwüstete. Die Hirschkuh war der Göttin *Artemis* geweiht. Doch *Herakles* hatte nur göttlichen Befehl ausgeführt.

Danach jagte er die Vogelscharen am See Stymphalos, die die Obsternte der Bauern fraßen. Er erschoß sie mit seinen giftigen Pfeilen.

In Elis mußte er die Viehställe des Königs *Augias* säubern. Der Ackerboden rund um die Ställe war wegen des vielen Mists schon unfruchtbar geworden. So leitete *Herakles* zwei Bäche durch das Gelände der Viehställe, er schwemmte den Mist der Tiere weg.

In Kreta mußte er einen wilden Stier des Königs *Minos* bändigen. Er mußte den Stier nach Attika bringen. Die Göttin *Hera* lehnte den Stier als Sühnegeschenk ab. Sie bekam den Stier von *Herakles*, doch sie ließ ihn wieder frei. So bedrohte er weiterhin die Menschen. Erst der Held *Theseus* konnte ihn später töten.

In Thrakien erlegte *Herakles* die vier Pferdestuten des Königs *Diomedes*, die nur Menschenfleisch fraßen. So mußten keine Menschen mehr den heiligen Pferden geopfert werden.

Dann mußte er den magischen Gürtel der Königin der Amazonen, *Hippolyte*, herbeischaffen. Er überredete die Königin, ihm den Gürtel zu geben. Doch die Göttin *Hera* war damit nicht einverstanden und entfachte einen Krieg mit den Amazonen. In diesem Kampf wurde die Königin der Kriegerfrauen von *Herakles* getötet.

Dann mußte der Held die Rinderherden eines Königs im Westen in das Land der Griechen bringen. Er fuhr mit einem Schiff bis in den äußersten Westen des Meeres. Dort stehen noch heute die »Säulen des Herakles«. Er raubte die Tierherden und führte sie durch Spanien und Gallien, über die Berge nach Italien und von dort in das Land der Griechen. Einige der Tiere wurden unterwegs von Räubern geraubt. Den Rest der Herde opferte er der Göttin *Hera*, um sie zu versöhnen.

Dann mußte er in die Unterwelt hinabsteigen und den Wächterhund *Kerberos* bändigen. Er fesselte ihn mit starken Händen und brachte ihn zum König *Erysteus*. Doch der König erschrak und wollte den Hund nicht haben. So brachte *Herakles* den Höllenhund wieder in die Unterwelt zurück.

Schließlich mußte er die goldenen Äpfel aus dem Obstgarten der *Hesperiden* herbeischaffen. Da mußte er zuerst einen Drachen mit hundert Köpfen töten. Dann mußte er viele Feinde im Kampf besiegen. Als er zum Berg Kaukasus kam, befreite er den *Prometheus*, der dort an den Felsen geschmiedet war. Von *Prometheus* hörte er, daß nur der Riese *Atlas* die goldenen Äpfel pflücken könnte. Mit einer List überredete er den Riesen, dies für ihn zu tun.

So hatte *Herakles* alle seine Heldentaten zum Wohl der Menschen ausgeführt. Er galt ihnen seither als der große Held und Kulturbringer. (MdV I, 228–234)

58. Der Tod des Herakles

Herakles kämpfte noch viele Kriege. Als er einen großen Sieg errungen hatte, wollte er für *Zeus* einen Altar errichten und ihm ein Dankopfer darbringen. Er bat die Priesterin *Deianeira*, ihm ein neues Festgewand für das große Opfer zu bringen. Sie sandte ihm eine Tunika. Doch diese war zuvor in das tödliche Blut des Kentauren *Nessos* getaucht worden.

Herakles zog die Tunika an. Doch nun drang das Gift des Kentauren in seinen Körper ein. Er konnte die Tunika nicht mehr vom Leib reißen, obwohl er es heftig versuchte. Als *Deianeira* sah, was sie angerichtet hatte, tötete sie sich selbst.

Doch *Herakles* wußte, daß er nun sterben mußte. Denn er war als Gottmensch nur ein Sterblicher. So ließ er auf dem Berg *Oita* einen Scheiterhaufen errichten, um sich dort als Opfer zu verbrennen. Er stieg auf den Scheiterhaufen, den seine Diener anzünden mußten. Und während sein Körper verbrannte, dröhnte vom Himmel der Donner.

Seine Seele aber stieg zum Himmel auf. Im Götterhimmel Olymp versöhnte er sich mit der Göttermutter *Hera*, die seine Stiefmutter war. Er heiratete dort die Gefährtin *Hebe*, die Göttin der ewigen Jugend. So lebt *Herakles* im Himmel in ewiger Jugend und ist den Menschen ein großes Vorbild.

(MdV I, 237–238)

59. Die Heldentaten des Theseus

Theseus war ein Königssohn aus Attika. Auch er mußte viele Kriege führen und Heldentaten vollbringen. Auf dem Land Attika lastete ein schwerer Fluch. Deswegen mußte dem Stierungeheuer *Minotauros* jedes Jahr ein großes Opfer von sieben jungen Männern und von sieben jungen Mädchen dargebracht werden.

Theseus wollte eines dieser Opfer sein. Er kam nach Kreta und ließ sich in das Labyrinth des Stieres einsperren. Doch er hatte den Faden der *Ariadne* an seiner Hand. So konnte er sich nicht verirren. Als er auf den Stier traf, erschlug er ihn mit seinen Händen. Nur mit dem Wollfaden der *Ariadne* fand er wieder den Ausgang aus dem Labyrinth.

Er nahm die geretteten Männer und Frauen aus Attika mit auf sein Schiff. Auch die *Ariadne* nahm er mit. Doch das Schiff strandete an der Insel Naxos. *Ariadne* schlief. Und als sie erwachte, war *Theseus* weg. Da kam der Gott *Dionysos* aus dem Olymp und führte die schöne *Ariadne* mit seinem Triumphwagen auf den Götterberg Olymp.

Theseus hatte die Amazone *Antiope* geraubt. Danach kamen die *Amazonen* in die Stadt Athen und begannen einen großen Krieg. Doch sie wurden am Berg Phyx geschlagen und schlossen Frieden. Weiters kämpfte *Theseus* eine Schlacht gegen die Kentauren.

Durch die lange Abwesenheit von seiner Stadt hatte er aber dort die Königswürde verloren. So mußte er sich auf die Insel Skyros zurückziehen. Der dortige König *Nikomedes* nahm ihn freundlich auf. Doch dann tötete er den *Theseus*, indem er ihn über einen Felsen stürzte. Der Mord wurde erst spät bemerkt. Das Orakel in Delphi befahl den Athenern, die Asche ihres verstorbenen Königs in die Stadt zu holen. So gilt *Theseus* als großer Held und König in Athen. (MdV I, 239–244)

60. Der Sänger Orpheus

Orpheus war ein Sohn des Flußgottes *Oiagros* und einer *Nymphe*. Er ist in Thrakien aufgewachsen und hat dort als König geherrscht. Doch er war auch Sänger, Musiker und Dichter. Er spielte die Lyra mit magischer Kraft. Seine Lyra hatte neun Saiten, für jede der neun Musen eine Saite. Durch seinen Zaubergesang wurden die wilden Tiere sanft und zahm. Die Bäume und die Pflanzen verneigten sich vor ihm.

Orpheus nahm am Kriegszug der Argonauten teil. Auf der Insel Samothrake ließ er sich in die Mysterien der Kabiren einweihen. Die Schönheit seines Gesanges übertraf noch den der Sirenen.

Orpheus hatte *Eurydike* geheiratet. Sie war eine Tochter des Gottes *Apollo* und einer Dryadenfrau. Als die junge Ehefrau *Eurydike* von einem Liebhaber verfolgt wurde, da flüchtete sie. Doch dabei trat sie auf eine giftige Schlange und wurde von dieser gebissen. Sie starb, und ihre Seele mußte in die Unterwelt.

Orpheus war untröstlich wegen des Verlustes. Er wollte seine junge Frau wieder bei sich auf der Erde haben. So stieg er mit seiner magischen Lyra in die Unterwelt hinab. Mit seinen Gesängen verzauberte er den Wächterhund *Kerberos*. Selbst die im Tartaros Gepeinigten wurden kurz von ihren Qualen erlöst. *Orpheus* bat nun die Götter der Unterwelt, den *Hades* und die *Persephone*, ihm seine junge Frau wiederzugeben.

Die beiden Götter waren einverstanden. Doch sie stellten eine Bedingung: *Orpheus* durfte sich erst umdrehen, wenn er das Totenreich verlassen hatte. Nun durfte die *Eurydike* dem *Orpheus* folgen. Doch dieser zweifelte, ob er nicht betrogen werde. Da sah er sich vor dem Ausgang der Unterwelt nach *Eurydike* um.

Sie war ihm tatsächlich gefolgt. Doch nun wurde sie ohnmächtig und starb zum zweiten Mal. Nun war alle Hoffnung dahin, *Orpheus* mußte allein auf die Menschenwelt zurückkehren. So soll kein Sterblicher an den Versprechungen der Götter zweifeln.

(MdV I, 291–292)

61. Der Tod des Orpheus

Als *Orpheus* auf die Erde zurückkehrte, dachte er nur noch an *Eurydike*. Und er konnte sich keiner Frau mehr nähern. Deswegen haben ihn die Frauen in Thrakien getötet und in Stücke zerrissen. Sie waren eifersüchtig, weil er immer nur an *Eurydike* dachte. Andere sagen, *Orpheus* habe nach dem Verlust der *Eurydike* nur mehr Männer geliebt.

Als die Frauen den Leichnam des *Orpheus* zerstückelt hatten, warfen sie die Körperteile in den Fluß. Doch sein Kopf wurde zusammen mit seiner Lyra zur Insel Lesbos geschwemmt. Dort wurde ihm ein Heiligtum errichtet. (MdV I, 291ff)

62. Amor und Psyche

Die Königstochter *Psyche* hatte zwei Schwestern, doch sie war schöner als diese. Aber sie fand keinen Mann. So befragte der Vater das Orakel. Dieses sagte, die Tochter müsse als Braut geschmückt auf einen heiligen Berg gebracht werden. Denn die Göttin *Venus* war eifersüchtig auf die Schönheit der Psyche. So schickte sie ihren Sohn *Amor*, er möge der schönen Psyche die Liebe zu einem häßlichen Mann einflößen.

Doch der Gott *Amor* verliebte sich selbst in die schöne *Psyche*. Als sie auf den heiligen Berg gebracht wurde, da blühten alle Blumen. *Psyche* aber schlief ein. Und als sie aufwachte, sah sie vor sich einen großen Königspalast, mit Gold verziert. Sie trat ein und setzte sich an den gedeckten Tisch mit köstlichen Speisen. Sie hörte Gesänge und Lieder, aber sie sah niemanden. Dann ging sie in das Schlafgemach und legte sich zu Bett. Da stieg unsichtbar der Gott *Amor* zu ihr ins Bett und liebte sie berauschend.

Als sie am Morgen aufwachte, war *Amor* weg. Doch am Abend kam er unsichtbar wieder zu ihr ins Bett. So lebte sie sehr glücklich in dem Schloß. Doch mit der Zeit fühlte sie sich sehr einsam. Da bat sie ihre zwei Schwestern, zu ihr zu kommen.

Die Schwestern kamen, aber sie waren eifersüchtig. Sie sagten, ihr nächtlicher Liebhaber sei ein Ungeheuer. Doch *Amor* hatte ihr aufgetragen, nicht nach ihm zu sehen. Aus Neugierde aber zündete sie die Lampe an und sah einen wunderschönen Jüngling mit zwei Flügeln. Er sagte ihr, daß er nicht wiederkommen könne, da sie nach ihm geschaut habe.

Psyche weinte bitterlich. Doch dann begann sie, ihn zu suchen. Sie suchte ihn auf der ganzen Welt. Sie bat die Göttin

Venus, ihr bei der Suche zu helfen. Doch *Venus* täuschte sie nur.

Auch der Gott *Amor* war verzweifelt, denn er liebte die *Psyche*. Da fand er sie in einen Zauberschlaf versunken. Er weckte sie und stieg mit ihr zum Götterberg Olymp hinauf. Dort bat er den Göttervater *Zeus* um die Einwilligung, *Psyche* heiraten zu dürfen.

Zeus gab die Einwilligung. Nun versöhnte sich auch die Göttin *Venus* mit der jungen *Psyche*. So lebten *Amor* und *Psyche* glücklich im Himmel. Sie hatten eine gemeinsame Tochter, das war die sinnliche Lust, *Epithymia*. (MdV I, 292–295)

Ergänzung

Nicht angeführt werden hier die großen Heldensagen der griechischen Literatur. Sie gehören nicht mehr zur Mythologie im engeren Sinn. Es sind Heldenerzählungen mit mythischem Hintergrund. Zu diesen großen Sagenkreisen gehören: die Argonautensage mit den Helden Jason und Medeia; dann der Sagenkreis um Danaos, Perseus, Andromeda, Kadmos und Antiope. Dann die großen Heldenzyklen um den Trojanischen Krieg, die »Ilias« und die »Odyssee« des Homer, mit den Helden Achilles, Hektor, Helena, Iphigenie, Agamemnon und Odysseus; der Sagenkreis um die Stadt Theben und König Oidipos; die Attischen Sagen um Kekrops, Erechtheus, Daidalos und Minos.

9
Die Römer

Einleitung

Auch die Römer sind ein indo-europäisches Volk, das zu Beginn des 1. Jahrtausends v. Chr. in Italien eingewandert ist. Als Hirtennomaden wurden sie in Latium seßhaft, sie lernten den Ackerbau und bildeten kleine Stadtkulturen. Längere Zeit waren sie von den Etruskern abhängig, sie mußten ihnen Tribut zahlen. Auch in ihrer Mythologie übernahmen sie etruskische Göttervorstellungen und Rituale. Durch die Etrusker wurden sie mit der Mythologie und Lebensform der Griechen bekannt gemacht. Die Römer gründeten ihre zentrale Stadt Rom im 6. Jh. v. Chr., sie sahen darin eine göttliche Weisung.

So verehrten die Römer viele Schutzgötter der Sippen und viele göttliche Wesen (numina). Sie fühlten sich an diese Wesen gebunden und hatten vor ihnen Ehrfurcht (religio). Sie hatten viele heilige Orte (fanum), an denen sie die göttlichen Kräfte verehrten. Denn sie wollten den Frieden der Götter (pax deorum) erlangen. Zu ihren großen Ritualen gehörten: das Opferritual (sacrificium), um die Schutzgötter zu stärken und gütig zu stimmen; das feierliche Versprechen (votum) an die Gottheit; die kultische Prozession (lustratio), um die Kornfelder, um die Fruchtbarkeit zu mehren. Eigene Priesterklassen (flamen, sacerdos) leiteten die großen Rituale. Sie kannten die Kunst der Wahrsagung (divinatio). Aus dem Vogelflug und aus den Eingeweiden der Opfertiere lasen sie das Schicksal ab (augurium, fatum, auspicia).

Die Ackerbauern verehrten ihre Hausgötter (penates) und ihre Flurgötter (lares) sowie die Schutzgötter des Herdfeuers (vesta). Sie feierten ihre alljährlichen Kultfeste, um die Felder und die Tierherden fruchtbar werden zu lassen. Die Priester galten als die »Brückenbauer« (pontifex) zu den Göttern. Als Tugenden galten den Römern die Frömmigkeit (pietas), die Treue zu den Oberen (fides), die Ehre der Sippe (honor) und die Hoffnung auf ein gutes Leben (spes). Die Religion war stark patriarchal geprägt, Frauen spielten darin eine untergeordnete Rolle.

Wir finden eine feudale Sozialstruktur von Ackerbauern, Viehzüchtern, Händlern, Handwerkern. Die Schutzgötter der Stadt Rom waren Jupiter, Juno und Minerva – auffallend sind die zwei weiblichen Göttinnen. Die Funktionen der Könige und Priester waren eng verflochten.

1. Die Gründung der Stadt Rom

Eine schöne Königstochter wurde von ihrem Onkel in das Gefängnis geworfen, denn er hatte die Herrschaft seines Bruders an sich gerissen. Im Gefängnis gebar die Königstochter ein Zwillingspaar, *Romulus* und *Remus*. Der Kriegsgott *Mars* war ihr Vater. Die Kinder wurden von Hirten in einem Weidenkorb im Fluß Tiber ausgesetzt. Der Onkel wollte seine Herrschaft nicht verlieren. Beim Hügel Palatin wurde der Korb an Land gespült. Nun nährte eine Wölfin die beiden Knaben. Später fand ein Hirt die Kinder, er nahm sie zu sich und zog sie auf.

Als sie erwachsen waren, wurden sie kräftige Krieger. Sie entthronten ihren Onkel und rächten die Schmach ihrer Mutter. Als sie den Onkel besiegt hatten, gründeten sie feierlich die Stadt Rom. Die Priester mußten mit einem heiligen Pflug die Grenzen der Stadt ziehen. An der Stelle, wo die Stadttore kommen sollten, hoben sie den Pflug aus der Erde. Somit war die neue Stadt vor den bösen Dämonen geschützt. Und *Romulus* wurde der erste König, sein Name ging auf die Stadt über.

(MdV I, 298–299)

2. Der Tod des Königs Romulus

Der König hatte sich mit Senatoren umgeben. Mit ihnen zusammen regierte er die Stadt. Auf dem Feld des Kriegsgottes

Mars versammelte er regelmäßig das ganze Volk. Er ließ die Krieger aufmarschieren und suchte neue Krieger aus. Bei einer solchen Heerschau brach plötzlich ein Gewitter aus, es wurde finster.

Und als es wieder licht wurde, war der König von seinem Thron verschwunden. Das Volk sagte, die Senatoren hätten ihn umgebracht. Doch da trat ein Bote auf und verkündete dem Volk, der Gewittergott *Jupiter* hätte den König *Romulus* in den Götterhimmel entführt. Nun sei *Romulus* ein Gott geworden. Sein neuer göttlicher Name sei *Quirinius*. Er mußte nun durch einen Kult von den Menschen verehrt werden, denn er war nun ein Beschützer der Stadt geworden. (MdV I, 299–300)

3. Der König Numa Pampilius

Der dritte König der Stadt Rom hieß *Numa Pampilius*. Er hatte der Stadt den großen Festkalender geschenkt. Er ließ alle Kulttage des Jahres in Stein einmeißeln. So wußten die Bauern und die Hirten, wann sie ihre Feste zu feiern hatten. Bevor der König Entscheidungen traf, befragte er die Nymphe *Egeria* bei einer Grotte.

Der König *Servius Tullius* war der Sohn einer Sklavin und des Feuergottes. Dieser schützte das häusliche Herdfeuer. Doch plötzlich war der Feuergott in der Gestalt eines männlichen Penis aus der Asche aufgetaucht und hatte sich mit der Sklavin des Hauses gepaart. Sie wurde schwanger und gebar einen Sohn. Dieser war tapfer im Krieg und wurde König der Stadt.

(MdV I, 300–301)

4. Der Raub der Sabinerinnen

Als *Romulus* mit seinen Kriegern die Stadt Rom gegründet hatte, da hatten sie zu wenig Frauen. Die umliegend wohnenden Hirten weigerten sich, ihnen ihre Töchter zu Frauen zu geben. Also faßten die Krieger mit *Romulus* einen Plan. Sie luden die Sippen der benachbarten Städte der Sabiner zu einem großen Kultfest in ihre neue Stadt. Die Männer und Frauen waren begeistert von den Wettkämpfen und den Wagenrennen.

Während die Männer der Sabiner bei den Pferderennen waren, machten sich die jungen Römer über die Töchter ihrer Gäste her und entführten sie in ihre Häuser. Sie vergewaltigten sie und machten sie zu Ehefrauen. Da die Männer der Sabiner unbewaffnet waren, mußten sie ohne ihre Töchter nach Hause ziehen. So betrieben die Römer Brautraub, was zu dieser Zeit viele Völker taten.

Doch der König der Sabiner sammelte ein Kriegsheer, um die Töchter zurückzuerobern. Sie drangen in die Stadt Rom ein, diese hatte zu dieser Zeit noch keine Mauer. Es kam zu einer langen Schlacht. Da warfen sich die Töchter der Sabiner in die Schlacht und baten ihre Väter und ihre Brüder, den Kampf zu beenden. Sie wollten lieber die Ehefrauen der Römer bleiben, denn als Witwen weiter leben zu müssen, wenn ihre Männer im Kampf fallen sollten.

Das sahen die Sabiner ein, sie versöhnten sich mit den Römern. Sie verbündeten sich und feierten ein großes Friedensfest. Seither sind die Römer und die Sabiner ein Volk geworden. (MdV I, 301)

5. Der Krieg gegen die Stadt Alba

Unter dem König *Tullus Hostilius* führte die Stadt Rom Krieg gegen die Stadt Alba. Drei Brüder der Römer aus der Sippe der Horatier sollten gegen drei Brüder der Albaner aus der Sippe der Curatier zum Kampf antreten. Bei diesem Sechskampf wurden zwei der Römer getötet, aber drei der Albaner verwundet. Einer der Römer blieb unverletzt. Er konnte mit einer List die drei verletzten Albaner töten. So hatten die Römer den Kampf gewonnen.

Als der römische Sieger *Horatius* mit den Tuniken der drei getöteten Albaner heimkehrte, da stellte sich ihm seine Schwester voll Zorn und Trauer in den Weg. Sie war mit einem der getöteten Albaner verlobt gewesen. Doch der Sieger tötete mit dem Schwert seine Schwester, weil sie seinen Sieg herabwürdigte. Daraufhin wurde *Horatius* vor ein Gericht der Krieger gestellt.

Er wurde freigesprochen, denn für Krieger und Sieger gilt ein besonderes Recht. Die Klage für einen getöteten Feind wurde nicht gestattet. So wurde der Krieger *Horatius* zum Vorbild für alle römischen Könige. Jedes Jahr wurde im Kult der Kampf zwischen den Römern und den Albanern nachgespielt. Auf diese Weise hofften die Römer, ihr Kriegsglück zu vermehren.

(MdV I, 304)

6. Die römischen Ehefrauen

Nach dem Raub der Sabinerinnen haben sich die Römer durch einen Vertrag mit den Sabinern verpflichtet, daß die Frauen in den Häusern ihrer Männer geschützt sind. Sie dürfen keine niederen Dienste leisten. Ihre Aufgabe war es vielmehr, die Sklaven bei der Arbeit zu lenken und die Wolle zu spinnen.

Bei jeder Eheschließung mußte der Mann seine Braut über die Türschwelle tragen. Dadurch sollten sie sich daran erinnern, daß ihre Vorfahren die Frauen der Sabiner geraubt hatten.

(MdV I, 304)

7. Die gute Göttin

Die gute Göttin (*Bona Dea*) wurde vor allem von den Frauen der Oberschicht, der Krieger und der Priester verehrt. Die Frauen feierten jährlich ein geheimes Ritual, aus dem die Männer ausgeschlossen waren. Dort verehrten sie die gute Göttin. Sie war mit dem Gott der Fruchtbarkeit *Faunus* verheiratet.

Einmal war die Göttin bei einem Kultfest betrunken. Daraufhin schlug sie ihr Göttergatte mit dem Myrtenzweig so stark, daß sie daran starb. Deswegen dürfen die Frauen bei ihrem Kultfest keine Myrtenzweige mitnehmen. (MdV I, 306)

8. Der Krieg mit den Latinern

Die Städte von Latium zogen mit einem Kriegsheer gegen die Stadt Rom. Sie verlangten die Auslieferung aller Witwen und aller Jungfrauen. Denn sie wollten sich auf diese Weise Sklavinnen verschaffen. Da schlug die römische Sklavin *Philotis* eine List vor. Die Römer sollten ihre Sklavinnen als freie Frauen verkleidet in das Feldlager der Latiner senden und sie sexuell betören.

Dieser Plan wurde ausgeführt. Die Latiner schliefen ruhig in ihrem Lager, als die römischen Sklavinnen kamen. Dann gab *Philotis* von einem Feigenbaum aus den römischen Kriegern ein Zeichen. Nun fielen die Krieger über die Latiner beim Liebesspiel her und besiegten sie. Ihre Sklavinnen holten sie wieder zurück. So hatten die Frauen mit einer weiblichen List die Männer der Gegner besiegt. (MdV I, 304)

9. Der Ahnherr Aeneas

Aeneas war der Sohn des trojanischen Königs *Anchises* und der griechischen Göttin *Aphrodite*. Er kämpfte in Troja und herrschte über das Volk der Dardaner. Als Troja besiegt wurde, floh er aus der Stadt. Seinen alten Vater trug er auf den Schultern. Er trug auch seinen kleinen Sohn und die Götterbilder mit sich. Auch einige seiner Untertanen folgten ihm. Nach vielen Irrfahrten auf dem Meer kam er über Karthago und Sizilien nach Latium.

Dort heiratete er die Tochter des Königs *Latinus*, sie hieß *Lavinia*. Und er gründete die Stadt Lavinium. Sein Sohn gründe-

te die Stadt Alba Longa. Von dieser Stadt aus wurde später die Stadt Rom gegründet. So war *Aeneas* einer der Ahnherren der Stadt Rom.
(Lex Myt 279)

10. Die Göttin Hargatis

Diese Göttin kam aus Syrien nach Rom. Dort galt sie als Beschützerin der Fruchtbarkeit. Sie hatte ihren großen Tempel am Fluß Euphrat. Als sie nach Rom kam, wurde sie von den Kaufleuten, den Sklaven, den Astrologen und den Bettlern verehrt. Ihre Anhänger feierten ekstatische Feste und Orgien, um die Kräfte der Fruchtbarkeit zu mehren. Die Soldaten haben den Kult der Göttin im ganzen Land verbreitet.
(Lex Myt 281)

11. Der Gott Attis

Die phrygische Muttergöttin *Kybele* liebte den Gott *Attis*. Dieser versprach der Göttin sexuelle Treue. Doch er hielt sich nicht daran und liebte viele Göttinnen. Aus Rache schlug ihn die Göttin *Kybele* mit Wahnsinn. Im Wahnsinn entmannte er sich und starb. Aus seinem Blut wuchsen viele Blumen. Die Göttin bereute ihre Tat, denn nun hatte sie keinen Liebhaber. Sie konnte den toten *Attis* nicht mehr zum Leben erwecken.

Sie setzte ein großes Trauerfest ein, bei dem die Priester (Galli) in den Bergen das Bild des toten *Attis* suchen mußten. Wenn sie das Bild fanden, zogen sie in ekstatischer Prozession durch die Stadt. Dabei verletzten sie sich an den Geschlechtsteilen, einige entmannten sich.
(Lex Myt 281)

12. Die Göttin Kybele

Die Göttin *Kybele* wurde in Phrygien als »große Mutter« verehrt. Im Krieg gegen die Karthager gab das Sibyllinische

Orakel den Römern den Rat, den schwarzen Stein der Göttin *Kybele* aus Galatien nach Rom zu bringen. Denn das sollte den Römern das Kriegsglück vermehren, und der Feldherr der Karthager sollte das Land verlassen. So kam die Göttin *Kybele* aus dem Land des Urvaters *Aeneas* nach Rom.

Dort wurde ihr ein Tempel auf dem Berg Palatin errichtet. Die Göttin galt als Herrin der Natur, sie wohnte in den wilden Bergen. Ihr Prunkwagen wurde von Löwen und von Panthern gezogen. Sie verliebte sich in den Gott *Attis*, der ihr sexuelle Keuschheit versprechen mußte. Als dieser untreu wurde, schlug sie ihn mit Wahnsinn. Er tötete sich im Wahn.

In Rom wurden lange Zeit die Mysterien der Göttin gefeiert. Dabei wurden Stieropfer dargebracht. Die Menschen besprengten sich mit dem Blut der Stiere, sie wollten damit ihre Lebenskraft stärken.

(Lex Myt 292-293)

13. Die Jagdgöttin Diana

Sie war die Beschützerin der Frauen, aber auch der freien Natur. Sie schützte die Wildtiere und die Jäger. Die Frauen riefen sie an, um ein glückliches Leben zu haben. Sie war eine altitalische Göttin, der Städtebund von Latium hatte sie als Bundesgöttin. Ihre Heiligtümer wurden auf den Bergen und an den Seen errichtet. Ihre Priester kamen aus den unteren sozialen Schichten. In der Frühzeit mußte jeder Priester dieser wilden Göttin seinen Vorgänger mit einer Baumaxt töten. Das war ein rituelles Opfer des Priesters an die Göttin.

Die Römer errichteten der Göttin einen Tempel auf dem Berg Aventin. Ihr Kultbild wurde so gestaltet, wie das Kultbild der griechischen Göttin *Artemis* in Ephesos. Das große Kultfest für die Göttin *Diana* war der 13. August, da feierten die Menschen das Glück des Lebens.

(Lex Myt 292-293)

14. Die Krieger Kastor und Pollux

Diese beiden Brüder waren Zwillinge. Als göttliche Krieger ritten sie auf Pferden. Sie schenkten den Kriegsherren der Menschen die Siege. So brachten sie den Römern den Sieg über die Latiner. Sie hatten in Rom die Siegesbotschaft selbst verkündet. Sie tränkten ihre schnellen Pferde auf dem römischen Forum. Deswegen haben ihnen die Römer dort einen Tempel errichtet.

Die beiden Kriegerzwillinge hatten ein Vorbild bei den Griechen. Dort hießen die Zwillinge *Kastor* und *Polydeukes*. Die Römer riefen sie immer an, wenn sie in den Krieg ziehen mußten. Und sie schrieben ihnen ihre Siege zu. Sie brachten ihnen große Dankopfer dar. Die beiden Zwillinge hießen auch die *Dioskuren*, sie wurden auf vielen Standbildern dargestellt.

(Lex Myt 286)

15. Die Göttin Egeria

Egeria ist eine Nymphe, die an den Quellen wohnt. Ihr Heiligtum hatte sie auch an den Flußmündungen und an den Seen. Sie war die Geliebte und die Gattin des zweiten Königs von Rom. Ihn hat sie bei der Ordnung der Stadt und bei der Errichtung der Kulte und der Heiligtümer beraten.

Sie beschützte die Frauen, wenn sie Kinder gebären. In Rom hatte sie eine heilige Quelle, wo ihr die Menschen Milch opferten. Sie besprengten sich mit dem heiligen Wasser. Die Göttin schützte alle neugeborenen Kinder.

(Lex Myt 287)

16. Der Gott Faunus und die Göttin Fauna

Faunus war ein Gott der Hirten und Viehherden. Er beschützte auch den Wald, die Felder und die Viehweiden. Bei den Tierherden mehrte er die Fruchtbarkeit. Er sprach durch die geheimnisvolle Stimme der Natur. Durch sein plötzliches Erscheinen konnte er Menschen und Tiere in Schrecken versetzen. Ähnlich wie der griechische Hirtengott *Pan* wurde auch *Faunus* mit Bocksbeinen und mit Hörnern dargestellt. Doch er hatte auch eine menschliche Gestalt.

Seine Ehefrau war die Göttin *Fauna*. Gelegentlich wurde sie auch als seine Tochter verehrt. Er hatte viele Söhne, die voller Sinnlichkeit lebten und ständig zur Paarung bereit waren.

Auf der Tiberinsel in Rom hatte *Faunus* seinen Tempel. Die Bauern feierten für ihn das Fest der Lupercalia. Dabei opferten sie einen Ziegenbock und schlugen sich mit Ruten. Sie wollten so ihre Fruchtbarkeit vermehren. *Faunus* wurde angerufen, um Schuld zu sühnen und Unheil vom Volk abzuhalten. Er galt als ein Sohn des Kriegsgottes *Mars*. (Lex Myt 287)

17. Die Göttin Flora

Sie war die Göttin des Frühlings, denn sie brachte die Blumen in Fülle und ließ die Getreidefelder blühen. Auf Geheiß der Sibyllinischen Orakel wurde ihr in Rom ein Tempel gebaut. Ihre Priester hießen Flamen Floralis. Zu Anfang des Monats Mai wurde ihr Kultfest gefeiert, die *Floralia*.

Dabei lebten beide Geschlechter in sexueller Ausgelassenheit, die Freudenmädchen zogen öffentlich ihre Kleider aus. So freuten sich alle Menschen an ihrer Sinnlichkeit, sie wollten ihre Lebenskraft stärken. Am Ende des Festes gab es eine Hasenjagd und eine Ziegenhetze. Die Göttin *Flora* war die Beschützerin der Freudenmädchen. Sie schenkte der Natur und den Menschen das Blühen der Jugend. (Lex Myt 288)

18. Die Göttin des Glücks

Fortuna hieß die Schutzgöttin des Lebensglücks. In der Frühzeit war sie eine italische Muttergöttin. Die Frauen flehten sie um Mutterglück und Kindersegen an. In ihrem Tempel war ein

Orakel, dort konnten die Menschen Lose des Glücks und des Schicksals ziehen. Sie wurde als schöne Frau mit zwei Säuglingen am Arm dargestellt. Die Menschen riefen sie an um Glück und Lebensfreude. Sie errichteten ihr viele Heiligtümer. Männer und Frauen riefen diese Göttin an. (Lex Myt 288)

19. Der Gott Herkules

Von den Griechen übernahmen die Römer die Verehrung des Helden *Herakles*. Sie nannten ihn *Herkules*. Sie errichteten ihm Heiligtümer und erzählten seine Heldentaten. Er hatte den Riesen *Cacus* getötet, der ihm einige Rinder gestohlen hatte. Die Römer errichteten ihm einen Staatskult, sie stellten ihn auf ihren Münzen dar.

Er galt ihnen als Anführer der Kriegshelden und als der große Kulturbringer. Die Kaufleute flehten ihn um Gewinn an. Sie opferten ihm und seinen Priestern den zehnten Teil ihres Gewinnes. Denn er schützte die Münzen und die Gewichte. Seine Standbilder wurden auf allen Marktplätzen aufgestellt.

(Lex Myt 288)

20. Die Göttin Isis

Die Göttin *Isis* kam aus Ägypten nach Rom. Sie war die Gattin des Gottes *Osiris* und die Mutter des Gottes *Horus*. Als Göttin der Heilkunst suchte sie den Leichnam des getöteten *Osiris*, sie erweckte ihn zum Leben. Seither galt sie als die große Heilerin und Lebensspenderin. Als solche wurde sie in Rom verehrt. Da sie den Tod überwunden und die Unterwelt besiegt hat, galt sie als die große Herrin der Welt. Als die Urmutter aller Wesen vermochte sie Leben zu spenden.

Die Menschen schlossen sich zu Kultgemeinschaften zusammen, um ihre Geheimnisse (*mysteria*) zu feiern. Sie mußten symbolisch das »Tor des Todes« durchschreiten, um für ein neues und ewiges Leben eingeweiht zu sein. Im Christentum lebt die Göttin *Isis* in der Gestalt der Gottesmutter *Maria* weiter. Diese hat die Titel der Göttin geerbt. (Lex Myt 289)

21. Der Gott Janus

Er war der Schutzgott der Stadttore und der Torbogen. Ja, er wohnte in den Stadttoren. Er hatte ein doppeltes Gesicht. In der Hand trug er den Schlüssel und den Stab des Toröffners. Sein großes Tor stand auf dem Forum, es war zu Friedenszeiten geschlossen. Im Krieg mußte es für den Auszug der Krieger geöffnet bleiben.

Sein Kultfest wurde im Monat Januar gefeiert, er hat diesem Monat den Namen gegeben. Es gab Wettkämpfe der Krieger. Er war auch der Gott des Anfangs. Deswegen wurde er vor jedem Unternehmen um einen guten Ausgang angerufen. In der Frühzeit herrschte der Gott über alle Städte in Latium. Das war für die Menschen ein »goldenes Zeitalter«. (Lex Myt 290)

22. Der Himmelsgott Jupiter

Er war ein altitalischer Lichtgott, später wurde er zum großen Himmelsgott. Seine Kultstätten waren auf den Bergen und Hügeln, wo sich Himmel und Erde am nächsten kommen. Die Vollmondtage (Iden) waren ihm geweiht. Doch er herrschte auch über das Wetter, er hatte den Blitz und den Donner und brachte den Regen. Die Ackerbauern und ihre Priester haben laut zu ihm um Regen gerufen. Doch er war auch der Beschützer der Weinberge. Das große Weinfest *Vinealia*, bei dem der erste Wein des Jahres getrunken wurde, war ihm geweiht.

Die Römer errichteten sein Heiligtum auf dem Berg Kapitol. Dort wurde sein heiliger Stein aufbewahrt, dort wurden die feierlichen Eide geschworen. Er war der Schützer der Verträge und der Rächer aller Eidbrüche. Er war auch der Schutzgott der Krieger, die ihm jedes Jahr die Waffen weihten. Denn er verlieh dem Heer die Siege. Er brachte die Heere der Römer zum Stehen, wenn sie auf der Flucht waren. Die Römer sahen in Jupiter den höchsten und den stärksten der Götter. Sein Titel war *Jupiter Optimus Maximus*.

Neben *Jupiter* wurden zwei weibliche Schutzgöttinnen der Stadt verehrt, nämlich *Juno* und *Minerva*. Sie bildeten die höchste Götterdreiheit in Rom. *Jupiter* war der Hüter der Macht im ganzen Reich. Unter seinem Schutz stand der Senat, ihm wurden regelmäßig staatliche Opfer gebracht. Jeder Feldherr mußte dem Gott Treue und Gehorsam schwören.

Nach jedem Sieg zogen die Krieger zum Tempel des *Jupiter,* um für den Sieg zu danken. Er war der höchste Schützer des römischen Staates. (Lex Myt 291-292)

23. Die Göttin Juno

Juno war eine altitalische Schutzgöttin der Frauen, der Ehen und der Geburten. Als Gemahlin des Himmelsgottes *Jupiter* schützte sie jede menschliche Ehe. In jeder Menschenfrau lebte die Kraft der Göttin, deswegen konnten die Ehen glücklich sein. *Juno* war die Verkörperung der Weiblichkeit in jeder Frau.

Sie wurde bei vielen Kultfesten gefeiert. Die adeligen Frauen feierten Anfang März das Fest der *Matronalia*. Jeder Monatsanfang war der Göttin geweiht. Sie sollte jedem Monatszyklus der Frauen Glück und Fruchtbarkeit schenken. Die Ehefrauen ermahnte die Göttin zu einem tugendhaften Leben. Zusammen mit *Jupiter* und *Minerva* gehörte sie zur höchsten Götterdreiheit in Rom. Sie trug den Titel *Juno Regina*. (Lex Myt 290-291)

24. Die Göttin Minerva

Sie war eine altitalische Schutzgöttin, die Etrusker und die Sabiner verehrten sie. Seit alten Zeiten gehörte sie mit *Jupiter* und

Juno zur höchsten Götterdreiheit in Rom. Sie war die Schützerin der Handwerker, denn sie brachte viele Kulturtechniken. Sie wurde zur Schützerin der Stadt und zur Anführerin der Krieger. Zu ihrem Kultfest am 13. Juni gab es einen musischen Wettstreit der Flötenspieler. Auch die Schreiber und die Schauspieler führten einen Wettstreit aus. Ihr großes Kultfest begann am 19. März und dauerte vierzig Tage. In dieser Zeit mußten die Lehrer in der Stadt bezahlt werden.

(Lex Myt 295)

25. Die Schutzgötter der Sippen

Jede Sippe hatte ihre eigenen Schutzgötter. Das waren die *Laren* (*lares*). Sie beschützten jedes Mitglied der Sippe, aber auch deren Felder und die Viehweiden. Jede Familie hatte ihren Schutz-*Lar*, er wohnte beim Herdfeuer im Haus. Von jeder Mahlzeit der Menschen wurde ihnen ein Teil gegeben. In jedem Haus stand ein heiliger Schrein mit einem Bild des Schutzgottes.

Auch an den Feldern und an den Wegkreuzungen wurden die Bilder der *Laren* aufgestellt. Denn sie sollten die Felder und die Wege beschützen. Später wurden die *Laren* als junge Krieger mit Speeren bewaffnet dargestellt, meist in ein Hundefell gekleidet. In jeder Stadt wurde den *Laren* ein Opferaltar aufgestellt, wo der *Genius* des Königs mit zwei *Laren* tanzte. Auf diese Weise sollte die ganze Stadt geschützt werden.

(Lex Myt 293)

26. Der Kriegsgott Mars

Mars war ein altitalischer Gott des Wachstums und der Fruchtbarkeit. Später haben ihn die Krieger zu ihrem Schutzgott erhoben. Er schützte nun die römischen Heere und die Staatsmacht. Im Haus der Könige (*Regia*) wurde sein heiliger Schild aufbewahrt. Dieser Schild war vom Götterhimmel auf den

König *Numa Pompilius* herabgekommen. Um den Schild vor Diebstahl zu schützen, ließ der König elf Exemplare anfertigen.

Die Priester des *Mars* bildeten das Kollegium der Salier. Sie leiteten die Kultfeste des Gottes zu Beginn des Monats März, der dem Gott geweiht war. Bei der Kultprozession traten sie singend und tanzend auf und führten den heiligen Schild mit sich. Auf dem Marsfeld, dem Feld der Krieger, wurden die Waffen geweiht und mit magischer Kraft aufgeladen. Es wurden Tieropfer gebracht, um die Krieger zu stärken. Mit diesem Fest im Monat März begann die Zeit zum Kriegführen, die bis Oktober dauerte. Ende Oktober wurde dem Gott *Mars* ein Pferdeopfer dargebracht, die Waffen wurden vergraben.

Mars war auch der Gott der Rache, der jedes Vergehen strafte. Als der göttliche Vater von *Romulus* und *Remus* war er der Stammvater der Römer. Seine Frau war *Venus*, die Schutzgöttin der Liebe. Sie war die Mutter des *Aeneas*, des zweiten Stammvaters der Römer. *Mars* war der Schützer des ganzen Reiches. Dargestellt wurde er in der Rüstung eines Kriegers.

(Lex Myt 294–295)

27. Der Gott Mithras

Mithras war ursprünglich ein persischer Lichtgott. Durch den Kriegszug des Königs Alexander gelangte dieser Gott nach Kleinasien, später nach Griechenland und dann nach Rom. Besonders die Soldaten verehrten ihn. In Persien stand *Mithras* auf der Seite des Lichtgottes *Ahura Mazda*, er kämpfte gegen den Gott der Finsternis *Ahriman*.

Er galt als der unbesiegbare Sonnengott (*Sol invictus*), der von seinen Anhängern Recht und Ordnung forderte. Er schützte Gesetzestreue und Wahrhaftigkeit. Die Gläubigen waren Soldaten des *Mithras*, sie mußten ihm unbedingt gehorchen. Nur Männer waren zu seinem Kult zugelassen, Frauen waren ausgeschlossen.

Die Riten des Mithraskultes wurden zuerst in Höhlen, später in Kellerräumen (Mithräum) ausgeführt. Die Gläubigen wurden in die Mysterien des Gottes eingeweiht. Sie mußten sieben Weihestufen durchschreiten und mußten ein ethisch wertvolles Leben führen. Zeitweilig mußten sie sexuell enthaltsam leben.

Dann durften sie ein Weiterleben nach dem Tod erwarten. Damit hatten die Soldaten weniger Angst vor dem Tod, den sie im Kampf immer vor Augen hatten. Zur Einweihung in den Mithraskult gehörte auch ein Stieropfer. Die Gläubigen besprengten sich mit dem Blut des Stieres, um von ihren Sünden rein zu werden.
(Lex Myt 295f)

28. Der Wassergott Neptun

Neptun war der Schutzgott der Quellen, der Flüsse und der Seen. Später wurde er auch zum Schützer der Meere. Im Juli feierten die Menschen sein großes Kultfest, die *Neptunalia*. Dabei wurden Stiere geopfert, es wurden große Wagenrennen veranstaltet.

Die Menschen feierten ein Kultmahl, um die Kräfte des Gottes in sich aufzunehmen. Seine Ehefrau war *Amphitrite*. Sie war die Herrin der Meere und fuhr auf einem Muschelwagen über die Wellen. Ihre Rivalin *Skylla* hatte sie in ein böses Seeungeheuer verwandelt, das alle Seefahrer bedroht.

(Lex Myt 296)

29. Die drei Parzen

Ursprünglich gab es nur eine Parze (*Parca*). Sie wurde von den Frauen bei den Geburten angerufen, sie schützte die neugeborenen Kinder. Später wurden drei Parzen verehrt, sie bestimmten gleich nach der Geburt das Schicksal jedes Menschen. Ihre Namen waren *Nona, Decuma* und *Morta*.
(Lex Myt 297)

30. Die Schutzgötter der Vorratskammern

Sie hießen *Penates* und schützten die Sippen und ihre Vorräte an Lebensmitteln. Sie bewahrten das Getreide vor dem Verderben und gaben den Menschen die Speisen. Sie wurden am Herdfeuer verehrt und erhielten von jeder Mahlzeit der Menschen einen kleinen Teil. In der Stadt schützten sie die öffentlichen Vorratskammern, wo das Korn gespeichert war.

Im Tempel der Göttin *Vesta* wurden ihnen Opfer gebracht. *Aeneas* hatte seine Hausgötter aus der brennenden Stadt Troja mitgenommen. Er gab ihnen eine neue Heimat in Lavinium. So nehmen die Menschen auch weiterhin ihre Hausgötter mit, wenn sie in einen fremden Ort ziehen. (Lex Myt 298)

31. Der Kriegsgott Quirinus

Quirinus ist ein altitalischer Stammesgott. Bei den Sabinern war er der Schutzgott der Krieger. In Rom wurde er auf dem heiligen Berg Quirinal verehrt. Sein Fest waren die *Quirinalia*, sie wurden im Monat Februar gefeiert. (Lex Myt 299)

32. Der Gott Saturn

Saturn war ein alter Gott der Ackerbauern, er schützte die Felder und die Viehweiden. Auch die Etrusker verehrten ihn. Auf dem Forum in Rom erhielt er einen Opferaltar, später einen Tempel. Doch sein Sohn *Jupiter* hatte ihn von der Herrschaft verdrängt. So flüchtete er nach Latium. Dort wurde er vom Gott *Janus* freundlich empfangen. Er richtete sein Heiligtum auf einem heiligen Berg ein, auf dem Mons Saturnius.

Für die Menschen begann ein »goldenes Zeitalter«, alle lebten gut und glücklich. Sie feierten jedes Jahr das große Fest des Gottes, die *Saturnalia*. Dabei tauschten die Sklaven die Rollen mit den Herren, sie durften sich bedienen lassen. Die Menschen freuten sich an Sinnlichkeit und Sexualität, die strengen Eheregeln waren während der Festzeit aufgehoben. Alle wollten in dieser Zeit ihre Fruchtbarkeit mehren und ihre Lebenskraft stärken.

(Lex Myt 299)

33. Die Sibyllen

Zuerst kannte man nur eine *Sibylla*, sie war die altrömische Mantikerin. Sie gab den Menschen das Orakel der Götter und sagte ihnen die Zukunft und das Schicksal voraus. Sie galt als eine Tochter des Königs von Troja, aber auch als Tochter des Gottes *Zeus*. Später gab es mehrere Sibyllen, sie wurden bei allen wichtigen Entscheidungen um ihren Rat gefragt.

Von der *Sibylla* in Cumae wurde eine große Orakelsammlung verfaßt. Das waren die Sibyllinischen Bücher. Sie wurden im Tempel auf dem Kapitol aufbewahrt und im Auftrag des Senats vor wichtigen Entscheidungen befragt. Sie gaben den Römern den Rat, fremde Götter in Rom einzuführen, um die Schutzkraft der Stadt und des Volkes zu stärken. So gab die *Sibylla* den Rat, im Kampf gegen die Karthager aus Phrygien die große Muttergöttin *Kybele* in Rom einzuführen.

(Lex Myt 300)

34. Der Sonnengott Sol

Er war der Sonnengott der Sabiner, er wurde dann auch von den Römern verehrt. Der Gott trägt eine Strahlenkrone, er lenkt den großen Sonnenwagen, der von vier feurigen Pferden gezogen wird. Ihm zu Ehren werden im großen Zirkus (Circus maximus) in Rom alljährlich die großen Pferderennen abgehalten.

Seine Macht steigerte sich, als auch der persische Sonnengott *Mithras* nach Rom geholt wurde. Der Kaiser *Elagabal* war ein Priester des unbesiegbaren Sonnengottes (Sol invictus). Der

Kaiser Aurelian machte ihn zum obersten Reichsgott. Denn er sollte das ganze Imperium schützen und vor dem Verfall bewahren.
(Lex Myt 300)

35. Die Liebesgöttin Venus

Venus war eine altitalische Schutzgöttin der Gärten und der Blumen. Später wurde sie mit der griechischen Liebesgöttin *Aphrodite* verglichen und als die Schützerin der sinnlichen Liebe verehrt. Ihr wurden viele Tempel gebaut, die Menschen flehten sie an um Liebesglück und um sexuelle Kraft.

Sie wurde auch als Mutter des Stammvaters *Aeneas* gefeiert (Venus Genitrix). Viele sahen in ihr die Gattin des Kriegsgottes *Mars*. Ein Tag der Woche (Dies Veneris) wurde unter ihren Schutz gestellt. Er ist es in den romanischen Ländern bis heute geblieben.
(Lex Myt 301)

36. Vertumnus und Pomona

Vertumnus war ein etruskischer Schutzgott des Wachstums und der Ernten. Er brachte den Wandel der Jahreszeiten und die Jahreswenden. Die Händler riefen ihn an, er möge ihre Waren schützen und begleiten. Seine Frau war die Göttin *Pomona*, sie war die Schützerin des Obstes und aller Baumfrüchte. Beide Götter liebten sich und verführten sich zu sinnlicher Liebe. So waren sie allen Liebenden ein ständiges Vorbild. (Lex Myt 301)

37. Die Göttin Vesta

Sie war die Schutzgöttin des Herdes in jedem Haus. Sie schützte auch das Feuer bei den großen Opferaltären der Stadt und des Reiches. Ihr Feuer brannte in einem Rundtempel am Fuß des heiligen Berges Palatin, es durfte nie ausgehen.

Es waren jungfräuliche Priesterinnen (Vestalinnen), die dieses ewige Feuer hüteten. Zwischen sechs und zehn Jahren wurden sie zum Feuerdienst herangezogen. Ihr Dienst dauerte bis zum 30. Lebensjahr. Während dieser Zeit mußten sie sexuell enthaltsam leben und durften nicht heiraten. Nur so konnte die Kraft der Göttin gestärkt werden. Wenn sie gegen die Enthaltsamkeit verstießen, wurden sie mit dem Tod bestraft.

Der König *Numa Pompilius* soll den Feuerkult eingeführt haben. Wenn das Feuer ausging, wurde die Göttin geschwächt. Das brachte Unglück für die Stadt und das Reich. Die Priesterinnen wurden mit Geißelhieben bestraft. Doch sie genossen beim Volk hohes Ansehen. Im Juni wurde das große Fest der Feuergöttin *Vesta* gefeiert, es dauerte mehrere Tage.

(Lex Myt 301)

38. Die Siegesgöttin Victoria

Victoria war die Siegesgöttin der römischen Heere, die ihnen das Kriegsglück brachte. Ihr Tempel wurde auf dem heiligen Berg Palatin errichtet. Alle Heerführer riefen sie an, wenn sie in den Krieg zogen. Und sie brachten ihr viele Opfer, um sie gütig zu stimmen.

Wenn sie den Sieg errungen hatten, feierten sie große Dankesfeste für die Göttin. Ihr heiliges Bild stand im Saal des römischen Senats, vor ihr wurden alle großen Beschlüsse gefaßt. (Erst der christliche Bischof Ambrosius von Mailand hatte darauf bestanden, daß ihr Bild aus dem Saal des Senats entfernt wurde.)

(Lex Myt 302)

39. Der Feuergott Vulkanus

Vulkanus war ein altrömischer Feuergott. Daher schützte er alle Handwerker, die mit dem Feuer arbeiteten. Vor allem die Schmiede standen unter seinem Schutz. Sein großes Kultfest wurde im August gefeiert, es waren die *Vulcanalia*. Dabei wurden Fische in das Feuer geworfen, um den Gott zu besänftigen. Er wurde gebeten, die Stadt vor Feuersbrunst zu schützen. Denn dieser gefürchtete Gott konnte das Feuer entzünden, wo er wollte. Er schickte den Blitz, der bei den Menschen große Schäden verursachte. (Lex Myt 302)

10
Hellenismus und Spätantike

Einleitung

Das Großreich des Makedonierkönigs Alexander vereinigte ab 330 v. Chr. viele Kulturen und Völker. Darin erfolgte ein interkultureller Austausch, der auch die Religion, die Mythologie und die Rituale betraf. Die Menschen verehrten nicht nur die eigenen Schutzgötter. Sie verschrieben sich auch den Göttern fremder Kulturen, um deren Schutz und Lebenskraft zu erhalten. Sie feierten die Riten und die Mysterien fremder Völker, um ein gutes und glückliches Leben zu finden. Mythen und Religionen traten untereinander in Konkurrenz.

Mythen der Gnosis

Unter Gnosis verstehen wir verschiedene religiöse Bewegungen in der Antike, in denen die Menschen nach »Erlösung« aus einem leidvollen Dasein suchen. Vor allem für die unteren sozialen Schichten war das Leben hart und ungesichert. Alte Orientierungen und Bindungen waren verlorengegangen. So entstanden viele Erlösungslehren, die durch den Weg der Erkenntnis und des Geheimwissens die Erlösung versprachen. Es gab viele Lehrer der Gnosis, die neue Lebensformen verkündigten. In einer Vielzahl von gnostischen Schriften sind diese Gedanken auf uns gekommen.

1. Das leidvolle Dasein

Wer sind wir Menschen? Wohin wurden wir bei der Geburt geworfen? Wonach streben wir? Wovon werden wir befreit? Und was ist Wiedergeburt? Woher kommt das Böse in der Welt? Warum gibt es die vielen Leiden? Warum müssen wir uns als Fremde fühlen in dieser Welt?

Unser Dasein wird von zwei gegensätzlichen Weltmächten geprägt. Nämlich von einer geistigen Welt des »Lichtes« und einer körperlichen Welt der »Finsternis«. Wir leben in der Körperwelt. Deswegen ist unser Leben leidvoll und dunkel. Doch in jedem von uns wohnt ein Lichtfunke, der sich an die »Lichtwelt« erinnert, aus der er gekommen ist.

Wir alle kommen aus der göttlichen Lichtwelt. Unsere Seelenkraft ist in die Welt der Körper hinabgestiegen. Doch nun fühlt sie sich fremd in dieser Körperwelt, sie hat große Sehnsucht nach der himmlischen Lichtwelt. Doch in ihr lebt die Hoffnung, daß sie dorthin gelangen wird, wenn sie den Weg der Gnosis beschreitet. (Hb RG III, 263–265)

2. Der Lichtweg der Erlösung

Die Menschenseele fühlt sich fremd in der Körperwelt. Sie möchte in die »Lichtwelt« zurück, aus der sie gekommen ist. Wenn sie den Weg der Gnosis beginnt, dann wandert sie durch viele Sphären. Sie durchwandert die Reiche der Planeten, sie muß an vielen Wächtern vorbei. Dort muß sie immer ein Geheimwort kennen, das ihr die Lehrer der Gnosis vermittelt haben.

Bei dieser Wanderung, die ein Aufstieg in die Lichtwelt ist, wird die Seele langsam frei von den vielen Bindungen an die Erdenwelt. Sie legt die Leidenschaften ab, sie wird von den sinnlichen Trieben nicht mehr hin und her gerissen. Sie erkennt ihren Ursprung in der Lichtwelt, das ist der Beginn des Erlösungsweges.

Das Leben in der Körperwelt ist eine Täuschung, es ist Blendwerk des Bösen. Der Gnostiker möchte aus dieser Welt flüchten, die ihm feindlich, leidvoll und böse erscheint.

(Hb RG III, 262–265)

3. Die Erschaffung der Welt

Warum ist diese Welt böse und leidvoll, wenn es ein göttliches Lichtwesen gibt, das gut ist? Kann ein guter Gott eine so böse Welt erschaffen haben? Der Lichtgott ist von der Welt der dunklen Körper weit entfernt, er hat mit ihr gar nichts zu tun. Denn er lebt im höchsten und reinsten Licht. Unter ihm existieren in absteigenden Rängen viele Geistwesen und unsichtbare Kräfte.

Unter den höheren Wesen existieren viele niedere Geistwesen. Eines dieser niedrigen Geistwesen betätigte sich als Handwerker (*demiourgos*) und formte die Welt der Körper. Dadurch ist die Menschenwelt geworden. Sie ist dunkel und leidvoll, denn sie ist weit vom göttlichen Licht entfernt. Der gute Lichtgott trägt für die böse Welt der Körper keine Verantwortung.

So ist die Welterschaffung ein gewaltiger Abfall von der ursprünglichen Lichtwelt. Es sind viele Lichtfunken in die dunkle Welt der Körper abgestiegen. Sie haben die Form der menschlichen Seelen und sind in den Körpern gefangen. Die Mächte der Finsternis haben es verstanden, die göttlichen Lichtfunken in der Körperwelt zu fesseln. Deswegen ist das Leben der Menschen leidvoll und beschwerlich. Doch allen, auch den Unterdrückten und Leidenden, bleibt ein Funke der Hoffnung auf den »Aufstieg« in die Lichtwelt des Anfangs.

(Hb RG III, 263–265)

4. Der Lebensweg der Menschen

Die Menschen sind eingespannt in einen großen kosmischen Kampf. Es kämpfen die Mächte des Lichtes gegen die Mächte der Finsternis. In den Menschen ist der göttliche Lichtfunke, er möchte durch den Weg der Gnosis wieder aufsteigen zum göttlichen Licht. So schließen sich die Menschen auf dem Erlösungsweg zusammen, sie bilden Kultgruppen, sie gehen durch viele Einweihungen. Dabei werden sie von einem göttlichen »Offenbarer« geleitet.

Sie müssen viele Riten der Reinigung vollziehen. Sie sind wie aus dem Schlaf des Lebens aufgewacht, sie gehen jetzt auf einen neuen Tag des Lebens zu. Der Einweihungsweg führt sie über mehrere Stufen, bis sie zu »Vollendeten« (*Teleioi*) werden. Sie lösen sich in kleinen Schritten von den Bindungen an die Körperwelt, sie legen Sinnlichkeit und Leidenschaften ab.

Sie verwandeln sich und die Welt, sie fühlen sich als Vorhut einer neuen Weltzeit. An die Gesetze der Mitmenschen, die in ihren Augen schlecht sind, fühlen sie sich kaum noch gebunden. Sie sagen, auf dem Weg der Erlösung sei ihnen »alles erlaubt«. Denn sie sind unterwegs zum himmlischen Licht, sie verwandeln sich in himmlische Menschen. (Hb RG III, 264–267)

5. Sinnlichkeit und Sexualität

Auf dem Weg der Erleuchtung wollen sich die Gnostiker von ihrer Sinnlichkeit und Sexualität langsam ablösen. Sie bewerten ihren Körper deswegen als gering und böse, weil in ihm der göttliche Lichtfunke gefangen ist. Sie leben zum Teil asketisch, um den Aufstieg zum Licht zu beschleunigen.

Zeitweise verzichten sie auf Essen und Trinken, auf Schlaf und Sexualität. Den Erleuchtungsweg der Gnosis gehen beide Geschlechter. Doch sie wollen das sinnliche Begehren überwinden, sie wollen wie Geschwister leben.

Es gibt Gnostiker, die auf Sinnlichkeit und Sexualität verzichten, die die Weitergabe des Lebens verweigern. Denn durch Zeugung und Geburt werden erneut göttliche Lichtfunken in menschliche Körper eingebunden. Fanatische Männerasketen lehren, daß die Frauen männliche Lebenskraft in sich aufnehmen müßten. Denn in der Vollendung müßten sich alle Frauen in Männer verwandeln. Andere Gnostiker sind hingegen überzeugt, daß die erlösende Kraft stärker von den Frauen komme, daß die Männer die weibliche Lebenskraft nutzen müßten, um zur Erlösung zu kommen.

Es wird gelehrt, daß in der Vollendung beide Geschlechter sich wieder vereinigen, wie es im Ursprung war. Die vollendeten Gnostiker werden männlich und weiblich sein.

Folglich gibt es auch Lehrer der Gnosis, die den großen Erlösungsweg in der frei entfalteten Sexualität sehen. Sie feiern kultische Liebesfeste, bei denen sich Frauen und Männer wahllos paaren. Sie glauben, dabei die Lebenskräfte des anderen Geschlechts in sich aufzunehmen.

Frauen nehmen den männlichen Samen in ihre Hände und trinken ihn als »Arznei der Unsterblichkeit«. Männer verkosten das Menstruationsblut der Frauen, um die schöpferischen Kräfte in sich aufzunehmen. Diese Gnostiker wollen auf dem Weg der ekstatischen Orgien der Erlösung und der Vollendung näher kommen.
(Hb RG III, 266–268)

6. Die Sünde der Menschen

Die große Sünde der Menschen besteht in ihrer Unwissenheit. Sie kennen nicht den Weg der Gnosis, sie fühlen sich an die Welt der Körper gebunden. Deswegen tun sie einander Böses, sie rauben und betrügen. Sie kennen nicht das göttliche Licht, sie leben wie im Schlaf oder wie im Traum.

Doch der kosmische Kampf zwischen der Lichtwelt und den Mächten der Finsternis geht weiter. Die Menschen sind in diesen Kampf eingespannt. Auch die Gestirne und die Weltzeiten sind daran beteiligt. In jedem Menschen ist Lichtvolles und Dunkles, ist Sterbliches und Unsterbliches. Durch viele Weihestufen geht der Weg des Gnostikers der Lichtwelt entgegen. Durch das geheime Wissen gehen die Gnostiker auf dem großen Lichtweg der Erlösung und Vollendung entgegen.

Von der Sünde reinigen sie sich, das Böse kann sie nicht mehr berühren. Nur wenige kennen diesen Erlösungsweg. Die meisten leben in Unwissenheit und Finsternis. Doch der große Erlösungsweg führt zum Ursprung zurück. Das Leben hat ein letztes Ziel und kann fast jedes Leid ertragen. So ist Gnosis eine intensive Form der Leidensbewältigung

(Hb RG III, 270–280)

Die Mythen der Mysterienkulte

In der hellenistischen Zeit entstanden viele Mysterienkulte. Sie verhießen den Menschen einen schnellen Weg zur Erlösung aus leidvollem Dasein und zu einem guten Leben. Die Mythen dieser Geheimlehren stammen meist aus alten Stammesreligionen und aus östlichen Volkskulturen: aus Persien, aus Babylonien, aus Ägypten, aus Syrien, aus Kleinasien. Es waren vor allem die Menschen aus den unteren sozialen Schichten, Unfreie und Sklaven, Heimatlose und Besitzlose, die sich diesen Lehren und Kulten anschlossen. Sie erwarteten sich ein langes und gutes Leben. Zum Teil erwarteten sie sich ewiges Leben. Ihr Leben sollte nach dem Tod bleibende Bedeutung haben.

Hier sollen einige Grundmythen dieser Kulte zusammengestellt werden.

1. Die Mysterien der Göttin Demeter

Demeter war die Tochter des *Kronos* und der *Rheia*. Sie war bei den Menschen und bei den Göttern die Schützerin der Erde, der Fruchtbarkeit und des Getreides. Ohne ihr Wissen raubte *Hades*, der Gott der Unterwelt, ihre Tochter *Persephone*. Er machte sie durch Brautraub zu seiner Frau. Das war bei den Menschen und Göttern so üblich. Voll Trauer machte sich *Demeter* auf die Suche nach ihrer Tochter. Sie kümmerte sich nicht mehr um das Getreide. So hörte das Wachstum auf, und die Menschen hatten Hunger. Sie befahl den Menschen, ihr in Eleusis einen Kult einzurichten, die Mysterien.

Der Götterbote *Hermes* holte die Tochter aus der Unterwelt zurück. Nun wuchs bei den Menschen auf den Feldern wieder das Getreide. Der Götterrat trat zusammen, und *Zeus* mußte entscheiden. Er entschied, daß die Göttertochter ein Drittel des Jahres in der Unterwelt sein müsse, bei ihrem Gemahl *Hades*. Doch zwei Drittel des Jahres durfte sie bei ihrer Mutter auf der Erde sein. In dieser Zeit wuchs das Korn.

Bei den Mysterien in Eleusis haben die Menschen das Drama der Göttin und ihrer Tochter nachvollzogen. Sie feierten den Raub der *Persephone*, ihren Abstieg in die Unterwelt, die Trauer der Mutter, das Ende des Wachstums. Doch dann begann die Wende, der Aufstieg der Tochter aus der Unterwelt, der Beginn des Wachstums, die Entscheidung des *Zeus*. So feierten die Gläubigen ihren eigenen Abstieg in die Welt des Todes und ihre Einweihung in das künftige Leben. Sie wollten aus dem Tod wiedergeboren werden, um ein gutes und langes Leben zu haben.

(Lex Myt 152f)

2. Die Mysterien des Sängers Orpheus

Der thrakische Sänger *Orpheus* war ein Sohn des Flußgottes *Oiagros* und der Muse *Kalliope*. Wegen seiner Kunst des Kitharaspieles und wegen seines magischen Gesanges galt er als Sohn des Gottes *Apollo*. Er hatte den Menschen die Musik und die Kithara gebracht. Mit seinen Melodien verzauberte er die Pflanzen und die Tiere, er setzte Steine in Bewegung und ließ wilde Tiere zahm werden. Bei der Seefahrt der Argonauten spielte er den Ruderern den Takt.

Als seine junge Frau *Eurydike* gestorben war, stieg er in die Unterwelt hinab. Mit seiner magischen Musik wurde der Höllenhund *Kerberos* zahm, die Strafen im Tartaros wurden ausgesetzt. Der Gott der Unterwelt gab *Eurydike* frei, wenn der Sänger sich nicht nach seiner Frau umsah. Doch der Sänger zweifelte am Versprechen des Gottes *Hades* und blickte nach hinten. Dabei starb *Eurydike* ein zweites Mal, nun gab es für sie keinen Weg mehr aus dem Totenland.

Die Anhänger des *Orpheus* bildeten eine Geheimlehre und einen Kultbund. Wer sich in die Mysterien des magischen Sängers einweihen ließ, wurde von Schuld und Sünde befreit und durfte nach dem Tod auf eine glückliche Wiedergeburt seiner Seele in einem neuen Leben hoffen. Die Menschenseele wurde durch unnennbare Verfehlungen in die Welt der Körper verbannt. Sie mußte solange durch mehrere Leben hindurchwandern, bis sie ein gutes Leben geführt hat.

Die im Leben Gutes getan haben, können nach dem Tod auf der »Insel der Seligen« bleiben. Die aber Böses getan haben, müssen noch dreimal wiedergeboren werden, um ihre Schuld abzutragen. Doch alle Eingeweihten dürfen durch die Feier der Mysterien auf ein glückliches Leben im Jenseits hoffen.

(Griech Myt 440–447)

3. Die Mysterien der Kabiren

Die *Kabiren* waren Fruchtbarkeitsgötter aus dem Orient. Auf der Insel Samothrake wurde ihnen ein großes Heiligtum mit Mysterien eingerichtet. Sie galten als Nachkommen des Gottes *Hephaistos* und schützten die Seefahrer. Sie kamen den Schiffbrüchigen zu Hilfe.

Die Anhänger des Kultes ließen sich am Ende der Jugendzeit in die Mysterien einweihen. Damit begann das Erwachsenenalter, es war ein Initiationsritual. Zunächst wurden Stieropfer gebracht. Die Teilnehmer tranken heiligen Wein, um die Lebenskraft der Götter in sich aufzunehmen. Beim kultischen Festmahl verbanden sich die Sippen mit ihren Schutzgöttern.

Dann stiegen sie in ein kultisches Bad, um sich von Sünde und Schuld zu reinigen. Sie trugen junge Zweige in den Händen und legten sich Purpurbinden um den Körper. Durch eiserne Ringe zeigten sie ihre Zusammengehörigkeit an. Sie wollten mit diesem Ritual ihre Lebenskraft und ihre Fruchtbarkeit stärken.

(Griech Myt 420–426)

4. Die Einweihung in Eleusis

Zur Einweihung (*myesis*) in Eleusis unter dem Schutz der Göttin *Demeter* waren Menschen aus allen Klassen zugelassen: Männer und Frauen, Freie und Sklaven, Griechen und Nichtgriechen. Zuerst zogen die Teilnehmer in einer feierlichen Prozession zum Meer hinab. Dort wurden Reinigungsrituale durchgeführt. Dann folgte ein großes Tieropfer, Ferkel wurden der Göttin geopfert. Jeder Myste wurde durch einen Anführer (*Mystagogos*) begleitet.

Der Raum war in Dunkel gehüllt, um die Schrecken des Todes und der Unterwelt zu zeigen. Dann verkündete der Herold eine göttliche Geburt: »Die Jungfrau hat einen Knaben geboren.« Dann wurden die Öllampen entzündet, der Raum wurde mit Licht erfüllt.

Die Mysten wurden nun seliggepriesen, denn sie hatten ein gutes Schicksal nach dem Tod zu erwarten. Sie mußten den Tod nicht fürchten, auf sie warteten keine Strafen im Tartaros. Doch sie mußten ein gutes Leben führen, damit die Kraft der Einweihung nicht verlorengeht. (Griech Myt 426–430)

5. Die Bacchus-Mysterien

Der Gott *Bacchus*, den die Griechen *Dionysos* nannten, war der Schutzgott der Ekstase und der heiligen Berauschung. In den Mysterien wollten sich die Menschen mit seiner Kraft vereinigen. Sie ersehnten ein langes und glückliches Leben in dieser Welt und ein gutes Schicksal nach dem Tod. Die Mysten zogen in einer Prozession zu einer heiligen Quelle, in der sie sich reinigten. Symbolisch kamen sie in das »Land des Todes« und des Vergessens. Dann zogen sie auf heiligem Weg weiter, bis sie zur »Insel der Seligen« kamen.

Auf diesem Weg durch die Unterwelt wurden sie von den Totenrichtern über ihre Taten befragt. Sie mußten Buße tun für böse Taten. Nachdem sie an die Grenze des Todes gekommen waren, folgte die Verwandlung: Trauer und Schmerz waren zu Ende, die Mysten erhielten den Siegeskranz von der Urmutter Erde.

Sie wurden seliggepriesen, denn sie waren nun göttlich geworden. Sie hatten Anteil am göttlichen Leben. Die Schlußformel im Ritual hieß: »Aus einem Menschen ist ein Gott geworden.« Durch die Einweihung mußten sie den Tod nicht mehr fürchten. Und sie erwarteten ein gutes Leben auf der »Insel der Seligen«.

(Griech Myt 432–440)

6. Die Mysterien der Göttin Kybele

Die Göttin *Kybele* war die große Mutter aus Phrygien, die Schützerin der Fruchtbarkeit. Sie liebte den Gott *Attis* und nahm ihm das Versprechen der sexuellen Treue ab. Als er dagegen verstieß, ließ sie Wahnsinn über ihn kommen. *Attis* verstümmelte und tötete sich im Wahn.

Im Ritual zogen die Menschen in ekstatischen Prozessionen durch die Stadt. Im heiligen Wahn vereinigten sie sich mit dem Gott *Attis*. Sie brachten Stieropfer dar und besprengten sich mit dem Blut der Stiere. Dadurch sollte die Erde fruchtbar werden. Die Anhänger reinigten sich von Schuld, sie wollten durch die Bluttaufe zu einem neuen Leben wiedergeboren werden. Ja, sie waren überzeugt, daß sie nach der Einweihung ein Anrecht auf ewiges Leben haben, auf ein glückliches Leben der Seele nach dem Tod des Körpers. Auch sie wollten den Tod nicht mehr fürchten.

(Hb RG III, 283–288)

7. Die Mysterien der Göttin Isis

Isis war eine ägyptische Muttergöttin, ihr Gemahl war der Gott *Osiris*. Ihr Sohn war der Gott *Horus*. Als *Osiris* von seinem Bruder *Seth* getötet und zerstückelt wurde, da sammelte *Isis* die Leichenteile wieder ein. Sie fügte die Teile zusammen und gab ihnen wieder Lebenskraft. Seither war *Isis* die große Göttin des Lebens, die den Tod überwindet und alle Verletzungen heilt.

Die Mysten weihten sich bei den Mysterien in die Lebenskraft der Göttin ein. Sie wollten an ihrem göttlichen Leben teilnehmen. In feierlicher Prozession schritten sie zum Heiligtum. Sie trugen eine Buchrolle, einen Krug, eine Schlange, ein Musikinstrument und einen Löffel. Im Heiligtum stand ein Opferaltar, auf ihm brannte eine Flamme. Die Priester trugen weiße Kleider und waren kahlgeschoren.

Die geheimen Riten sind nur teilweise bekannt geworden. Der Myste wurde an die Grenze des Todes geführt, er kam an die »Schwelle der Proserpina« heran. Seine Reise ging symbolisch durch alle Bereiche des Kosmos, auch durch die Welt der Finsternis. Dann erstrahlte das göttliche Licht, der Myste wurde verwandelt. Nun war er ein »neuer Mensch« geworden, er hatte keine Angst mehr vor dem Tod. Denn er hatte teil an der Lebenskraft der Göttin. Und er hatte ein Anrecht auf ein glückliches Leben im »Land der Seligen«. Der Eingeweihte mußte seine Weihe im Leben bewähren, er mußte strenge moralische Gebote befolgen. (Hb RG III, 288–298)

8. Die Mysterien des Gottes Mithras

Mithras war ein persischer Lichtgott. Er kämpfte gegen die bösen Mächte der Finsternis. Seine Anhänger kämpften auf seiner Seite. Sie mußten in Gerechtigkeit, in Wahrhaftigkeit und in zeitweiliger Askese leben. Zu den Mysterien des Gottes waren nur Männer zugelassen, Frauen waren ausgeschlossen. Vor allem die Krieger ließen sich einweihen. Die Kultfeiern fanden in Höhlen und in Gewölben unter der Erde statt. Dabei wurde ein Stier getötet, es fand eine Bluttaufe statt. Die Eingeweihten besprengten sich mit dem Blut des Stieres, um von Sünden rein zu werden.

Sie wurden verwandelt und nahmen an der Kraft des Lichtgottes teil. Die göttliche Sonne war das höchste Symbol der Erlösung. Es gab mehrere Stufen und Ränge der Einweihung, so stiegen die Anhänger langsam in die göttliche Lichtwelt auf. Die göttliche Lebenskraft kam über sie, sie mußten den Tod nicht mehr fürchten. Sie waren von bösen Taten gereinigt, auf sie warteten keine Strafen im Jenseits. Sie konnten in die Welt der Seligen einziehen. (Lex Myt 274–278; Hb RG III, 301–307)

Die Mythen der Mandäer

In diese Mythen sind persische, jüdische, babylonische und christliche Inhalte eingegangen.

1. Kampf des Lichtes

Ein gutes Lichtprinzip kämpfte gegen die bösen Mächte der Finsternis. Der Lichtgott erschuf unter Mithilfe der Gestirne den Urmenschen. Seither kämpften die Menschenkinder auf der Seite des Lichtgottes. Doch einige wurden abtrünnig und gingen zum Gott der Finsternis über. Es war ein kosmischer Kampf im Gang, an dem alle Lebewesen beteiligt waren.

Die Gläubigen vollzogen eine Taufe mit Wasser, um sich von Schuld zu reinigen. Sie übten Riten der Vertreibung, um böse Dämonen fernzuhalten. Mit einem Salbungsritual bereiteten sie sich auf das ewige Leben vor. Sie hofften auf die Zeit, wenn die Seele aus den Fesseln des Körpers befreit werden wird.

(Hb RG III, 320–335)

Die Mythen der Manichäer

Der Prophet Mani wurde im 3. Jh. n. Chr. in der Provinz Babylon geboren. Er lehrte die altpersische Mythologie vom Kampf des Lichtgottes gegen den Gott der Finsternis.

1. Weg der Erlösung

Jede Menschenseele hat Anteil am göttlichen Licht. Doch sie ist in der dunklen Höhle des Körpers gefangen. Daher strebt sie nach Erlösung, nach dem Wiederaufstieg in die göttliche Lichtwelt. Die Welt der Körper ist dunkel und böse, sie ist ein Abfall aus der göttlichen Lichtwelt. Der göttliche »Lichtvater« thront im höchsten Himmel. Sein großer Gegenspieler ist der Fürst der Finsternis.

Der Lichtvater erschuf die »Mutter der Lebendigen«. Diese erschuf den Urmenschen, der mit fünf Lichtelementen umgeben war: mit Luft, mit Licht, mit dem Wind, mit dem Wasser und mit dem Feuer. Der Lichtgott und der Gott der Finsternis kämpften gegeneinander. Dabei vermischten sich im Kosmos das Licht und die Finsternis. Die Seele des Urmenschen wurde in der Welt der Finsternis gefangen.

Doch nun begann die Befreiung der Seele. Ein »Lichtfreund« und ein »lebendiger Geist« beteiligten sich daran. Der Urmensch wurde befreit, aber er mußte die fünf Elemente beim Fürsten der Finsternis zurücklassen. Nun wurden viele Dämonen der Finsternis besiegt. Aus ihren toten Körpern wurden der Himmel und die Erde erschaffen. Als das erste Menschenpaar geschaffen wurde, ging das Erlösungswerk weiter. Es war der göttliche Erlöser Jesus, der die Befreiung der Menschen aus der Welt der Finsternis vollendet hat.

In jedem Menschen ist fortan Göttliches und Dämonisches, Licht und Finsternis kämpfen gegeneinander. Nur durch die Erkenntnis (*Gnosis*) der letzten Wahrheit schreitet die Erlösung fort. Die dunklen Anteile der Seele müssen langsam besiegt werden. Das geschieht vor allem durch Askese und Verzicht. Der erlöste Mensch muß asketisch leben, er verachtet seinen Körper und seine Sinnlichkeit.

Vor dem Lichtgott weiß er sich als durch und durch böse. Allein durch die Gnade des Lichtgottes wird er aus der Macht der Finsternis befreit. Auf die Erlösten wartet ein »ewiges Paradies«. Doch die Nichterlösten bleiben eine »verdammte Masse«, sie sind gefangen in der Macht der Finsternis.

(Hb RG III, 337–350)

(Viele Teile dieser Lehre leben im christlichen Glauben weiter, z.B. bei Aurelius Augustinus.)

11
Die Kelten

Einleitung

Die Kelten (griech. Keltoi) gehören zur indo-europäischen Völkergruppe. Sie wanderten im 2. Jahrtausend v. Chr. aus Asien kommend nach Westen und besiedelten ab dem 11. Jh. v. Chr. große Teile Mitteleuropas und Südeuropas. Sie waren die Träger zweier großer Kulturepochen in Europa, nämlich der Hallstatt-Kultur (7. bis 3. Jh. v. Chr.) und der La-Tène-Kultur (3. bis 1. Jh. v. Chr.). Sie waren in der Frühzeit kriegerische Hirtennomaden, später wurden sie seßhafte Ackerbauern.

Die Kelten kannten bereits die Herstellung von Bronze und später von Eisen. Sie lebten in Sippen und Sippenverbänden, sie bildeten Kriegsbündnisse. Ihre Sozialstruktur war mehrheitlich patriarchal, doch sind in den Mythen noch Reste von matriarchaler Daseinsdeutung erkennbar. Ab dem 7. Jh. v. Chr. besiedelten die Kelten Gallien und Spanien, ab dem 5. Jh. v. Chr. schon Britannien und Irland. Sie vermischten sich durchwegs mit der bodenständigen Bevölkerung.

Die Kelten haben uns in Europa viele Kultorte und archäologische Funde hinterlassen. Da sie kein vollständiges Schriftsystem hatten, kennen wir ihre Mythen nur fragmentarisch. Meist waren es griechische und römische Schriftsteller, später die christlichen Missionare, die uns von den Mythen der Kelten berichten.

Der Kult wurde unter freiem Himmel ausgeführt, in eingezäunten Hainen und an Quellen. Kultbilder sind uns erst seit der römischen Zeit bekannt geworden. Wir kennen die Rollen der Priester (Druiden), der Kultsänger und der Mantikerinnen. Seit der Zeit der Christianisierung werden uns Heldenlieder und Stammesmythen tradiert. In der Mythologie können wir deutlich zwischen den Inselkelten und den Festlandkelten unterscheiden.

1. Der magische Kessel

Die Opferpriester (*Druiden*) benutzten für ihre Opfer und für die Orakel einen magischen Kessel. In ihm sammelten sie das Blut der geopferten Tiere, aber auch der geopferten Menschen. Denn die Kelten brachten ihren Schutzgöttern auch Menschenopfer dar. Im magischen Kessel wurden auch die Getränke aufbewahrt, die die verletzten Krieger heilen sollten. Diese Getränke sollten allen Menschen ein langes Leben geben. Im Opferkessel wurden auch die göttlichen Botschaften der Orakel empfangen und von den Priestern gedeutet. Allgemein galt dieser Opferkessel als Zeichen des Überflusses, den die Götter und die Ahnen den Menschen senden.

In den späteren Erzählungen wurde aus diesem Opferkessel der »heilige Gral«, den die Ritter suchten und von dem sie sich ein ewiges Leben erwarteten. (Lex Myt 332f)

2. Der Kriegsgott Lug

Lug war zunächst der Beschützer der Reisenden, der Händler und der Diebe. Den Menschen schenkte er die Kulturgüter, die Techniken des Ackerbaus und die Werkzeuge aus Metall. Er war mit dem Stab und einem Geldsack unterwegs. Wilde Tiere begleiteten ihn. Der Hahn, der Ziegenbock, die Schildkröte und die Schlange gehörten zu seinen Begleitern. Er schenkte den Menschen die Fruchtbarkeit der Felder. Den Tieren und den Menschen gab er reiche Nachkommenschaft.

Lug war auch der Schutzgott der Krieger, er zog den Kriegsheeren voran. So kämpfte er gegen Riesen und tötete sie. Deswegen vertrauten die Krieger auf ihn. Durch magische Kraft konnte er die Feinde lähmen und bannen. Im besonderen schützte er die Priester, die ihn als obersten König der Götter anriefen. Viele heilige Orte und Kultstätten sind ihm geweiht. Bis heute sind etwa 20 Orte nach ihm benannt. Am bekanntesten sind die Städte Lyon (Lugdunum) und London (Lugdun). Die Römer haben ihn mit ihrem Gott *Mercurius* verglichen.

(Lex Myt 333)

3. Das Fest Lugnasad

Dieses große Kultfest wurde unter dem Schutz des Kriegsgottes *Lug* gefeiert. Es war ein Sommerfest, zur Zeit der Getreideernte (um den 1. August). *Lug* galt den Menschen als der Spender der Fruchtbarkeit, er schenkte gute Ernten. Auch die Urmutter Erde wurde gefeiert, weil auch sie den Menschen den Überfluß schenkte. Der Stammeskönig leitete dieses Fest, denn er galt als der Vermittler zwischen der Götterwelt und der Welt der Menschen.

Es fanden kultische Spiele statt, die Krieger veranstalteten große Pferderennen, um ihre Stärke zu zeigen. Es gab auch Wettbewerbe in der Musik und in der Dichtkunst. Dabei wurden die großen Taten des Kriegsgottes besungen. Die Barden hatten die Aufgabe, das Wirken des Gottes in den Liedern auszudrücken, um ihm Dank zu sagen und ihn zu stärken. Während des Festes war Friede, es durfte nicht gekämpft werden. (Lex Myt 334)

4. Der Gott Dagda

Dagda war der Beherrscher des Götterhimmels, aber auch des Meeres und der Gestirne. Den Menschen erschien er im Gewitter, im Blitz und im Donner, aber auch im Rad der Sonne. Die Menschen hatten große Angst vor diesem Gott, denn er ritt auf einem schnellen Pferd durch den Götterhimmel. Doch schenkte er ihnen Speisen im Überfluß. Er ließ alle Wesen satt werden. Deswegen nannten ihn die Menschen den »guten Gott«. Er war auch der Beschützer der sexuellen Fruchtbarkeit, er machte die Menschen sinnlich und lüstern. Er selbst erschien ihnen in sexueller Erregung.

Auch *Dagda* war ein Schutzgott der Krieger. Er trat mit einer großen Steinkeule auf. Diese magische Keule hatte zwei gegensätzliche Enden: Mit dem einen Ende konnte sie töten, mit dem anderen Ende konnte sie tote Krieger wieder lebendig machen. Die Krieger nannten ihn den »mächtigen Vater« oder den »starken Schlächter«. Sie hatten vor ihm große Angst und baten ihn um seinen Schutz. Vor ihm schworen die Menschen ihre Eide, denn er bestrafte jeden, der den Eid brach.

Dagda war auch der Schutzgott der Priester, sie nannten ihn den Spender ihres Geheimwissens. Den Druiden erschien er im Sonnenrad. Sie nannten ihn den »Sohn der Meere«, der aus dem Wasser geboren wurde und auf den Wellen reitet. Er führte die Seelen der Toten in ein neues Leben, an einen himmlischen Ort. Dort bereitete er ihnen köstliche Speisen und Getränke. Dort blieben die Menschen ewig schön und jung.

Auch die Jäger nannten *Dagda* ihren Schutzgott. Er wurde von einem Hirschen und einer Schlange begleitet. Und er verwaltete den magischen Kessel, den die Priester bedienten. Aus diesem Kessel strömte für die Menschen unermeßliche Nahrung. Die Priester füllten diesen Kessel immer wieder mit Opfern, um die Götter zu stärken.

Der Gott *Dagda* beherrschte auch die Harfe, mit der er drei Melodien spielte: die Melodie des Schlafes, die Melodie des Lachens und die Melodie des Weinens. Mit seiner magischen Harfe rief er die Jahreszeiten herbei. Er schützte die Weisheit und das Recht bei den Menschen. Einmal im Jahr vermählte er sich mit den Erdgöttinnen, um die Fruchtbarkeit der Felder zu wecken. Gleichzeitig feierten auch die Menschen die Heilige Hochzeit.

(Lex Myt 321–323)

5. Der Kriegsgott Ogmios

Auch *Ogmios* war ein Anführer der Krieger und ein großer Held im Kampf. Ihm wurden die Kriegsgefangenen geopfert. Er konnte die Verletzungen der Krieger wieder heilen. Er zog den

Kriegsheeren in wildem Zorn voran und wurde erst schön, »wenn er tötete«. Bei den Kriegern galt er als der Verteiler von Mut und Kraft. Er gab ihnen einen magischen Zauber, mit dem sie die Gegner bannen und lähmen und dann besiegen konnten. Er war der, der die Gefangenen bindet und quält. Er zog sie in Ketten hinter sich her.

Als Richter und Rächer aller bösen Taten war er bei den Menschen gefürchtet, kein Übeltäter entging seinen Strafen. Auch er führte die Seelen der Verstorbenen in das Land der Toten. Unter den Menschen setzte er die Könige ein und schützte sie mit Kraft. Den Bauern spendete er den Regen und die Fruchtbarkeit der Kornfelder. Er schenkte den Reichtum und den Überfluß, er hielt die Ordnung der Welt aufrecht.

Der Gott *Ogmios* hatte zwei Gesichter. Sein rechtes war ein freundliches und gütiges. Doch sein linkes war ein böses und häßliches Gesicht. Er schenkte den Menschen Gutes und Böses, er brachte ihnen das Glück und das Leiden. Auch er trug einen magischen Giftkessel, der voll war mit Opferblut. Seine Speere waren vergiftet, kein Feind entkam ihnen. Außerdem konnte er die Feinde im Kampf verzaubern, er konnte sie lähmen. Die Römer verglichen ihn mit ihrem Kriegsgott *Mars*.

(Hb RG I, 258ff)

6. Der Heilungsgott Mac Oc

Dieser Gott war der Beschützer der Heilpflanzen, er schenkte den Menschen die Gesundheit. Wenn die Krieger auf dem Schlachtfeld gefallen waren, konnte er ihnen die Gesundheit und das Leben wiedergeben. Den Menschen erschien er als der Reine und Weitblickende. Er war ein großer Reiter und ein Schützer der Schwachen. In der Sonne glänzte der Gott als das Feuer des *Bel.* Bei seinem großen Fest *Beltene* um den 1. Mai tanzten die Bauern um das Feuer, um sich von bösen Dämonen zu reinigen. Und sie jagten das Vieh durch das Feuer, um es vor Krankheit zu schützen.

Die Bauern und die Hirten stellten dem Gott zu Beginn des Sommers einen großen Lebensbaum auf. Dieser Baum sollte die Fruchtbarkeit der Viehweiden und der Felder wecken. Der Gott wurde als junger Mann dargestellt, er galt als der Sohn des Gottes *Dagda*. Er kämpfte gegen seinen Vater und raubte ihm seinen Palast, wie es die Menschensöhne auf der Erde auch tun.

Die Menschen nannten ihn den »weißen Heiligen« oder den »König des Volkes«. Sie erzählten, daß er zwei Söhne und eine Tochter hatte. Einen Sohn soll er mit eigener Hand getötet haben. Die Römer verglichen diesen Gott mit ihrem Schutzgott *Apollo*. (Hb RG I, 262ff)

7. Die Muttergöttin Brigit

Brigit war die Beschützerin aller Frauen, vor allem bei der Arbeit und bei der Geburt. Sie schenkte den Menschen die Kulturtechniken. Den Schmieden zeigte sie die Schmiedekunst. Den Handwerkern brachte sie die Techniken der Werkzeugherstellung. Den Frauen zeigte sie die Kunst des Webens und des Spinnens. Die Menschen sehen die Göttin jeden Tag in der Sonne, vom Licht umglänzt. Sie nennen sie in ihren Gebeten die »Strahlende«.

Doch diese Göttin schützte auch die Krieger, sie zog ihnen sogar im Kampf voran. Sie begleitete die Reitpferde und gab ihnen Kraft und Geschwindigkeit. Sie wurde von einer Hirschkuh begleitet, über ihrem Kopf stand ein Himmelsstern. Sie galt den Menschen als die Urmutter des Lebens, die alles geboren hat.

Ihr Fest wurde im Winter um den 1. Februar gefeiert, es war das *Imbolc*-Fest. Dabei wurden die neugeborenen Lämmer der Göttin geweiht. Einige wurden ihr geopfert. Denn sie sollte die Viehweiden fruchtbar machen. Die Menschen reinigten sich von bösen Kräften, sie vertrieben die Krankheitsdämonen. Und sie veranstalteten Wettkämpfe mit den Pferden, um sich für den Krieg zu stärken, der im Frühjahr begann. Alle stellten sich unter den Schutz der großen Muttergöttin. Sie konnte den Menschen auch in heiliger Trunkenheit und in Ekstase erscheinen.

Die Römer verglichen sie mit ihrer Schutzgöttin *Minerva.*

(Hb RG I, 264ff)

8. Das Land der Toten

Wenn die Menschen sterben, dann wandert ihre Seelenkraft aus dem Körper aus. Sie wandert weit über das Meer, bis sie in das Land der Toten kommt. Dieses heißt *Mag Mell,* »Land der Freude«. Oder es heißt bei den Menschen auch »Land der Jugend«. Denn die Menschen werden dort nicht mehr alt und gebrechlich, sie bleiben ewig jung. Es ist ein Land mit grünen Wiesen und bunten Blumen, in den Flüssen fließen Honig und Met. Die Menschen freuen sich, sie erleben keinen Schmerz und keine Trauer. Sie feiern große Festmähler und führen Wettkämpfe aus, so, wie sie es auf der Erde taten.

Männer und Frauen erfreuen sich an Sinnlichkeit und Sexualität, sie lieben sich voller Hingabe. Dieses schöne Land wird auf den »Inseln des Jenseits« vermutet, es liegt jenseits des großen Meeres. Die Menschen sollen keine Angst haben vor dem Tod, sie sollen sich auf dieses Land der ewigen Jugend freuen. Wenn sie Gutes getan haben, werden sie dafür reichlich belohnt. Der Gott *Ogmios* wird die Seelen der Verstorbenen in das Land der Seligen führen.

(Hb RG I, 266ff)

9. Weibliche Göttinnen

Die Kelten verehrten viele weibliche Göttinnen. Heilig war ihnen die Urmutter Erde, die den Feldern und den Viehweiden die Fruchtbarkeit schenkte. An den Quellen und Brunnen verehrten sie die Schutzgöttinnen des Wassers.

Oder sie verehrten göttliche Mütter mit Blumen und Feldfrüchten. Diese Mütter schenkten ihnen viele Kinder und den Reichtum an Nahrung. Einige dieser Göttinnen hatten drei Köpfe, sie konnten in alle Richtungen sehen. Andere Göttinnen traten immer zu dritt auf.

Es gab auch Göttinnen des Krieges, die den Kämpfern voranzogen, wenn sie in den Krieg zogen. Sie begleiteten die Frauen, wenn sie den Männerkriegern hinterherzogen und das Kriegsgeschrei anstimmten. Jeder männliche Gott hatte eine oder mehrere göttliche Frauen; so, wie es unter den Menschen bei den Kriegern Sitte war. (MdV III, 20–22)

10. Der König Artus

Artus war ein König und Kriegsheld in Wales. Er hatte die Kraft und die Gestalt eines Gottes. Seine Frau war die Tochter eines Riesen, der die Kultsänger beschützte. König *Artus* führte einen Krieg gegen die Götter, denn er fühlte sich ihnen gewachsen. Mit zahlreichen Kriegsschiffen fuhr er über das Meer. Dabei gelang es ihm, den Göttern den magischen Kessel zu rauben. Nun hatte er alle Dinge in Fülle und in Überfluß, er war unheimlich reich geworden.

In der Stadt London, die dem Kriegsgott *Lug* geweiht war, grub er den Kopf des Kriegshelden *Bran* aus. Doch dieser Kopf sollte die Insel vor der Invasion von Feinden schützen. Nun war der magische Schutzbann gebrochen, es konnten die Angeln und die Sachsen mit ihren Schiffen auf der Insel landen. Die christlichen Sänger nannten den magischen Kessel der Götter den »heiligen Gral«. (Lex Myt 316f)

11. Der Riese Balor

Balor war von gewaltiger Gestalt, viel größer als Menschen. Doch er hatte nur ein Auge, und dieses war böse. Er war der

Großvater des Gottes *Lug* und ein Enkel des Gottes *Net*. In Irland führte er die Krieger der *Formore* in die Schlacht von *Mag Tured*. Der Blick seines bösen Auges hatte auf die Feinde tödliche Wirkung, sie wurden von ihm besiegt.

Meist hielt er sein Auge geschlossen, sonst würden zu viele Menschen sterben. Einmal wollte er sogar den Kriegsgott *Lug* mit seinem bösen Blick töten. Doch *Lug* schleuderte einen großen Stein auf das Auge des Riesen. Da fiel der Riese tot um, und das Kriegsheer der *Formore* ergriff die Flucht. So hatte der Gott *Lug* mit seinem Heer den Sieg davongetragen.

(Lex Myt 317f)

12. Der Heldengott Bran

Bran war der Sohn des Gottes *Llyr* und führte die Krieger der Kymerer an. Auch er besaß den magischen Kessel, in den die Toten geworfen wurden. Er konnte die Toten am nächsten Tag wieder zum Leben erwecken. Doch die Sprache konnte er ihnen nicht wiedergeben. Er war ein Herr über Leben und Tod.

Auch er spielte die Harfe und die Flöte. Und er schützte die Kultsänger und die Barden. Auf seinem Rücken trug er die Flötenspieler durch das Meer, von England bis nach Irland. In einem Kampf wurde er von einem vergifteten Pfeil am Fuß getroffen. Er wußte, daß er nun sterben mußte. So befahl er seinen Dienern, ihm den Kopf abzuschlagen. Als sie den Kopf abgeschlagen hatten, sprach dieser immer noch zu ihnen. Denn in ihm war magische Kraft.

Die Krieger trugen 87 Jahre lang seinen Kopf mit sich herum. Dann begruben sie ihn am Weißen Berg, nahe der Stadt London, die dem Gott *Lug* geweiht war. Das Gesicht des Kopfes richteten sie nach Süden. Der tote Held gab ihnen das Versprechen, daß solange keine Feinde nach England kommen werden, als sein Kopf in der heiligen Erde des Gottes *Lug* vergraben ist.

Doch der König *Artus* hielt sich nicht an dieses Verbot. Er ließ den Kopf des Helden *Bran* ausgraben, um seine Kraft in sich aufzunehmen. Doch da war der Schutzbann um die Insel gebrochen. Es kamen die Angeln und die Sachsen nach Britannien.

(Lex Myt 318ff)

13. Der König Bress

Bress war der Sohn der Göttin *Eriu* und des Königs der *Formore* in Irland. Als der König von Irland im Krieg eine Hand verloren hatte, mußte er die Königswürde abgeben. Denn er konnte sein Land nicht mehr ausreichend schützen. Da wurde *Bress* nun König von Irland. Doch dieser war habgierig und geizig, er tat den Untertanen Unrecht und Böses. Deswegen wurden im Land die Ernten immer schlechter, die Kühe gaben immer weniger Milch.

Nach sieben Jahren wurde der König von den Kriegern abgesetzt und auf das Meer verbannt. Dort aber sann er nach Rache. Er sammelte die *Formore* und führte sie in einen Krieg gegen den neuen König in Irland. Doch in der großen Schlacht wurde er besiegt und gefangen. Er bat den Gott *Lug* um Gnade und um sein Leben. Er versprach, von nun an gut zu leben und für die Fruchtbarkeit und den Milchreichtum in ganz Irland zu sorgen. Seither leben die Menschen auf der Insel in Wohlstand und im Überfluß.

(Lex Myt 318ff)

14. Der Gott Cerunnos

Cerunnos war ein starker Schutzgott der Tiere und der Menschen, vor allem in Gallien. Wilde Tiere begleiteten ihn, auf seinem Kopf trug er das Geweih eines Hirsches. In der Hand hielt er eine Schlange, die hatte aber den Kopf eines Widders. Ihm wurden von den Jägern Opfer gebracht, um seinen Schutz zu bekommen.

Er konnte auch mit einem großen Sack auftreten, drinnen hatte er Geldstücke oder Speisen. Er beschenkte die Menschen mit Fülle und Reichtum, wenn sie ihn darum anflehten. Er ging auch in die Unterwelt, wo die Seelen der Toten fortlebten.

(Lex Myt 319f)

15. Der Held Cuchulainn

Cuchulainn war ein Sohn des Kriegsgottes *Lug* und einer Königstochter aus Ulster. Mit seinem Volk zog er in den Krieg und kämpfte gegen alle Feinde. Seine Haare waren mit drei Farben gefärbt, um ihnen im Kampf magische Kraft zu geben. Um seine Stirn trug er eine Kette aus Gold. Er hatte in jedem Auge sieben Augäpfel, so konnte er fast alles sehen. An jeder Hand hatte er sieben Finger und an jedem Fuß sieben Zehen. So war er schneller und kräftiger als alle seine Feinde. Mit sieben Jahren hatte er schon den Hund des Schmiedes *Culann* getötet. Bei einer Zauberin in Schottland hatte er die magischen Künste gelernt, aber auch den Umgang mit den Waffen.

Er trug ein Tabu, er durfte kein Hundefleisch essen und keine Krieger ernennen. Bei einer Stammesweihe wurde er in einen Kessel mit Wasser getaucht. Aber durch sein inneres Feuer begann das Wasser zu sieden, ohne daß er verletzt wurde. Er kannte die Geheimsprache der Kultsänger, und er konnte lange Zeit ohne Schlaf auskommen. Als er zum Zauberer ausgebildet wurde, tötete er seine Lehrerin. Als ihm ein Zauberer seine Tochter nicht zur Frau geben wollte, erschlug er diesen.

Er war überaus gewalttätig und zornig. Als er in einen Krieg zog, erbeutete er einen braunen Stier, der magische Kräfte hatte. Er wurde von der Kriegsgöttin *Morrigan* geschützt, so konnte er jeden Tag viele Feinde erschlagen. Wenn er verwundet wurde, dann heilte ihn sein göttlicher Vater *Lug* mit verschiedenen Heilkräutern. Auch er hatte den magischen Kessel der

Götter erbeutet. So kehrte er als stolzer Sieger in sein Land zurück.

Als er aber sein Tabu verletzte, bahnte sich sein Ende an. Drei Hexen in der Gestalt von Raben lockten ihn in ein einsames Land. Dort überredeten sie ihn zum Essen von Hundefleisch. Doch das war ihm verboten. Er aß davon, doch jetzt verlor er seine magischen Kräfte. Als er wieder in den Krieg zog, wurde er von seinen Feinden erschlagen.

(Lex Myt 320–322)

16. Die Göttin Dana

Dana war die Urmutter eines Göttergeschlechts in Irland. Als ihre Söhne gelten die Götter *Dagda, Ogma, Lug, Lir, Midir.* Sie gebar und ernährte viele Götter. Doch sie schenkte auch der Erde Fruchtbarkeit, sie ließ das Korn wachsen und die Wiesen grün werden.

Sie schenkte der Insel Irland reiche Getreideernten, die Tiere vermehrten sich. Die Menschen verehrten diese Göttermutter als Spenderin der Fruchtbarkeit und des Lebens. Sie baten sie um Kindersegen, und sie suchten bei ihr Schutz vor einem bösen Schicksal.

(Lex Myt 322f)

17. Der Gott mit den drei Köpfen

Einer der Götter hatte drei Köpfe. So konnte er in jede Richtung sehen. Er überwachte alles, was bei den Göttern und bei den Menschen geschah. Die Schildkröte und der Widder begleiteten ihn. In seiner Macht war er vollkommen, denn er konnte von keiner Seite angegriffen werden. Niemand konnte ihn überlisten, denn er sah alles. Wenn ein Augenpaar schlief, dann waren die beiden anderen Augenpaare offen. Er war überall gegenwärtig und hörte auch die Bitten der Menschen. Denn er hatte auch sechs Ohren.

(Lex Myt 326)

18. Die Pferdegöttin Epona

Diese Göttin wird auch die »große Stute« genannt. Sie sitzt auf einem wilden Pferd und schützt die Kriegspferde. Sie gibt den Tieren die Fruchtbarkeit. Den Menschen erscheint sie mit nackter Brust, auf einem Pferd stehend. Denn sie schenkt Nahrung und Leben. Oder sie liegt unbekleidet auf dem Rücken eines Pferdes, ihr Körper ist voll Sinnlichkeit.

Wenn sie den Menschen begegnet, trägt sie die große Opferschale, die voll ist mit Früchten. Sie beschenkt die Menschen mit Gaben. Sie hat einen Gott zum Vater und eine Pferdestute zur Mutter. Sie ist halb Göttin und halb Tier. Die Krieger verehren sie als Schützerin der Reiter. Sie schützte die Pferde vor Krankheit. Ihr Bild wurde vor den Pferdeställen aufgestellt.

(Lex Myt 326)

19. Der Gott Esus

Dieser Gott war der Schutzgott der Handwerker. Er trug eine riesige Axt mit sich, mit der die Menschen die Bäume fällen. Drei Kraniche begleiteten ihn, auch ein Stier war zu seiner Seite. Von den Menschen forderte er viele Opfer, um seine Kraft zu stärken. Tiere und Menschen wurden ihm als Opfer gebracht. Seine Altäre waren voll mit Blut. Viele Opfer wurden auf Bäumen erhängt. So hatten die Menschen Angst vor diesem blutgierigen Gott. Doch sie wollten seinen Schutz. Deswegen brachten sie ihm die vielen Opfer.

(Lex Myt 326)

20. Geistwesen der Natur

Die ganze Natur war voll von nichtsichtbaren Kräften und Geistwesen: die Bäume, die Wälder, die Wasser, die Steine, die Berge. Die Menschen fürchteten sich vor diesen unheimlichen Wesen, denn sie konnten Böses tun. Sie hatten Einfluß auf das Schicksal der Menschen und konnten den frühen Tod bringen.

Der Meeresgott *Ler* war der oberste Herrscher über diese vielen Geistwesen. Sie wechselten ständig den Ort zwischen der Welt der Götter und der Welt der Menschen. Bald waren sie sichtbar, dann wieder völlig unsichtbar. Die Menschen konnten sie nicht festhalten. Unter den Erdhügeln hatten sie ihr magisches Schloß. Dort nahmen sie Menschen in Schutz, wenn diese in Gefahr waren. (Lex Myt 326)

21. Die Krieger der Fianna

In der Natur und in den Wäldern lebten die wilden Krieger der *Fianna*. Sie hatten einen mächtigen Anführer. Wer in ihre Schar aufgenommen werden wollte, mußte sich einem strengen Anfangsritual unterziehen: Er mußte sich heiliges Wissen aneignen und dabei viele Mutproben bestehen. Wer aber zu dieser Kriegerschar gehörte, war nicht mehr an seine Sippe gebunden.

Diese Krieger pflegten intensive Beziehungen zu den Geistwesen und Schutzgöttern. Diese lebten wie die Schamanen in einer Zwischenwelt zwischen den Menschen und den unsichtbaren Geistmächten. Ihr Anführer war *Finnmac Cunhall,* er hatte magische Kräfte. So konnte er sich in einen Hirsch oder in einen Hund verwandeln. Und seine Frau *Saar* konnte sich in eine Hirschkuh verwandeln. Dieser wilde Krieger trug eine magische Tarnkappe, so konnte er viele Abenteuer ausführen. Seine Kriege führte er gegen Riesen und Hexen, auch gegen böse Dämonen. (Lex Myt 327)

22. Der Gott Goibniu

Goibniu war in Irland der Schutzgott der Schmiede, ein Sohn der Göttermutter *Dana*. Mit magischen Kräften zog er in den Krieg. In Windeseile schmiedete er für seine Mitkämpfer

Schwerter und Speere. Er kämpfte gegen die *Formore*, das waren dämonische und göttliche Wesen. Als er von einem Speer der Gegner verwundet wurde, zog er den Speer aus seinem Fleisch und tötete damit den Gegner. Seine Wunde wurde an einer magischen Quelle geheilt.

Er besaß einen Zaubertrunk des ewigen Lebens. Alle, die an seiner Tafel davon tranken, wurden unsterblich. So war *Goibniu* der Schutzgott der Krieger, aber auch der Heilkunst. Die Menschen riefen ihn um Gesundheit an. Doch sie hatten große Angst, denn der Gott war unberechenbar. (Lex Myt 328)

23. Die Schweine des Gottes Gwydyon

Gwydyon war ein Schutzgott der Krieger, aber auch der Dichter und Kultsänger in Wales. Er schützte auch die Zauberer und Mantiker. Voller List entführte er dem Sohn des Unterweltgottes eine Herde von Schweinen. Er brachte sie in das Land des Königs *Math*, wo die Schweine bisher unbekannt waren. Der König nahm die Schweine dankbar an, sie wuchsen und mehrten sich. Doch der Gott der Unterwelt verfolgte den Räuber. Er konnte ihn besiegen und sperrte ihn in einen tiefen Kerker ein. Doch dort wurde dem gefangenen Gott die Gabe der Dichtkunst zuteil. (Lex Myt 330)

24. Die drei Erdgöttinnen

In Irland gab es drei Erdgöttinnen, die mit dem König des Landes verheiratet waren. So hatte der König drei Frauen. Sie schützten das Land und schenkten ihm die Fruchtbarkeit. Die eine Göttin hieß *Macha*, sie war eine Seherin und konnte die zukünftigen Schicksale voraussagen.

Die zweite war *Macha Mongruad*, sie hatte rote Haare und war sieben Jahre lang Königin in Irland. Sie führte viele Kriege und brachte viele Siege ein. Viele Helden wollte sie als böse Hexe zur Liebe verführen. Doch wenn sich ein Held auf sie einließ, wandelte sie sich in eine schöne Jungfrau und war eine gute Liebespartnerin.

Die dritte Göttin hieß *Mascha*. Der König zwang sie, in schwangerem Zustand mit seinen Helden um die Wette zu laufen. Sie gewann den Wettlauf und gebar danach Zwillinge. Doch nach der Geburt starb sie. Sie verfluchte die Krieger, damit waren diese sehr geschwächt. (Lex Myt 334)

25. Der Gott Manannan

Manannan war in Irland der Schutzgott der Meere. Doch er schützte auch die Toten. Sein Heiligtum hatte er auf der Insel Man. Zwischen Irland und Schottland trieb er regen Handel. Er schützte die Händler und die Kaufleute. Er war der beste Seefahrer auf der Irischen See und konnte sogar das Wetter vorhersagen. Wenn er auf seinem Kriegswagen die Meere überquerte, nahm er die ertrunkenen Seefahrer auf. Er brachte sie zu der Insel der Seligen, wo er König war.

Die anderen Götter versorgte er mit Speisen aus seinem magischen Kessel. Ja, er verlieh ihnen die Unsterblichkeit. Die Krieger konnte er im Kampf unsichtbar machen, so daß die Feinde sie nicht verletzen konnten. Unter allen Göttern hatte er das schnellste Pferd, und seine Kühe gaben die meiste Milch. In den Brandungswellen des Meeres sahen die Menschen die Kriegsrosse des Gottes. Sie nannten ihn *Mac Lir*, Sohn des Gottes *Lir*. (Lex Myt 335)

26. Die Erdgöttin Medb

Medb war eine große Fruchtbarkeitsgöttin in Irland, sie schenkte der ganzen Insel reiche Ernten an Getreide und Gras. Für die Männer war sie eine verführerische Frau, voller Erotik und Sinnlichkeit. Sie war die Ehefrau von vier Königen in Irland.

Doch sie liebte auch viele Kriegshelden. Den Männern gab sie die Liebeskraft. Sie hatte Drillinge geboren.

Jeder König in Irland feierte mit der Göttin die Heilige Hochzeit. Erst danach wurde die Insel wieder fruchtbar. Sie blieb es, solange der König regierte. Es wuchs das Getreide, die Haustiere vermehrten sich. Den Menschenfrauen wurden viele und starke Kinder geboren. Erst durch die Heilige Hochzeit mit der Göttin bzw. mit ihrer Priesterin wurde der König der rechtmäßige Herrscher in Irland. (Lex Myt 336)

27. Der Gott Midir

Midir war der Herrscher im Wunderland *Mag Mor*. Er war ein Sohn der Göttermutter *Dana*. Die Iren verehrten ihn als Gott der Heilkunst, denn er kannte alle Heilkräuter und magischen Pflanzen. Mit List griff er in die Kriege der Menschen ein. Dabei verlor er ein Auge, als er von einer Haselstange getroffen wurde. Seine Braut raubte er sich, er entführte die Tochter eines Königs. Als Gott hatte er das Recht dazu. (Lex Myt 338)

28. Der Sonnengott Ruith

Auch dieser Gott hatte nur ein Auge. Er lebte in der Sonne und fuhr jeden Tag mit einem Wagen aus Bronze über den Himmel. Doch er konnte sich verwandeln, dann flog er als Vogel durch die Luft. Er war der Berater und Beschützer der Könige von Munster. Gegen die Druiden kämpfte er mit dem Feuer.

Denn die Priester des Königs *Cormac* hatten mit ihren magischen Kräften bewirkt, daß im ganzen Land die Bäche und die Flüsse ausgetrocknet waren. Nun herrschten Dürre und Hunger im ganzen Land. Doch der Gott *Ruith* hatte den Bann gebrochen, so daß das Wasser wieder fließen konnte. So hatten die Menschen und die Tiere wieder zu essen und zu trinken.

(Lex Myt 338)

29. Der Kriegergott Nuada

Die Iren verehrten und fürchteten den Kriegergott *Nuada*. Auch er war ein Sohn der Göttermutter *Dana*. In der Schlacht von *Mag Tured* verlor er eine Hand, obwohl sein Schwert ein magisches Zeichen trug. So mußte er das Königreich an *Bress* abtreten. Denn ein verletzter Krieger konnte nicht König sein, da er das Land nicht ausreichend schützen konnte.

Doch der Heilungsgott *Dian Cecht* hatte in 27 Tagen eine Hand aus Silber gefertigt. Und er hatte sie dem Gott *Nuada* angenäht, mit Muskeln und Sehnen verbunden. Dieser konnte die Silberhand bewegen. Danach zog er ein zweites Mal in die Schlacht von *Mag Tured*. Doch die Formore-Riesen waren stärker, er wurde besiegt und getötet. Die Iren verehren ihn als Ahnvater vieler Könige und Helden. Auch Götter sind sterblich und können im Krieg besiegt werden.

(Lex Myt 340)

30. Das Samhuin-Fest

Um den 1. November wurde in Irland das *Samhuin*-Fest gefeiert. Für die Hirten war die Zeit des Viehaustriebs zu Ende. Auch die Ernten der Bauern waren abgeschlossen. Nun begann die fruchtlose Zeit des Winters und der dunklen Nächte. Die Sippen versammelten sich auf dem Festplatz, um den Kampf der dunklen Mächte gegen die Mächte des Lichtes nachzuspielen. Sie wußten sich mit den Göttern des Lichts und mit allen guten Dämonen eins.

So versuchten sie durch viele Rituale, die bösen Mächte der Finsternis von ihrem Wohnort fernzuhalten. Die Druiden brachten in dieser Nacht viele Tieropfer und Menschenopfer dar, um die bösen Mächte zufriedenzustellen. So wollten sich die Menschen für die lange Winterzeit schützen und reinigen.

(Lex Myt 343)

31. Die Göttin Sirona

Die Göttin *Sirona* wurde in Gallien verehrt. Sie schützte die Felder und die Äcker, sie schenkte den Menschen die Früchte und das Getreide. Auch an den Quellen konnte man der Göttin begegnen, denn sie ließ das Wasser aus der Erde fließen. Auf ihrem Kopf trug sie die Mondsichel, die Sterne begleiteten sie auf ihren Wegen. Die Menschen baten um ihren Schutz, oder sie erflehten viele Nachkommen. (Lex Myt 344)

32. Die Amme Tailtiu

Sie war die Erzieherin des Gottes *Lug*. In Irland wurde sie als Göttin der Erde verehrt. Sie war die Tochter eines fremden Königs und einer Frau der irischen Urbevölkerung. Sie rodete große Wälder und verwandelte sie in blühende Wiesen und Äcker. Mit ihrer Muttermilch nährte sie den Gott *Lug*. Sie erzog ihn zu einem tapferen Krieger, bis er die Waffen gebrauchen konnte.

Als sie in hohem Alter starb, begrub sie der Gott *Lug* in einem Hügel, den er *Tailtiu* nannte. An ihrem Grab setzte er das große Erntefest *Lugnasad* ein, das die Menschen jedes Jahr um den 1. August feierten. (Lex Myt 345)

33. Der Gott Teutates

Teutates war der Schutzgott der keltischen Stämme. Sein Name bedeutet »Stamm«, denn er verbündete mehrere Sippen zu einem Lebensbündnis. Von seinen Anhängern verlangte er viele Blutopfer, damit seine Schutzkraft gestärkt wird. Die Menschen brachten ihm Tiere und Mitmenschen zum Opfer, um seinen Schutz zu haben. Durch die Opfer wurden die Sippen und Stämme zusammengeschmiedet, sie fühlten sich als Kultgemeinschaft.

Die Menschen nannten den Gott den »König der Krieger« oder den »König der Länder«. Hinter seinem Namen verbargen sich viele Schutzgötter der einzelnen Stämme, deren Namen tabu waren. Ihre Namen durften nicht ausgesprochen werden, um nicht ihre Kraft zu schwächen. Stammesfremde durften den Namen des Schutzgottes nicht wissen.

(Lex Myt 344)

34. Das Volk der Göttin Dana

Zu diesem Volk, das in Irland landete, gehörten Götter und Menschen. So die Götter *Lug, Dagda, Ogma*, die Mutter *Brigit*, der Schmied *Goibniu*, der Heiler *Dian* und viele Schutzgöttinnen der Erde. Mit diesen Göttern landeten die Iren auf der Insel. Sie kamen mit vielen Schiffen über das Meer. Die Druiden begleiteten sie mit ihrem magischen Ritual.

Als die Iren an Land gingen, verbrannten sie ihre Schiffe und hüllten sich in einen dichten Nebel. So waren sie für die Urbewohner der Insel nicht sichtbar. Dann eroberten sie in mehreren Schlachten das Land, ihre Götter kämpften mit ihnen und schützten sie. Doch sie wurden von einem anderen Volk besiegt, ihre Seelen stiegen hinab in die Unterwelt. Dort lebten sie als Totengeister und als Dämonen weiter. (Lex Myt 346)

35. Die Kunst der Magie

Diese Kunst wurde den Göttern und den Helden zuteil. Am wirksamsten war der magische Kessel des Gottes *Dagda*. Er enthielt viele geheime Kräfte. Daher suchten die Götter und Helden, dem Gott den Kessel zu entwenden. Über starke Kräfte verfügte auch die Lanze des Gottes *Lug* oder der Speer des Gottes *Nuadas*.

Bei den Menschen waren es die Priester und die Mantikerinnen, die zu diesen geheimnisvollen Kräften Zugang hatten.

Sie weihten die Kriegshelden in diese Künste ein, um sie vor Feinden zu schützen.

Doch mußten die Helden ein Tabu auf sich nehmen. Wenn sie dieses Tabu verletzten, verloren sie ihre magische Kraft. So begleiteten die Priester und die Mantikerinnen die Krieger in den Kampf. Sie wollten sie durch magische Rituale und durch geheime Formeln unverwundbar machen.

Die Menschen trugen Schutzzeichen an ihrem Körper, diese waren mit magischer Kraft aufgeladen. So trugen sie Schwänze oder Zähne von Tieren oder Haarbüschel und Federn. Oder sie fertigten künstliche Gegenstände an, die magische Kraft enthielten. Wer in die Kunst der Magie eingeweiht war, hatte einen Vorteil im Leben. Denn sein Leben war geschützt. So schnitzten sich die Menschen den heiligen Kessel oder den Speer und die Lanze des Gottes *Lug* aus Holz. Sie trugen diese an einer Schnur, so fühlten sie sich stark.

(Lex Myt 347)

36. Die Helden Finn und Ossian

Der Held *Finn* führte seinen Stamm als Krieger an. Doch er war auch in der Rolle des Sängers und des Magiers. Er war mißtrauisch und verschlagen. In den Kriegen blieb er meist der Sieger. Doch in seinem Stamm herrschten Zwietracht und Eifersucht, das schwächte die Krieger.

Der Sohn des Helden *Finn* war *Ossian*. Dieser wurde nach einer verlorenen Schlacht von einer Göttin gerettet. Sie brachte ihn in ein schönes Land, wo der junge *Ossian* dreihundert Jahre in Glück und Jugend verbringen konnte. Doch er hatte Sehnsucht, in seine Heimat zurückzukehren. So bekam er ein magisches Pferd, auf dem er heimwärts ritt: Denn seinen Fuß durfte er nicht auf die Erde setzen.

Doch als *Ossian* vom Pferd stürzte und die Erde berührte, verlor er alle göttlichen Privilegien. Nun war er auf der Erde, er verlor seine Jugend und wurde älter. Zuletzt starb er.

Der Stamm der *Fenier* traf auf viele Riesen und auf Zwerge, auf Hexen und Zauberer. Böse Dämonen und Tierungeheuer begegneten ihm. Doch die Mitglieder dieses Stammes hatten gute Beziehungen zu den Seelen der Ahnen. Sie gingen in deren Palast *Sidhe* ein und aus. Die Menschen waren immer von unsichtbaren Geistwesen umgeben. Doch sie versuchten dennoch, gut und glücklich zu leben. (MdV III, 42–44)

12
Die Germanen

Einleitung

Die Germanen bildeten die zweite große indo-europäische Völkergemeinschaft, die aus dem westasiatischen Zentralraum kommend im 2. Jahrtausend v. Chr. ihre Wanderung nach Westen und nach Norden begonnen hat. In der Älteren Steinzeit (vor 3000 v. Chr.) hatten die indo-europäischen Völker noch eine Einheit gebildet. Sie hatten alle dasselbe Grundwort für Steinwerkzeuge: ak, asma, Akmon, Axt u. a. Bei den später erfundenen Metallwerkzeugen gab es diese einheitliche Bezeichnung nicht mehr.

Im 6. Jh. v. Chr. nannte der griechische Schriftsteller Tytheas ein Volk der »Germanoi«; und zwar in einem Reisebericht nach England und Skandinavien. Er sprach von einem Land »Thule«. Die römischen Marsalia-Listen im 3. Jh. v. Chr. nannten »Germanoi« unter den von den Römern besiegten Völkern. Folgende große germanische Stämme sind im Lauf der weiteren Geschichte bekannt geworden: die Chatten (Hessen), die Chauken, die Langobarden, die Hermuduren, die Wandalen, die Burgunder, die Ostgoten und die Westgoten, die Thyringer, die Dänen, die Schweden, die Norweger, die Angeln.

Die großen Stammesbündnisse in Mitteleuropa trugen folgende Namen: die Sachsen, die Franken, die Alamanen, die Bajuwaren.

In der Mythologie können wir deutlich zwischen der nordgermanischen und der südgermanischen Vorstellungswelt unterscheiden. Zu den nordgermanischen Sprachen und Kulturen gehören: Norweger, Isländer, Dänen, Schweden. Zu den ostgermanischen Kulturen und Sprachen gehören: Goten, Wandalen, Burgunder. Zu den westgermanischen Sprachen gehören: Altfriesisch, Angelsächsisch, Altsächsisch, Altfränkisch, Althochdeutsch, Langobardisch.

Die germanischen Stämme waren zum Teil kriegerische Hirtennomaden. Zum anderen Teil waren sie bereits seßhafte Ackerbauern. Auch sie waren patriarchal strukturiert, ihre Gesellschaft war deutlich sozial geschichtet. Die schriftlichen Quellen für die germanische Mythologie sind zum Teil römisch und christlich. Allein nordgermanische Mythen liegen uns in nordischer Sprache vor. Insgesamt kennen wir die germanischen Mythen nur fragmentarisch, vollständige Mythensammlungen sind uns nicht überliefert.

1. Die Welt der Götter

Die Menschen verehrten viele göttliche Wesen, die sie um Schutz anriefen. Diese Wesen waren größer als die Menschen, aber diesen ähnlich. Sie verstanden die Sprache der Menschen. Deswegen hießen sie die »Anrufbaren« (guda, god, Gott). Die Menschen konnten in jeder Not zu ihnen rufen. Doch sie hießen auch die »ratenden Mächte« oder die Leuchtenden. Sie hatten die Macht, Menschen durch magischen Bann zu binden und den Bann wieder zu lösen. Sie lebten von den Menschen getrennt, in einer anderen Welt. Diese Götterwelt hieß *Asgard*, Land der *Asen*. Doch die Götter wirkten in die Menschenwelt hinein, sie nährten alle Lebewesen.

(Germ Rel 51ff)

2. Der Unsterblichkeitstrank

Die Menschen mischten im Kult einen magischen Trunk, der ihnen ein langes und glückliches Leben schenken sollte. Sie nannten diesen Trunk Met. Verwandte Völker nannten ihn mehdu, mahdu, medy, midus, meodo, mid, mjodr. Alle indoeuropäischen Völker kannten diesen Unsterblichkeitstrunk. Sie feierten ein kultisches Trinkfest, das von den Priestern und Schamanen geleitet wurde. Von diesem Ritual erwarteten sich die Menschen ein langes und gesundes Leben und nach dem

Tod die Unsterblichkeit. Denn sie glaubten, daß die Seelenkraft des Menschen den toten Körper überleben wird und daher viel Stärkung braucht.

(Germ Rel 51ff)

3. Pferdeopfer und Feuerkult

Wie alle indo-europäischen Völker brachten auch die Germanen große Pferdeopfer dar, um ihr Kriegsglück zu steigern. Sie verbanden damit ein Ritual der Fruchtbarkeit, um das Leben weitergeben zu können. So feierten sie die »Heilige Hochzeit«, um die Felder und die Äcker fruchtbar zu machen. Im Ritual wurde symbolisch die Hochzeit vollzogen: zwischen der Frau des Königs und einem getöteten Pferdehengst.

Auch der Feuerkult war bei allen indo-europäischen Völkern verbreitet, so auch bei den Germanen. Die Menschen hüteten das heilige Herdfeuer, um geschützt zu sein. Sie entzündeten große Feuer, um sich rituell zu reinigen. Sie warfen ihre Opfergaben in das Feuer, damit diese zu den Göttern gelangten.

Der Mythos erzählt, daß die Welt aus Feuer und aus Eis geworden sei und daß sie wieder im großen Feuer enden werde.

(Germ Rel 51ff)

4. Der Kriegergott Odin (Wotan)

Er war der oberste Gott der *Asen*, der nordischen Götter. Seine Eltern waren die Götter *Bor* und *Bestla*. Seine erste Gemahlin war die Göttin *Frigg*. Er hieß bei den Menschen der »Altvater«, der Herrscher über die ganze Welt. Und er war der Gott des Sturmes, der die »wilde Jagd« anführte, der die Seelen der Toten durch die Lüfte jagte. Doch er war auch der »Wütende«, der sich in der Wut selbst vergaß. Deswegen hieß er auch *Wotan* (der Wütende).

In der Ekstase zog er den Kriegern in die Schlacht voran. Er konnte auch als einäugiger Wanderer durch die Menschenwelt ziehen. Im Land der Götter, in *Asgard*, saß er auf einem Hochsitz. Von dort konnte er die Welt der Götter und der Menschen überblicken. Sein Speer wurde von den Zwergen angefertigt, er war mit magischer Kraft geladen.

Odin trug einen Ring aus Eisen, dieser vermehrte den Reichtum. Sein Kriegspferd hatte acht Beine, damit war es das schnellste Reitpferd unter den Göttern. Auf seinen Schultern saßen zwei heilige Tiere, die Raben *Hugin* und *Munin*. Sie sahen auf ihren Flügen alles, was in der Götterwelt und in der Menschenwelt geschah. Und sie meldeten es dem Gott *Odin*. Zu seinen Füßen lagen die zwei Wölfe *Freki* und *Geri*.

Odin war der Herr der Krieger und der Schlachten. Mit seinem Speer kennzeichnete er jeden, der auf dem Schlachtfeld zum Tod bestimmt war. Die *Walküren* mußten die gefallenen Krieger nach *Walhalla* tragen. Dort gaben sie ihnen ein neues Leben. *Odin* zog jeden Tag mit den *Walküren* in den Krieg. Er war unbesiegbar. Doch am Weltende, als es zum großen Krieg zwischen den Göttern und den Riesen kam, da wurde auch *Odin* besiegt und getötet. Doch das war das Ende der Welt.

Odin wollte aus der Quelle der Weisheit trinken, nämlich aus *Mimirs* Brunnen. Doch dafür mußte er ein Auge opfern. Der Brunnen floß aus den Wurzeln der großen Weltesche. Die *Vanen*, die Götter der Fruchtbarkeit, hatten *Mimir* getötet. Sie hatten dem Gott *Odin Mimirs* Kopf zugeschickt. Wenn er diesen Kopf befragte, wurde ihm jede Frage beantwortet und er konnte die Zukunft sehen.

Von der Tochter eines Riesen bekam *Odin* den Met der Skalden. So lernte er die Dichtkunst und er wurde der Schutzgott der Sänger und der Dichter. Er lernte auch die Magie der Runen und der Zauberworte. Und er konnte seine Gestalt wechseln. *Odin* war voller Licht und Überheblichkeit, die Menschen hatten große Angst vor ihm.

Mit seinen Brüdern *Vili* und *Ve* schuf er ein großes Werk. Er formte mit ihnen aus zwei Baumstämmen, einer Ulme und einer Esche, das erste Menschenpaar. Aus der Ulme wurde die Frau, aus der Esche wurde der Mann geformt. Andere erzählten, daß die Götter *Hönir* und *Lodur* den *Odin* bei der Formung der ersten Menschen unterstützt hätten. So sind die Menschen aus heiligen Bäumen geschnitzt worden.

Odin ordnete die Welt und teilte den Menschen ihre Aufgaben zu. Doch auch er war dem Schicksal unterworfen, er war nicht unsterblich. Denn am Tag der »Götterdämmerung« wurde der Gott der Krieger vom wilden *Fenrir*-Wolf gefressen. Nach dem Spruch der Seherin war es ihm nicht beschieden, in eine neue Welt zurückzukehren. (Lex Myt 394ff)

5. Der Weltenbaum Yggdrasil

Die Weltesche war der heilige Baum, er trug die ganze Welt. Er stand unter dem Schutz der *Nornen*, die dort das Schicksal der Götter und der Menschen bestimmten. Daher hieß er auch der »Schicksalsbaum«. Seine Baumkrone trug den Götterhimmel und ragte in diesen hinein. Unter seinen Zweigen breitete sich die Welt der Menschen aus.

Und die drei Wurzeln des Weltenbaumes reichten nach *Midgard*, dem Land der Menschen, nach *Utgard*, dem Land der Riesen, und nach *Niflheim*, dem Land der Toten. Jede Wurzel wurde von einer Quelle gespeist. Eine war die Quelle der Weisheit, *Mimirs* Brunnen. Der Tau, der von der Weltesche fiel, benetzte und nährte die Erde.

Auf der Krone des Weltenbaumes wachte der heilige Hahn mit einem goldenen Kamm (»Güldenkamm«). Er hielt immer Ausschau nach Feinden, die sich der Götterwelt näherten. Auch ein Adler war als Wächter in der Baumkrone tätig. Am Fuß des Baumes wachte ein großer Drache. Dieser erzeugte bei den Göttern und bei den Menschen den Neid. Das Eichhörnchen war es, das nun den Neid von der Wurzel des Baumes in seine Krone hinauftrug. Von den Blättern des Baumes fraßen Hirsche und Ziegen. An seinen Wurzeln nagten Schlangen und Drachen. Doch sie konnten den Weltenbaum nicht schwächen, denn er erneuerte sich in jedem Augenblick.

Als das Weltende kam und der große Krieg zwischen den Göttern und den Riesen ausbrach, da krachte und stöhnte der Weltenbaum. Er wurde vom Sturmwind hin und her gerissen. Schließlich brach er in sich zusammen. Damit war das Ende der Götter und der Menschen gekommen. (Lex Myt 410f)

6. Der Gott Thor (Donar)

Der Gott *Thor* begegnete den Menschen im Blitz und im Donner, er gab diesem den Namen (*Donar*). Er war der Sohn des Gottes *Odin* und der Erdmutter *Jörd*. Sein Werkzeug war ein riesiger Hammer, der von den Zwergen geschmiedet worden war. Seine Handschuhe waren aus Eisenblech, sein magischer Gürtel verdoppelte seine Körperkraft. Er war der Beschützer der Göttersippen und der Menschensippen vor den Riesen und den bösen Dämonen.

Der Gott *Thor* stand auf der Seite der Bauern, er schickte ihnen Regen und Gewitter. Und er beschützte ihre Ernten vor Sturm und Hagelschlag. Die Menschen sahen ihn mit einem roten Bart. Wegen seiner Kräfte hatte er immer großen Hunger nach Opfern. Zwei Ochsen konnte er auf einmal verschlingen. So brachten ihm die Bauern und die Viehhirten viele Rinder und Schafe zum Opfer. Auch Menschenopfer wurden ihm gebracht.

Im Kampf war er wild und unbesiegbar, er tötete viele Gegner. Er erschlug die Riesen *Hungir* und *Hymir*, die sich ihm widersetzten. Auch den Weltbaumeister *Thyrm* erschlug er, weil dieser seinen Hammer entwendet hatte. Dieser Baumeister hatte den Bau der Götterburg in *Asgard* geleitet.

Doch *Thor* machte sich schuldig am Schicksal der Götter. Deswegen wurde er vom Riesen *Utgard Loki* getäuscht und besiegt. Auch die *Midgard*-Schlange, die das Menschenland umschließt, konnte er nicht vom Meer wegheben. Sie war ihm zu schwer. Doch im Endkampf von *Ragnarök* erschlug er mit seinem gewaltigen Hammer die *Midgard*-Schlange. Sterbend spie sie ihm ihr Gift in das Gesicht, so daß auch er zugrunde ging. So löschten sich die Götter und die Riesen im Endkampf gegenseitig aus. (Lex Myt 405f)

7. Der Gott Freyr

Er war der Schutzgott der Fruchtbarkeit, der Schützer der Ernten und des Wohlstands. Er gehörte zur Göttersippe der *Vanen*, deren Aufgabe es war, den Menschen und den Tieren das Wachstum zu schenken. Er war ein Sohn des Gottes *Njörd* und ein Bruder der Göttin *Freya*. Und er lebte in »*Alfheim*«, im Land der Lichtelfen, wo er König war. Von dort überwachte er die Bündnisse und die Eide der Menschen. Er bestrafte jeden Eidbrecher.

Mit einem goldenen Eber ritt er durch die Luft und über das Wasser. Die Menschen sahen die Borsten des Ebers in der Sonne glänzen. Sein Schiff war so groß, daß es alle Götter der Vanensippe aufnehmen konnte. Mit diesem Schiff erreichte er jeden Hafen. Nach der Landung konnte dieses Schiff zerlegt werden.

Eines Tages mußte der Gott *Freyr* den Gott *Odin* auf seinem Thron vertreten. Da sah er vom Thron aus im Land der Riesen die schöne Riesentochter *Gerd*, die in den Wolken wohnte. Er schickte seinen Gefährten *Skimir* aus, er sollte um die Riesentochter werben. Dieser flog mit seinem Roß und mit dem Schwert über die Wolken. Doch die Riesin *Gerd* lehnte alle Geschenke ab, die *Skimir* mitgebracht hatte: den Ring und die goldenen Äpfel.

Erst als ihr *Skimir* mit dem Fluch der Einsamkeit und des frühen Todes drohte, da willigte die Riesin in die Hochzeit ein. Sie versprach, den Gott *Freyr* im heiligen Hain zu treffen. Doch der Gott *Freyr* wartete lange, die Riesin kam nicht. Außerdem war sein Schwert noch bei *Skimir*. So war er im nächsten Kampf der Götter ungeschützt. Er wurde vom Riesen *Surt* erschlagen.

Im Tempel von Uppsala war der Gott *Freyr* als der Spender der Fruchtbarkeit dargestellt. Er war ein kräftiger Mann mit aufgestelltem Penis. Er war also immer bereit, sich zu paaren und Leben zu zeugen. In Schweden galt er als der Stammvater des Königsgeschlechts. (Lex Myt 375f)

8. Die Göttin Frigg

Frigg war die höchste Göttin der *Asen*. Sie hieß bei den Menschen die »Königin des Himmels«. Sie war die Ehefrau des Gottes *Odin* und die Mutter des Lichtgottes *Baldur*. Oft erschien sie in derselben Gestalt wie die Göttin *Freya*. Doch *Frigg* war voller Weisheit, sie konnte die Zukunft schauen, ohne etwas zu verraten. Sie schützte die Ehen der Götter und der Menschen. Und sie gab den Frauen die Fruchtbarkeit und den Kindersegen. Auch leitete sie die Ehefrauen zur Pflichterfüllung in der Sippe an.

Auf einer goldenen Spindel spann sie einen Faden, der ohne Ende war. Sie leitete die Menschen zu Fleiß und Arbeit an. Doch als Ehefrau war sie ihrem Gatten *Odin* keineswegs treu, denn sie verfügte frei über ihre Sexualität. So taten es alle Muttergöttinnen. Mit List konnte sie in der Ehe ihren Willen durchsetzen.

Im Kampf der *Viniler* gegen die *Vandalen* täuschte sie den Gott *Odin*, ihren Göttergatten, so daß er gegen seinen Willen den *Vinilern* den Sieg verlieh. Er hatte versprochen, denen den Sieg zu geben, die er am Morgen zuerst sehen werde. So drehte die Göttin *Frigg* sein Bett nach Westen, so daß er zuerst die *Viniler* sah.

Nun hatte er den *Vinilern* den Sieg geschenkt. Ihre Frauen hatten lange Haare, die sie in das Gesicht hängen ließen. So sahen sie aus wie Männer mit Bärten. Seither nannten sich die *Viniler Langobarden*, und sie wurden Verehrer des Schutzgottes *Odin*.

Die Göttin *Frigg* verhinderte ein Gespräch des Gottes *Odin* mit einem Riesen. Sie schützte die Seelen der liebenden Menschen, deren Liebe auf der Erde keine Erfüllung fand, weil sie vor der Ehe starben. Sie führte diese Liebenden in ihrem Schloß *Fensal* zusammen. Und sie half den Frauen bei der Geburt, sie schützte die neugeborenen Kinder. Überhaupt brach-

te sie den Menschen Glück. In der Gestalt eines Falken flog sie
von Haus zu Haus, von Sippe zu Sippe. (Lex Myt 376ff)

9. Die Göttin Freya

Freya war die Schutzgöttin des Überflusses. Sie spendete den
Menschen die sinnliche Liebe, die Fruchtbarkeit und den Frühling. Auch sie gehörte zur Göttersippe der *Vanen.* Ihr Gatte war
der Gott *Od.* Da sie oft in der Gestalt der Göttin *Frigg* erschien,
galt sie auch als die Gattin des Kriegsgottes *Odin.*

Sie wohnte in ihrer Burg *Folkwang.* Dort nahm sie die Hälfte der gefallenen Krieger auf. Die andere Hälfte der gefallenen
Krieger nahmen die *Walküren* in *Walhalla* auf. Auch die Göttin
Freya erschien in der Gestalt des Falken. Das Falkenkleid hatte
sie vom Gott *Loki* ausgeliehen.

Ihr kostbares Halsband war das Zeichen ihres Reichtums
und ihres Überflusses. Sie beschützte alle Liebenden und gab
ihnen Sinnlichkeit und Liebeskraft. Sie machte die Frauen verführerisch und liebenswert. Doch sie stand auch den gebärenden Frauen bei und schenkte ihnen gesunde Kinder. Sie war
selbst voller Schönheit und Sinnlichkeit, sie lehrte die Menschen die Kunst der erotischen Liebe.

Vor allem die Riesen waren von ihrer Schönheit beeindruckt und stellten ihr nach. Doch sie fuhr auf einem Wagen,
der von zwei Katzen gezogen wurde. Oder sie ritt auf einem
Eber mit goldenen Borsten. So war *Freya* die große Liebesgöttin. Die Römer haben sie mit ihrer Göttin *Venus* verglichen. Der
Wochentag Freitag *(Freyas* Tag) ist ihr geweiht und steht unter
ihrem Schutz. (Lex Myt 375)

10. Das Land Asgard

Die *Asen* waren eine Göttersippe der Fruchtbarkeit. Sie wohnten in *Asgard* (Garten der *Asen*). Dort hatten sie zu Beginn der

Welt unter der Leitung des Gottes *Odin* eine feste Burg erbaut. Es war eine Ansammlung von vielen Burgen geworden. Denn jeder Gott der *Asen* hatte dort seine Burg, wo er mit seiner Göttersippe wohnte.

In der Mitte der Asenburgen war eine große Halle für die Versammlungen der Götter. Dort hielten sie Gerichte ab, oder sie suchten Rat und Entscheidung. Oder sie trafen sich zu den großen Festen, die sie gemeinsam feierten.

Es war bei den Göttern so, wie bei den Menschen, die in *Midgard* wohnten. Die zwölf großen Götter hatten zwölf Hochsitze in der Versammlungshalle. Von dort aus konnten sie alles sehen. So lebten die *Asen* ein glückliches Leben, sie schenkten den Menschen die Fruchtbarkeit. Doch es waren die Nornen, die Göttinnen des Schicksals, die den Götterkrieg gegen die *Vanen* in ihr Land brachten. (Lex Myt 365)

11. Die Göttersippe der Vanen

Auch die *Vanen* waren voller Reichtum und Fruchtbarkeit. Auch sie spendeten den Menschen den Wohlstand. Sie schützten die Felder, die Tiere und die Menschen. Doch sie besaßen eine magische Kraft, das *Sejdr*, mit der sie in die Zukunft schauen konnten.

Doch es war die Riesin und Zauberin *Gullweig*, die in die Göttersippe der *Vanen* die Gier nach Wohlstand und nach Reichtum brachte. Seither wurden die *Vanen* unzufrieden, sie wollten auch den Wohlstand der *Asen* erreichen. Deswegen kam es zum ersten Götterkrieg.

Im Krieg der beiden Göttersippen mußten die *Vanen* drei Geiseln an die *Asen* übergeben. Es waren dies der Gott *Njörd*, der Gott *Freyr* und die Göttin *Freya*. Seither lebten diese *Vanen* unter der Göttersippe der *Asen*. Die anderen *Vanen* aber lebten weiterhin in *Vanenheim*.

Die Menschen konnten sich in der Ekstase mit den *Vanen* verbinden. Sie gerieten in den »heiligen Wahn«, dann waren sie den Göttern nahe. Vor allem die Schamanen und Mantikerinnen kannten die Technik der Ekstase. Bei den kultischen Trinkfesten konnten aber alle Teilnehmer in den heiligen Wahn verfallen. Dann nahmen sie die Lebenskraft der *Vanen* in sich auf. (Lex Myt 365ff)

12. Das Urmenschenpaar

In der Vorzeit wurden zwei Baumstämme vom Meer an das Land geschwemmt. Der eine Baum war eine Esche (askr), der andere war eine Ulme (embla). Nun kamen drei Götter, sie sahen die Baumstämme und formten daraus das erste Menschenpaar. Aus der Esche wurde der Mann geschnitzt, aus der Ulme wurde die Frau geschnitzt. Die drei göttlichen Holzschnitzer waren: *Odin*, *Hönir* und *Lodur*.

Sie schufen dieses große Kunstwerk. *Odin* schenkte dem ersten Menschenpaar das Leben, die Kraft der Bewegung des Körpers. *Hönir* gab den Verstand und das Gefühl. Und *Lodur* formte das Gesicht der ersten Menschen, er gab ihnen das Gehör und die Sprache. Er bestimmte die Farbe der Haut.

Nun konnten die ersten Menschen miteinander sprechen. Und sie konnten auch mit den Göttern reden, denn sie hatten mit diesen die gemeinsame Sprache. Nun paarten sich die Menschen, wie die Götter es taten. Und sie zeugten und gebaren viele Kinder. So sind die Menschen das Werk von drei Göttern. Die Ulme ist fortan das Symbol für die Frau, die Esche bleibt das Symbol der Männer. (Lex Myt 362f)

13. Die heilige Kuh

Am Anfang war die Eiswelt im Norden, sie hieß auch *Niflheim* oder Nebelheim. Und es war die Feuerwelt im Süden, sie hieß auch *Muspelheim*. Nun flog ein Feuerfunke aus der Feuerwelt des Südens in die Eiswelt des Nordens. Das Feuer vermischte sich mit dem Eis. Aus der Mischung der Gegensätze wurde der Riese *Ymir*, und es wurde die heilige Kuh *Audumlah*.

Diese Kuh ernährte mit vier Milchströmen den Riesen *Ymir*. Mit ihrer Zunge leckte sie die Eisblöcke im Norden. Und sie formte daraus ein menschenähnliches Wesen. Es trug den Namen *Buri*. Seither war die Kuh das heilige Tier der Viehzüchter und der Hirtennomaden, denn sie gab den Menschen die Nahrung.

(Lex Myt 364f)

14. Der Riese Ymir

Der Riese war also entstanden, als Feuerfunken aus dem Feuerland in die Eiswelt von *Niflheim* flogen. Er trug fortan in sich das Feuer und das Eis. Doch er war allein und hatte keine Frau, so konnte er sein Geschlecht nicht fortpflanzen. Doch aus seinem Schweiß entstanden ein männliches und ein weibliches Wesen. Diese konnten sich nun paaren wie Männer und Frauen, sie konnten viele Kinder zeugen und gebären.

Doch der Riese *Ymir* erzeugte auch einen Sohn ohne eine Frau. Und zwar rieb er seine Füße aneinander, wie man Holz reibt, um Feuer zu machen. Und so wurde aus dem Reiben der Füße ein Sohn. Dieser war der Vorfahre der Reifriesen, die unter der Weltesche *Yggdrasil* ihre Wohnung hatten.

Nun gab es zu dieser Zeit aber schon die Götter. Sie führten Krieg gegen den Riesen *Ymir*. Im Kampf erschlugen sie ihn. Dann teilten sie seinen Körper wie bei einem Opferritual. Und sie formten aus seinen Körperteilen die ganze Welt der Menschen.

Aus dem Blut des Riesen machten sie das gewaltige Meer. Aus seinem Fleisch formten sie das Festland, die Felder und die Hügel. Aus seinen Knochen machten sie die hohen Berge. Und aus seiner Schädeldecke formten sie das Zelt des Himmels, wie ein Dach. Aus seinem Gehirn machten sie die Wolken. Aus seinen Augenbrauen bauten sie den Schutzwall um das Land *Midgard*, wo später die Menschen wohnen sollten. So ist die ganze Menschenwelt aus dem Opfer des Riesen *Ymir* entstanden.

(Lex Myt 410)

15. Das Land Midgard

Dieses Land lag in der Mitte zwischen dem Land *Asgard*, wo die Götter wohnten, und dem Land *Utgard*, wo die Riesen ihren Ort hatten. Im Land *Midgard* wohnten die vielen Menschen, sie bebauten das Land wie einen Garten. Sie hatten Äcker und Felder, sie hatten Wiesen und Weiden für die Haustiere. Und sie bauten große Häuser und Dörfer, wo sie mit ihren Sippen wohnten. Sie waren durch einen Schutzwall getrennt von den Göttern und von den Riesen. Ihr Land war vom Meer umgeben, das bedrohte sie.

Im Meer lag die große *Midgard*-Schlange. Sie umschlang die Menschenwelt. Wenn sich diese gewaltige Schlange bewegte, dann wallte das Meer auf und stürzte mit seinen Fluten über die Felder der Menschen. Der Gott *Thor* schützte die Menschen. Daher wollte er die Schlange besiegen. Er versuchte, sie mit seiner Angel von einem Schiff aus zu fangen. Als die Schlange schon an seiner Angel war, da bedrohte sie sein Schiff, so daß er die Angelschnur durchschnitt.

Ein anderes Mal hatte die Schlange die Gestalt einer riesigen Katze. Als der Gott *Thor* sie wegheben wollte, war sie ihm viel zu schwer. Er konnte sie nicht von der Stelle bewegen.

Als der große Endkampf begann zwischen den Göttern und den Riesen, da schlug der Gott *Thor* mit seinem Hammer auf die *Midgard*-Schlange ein. Er zerschlug ihren Kopf, doch noch im Sterben sprühte sie ihr Gift gegen den Gott. So mußte auch der Gott *Thor* sterben.

(Lex Myt 390f)

16. Der Gott Baldur

Baldur war der Sohn des Gottes *Odin* und der Göttin *Frigg*. Er hieß auch *Balder* oder *Baldr*, seine Gattin war *Nanna*. Er gehörte zur Göttersippe der *Asen* und wohnte in Asenheim. Er war in Licht gehüllt, so hieß er der »Leuchtende«. Seine Gestalt war wunderschön, in seinem Wesen war er mild und weise. Er war der klugen Rede kundig. Deswegen schützte er bei den Menschen die Schönheit, die Weisheit und die Redekunst.

Eines Tages plagten ihn böse Träume, er fühlte sich bedroht. Doch er wußte nicht, von wem die Gefahr ausging. So fragte er den Rat der Götter, was er tun solle. Die Göttin *Frigg*, seine Mutter, nahm allen Lebewesen und allen Göttern den Eid ab, daß sie ihren Sohn nicht schädigten. Alle schworen den Eid, nun war keine Gefahr für *Baldur*.

Allein die Mistel hatte diesen Eid nicht geschworen. Und der böse Gott *Loki* hatte beobachtet, daß die Mistel nicht geschworen hatte. *Loki* schnitt die Mistel vom Baum und gab sie dem blinden Gott *Höder*. Er sagte zu diesem, er solle mit der Mistel auf den Gott *Baldur* zielen. *Höder* tat es, und er traf den Lichtgott. Der Lichtgott mußte sterben.

Nun waren die Götter voll Trauer, sie ließen das Totenschiff kommen. Dann stapelten sie seinen Leichnam auf das Schiff. Auch sein Pferd gaben sie darauf und Holz für das Feuer. Dann entzündeten sie das Holz und überließen das brennende Schiff dem Meer. So sollte der Lichtgott begraben werden, wie die Menschen ihre Seehelden begruben.

Doch die Seele des Gottes *Baldur* kam nach *Hel*, dem Land der Toten. Dort war kein gutes Leben. Daher wollte die göttliche Mutter *Frigg* ihren Sohn aus der Totenwelt freikaufen. Sie verhandelte mit der Göttin *Hel* und vereinbarte einen Preis. *Hel* wollte den Gott *Baldur* wieder ziehen lassen, wenn alle Wesen auf der Erde seinen Tod betrauerten. Alle Wesen trauerten. Nur eine böse Hexe verweigerte die Tränen der Trauer. Deswegen mußte der Lichtgott *Baldur* in der Unterwelt bleiben.

Doch unter den Göttern war nun das Glück dahin, die Freude war ihnen geschwunden. Denn es fehlte ihnen das Licht. Die Schönheit verwelkte, die Gerechtigkeit nahm ab. So kam die Götterwelt zu ihrem Ende, sie geriet in den großen Endkampf mit den Riesen.

Doch eine Seherin sagte voraus, nach dem Untergang der alten Götterwelt werde eine neue Welt von Göttern und Menschen entstehen. Und der Gott *Baldur* werde wiederkommen und das Licht bringen. Es werde eine gute und lichtvolle Zeit beginnen. (Lex Myt 366f)

17. Die wilde Jagd

Die Menschen erzählten von der »wilden Jagd« der Götter, die im Sturmwind über die Wolken zieht und die Menschen bedroht. Es waren junge Krieger, die in einem Kriegsbund mit dem Gott *Odin* lebten. Sie waren in Bärenfelle gehüllt und trugen damit die Kräfte der Bären in sich. Sie steigerten sich im Kampf in wilde Ekstase. Im Blutrausch töteten sie alles, was sich ihnen widersetzte.

Die Menschen sagten, daß diese wilden Krieger im Sturm durch die Luft fuhren, mit wildem Kriegsgeheul. Sie hatten große Angst vor ihnen, denn sie brachten ein böses Schicksal. Im Traum erschienen sie den Menschen und kündigten ihnen böse Ereignisse an. Ihr Anführer war *Odin* selbst. Später war es *Herlekin* oder *Harlekin*, er stand unter der Mondsichel. So fürchteten die Menschen jeden Sturm, denn sie sahen darin böse Geistwesen auf sie zukommen. (Lex Myt 367; Germ Rel 83ff)

18. Das Geschlecht der Riesen

Der Riese *Ymir* war aus dem Eis und aus dem Feuer entstanden. Aus seinem Achselschweiß war ein ganzes Geschlecht der Riesen geworden. Sie sahen den Menschen ähnlich, waren aber ungleich größer als diese. Als der Riese *Ymir* von zwei Göttersöhnen getötet wurde, da entstand aus seinem zerstückelten Körper die ganze Welt der Menschen.

Ein Riesenpaar aus dem Schweiß des Urriesen überlebte. Dieses Paar setzte das Geschlecht der Riesen fort. Aus ihnen wurden die Reifriesen und die Feuerriesen. Die Reifriesen lebten in *Utgard*, dem Riesenheim. Sie waren die Feinde der Götter und kämpften viele Kriege gegen diese. Im Endkampf töteten sie sich gegenseitig.

Die Feuerriesen lebten im Feuer, die Wasserriesen hatten ihren Wohnort im Meer. Die Riesen waren älter als die Götter, daher hielten sie sich nicht an die Ordnung der Götter. Sie waren mit den chaotischen Mächten in der Natur im Bunde. So lebten sie in der *Midgard*-Schlange oder im *Fenrir*-Wolf.

Bastla war die Tochter des Riesen *Ymir*. Sie wurde die Ehefrau des Gottes *Bor* und damit die Mutter der anderen Götter: *Odin, Vili* und *Ve*. Der Urriese hatte auch einen Sohn, der hieß *Bergelmir*.

Ein anderer Riese hatte als Baumeister den Göttern versprochen, ihnen eine gewaltige Burg zu bauen, in der sie geschützt seien. Er versprach, die Burg bis zum Sommer fertigzustellen, wenn er dafür die Sonne, den Mond und die Göttin *Freya* zur Frau bekäme. Die Götter stimmten dieser Abmachung zu.

Nun hatte der Riese den Hengst *Svaldilfari* eingespannt. Dieser schaffte mit Riesenkraft Erde und Steine herbei, und die Burg der Götter wurde höher und höher. Doch nun bereuten die Götter ihr Eheversprechen, sie bekamen Angst vor dem Riesenbaumeister. Da verwandelte sich der Gott *Loki* in eine Pferdestute. Die Stute lenkte den Riesenhengst von seiner Arbeit ab, sie paarte sich andauernd mit ihm. So wurde die Burg der Götter nicht vor dem Sommer fertig. Doch der Riese kämpfte um seinen Lohn, der vereinbart war. Er wollte die Sonne, den Mond und die Göttin *Freya* als Ehefrau. Doch der Gott *Thor* war es, der den Riesen mit seinem magischen Hammer erschlug.

(Lex Myt 410f)

19. Die Welt der Zwerge

Die *Zwerge* waren Wesen von kleinem Wuchs. Doch sie sahen den Menschen sehr ähnlich. Und oft konnten sie sich unsichtbar machen. Sie wohnten in dunklen Höhlen, unter den Steinfelsen oder im Innern der Erde. Auch sie waren aus dem Körper des getöteten Riesen *Ymir* entstanden. Und zwar sind sie aus den Maden geworden, die am Körper des toten Riesen fraßen. Deswegen ist ihr Aussehen häßlich geworden, ihr Körper war mit Moos bedeckt. Doch sie konnten ihre Gestalt verwandeln und waren schwer zu fassen.

Sie kannten viele Techniken und waren voller Weisheit. So kannten sie das Handwerk der Schmiede. Sie konnten Steine schmelzen und daraus Eisen erzeugen. So schmiedeten sie den magischen Hammer des Gottes *Thor*. Oder sie fertigten den Speer des Gottes *Odin*, den magischen Ring *Draupnir*. Doch sie schufen auch das Halsband der Göttin *Freya*, das Goldhaar des Gottes *Sif* und das goldene Schiff des Gottes *Freyr*. Die Götter belohnten sie gut für ihre Arbeit, so häuften sie große Schätze an. Doch sie versteckten diese Schätze unter der Erde und bewachten sie streng.

(Lex Myt 410)

20. Walhalla und die Walküren

Walhalla war die große und festliche Halle in *Asgard*, in der der Schutzgott der Krieger *Odin* die ausgewählten Helden des Krieges versammelte. Diese festliche Halle hatte 540 Tore, an die achthundert Krieger fanden darin Platz. Die Wände waren mit den Schilden der Krieger behängt, die Decken waren mit Gold verziert. Auch der Adler und der Wolf, die beiden Schutztiere des Gottes *Odin*, waren in der Halle.

Nun gab es dort die *Walküren*, die schönen jungen Frauen des Krieges. Ihre Aufgabe war es, die gefallenen Krieger auf dem Schlachtfeld einzusammeln. Sie nahmen sie auf ihre Rösser und ritten durch die Luft zur *Walhalla*. Dort fand das große Gastmahl *Odins* statt. Die Göttin *Frigg* leitete dort den Tischdienst. Sie gab den *Walküren* die Anweisung, die gefallenen Helden zu bedienen. Die *Walküren* reichten den Helden edle Speisen und Met und Bier zum Trinken.

Odin trug auch den Namen »Walvater«. Denn er wählte die gefallenen Helden zu seinem großen Gastmahl aus. Den *Walküren* gab er den Auftrag, die Krieger im Kampf zu unterstützen und ihnen Mut zu geben. Sie mußten den sterbenden Helden Beistand leisten. So war *Walhalla* der Ort der gefallenen Krieger, wo ihre Taten reichlich belohnt wurden.

(Lex Myt 408)

21. Der Zwerg Brokk

Der Zwerg *Brokk* war ein Kunstschmied, er war der beste aller Schmiede. Das erweckte den Neid des Gottes *Loki*. Er wettete um seinen Kopf, daß er noch besser sein werde als der häßliche Zwerg. Nun wurde um die Wette geschmiedet. *Loki* sah bald, daß er die Wette verlor. So machte er sich mit seinen magischen Schuhen aus dem Staub.

Doch der Zwerg verklagte ihn vor dem großen Göttergericht. Das Gericht entschied, daß der Zwerg dem Gott den Mund mit einer Schnur zunähen durfte. *Loki* litt große Schmerzen. Nur mit Mühe konnte er die Naht wieder auftrennen. Von nun an schätzte er die Arbeit des Zwerges hoch ein.

(Lex Myt 369)

22. Die Walküre Brunhilde

Sie war schön wie alle Walküren. Mit acht ihrer Schwestern flog sie auf die Erde. Dort legten alle neun ihre magischen Schwanenkleider ab. Nun kam der König *Agnar*, er sah die Walküren unbekleidet. Er raubte ihre Hemden und machte sie sich gefügig. Dann zwang er die *Brunhilde*, daß sie ihm den Sieg über seinen Gegner schenken mußte.

Deswegen wurde sie aber vom Kriegsgott *Odin* bestraft, denn das durfte sie nicht tun. Sie verlor ihre Unsterblichkeit und wurde den Sterblichen gleich. Sie wurde in eine Burg versetzt, die von brennendem Feuer umgeben war. Dort war sie lange Zeit gefangen, bis der starke Kriegsheld *Sigurd* kam und sie aus der Burg befreite. (Lex Myt 369)

23. Die Disen, die Elben und die Elfen

Die *Disen* waren weibliche Naturgeister, schön und anmutig von Gestalt. Sie schenkten den Feldern der Menschen, aber auch den Haustieren die Fruchtbarkeit. Den Menschen gewährten sie reichen Kindersegen. Doch sie wollten von den Menschen angerufen und gelobt werden.

Die *Elben* und die *Alben* waren ebenfalls Naturgeister, sie hatten teils männliches, teils weibliches Geschlecht. Sie lebten im Wind, in den Wassern, in den Bergen. Ihr König war *Oberon*, der »Erlkönig«. Auch sie taten den Menschen viel Gutes, wenn sie angefleht und gelobt wurden. Doch wenn sie beleidigt wurden, rächten sie sich und schickten den Menschen Unglück und Krankheit. Als Lichtelben tanzten und sangen sie bei Mondenschein. Und als Schwarzelben wohnten sie unter der Erde. Alle Elben konnten ihre Gestalt verwandeln.

Auch die *Elfen* waren Geistwesen der Natur, sie hatten nur weibliches Geschlecht. Sie waren schön von Gestalt und tanzten beim Mondschein im Reigen. Doch wenn Menschen mit ihnen tanzten, dann mußten diese sterben. Als Wasserelfen lockten sie Menschen in das Wasser und damit in den Tod. Auch die *Elfen* konnten sich verwandeln und unsichtbar machen. Die Menschen hatten Angst vor ihnen. (Lex Myt 373f)

24. Der Fenrir-Wolf

Dieser riesige Wolf war ein Sohn des Gottes *Loki* und der Riesenfrau *Angrboda*. Seine Geschwister waren die Unterweltgöttin *Hel* und die *Midgard*-Schlange. Der Wolf war selbst den Göttern gefährlich, eine Wahrsagerin hatte sie vor ihm gewarnt. So beschlossen die Götter, den Wolf zu fesseln. Doch zweimal sprengte er seine Ketten. Schließlich hatten die Zwerge für den Riesenwolf Ketten geschmiedet, die nicht brachen.

Nun stürzte sich der Gott *Tyr* in den Kampf mit dem Wolf. Er steckte dem Tier die Hand in das Maul. Doch der Wolf biß zu, und so verlor *Tyr* seine Hand.

Als der große Endkampf zwischen den Göttern und den Riesen ausbrach, da konnte sich der *Fenrir*-Wolf aus seinen Ketten befreien. In wildem Kampf verschlang er den Kriegsgott *Odin* und die Sonne dazu. Nun war es finster. Doch der Gott *Vidar* konnte den Riesenwolf töten.

Doch Nachkommen des Wolfes kämpften gegen die Götter weiter. Es begann eine lange »Wolfszeit«, die voll war mit Krieg und Blutvergießen. Doch der Kampf zwischen den Göttern und Riesen kam zu einem Ende, keiner der Kämpfenden überlebte. (Lex Myt 374)

25. Der Riese Utgard Loki

Dieser Riese hatte magische Kräfte, er war der Anführer der Riesen. Er lebte mit seinen Kriegern in der Burg *Utgard*. Die Götter *Thor*, *Loki* und *Thialfi* besuchten einmal die Riesen in *Utgard*. Es kam zu großen Wettkämpfen zwischen den Riesen und den Göttern. Der Gott *Loki* verlor ein Wettessen mit einem Riesen, der ein großes Maul hatte. Der Gott *Thialfi* verlor einen Wettlauf. Und der Gott *Thor* wurde beim Wetttrinken besiegt. Auch beim Ringkampf wurde *Thor* besiegt.

Zuletzt ging es darum, ob der Gott *Thor* eine Katze vom Boden wegheben konnte. Der Gott versuchte es mit aller Kraft, doch er schaffte es nicht. Die Katze war zu schwer. Es war nämlich die *Midgard*-Schlange, die sich in eine Katze verwandelt hatte. Als der Riese dem Gott *Thor* seinen Zauber zeigte, wollte dieser ihn mit seinem magischen Hammer erschlagen. Doch der Riese war schneller und verschwand in seiner Riesenburg. Diesen Wettkampf hatten also die Götter verloren.

(Lex Myt 407)

26. Der Gott Tyr

Dieser Gott war ein alter Schutzgott der Gewitter. Er zeigte sich den Menschen im Donner und im Blitz. Er war ein Sohn des Riesen *Ymir* und ein Anführer der Götter. Später hatte der Gott *Odin* ihn von der Führerschaft verdrängt.

Der Gott *Tyr* führte mit seinem magischen Schwert die Krieger an und schenkte ihnen die Siege. Bei den Menschen war er der Hüter des Rechts und der Gerichte. Seine Krieger schnitten sich Siegrunen in den Schwertknauf. *Tyr* beteiligte sich beim Kampf gegen den Riesenwolf *Fenrir*. Er steckte diesem die Hand in das Maul und verlor sie dabei. Doch im großen Endkampf der Götter und der Riesen konnte er trotzdem den Höllenhund *Garm* erschlagen. Doch der Hund hatte ihn so schwer verwundet, daß er starb.

(Lex Myt 407)

27. Der Gott Ull

Dieser Gott trug den Titel der Herrliche, er war aus der Göttersippe der *Asen.* Sein Vater war der Gott *Sif. Ull* war ein tüchtiger Bogenschütze, der seine Feinde tödlich traf. Wenn er auf der Jagd war, dann fuhr er mit Schiern über den Schnee. Seine Wohnung hatte er im Eibental.

Die Göttin *Skadi* wurde seine Frau, nachdem sie sich vom Gott *Njörd* getrennt hatte. Die Scheidung war bei den Göttern wie bei den Menschen üblich. Die Krieger riefen den Gott *Ull* an, wenn sie einen Zweikampf begannen. Der Gott hatte einen magischen Ring, bei diesem Ring wurden alle Eide geschworen. Die Menschen fürchteten die Rache und die Strafe des Gottes, deswegen hielten sie die Eide ein.

(Lex Myt 407)

28. Der Feuerriese Surt

Der Riese *Surt* war der Herrscher im Feuerland *Muspelheim*. Er war bei den Göttern sehr gefürchtet. Im großen Endkampf mit den Göttern kam der Feuerriese mit seinen Feuersöhnen über das Meer gefahren. Er zog sein Feuerschwert und löste damit den großen Weltbrand aus. Alles in der Götterwelt und in der Menschenwelt begann zu brennen. Und als er über die große Himmelsbrücke schritt, da brach diese entzwei und stürzte zusammen. Nun war das Weltende gekommen. Zuletzt tötete der Riese den Gott *Freyr* mit dem Schwert. Den Riesen waren die Götter nicht gewachsen.   (Lex Myt 404)

29. Der Tag und die Nacht

Die Nacht war die schwarze Tochter eines Riesen. Der Gott *Odin* gab ihr einen Götterwagen, dazu den Hengst *Hrimfaxi*. Dieser Hengst zog den Wagen der Nacht über das Himmelszelt. Auf der Menschenwelt und in der Götterwelt war es zu dieser Zeit finster.

Doch die Nacht hatte einen Sohn, er war der Tag und hieß *Degr*. Am Morgen löste der Sohn die Mutter auf dem Götterwagen ab, der Hengst zog ihn über das Himmelszelt. Bei den Göttern und bei den Menschen war es hell. So war die Nacht früher als der Tag. Dieser war ihr Sohn aus dritter Ehe. Denn die Götter und die Menschen heirateten mehrmals.

(Lex Myt 404)

30. Der Gott Njörd

Njörd gehörte zur Göttersippe der *Vanen*. Er war mit der Göttin *Skadi* verheiratet, ihre Götterkinder waren *Freyr* und *Freya*. Es kam zu einem langen Krieg zwischen den *Asen* und den *Vanen*. Als der Götterkrieg zu Ende war, mußte *Njörd* mit seinen beiden Kindern zu den *Asen* als Geisel gehen. Doch er behielt seine Macht über den Sturm und das Meer. Er schützte die Seefahrer und gab den Fischern reiche Beute. Alles, was er schenkte, gab er im Überfluß.

Mitten im Meer stand seine große Burg *Noatun*. Doch seine Gattin war eine wilde Jägerin, sie war lieber auf der Jagd auf den Bergen als im Meer. Sie war eine gute Schifahrerin und jagte die Tiere auch im Schnee. Das Götterpaar traf eine Vereinbarung: Neun Tage mußte die Göttin bei ihrem Gatten auf dem Meer sein, und neun Tage durfte sie in den Bergen jagen. Das war für beide eine gute Lösung.

(Lex Myt 393)

31. Die drei Nornen

Sie sind die Göttinnen des Schicksals und heißen *Urd, Verdandi* und *Skuld*. Schon bei der Geburt legen sie das Lebensgeschick jedes Lebewesens fest. Sie ritzen die Schicksalsrunen in Holzstäbe und legen die Todeszeit für jeden Menschen fest. Am Schicksalsbrunnen unter der Weltesche versammelten sich die Götter, um Rat zu halten. Sie wollten an der Weisheit und an der magischen Kraft der drei Nornen teilhaben.

Die erste der drei Nornen kennt die Vergangenheit. Die zweite weiß genau, was in der Gegenwart geschieht. Und die dritte sieht alles voraus, was in der Zukunft geschehen wird. Die drei Göttinnen legen das Schicksal mit magischen Stäben (*orlog*). Oder sie spinnen die Lebenslinie wie einen Faden. Götter und Menschen sind dem unveränderlichen Schicksal unterworfen.

(Lex Myt 394)

32. Die Meeresgöttin Ran

Ran war die Gattin des Meeresriesen *Ägir*. Mit ihrer weiblichen Schönheit verlockte sie die männlichen Seefahrer. Diese erlitten dann Schiffbruch und ertranken im Meer. Doch die Göttin fischte mit ihren Fangnetzen die Ertrunkenen aus dem Wasser und brachte sie auf ihre Burg im Meer. Dort bewirtete sie die toten Seefahrer und herrschte als ihre Königin. Ihrem Gatten *Ägir* hat sie neun Töchter geboren. Sie alle reiten auf den Wellen des Meeres und verlocken die Seefahrer.

(Lex Myt 397)

33. Die Göttin Rind

Sie war die Frau des Gottes *Odin* und die Mutter des Gottes *Vali*. *Odin* hatte in mehreren Gestalten um sie geworben; in der Gestalt eines Wanderers, eines Goldschmiedes und eines Kriegers hoch zu Roß. Als sie ihn noch immer ablehnte, berührte er sie mit einem Runenstab. Da verlor sie den Verstand und verwandelte sich in ein altes Weib.

Der Gott *Odin* versprach ihrem Vater, sie wieder in ein junges Mädchen zu verwandeln, wenn sie der Heirat mit ihm zustimmte. Der Vater überredete die Tochter, und so stimmte diese zu und wurde *Odins* Frau.

(Lex Myt 398)

34. Die Entstehung der Welt

Am Anfang war das Eisland *Niflheim* im Norden und das Feuerland *Muspelheim* im Süden. Als ein Feuerfunke in das Eisland übersprang, da bildeten sich die ersten Wesen: zuerst der Riese *Ymir*, dann die heilige Kuh *Audumlah* und dann der Urmensch *Buri*. Dieser hatte einen Sohn *Bori*, und dieser heiratete die Riesin *Bestla* aus dem Stamm des *Ymir*. Ihre Kinder waren die ersten Götter: *Odin, Vili* und *Ve*. Der Urriese wurde von seinen Nachkommen erschlagen, sein Körper wurde zerteilt. Aus seinen Körperteilen wurde die Menschenwelt.

Im Menschenland *Midgard* wohnte das erste Menschenpaar *Askr* (Esche) und *Embla* (Ulme). Dieses Paar war von drei Göttern aus zwei Holzstämmen geschnitzt und geformt worden. Im

Götterland *Asgard* bauten die Götter ihre Götterburg. Als Baumeister hatten sie einen Riesen gewonnen.

Das Nebelland *Niflheim* im Norden wurde zum Ort der Totenseelen, dort herrschte die Göttin *Hel*. In *Utgard* lebten die Riesen, sie waren den Göttern feindlich gesonnen und hielten sich nicht an deren Gesetze. So sind die Riesen, die Götter und die Menschen geworden. (Lex Myt 400)

35. Das Seidr-Ritual

Dieses magische Ritual der Wahrsagekunst und des Bannens war einigen Göttern zu eigen. Auch einige Menschen, vor allem die Schamanen und Mantiker, kannten es. Es war die Göttin *Freya*, die im Zustand der Ekstase die zukünftigen Ereignisse voraussagen konnte. Auch der Kriegsgott *Odin* konnte im heiligen Wahn die künftigen Ereignisse und den Tod voraussehen. Dieser Gott konnte seine magische Kraft an die Krieger übertragen, so daß diese unbesiegbar waren. Mit seinem Bann konnte er die feindlichen Heere lähmen. Und er konnte gesunde Menschen jederzeit mit Krankheit schlagen.

Auch die Vanengöttin *Gullweig* kannte das *Seidr*-Ritual. Sie hatte damit ihren Reichtum so stark vermehrt, daß sie von den *Asen* schwer gemartert und schließlich getötet wurde. Doch mit magischer Kraft konnte sie sich selbst wieder lebendig machen. Doch aus diesem Anlaß haben die *Vanen* den ersten Krieg gegen die *Asen* begonnen.

Auch die Menschen übten das *Seidr*-Ritual aus. Es waren vor allem die Frauen, die magische Kräfte entwickelten. Diese Zauberinnen und Hexen gerieten in Ekstase. In diesem Zustand konnten sie zukünftige Ereignisse voraussagen. Sie konnten auch böse Dämonen vertreiben oder herbeirufen. Sie konnten Kranke gesund werden lassen.

Aber sie konnten auch Gesunde plötzlich mit Krankheit schlagen. Deswegen waren bei den Menschen die weisen Frauen sehr angesehen, aber auch gefürchtet. Sie hatten die Macht, bei den Menschen und den Tieren die Fruchtbarkeit zu vermehren, aber auch zu stören und zu zerstören. (Lex Myt 400f)

36. Das Selbstopfer Odins

Der Gott *Odin* hing neun Nächte lang am Lebensbaum *Yggdrasil*. Er war von einem Speer verwundet worden. Doch niemand war da, um ihm zu helfen. Da sah er hängend einige Runenstäbe am Boden liegen. Er verrenkte seine Glieder und konnte mit großer Anstrengung die Stäbe aufheben.

Nun gelang es ihm, sich mit der Zauberkraft dieser Stäbe vom Baum zu lösen. Er fiel zu Boden und war nach diesem Hängeopfer wie neugeboren. Er fühlte sich voller Kraft und Jugend. So glaubten die Menschen, daß durch das Opfer das Leben erneuert werde. (Lex Myt 401)

37. Die Göttin Sif

Sif war die Gattin des Gottes *Thor*. Und sie war die Mutter der Götter *Ull* und *Thrud*. Der böse Gott *Loki* behauptete bei einem Gastmahl, daß er einmal ihr Liebhaber gewesen sei. Auch der Riese *Hrungir* wollte seine Stärke zeigen und kündigte an, er werde die beiden schönen Göttinnen *Sif* und *Freya* entführen und rauben.

Der Gott *Loki* war voll Eifersucht auf die goldenen Haare der Göttin *Sif*. Da nahm er ein Messer und schnitt ihr das schöne Haar ab. Doch als der Gott *Thor* dies bemerkte, wurde er sehr zornig. Er bedrohte den Gott *Loki*, und dieser mußte versprechen, das Goldhaar zu erneuern. *Loki* ging zu den Zwergen und bat um ihre Hilfe. Diese begannen, mit ihrer Schmiedekunst das Haar aus Gold zu schmieden. Sie setzten es der Göttin auf den Kopf, und ihr Gatte *Thor* war wieder zufrieden. So taten auch die Götter einander Böses an, wie die Menschen es taten. (Lex Myt 401)

38. Die Göttin Skadi

Skadi war die Tochter des Riesen *Thiazi*, sie war mit dem Gott *Njörd* verheiratet. Ihr Sohn war der Gott *Freyr*. Ihr Vater wurde im Götterkampf von *Thor* und *Loki* getötet. Sie wollte sich rächen und begab sich nach *Asgard*. Doch der Kriegergott *Odin* forderte sie auf, die Rache zu vergessen. Sie willigte ein, aber nur unter der Bedingung, daß einer der Götter sie wieder zum Lachen bringe. Und sie wollte ihren Ehegatten frei wählen können.

Nun führte *Loki* einen Tanz mit einer Ziege aus. Er hatte seine männlichen Geschlechtsteile mit einer Schnur an die Ziege gebunden. Das hatte die Riesin noch nie gesehen, und sie mußte herzlich lachen. So hatte sie die Trauer um ihren getöteten Vater vergessen.

Nun durfte sie mit verbundenen Augen ihren Gatten auswählen. Sie sah nur die Füße der Männergötter, sie wählte den Gott mit den schönsten Füßen. Das war der Gott *Njörd*, der Schützer der Seefahrer. Doch der Lichtgott *Baldur* war enttäuscht, denn er hatte sich wegen seiner Schönheit die Ehe mit der Göttin erhofft.

Nun zog *Skadi* zum Gott *Njörd*, der das Meer liebte. Doch *Skadi* liebte die Jagd und die Berge. So trafen beide Götter eine Abmachung, *Skadi* sollte neun Tage bei ihrem Mann auf dem Meer sein. Und neun Tage durfte sie allein auf den Bergen jagen und mit Schiern fahren. Doch auf die Dauer befriedigte dies beide Götter nicht, so trennten sie sich wieder.

Danach heiratete *Skadi* den Jagdgott *Ull*, der ebenfalls mit den Schiern auf den Bergen unterwegs war. Beide waren sehr glücklich. Doch da war es der böse Gott *Loki*, der die Göttin des Ehebruchs bezichtigte, was nicht der Wahrheit entsprach. Da rächte sich die Göttin an dem Lügner, sie band ihm eine giftige Schlange um seinen Kopf, als er im Götterkrieg gefesselt worden war.

(Lex Myt 401)

39. Der Met der Skalden

Dieser magische Trunk wurde aus dem Blut des Zwerges *Kvasir* gemischt. Wer davon trank, wurde der Weisheit und der Dichtkunst teilhaftig. Die Skalden hatten ihn getrunken, wenn sie ihre Lieder sangen. Einmal war es den Zwergen mit ihrer List gelungen, den Riesen *Gilling* zu töten. Doch zur Strafe mußten sie den Met der Skalden an den Sohn des getöteten Riesen ausliefern. Der Riesensohn *Suttung* ließ den Zaubertrunk von seiner Tochter *Gunnlöd* bewachen, und zwar hinter einem hohen Berg.

Als nun der Kriegsgott *Odin* von diesem Zaubertrank erfuhr, näherte er sich der Wächterin in der Gestalt einer Schlange und eines Riesen. Und er paarte sich mit ihr. Nun erlaubte sie ihm, von dem Met zu trinken.

Da verwandelte sich der Gott *Odin* in einen Adler und trug den Met der Skalden in das Götterland *Asgard*. Damit kam *Odin* in den Besitz der Dichtkunst und der Weisheit. Er trank den Met reichlich. Doch was er nicht trinken konnte, spuckte er wieder aus. Davon aber tranken die Menschen, und sie wurden nun zu Dichtern und Sängern. (Lex Myt 402)

40. Der Gott Skimir

Skimir war der Freund und Gefährte des Gottes *Freyr*. Deswegen warb er für ihn um eine Frau. *Gerd*, die Tochter des Riesen *Gymir*, sollte die Frau des Gottes *Freyr* werden. Die Brautwerbung hatte Erfolg, doch es gab große Hindernisse zu überwinden. Der Gott *Skimir* ritt mit einem starken Kriegsroß und einem magischen Speer gegen die Burg des Riesen *Gymir*.

Er überwand die Befestigung und die Wächter. Er kam in das Innere der Burg, wo die schöne *Gerd* wohnte. Da bot er ihr goldene Äpfel und den Ring *Draupnir* als Brautgeschenke an. Doch *Gerd* wollte nicht in die Heirat einwilligen. Da drohte

Skimir mit dem baldigen Tod ihres Vaters und mit einer häßlichen Gestalt für sie. Nun ließ sich *Gerd* umstimmen und willigte in die Heirat ein. So wurde sie in die Burg des Gottes *Freyr* geführt, wo sie seine Frau wurde.

(Lex Myt 403)

41. Die Sonne

Die Sonne war eine Tochter des Riesen *Mundilferi* und die Schwester des Mondes. Der Riesenvater war stolz auf seine Kinder, er nannte sie *Sol* und *Mani*. Er selbst fühlte sich den Göttern gleich. Doch der Kriegsgott *Odin* nahm ihm seine beiden Kinder weg und machte sie zu Wagenlenkern am Himmelszelt.

Die Sonne fuhr am Tag über das Zelt, ihr Wagen wurde von drei Rossen gezogen. Und in der Nacht fuhr der Mond über den Himmel. Bevor die beiden ungleichen Schwestern über den Himmel fuhren, hatten die Götter viele Funken aus dem Feuerland an das Himmelszelt als Leuchten gesetzt. Das waren die Sterne.

(Lex Myt 403)

42. Der Diener Thialfi

Der Kriegergott *Thor* kehrte mit dem bösen Gott *Loki* bei einem Bauern ein. Die Götter schlachteten die Ziegenböcke des Bauern und aßen sie. Die Knochen legten sie auf die Felle. Am nächsten Tag berührte der Gott *Thor* mit seinem Hammer die Knochen. Da wurden die Ziegenböcke wieder lebendig. Doch sie hinkten, denn der Bauernsohn *Thialfi* hatte aus den Knochen der Tiere das Mark ausgesogen und gegessen. Deswegen wurde er bestraft, er wurde zum Diener und Sklaven des Gottes *Thor*. Er mußte diesen bei seinen vielen Kämpfen unterstützen. Zuletzt half er ihm beim Kampf gegen den Riesen *Hrungir*.

(Lex Myt 404)

43. Der Gott Heimdall

Heimdall war der große Wächter der Götterburgen. Er stand auf der Himmelsbrücke bei Tag und bei Nacht und beobachtete alles, was sich bewegte. Denn er mußte die Götter vor herannahenden Feinden warnen. Er hatte ein großes Horn, in das er blies, wenn Feinde sich näherten. So konnte er Überfälle abwehren.

Als der große Endkampf zwischen den Göttern und den Riesen begann, da blies er in sein Horn. Und die Götter zogen in den Krieg. *Heimdall* war von schöner Gestalt. Sein Gegner war der listige Gott *Loki*. Dieser hatte das Halsband der Göttin *Freya* gestohlen.

Heimdall sah den Diebstahl und brachte das Halsband wieder zurück. Im Endkampf kämpfte er gegen den bösen Gott *Loki*. Es gelang ihm, diesen zu besiegen und zu töten. Doch bei diesem Zweikampf hatte er sich tödliche Verletzungen geholt. So war auch sein Leben zu Ende. Von ihm wird erzählt, daß er neun Schwestern als Mütter hatte.

(Lex Myt 383)

13
Die Slawen

Einleitung

Die Slawen waren die letzte indo-europäische Völkergemeinschaft, die aus dem Osten nach Europa einwanderte. Sie wurden von den Hunnen und anderen asiatischen Völkern nach Westen gedrängt. Ab dem 1. Jh. n. Chr. wurden slawische Stämme von den Römern als »Venedi« beschrieben. Es waren Plinius der Ältere und Tacitus, die darüber berichteten. Ab dem 4. Jh. n. Chr. zogen diese Stämme und Völker zum Balkan und weiter nach Norden. Im 6. Jh. n. Chr. wurden sie von den Awaren bedrängt und vertrieben. Sie stießen in dieser Zeit bis zu den Ostalpen und zur Elbe vor.

Sie nennen sich in Abgrenzung von den germanischen Völkern die »Sprechenden« (slaw = sprechen). Denn sie können sich miteinander verständigen, während sie die Sprache der germanischen Stämme nicht verstehen. Deswegen sind die Germanen für sie die »Stummen« (Nemetzki). Die Germanen nannten ihre neuen Nachbarn im Osten fortan die »Wenden« (lat. Venedi) oder die »Windischen«.

Ab dem 6. und 7. Jh. n. Chr. wurden die slawischen Stämme seßhaft. Sie lebten als Viehzüchter und als Ackerbauern.

Von ihrer Sprache her werden drei große Gruppen unterschieden: die Westslawen (Tschechen, Elbslawen, Sorben, Polen, Slowaken), die Südslawen (Slowenen, Kroaten, Serben), die Ostslawen (Russen, Ukrainer, Bulgaren). Die Slawen lebten in Sippen und Sippenverbänden, sie verehrten gemeinsame Schutzgötter und Ahnen.

Ihre Mythen können wir nur mehr marginal erschließen, zumeist aus den Quellen christlicher Missionare. Zu diesen Quellen gehören: Prokopios von Cäsarea, Jordanes, die Nestor-Chronik, die Chronik des Dietmar von Merseburg, die Slawenchronik des Helmold, die Gaesta Danorum des Saxo-Grammaticus u.a.

1. Der Kriegsgott Swantevit

Swantevit war der starke Herrscher, der Anführer der Krieger. Er war ein glänzender Reiter. Seine Symbole waren das weiße Pferd, der Sattel und das Schwert. Doch er beschützte auch die Felder und Äcker der Bauern. Sein Zaumzeug trug er immer bei sich, sein Schwert war von allen Feinden gefürchtet. Beim Pferdeorakel tat er den Kriegern ihr Schicksal kund.

Der Kriegsgott hatte dreihundert Pferde und ebenso viele Reiter. Die Krieger weihten sich ihm und standen unter seinem Schutz. Wenn sie im Krieg Beute machten, mußten sie ein Drittel davon an die Priester des Gottes abgeben. Die Priester hatten mehrere Tempel, wo sie ein Standbild des Gottes verehrten. Sie gossen Met in ein Ochsenhorn, dann schütteten sie den Met auf die Erde. Aus dem Fließen dieses Getränks konnten sie das kommende Schicksal voraussagen. Um die Felder der Bauern fruchtbar zu machen, opferten die Priester einen Kuchen aus Honig an den Gott *Swantevit*.

Vor einem Kriegszug befragten die Krieger das Pferdeorakel. Ein Priester führte ein weißes Pferd durch eine Reihe von gekreuzten Lanzen. Auf dem Pferd saß unsichtbar der Gott *Swantevit*. Je nachdem, wie das Pferd seine Hufe aufsetzte, lasen die Priester den Ausgang des Krieges ab. Wenn die Zeichen ungünstig waren, vermieden sie den Krieg. Ein großer Tempel für den Gott *Swantevit* stand auf der Insel Rügen, auf Kap Arkona. Er wurde von den Dänen erobert und zerstört.

(Lex Myt 459f)

2. Der Gott Swarog

Swarog war der Gott in der Sonne, er sandte überallhin sein Licht. So schützte er auch das Herdfeuer, das mit der Sonne verwandt war. Die Menschen riefen ihn an um Licht und um Wärme. Er ließ im Frühjahr das Eis schmelzen, er ließ die

Kornfelder grünen und reifen. Die Menschen sahen in ihm ein väterliches Wesen, sie riefen ihn wie Kinder an. Bei den Wenden hatte er einen Tempel mit drei Toren, der stand in Radegast.

Die Sippen riefen den Gott an, er möge ihr Herdfeuer schützen, er möge sie vor Unglück bewahren. Um den häuslichen Herd fühlten sich die Menschen geschützt, ihre Opfer übergaben sie dem Feuer. *Swarog* war auch der Schutzgott der Schmiede, die mit dem Feuer arbeiteten. Er zeigte ihnen die Kunst, Eisen zu verarbeiten. Später wurde er vom Kriegsgott *Pervan* verdrängt.

(Lex Myt 460)

3. Der Kriegsgott Pervan

Pervan war der »große Schläger«, er stand auf der Seite der Krieger. Denn er war ihr Vorbild und ihr Beschützer. Doch er begegnete den Menschen auch im Gewitter, im Blitz und im Donner. Sein zweiter Name war *Perun*, es wurden ihm viele Stiere als Opfer gebracht. So wurde seine Kraft gestärkt und sein Zorn besänftigt. Ihn verehrten alle Stämme der Slawen.

Vladimir, der Fürst der Rus (Russen), errichtete auf einem Hügel bei Kiew eine große Statue für den Gott *Pervan*. Den Kopf ließ er mit Silber überziehen, der Bart war aus Gold. Vor dieser Statue schworen die Krieger ihre Eide und Verträge.

Als der Russenfürst Vladimir zum Christengott überging, da ließ er die Statue des Gottes *Pervan* umstürzen. Denn *Pervan* sollte keine Macht mehr über das Volk haben. Und er ließ die Statue des Gottes mit Pferden über die Felder schleifen. Dann mußte sie in den Fluß geworfen werden. Doch die Bauern glaubten weiterhin an die Macht ihres Schutzgottes *Pervan*. Deswegen zogen sie die Statue wieder an Land und stellten sie an einem geheimen Ort wieder auf.

(Lex Myt 456f)

4. Der Sonnengott Dabog I

Dabog war der Gott in der Sonne, der Spender des himmlischen Lichtes und der Wärme. Da die Sonne mit dem Feuer verwandt war, schützte er auch das Feuer der Menschen. Und er schützte die Schmiede, die mit dem Feuer arbeiteten. Die Menschen verehrten ihn als den Beherrscher der ganzen Welt. Denn der Sonnengott sah und hörte alles, nichts blieb vor ihm verborgen.

In der Stadt Kiew hatte er sein Heiligtum, dort stand eine große Statue von ihm. Sie war aus Holz und mit edlen Metallen verziert. Die Menschen fürchteten diesen Gott, denn er verfügte über die Kräfte des Todes. Doch gleichzeitig schenkte er ihnen die Lebenskraft und die Nachkommen. (Lex Myt 452)

5. Der Gott Triglav

Triglav hatte drei Köpfe, er konnte damit nach allen Himmelsrichtungen sehen. Ihm entging nichts, was bei den Göttern und den Menschen geschah. Er war der Schutzgott der Krieger und der Kriegspferde. In einem Pferdeorakel tat er seinen Willen kund. Er wurde vor jedem Krieg befragt und um Hilfe angefleht.

In Stettin wurde ihm auf einem Hügel ein großer Tempel errichtet. Dort standen auch viele Holzbilder von Menschen, von Vögeln und von wilden Tieren. Denn der Gott war auch der Schützer der Tiere, er verlangte viele Opfer. Die Menschen verehrten ihn als mächtigen Herrscher. (Lex Myt 460)

6. Die Göttin Mokosch

Mokosch war die Beschützerin der Fruchtbarkeit, bei den Tieren und bei den Menschen. Sie ließ auf den Feldern das Getreide wachsen und gab den Bauern reiche Ernten. Sie spendete den

Menschen viele Kinder und den Haustieren viele Jungtiere. Die Frauen riefen sie bei der Geburt an, denn sie war eine starke Schützerin und hielt alle bösen Dämonen fern.

Der Fürst von Kiew hatte der Göttin eine große Statue aufstellen lassen. Doch als die christlichen Prediger kamen, haben sie diese vernichtet. Wenn die Frauen im Winter beim Spinnen in der Stube saßen, hatten sie Angst vor den Belästigungen der Göttin.

Sie trat auch als Hausgeist auf, dann hieß sie *Mokuscha*. Oder sie trat in der Gestalt einer Schafhirtin auf und hütete die Schafe. Die Spinnerinnen legten ihr Strähnen von Schafwolle auf den Ofen, um sie gütig zu stimmen. (Lex Myt 455)

7. Die Nachtdämonen und die Mittagsfrau

Es gab mehrere Dämonen, die in der Gestalt eines Tieres in der Nacht in ein Haus eindringen und die Schlafenden stören konnten. Dann hatten die Menschen wilde Träume und schreckten vom Schlaf auf. Einige Dämonen konnten Blut aus den Schlafenden saugen und trinken. Dies waren die *Vampire*. In ihnen lebten die Seelen von Verstorbenen weiter, die nicht den Regeln gemäß bestattet worden sind. Oder es lebten in den *Vampiren* die Seelen von Verbrechern.

Die Menschen verstopften bei den Türen die Schlüssellöcher, damit die bösen Nachtdämonen nicht in die Häuser eindringen konnten. Und sie gaben diesen Geistwesen kleine Opfergaben, nämlich Salz, Brot und Wein, um sie zu besänftigen.

Zu Mittag setzte sich die Mittagsfrau in Bewegung, sie war weiß oder grau gekleidet. Im Sommer hielt sie sich in den Kornfeldern auf. Sie erschreckte die Menschen bei der Ernte und verwirrte ihren Verstand. Sie lähmte den Menschen die Glieder, erzeugte Alpträume und ließ viele an Hitzschlag sterben. Den jungen Frauen stahl sie die Kinder aus den Wiegen. So hatten alle große Angst vor der Mittagsfrau, die den Menschen großes Kopfweh verursachte. (Lex Myt 455)

8. Der Sonnengott Dabog II

Dabog lebte in der Sonne, er war der Spender des himmlischen Feuers. Den Menschen schenkte er Licht und Wärme, den Feldern brachte er das Wachstum und reiche Ernte. Er war der Beherrscher der Erde, der Felder und der Wiesen. Die Russen sahen sich als die Nachkommen des Sonnengottes *Dabog*. Deswegen hatten sie in der Stadt Kiew eine große Statue des Gottes errichtet.

(Lex Myt 542)

9. Die Geistwesen der Häuser

Es waren die Seelen der Ahnen, die in den Häusern unsichtbar weiterlebten. Die Menschen nannten sie *Domovoj* und versorgten sie mit Speise und mit Trank. Zu den großen Sippenfeiern wurden ihnen Opfer dargebracht. Und bei den Festmählern wurden für sie Plätze freigehalten. Die Hausgeister schützten das ganze Haus, das Vieh, die Ställe und alle Menschen, die dort wohnten. Wenn sie Opfer bekamen, brachten sie Glück und Segen. Doch wenn sie geärgert wurden und zu wenig bekamen, konnten sie sich rächen. Dann brachten sie den Menschen Unglück und Krankheit.

Diese Geistwesen wurden mit »Väterchen« oder »Mütterchen« angeredet. Sie hatten ihren Platz hinter dem Herdfeuer oder auf dem Dachboden des Hauses. Wenn die Sippe übersiedelte, wurden auch die Hausgeister in das neue Haus mitgenommen. Sie erhielten auch Tiere zum Opfer, ein Schaf oder eine Henne. Einen Teil des Opfers legte man auf dem Dachboden.

Andere Geistwesen lebten unter der Türschwelle. Bei der Hochzeit mußte die Braut diesen Geistern Geschenke machen. Sie streute Münzen auf die Schwelle. Oder sie umschritt den Herd und wirbelte das Feuer auf. Die Menschen hatten auch Bilder von ihren Hausgeistern aufgestellt. Die Missionare ersetzten die Bilder durch Heiligenbilder, sie sollten das Haus nun beschützen.

(Lex Myt 453)

10. Der Waldgeist Borovit

Borovit war der Beschützer der wilden Tiere, der Herr der Wölfe und der Füchse. Die Jäger riefen ihn um Jagdglück an. Zumeist trat er in Tiergestalt auf, in der Gestalt eines Wolfes oder eines Uhus. Er konnte sich auch als Hirte verkleiden und die Herden beschützen. Die Viehzüchter brachten ihm Schafe als Opfer, um ihn zu stärken. Im Waldgeist lebten die Seelen derjenigen Menschen weiter, die im Wald zu Tode gekommen sind. (Lex Myt 452)

11. Die Schicksalsgeister

Sudenica hießen die Geister des Schicksals. Sie sprachen ihr Urteil über jeden Menschen, der geboren wurde. Sie erschienen zu dritt um Mitternacht und legten das Lebensschicksal fest. Auch die Stunde des Todes wurde für jeden Menschen bei der Geburt schon festgelegt. Es waren weibliche Geister, die älteste der drei hatte das letzte Wort. Die Menschen fürchteten ein böses Schicksal für ihre Kinder. Deswegen versteckten sie ihre Neugeborenen oft in fremden Häusern. Dort sollten sie die Schicksalsgeister nicht finden. (Lex Myt 542)

12. Die Kobolde des Hauses

Die Kobolde lebten meistens im Feuer, sie traten in feuriger Gestalt auf. Doch sie konnten auch die Gestalt eines Tieres annehmen, eines Vogels oder eines Katers. So flogen sie durch die Luft und kletterten durch die Schornsteine in jedes Haus. Sie verbargen sich in den Hühnereiern und in den Wurzeln der Pflanzen. Es gab gute und böse Kobolde.

Wenn sie die Menschen besuchten, brachten sie entweder Geschenke mit, oder sie straften die Menschen mit Leid und Kummer. Wenn sie in roter Farbe kamen, brachten sie Geld.

Wenn sie in gelber Farbe erschienen, brachten sie viel Korn. Und wenn sie in weißer Farbe zu sehen waren, brachten sie dem Haus viel Mehl. (Lex Myt 454)

13. Der Kriegsgott Jarowit

Er war ein wilder und feuriger Krieger, aber auch ein gestrenger Herrscher. Er führte die Krieger in heiliger Begeisterung in den Kampf, er schenkte ihnen Mut und Kraft. Doch über die feigen Kämpfer und über die Verbrecher hielt er unerbittlich und streng sein Gericht. Er rächte jede böse Tat.

Er hatte einen magischen Schild, der das Heer schützte. Die Krieger trugen diesen Schild bei sich, doch er durfte nie in die Hände der Feinde fallen. Denn dann hätten die Feinde an der Kraft des Gottes *Jarowit* teil. Da dieser Gott sehr zornig war, hatten die Menschen große Angst vor ihm und brachten ihm viele Opfer. (Lex Myt 454)

14. Die Wassernymphen Rusalki

Es gab weibliche Wassergeister, die an den Quellen, an den Teichen und an den Seen lebten. In ihnen waren die Seelen der Kinder und der Mädchen, die vor der Heirat verstorben waren. Sie hießen *Rusalki* und waren von schöner Gestalt. Im Haar hatten sie Kränze aus Blumen. Bei Neumond tanzten sie magische Tänze und Reigen. Doch waren sie den Menschen feindlich gesinnt, sie lockten viele ins Verderben. Mit einem schrillen und frivolen Lachen töteten sie ihre Opfer. Meist lebten sie unter Wasser. Wenn sie auftauchten, konnten sie den Menschen Schaden zufügen. Gelegentlich kletterten sie auch auf Bäume und Äste.

Vor diesen Wassergeistern hatten die Menschen große Angst. Sie warfen ihnen Kleider und Netze ins Wasser, um sie zu besänftigen. Es gab Feste, wo die *Rusalki* gefeiert wurden.

Da erhielten sie Speisen und Trank. Doch die Menschen mieden das Wasser und gingen auch nicht gerne allein durch die Wälder. Denn die Geister waren sehr unberechenbar.

(Lex Myt 460)

15. Der Wassermann

Der Wassermann lebte wie die *Rusalki* in den Wassern, vor allem in Seen und Teichen, auch in den Flüssen. Auch er war ein Feind der Menschen und zog viele in das Wasser, wo sie ertranken. Die Bootsfahrer ließ er im Wirbel der Flüsse ertrinken. Oder er suchte sich Menschenopfer, die er im Wasser ertränkte. Früher wurden für ihn Menschenopfer im Wasser versenkt.

Im Wassermann lebten die Seelen der unerwünschten Kinder weiter, die getötet wurden. Sie wollten sich an den Lebenden rächen. Der Wassermann hatte die Gestalt eines Menschen, er war mit grünen Wasserpflanzen umwachsen. Doch er konnte sich auch in einen Fisch verwandeln. Wenn er zornig war, ließ er die Flüsse über die Ufer treten, so daß sie die Felder überfluteten. Oder er ließ die Stege und Brücken einbrechen, über die die Menschen gingen. Den Fischern zerriß er die Netze. Deswegen brachten ihm die Menschen viele Opfer dar.

Wer einen Mitmenschen vor dem Ertrinken rettete, zog sich den Zorn des Wassermannes zu. Denn er hatte ihm eine Beute weggeschnappt. So hatten die Menschen immer Angst vor dem Wasser, es war für sie unberechenbar.

(Lex Myt 462)

16. Die Geister des Waldes

Die Geister des Waldes waren die Beschützer der wilden Tiere. Besonders die Jäger verehrten und fürchteten diese Geister. In ihnen lebten die Seelen jener Menschen weiter, die im Wald starben oder getötet wurden. Doch die Waldgeister schützten auch die Viehherden, sie konnten in der Gestalt von Hirten auftreten. Die Rehe und die Hirsche, die Luchse und die Hasen waren unter ihrem besonderen Schutz. Doch sie konnten sich in wilde Wölfe verwandeln, die die Menschen bedrohten.

(Lex Myt 462)

17. Vampire und wilde Wölfe

Wenn die Toten nicht gemäß der heiligen Ordnung bestattet wurden, dann konnten ihre Seelen keine Ruhe finden. Auch die Seelen von Verbrechern und von hingerichteten Menschen fanden keine Ruhe. Sie irrten in Tiergestalt oder in Menschengestalt umher und bedrohten die Menschen. Sie wollten sich rächen für das Unrecht, das ihnen angetan wurde. Man nannte sie »Wiedergänger«, weil sie nach dem Tod ein zweites Mal in der Menschenwelt umhergingen. Vor allem in der Nacht stürzten sie sich auf die Schlafenden, sie saugten ihnen das Blut aus den Adern und tranken es. Sie waren die *Vampire* (upir, upyr), den Menschen machten sie große Angst.

Beim Totenritual durften keine unreinen Tiere über die Leiche springen. Hund, Katze oder Mäuse hatten dort nichts zu suchen. Wenn das geschah, wurde die Seele des Toten zu einem *Vampir*. Er konnte dann viele Menschen aus der Sippe mit sich in den Tod ziehen. Die Menschen hatten einen Abwehrzauber gegen die *Vampire*. Mit einem Pferdefohlen suchten sie das Grab des Toten, der zu einem bösen Dämon geworden war. Man grub die Leiche aus und durchbohrte sie mit einem Pfahl aus Erlenholz. Damit wollte man die Kraft des *Vampirs* bannen.

Es gab auch Menschen und Zauberer, die sich in einen Wolf verwandeln konnten. In Wolfsgestalt töteten sie viele Menschen. Diese hatten immer Angst vor Wölfen und vor bösen Nachtgeistern, in denen sie die Seelen böser Menschen vermuteten. Nur durch Riten der Abwehr konnten sie sich vor dieser Gefahr schützen.

(Lex Myt 462f)

18. Die Vilen

Die *Vilen* waren weibliche Dämonen von großer Schönheit. Sie hatten lange Haare und lebten in den Wäldern. Auch in ihnen waren die Seelen von jungen Mädchen, die vor der Hochzeit gestorben waren. Die *Vilen* waren auch im Wind und im Sturm, in den Wolken und im Wasser. Sie konnten die Gestalt von Schwänen oder von Falken annehmen. In der Nacht flogen sie mit Trommeln und Pfeifen durch die Luft. Vielen Menschen brachten sie Krankheit und frühen Tod.

Sie hatten auch ihre guten Seiten, sie beschenkten die Menschen mit Glück und Reichtum. Wenn sie beleidigt wurden, rächten sie sich. Dann stahlen sie neugeborene Kinder aus den Wiegen. Wenn sie im Reigen tanzten, durften die Menschen ihnen nicht zusehen. Sie ritten auf Hirschen und auf Pferden, in der Schlacht standen sie auch den Kriegern bei. Sie kannten die Heilkräuter für jede Krankheit. Ihre schönen Burgen hatten sie in der Luft und in den Wolken.

(Lex Myt 462)

14
Die Balten

Einleitung

Auch die Balten sind ein Zweig der indo-europäischen Völkerfamilie. Zu ihnen gehören die Litauer, die Letten und die Altpreußen. Sie lebten als Fischer und Jäger, später als Hirtennomaden und als seßhafte Ackerbauern. Sie verehrten Naturgewalten als göttliche Wesen. Ihre Kultorte waren eingezäunte Haine mit heiligen Bäumen. Ihren Schutzgöttern brachten sie eine Vielzahl von Opfern dar, Tieropfer und Menschenopfer. Sie verehrten die Ahnen und pflegten einen Kult des Feuers. So verbrannten sie ihre Toten, weil sie glaubten, daß die Seelen aus dem Feuer zu einem neuen Leben erstehen.

Sie waren überzeugt, daß alles von einem Schicksal vorherbestimmt wird, das die Götter festlegen. Sie verehrten Gestirne als göttliche Wesen und hatten eine Vielzahl von heiligen Tieren. Auffallend waren die vielen weiblichen Götter, die oft als »Mütter« bezeichnet wurden. Es gab eine Feuermutter, eine Regenmutter, eine Mutter des Waldes und des Meeres.

Die Balten wurden ab dem 10. Jh. von germanischen Völkern christianisiert. Christliche Missionare predigten ihnen den neuen Glauben, z.B. Adalbert von Prag (gest. 997). Mit dem 13. Jh. begann der Deutsche Ritterorden mit der Eroberung und Kolonisation der baltischen Länder. Der Name der Pruzzen ging 1701 auf den preußischen Staat über, als das »Königreich Preußen« gegründet wurde. Die Quellen für die baltische Mythologie sind vor allem christliche Missionsberichte: des Peter von Dusburg, des Hieronymus von Prag, die Malalas-Chronik, die Vita Ansgari u. a.

1. Die Hausgeister

In den Häusern der Menschen lebten viele Geister, sie hießen *Aitvaras*. Es waren dämonische Wesen, sie konnten in Tiergestalt auftreten. Oft erschienen sie den Menschen als Hahn, als schwarzer Kater, als Drache im Wald. Zumeist waren sie den Menschen gut gesinnt, sie brachten ihnen Geschenke, nämlich reichlich Nahrung, später auch Geldstücke. Die Empfänger der guten Gaben mußten den Hausgeistern ihre Seele verschreiben. Als Opfer mußten sie ihnen viele Eier darbringen.

Doch wenn diese Geister schlecht behandelt wurden, dann rächten sie sich an den Hausbewohnern. Dann konnten sie sogar ein Haus in Brand setzen. So hatten die Menschen immer auch Angst vor diesen dämonischen Wesen. Um ihre Kraft zu stärken, brachten sie ihnen die Hoden eines getöteten Hengstes zum Opfer. (Lex Myt 428)

2. Der Gott Dievs

Die Letten nannten ihre Schutzgötter *Dievini* oder *Dievaitis*. Und ihren Hauptgott nannten sie *Dievs*. (Ähnlich nannten die verwandten Inder ihre Schutzgötter *Deivas*, und die Römer nannten sie *Dei*.) Der Gott *Dievs* lebte wie ein Großbauer. Er wohnte im Himmel und hatte dort große Felder und Besitzungen. Er trug prächtige Kleider, sein Mantel war mit Gold und Silber verziert. Auch Samt und Seide gehörten zu seinen Gewändern. Auf seinem kräftigen Pferd ritt er um den großen Himmelsberg. Seine Söhne, die *Dievadeli*, halfen ihm beim Bebauen der Kornfelder.

Seine Frau war *Saule*, die Sonnengöttin. Sie wohnte in der Nachbarschaft ihres Mannes, zog aber nicht in sein Haus. Sie gab ihre Selbständigkeit nicht auf. Der Gott *Dievs* schützte alle Hochzeiten und Ehen, die im Götterhimmel und auf der Menschenwelt geschlossen wurden. Dabei hatte er immer die Aufgabe des Brautführers.

Zur Zeit der Aussaat und der Ernten ritt er auf seinem schnellen Pferd vom Himmel auf die Erde hinab. Dort schenkte er den Feldern das Wachstum und die Fruchtbarkeit. Er überwachte die Arbeit der Bauern. Er nahm auch an den großen Erntefesten teil, dort erhielt er von den Menschen reichlich Speisen und Bier als Opfergaben. Der Gott schenkte den Menschen ein gutes Schicksal. Dabei half ihm aber die Schicksalsgöttin *Laima*. (Lex Myt 430)

3. Der Gott Auslekis

Auslekis war der Gott des Morgensterns, er war morgens am Himmelszelt zu sehen. Als Freier warb er um die vielen Töchter der Sonnengöttin, um die *Saules meitas*. Doch dabei war ihm der Mond ein Konkurrent auf seinen Liebespfaden. Der Morgenstern war immer auf Brautschau und auf Freiersfüßen. Bei allen Hochzeiten im Himmel war er anwesend und schützte die Ehen und die Sippen.

Auch in den Badestuben der Götter hatte der Morgenstern seine Aufgabe. Er sorgte dafür, daß das Wasser auf den heißen Steinen verdampfte und den Göttern Kraft und Heilung gab. Auch die Töchter der Sonne waren in der Badestube der Götter anwesend. Sie schlugen die badenden Götter mit Birkenzweigen und schenkten ihnen damit Fruchtbarkeit und Kindersegen.

Ähnlich wie die Götter hatten auch die Menschen ihre Badestuben und ihre Badesitten. (Lex Myt 428)

4. Die Gottessöhne

Die Gottessöhne hießen *Dievadeli*, sie waren die Söhne des obersten Himmelsgottes *Dievs*. Sie lebten wie die Söhne eines reichen Bauern, mit prächtigen Kleidern ausgestattet. Sie trugen Mützen aus Marderfell, hatten Säbel in ihrem Gurt und ritten auf starken Pferden. Sie warben um die Gunst der Sonnentöchter, aber auch um die Sonnengöttin selbst. Damit waren sie Konkurrenten ihres Vaters. Bei den Arbeiten auf den himmlischen Feldern halfen sie kräftig mit. Sie mähten und sammelten das Heu für die Haustiere. Als Jäger jagten sie nach Haselhühnern und nach Eichhörnchen. Dem Vater halfen sie beim Hausbau und beim Errichten der Scheunen. In den Badestuben gossen sie Wasser auf die heißen Steine, damit es verdampfen konnte.

Ihnen zur Seite waren zahlreiche weibliche Göttinnen, *Deives* genannt. In der Gestalt von schönen Frauen und Mädchen lebten sie in den Wäldern und bei den heiligen Steinen. Sie taten den Menschen Gutes, doch einige brachten auch die Krankheiten.

(Lex Myt 428)

5. Die Todesgöttin Giltine

Giltine trug ein weißes Kleid, aber sie brachte den Tod. Denn sie war den Menschen feindlich gesinnt. So ging sie in die Häuser und fragte nach den Kranken. Diese wollte sie mitnehmen und erwürgen. Doch sie war für die Menschen unsichtbar. Daher wußte niemand, wann die Todesgöttin kam. Niemand konnte sie fangen oder einsperren.

Nur über einen Fluß konnte sie nicht gelangen, daher mußte sie die Flüsse umgehen. Dann brauchte sie länger, bis sie in die Häuser der Menschen kam. Die Menschen fürchteten sie sehr, und sie baten sie, ihre Häuser zu meiden. Sie hatten auch Riten, um die Todesgöttin abzuwehren.

(Lex Myt 431)

6. Die Schutzgötter des Hauses

Die Letten verehrten viele Schutzgötter der Häuser und des täglichen Lebens. Ein männlicher Gott wachte über die Arbeiten, die auf dem Bauernhof ausgeführt wurden. Ein anderer Gott war im Feuer und spendete den Menschen Licht und Wärme. Ein Schutzgott wachte in den Vorratskammern, daß das Korn nie ausging und nicht gestohlen wurde. Die Bauern brachten diesen Schutzgöttern viele Opfer, um sie zu stärken.

Weibliche Göttinnen schützten alle Frauen, die auf einem Hof wohnten. Jede Braut, die auf einen Hof heiratete, mußte alle Gebäude abschreiten und die Schutzgötter begrüßen. Und sie mußte ihnen kleine Opfergaben bringen. Auch die Ahnen des Hauses mußte sie anrufen. Erst dann wurde sie in die Hausgemeinschaft aufgenommen.

Ein anderer Schutzgott bewachte die Kornfelder und die Pflüge. Der Gott *Pilnitis* schenkte den Bauern reiche Ernten. So fühlten sich die Menschen bei ihren Schutzgöttern und den Ahnen geborgen. (Lex Myt 429f)

7. Der Geist des Feuers

Die Balten hatten viele Kultorte und heilige Haine, wo sie ein ewiges Feuer hüteten. Denn im Feuer lebten die Feuergeister, diese brachten den Menschen Gesundheit, Kraft und Glück. Deswegen durften diese Feuer nie ausgehen. Sie wurden von den Priestern bewacht und immer neu mit Holz bestückt.

Auch das Herdfeuer war den Balten heilig, denn darinnen wohnte die »Feuermutter«, aber auch die Göttin des Schicksals. Daher durfte auch das Herdfeuer in den Häusern nie ausgehen. Solange es brannte, ging es den Menschen gut. Doch wenn es erlosch, mußten die Feuergeister ausziehen. Und sie wurden sehr zornig und rächten sich an den Menschen. So konnte es geschehen, daß sie das ganze Haus in Brand steckten.

Wenn eine Braut in das Haus zog, mußte sie alle Feuerriten ausführen. Und sie mußte die Feuergeister anrufen, damit sie in das neue Haus aufgenommen wurde. (Lex Myt 431)

8. Die heiligen Bäume und Feste

Die Eiche, die Linde und die Eberesche waren den Balten heilig, in ihnen lebten göttliche Kräfte. So war die Eiche dem Donnergott geweiht, unter ihrer Baumkrone wurden die Opferriten vollzogen. Alle Kultfeste für die Götter wurden unter den heiligen Bäumen vollzogen. Das waren Kraftplätze für die Menschen. Deswegen durften heilige Bäume niemals von Menschen gefällt werden.

Die großen Feste der Sippen wurden in den Häusern ausgeführt und gefeiert.

Nach der Geburt eines Kindes wurde die Schicksalsgöttin im Herdfeuer angerufen, sie möge dem Kind ein gutes Leben bringen. Es wurden Opfer gebracht und ein Festmahl gehalten. Nach dem Tod eines Menschen wurde die Seele des Verstorbenen aus dem Haus begleitet, es wurden ihr Opfer gebracht. Mit einem Kultmahl wurde die Seele verabschiedet.

(Lex Myt 431)

9. Der Fruchtbarkeitsgott Jumis

Jumis lebte mit seiner Sippe und mit zwei grauen Pferden in den Getreidefeldern. Denn er ließ das Korn wachsen und reif werden. Er schützte das Getreide vor Fäulnis und vor Gewittern. Doch im Winter wohnte er mit seiner Sippe und den zwei Pferden in der Scheune des Bauern. Dort wachte er, daß niemand das Korn stahl und daß es nicht verdarb.

Er zeigte sich den Menschen in einer zusammengewachsenen Kornähre. Deswegen ließen die Bauern bei der Ernte ein Kornbüschel stehen, damit die Felder auch im nächsten Jahr eine gute Ernte bringen. Oder man bewahrte ein Kornbüschel in der Scheune auf, ohne es zu dreschen. So war die Nahrung der Bauern durch den Gott *Jumis* gesichert.

(Lex Myt 432)

10. Die Schicksalsgöttin Laima

Laima bestimmte den Verlauf jedes Menschenlebens von der Geburt an. Sie gab den Menschen die Körperform und das Geschlecht, sie gab den Charakter und zeichnete den Lebensweg bis zum Tod. Den Sippen schickte sie Glück und Gedeihen, sie ließ die Kornfelder fruchtbar werden. Deswegen hieß sie bei den Menschen die »Glücksmutter«. Aber sie war auch die »Mutter des Unglücks«, denn sie konnte den Menschen auch Böses tun, wenn sie beleidigt wurde.

Bei der Geburt eines Kindes wurde sie um ihren Segen angerufen. Die Frauen brachten ihr ein Opfer dar, entweder ein Huhn oder ein junges Schwein. Dann fand ein Festmahl zu Ehren der Göttin statt. Sie bestimmte aber auch das Schicksal der Kühe und der Pferde. Denn sie schlief unter der Schwelle zum Viehstall. Sie brachte den Haustieren Gesundheit oder Krankheit. Die Bauern wußten sich von ihr abhängig. Deswegen brachten sie ihr viele Opfer, um sie gütig zu stimmen.

(Lex Myt 432)

11. Die schöne Göttin Laume

Laume gehörte zu den Geistwesen der Natur, sie war in den Wäldern und an den Seen zu Hause. Ihre Gestalt war wunderschön, sie hatte blonde Haare. Doch ihr Charakter war zwiespältig, sie war gut und böse zugleich. Sie half den Armen und den Waisenkindern und versorgte sie mit Nahrung und mit Kleidung. Sie spann Wolle und webte Kleider, denn sie war eine gute Hausfrau.

Doch plötzlich konnte sie aus einem Haus verschwinden und kehrte nicht wieder. Wenn sie beleidigt wurde, dann war sie unerbitterlich in der Rache. Dann stahl sie neugeborene Kinder aus den Wiegen. Oder sie verführte die schönen und starken Männer zur Liebe. Dann brachte sie Unglück und Krankheit. So hatten die Menschen immer Angst vor ihr. (Lex Myt 432)

12. Der Mondgott Meness

Meness war einer der Himmelsgötter, er lebte im Mond. Er hatte mehrere Söhne. Und er freite die Sonnengöttin. Bei den Menschen schützte er die Krieger, die er in die Schlachten führte.

Die Litauer erzählten, der Mond sei mit der Sonne verheiratet gewesen. Ihre gemeinsame Tochter war die Erde. Doch dann hätten sich die beiden Götter getrennt. Seither treten sie nicht mehr gemeinsam am Himmel auf. In der Nacht macht der Mond seinen Weg, und am Tag fährt die Sonne auf ihrer Bahn. Unter den Menschen trat der Mond wie ein Königssohn auf. Er entführte die jungen Mädchen, die zum Wasserholen gingen, und paarte sich mit ihnen.

(Lex Myt 433)

13. Die Göttermütter

Die Letten erzählten von sechzig göttlichen Müttern, die den Menschen auf ihren Wegen immer wieder begegneten. Jede dieser Mütter schützte einen Bereich, der für das Leben wichtig war. Eine Göttermutter schützte die Kühe vor Krankheit und schenkte ihnen die Heilung. Eine andere Göttermutter schützte die Menschen im Schlaf und vertrieb ihnen die Alpträume.

Die Menschen riefen eine Kornmutter an, damit ihre Felder reiche Ernten bringen. Oder sie flehten eine Meermutter an, wenn sie als Fischer auf das Meer hinausfuhren. Wenn sie dem Feuer ihre Opfer übergaben, riefen sie die Feuermutter um Glück und Gesundheit an.

Es gab aber auch böse Göttermütter, die den Menschen die Krankheiten und den frühen Tod brachten. Vor diesen Müttern wollten sie sich durch Riten der Abwehr schützen.

(Lex Myt 433)

14. Der Donnergott Perkunas

Perkunas war der »große Schläger«, der die Krieger anführte. Er löste den Donner aus und schleuderte den Blitz aus den Wolken. Die Eiche war sein heiliger Baum. Er bestimmte das Wetter und den Regen, er ließ die Felder der Bauern fruchtbar werden. Er wachte über Recht und Ordnung, böse Menschen erschlug er mit dem Blitz. Er ließ die Häuser von Übeltätern abbrennen. Als Gott der Krieger trug er die Rute und das Schwert.

Perkunas war auch der Schutzgott der Schmiede, er selber verstand das Handwerk. So schmiedete er für seine Söhne die Kriegswaffen. Und für seine Töchter fertigte er den schönsten Schmuck. Doch als er alt wurde, da wurde er ein Einzelgänger. Nun konnte es keine Frau mehr bei ihm aushalten. Dennoch schützte er die Ehen und das Recht. Er trat als oberster Richter auf und strafte die Übeltäter mit seiner Rute und dem Schwert.

(Lex Myt 434)

15. Die Roggenfrau

Die Roggenfrau hieß *Rugidboba* und wohnte in den Getreidefeldern. Sie war eine alte Göttin der Fruchtbarkeit und ließ das Getreide wachsen. Sie schützte das Korn vor Fäulnis und vor Hagelschlag. Doch sie war den Menschen nicht immer gut gesinnt. Entdeckte sie kleine Kinder im Kornfeld, so zerdrückte sie diese an ihren Brüsten. Denn die Menschen hatten ihr früher Kinder zum Opfer gebracht, um gute Ernten zu haben.

Nun übergaben ihr die Schnitter nur mehr die letzte Erntegarbe. Sie formten diese Garbe wie ein Kind oder wie eine Frau und gossen Wasser darüber. Damit sollte der Regen für das nächste Fruchtjahr gesichert werden. Am Ende der Ernte übergossen sich die Bauern gegenseitig mit Wasser.

(Lex Myt 434)

16. Die Sonnengöttin Saule

Saule wurde bei den Letten als »Himmelskönigin« verehrt. Sie war neben *Dievs* und *Perkunas* die wichtigste Gottheit. Am Tag fuhr sie mit ihrem feurigen Wagen über den Himmelsberg. Und am Abend hängte sie ihren magischen Gürtel an den Sonnenbaum. Dann bestieg sie ein Schiff und fuhr in der Nacht über das dunkle Weltmeer zum anderen Ende des Himmelsberges.

Sie war schön wie eine Braut, mit goldenem Kranz geschmückt, und erwartete ihre Freier. Oder sie war wie eine große Bäurin und Mutter, mit vielen Töchtern an ihrem Hof. Die Töchter hießen *Saules* und stritten sich oft mit den Söhnen des Gottes *Dievs*. Als Brautmutter gab sie ihren Töchtern reiche Aussteuer mit zur Hochzeit.

Im Sommer begab sich die Göttin auf die Menschenwelt. Sie besuchte die Kornfelder und gab den Menschen gute Ernten. Die Bauern feierten ihre Feste und sangen ihr Kultlieder, um ihre Kraft zu stärken. Sie trugen im Kult einen riesigen Hammer aus Eisen, der ihnen heilig war. Denn einmal hatte ein starker Menschenkönig die Sonnengöttin in einen finsteren Turm gesperrt. Da war es überall finster. Es waren die Riesen, die mit ihrem Hammer den Turm zerschlugen und die Sonne befreiten. Seither war dieser Hammer heilig. (Lex Myt 435)

17. Das Land der Toten

Wenn ein Mensch starb, wurde seine Leiche mit rituellen Gesängen der Klage verbrannt. Doch die Seelen der Toten lebten weiter. So gaben ihnen die Menschen Speise und Trank, Waffen und Schmuck mit in das Grab. Ein Fürst erhielt 18 Kriegsrosse in das Grab. Auch seine Sklaven wurden mit ihm begraben, um ihm in der Totenwelt zu dienen.

Die Priester konnten bei der Verbrennung der Leiche sehen, wie die Seele des Toten aus dem Feuer aufstieg. Sie schwang sich auf ein Pferd und ritt in das Land der Ahnen. In Litauen bekamen die Fürsten Bärenkrallen und Luchspfoten mit in das Grab, damit sie den Himmelsberg besser erklimmen konnten.

Die Menschen verehrten ihre Ahnenseelen, sie brachten ihnen Opfer. Und sie hatten Angst, die Ahnen könnten sich für erlittenes Unrecht rächen. Oft hatten die Nachfahren Schuldgefühle ihren Vorfahren gegenüber.

Besonders gefürchtet waren die Seelen böser Menschen und von Verbrechern. Sie zogen des Nachts umher, fielen über die Schlafenden her und saugten ihnen Blut aus den Adern. Sie hießen *Vaidilas*. Doch die Seelen der anderen Toten hießen *Velis*, sie konnten unsichtbar unter den Menschen sein. Vor allem bei einer Geburt, bei einer Hochzeit und bei einem Todesfall waren sie in der Sippe anwesend. Die Menschen brachten ihnen Opfer, wenn die Ernten abgeschlossen waren. So lebten die Ahnen mit den Nachfahren, sie sahen alles, was unter den Menschen geschah. (Lex Myt 436)

15
Die Ungarn

Einleitung

Die Ungarn gehören zur Völkerfamilie der Finn-Ugrier, die im 3. Jahrtausend v. Chr. um das Uralgebirge siedelten. Im Zuge ihrer Wanderungen nach Süden trafen sie auf Turkvölker, mit denen sie sich vermischten. Im 9. Jh. n. Chr. drangen sie in Mitteleuropa ein und siedelten in der Ebene zwischen Donau und Theiß. Sie stießen immer mehr nach dem Westen vor, bis sie im Jahr 955 n. Chr. auf dem Lechfeld bei Augsburg von einem deutschen Heer besiegt und in ihr heutiges Siedlungsgebiet zurückgedrängt wurden.

Die Reiternomaden wurden nun seßhafte Ackerbauern und Viehzüchter. Um das Jahr 1000 n. Chr. übernahm ihr König Istvan (Stefan) den christlichen Glauben. Missionare kamen in das Land und brachten die lateinische Schrift und Sprache. Seit dieser Zeit gibt es die ersten historischen Quellen. Die »Gesta Hungarorum« sind im 12. Jh. n. Chr. am Hof des Königs Bela III. entstanden. Die Mythologie dieses Volkes kennen wir aus den christlichen Missionsberichten, zum Teil aus den Volkssagen und Märchen.

1. Mythen der Stammväter

Almos war der Fürst, der die ungarischen Stämme zum ersten Mal einigte. Er war der Sohn des *Magyar*, von dem das Volk der *Magyaren* abstammt. Seine Mutter *Emesu* träumte von einem Vogel, der sie schwanger machte. Dann gebar sie den Fürsten *Almos*, der die vielen Stämme zu einem Kriegerbündnis einigen konnte. Mit einem Blutritual schwuren sie dem Fürsten *Almos* die Treue, jeder Krieger trank aus einem Blutbecher.

Almos führte die kriegerischen Stämme in das Land, wo sie heute leben. Als er alt war und seine Lebenskraft zu Ende ging, wurde er in einem Opferritual feierlich getötet. Damit sollte seine kriegerische Kraft auf seine Nachfolger übergehen. Sein Nachfolger war der König *Arpad*, er machte die Stämme seßhaft und verteilte das Land. Die Menschen lernten den Ackerbau und die Viehzucht.

(Lex Myt 475f)

2. Der Hunnenkönig Attila

Die Ungarn zählten auch den Hunnenkönig *Attila* zu ihren Stammvätern. Damit wollten sie ihre Größe und Stärke zeigen. *Attila* sei der Königinmutter *Emesu* im Traum erschienen. Damit sei seine Kraft auf die ungarischen Könige übergegangen. Denn *Attila* galt als der große »Weltkönig«, seine Befehle gingen in alle Himmelsrichtungen. Die Menschen nannten ihn den »Hammer der Erde«.

Doch er sei voller Freundlichkeit und Großzügigkeit gewesen. Nur seine Feinde hätten vor ihm gezittert. Doch er habe als »Weltlenker« den Willen des höchsten Gottes ausgeführt. Die Könige der Ungarn hätten von ihm das »Gottesschwert« geerbt. Deswegen seien sie unbesiegbar. So glaubten die Ungarn, daß in ihnen die Wildheit und Kriegslust des Hunnenkönigs *Attila* weiterlebte.

(Lex Myt 476)

3. Die Göttin Baldogasszony

Baldogasszony war die große Schutzgöttin des Volkes. Ihr Name bedeutete »göttliche Herrin«. Sie breitete ihren Schutzmantel über das ganze Volk. Ihren Thron hatte sie auf einem weißen Berg. Dort war später die Krönungsstadt der Könige, sie hieß »Stuhlweißenburg«. So galt die Göttin als die eigentliche Königin im Land. Sie übertrug den Menschenkönigen ihre Macht und Weisheit.

Sie war aber auch die Beschützerin der Frauen bei der Geburt. Und sie schenkte den Menschen gesunde Kinder. Die Frauen weihten ihr einen magischen Becher, mit dem sie die Mutter und das Kind segneten. Im Namen der großen Göttin wirkten im ganzen Land die Priesterinnen und die Hellseherinnen.
(Lex Myt 476f)

4. Der Kriegsheld Csaba

Der Held *Csaba* war der Sohn und der Erbe des Hunnenkönigs *Attila*. In der Schlacht gegen den Sohn der deutschen Heldin Kriemhild wurde er vom Fürsten Dietrich von Bern (Theoderich) besiegt. Er mußte mit 1500 Reitern in das Land der Skythen flüchten. Auf der Flucht heilte er alle seine Wunden aus der Schlacht mit magischen Getränken und Kräutern. So lebte er als Kriegsheld im Land der Skythen. Doch er war dort nicht glücklich. Er wollte in sein Heimatland zurückkehren.

Am Ende der Zeit wird der Held *Csaba* nach Ungarn zurückkehren. Dann wird es zu einem großen Endkampf kommen, er wird alle seine Gegner besiegen. Doch jetzt leitet er vom Himmel aus die Krieger der Ungarn. Er ist ihr unsichtbarer Feldherr in allen Schlachten.
(Lex Myt 477)

5. Der König Duba

Duba war König der Alanen, er hatte zwei schöne Töchter. Diese wurden von den Kriegern *Hunor* und *Magor* geraubt und vergewaltigt. Es kam zu einer Raubehe. So zeugte *Hunor* mit einer der Töchter das Volk der Hunnen. Und *Magor* zeugte mit der anderen Tochter das Volk der Ungarn (*Magyaren*). Beide Völker stammen von zwei Schwestern und Königstöchtern, sie sind eng verwandt.
(Lex Myt 477)

6. Die vielen Götter

Die Ungarn verehrten viele Götter. So war *Hador* für sie der Gott des Lichtes, der die Finsternis vertrieb. Als tapferer Krieger kämpfte er einen erbitterten Kampf gegen die Mächte der Finsternis. *Nemere* war der Gott des Sturmes, er konnte mit seiner Gewalt die Menschen zu Boden werfen und töten. Den Menschen erschien er in der Gestalt eines alten Mannes.

Baba war die Göttin, die den Frauen bei der Geburt beistand. In der Zeit des Christenglaubens wurde sie als böse Hexe gemieden. *Fene* war ein böser Dämon, der den Menschen viele Krankheiten brachte. Er hörte die Flüche der Menschen und führte sie sofort aus. *Orszsag Kovacsa* war der Schutzgott der Schmiede, er hatte alle Gestirne am Himmelszelt aus Feuer geschmiedet.

Der Gewitterdämon *Sarkany* ritt auf einer Gewitterwolke, ein Zauberer begleitete ihn. Er war mit einem mächtigen Säbel und mit dem Morgenstern ausgerüstet. Er hatte viele Köpfe und konnte in alle Richtungen sehen. Wenn er böse war, konnte er Menschen töten oder in Steine verwandeln. Er lebte mit seiner Ehefrau in einer Götterburg unter dem Himmelszelt.

(Lex Myt 477ff)

7. Die Welt des Himmels

Der Himmel war ein großes Zelt, wie es die Hirtennomaden auf der Erde hatten. Dieses Zelt wölbte sich über den großen Weltenbaum, es drehte sich um seine Spitze. Die Schamanen konnten bei den großen Kultfesten den Himmelsbaum besteigen und in die Welt des Himmels hineinsehen.

Im oberen Teil des Himmelszeltes war die Burg der Götter. Dort wohnten die Götter, die Dämonen und die Kriegshelden der Menschen. Im Himmelszelt waren viele große und kleine Löcher. Durch diese leuchtete das große Weltfeuer. Die Menschen nannten diese Löcher die Sonne, den Mond und die Sterne.

(Lex Myt 479)

8. Der Gott Isten

Isten war der große Himmelsgott, der Erschaffer der Welt. Er begegnete den Menschen zumeist in der Gestalt eines Adlers. Er trieb die Stämme der Ungarn in den Krieg. Doch mit seinen breiten Flügeln schützte er sie. Er war auch der Gott des Lichtes, der gegen viele böse Dämonen kämpfen mußte. Die Krieger standen auf seiner Seite und kämpften für Recht und Ordnung im Land.

(Lex Myt 479f)

9. Der kosmische Hirsch

Am Anfang der Welt war ein gewaltiger Hirsch, er hatte breite Flügel. Sein Geweih war voll mit Lichtern bedeckt. Auf seiner Stirn trug er die Sonne, auf den Schultern hatte er den Mond, und auf seinem Rücken waren die vielen Sterne. Dieser Hirsch erschien den Kriegern mitten in der Schlacht. Er zeigte ihnen an, daß sie über die dunklen Feinde siegen werden.

Für die gewöhnlichen Menschen war der Hirsch auch der Bote des Todes, er kündigte das baldige Ende an. Die Ungarn verehrten eine Hirschkuh als »Urmutter« des Volkes. Sie war ein heiliges Tier der Jäger und der Sammler.

(Lex Myt 478)

10. Der Weltenbaum

Ein gewaltiger Baum ragte aus der Erde bis zum Himmel, er trug auf seiner Krone das Himmelszelt. In diesem Weltbaum lebten alle Götter und die Menschen. Die Götter wohnten oben und hatten dort ihre Burgen. Darunter wohnten die Dämonen und die Kriegshelden, auch sie hatten schöne Burgen. Und ganz unten lebten die Menschen und die Tiere. Unter den Wurzeln des Riesenbaumes lebte der wilde Drache *Sarkany*.

Der Schamane mußte den Weltenbaum besteigen, wenn er sich in der Ekstase auf die »Himmelsreise« begab. Er kam bis zu den Burgen der Götter und erhielt von dort die Botschaften an die Menschen. So war der Schamane der Vermittler zwischen den Göttern und den Menschen. (Lex Myt 480)

11. Der König Laszlo

Laszlo war ein lichtvoller Kriegsheld. Durch einen starken Gegner war er in die Verbannung geschickt worden. Doch er kehrte aus der Verbannung zurück und schaffte wieder Ordnung im ganzen Land. Auch er führte die Krieger an. Und er besaß ein Wunderkraut, mit dem konnte er die Wunden seiner Krieger heilen. Wie ein Löwe ritt er auf einem wilden Pferd. Und er kämpfte gegen das Volk der bösen *Kumanen*.

Bei einem seiner Kämpfe erschien ihm der Urhirsch mit den vielen Lichtern, er zeigte ihm den Sieg an. Dann tauchte der Hirsch in den Fluß Donau und verschwand dort. Doch *Laszlo* hatte einen großen Sieg errungen und wurde als Vorbild aller Krieger gefeiert. (Lex Myt 482)

12. Die Helden Lel und Verbulc

Diese beiden Helden waren die Anführer der ungarischen Kriegsheere gegen die Deutschen auf dem Lechfeld. *Lel* nannte sich die »Rache des höchsten Gottes«. Doch er wurde besiegt und gefangengesetzt. Die Sieger verurteilten ihn zum Tod. Doch als Heerführer konnte er die Art seines Todes wählen. Er bat die Sieger, noch einmal das Kriegshorn blasen zu dürfen.

Er nahm das Horn und erschlug damit den König der Deutschen. Dabei rief er aus: »Du gehst vor mir aus dieser Welt. Und du wirst in jener anderen Welt mein Diener sein.« Damit wollte er zeigen, daß er trotz dieser Niederlage nicht besiegbar war. Das Heer der Ungarn wollte die Niederlage nicht hinnehmen, es sann auf Rache. (Lex Myt 481f)

13. Der große Zauberweg

Regös hießen bei den Ungarn die Zauberer. Aber auch die Lieder, die sie sangen, hießen so. Zur Wintersonnenwende zogen die *Regös*-Sänger von Hof zu Hof und sangen magische Lieder. Diese Lieder sollten den Menschen Glück und Gesundheit bringen. Sie gingen auf dem großen »Zauberweg«. Dieser Weg begann im Land der Toten und führte in die Welt der Lebenden.

Die Sänger waren bei den Ahnen gewesen und verkündeten nun den Nachfahren die Botschaften ihrer Vorfahren. In der christlichen Zeit zogen die Sänger um Weihnachten von Haus zu Haus und verkündeten den Menschen Glück und Wohlstand, später ein gutes Erntejahr. (Lex Myt 483)

14. Der Schamane Taltos

Taltos schlug die Trommel und tanzte einen wilden Tanz. Dabei geriet er in Ekstase, seine Seele verließ seinen Körper. Sie begab sich zuerst in die Unterwelt, zu den Seelen der Ahnen. Dort erfuhr sie verborgene Botschaften. Wenn sie in den Körper des Schamanen zurückkehrte, konnte dieser den Menschen die Botschaften der Ahnen verkünden.

Ein Schamane mußte viele Prüfungen über sich ergehen lassen. Zuerst mußte er eine Krankheit auf sich nehmen, er kam dem Tod nahe. Symbolisch starb er und ging durch den Tod hindurch. Er stand zu einem neuen Leben auf. Dabei wurden alle seine Knochen gezählt. Nach seiner Prüfung mußte er den Lebensbaum erklimmen. Dort begegnete er den Geistwesen und den Dämonen, aber auch den Kriegshelden der Menschen. Er stieg bis zu den Burgen der Götter, die unter dem Himmelszelt wohnten.

Häufig gab es bei den Menschen zwei Schamanen. Ein weißer brachte das Glück und die Gesundheit, ein schwarzer brachte das Unglück und die Leiden. Häufig kämpften beide

Schamanen gegeneinander. Sie hatten dabei die Gestalt eines Hengstes oder eines Stieres. Bei diesen Kämpfen siegte der weiße Schamane fast immer. Dann war für eine Zeitlang der böse Bann gebrochen. Doch dann begann der schwarze Schamane wieder seinen Kampf. Wenn dieser siegte, gab es für die Menschen und Tiere böse Zeiten. Doch die Menschen hofften, daß am Ende der weiße Schamane endgültig siegen und alles Dunkle und Böse überwinden wird. (Lex Myt 485f)

16
Die Finnen

Einleitung

Auch die Finnen gehören zur Völkerfamilie der Finn-Ugrier. Mit ihnen verwandt sind die Karelier, die Wepsen, die Woten, die Esten, die Liven, die Lappen, die Wolgafinnen und die Permvölker. Sie alle haben die Ahnenverehrung gemeinsam, den Glauben an die Geistwesen in der Natur und die Rituale der Schamanen.

Diese Völker lebten lange Zeit als Jäger, Sammler und Fischer. Erst spät sind sie Hirtennomaden und Ackerbauern geworden. Ihre Mythologie spiegelt zuerst die Welt der Jägerkultur. Es wurden Erdgötter und Himmelsgötter verehrt. Für die Bauern wurden die Götter der Fruchtbarkeit wichtig. Die Mythen der Finnen kennen wir teils aus den Berichten der christlichen Missionare, teils aus den Volksmärchen, in denen sie weiterleben.

1. Die Entstehung von Erde und Himmel

Am Anfang war das große Meer. Auf ihm schwamm der Zauberer *Vainämoinen*. Er schlief und ließ sich auf dem Wasser treiben. Sein Knie ragte aus dem Wasser, es war schon mit Moos bewachsen. Da flog ein Vogel heran, setzte sich auf das Knie des Schamanen und legte dort ein Ei. Der Vogel begann das Ei zu bebrüten. Doch da bewegte sich der Schamane und das Ei fiel in das Wasser.

Dabei zerbrach es in zwei Teile. Aus der oberen Eischale entstand nun das große Himmelszelt. Und aus der unteren Eischale wurden die Erde und die Welt der Menschen. Aus dem Eiweiß sind die Sonne und die vielen Sterne geworden.

Doch aus dem Eidotter ist der Mond geworden, der jede Nacht gelb auf die Erde leuchtet. (Lex Myt 417f)

2. Der große Tauchvogel

Alles war am Anfang mit Wasser bedeckt. Die Götter waren schon da. Da wollte der oberste Gott *Num* wissen, ob die Erde schon aus dem Wasser aufgetaucht sei. Nun schickte er mehrere Tauchvögel hinab zum Meeresgrund, sie sollten Schlamm aus der Tiefe holen. Es war der große Lappentaucher, er holte mit seinem breiten Schnabel Meerschlamm aus der Tiefe und gab ihn dem Gott. Dieser formte aus dem Schlamm die Inseln und dann die ganze Erde. Sie schwamm wie eine große Insel auf dem Meer.

Der Lappentaucher tauchte immer weiter, und die Erde wurde immer größer. Nun konnten die Kräuter und die Bäume auf der Erde wachsen. Dann begannen die Tiere und die Menschen zu wachsen. Die Vögel sind bis heute die Helfer und Diener der Menschen geblieben. (MdV III, 142f)

3. Die Befreiung der Sonne

Am Anfang war es finster auf der Erde. Denn ein böser Dämon hatte die Sonne, den Mond und die Sterne in seinem Bauch verschlungen. Sie mußten erst durch viele Kämpfe befreit werden. Da trat ein großer Kriegsheld auf und kämpfte gegen den bösen Dämonen. Er konnte ihn besiegen, da riß er ihm die Sonne aus dem Bauch. Da wurde es hell auf der Erde.

Später riß er ihm den Mond und die Sterne aus dem Bauch, nun war es auch in der Nacht hell. Der Held wurde nun von einem Heer der Dämonen verfolgt. Nur durch ein Zauberritual konnte er sich vor ihnen schützen. Doch der Kampf ging weiter.

Die Dämonen hatten den Mond in einen Berg eingeschlossen. Er mußte befreit werden. Und sie hatten die Gestirne in das Meer getaucht, dort konnten sie nicht leuchten. Als der Mond und die Sterne befreit waren, da wurde es hell in der Nacht. Doch die bösen Dämonen kämpften weiterhin gegen den Helden, sie wollten nicht das Licht. (MdV III, 143)

4. Der Kampf gegen die Kälteriesen

Im Norden waren die Kälteriesen zu Hause. Bei ihnen waren Eis und Finsternis. Ihr Anführer konnte die Gestalt einer magischen Frau annehmen. Dieser Riese besaß einen magischen Stein, von ihm hing das Wohlergehen der Menschen ab. Die Menschen schickten ihre Krieger zum Kälteriesen, sie sollten ihm durch eine List den Zauberstein entwenden. Einmal gelang es ihnen, den Stein zu entführen. Nun ging es den Menschen gut, sie lernten den Ackerbau und brachten es zu großem Wohlstand.

Nun brauchten sie nicht mehr zu jagen und zu fischen. Denn sie konnten von dem Getreide leben, das auf den Feldern wuchs. Und sie hatten die Viehherden bei ihrem Haus, die brachten ihnen Milch und Fleisch in Überfluß. So waren die Menschen durch den Zauberstein des Eisriesen reich geworden. (MdV III, 143)

5. Die Säule des Himmels

Aus der Erde ragte eine riesige Säule. Es war ein gewaltiger Baum, der trug mit seiner Krone das Himmelszelt. Auf der Spitze der Säule leuchtete der Polarstern, der nach Norden zeigte. Im Weltenbaum lebten die Göttersippen, in sieben Regionen unterteilt. Sie hatten dort ihre Häuser und Burgen. Darunter lebten die Dämonen und die Kriegshelden der Menschen. Auch sie hatten ihre Häuser und Burgen.

Und auf der Erde lebten die Tiere und die Menschen. Die Tiere hatten ihre Höhlen, die Menschen hatten Häuser. Der Schamane mußte regelmäßig auf den Weltenbaum steigen, um die Götter zu besuchen. Denn die Menschen brauchten die Götter zum Leben. Dort erhielt er die Botschaften der Götter, die den Menschen eine große Hilfe waren. So war der Schamane der Vermittler zwischen den Menschen unten und den Göttern oben. Er war der Kletterer auf dem Weltenbaum.

(MdV III, 145)

6. Die Anhebung des Himmels

Am Anfang hing das Himmelszelt tief über der Erde. Die Menschen konnten nicht aufrecht gehen, sie mußten sich bücken. Doch die Götter waren noch näher bei ihnen, sie konnten besser mit ihnen sprechen. Es waren noch keine Mittler und Fürbitter nötig. Doch da beklagte sich eine Menschenfrau, daß der Himmel so niedrig sei und daß der Rauch nicht aus den Häusern der Menschen abziehen könne. Auch sei deswegen soviel Nebel auf der Erde.

Nun beauftragten die Götter nach gemeinsamem Rat einen Riesen, er sollte das Himmelszelt anheben. Der Riese machte sich an die Arbeit und plagte sich, er hob das Himmelszelt bis über den Weltenbaum hinauf. Dort hängt es nun, bei den Menschen können der Rauch und der Nebel abziehen. Doch nun sind ihnen die Götter weit in die Ferne gerückt, sie können die Stimmen der Menschen nicht mehr hören. So brauchen diese nun Schamanen und Mittler, die zu den Göttern sprechen.

(MdV III, 145)

7. Das Land der Toten

Das Land der Toten hieß Nordheim (*Pohjola*), weil es im Norden und in der Kälte lag. Dort gab es den Totenberg, er hieß auch Eisenberg oder Kupferberg, denn in ihm gab es Eisen und Kupfer. Zum Berg der Toten führte eine schmale Brücke aus Holz, sie führte über einen reißenden Strom hinweg. Über diese gefährliche Brücke mußten die Seelen der Toten wandern, wenn sie den Körper verließen.

Wenn sie im Totenland angekommen waren, mußten sie den steilen Eisenberg besteigen. Dafür brauchten sie lange Fingernägel, um besser klettern zu können. Deswegen gab man den Toten die abgeschnittenen Fingernägel mit in das Grab. Im Totenland lebten viele böse Dämonen, sie brachten zu den Menschen allerlei Krankheiten und Leiden. Sie schossen mit giftigen Pfeilen auf die Menschen und brachten ihnen die Blindheit, die Lähmung der Glieder und verkrüppelte Körperteile. Die Menschen hatten große Angst vor diesen Dämonen aus dem Totenland. (MdV III, 500)

8. Die Verehrung der Ahnen

Die Seelen der Verstorbenen lebten im Totenland weiter. Sie gehörten weiterhin zu den Sippen der Lebenden, sie lebten unsichtbar mit der Sippe mit und schützten diese. Daher brauchten sie auch Kleider und Schmuck, Waffen und Werkzeuge, Nahrung und Geldmünzen. Diese Gaben wurden ihnen in das Grab gelegt. Die unverheirateten Mädchen bekamen Frauenhauben in das Grab, damit sie im Seelenland heiraten können.

Die Seelen der Ahnen erhielten von der Sippe viele Tieropfer, sie wurden regelmäßig zu Kultmählern eingeladen. Die Knochen der Opfertiere wurden neben dem Grab vergraben, so bekamen die Toten neue Arbeitstiere für ihr Leben im Totenland.

Nach jedem Begräbnis verwischten die Menschen ihre Spuren zum Grab mit einem Birkenzweig. Die Seelen der Ahnen sollten nämlich den Weg zu den Nachfahren nicht mehr finden. Bei den Ernten brachten die Menschen die Erstlingsgaben an die Gräber der Ahnen, um sie zu stärken. Jedes Jahr nach dem Begräbnis gab es ein Kultmahl der ganzen Sippe, zu dem die Ahnen geladen waren. So wurde der Zusammenhalt der Sippe erneuert. (Lex Myt 506ff)

9. Das große Bärenritual

Die Jäger hatten seit langem den Bären als ihr heiliges Schutztier. Der Bär durfte nicht wie die anderen Tiere gejagt werden. Er durfte nur in einem feierlichen Ritual getötet werden. Dabei mußten sich die Jäger vorher durch Feuer und durch Rauch reinigen. Dann sangen sie ein magisches Lied auf den Bären, sie nannten ihn den »König des Waldes«. Sie lauerten ihm bei seiner Höhle auf. Wenn er aus der Höhle kam, töteten sie ihn. Dann schnitten sie Fleischstreifen von seinem Maul ab. Nun begannen sie das Versöhnungsritual. Sie baten die Seele des getöteten Bären um Vergebung. Und sie erfanden eine Lüge: Sie sagten dem Bären, ein Baum habe ihn erschlagen oder feindliche Jäger hätten ihn getötet.

Dann trugen die Jäger den getöteten Bären in einer feierlichen Prozession aus dem Wald zu den Siedlungen der Menschen. Dort wurde ihm sein Fell abgezogen, es wurde an die Wand des Hauses gehängt. Denn jetzt sollte die Kraft des Bären in diesem Hause wirksam sein.

Danach erfolgte die »Bestattung« des Bären. Die Jäger wählten für den Bären aus der Sippe eine Bärenbraut oder einen Bärenbräutigam, denn es sollte eine »Hochzeit« stattfinden. Und sie sangen dabei obszöne Lieder. Danach fand ein großes Festmahl statt. Die Knochen des Bären wurden im Wald vergraben, sein Schädel wurde auf einen Baum gehängt.

Nun sprachen die Jäger wieder zur Seele des Bären. Sie sagten, er sei früher vom Himmel der Götter auf die Erde der Menschen herabgestiegen. Doch jetzt sei er wieder in den Himmel zurückgekehrt. Und sie baten ihn um seinen Schutz und

um seine Kraft. Sie feierten mit ihm die »Bärenhochzeit«, um
die Fruchtbarkeit zu mehren. (Lex Myt 507ff)

10. Die Geistwesen

Die Welt war voller Geistwesen, den Menschen zumeist unsichtbar. So lebte im Feuer der Feuergeist, er hatte seinen Platz im Herdfeuer des Hauses. Wenn das Feuer verunreinigt wurde, dann zürnte er der ganzen Sippe. Bei den Gräbern der Verstorbenen lebten die Totengeister. Sie konnten Auskunft geben über das Leben der Ahnenseelen im Totenland. Der Schamane befragte sie und brachte ihre Botschaften zu den Menschen.

In den Wäldern lebten die vielen Waldgeister, ihnen gehörten alle Wildtiere. Die Jäger brachten ihnen Opfer dar, bevor sie auf Jagd gingen. In den Wassern lebten die Wassergeister, ihnen gehörten die Fische und alle Wassertiere. Auch eine »Wassermutter« wurde verehrt, die Fischer brachten ihr Opfer. Diese Geistwesen waren männlich oder weiblich, zu den Menschen waren sie teils gut und teils böse. Doch man mußte immer auf der Hut sein. (Lex Myt 523; 509)

11. Der Schutzgeist des Hauses

Jedes Haus und jede Sippe hatten ihren Schutzgeist. Dieser wohnte unsichtbar im Haus, er sah alles und wachte über die Einhaltung der guten Sitten. Er strafte jeden, der gegen diese Sitten und Regeln verstieß. Der Hausgeist war der Urahn der Sippe, der das erste Feuer im Haus geschlagen hatte.

Er erhielt von den Bewohnern regelmäßig Opfer, nämlich Milch und Getreide, Obst und Fleisch. Sein Wohnplatz war hinter dem Herdfeuer oder auf dem Dachboden. Er schützte auch die Vorratsräume, die Viehställe und die Badestuben. Bei ihm fühlten sich die Menschen geborgen. (Lex Myt 510f)

12. Der oberste Himmelsgott

Er war ein Gott der Gewitter, des Sturmes, des Blitzes und des Donners. Er hatte mehrere Namen, er hieß *Inmar* oder *Jen*, das bedeutet Himmel. Oder er hieß *Scabar* oder *Jumala*. Er schickte zu den Menschen den Sturm und die Windstille, er machte das Wetter.

Den Feldern schickte er den fruchtbaren Regen. Und er begleitete die Reisenden, daß sie gut an ihr Ziel kamen. Die Bauern brachten ihm viele Opfer dar, damit er ihnen die Felder fruchtbar mache und reiche Ernten schenke. (Lex Myt 512)

13. Der göttliche Schmied

Er hieß *Ilmarinen* und hatte in der Urzeit das große Himmelsgewölbe aus Eisen geschmiedet. Dann hat er die Sterne als Feuerklumpen daran befestigt, so daß sie leuchteten. Und für die Schutzgöttin von Nordheim hatte er den magischen Stein *Sampo* geschmiedet, der brachte ihr Reichtum und viel Getreide. *Ilmarinen* war der Erfinder des Feuers, er hat es am Himmelsgewölbe angezündet.

Dann schickte er Blitze in das Meer. Ein Blitz traf einen Lachs, den die Menschen fischten. So kam durch den Lachs das Feuer zur Erde und zu den Menschen. Der himmlische Schmied zeigte den Menschen die Kunst der Eisengewinnung, nun konnten sie selbst ihre Waffen schmieden. Doch der Feuergott schickte auch den Sturm und die Windstille zu den Menschen. (Lex Myt 512)

14. Das Land der Toten

Es war ein Land mit vielen Bauernhöfen. Dort lebten die Totenseelen mit Dienern und mit Gesinde. Sie bestellten ihre Kornfelder und freuten sich über gute Ernten. Deswegen gaben die Menschen den Verstorbenen Werkzeug mit in das Grab. Es war nur alles viel kleiner und kälter als auf der Menschenwelt. Das Totenland rückte immer mehr nach Norden, es wurde zum Nordheim.

(Lex Myt 513)

15. Der Gott Lemmin Kainen

Dieser Gott war nicht zum Festgelage der Götter nach »Sonnenheim« eingeladen worden. Doch er wollte dabei sein und machte sich auf den Weg dorthin. Dabei mußte er viele Hindernisse überwinden. Eine Schlange mit vielen Armen stellte sich ihm in den Weg. Dann mußte er eine feuersprühende Stromschnelle überqueren.

Als er im »Sonnenheim« eintraf, waren dort auch Lahme, Blinde und Krüppel. Durch seine magische Kraft konnte er viele kranke Götter heilen. Und er schenkte allen Festteilnehmern ein goldenes Kleid.

Dann sang er ein Loblied auf alle Götter. Nur auf einen blinden Gott vergaß er zu singen. Dieser wurde zornig und erstach ihn. Seinen Leichnam warf er in den Fluß des Totenrichters. Doch die Mutter des getöteten Gottes fand den Leichnam und erweckte ihn wieder zum Leben. Nun konnte das Götterfest weitergehen.

(Lex Myt 515)

16. Die Erdgeister Maahiset

Die Erdgeister lebten in Gruppen zusammen unter der Erde. Auch in Hügeln und Bergen, in Wäldern und Seen waren sie zu finden. Sie traten in menschlicher Gestalt auf, waren aber sehr klein gewachsen und nicht schön im Aussehen. Sie hatten reiche Viehbestände und galten als tüchtige Händler. Ihre Töchter waren wunderschön, sie brachten ihren Ehemännern reiche Mitgift ein. Diese Geister hießen *Maahiset* und konnten auch rachsüchtig sein. Wenn sie beleidigt wurden, führten sie Menschen in die Irre, oder sie stahlen Kinder aus den Wiegen.

Bei ihnen war ein Tag so lang, wie bei den Menschen fünfzig Jahre sind. Die Seiten links und rechts waren bei ihnen verkehrt, an den Füßen hatten sie die Zehen hinten. Die Menschen fürchteten die Erdgeister. Sie brachten ihnen Opfergaben, um gute Ernten zu haben. Denn alles, was aus der Erde wuchs, kam von diesen Geistern. Daher war es wichtig, sie wohlwollend und gütig zu stimmen.

(Lex Myt 416)

17. Die Milchstraße

Einmal in der Urzeit wuchs eine Eiche so weit in den Himmel, daß sie die Sonne, den Mond und die Sterne am Himmelszelt mit ihrer Krone verdeckte. So wurde es finster auf der Erde. Da stieg ein Zwerg in menschlicher Gestalt aus dem Meer auf, er fällte mit einem einzigen Axthieb die Eiche. Der Stamm fiel nach Nordwesten und zerbarst in viele Teile, aus ihnen wurde die Milchstraße am Himmelszelt. An dieser Straße der Sterne orientieren sich die Vögel, wenn sie jedes Jahr bis an den Rand der Erde fliegen. Sie fliegen im Winter dorthin, wo die Zwerge wohnen.

(Lex Myt 417)

18. Der Geist des Reichtums

Er hieß *Para* und brachte den Menschen viele Lebensmittel in das Haus. Er schenkte das Getreide im Überfluß, er brachte die Geldstücke, die er irgendwo gestohlen hatte. Die Bauern schnitzten diesen Geist des Reichtums aus Holz oder aus Rinde, sie stellten ihn im Haus auf. Dann gingen ihnen die Vorräte nie aus. Sie schnitzten den Geist des Reichtums auch in der Gestalt einer Schlange, eines Frosches oder einer Eidechse.

Sie schickten ihn auch zum Stehlen aus, um ihren Reichtum zu vermehren. Er hieß der »Schatzträger«, denn er brachte viele Güter in das Haus. Die Bauern hielten sich auch eine Schlange im Haus, weil sie glaubten, daß in ihr der Geist des Reichtums wohne.

(Lex Myt 517)

19. Die Welt der Zwerge

Die Zwerge hatten die Gestalt von Menschen, doch sie waren klein und häßlich. Sie wohnten am Rand der Welt, auf einer Insel im Meer. Dort berührte das Himmelszelt die Erde, dort konnten nur die Zwerge wohnen, sie mußten sich nicht bücken.

Doch sie waren näher bei den Göttern als die Menschen. Die Frauen der Zwerge stellten jeden Abend den Spinnrocken auf das Himmelszelt. Im Zwergenland war die Heimat der Vögel, die jeden Winter dorthin zurückkehrten. Sie dienten den Zwergen als Speise.

(Lex Myt 519)

20. Götter der Fruchtbarkeit

Da war das Götterpaar *Raum* und *Ukko*, sie feierten jedes Frühjahr die Heilige Hochzeit. Dann begannen die Felder zu blühen, und die Wiesen wurden grün mit Gras. Sie liebten sich den ganzen Sommer, doch im Winter waren sie voneinander getrennt. Und sie hatten große Sehnsucht nacheinander.

Dann war der Gott *Sämpsä*, der schlief jedes Jahr einen langen Winterschlaf. In dieser Zeit konnte nichts auf der Erde wachsen, alles war im Frost erstarrt. Der »Sommerknabe« mußte den Gott wecken, dann begannen die Blätter und die Gräser zu sprießen. Dann begann der Gott mit der Aussaat der Samen. Sein Säsack war aus dem Fell von vielen Eichhörnchen gewoben. Danach paarte er sich mit seiner Ehefrau, so feierten jedes Jahr der Himmel und die Erde ihre Hochzeit.

(Lex Myt 520)

21. Der Weg der Totenseelen

Die Menschen hatten zwei Seelen, eine Körperseele und eine »Traumseele«. Die Körperseele bewegte alle Glieder und gab dem Körper das Leben. Die Traumseele aber konnte den Körper verlassen, wenn dieser schlief. Wenn der Körper eines Menschen starb, dann ging auch seine Körperseele zugrunde. Doch seine Traumseele wanderte nun aus dem Körper aus, sie wurde zu einem Totengeist oder zu einer Schattenseele.

Beim Tod eines Menschen öffneten die Überlebenden ein Fenster im Haus, damit die Traumseele entweichen konnte. Sie blieb zuerst eine Zeitlang beim Grab, wo der Körper des Toten bestattet wurde. Doch dann wanderte sie weiter in das Totenland, wo sie sich häuslich einrichtete.

Die Menschen luden die Totenseelen jedes Jahr zu den Ahnenfesten ein, sie brachten ihnen Opfer und Speisen. Angst hatten sie vor den Seelen der Verbrecher, der Selbstmörder und der Ermordeten. Denn es war häufig der Fall, daß sich diese Seelen rächten für das Unrecht, das man ihnen angetan hat.

(Lex Myt 520)

22. Der Donnergott Ukko

Ukko war ein alter Mann, er fuhr mit seinem Wagen über das Himmelszelt. Da der Weg voller Steine war, sprühten am Himmelszelt die Funken. Das waren die Blitze und der Donner, die die Menschen sahen und hörten. Er trug einen blauen Mantel, dazu eine Axt und einen Hammer, aber auch den Bogen und das Schwert. Er schickte den Menschen die Gewitter und den Regen, er gab den Feldern und den Wiesen die Fruchtbarkeit. Die Menschen feierten jedes Jahr für den Donnergott ein großes Fruchtbarkeitsfest. Sie aßen und tranken und wurden trunken.

Auch der Gott *Ukko* aß aus einem großen Scheffel, und er trank viel und wurde trunken. Wenn die Männer und die

Frauen trunken waren, dann paarten sie sich wahllos. Denn sie feierten die Fruchtbarkeit. Durch ihr Fest sollten die Felder und die Viehherden fruchtbar werden.

Ukkos Donnerkeil konnte sogar dem Feuer Einhalt gebieten. Daher machten sich die Menschen magische Keile, in denen Zauberkraft war. Und sie schnitzten einen großen Opferscheffel, in dem sie die Opfer für den Gewittergott brachten. Das Frühlingsfest nannten sie »*Ukkos* Scheffel«, weil sie sich dem kultischen Trinkgelage hingaben. Wenn im Sommer lange Zeit kein Regen fiel, dann mußten sie dieses Fest wiederholen. Denn dann hatten sie Hoffnung, daß Regen kam. (Lex Myt 523)

23. Die Weltordnung

Die Erde war wie eine große runde Insel. Über ihr erhob sich das Himmelszelt. Dieses war auf dem Polarstern aufgehängt und drehte sich fortwährend. Am Rande der Welt senkte sich das Himmelszelt, dort konnten nur die Zwerge wohnen. Im Norden war der Berg »Nordheim«, das war der Ort der Toten. Um diesen Berg floß ein Feuerstrom. Die Erde war vom großen Weltmeer umgeben. So war die ganze Welt geordnet, die Menschen konnten sich sicher fühlen. (Lex Myt 523)

24. Das Weltende

Als die Welt schon alt war, gab es viele unheimliche Vorzeichen für das Weltende. Zuerst wurde es unheimlich still. Die Vögel sangen nicht mehr, die Fische waren verschwunden. Da begannen plötzlich die Sterne zu tanzen. Die Sonne wurde glühend heiß und blähte sich auf. Dann fiel sie in sich zusammen und erlosch. Auf der Erde brach ein gewaltiges Feuer aus, es verbrannte alles, was die Menschen gemacht hatten.

Dann kündigte sich eine große Kälte an, die Flüsse und die Meere waren zugefroren. Sie tauten nicht mehr auf, denn es kam kein Frühling mehr. Die Schnee- und Eismassen bedeckten das Land, es konnte nichts mehr wachsen und gedeihen. Die Tiere und die Menschen mußten in der Kälte sterben.

Andere erzählten, daß am Ende der Zeit ein großer Krieg sein werde zwischen den Göttern und den bösen Dämonen. In diesem Endkampf werden die Götter und die Dämonen sich gegenseitig ausrotten. Auch die Tiere und die Menschen werden dabei umkommen. Die Erde wird mit Leichen bedeckt sein, Ströme von Blut werden überall fließen. Das wird das Ende sein. (Lex Myt 523ff)

17
Die Inder

Einleitung

Indiens Kultur ist reich an Mythen und Religionsformen. Die älteste Kultur in Indien, die für uns archäologisch faßbar ist, ist die des Industales mit den großen Zentren Harappa und Mohenjo Daro. Sie wird auf die Zeit von 2500 bis 1500 v. Chr. datiert und war bereits eine Ackerbaukultur. Die Menschen lebten in Dorfsiedlungen und befestigten Städten, die Häuser waren aus Stein und gebrannten Ziegeln, einige Häuser hatten bereits Wasserleitungen. Bis heute sind ca. 25 Ausgrabungsstätten bekannt geworden. Unter den Funden gibt es auffallend viele weibliche Figuren aus Stein, Ton und Holz, sie deuten auf Fruchtbarkeitsrituale hin. Das Schriftsystem dieser Kultur kann bis heute nicht entziffert werden. Es ist sehr wahrscheinlich, daß bereits die Götter Shiva und Devi verehrt wurden.

Ab 1500 v. Chr. begann die Invasion der Arier (aryas), die von Nordwesten her über die Gebirge kamen und in mehreren Wellen in Indien eindrangen. Sie waren kriegerische Hirtennomaden und eroberten die Städte der seßhaften Ackerbauern, bis sie selber nach und nach seßhaft wurden. Von den Besiegten lernten sie den Ackerbau, sie bauten selber befestigte Dörfer und Städte. Sie lebten in Großfamilien und Sippen, die Verwandtschaft zählten sie patrilinear. Hingegen waren die Menschen der Industalkultur mutterrechtlich organisiert. Die Arier bildeten früh eine feste soziale Schichtung aus: nämlich die Krieger (kschatrya), die Priester (Brahmanen), den Nährstand der Bauern, der Viehzüchter, der Handwerker und der Händler (Vaishas) und schließlich die Arbeitssklaven (Sudras). Bei den unteren sozialen Schichten erfolgte eine Vermischung mit den Urbewohnern.

Die Menschen verehrten die Ahnen und eine Reihe von Schutzgöttern, je nach sozialer Schichtung. Die Krieger riefen zu Indra, die Brah-

manen zu Brahma. Die Bauern hatten eine Vielzahl von Göttern der Fruchtbarkeit, auch die Sklaven hatten ihre Götter. An den heiligen Orten, an Quellen und unter Bäumen, wurden die Opfer gebracht. Es gab das Pferdeopfer mit dem heiligen Feuer und einem kultischen Trinkfest. Getrunken wurde der Soma-Trunk, ein Extrakt aus Fliegenpilzen oder Schachtelhalmen, durch das die Menschen in Ekstase gerieten. Dann wußten sie sich eins mit den Schutzgöttern.

Die nichtverfügbaren Erscheinungen der Natur wurden als göttliche Wesen verehrt, vor allem die Sonne, die Morgenröte, der Blitz, der Donner, der Sturm, der Monsunregen, die Erde. Die Menschen glaubten, daß die Seelenkräfte ihrer Ahnen nach dem Tod unsichtbar weiterleben: a) in einem Totenreich auf der Erde, weit weg von den Lebenden, b) in einem Totenland unter der Erde, c) in einem Seelenland am Zelt des Himmels. Die Ahnenseelen lebten in einer Lichtwelt, voll Glück und Sinnenfreude. Ihre guten Taten hatten ein gutes Schicksal nach dem Tod zur Folge.

Die Priester verfaßten große schriftliche Werke, das heilige Wissen der Veden, zumeist in Sanskrit verfaßt, ab dem 13. Jh. v. Chr. datierbar: der Rigveda, der Samarveda, der Vajurveda, der Atharveda. Die späteren Priestertexte (Brahmanas) waren für die Opferriten bestimmt. Später wurden die Aranyakas und die Upanishaden der Waldmystiker verfaßt. Und es gibt eine umfassende Sammlung von allgemeinen Verhaltensregeln (Sutras).

Die Natur ist etwas Göttliches und Heiliges, überall begegnen den Menschen göttliche und dämonische Wesen. Die Zeit wird zyklisch vorgestellt, ähnlich dem Kreislauf des Wassers, des Windes und des Feuers. Die individuelle Seelenkraft (atman) jedes Menschen gestaltet das Leben, es kann sich durch Mystik und Meditation mit der göttlichen Schöpferkraft (Brahma) verbinden. Das Leben der Menschen wird von einem Schicksal (dharma) geleitet; wer diesem Schicksal folgt, hat ein gutes Leben. Wer dharma verletzt, hat viele Strafen zu erwarten.

Durch die magische Kraft der Askese wollen die Menschen ihre Schutzgötter zwingen, ihnen ein gutes Schicksal zu geben. Die Krieger glauben, durch Kampf und Leiden ihr Schicksal zu verbessern. Die Menschen glauben immer mehr daran, daß sie das blinde Schicksal verändern können. Ab 800 v. Chr. entstehen die verschiedenen Lehren der

Wiedergeburt der Seelenkraft. Die guten Taten in einem Leben stärken die Karma-Energie, die bösen Taten schwächen sie. Jede Tat hat ihre Wirkung (Karma). Mystiker und Asketen glauben an ein universelles Leiden, das die Menschen selber verschuldet haben. Damit wird die Macht des Göttlichen relativiert, nicht die Götter, sondern das Karma bestimmt das Schicksal der Menschen. Sie müssen durch viele Leben und Geburten hindurch, die sie als leidvoll und bedrückend empfinden.

Asketen nehmen freiwillig Leiden auf sich, um ihr Lebensglück zu mehren. Sie verzichten auf Besitz und lehnen die Anwendung von Gewalt ab. Sie versenken sich in den Lauf der Dinge und wollen sich mit dem Gott Brahma vereinigen. So ziehen sie ihre Sinne von der Außenwelt zurück, die sie als Täuschung (maya) ansehen. Sie wollen sich auf ihre Innenwelt (Atman) konzentrieren. Wenn sie ihr Atman mit dem Brahman vereinigen, dann kommt der Kreislauf der Geburten zu Ende.

Das Volk verehrt eine Vielzahl von weiblichen und männlichen Göttern; den Schöpfergott Brahma und seine Götterfrau Sarasvati. Sie schicken den Menschen das Glück. Der Nährstand verehrt den Gott Vishnu als Schutzgott, er schützt alles Bestehende und gibt gute Ernten. Die höchste Gottheit erscheint den Menschen in drei Funktionen, in einer schöpfenden, in einer erhaltenden und in einer zerstörenden. Der erhaltende Gott Vishnu kommt den Menschen zu Hilfe, wenn sie in Not sind. Shiva ist der Gott der Zerstörung, seine Gattin ist Parvati, die »Tochter der Berge«. Die männlichen Götter benötigen die weibliche Lebenskraft ihrer Ehefrauen und Partnerinnen.

Die Menschen suchen die Erlösung aus dem leidvollen Kreislauf der vielen Geburten, dafür wählen sie unterschiedliche Wege. Durch den Weg der selbstlosen Tat (Karma-Marga) wollen sie die innere Lebenskraft vermehren, um ein gutes Schicksal zu haben. Die Mystiker und Asketen gehen den Weg der Erkenntnis (Inana-Marga), auch die Anhänger des Yoga. Menschen der unteren Kasten wählen häufig den Weg der Hingabe (Bhakti-Marga) an göttliche Wesen, sie suchen ein Liebesverhältnis zu den Schutzgöttern. Vor allem Frauen gehen diesen Weg, sie wollen auch mitfühlend mit den Mitmenschen und allen Geschöpfen umgehen. Das Vorbild ist der Gottmensch Krishna in seiner Liebe zu den Hirtenmädchen.

Yoga ist ein Weg der Meditation der Vereinigung mit der Gottheit. Durch Anspannung und Entspannung des Körpers, durch Ruhigstellung der Gedanken geschieht ein Einswerden mit der Gottheit. Dadurch wird kein Karma mehr gebildet, der Mystiker erwartet den Ausstieg aus dem Kreis der Geburten. Viele gehen den magischen Weg des Tantra, darin wird die weibliche Schöpferkraft (Shakti) verehrt. Beide Geschlechter versuchen, die weibliche Urkraft in sich aufzunehmen, dabei benutzen sie Rituale, heilige Silben und Formeln, die sexuelle Begegnung der Geschlechter gehört zum Ritual. Diesen Weg dürfen alle sozialen Schichten gehen, Frauen werden aufgewertet.

Viele verehren die göttliche Mutter, im Erleben der Sexualität wollen sie der göttlichen Schöpferkraft begegnen. In den Riten der Fruchtbarkeit wollen sie ihr Leben stärken, sie wollen das Leiden vermindern. Jede Sippe führt ihren Hauskult aus, es werden die Schutzgötter der Sippe verehrt, es werden Opfer gebracht und Gebete gesprochen. Die Menschen meditieren vor den Götterbildern, sie suchen die mystische Vereinigung mit der Gottheit.

In Indien lebt ca. eine Milliarde Menschen, 83 Prozent folgen der hinduistischen Religion, neun Prozent leben als Moslems, ca. zwei Prozent als Buddhisten, drei Prozent als Christen, zwei Prozent als Sikhs, ein Prozent als Jainas. Die Kastengrenzen sind durchlässig geworden, doch sie bestehen weiterhin. Es werden ca. 120 Kasten und Subkasten angegeben. In Indien lebt eine Vielzahl von Mythen weiter, sie sind seit dem 19. Jh. auch in Europa bekannt geworden. Im interkulturellen Dialog kommen diese Mythen auch in unser Blickfeld. In Indien werden 740 verschiedene Dialekte und Sprachen gesprochen, das Volk ist von einer religiösen Vielfalt geprägt.

1. Das Ureine

Das Ureine am Anfang heißt *Brahma.* Es ist für die Menschen nicht faßbar, niemand kann es darstellen. Am nächsten kommen die Menschen dem Ureinen, wenn sie die heilige Silbe OM summen oder sprechen. Denn dann vereinigen sie sich mit der göttlichen Urkraft des Lebens. Das Ureine ist das wahrhaft

Wirkliche, die Welt der Dinge ist jedoch Täuschung. Was wir sehen und tasten, das ist nicht die wahre Welt. Die göttliche Schöpferkraft kann sich in vielen Dingen und Wesen zeigen. Sie zeigt sich in den großen Perioden des Werdens und des Vergehens. Was bleibt, ist der Gott *Brahma*, er ist der wahrhaft Wirkliche. (MdV II, 54f)

2. Die Geburt des Schöpfergottes

Das Ureine zeigt sich in der Gestalt des Gottes *Vishnu*, den die Bauern, die Hirten und die Handwerker verehren. Vishnu ist der Erhalter und Beschützer der Welten in den verschiedenen Weltzeiten. In diesem Gott sind alle möglichen Welten als Keime enthalten, die weisen Menschen können sie bereits sehen. Am Anfang der Weltzeiten lag der Gott *Vishnu* unbeweglich und ausgestreckt auf einer Urschlange. Diese schwamm auf dem großen Weltozean, der noch ungeordnet war. Auf ihren tausend Köpfen trug sie die Vielzahl der Welten, die im Entstehen sind.

Aus dem Körper des Gottes *Vishnu* strömte die weibliche Lebenskraft *Shakti*. Aus ihr formte sich die Göttin *Lakshmi*, die zur Ehefrau des Gottes *Vishnu* wurde. Das göttliche Paar saß unbeweglich und in Meditation versunken auf der Urschlange. Damit war die Zweiheit der Geschlechter geworden.

Nun wuchs aus dem Nabel des Gottes *Vishnu* ein langer Blütenstengel, dieser bewegte sich durch die Lebenskraft *Vaju* in der Form der Meereswellen. Aus dem Blütenstengel wuchs eine Lotusblume mit rosa Farben. Aus der Blüte wurde nun der Schöpfergott *Brahma*, er wuchs aus dem Nabel des Gottes *Vishnu* und aus der Blüte des Lotus. Er war nun der Urahn aller Wesen. Mit seinen vier Armen konnte er in jede Himmelsrichtung greifen. Mit seinen vier Mündern konnte er alle heiligen Formeln sprechen. So sprach er die ewigen Gesetze, denen er bei der Erschaffung der Welten folgen mußte. Er sprach das heilige Wissen. (MdV II, 55f)

3. Die Meditation des Gottes Brahma

Nun saß der Gott *Brahma* im Kelch der Lotusblume und fragte sich laut: »Wer bin ich, der ich hier sitze? Woher kommt dieser Lotus, der im Urwasser blüht? Welcher Urgrund stützt diese Blume?« Er wurde neugierig, was am Grund der Blume sei. So stieg er den langen Stengel hinunter, um zu sehen, was dort sei. Doch er fand keinen Urgrund. Nun begann er zu meditieren.

Da erschien ihm der Gott *Vishnu*, er gab ihm den Befehl, die leidenschaftliche Askese zu üben. Denn die Askese erzeugte Wärme und Hitze. Diese waren notwendig, damit der Gott *Brahma* mit dem Werk der Schöpfung beginnen konnte. Durch die Meditation und durch die Askese entstand nun jene gewaltige Schöpferkraft, mit der er die Welten erschaffen konnte.

(MdV II, 56)

4. Die Entstehung der Welt

Solange der Gott *Brahma* schläft, existiert gar nichts, es gibt keine Welten und keine Menschen. Doch wenn der Gott aus dem Schlaf aufwacht, dann erschafft er die Welten. Dann entstehen alle Dinge und alle Wesen. Es werden die Erde, das Meer, die Berge, die Wälder. Dann bleibt der Schöpfergott einen Göttertag lang wach. Dies ist die Zeit einer Weltperiode, sie ist für die Menschen zwei Milliarden Jahre.

Wenn dieser Göttertag zu Ende geht, dann legt sich der Gott *Brahma* zur Ruhe und schläft eine Götternacht lang. Das sind wieder zwei Milliarden Jahre. Dann lösen sich alle Welten auf, die Dinge und die Lebewesen vergehen. Es gibt keine Erde, keine Berge, keine Meere, keine Menschen und Tiere mehr.

Doch die kleinsten Teile bleiben bestehen, sie warten, bis die Götternacht vorübergeht. Und wenn der Gott *Brahma* zu einem neuen Göttertag erwacht, dann fügt er die vielen kleinen Teile wieder zu neuen Welten zusammen. Nun entstehen alle

Welten neu, die Erde tritt hervor, die Wesen entstehen, die Menschen werden geschaffen. So wechseln sich Göttertage und Götternächte ab. (Lex Ind Myt 77ff)

5. Die Belehrung der Dämonen

Als schon die vielen Götter und die Dämonen geschaffen waren, da nahm sich der Schöpfergott *Brahma* den Anführer der Götter *Indra* und den Anführer der Dämonen vor. Er belehrte sie und zeigte ihnen die Rollen, die sie in der nächsten Weltperiode zu spielen hatten. Seither müssen alle Götter, aber auch die Dämonen die Gesetze des Schöpfergottes erfüllen. Dadurch sind die Welten im Gleichgewicht, und sie bleiben so einen ganzen Göttertag lang. Alles hat seine Ordnung, Götter und Dämonen haben ihren Platz. (MdV II, 56f)

6. Der große Milchozean

Am Anfang war ein großes Meer aus der Milch von vielen Kühen. In diesem Meer war alle Lebenskraft gesammelt. Denn der Gott *Vishnu* saß in der Gestalt einer Schildkröte am Grund des Milchmeeres. Aus dieser göttlichen Schildkröte wuchs nun der große Weltberg *Mandara* empor. Um diesen Berg wand sich die Urschlange *Ananta*, in ihr war alle Ausdehnung gesammelt.

Nun rief der Schöpfergott *Brahma* die Göttersippe des Kriegergottes *Indra* und die Sippe der Dämonen um *Vairochana*. Sie sollten an beiden Enden der Schlange anziehen. So ziehen die Götter am Kopf der Schlange, während die Dämonen am Schwanz der Schlange ziehen. Damit beginnt sich die Schildkröte mit dem Weltenberg zu drehen, bald nach links, bald nach rechts. Durch diese schnelle Drehung wird die Milch langsam fest, es entsteht ein riesiger Berg aus Butter. Und aus diesem Butterberg entsteht nun die Erde mit dem Meer, den Bergen und den Wäldern, mit den Flüssen und Steinen, den

Pflanzen, den Tieren und den Menschen. Nun war die Welt geschaffen.

Die Götter und die Dämonen erschaffen nun gemeinsam den Trunk der Unsterblichkeit *Amrita*. Dann erschaffen sie den Mond, zuletzt die Schönheit. Sie erschaffen die kultische Trunkenheit, die Lebensfreude, die Güte der Menschen, die Lebenskraft. Und sie schaffen die Waffen für den Krieg. Das Pferd und der Elefant sollen den Menschen helfen, im Krieg zu kämpfen. Zuletzt gaben die Götter den Menschen das Gift, um die Gegner im Krieg zu töten. So wurde die ganze Welt nach dem Willen des Schöpfergottes *Brahma* aus dem großen Milchozean geschaffen. Die Kühe sind den Menschen fortan heilige Tiere, denn sie spenden ihnen die Milch und damit die Grundlage des Lebens. (MdV II, 56ff)

7. Das goldene Ei

Am Anfang war nur Nebel, nichts war zu sehen, nichts zu erkennen. Alles war im Schlaf versunken. Nur der Schöpfergott *Brahma* war da, er ruhte in sich selbst, ganz ohne die Zeit. Da entstanden in ihm der Wunsch und das Verlangen, daß aus seinem Körper andere Wesen hervorgehen mögen. So schuf er aus seinem Körper das Wasser, und er legte ein Samenkorn hinein.

Das Samenkorn wuchs im Wasser, es wurde zu einem goldenen Ei, es leuchtete wie die Sonne. In diesem Ei wurde der Gott *Brahma* neu geboren. Er ist der Urahn aller Welten und aller Wesen. Ein Himmelsjahr lang blieb der Gott *Brahma* im goldenen Ei. Dann beschloß er, durch die magische Kraft seiner Gedanken das Ei in zwei Teile zu sprengen. Das Ei zerbarst in der Mitte. Aus der oberen Eischale entstand die Götterwelt des Himmels, aus der unteren Eischale wurde die Menschenwelt der Erde. Zwischen beiden Welten entstand der Luftraum. Die Erde aber schwamm wie eine Insel auf dem Wasser. Und es wurden die zehn Ruhepunkte des Kosmos. (MdV II, 57ff)

8. Das Urwesen Purusha

Als sich das goldene Ei durch die Gedankenkraft des Gottes *Brahma* in zwei Teile zerteilte, da wuchs aus dem Eidotter das erste Lebewesen. Es hieß *Purusha* und hatte tausend Köpfe und Gesichter, tausend Schenkel und Füße, tausend Arme und Augen. Tausend war die Zahl der Grenzenlosigkeit.

Durch ein göttliches Opferritual konnten aus dem Urwesen *Purusha* die anderen Wesen entstehen. Denn es ist die Kraft der Opfer, die neues Leben hervorbringt. Nun wurde *Purusha* von mehreren Göttern getötet, sein Körper wurde in mehrere Teile zerstückelt. Es wurde ein Zerteilungsopfer ausgeführt. Aus den Körperteilen konnten nun neue Wesen entstehen. So entstanden die Menschen und ihre sozialen Ordnungen.

Aus dem Mund des *Purusha* wurden die Kaste der Brahmanen, das heilige Wort, die Göttersippe des Gottes *Agni* und die Ziegen. Aus den Achselhöhlen des *Purusha* wurden die Jahreszeiten, die den Menschen die Aussaat und die Ernte bringen. Aus den Armen des *Purusha* wurden die Kaste der Krieger, die Schafe und die Göttersippe um den Gott *Indra*. Aus dem Unterleib des *Purusha* wurden die vielen Dämonen. Aus seinen Schenkeln wurde die große Kaste der Bauern, der Hirten, der Händler und der Handwerker, und es wurden die Pferde.

Aus dem Auge des *Purusha* wurde die große Sonne, ein göttliches Wesen. Aus seiner Seelenkraft entstand der Mond, und aus seinem Nabel wuchs der Luftraum zwischen dem Himmel und der Erde. Und aus seinem Kopf entstand der Himmel, den die Götter bewohnen. Aus den anderen Körperteilen wurden die Berge, die Wasser, die Pflanzen und die Wildtiere. So sind alle Götter, die Menschen und die Tiere aus dem zerstückelten Körper des Urwesens *Purusha* geworden.

Nur der Gott *Brahma* war von Anfang an da, er ist nicht geworden. Die ganze Welt hat ihren Ursprung in einem göttlichen Opferritual. So müssen auch die Menschen viele Opfer bringen, um ihre Lebensziele zu erreichen. Denn die Opfer haben schöpferische Kraft.

(MdV II, 58ff)

9. Die göttliche Urkraft

Durch das erste Opferritual verteilte sich die göttliche Urkraft in der ganzen Welt und im Kosmos. Sie schuf die zehn Angelpunkte und erfüllte fortan das Weltall. Sie war in der Luft und im Wasser, im Feuer und in der Erde, im Sturm und im Regen, in den Pflanzen und in den Tieren. Sie war in den Göttern und in den Dämonen, und sie war in den Menschen. Durch das Opferritual hat das Urwesen *Purusha* mit sich selbst und in sich selbst Beziehung. Dann trat es in der Gestalt einer riesigen Spinne auf, und sie spann einen endlosen Faden. Aus diesem Faden wob sie das Weltall, die Erde, das Wasser, die Gestirne, die Luft, das Feuer, die Berge, die Pflanzen, die Tiere und die Menschen. Aus eigener Kraft vermehrte sich die göttliche Urkraft, sie erschuf alle Welten und Weltzeiten. Sie lebt im Kosmos und in den Menschen, fortan ist überall das Göttliche.

(MdV II, 59)

10. Der dreifaltige Gott

Aus der einen göttlichen Urkraft sind die vielen göttlichen Wesen hervorgegangen. Diese Wesen haben menschenähnliche Züge und Formen. Der höchste von ihnen trägt den Titel »Herr«, er heißt *Isvara*. Er hat drei Gesichter, drei Gestalten und drei Namen: Er ist *Brahma*, er ist *Vishnu*, er ist *Shiva*. Diese drei Götter bilden die Ureinheit, die göttliche Dreieinigkeit. Sie haben drei verschiedene Aufgaben im Kosmos zu erfüllen. Der Gott *Brahma* ist der Schöpfergott, der ständig Neues erschafft und ins Leben ruft. Der Gott *Vishnu* ist der erhaltende Gott, der der Welt und allen Lebewesen Beständigkeit gibt und ihr Überleben sichert. Der Gott *Shiva* ist der zerstörende Gott, der allen Dingen und Lebewesen ein Ende setzt.

Diese göttliche Dreiheit bestimmt die ganze Welt, den Kosmos und die Weltzeiten. Alles ist im Prozeß des Werdens, des Bestehens und des Vergehens, entsprechend der göttlichen

Dreifaltigkeit. Die göttliche Dreiheit ergänzt sich im permanenten Fluß. Alle Geschöpfe sind eine Zeitlang im Werden, dann bestehen sie und dann vergehen sie wieder. Dies ist der Kreislauf der Dinge und der Weltzeiten. Die Menschen wissen um diesen Lauf der Welt und können sich ohne Widerstand in ihn einfügen. (MdV II, 59)

11. Der Schutzgott Vishnu

Der Gott *Vishnu* hat die Aufgabe des Erhaltens und des Beschützens. Er bewahrt alles, was geworden ist, und gibt ihm Dauer. Zumeist wirkt er von seinem Götterhimmel aus. Aber von Zeit zu Zeit steigt er auf die Menschenwelt hinab, um den Menschen zu helfen, wenn sie in Not geraten. Denn er möchte ihrem Leben Dauer geben. Der Gott *Vishnu* lebt als junger Mann mit blauer Gesichtsfarbe im Götterhimmel, er ist von wunderbarer Macht erfüllt. Die Farbe Blau bedeutet, daß er riesengroß und weit von der Erde entfernt ist. Er hat viele Hände, darin trägt er seine vier Erkennungszeichen, nämlich die Muschel, die Wurfscheibe, die Steinkeule und die Lotusblüte.

Gekleidet ist er wie ein Menschenkönig, seine Krone ist mit vielen edlen Steinen besetzt. Auf seiner Brust trägt er ein Büschel gelockter Haare, die die Menschen besonders verehren. Um den Hals trägt er die Kette mit dem Juwel *Kausthuba*, der im Milchozean geworden ist. Er reitet auf dem göttlichen Vogel *Garuda*. Die Menschen rufen ihn mit vielen Namen an, sie nennen ihn den Unendlichen, den Herrn der Opfer, den aus sich selbst Existierenden. Er heißt auch der Entführer *(Hari),* weil er sich die Verehrung der Menschen erschleicht. Seine Gattin ist die Göttin *Lakshmi.*

Den Menschen schenkt er Befreiung aus der Not, er ist ihnen Zuflucht in der Verfolgung. Er herrscht über die Tiere und die Sinnesorgane der Menschen. Seine Haare sind die Strahlen der Sonne, deswegen heißt er der Langhaarige. Er sieht über die Dämonen hinweg, aus seinem Nabel wächst die Lotusblume. Die Menschen verehren ihn mit Dankbarkeit und Hingabe. (MdV II, 60)

12. Vishnu im Götterhimmel

Der Gott *Vishnu* lebt mit seiner Götterfrau *Lakshmi* im Götterhimmel *Vaikuntha,* er hält viele Festmähler und spielt mit den Göttern Würfelspiele. Und er vollzieht das große Liebesspiel mit seiner Frau *Lakshmi,* genauso, wie die Menschen es tun. Als er eines Tages mit seiner Frau ein Würfelspiel spielte, da hörte er von der Menschenwelt her einen Hilferuf. Ein Wäscher am Fluß wurde von einem anderen Wäscher geschlagen, dieser rief den Gott *Vishnu* zu Hilfe.

Als der Gott die Rufe hörte, unterbrach er sein Spiel und wollte auf die Erde hinabsteigen, um dem Geschlagenen zu helfen. Doch da sah er, daß dieser den Stock ergriff und sich zur Wehr setzte. Da sagte er sich: »Nun brauche ich nicht zur Erde hinabsteigen, denn er kann sich selber helfen.« Nun konnte der Gott sein Würfelspiel im Himmel fortsetzen. (MdV II, 61f)

13. Die Fleischwerdungen des Gottes Vishnu

Jedesmal, wenn auf der Menschenwelt die Ordnung, die soziale Gerechtigkeit und die Moral in Gefahr sind, spricht der Gott *Vishnu* zu sich selbst: »Ich steige auf die Erde hinab und werde Fleisch.« Dies tut er dann, er nimmt die Gestalt eines Tieres oder eines Menschen an, um den guten Menschen in ihrer Not zu helfen. Und wenn er die Ordnung wiederhergestellt hat, kehrt er in den Götterhimmel zurück. Denn seine göttliche Aufgabe ist es, das Bestehen der Menschen zu sichern.

Die Weisheitslehrer erzählen von zehn großen Herabkünften und Fleischwerdungen *(Avatara)* des Gottes *Vishnu.* Andere geben dafür die Zahl 22 an. Wieder andere sagen, die Herabkünfte seien gar nicht zu zählen, weil der Gott allen Menschen in der Not helfe. Bei einigen Rettungen der Menschen ist der Gott nur zur Hälfte oder zu einem Viertel beteiligt.

Jeder Lehrer der Weisheit *(guru)* hält sich selbst für eine kleine Inkarnation des Gottes *Vishnu*. Nur in der Kraft dieses Gottes können sie die Weisheit schauen und den Menschen lehren. Das Göttliche ist in jedem Menschen da, aber im Guru kommt es zur vollen Entfaltung. So lebt der Gott in der Gestalt jedes Lehrers der Weisheit, so hilft er den Menschen. (MdV II, 61f)

14. Der Avatar des Fisches

Die erste der zehn großen Fleischwerdungen (Avatar) des Gottes *Vishnu* geschah in der Gestalt eines Fisches (Matsya-Avatar). Der Weise *Manu* fand bei seinen täglichen Waschungen einen kleinen Fisch. Den tat er in einen Krug, doch der Fisch wuchs sehr schnell. Dann tat er ihn in einen Bottich, dann in einen See, zuletzt ins Meer.

Dieser Fisch warnte nun den Weisen *Manu* vor einer großen Flut. Er schickte ihm ein Schiff an das Ufer des Meeres, und er befahl ihm, von allen Lebewesen ein Paar auf das Schiff zu nehmen. Von allen Pflanzen sollte er die Samen mitnehmen, dann sollte er mit seiner Sippe das Schiff besteigen.

Manu führte das aus, er füllte das Schiff mit den Lebewesen und ging selbst an Bord. Dann kamen riesige Stürme und Monsunregen, das Meer tobte und überschwemmte das Land der Menschen. Da tauchte der Gott *Vishnu* in der Gestalt eines Fisches aus dem Meer auf, auf seinem Kopf wuchs das Einhorn, seine Schuppen waren von Gold. Er fing die große Meeresschlange *Vasuki* und band sie an das Schiff. Das andere Ende der Schlange machte er an seinem Einhorn fest. So zog er das Schiff durch die Sturmflut, die bösen Meeresdämonen konnten ihm nichts anhaben.

Als der Monsunsturm zu Ende war, konnte das Schiff wieder landen, die Menschen und die Tiere konnten wieder an

Land gehen. Auch die Samen nahmen sie mit und streuten sie auf die Erde. So war das Leben auf der Erde gerettet, und der Gott *Vishnu* konnte sich wieder in den Himmel der Götter zurückziehen. (MdV II, 62)

15. Der Avatar der Schildkröte (Kuma-Avatar)

Bei der großen Flut waren viele Schätze verlorengegangen. Nun nahm der Gott *Vishnu* die Gestalt einer Schildkröte an, um die Schätze wiederzufinden. Die Schildkröte hieß *Kuma*. Der große Ozean war voll mit Milch von den heiligen Kühen. Er setzte sich auf den Meeresboden. Die Götter stellten den Berg *Mandara* auf seinen Rücken, dann banden sie die Schlange *Vasuki* um den Berg. Sie teilten sich in zwei Gruppen und begannen, an den Enden der Schlange zu ziehen. Nun drehte sich der Berg, und die Milch wurde fest und zu Butter. Daraus entstanden nun alle Kostbarkeiten der Götter und der Menschen.

Zuerst entstand der Unsterblichkeitstrank *Amrita*, den nur die Götter trinken dürfen. Dann wurde der Arzt der Götter, der den magischen Trunk in seine Hände nahm. Als drittes entstand die Göttin der Schönheit und der Gesundheit, *Lakshmi*. Sie wurde die Ehefrau des Gottes *Vishnu*. Als vierte entstand die Göttin des Weines, als fünftes der Mond mit seinem Licht, als sechstes die schöne Nymphe *Rambha* und dann das erste Pferd. Danach entstand *Vishnus* Brustjuwel, ein magischer Stein. Diesen tragen in Indien vor allem die Männer, denn er schützt vor den Krankheiten.

Dann entstand der Himmelsbaum *Prijata*. Und es wurde die heilige Kuh *Surabhi*, die mit ihrer Milch die Menschen ernährt. Dann wurde der Elefant, das Reittier der Götter und der Menschenkrieger. Danach wurde die magische Muschel, in die die Krieger vor der Schlacht bliesen, denn sie brachte ihnen die Siege.

Dann entstanden Pfeil und Bogen mit magischen Kräften, sie verfehlten nie ihr Ziel. Als letztes entstand das Gift, das die

Schamanen einsetzen. Es gab den Menschen die Macht gegen böse Feinde. Diese 14 Schätze waren aus dem großen Milchmeer entstanden. Der Gott *Vishnu* hatte in der Gestalt der Schildkröte alle diese wunderbaren Schätze den Göttern und den Menschen geschenkt. Damit konnten sie gut und glücklich leben, der Gott *Vishnu* wollte die Schöpfung bewahren.

(Lex Ind Myt 326f)

16. Der Avatar als Wildeber (Varaha-Avatar)

Ein böser Dämon hatte die Erde in das Meer versenkt, nun konnte niemand darauf leben. Da stieg der Gott *Vishnu* in der Gestalt eines Wildebers vom Himmel zum Meer herab, er wühlte im Schlamm und fand darin die Erde. Er holte sie wieder aus dem Meer. Doch nun mußte er den bösen Dämon töten, der Kampf gegen ihn dauerte tausend Jahre. Dann konnte er die Erde sichern, das Leben ging weiter. Nun wacht der Gott *Vishnu,* daß die Menschen in Frieden leben können.

Andere sagen, der Gott hätte als Riese mit dem Kopf eines Ebers die Erdgöttin wieder aus dem Meer geholt und ihr die Herrschaft über die Erde und die Felder gegeben. Als diese Tat vollendet war, kehrte der Gott wieder in den Götterhimmel zurück.

(MdV II, 63f)

17. Der Avatar als Löwenmensch (Nrisimha-Avatar)

Einmal lebte ein mächtiger Dämonenkönig mit Namen *Hiranyakashipu*. Durch seine Askese hatte er vom Gott *Brahma* solche Macht erhalten, daß er den Kriegergott *Indra* entthronen konnte. Auch hatte er die Götter aus dem Himmel vertrieben. Er machte sich nun zum Herrn des Weltalls, alle Wesen sollten nur ihm dienen. Doch sein Sohn *Prahlada* hatte sich dem Gott *Vishnu* geweiht, und dieser hatte ihn in seine Geheimnisse eingeführt. Darauf bestrafte der Dämonenvater seinen Sohn mit vielen Folterungen. Doch der Sohn verkündete trotzdem den Gott *Vishnu*. Nun wollte der Dämonenvater den Sohn töten, doch das Schwert, das Gift, das Feuer und die wilden Elefanten erwiesen sich als unwirksam. Der Sohn wurde nämlich vom Gott *Vishnu* beschützt.

Da schrie der Dämonenvater zu seinem Sohn: »Wenn der Gott *Vishnu* überall ist, ist er dann auch in dieser Steinsäule?« Er stieß einen Fluch aus und trat mit dem Fuß gegen die Säule. Da stürzte die Säule um, und aus ihr trat der Gott *Vishnu* hervor. Er hatte einen Löwenkopf und Löwenarme, er packte den Dämonenvater und riß ihn in Stücke. Denn nur ein Mischwesen, halb Tier und halb Mensch, konnte den Dämon töten. Nun wurde der Sohn *Prahlada* der König der Dämonen, er regierte mit Weisheit und Gerechtigkeit. Die Götter konnten in den Himmel zurückkehren, denn *Vishnu* hatte die alte Weltordnung wiederhergestellt.

(MdV II, 63f)

18. Der Avatar als Zwergenmensch (Vamana-Avatar)

Der böse Dämon *Bali* hatte den Göttern ihr Königreich genommen. So herrschte er über die Götter, die Menschen und die Toten. Nur der Gott *Vishnu* konnte ihn besiegen, doch er mußte in der Gestalt eines Zwerges geboren werden. So wurde er als verkrüppeltes Menschenkind geboren.

Als er großjährig war, ging er zum Dämonenkönig *Bali* und erbat sich als Bauer soviel Land, als er mit drei Schritten abmessen konnte. Das war nicht viel, und der Dämonenkönig willigte ein. Doch nun vergrößerte sich der Zwerg plötzlich und nahm seine göttliche Gestalt an.

Mit zwei Schritten durchmaß der Gott *Vishnu* die drei Welten, sie gehörten nun ihm. »Wohin soll ich mit dem dritten Schritt?« fragte der Gott. Da hielt der Dämonenkönig seinen Kopf hin, und *Vishnu* setzte seinen Fuß auf den Kopf des Dämonen. Damit war dieser besiegt. Nun verteilte *Vishnu* das

Land, die Götter erhielten wieder den Himmel. Der Dämon *Bali* erhielt etwas Land in den unteren Regionen, er wurde zum Türhüter des Gottes *Vishnu* bestellt. Nun war die alte Ordnung wiederhergestellt.

Als die Dämonen wieder Krieg gegen die Götter führten, da wurde *Bali* vom Kriegergott *Indra* besiegt und getötet. Sein Körper wurde durch den Blitz zerteilt, aus seinem toten Körper wurden die Edelsteine. Aus den Augen wurden die Saphire, aus dem Blut die Rubine, aus dem Fleisch die Kristalle, aus dem Knochenmark die Smaragde, aus der Zunge die Korallen, aus den Zähnen die Perlen. (MdV II, 66f)

19. Der Avatar als Kriegsheld Rama
(Parashi-Rama)

Vishnu wurde als Kriegsheld *Rama* geboren, um seinen Vater zu rächen. Da seine Mutter unreine Gedanken in sich trug, tötete er sie auf Befehl seines Vaters. Ein starker König mit 1000 Armeen hatte seinen Vater beleidigt. Dies wollte der Sohn rächen, er tötete viele aus der Kaste der Krieger.

Nun wollte der Vater den Sohn wegen seines Gehorsams belohnen, dieser durfte einen Wunsch erbitten. Er wünschte sich, daß seine Mutter mit reinen Gedanken wieder zum Leben käme. Dieser Wunsch wurde dem Sohn erfüllt. Da im Kampf viele Krieger getötet wurden, durften sich die Brahmanen mit den Frauen der toten Krieger paaren, damit diese wieder Kinder bekommen konnten. So füllte sich die Kaste der Krieger wieder auf.

Die Götter hatten beschlossen, daß die Brahmanen unter den Menschen herrschen sollten. Denn die Krieger und die Händler hatten zu wenig Weisheit. Nur die weisen Priester sollten regieren, denn nur sie konnten den Frieden und die Gerechtigkeit gewährleisten. Der Gott *Vishnu* hatte den Beschluß der Götter durchgeführt, damit war unter den Menschen die alte Ordnung wiederhergestellt. (MdV II, 65ff)

20. Der Avatar als Rama-Chandra

Der Königssohn *Rama* sollte durch die Intrigen seiner Stiefmutter auf den Thron verzichten und als Einsiedler in den Wald gehen. Seine schöne Frau *Sita* wollte ihn begleiten, da eine Frau immer dort sein soll, wo ihr Mann ist. So ging sie mit ihm in die Einsamkeit des Waldes. Während *Rama* eine Gazelle jagte, wurde seine schöne Frau von einem König nach Ceylon entführt.

Nun war *Rama* voller Trauer und Schmerz, er suchte überall nach seiner Frau. Es waren die Tiere, die dem Helden sagten, wohin seine Gattin entführt worden war. Sie halfen ihm, eine Brücke zur Insel Ceylon zu bauen. Es waren die Geier, die Affen, die Bären und die Eichhörnchen, die bei der Arbeit halfen. Sie schleppten Äste und Steine herbei, nach fünf Tagen war die Brücke fertig.

Dann zog *Rama* mit seinen Kriegern über die Steinbrücke zum König von Ceylon, die Tiere begleiteten ihn. Er konnte dessen Burg erobern, nachdem er sich im Ritual gereinigt hatte und das große Loblied auf die Sonne gesungen hatte. Dann sprach er heilige Formeln (Mantras) über seine Kriegspfeile und schoß sie gegen seine Feinde. Der letzte Pfeil tötete den König der Feinde.

Nun ließen die Götter Blumen regnen, sie sangen das Lob des Helden *Rama*. Doch es war der Gott *Vishnu*, der in diesem Helden Fleisch angenommen hatte. *Rama* weigerte sich, seine Gattin *Sita* zu empfangen. Sie sollte durch ein Gottesurteil beweisen, daß sie ihm treu geblieben war. Wegen dieser Zurückweisung wollte sich *Sita* auf einem Scheiterhaufen verbrennen. Mit gefalteten Händen bestieg sie das Feuer und rief aus: »Wie sich mein Herz nie von *Rama* getrennt hat, so möge mich der Feuergott *Angi* in Schutz nehmen.« Da klagten alle Menschen um *Sita*. Doch die Flammen berührten sie nicht, sie trugen sie zum Himmel empor, wo die Sonne leuchtete. Nun öffnete der Held *Rama* seine Arme für seine Frau und empfing sie in Liebe. Dabei rief er aus: »Ich kannte die Treue meiner Frau. Doch ich wollte es vor allen Menschen beweisen.« Damit war das Gottesurteil erfüllt.

Danach kehrte der Held *Rama* mit seiner Frau *Sita* in sein Königreich zurück und regierte dort. Das große Epos »Ramayana« schildert die Heldentaten dieses Gottmenschen, der eine Fleischwerdung des Gottes *Vishnu* ist. Seither ist *Rama* den Männern ein Vorbild der Tugend und der Tapferkeit, *Sita* ist den Frauen ein Vorbild der weiblichen Treue. So hatte der Gott *Vishnu* durch den Kriegshelden *Rama* die alte Ordnung unter den Menschen wiederhergestellt.

(Lex Ind Myt 327ff; MdV II, 64ff)

21. Der Avatar als Krishna

Wiederum wurde der Gott *Vishnu* Mensch, er nahm die Gestalt des Helden *Krishna* an. Dieser wurde in Mathura geboren. Seine Mutter *Devaki* war die Schwester eines Königs. Der König ließ alle Söhne der Schwester töten, damit sie ihn nicht vom Thron stürzen konnten. Doch die Mutter hatte den kleinen *Krishna* gegen ein anderes Kind ausgetauscht. So blieb er am Leben und wuchs unter Hirten auf.

Er wuchs sehr schnell heran und begann, große Taten auszuführen. So riß er zwei Bäume auf einmal aus, er täuschte die bösen Dämonen, er spielte mit den Affen und aß Erde. Dann forderte er den Kriegergott *Indra* heraus. Als die Hirten diesem Gott Opfer darbringen wollten, nahm er die Opfertiere weg. Nun war der Gott *Indra* zornig und schickte sieben Tage und sieben Nächte lang Regen über die Hirten. Doch es war *Krishna*, der die Hirten vor der großen Flut schützte.

Als die Hirtenmädchen nackt im Fluß badeten, da stahl *Krishna* ihre Kleider. Er stieg auf einen Baum und machte dort Späße, er lachte über die Mädchen. Die Kleider wollte er ihnen erst dann geben, wenn jede einzeln vor ihn hintrat und mit gefalteten Händen um die Kleider bat. Dies taten die Mädchen gerne, denn *Krishna* war sehr schön.

Nun spielte *Krishna* mit seiner magischen Flöte, damit verzauberte er alle Mädchen und Frauen. Wenn diese die Flöte hörten, verließen sie die Viehweiden und folgten dem Gottmenschen in den Wald. Dort paarten sie sich mit ihm und waren überaus glücklich. Sie erlebten tiefe Lust und die Erlösung von ihren Leiden. In ihrer Verliebtheit wollten alle Mädchen dem Göttersohn die Hand reichen. Da vervielfältigte er seine Hände, nun konnten alle Frauen sie ergreifen. Wer sich ihm näherte, kam der Erlösung nahe. Doch seine Lieblingsfrau war *Radha*, mit ihr erlebte er die höchste sinnliche Lust. Doch er verzauberte alle Frauen durch seine Sinnlichkeit, wer ihn berührte, geriet in erotische Ekstase. Bei den kultischen Liebesfesten wollen die Hirten die Liebeskraft des Gottmenschen *Krishna* in sich aufnehmen.

Als *Krishna* ein reifer Mann wurde, da gesellte er sich zu den Kriegern, er ging von den Hirten weg. Nun besiegte er viele Dämonen, das Heldenepos »Mahabarata« erzählt davon. So bestärkt er den Helden *Arjuna*, der nicht in den Krieg ziehen will, weil er vor dem Sterben Angst hat. *Krishna* sagt ihm, die Seele des Menschen sei unsterblich, auch wenn der Körper getötet werde. Die gefallenen Krieger werden ewig leben.

Dann beginnt der große Krieg, den nur wenige der Helden überleben. *Krishna* überlebte, dann meditierte er im Wald mit unbedeckten Füßen. Ein Jäger sah ihn und glaubte, es sei ein Hirsch. So schoß er seinen Pfeil ab und traf die Fußsohle des Gottmenschen. Das war die einzige Körperstelle, an der er verwundbar war. Als der Jäger den sterbenden *Krishna* erkennt, ist er entsetzt. Doch *Krishna* sagt ihm, er solle keine Angst und Trauer haben. Mit diesen Worten des Trostes ging der Gottmensch von der Erde weg. Nun wurde es dunkel und leidvoll bei den Menschen, doch es blieb ihnen die Freude an der Sinnlichkeit und am Leben. In der Gestalt des *Krishna* hat der Gott *Vishnu* den Menschen gezeigt, wie schön sinnliche Liebe ist. So ist *Krishna* das Vorbild aller liebenden Menschen.

(MdV II, 69–72)

22. Der Avatar als Buddha

Der Gott *Vishnu* wurde Mensch, um seinen Geschöpfen die Kraft der Meditation und der Weisheit zu zeigen. Er wurde in der Kriegersippe der Gautama geboren. Seine Mutter sah im Traum einen weißen Elefanten, der mit seinem Rüssel ihre Schenkel berührte. Sie wurde schwanger und sah, wie der Vollmond in ihren Schoß fiel. Als ihr Sohn geboren wurde, wuchs er schnell heran. Und als er das Gehen lernte, tat er sieben Schritte in jede Himmelsrichtung.

Dann wurde er in der Kriegerkunst ausgebildet. Mit 16 Jahren heiratete er, seine Frau gebar ihm einen Sohn *Rahula*. Wie alle Krieger hatte er neben seiner Hauptfrau viele Nebenfrauen. Als er mit seinem Streitwagen durch die Stadt fuhr, sah er einen alten Menschen, dann einen Kranken, zuletzt einen Toten. Er war tief erschüttert über die Vergänglichkeit des Lebens. Nun beschloß er, ein Wanderasket zu werden.

So verließ er das Haus seines Vaters und schloß sich den Wanderasketen an. Bei ihnen lernte er die Weisheit, er wurde ein Erleuchteter, ein *Buddha*. Er wollte den Weg der Mitte gehen und lehrte seine Schüler einen besonderen Weg zur Erlösung. So hatte der Gott *Vishnu* in der Gestalt des *Buddha* den Menschen die Weisheit und die Erlösung gebracht.

(MdV II, 70f)

(Doch die Schüler des Buddha deuten dessen Leben nicht als Avatar des Gottes Vishnu, denn sie glauben, daß der Buddha über die Welt der Götter hinaufgestiegen sei.)

23. Der Avatar als Kalki

Die letzte Menschwerdung des Gottes *Vishnu* wird erst in der Zukunft stattfinden. Am Ende des Eisenzeitalters, wenn die jetzige Weltzeit zu Ende geht, wird der Gott *Vishnu* in die Welt zurückkehren. Dann wird er als Riese auf einem weißen Pferd reiten, er wird ein brennendes Feuerschwert tragen. Er wird alle bösen Dämonen und alle bösen Menschen vernichten. Das wird das Ende der Weltzeit sein. Doch nach einer langen kosmischen Nacht wird sich die Welt erneuern, eine neue Weltzeit wird beginnen. So wird der Gott *Vishnu* auch in der Zukunft der Schützer des Rechts und der Ordnung sein.

Doch der Gott *Vishnu* wurde noch in vielen anderen Menschen geboren, vor allem in den großen Lehrern der Weisheit: Nara, Narayana, Rishabha, Vyasa, Manu. In jedem Guru ist *Vishnus* Lebenskraft gegenwärtig. (Lex Ind Myt 328f)

24. Der Gott Shiva

Shiva ist der Gott der Zerstörung, denn alles Gewordene muß wieder vergehen. Was einen Anfang hat, muß ein Ende haben. So gibt es neben dem Schöpfergott *Brahma* und dem Erhaltergott *Vishnu* den Zerstörergott *Shiva*. Er hat die Gestalt eines Menschen, doch mit vier Armen. Auf seiner Stirn hat er ein drittes Auge, so daß er alles sehen kann. Ein Tigerfell ist sein Kleid, eine Schlange windet sich um seinen Hals. Auch seine Arme sind von Schlangen umwunden. Seine Haare sind zerzaust, er trägt den Haarknoten der Asketen, über seinem Kopf steht der Halbmond. Sein Reittier ist der Stier *Nandin*. Die Menschen haben große Angst vor diesem Gott, denn er setzt ihrem Leben ein Ende. (MdV II, 74f)

25. Der Schreckensgott Rudra

Unter seinem schrecklichen Aspekt heißt der Zerstörergott auch *Rudra*. Er ist der Mächtige und Gewaltige, er kämpft gegen das Böse. Er duldet keine Übertretung der Gesetze, so straft er die ungehorsamen Sünder. Im Krieg zieht er den Kriegern voran und zerschmettert die Feinde. Die Menschen erzittern vor ihm. Doch er ist auch der Gott der Heilung. Er verbindet die Wunden, wenn er um Hilfe gerufen wird. Er kann die Krankheiten heilen. Doch seinen Feinden schickt er die Krankheiten und den Tod. Den Kriegern schenkt er die Siege und den Frieden. Auch die Götter müssen sich vor dem strafenden Gott fürchten.

Als der Schöpfergott *Brahma* sich mit seiner Tochter *Ushas* paarte, da schoß *Rudra* zur Strafe seinen Pfeil auf den Gott *Brahma*. Doch *Brahma* machte den Gott zum Herrn der Tiere und Schützer der Jäger. Er sollte auch die tierischen Triebe in den Menschen lenken. Als Zerstörer lebt *Shiva-Rudra* an den Orten, wo die Leichen verbrannt werden und wo die bösen Dämonen leben. Dort schmückt er sich mit den Totenköpfen, und er führt die bösen Dämonen und die Vampire an, die aus den Menschen das Blut saugen. Wenn der Körper des Toten verbrannt ist, bleibt nur sein Selbst (Atman) übrig, dieses kehrt zurück in die Welt des Schöpfergottes *Brahma*. (MdV II, 74f)

26. Kama, der Gott der Begierde

Der Gott *Shiva* übte sich über lange Zeitepochen hinweg in Askese und Meditation. Seine Gattin *Parvati* meditierte zwar auch, aber zwischendurch wollte sie sich mit ihrem Göttergemahl auch paaren. Da bat sie *Kama*, den Gott der Begierde, um Mithilfe. Er sollte den Pfeil der sinnlichen Begierde in das Herz des meditierenden Gottes schießen und den Gott an seine ehelichen Pflichten erinnern. Doch *Shiva* wußte von diesem Plan, denn mit seinem dritten Auge sah er den Bogen des Gottes *Kama*. Er zerschmetterte den Gott und tötete ihn. Doch dann bat ihn seine Gattin, den Liebesgott wieder zum Leben zu erwecken. Dies tat der Gott *Shiva*, nun war die Liebe wieder unter den Göttern erwacht.

Kama schickt auch zu den Menschen die sinnliche Begierde. Er weckt in ihnen die Lust und die erotische Leidenschaft. Diese wird durch Meditation und Askese ergänzt, doch diese soll nicht vorzeitig gestört werden. Der Meditierende sucht die Einheit mit dem Schöpfergott *Brahma*. Wenn er diese gefunden hat, dann ergibt er sich der sinnlichen Begierde und der erotischen Leidenschaft. Es ist der Gott *Shiva*, der mit seinem kosmischen Tanz den Rhythmus des Lebens vorgibt. (MdV II, 75ff)

27. Shiva als der Retter

Als die kosmische Schlange im Milchozean hin und her gezogen und die Milch zu Butter wurde, da spie die Schlange blaues Gift aus. Das Gift hätte alle Lebewesen töten können. Nun war es der Gott *Shiva*, der mit seinen Händen das blaue Gift der Schlange einsammelte. Als er es trank, wurde seine Kehle blau. Seither wird er immer in blauer Farbe dargestellt. Doch nun waren die Menschen und alle Lebewesen gerettet, sie wurden vom Gift der Schlange nicht mehr berührt. Seither verehren die Menschen den Gott *Shiva* auch als ihren Retter. (MdV II, 76)

28. Herabkunft des Ganges

Am Anfang floß der heilige Fluß Ganges nur im Himmel der Götter. Auf der Erde lag die Asche der Menschen, die nach ihrem Tod verbrannt wurden. Die Asche bedeckte die Erde, es gab kein Wasser, das sie wegschwemmte. Da trat ein weiser Asket *Bhagiratha* auf und bat den Himmelsfluß Ganges, auch auf die Erde herabzukommen. Nun stürzte das himmlische Wasser in gewaltiger Flut auf die Erde herab. Doch nun trat der Gott *Shiva* dazwischen, damit die Erde nicht zerstört werde. Er fing mit seinem Kopf und Nacken den Fluß auf, so daß er sich in sieben Sturzbäche teilte. Nun konnte das viele Wasser des Himmels auf der Erde keinen Schaden anrichten. Es ist der Gott *Shiva*, der den heiligen Fluß Ganges auf die Erde herabfließen läßt. Durch seinen kosmischen Tanz lenkt er den Rhythmus der Welten und der Zeiten. Er zerstört die Welten und läßt neue entstehen. (MdV II, 76)

29. Trimurti, der dreifaltige Gott

In der Nacht des *Brahma* am Uranfang, da sah der Gott *Brahma* die Urschlange mit den 1000 Köpfen über dem Urmeer liegen. Da sprach der Gott zur Urschlange: »Wer bist du? Sei willkommen, mein Kind!« Die Schlange antwortete: »Ich bin der Gott *Vishnu*, der Schöpfer, der Erhalter und der Zerstörer der Welten. Ich bin *Narayana*, das ewig Männliche, die unsterbliche Quelle aller Welten.«

Nun stritten die beiden Götter *Brahma* und *Vishnu*, wer von ihnen früher geworden sei. Sie sahen eine feurige Säule aus dem Meer ragen, in der Gestalt eines großen männlichen Penis, *Lingam* genannt. Nun wollten sie diese gewaltige Säule vermessen. *Brahma* stieg 1000 Jahre nach oben, *Vishnu* stieg 1000 Jahre nach unten in das Meer. Sie kehrten entkräftet zurück, denn sie konnten die Säule nicht vermessen.

Da erschien vor den beiden Göttern der Gott *Shiva* mit seiner gewaltigen Zauberkraft *Maya*. Von allen Seiten erklang die heilige Silbe OM, sie erfüllte das ganze Weltall. Da sprach *Shiva* zu den beiden anderen Göttern: »Ich bin *Shiva*, der Schöpfer, der Erhalter und der Zerstörer. Ich bin der höchste und unteilbare Herr. Ich bin drei. Ich bin *Brahma*, ich bin *Vishnu*, ich bin *Shiva*. Ich erschaffe, ich erhalte und ich zerstöre.« Seither bilden diese drei Götter die höchste göttliche Einheit. Sie sind die Ursache des Werdens, des Bestehens und des Vergehens, der Bewegung und der Ruhe.

(MdV II, 77f)

30. Der tanzende Shiva

Der Gott *Shiva* ist der Herr des kosmischen Tanzes, als ekstatischer Tänzer heißt er *Nataraja*. Mit seinem Tanz bewegt er die Welten, das Werden und das Vergehen. Zu seinen Füßen liegt der Dämon *Tripurasura*, über den er ständig hinwegspringt. Er ist von einem Lichtkranz umgeben, auf ihm leuchten zahlreiche

Flammen, die dann wieder verlöschen. Das sind die entstehenden und die vergehenden Welten.

Der tanzende *Shiva* besiegte einen gewaltigen Tiger, tötete ihn und hängte sich sein Fell um die Schultern. Er besiegte eine gefährliche Schlange und legte sie sich um den Hals. Die Asketen und Weisen unterbrechen ihre Meditation, um den tanzenden Gott *Shiva* zu sehen. Die Götter werfen sich vor dem tanzenden Gott nieder und huldigen ihm. Sie alle sind fasziniert vom kosmischen Tanz des Gottes.

Auch die Menschen üben sich ein in den mystischen Tanz, sie vereinigen sich dabei mit dem Gott *Shiva*. Damit nehmen sie teil am großen »Spiel« (lila) der Welten und der Zeiten. Den Menschen erscheint der Gott immer mit zwei Seiten, mit einer gütigen und einer schrecklichen, als Lebensspender und als Zerstörer. (MdV II, 79f)

31. Die göttliche Mutter

In jedem männlichen Gott ist die weibliche Urkraft *Shakti*. Sie geht aus der männlichen Kraft hervor und zeigt sich in den Ehefrauen und Töchtern. Die Menschen nennen diese weibliche Urkraft die »göttliche Mutter«, sie geben ihr viele Namen und sehen sie in vielen Gestalten.

Da ist zunächst die *Maha-Shakti*, sie schwebt über den vielen Welten und verbindet diese miteinander. Sie erschafft alle Welten, nährt sie und gibt ihnen die Lebenskraft. Sie zeigt sich in den einzelnen weiblichen Göttern und Wesen. Als solche vermittelt sie zwischen den Göttern und den Menschen.

So erscheint die göttliche Mutter in vier Urgestalten: a) Sie ist die weise, ruhige und barmherzige göttliche Frau, die über alles bestimmt. b) Sie ist aber auch die kriegerische Frau, voll wilder Leidenschaft, Schnelligkeit und zerstörerischer Kraft. c) Ihre dritte Gestalt ist die sinnlich-erotische Frau, voll wunderbarer Schönheit. d) Die weise Frau, die fehlerlose Arbeit verrichtet, ist ihre vierte Gestalt. Sie kennt alle Kulturtechniken und führt alles in Harmonie und Vollkommenheit zu Ende.

Als barmherzige und gütige Mutter heißt sie bei den Menschen *Maheshvari*. Als kriegerische Frau heißt sie *Mahakali*. Als Kulturbringerin trägt sie den Namen *Mahasarasvati*. Und als sinnliche Liebhaberin heißt sie *Mahalakhsmi*. Dies sind die vier Grundfunktionen des Weiblichen, die sich auch bei den Menschenfrauen finden. So ist die göttliche Mutter das vierfache Urbild für jede Frau. (MdV II, 80f)

32. Die Gemahlin des Gottes Shiva

Die Gattin des Gottes *Shiva* tritt in mehreren Gestalten auf. In der Gestalt der *Uma* übt sie Askese über den Gipfeln des Himalayagebirges. Danach verführt sie ihren Gatten zu sinnlicher Erotik und zur Paarung. Im Liebesspiel hält sie ihm von hinten die Augen zu. Da erlosch die Sonne, in allen Welten war es dunkel. Nun öffnete sich auf der Stirn des Gottes *Shiva* ein drittes Auge, es war voller Feuerflammen. Die Berge fingen Feuer und drohten zu verbrennen. Nun begann die Gattin *Uma* die große Klage, da löschte der Gott das Feuer und stellte das Leben auf den Bergen wieder her.

Der zweite Name der Göttin ist *Parvati*, die Tochter des Himalaya. Sie ist eine schöne und sinnliche Frau, sie sitzt ihrem Göttergatten gegenüber und spricht mit ihm über die Liebe und die metaphysische Weisheit. Die Tantra-Schriften geben unter den Menschen diese Gespräche des Götterpaares wieder. Die Göttin tanzt mit *Shiva* um die Wette, die Götter sollten richten, wer von ihnen besser tanzte.

Shiva tanzte vor und seine Gattin tanzte jeden Schritt exakt und voll Anmut nach. Als der Gott sein Bein so hoch erhob, daß man sein Geschlecht sehen konnte, da mußte sich die Gattin geschlagen geben. Denn es ziemte sich auch bei den Göttern für Frauen nicht, das Bein so hoch zu heben, daß man ihr

Geschlecht sehen konnte. Damit blieb der Gott *Shiva* der Sieger im Tanzen.

Die dritte Gestalt der Göttin ist *Kali*, die »schwarze Mutter«. Auch sie vollzieht den kosmischen Tanz, doch wirkt sie im Bereich der menschlichen Seele. Sie ist dem Gott *Shiva* wesensgleich. Doch im Leben muß sie sich dem Gott unterordnen, wie es die Menschenfrauen auf der Erde tun. Die Menschen sehen die Göttin unbekleidet und mit wildem Blick, ihre Zunge hängt ihr aus dem Mund, in der Hand hält sie ein blutiges Messer und einen Menschenkopf. Ihre Aufgabe ist es auch, zu zerstören und zu töten. Von den Menschen bekam sie viele Menschenopfer.

Die Göttin *Kali* trägt um den Hals eine Kette mit Menschenköpfen. Vor ihr liegt der Gott *Shiva* regungslos auf der Erde, sie setzt ihren Fuß auf seinen Körper. Doch die schreckliche Göttin hat auch eine schützende und segnende Hand. Die Eingeweihten wissen, daß die Totenköpfe um ihren Hals die zerstörenden Laster der Menschen sind, nämlich Neid, Haß, Lüge, Gewalt. Die Menschen beten sie als die »Schreckliche« an, denn sie zieht den Kriegern in die Schlachten voran und reitet auf einem wilden Löwen.

Ihre andere Gestalt ist die der Göttin *Durga*, der Unnahbaren. Im Auftrag des Göttervaters muß sie den bösen Dämonen *Mahesha* vernichten, der viele Götter vom Thron gestürzt hatte. So kämpft sie gegen diesen Dämon, der ständig seine Gestalt wechselt; zuerst ist er ein Büffel, dann ein Elefant, dann ein Riese mit tausend Armen. Die Göttin reitet auf dem wilden Löwen, sie besiegt den Gegner und durchbohrt sein Herz mit ihrer Lanze. Mit heiterem Gesicht setzt sie ihren Fuß auf den getöteten Dämon. Sie ist unbesiegbar, denn sie hat zehn Arme, in denen sie die Kriegswaffen hält.

Die Göttin hat auch noch andere Namen und Aufgaben. Die Menschen nennen sie die Furchtbare (*Bhairavi*), die sich Fortpflanzende (*Ambika*), die vollkommene Ehegattin (*Sati*), die strahlende Frau (*Gauri*). In ihrem Wesen ist sie mit dem Gott

Shiva identisch. Die beiden bilden die eine Gottheit, die zur Hälfte Mann und zur Hälfte Frau ist. In diesem kosmischen Götterpaar sind die männliche und die weibliche Sexualität vereint.

(MdV II, 81ff)

33. Die Gemahlin des Gottes Vishnu

Die Gattin des Gottes *Vishnu* ist *Lakshmi*, sie wird auch *Shri* genannt. Sie begleitet den Gott bei den meisten seiner Inkarnationen unter den Menschen. Als *Vishnu* im Milchozean in der Gestalt der Schildkröte ruhte, da erschien die Göttin in strahlendem Glanz, in einer Lotusblume sitzend. Die himmlischen Musiker und die Weisen singen für sie Lieder des Lobes. Die heiligen Flüsse bitten sie, in ihren Wassern zu baden. Das Milchmeer bietet ihr eine unverwelkliche Blumenkrone an. Die heiligen Elefanten, die die Weltordnung stützen, gießen das heilige Wasser des Ganges über die Göttin.

Die Göttin sitzt auf den Knien ihres Göttergatten *Vishnu*, viele männliche Dämonen begehren sie als Frau. Doch sie weigert sich, diese anzusehen. Bei den Avataren ihres Gatten trug sie die Gestalt der *Vamana*, der *Padma*, der *Kamala*, der *Dharama*, der *Sita* und der *Rukmini*. Sie lebte sogar in einer Ehe mit einem Guru, in dem die drei Götter *Brahma*, *Vishnu* und *Shiva* Mensch geworden sind.

Als die Göttin des Glücks ist sie völlig unberechenbar. Keiner der Götter, der Halbgötter oder der Dämonen konnte sie für immer als Frau ertragen. Sie versprach dem Kriegergott *Indra*, ihm ihre Reinheit zu schenken, denn dieser Gott hatte sie aus Bali geraubt. *Indra* zerteilte nun die Göttin wie ein Opfer in vier gleiche Teile. Einen Teil übergab er der Erde, einen Teil an das Feuer, einen dritten Teil dem Wasser und einen vierten Teil an die gerechten Menschen. Die Menschen beten diese Körperteile der Göttin an, sie erwarten sich von ihnen besondere Gnadengaben.

(MdV II, 84ff)

34. Die Gattin des Gottes Brahma

Sie heißt *Sarasvati* und ist die Schutzgöttin der Musik, der Weisheit, des heiligen Wissens und der Kulturtechniken. Den Priestern gilt sie als Spenderin und Mutter der Veden, sie hat den Menschen die Schriftzeichen des Sanskrit geschenkt. Den Menschen erscheint sie als schöne und sinnliche Frau, meist mit vier Armen. Mit einer Hand hält sie die Blume für ihren Gemahl, mit der anderen hält sie eine Schriftrolle aus Palmblättern, in der das heilige Wissen geschrieben ist. In den beiden anderen Händen hält sie die Gebetskette und die magische Trommel. Sie sitzt auf der Lotusblume und spielt ein Saiteninstrument.

Brahma hatte aus seinem eigenen Wesen eine Göttin geformt, er nannte sie mit mehreren Namen: *Shatarupa, Savitri, Gayatri, Brahmani.* Als er diese wunderschöne Frau und Tochter sah, da verliebte er sich in sie. Doch die schöne Göttin wich den begehrlichen Blicken ihres Vaters und Erzeugers aus. Er drehte sich ihr nach, und so wuchsen dem Gott fünf Köpfe aus seinem Körper. Vier Köpfe drehte er nach den vier Himmelsrichtungen, den fünften wandte er zum Himmel nach oben.

Nun lud *Brahma* seine Tochter zur Hochzeit ein, er wollte mit ihr alle Lebewesen, die Menschen und die Dämonen zeugen. So kam sie vom Himmel, in den sie sich geflüchtet hatte, auf die Erde zurück. Die beiden Götter feierten Hochzeit, die Tochter wurde die Gattin des Göttervaters. Sie lebten hundert Götterjahre in großem Glück zusammen, aus ihnen wurden alle Lebewesen geboren. Zuerst kam *Manu*, der weise Gesetzgeber für alle Menschen.

(MdV II, 85f)

35. Der Kriegergott Indra

Indra gehört zu den alten Göttern der Inder, von ihm leiten sie ihren Namen her. Er war zuerst ein Gott des Regens, der Gewitter und des Blitzes. Seine Farben waren Rot und Gold, mit seinen Armen konnte er den Götterhimmel umfassen. Mit seinem Streitwagen fährt er über die Wolken, braune Pferde ziehen sein Gefährt. Als Waffen hat er den Donnerkeil, den Bogen, die Pfeile, das Fangnetz und die Fanghaken. Den Menschen schickt er den Regen, wenn es ihm gefällt.

Als Schutzgott des Lebens kämpft er gegen die Todesgötter der Dürre. Als starker Krieger führt er den Kampf gegen die bösen Dämonen, gegen die *Asuras* und die *Daityas*. Nicht alle Schlachten enden mit seinen Siegen. Doch er kann den König der bösen Dämonen besiegen und ihre Dörfer zerstören. Denn diese Dämonen hatten die heiligen Kühe aus dem Himmel der Götter gestohlen. Seine Gattin ist *Indrami*, sie heißt auch *Hindra*, sie regiert als Königin im Himmel und auf der Erde. Sein Götterhimmel heißt *Svarga*, dorthin führt er die gefallenen Krieger heim.

Der Gott *Indra* paart sich mit vielen Göttinnen, er kennt keine monogame Ehe. Mit seinen tausend Augen kann er die ganze Welt mit einem Blick erfassen. Ihm werden viele Opfer gebracht, die seine Kraft stärken, denn er führt die Krieger zu den großen Siegen. Sein Himmel ist ein Garten der Freude, dorthin kommen die gefallenen Krieger, aber auch die guten Menschen, die nach den göttlichen Gesetzen leben.

(Lex Ind Myt 154f)

36. Der Viehraub der Pani

Die *Pani* waren dämonische Zwerge, sie lebten auf der anderen Seite des Flusses *Rasa*, der die Lebenden von den Toten trennt. Sie entdeckten die Viehherden des Gottes *Indra* und entführten diese in ihr Land. Nun erschuf der Kriegergott *Indra* die Hündin *Sarama*, sie sollte die Kühe suchen. Die Hündin durchquerte den Fluß *Rasa* und kam ins Schattenreich der *Pani*. Diese boten ihr Freundschaft an und einen Teil der Kühe. Doch sie lehnte das Angebot ab, aber sie bat um etwas Kuhmilch. Sie trank von der Milch und kehrte dann wieder zum Gott *Indra* zurück. Nun zeigte sie ihm den Weg zu den *Pani*, sie verschwieg aber, daß sie von der Milch getrunken hatte.

Nun machte sich der Gott *Indra* mit seinen Kriegern auf den Weg, er überquerte den Fluß. Nach langem Kampf besiegte und tötete er die Zwergdämonen. Dann führte er in festlichem Zug alle seine Kühe wieder heim in die himmlischen Viehweiden. Die Kühe waren für den Gott wichtig, denn sie gaben ihm die Lebenskraft. Durch den Raub der Kühe war die Leuchtkraft der Sonne geschwächt worden, sie war in einem Berg eingeschlossen worden. Nun wurde die Sonne vom Gott *Indra* befreit, indem er sein magisches Wort (Mantra) sprach. Bei dieser Befreiung nahmen auch die Götter *Agni* und *Soma* teil. Seither heißt *Indra* der »Herr der Kühe« oder der »Sucher der Kühe«.

(Lex Ind Myt 231f; MdV II, 87f)

37. Der Dämon Vritra

Der Weltschöpfer *Tvashtri* hatte einen Sohn *Trishiras*, der hatte drei Köpfe. Mit einem Kopf las er die Veden, mit dem zweiten ernährte er sich, und mit dem dritten Kopf und dessen Augen überschaute er das ganze Weltall. Er lebte als strenger Asket, dabei wuchsen seine Gestalt und seine Kraft von Tag zu Tag. Das beunruhigte den Gott *Indra*, er schickte junge Mädchen; sie sollten den Asketen zur Liebe verführen. Doch das half nicht. Nun schleuderte der Gott *Indra* den Blitz auf den Asketen, so daß dieser starb. Aber seine Helligkeit strahlte auch nach seinem Tod noch weiter in der Welt. Ein Holzfäller mußte dem Toten die drei Köpfe abschlagen.

Der Vater des Asketen wollte den Tod seines Sohnes rächen, er ließ den Dämon *Vritra* entstehen. Dieser hielt nun die sieben Flüsse der göttlichen Wahrheit zurück, sie konnten sich nicht mehr über der Erde verbreiten. Dann forderte der Dämon den Kriegergott *Indra* zum Kampf heraus. Er besiegte ihn und verschlang ihn in seinem Maul. Nun mußten die Götter den Dämon zum Gähnen bringen, damit *Indra* wieder aus seinem Maul springen konnte. Der Kampf ging weiter, doch die Götter drängten zur Versöhnung der beiden.

Nun kamen die Priester (Rishis) zu Hilfe, sie überredeten den Dämon *Vritra* zum Friedensschluß. Doch der Gott *Indra* mußte ihm versprechen, mit keiner Waffe aus Stein oder Eisen, weder bei Tag noch in der Nacht, den Kampf zu beginnen. Aber der Kriegergott *Indra* wollte sich für die Schmach seiner Niederlage rächen. Als er abends in der Dämmerung am Meer lustwandelte, da hob er den Meeresschaum auf und warf ihn auf den Dämon *Vritra*. Da fiel der Dämon tot um, denn in dem Meeresschaum war der Gott *Vishnu* verborgen. Nun freuten sich die Götter, die ganze Natur feierte den Tod des bösen Dämons. Der Himmel füllte sich mit Licht, ein sanfter Wind wehte, die Felder begannen zu blühen.

Doch der Gott *Indra* fühlte sich schuldig, denn er hatte den Dämon belogen und er hatte den Asketen *Trishiras* getötet.

(MdV II, 89–91)

38. Der König Nahusha

Der Kriegergott *Indra* zog sich mit großen Schuldgefühlen an die Grenze der Welt zurück und verbarg sich in einem Lotusstengel. Nun wählten die weisen *Rishis* und die größeren Götter einen neuen Götterkönig. Der tugendreiche Gott *Nahusha* wurde auf *Indras* Götterthron gesetzt. Da wurde der Gott von sinnlichem Begehren erfüllt, er wollte *Sachi*, die Frau des Gottes *Indra*, zur Frau haben. Denn er wollte die ganze Macht des Vorgängers haben. Nun verhandelten die Götter und die weisen *Rishis* mit der Frau des Gottes *Indra*. Doch sie wollte den neuen Götterkönig täuschen. Sie sagte, sie wolle ihn empfangen, wenn er auf einem Prunkwagen zu ihr komme, den die *Rishis* ziehen müßten.

In seinem Hochmut diskutierte der neue Götterkönig mit den Weisen über die Echtheit der Veden. Dabei berührte er mit seinem Fuß den Kopf eines Weisen. Dieser verfluchte nun den neuen König, er mußte in der Gestalt einer Schlange zehntausend Jahre lang auf der Erde umherirren. So ging die Herrschaft des stolzen Götterkönigs im Himmel plötzlich zu Ende. Die weisen *Rishis* waren stärker als alle Könige. So war es auch bei den Menschen auf der Erde. (MdV II, 91f)

39. Der Sonnengott Surya

Der Sonnengott zeigt sich in zwölf verschiedenen Gestalten. Das sind die zwölf Herrlichkeiten des Gottes, die das Weltall durchdringen und in die Seele der Menschen strahlen. Dazu gehören die Götter *Indra* oder *Parjanya*, *Aryaman* oder *Vishnu*, *Varuna* oder *Mitra*. Der Sonnengott heißt »Herr des Lichtes und der Wahrheit«, er ist der Erschaffer aller Formen im Kosmos. Aus ihm werden die leuchtenden Kühe geboren, die dann dem Gott *Indra* gegeben werden. Von ihm strahlen die Götter *Mitra* und *Varuna* aus.

Der Sonnengott hat drei Gestalten: Als *Surya* ist er der Erleuchter und Lichtbringer; als *Savitri* ist er der Schöpfer der Welten, und als *Pushan* ist er der Vermehrer der Kraft und des Lebens. *Surya* ist der große Erleuchtete, der den Menschen den Verstand, die Weisheit und die Wahrheit schenkt. Er befreit sie vom engen Ichbewußtsein und führt sie in die Weite des mystischen Lebens. Er durchschaut alle Dinge in ihrem Wesen und in ihren Einzelteilen. Die Götter folgen ihm auf seinem Weg und erreichen dadurch Größe und Macht.

Surya hat die Gestalt eines Menschen, mit roter Gesichtsfarbe, mit drei Augen und vier Armen. Er hält die Lotusblume und segnet die Menschen, er gibt ihnen Licht und Kraft. Er sitzt selber in einer Lotusblume, sein ganzer Körper strahlt den Glanz des Sieges aus. So schenkt er den Menschen die Lebensfreude, die aus der Kraft der guten Taten wächst. Er vermittelt ihnen das Wissen über die Schöpfung und zeigt ihnen den Zweck der Welten. (MdV II, 92f)

40. Der Gott Savitri

Der strahlende Gott *Savitri* hat durch seine Macht und Größe alle Welten mit Licht erfüllt. Er ist der Schöpfer des Wahren und der Gerechtigkeit. Den Göttern erschafft er die Unsterblichkeit, er bringt ihnen die höchste Lebensfreude. Er ist die Seelenkraft in allen Wesen, die einen Körper haben. So regelt er die Zeiträume und erschafft die vielen Welten. Dargestellt wird er als Mann mit goldenen Augen und Händen, mit goldener Zunge. Mit einem feurigen Wagen fährt er über den Himmel, weiße Pferde ziehen den Wagen. Seine goldenen Arme breitet er segnend über den ganzen Himmel aus.

(MdV II, 93f)

41. Der Sonnengott Pushan

Er ist die dritte Gestalt des einen Sonnengottes, er ist der große Vermehrer von Leben und Kraft. Daher ist er ein Freund und Gefährte der Menschen, er erleuchtet ihren Verstand und gibt ihnen Wissen und Weisheit, er schützt die Gesundheit. Wenn die Menschen etwas verloren haben, dann hilft er mit seinem Licht, es wiederzufinden. So schenkt er allen Menschen Wachstum und ein reifes Alter. Er ist der Herr der Wege, der die Wanderer geleitet. Da er in seine Gedanken verliebt ist, verwirklicht er sie auch. Den Menschen hilft er, die Hindernisse zu überwinden und die Feinde zu besiegen.

(MdV II, 94)

42. Ushas, die Göttin der Morgenröte

Sie ist die Tochter des Himmels, sie weckt die Götter jeden Morgen zu großen Taten auf. Denn sie ist die Mutter der Sonnenstrahlen, sie hat viele Götter geboren. Doch sie erhellt auch die Natur der Menschen, sie schenkt ihnen die Wahrheit und die Glückseligkeit. Überall begleitet sie die Sterblichen, sie lenkt ihre Schritte zum Glück des Lebens. Als Mutter der Wahrheit schenkt sie den Menschen die Siege.

Ushas fährt mit leuchtendem Wagen, der von heiligen Kühen oder von schwarzen Pferden gezogen wird. Sie hat die Gestalt des jungen Mädchens und der geschmückten Tänzerin. Sie ist wie eine Jungfrau, die ihren Bräutigam zur Hochzeit empfängt. Wenn sie ihren Schleier lüftet, kann kein männliches Wesen ihren weiblichen Reizen widerstehen. Sie vertreibt die Dunkelheit und verteilt an die Menschen reiche Schätze. Die Welt erleuchtet sie bis zum letzten Horizont, sie schenkt den Wesen Leben und Gesundheit. Die Vögel grüßen sie bei ihrem Morgenflug.

Als junge Frau weckt sie alle Geschöpfe und spornt sie zu großen Taten an. Die Menschen bitten sie, sie möge die guten Götter und die guten Menschen wecken. Die bösen Götter und Menschen möge sie im Schlaf belassen. Sie ist unsterblich, doch sie wird jeden Morgen neu geboren. (MdV II, 95f)

43. Der Feuergott Agni

Der Gott des Feuers ist im Opferfeuer und im Herdfeuer zugegen, aber er ist auch in der Sonne und im Blitz. Er kommt aus dem Ozean des Himmels und fährt auf die Erde nieder. Doch er wohnt auch in den Pflanzen und gibt ihnen Lebenskraft. Wenn die Sonne aufgeht und auf der Erde die Opferfeuer angezündet werden, dann erscheint der Gott in seiner Herrlichkeit.

Agni bringt den Menschen Segen und Glück, doch in den Waldbränden zeigt er seine zerstörende Kraft. Er spendet Wärme und Licht, sowohl für die Menschen als auch für die Tiere. Er ist im menschlichen Samen gegenwärtig und trägt das Leben weiter. Die Opfergaben der Menschen trägt er zu den Göttern, sie werden durch das Feuer verwandelt. Er bringt die Bitten der Menschen zu den Göttern, aber auch die Botschaften der Götter zu den Menschen. Beim Totenfeuer bringt er die Seelen der

Verstorbenen in das Land der Toten. Die Götter geleitet er zu den großen Opferfesten der Menschen.

Der erste Mensch *Matarishvan*, der auch die Opfer brachte, hat den Gott zu den Opfern geholt. *Agni* erscheint den Menschen in roter Gestalt, er hat drei Beine und sieben Arme. Seine Augen und Haare sind schwarz, seine Zähne sind reißend wild, und aus seinem Mund fließen Feuerflammen. Geboren wurde er aus den Wassern, sein Reittier ist der Widder. Er ist der große Reiniger, den Rauch hat er als seine Fahne. Bei den Opfern ist er unersättlich, so überredet er die Menschen, möglichst viele Opfer zu bringen. Er kennt alle Geburten im voraus. Bei der Hochzeit muß das Brautpaar siebenmal das Herdfeuer umschreiten, dann schützt der Gott die Ehe. Bei der Leichenverbrennung reinigt er die Seele des Toten. Alle Menschen verehren und fürchten den Gott des Feuers.

(MdV II, 96f)

44. Der Mondgott Soma

Der Mondgott ist der Sohn der Sonnenscheibe. Den Menschen schenkt er das Wissen, und er schützt sie vor Feinden. Seine weibliche Partnerin ist *Somavati*, die Göttin des Mondes. *Soma* war zuerst ein magisches Getränk, das die Götter unsterblich machte. Dieses Getränk ist das Wasser des Lebens, die Götter berauschen sich daran. Auch die Menschen wollen es bekommen. *Soma* wurde zum Schutzgott des magischen Getränks, das die Menschen aus wildem Rhabarber herstellen. So ist er der Aufseher über alle Heilgetränke. Der Unsterblichkeitstrank kommt vom Himmel, doch er wurde auch den Menschen geschenkt, sie trinken ihn im heiligen Ritual.

Der Gott *Soma* ist die letzte Ursache der Schöpfung, denn er war vor allen Welten schon da. Er ist der wahre Schöpfer, der aus der Allseele die Welt erschaffen hat. Den Menschen schenkt er den Verstand und das Herz, er befreit sie aus der Enge des Denkens und weitet ihr Bewußtsein. So verbindet er das sinnliche und das geistige Leben, er führt die Menschen zur Wahrheit zurück, wenn sie diese verloren haben.

Die volle Glückseligkeit ist nur den Göttern möglich, wenn sie den Unsterblichkeitstrank genießen. Doch auch die Menschen opfern den Göttern und trinken den *Soma*-Trank, sie geraten in Ekstase und heilige Begeisterung. In der heiligen Trunkenheit können die Götter und die Menschen die großen Taten vollbringen. Die Götter töten ihre Feinde und bleiben die Sieger.

Durch das *Soma*-Opfer der Menschen wird die Lebenskraft der Götter gestärkt. Das Licht des Mondgottes nimmt bald zu, und bald nimmt es ab. Es war ein böser Dämon, der den Mondgott verflucht hatte. Seither wird er regelmäßig krank, sein Körper schwindet. Doch dann gesundet er wieder, und sein Körper wächst an. Der *Soma*-Trunk stärkt die Götter und die Menschen, sie geraten in begeisterte Liebe.

Der Mondgott ist mit den 27 Töchtern der *Rishi* verheiratet, innerhalb eines Monats paart er sich mit jeder. Einmal wollte er König über den Götterhimmel werden, doch da kam es zum Kampf der Götter. Dabei hat ihm der Gott *Shiva* das Gesicht entzweigerissen. Seither fährt er mit einem dreirädrigen Wagen jede Nacht über den Himmel. Zehn Pferde ziehen seinen Wagen, sie sind weiß wie die Blüten von Jasmin.

(Lex Ind Myt 287; MdV II, 99f)

45. Aditi und die Adityas

Aditi war die freie und ungebundene Göttin des Himmelszeltes, sie erfüllte den Luftraum. Die Menschen riefen sie an, sie möge ihre Kinder beschützen. Sie heißt auch die »Mutter der Götter«, die Trägerin des Himmels, die Erhalterin der Erde. Sie hatte zwölf Kinder, darunter die Götter *Indra* und *Vishnu*. Die Sonne ist ihr Kind, dieses schleudert sie jeden Tag in das Himmelszelt hinauf, das dann seine Bahn zieht.

Ihre zwölf Kinder sind die *Adityas*, diese sind unendlich und ewig, in ihnen ist das Licht in Fülle. Diese zwölf Götter beschützen die ganze Welt gegen die Unwissenheit und das Chaos. Denn sie bauen die vielen Welten nach dem Bild der ewigen Wahrheit auf. Diese zwölf Götter sind rein und unbefleckt, kraftvoll und unwiderstehlich, sie sind unfehlbar und heilig. Wie Könige leben sie im Götterhimmel, nichts kann sie erschüttern. Den Menschen geben sie Schutz, wenn sie von ihnen verehrt werden. (Lex Ind Myt 438; MdV II, 100f)

46. Der Gott Varuna

Varuna war der Gott des Wassers und der Meere, aber auch des Himmels. Er schenkte den Regen und grub die Flüsse und die Ozeane aus. Jede Nacht setzt er die Sterne an das Himmelszelt, und jeden Morgen sammelt er sie wieder ein. Er läßt den Mond wandern und schickt die Winde aus, denn sie sind sein langer Atem. Den Vögeln und den Schiffen auf dem Meer weist er die Richtung. Er reitet auf einem Fisch, auf einer Seeschlange oder auf einem Krokodil. Da er alle Geheimnisse der Schöpfung weiß, kennt er auch alle vergangenen und alle kommenden Welten.

Bei den Menschen wacht er über die Wahrhaftigkeit, er straft jede Lüge. Er lenkt die Bahnen der Sterne, den Vögeln hat er das Fliegen beigebracht. Für alle Krankheiten kennt er die Heilmittel, er sieht die Schicksale der Menschen voraus. Er wacht über die göttlichen Gesetze und bestraft alle Übeltäter. Vor allem die Lügner sind ihm ein Greuel. Doch wenn die Menschen ihn um Verzeihung bitten, dann vergibt er ihnen die Schuld. Sein Königreich ist auf einem Blumenberg, dort lebt er mit seiner Sippe in Glück und Frieden. Von dort beherrscht er die Wasser und die Tiere in den Wassern. Seine Frau ist *Varuni*, die Göttin des Weines.

Varuna sieht und hört alles, denn er ist der Herr der Welten, der Herr seiner selbst. Er umhüllt uns Menschen mit Licht und

Reinheit. Mit seinem Wissen wohnt er in uns, und er befreit uns von Sünde und Unwissenheit. Er wird als weißer Mann dargestellt, sein Brustpanzer ist aus Gold. In seiner Hand hält er die magische Schnur mit dem Knoten des Schicksals.

(Lex Ind Myt 312; MdV II, 101f)

47. Der Gott Mitra

Mitra war der Schutzgott der Verträge, die die Götter und die Menschen schließen. Er lenkt die Beziehungen der Menschen untereinander. So schützt er die Bündnisse der Sippen und der Stämme, er hilft zum Frieden im Land. In der Frühzeit lebte er in der Sonne, dort war er der Beschützer der ganzen Welt. Zwischen den Menschen stiftete er die Freundschaft und die Liebe, so können die Menschen gut miteinander leben. Er opferte sich selbst in der Gestalt eines Stieres, um den Menschen den Frieden zu bringen. Doch er gibt den Menschen und den Göttern die guten Ideen und Einfälle, die sie dann in die Tat umsetzen. Wichtig ist für ihn die Harmonie, die Übereinstimmung der Gegensätze, denn er ordnet alle Dinge mit großer Macht.

Häufig tritt er zusammen mit dem Gott *Varuna* auf, beide zeigen sich im Flammenschein des Sonnenlichts. Beide führen die Menschen zur Wahrheit, sie befreien sie von Unwissenheit. Sie überwinden das Böse in der Welt, damit die Menschen in Glück und Frieden leben können.

(Lex Ind Myt 213f; MdV II, 102f)

48. Der göttliche Zimmermann

Tvashtri ist der göttliche Zimmermann, der ständig die einzelnen Teile der Welt zusammenfügen muß. Er schnitzt die einzelnen Formen aus Holz, oder er gießt sie in Tonerde. Diese Formen fügt er dann zusammen, so baut er ständig die große

Welt auf. Mit seinen Schülern ist er immer bei der Arbeit. Er formt die Männer und gestaltet die Frauen, er macht auch die Donnerkeile für den Gott *Indra*.

Er liebt die Schönheit in allen Dingen, deswegen bildet er schöne Formen. Er formt auch das Wasser und das Feuer, die Welt ist wunderbar. Den menschlichen Handwerkern bringt er den Erfolg und den Reichtum, sie verehren ihn besonders.

(Lex Ind Myt 213f; MdV II, 102f)

49. Der Elefantengott Ganesha

Als die Götter noch Tiergestalt hatten, hatte der Gott *Ganesha* die Gestalt eines Elefanten. Als er später die menschliche Gestalt annahm, da behielt er den Kopf eines Elefanten. Die Menschen lieben ihn, denn er schützt alle guten Unternehmungen. Bevor sie eine Reise antreten oder eine Hochzeit aushandeln, bringen sie ihm viele Opfer dar. Denn der Gott gibt den Menschen den gesunden Hausverstand, und er hilft ihnen, ihre Unternehmungen erfolgreich zu beenden. Er kann alle Hindernisse beseitigen, denn der Elefant ist das stärkste unter allen Tieren, ihm kann niemand widerstehen.

Sein Reittier aber ist die Maus, das kleinste der Feldtiere, das in alle Löcher schlüpfen kann. Die Alten erzählen, der Gott soll bei einem Zweikampf seinen Menschenkopf verloren haben. Deswegen habe er einen Elefanten geköpft und dessen Kopf aufgesetzt. Andere erzählen, es seien zu viele Menschen in den Himmel gekommen, während die Hölle leer blieb. Da sei der Elefantengott aufgetreten, um die Menschen auf dem Weg der Tugend zu behindern. Danach habe sich die Hölle mit den Übeltätern wieder langsam gefüllt.

Der Gott *Shiva* hatte ihn zum Wächter am großen Himmelstor eingesetzt, an ihm kam niemand vorbei. Als der Gott *Parashurana* in den Himmel wollte, kam es zu einer Rauferei mit dem Torwächter, dabei verlor der Elefantengott einen Stoßzahn. Er war sehr traurig, denn er fürchtete, die Menschen würden ihn nicht mehr verehren. Doch die Götter trösteten ihn, die Menschen würden ihn weiter sehr lieben. Der Gott schützt bei den Menschen die Künste und die Handwerker, den Dichtern gibt er das Wissen. Ihnen hat er das große Epos »Mahabbharata« diktiert. Die Menschen bringen ihm viele Opfer dar.

Ganesha hat zwei Frauen, die *Siddhi* und die *Buddhi*. Um die beiden mußte er mit seinem Bruder ein Wettrennen veranstalten. Sein Bruder lief um die ganze Welt. Doch *Ganesha* las zuerst in einem Buch, wie die Welt aussah. Dann fand er den kürzesten Weg und gewann das Rennen. So konnte er beide Frauen zu sich heimführen.

Sein großes Fest wird zum Ende des Mondmonats am Ende des Sommers gefeiert, es ist das *Ganesha-Chaturti*-Fest. Die Menschen tragen viele Statuen und Bilder des Gottes zum Wasser und werfen sie hinein. Dann erbitten sie den Segen für das ganze Jahr. Die Schulkinder rufen ihn an, wenn sie die Schule beginnen. Da der Gott viele Opfer bekam und sie aß, wurde sein Bauch ganz dick und platzte, die Opfer fielen wieder heraus. Doch er sammelte sie wieder ein und band die große Schlange um seinen Bauch. Als der Vollmond darüber lachte, warf ihm der Gott seinen Stoßzahn nach. (Lex Ind Myt 145ff)

50. Der Affengott Hanuman

Er ist der König der Affen und führt sie in den Krieg. Als der Sohn des Windgottes kann er durch die Luft fliegen. Er begleitete den Kriegshelden *Rama* und sprang von Indien aus auf die Insel Ceylon. Dort riß er Bäume aus und schleuderte Steine, er riß die Wolken vom Himmel. Sein Fell ist gelb, doch sein Gesicht ist rot. Sein Schrei ist lauter als der Donner.

Als seine Gegner seinen Schwanz anzündeten, da trug er das Feuer in die Stadt seiner Feinde, sie kamen darin um. Nach der großen Schlacht flog er auf die heiligen Berge des Himalaya, von dort holte er die Heilkräuter zu den Menschen. Mit dieser

Medizin konnte er die verletzten Krieger wieder heilen. Seither schützt der Gott alle Ärzte, er schenkt ihnen das Heilwissen.

(Lex Ind Myt 145ff)

51. Der Schlangenfresser Garuda

Garuda ist ein Gott in der Gestalt eines Vogels, er ist das Reittier des Gottes *Vishnu*. Als der König der Vögel hat er die Gestalt eines Adlers oder eines Pfaues. Das Götterpaar *Vishnu* und *Lakshmi* fliegt auf seinem Rücken zum Himmel empor. Die Alten erzählen, daß zwei göttliche Schwestern sich Nachkommen wünschten. Die eine wollte tausend Schlangen, die andere wollte zwei Söhne. Die tausend Schlangen schlüpften bald aus den Eiern. Doch die beiden Söhne blieben noch tausend Jahre im Ei, dann schlüpften sie. Der eine Sohn *Garuda* fraß die tausend Schlangen, damit wurde er zum Herrn und Wächter der verborgenen Wahrheiten, denn diese waren in den Schlangen enthalten. Mit seinen roten Flügeln kann er alle bösen Menschen töten. Einmal konnte er sogar den Donnerkeil des Gottes *Indra* stehlen. Bei den Menschen schützt der Gott den Verstand und das klare Denken.

(Lex Ind Myt 138f)

52. Die heiligen Schlangen

Die heiligen Schlangen heißen *Nagas* oder *Naginis*, sie schenken den Menschen die Zuneigung zu den geistigen Wahrheiten. Doch den Unwürdigen verweigern sie diese Wahrheiten. Sie sind sehr mächtig und erschrecken die Menschen. Diese stellen ihnen viele Bilder und Statuen auf, um sie zu zähmen. Die Schlangenkönigin *Manasa* wird von den Menschenfrauen um reichen Kindersegen angerufen. Die Verehrer des Gottes *Shiva* werden von den Schlangen nie gebissen. Bei der Auflösung der Welt läßt der Gott *Indra* einen Wald unberührt, denn dort leben die Schlangentöchter und der Schlangenkönig *Takshaka*.

Die Schlangen beteiligen sich bei den Kämpfen der Götter, der Dämonen und der Menschen. Mit ihrem Biß können sie verwundete Krieger wieder heilen, ihr Gift gilt den Schamanen als Medizin. Sie leben in einem Königreich Patala, in schönen Palästen mit Hallen und Türmen. Ihre Zeit vertreiben sie sich mit magischen Spielen. Manchmal stehlen sie den Göttern und den Menschen den Schmuck, doch die Menschen sind von deren Wissen fasziniert. Doch sie haben vor ihnen Angst.

(MdV II, 110f)

53. Geistwesen und Götter

Die vielen Geistwesen treten immer in Gruppen auf, sie heißen *Devaganas*. Zu ihnen gehören die *Rudras*, die über den Himmel stürmen und die Verwandlungen verursachen. Sie schicken den Regen wie Pfeile von oben, sie bringen den Wind und machen die Erde fruchtbar. In ihnen erscheint der eine Gott *Rudra*. Sie schicken aus der Tiefe der Erde die Kräfte des Wachstums, den Menschen und den Tieren schenken sie die Zeugungskraft. Denn sie lassen aus den Samen das Leben keimen.

Die *Maruts* sind die Götter des Windes, sie zeigen sich aber auch in der Kraft des Denkens. Als Brüder des Kriegergottes *Indra* helfen sie ihm, die bösen Dämonen zu bekämpfen. Die *Sadhyas* schützen die Sänger und die Tänzerinnen. Und die *Gandharvas* helfen den Menschen bei der Zeugung und der Geburt. Sie sind die guten Geister des Lebens, aber auch die Musikanten des Himmels. Die *Apsaras* sind sinnliche Nymphen von übernatürlicher Schönheit. Sie verführen die Männerasketen zu sinnlicher Liebe, damit sie den Göttern nicht zu nahe kommen. (MdV II, 113f)

54. Die Asuras

Die *Asuras* waren in der frühen Zeit Götter wie *Angni*, *Indra* und *Varuna*. Später aber wurden sie zu bösen Dämonen, zu den Ge-

genspielern der Götter. Ihre mächtigste Waffe ist ihre Frömmigkeit, vor allem die Askese. Dadurch erhalten sie vom obersten Schöpfergott solche Kräfte, daß sie beinahe unbesiegbar sind. Manche Götter schicken ihre Söhne zu ihnen in die Lehre. Ihre Stadt wurde von einem göttlichen Baumeister gebaut, sie ist voller Wunder. (MdV II, 115f)

55. Der Kampf mit Jalandhara

Der Asura *Jalandhara* war ein Sohn des Flusses Ganges und des Ozeans. Bei seiner Geburt erbebten die drei Welten, und als junger Knabe spielte er mit den Löwen. Doch nach seiner Hochzeit erklärte er den Göttern den Krieg. Nun kämpften die Dämonen (*Asuras*) und die Götter (*Devas*) einen langen und erbitterten Kampf, auf beiden Seiten gab es Tausende Tote. Doch die Götter heilten ihre Verwundeten mit den vielen Heilkräutern, die sie kannten.

Die Dämonen konnten sich selbst wieder zum Leben erwecken, wenn sie gestorben waren. Als *Jalandhara* die Berge mit Wasser überflutete, gab es für die Götter keinen Ausweg mehr, sie wurden von ihm besiegt. Nun jagte der Sieger die Götter aus ihrem Himmel, er setzte sich auf den höchsten Götterthron und ruhte sich dort aus. Doch nun baten die besiegten Götter den Gott *Brahma* und den Zerstörungsgott *Shiva* um Rat und Hilfe.

Da vereinigten sich alle Götter, sie schmiedeten im Feuer eine riesige Scheibe aus Eisen. Der Kampf ging weiter. Als *Jalandhara* die Gattin des Gottes *Shiva* verführen wollte, da verwandelten sie diese in eine Lotusblume. Nun wollte der Gott *Vishnu* die Gattin des *Jalandhara* verführen.

Schließlich forderte der Zerstörungsgott *Shiva* den Dämon zum Zweikampf heraus. Hier setzte er die magische Scheibe aus Eisen ein und schnitt dem Dämon den Kopf ab. Die Götter tranken schnell das Blut des Dämons, so konnte sein Kopf nicht mehr nachwachsen. Damit war der Krieg entschieden, der Gott *Shiva* hatte gesiegt. Die Götter konnten wieder in den Götterhimmel zurückkehren, die alte Ordnung war wiederhergestellt. (MdV II, 117f)

56. Der Dämon Shishupala

Shishupala wurde als ein Königssohn geboren, er kam mit drei Augen und mit vier Armen auf die Welt. Die Mantiker sagten ihm eine große Zukunft voraus, er sollte ein tapferer Krieger werden. Als der Gottmensch *Krishna* in das Haus kam und mit dem Kind spielte, da fielen dem Kind zwei Arme und das dritte Auge ab.

Als er erwachsen war, kam er zu einem großen Opferfest. Dort forderte er den Gottmenschen *Krishna* zum Zweikampf heraus. Der Königssohn hatte sich in einen bösen Dämon verwandelt. Nun nahm *Krishna* die flammende Scheibe und schlug sie dem Dämon auf den Kopf. Der Kopf zerbarst und die Seele des Dämons entwich dem Körper. So war *Krishna* der Sieger geblieben. (MdV II, 119f)

57. Der Halbgott Daksha

Daksha war ein Sohn des Gottes *Brahma* und einer menschlichen Mutter. Er wurde in jedem Zeitalter geboren und dann getötet. Von seinem Vater erhielt er die Aufgabe, alle beweglichen und alle unbeweglichen Dinge zu erschaffen. So erschuf er die Vögel, die Schlangen, die Pflanzen, die Insekten, die Geistwesen, die zahmen und die wilden Tiere.

Er selbst wurde aus dem rechten Daumen des Gottes *Brahma* geboren. Und seine junge Frau wurde aus dem linken Daumen des Gottes *Brahma* geboren. Sie waren also Geschwister, sie paarten sich und hatten 24 Töchter. Diese Töchter wurden die Urmütter der anderen Götter, der Dämonen, der Menschen, der Vögel und der Kriechtiere.

Als *Daksha* zum zweiten Mal geboren wurde, da war er der Sohn der Mondtochter *Marisha*. In seinem zweiten Leben hatte er sieben Söhne. Vom Gott *Shiva* wurde er verflucht, seither muß er in jedem Weltzeitalter neu geboren werden. Einmal wurde er als der erste Menschenmann geboren, aus seinem Körper erschuf er die erste Menschenfrau. Mit ihr hatte er viele Töchter, die alle den Mondgott heirateten. (Lex Ind Myt 92f)

58. Der weise Narada

Narada war ein berühmter Weiser, er wurde aus der Stirn des Gottes *Brahma* geboren. Deswegen unterstützte er seinen Vater bei der Schöpfung der Welten. Bei einem Streit mit einem anderen Weisen zwang ihn dieser, als seine Tochter geboren zu werden. Wiederum war *Brahma* sein Vater. Daher war *Narada* sehr weise, er war der Erfinder der Laute, er lehrte seine Schüler die Musik.

Als Freund des Gottmenschen *Krishna* liebte er das Leben und die Sinnlichkeit. Sein Vater hatte ihn gezwungen, sich von sinnlichen und erotischen Frauen beherrschen zu lassen. In dieser Zeit der überschwenglichen Liebe lernte er die Musik. Als er dann Yoga übte, wurde er zum Größten aller Weisen. Er überbrachte die Botschaften zwischen den Göttern und den Menschen. Als Freund des Gottmenschen *Krishna* hat er den Menschen die Bhakti-Sutras geoffenbart. (MdV II, 126f)

59. Der weise Agastya

Agastya war der Sohn des Gottes *Mitra*, er wurde ein Priester und ein Dichter. *Mitra* hatte vom Himmel her seinen männlichen Samen verloren, der fiel auf die Erde, in einen Krug. In diesem Krug wurde aus dem Samen *Agastya* geboren, er heißt seither der »Sohn des Kruges«. Er wuchs zu einem Riesen heran, die Berge mußten sich vor ihm verneigen. Einmal trank er den ganzen Ozean leer, weil er glaubte, seine Feinde hätten sich darin versteckt.

Dann suchte er sich eine Frau, er wollte eine erschaffen. Er nahm von allen Tieren die edelsten Körperteile und fügte sie zusammen, daraus entstand die Menschenfrau. Er liebte seine Frau und lebte in sinnlicher Freude. Als er alt wurde, zog er sich in die bewaldeten Berge zurück, er wurde ein Einsiedler. Dort besuchten ihn die Götter *Rama* und *Sita*. Den Menschen gilt er als großer Weiser, denn er hat ihnen einen Teil der Veden gebracht. (Lex Ind Myt 44ff)

60. Der weise Durvasas

Durvasas war der Sohn des *Atar* und der *Nansuya*, er war stolz und jähzornig. Und er hatte sogar Macht über die Götter. Als ihn eine Nymphe nicht grüßte, weil sie an ihren Liebhaber dachte, da verfluchte er sie. Als der Gottmensch *Krishna* ihm den Weg versperrte, sagte er ihm den baldigen Tod voraus. Dieser Tod trat bald darauf ein. Dem Gott *Indra* sagte er voraus, daß er sein Königreich verlieren werde. Auch dieses geschah.

Denn der Weise war eine Inkarnation des Gottes *Shiva*. Als die schöne Frau *Kunit* ihm in der Liebe ergeben war, schenkte er ihr einen magischen Stein. Mit diesem Stein konnte sie sich von jedem der Götter ein Kind wünschen. Sie hatte viele Söhne, sie stammten von *Brahma*, von *Indra*, von *Vishnu* und von den *Asvins* ab. (Lex Ind Myt 127)

61. Die weisen Tiere

Auch einige Tiere bekamen Anteil an der göttlichen Weisheit. So rettete der Geier *Jatayu* einen König, der von bösen Dämonen aus der Luft auf die Erde hinabgestürzt wurde. Als er im Kampf mit dem Dämon sterben mußte, bereitete ihm der Held *Rama* ein feierliches Begräbnis, um seiner Seele die Freuden des Paradieses zu sichern. Oder es war die Krähe *Kakabushundi*, die den Gott *Garuda* trösten mußte, weil er über die bösen Ereignisse im Götterhimmel sehr traurig war.

Der König der Bären half dem Helden *Rama* beim Kampf gegen die Feinde, denn er hatte einen magischen Stein zum Schutz erhalten. Der Bärenkönig führte einen Zweikampf mit dem Gottmenschen *Krishna*, der 21 Tage dauerte. Gekämpft wurde um eine Frau, die der siegreiche *Krishna* dann zur Gattin erhielt. So waren auch die Tiere voll der göttlichen Weisheit und Stärke. (Lex Ind Myt 129)

62. Der Kreislauf der Geburten

Jede Seele, die geschaffen wird, muß ohne längere Unterbrechung von einer Geburt zur anderen schreiten. Sie durchwandert dabei die Welt der Pflanzen, der Tiere und der Menschen. Allein eine Menschenseele kann dann aus dem Kreislauf von Geburt und Tod aussteigen, wenn sie sich der göttlichen Wahrheit angenähert hat. Diese Wahrheit ist das Bewußtsein von *Atman*.

Zwischen den einzelnen Geburten kann es zu kurzen Aufenthalten in verschiedenen Himmeln und Höllen kommen. Im Himmel werden die Früchte der guten Taten genossen, in der Hölle werden die Strafen für die bösen Taten abgebüßt. Nach kurzer Zeit muß jede Seele wieder neu geboren werden, sie kann auch als göttliches oder als dämonisches Wesen geboren werden. (MdV II, 130ff)

63. Die Befreiung aus Samsara

Samsara heißt der Kreislauf der Geburten. Jede Menschenseele strebt danach, diesen Kreislauf zu beenden und in die göttliche Welt einzugehen. Sie strebt nach Befreiung (Mukti, Moksha), nach Unabhängigkeit (kaivalya), nach dem höchsten Glück (nishreyasa). Und sie möchte sich als *Atman* mit dem Schöpfergott *Brahma* vereinigen und dort ihre Ruhe finden. Oder sie möchte eintauchen in die Welt des Gottes *Vishnu* und des Gottmenschen *Krishna*. Diese Vereinigung wird nach dem Tod erwartet, aber sie kann im körperlichen Leben schon vorbereitet werden. Die Seele des weisen Asketen kann sich schon im Leben zeitweise mit der höchsten Gottheit verbinden, dann bereitet sie den Ausstieg aus dem Kreis der Geburten vor. Erleuchtete Menschen bringen der ganzen Welt Glück und göttliche Gnade, sie werden von vielen Menschen als die großen Vorbilder des Lebens gesehen. (MdV II, 131f)

64. Der Totengott Yama

Yama war der erste Mensch, der auf der Erde geboren wurde. Und er war der erste, der sterben mußte. Denn er war ein Sohn der Sonne, die jeden Abend sterben muß. Seine Schwester *Yamuna* ist der Fluß, der nach dem Süden führt. *Yama* muß diesem Fluß folgen, dann kommt er in das Totenreich. Dorthin kommen die Seelen aller Menschen, die nach ihm sterben. Da er als erster gestorben ist, herrscht er über das ganze Totenreich, das er mit zwei Hunden bewacht. Jeder dieser Hunde hat vier Augen, und jede Menschenseele muß bei ihnen vorbeikommen. Zuerst schickt *Yama* den Totenvogel in das Land der Menschen, der holt die Seelen dort ab und bringt sie ins Totenland. Dort wartet der Schreiber, der alle Taten der Seele aufgeschrieben hat und jetzt vorliest.

Danach fällt *Yama* sein gerechtes Urteil. Die Seelen der Übeltäter müssen in eine der 21 Höllen (Naraka) gehen, wo sie harte Strafen erleiden müssen. Die Seelen der Guten kommen in den Himmel (Swarga), wo sie Glück und Lohn erleben. Die meisten Seelen müssen nach einiger Zeit wieder in die Menschenwelt zurückkehren, dort werden sie in einem neuen Körper wiedergeboren. Nur wenige dürfen in der göttlichen Welt bleiben und aus dem Kreis der Geburten aussteigen.

Der Büffel ist das Reittier des Gottes *Yama*. Der Gott ist rot und grün gekleidet, er trägt eine Steinkeule und eine Jagdschlinge. Mit der Schlinge fängt er die Seelen der Menschen ein. Er lebt in einem schönen Palast und ist von vielen Dienern umgeben. Sein Bote ist *Yamaduta*, er führt die Seelen aus dem Menschenland in die Totenwelt. Die Reise dorthin dauert vier Stunden und vierzig Minuten. Nach dieser Zeit darf der Körper des Toten verbrannt werden. (Lex Ind Myt 334f)

65. Die zwei Seelenwege

Jede Seele muß nach dem Tod des Körpers einen langen Weg durchschreiten. Entweder geht sie den »Weg der Ahnen« (pitriyana), der in eine neue Wiedergeburt führt. Oder sie geht den »Weg der Götter« (devayana), der keine Wiedergeburt mehr zur Folge hat.

Der »Weg der Ahnen« führt die Seelen zuerst durch den Rauch, dann durch die Nacht, dann einen halben Mondumlauf und ein halbes Jahr nach Süden in die Welt der Ahnen. Dort dient sie den Göttern als Nahrung, wird aber nicht verzehrt. Nach dieser Etappe beginnt die Wiedergeburt, die Seele wandert durch den Wind, den Rauch, den Nebel, den Regen, durch die Pflanzen und die menschliche Nahrung in einen männlichen Körper, der das Feuer ist. Durch die Zeugung vereinigt sie sich mit dem anderen Feuer, das die Frau ist. Dann wird sie zu einem neuen Leben geboren.

Der »Weg der Götter« aber führt die Seele durch die Flammen des Tages, die Sonne, durch den halben Mondumlauf und ein halbes Jahr nach Norden, wo die Götter wohnen. Sie wandert durch die Sonne, den Mond und durch den Blitz, so gelangt sie zum Schöpfergott *Brahma*. Sie vereinigt sich mit ihm und bleibt in der göttlichen Welt. Sie wird nicht mehr wiedergeboren. Diesen Weg zu den Göttern streben alle Menschen an. (MdV II, 132f)

66. Pralaya, die universale Auflösung

Die verschiedenen Welten wechseln sich im Kreislauf der Zeiten ab, jede Welt besteht aus einer Vielzahl von Gegensätzen. Doch jede Welt löst sich langsam auf, und es folgt auf sie eine »Welt der Möglichkeiten«. In der universalen Auflösung kehrt jedes Ding zu seiner unmittelbaren Ursache zurück.

Jede Welt löst sich in ihre feinsten Teilchen auf, sie wird vom Schöpfergott *Brahma* aufgesaugt. Und das Feuer des Gottes *Agni* verzehrt alles Grobe, übrig bleiben nur die feinsten Teilchen, die dann eine mögliche Welt bilden.

Wenn die große »Weltnacht« vorbei ist, erschafft der Gott *Brahma* aus diesen feinsten Teilchen eine neue Welt und Zeitepoche. Dies ist der Kreislauf der Welten und der Zeiten.

(MdV II, 133f)

67. Der Kriegsgott Karttikeya

Eines Tages ließ der Gott *Shiva* seinen männlichen Samen in das Feuer fallen. Das Feuer erlosch, doch der göttliche Same kam in den Fluß *Ganga*. Dort bildete sich der Göttersohn *Karttikeya*, er wurde aus dem Fluß Ganges geboren und hatte keine menschliche Mutter. Da ihm die Mutterwärme fehlte, wurde er zum Gott des Krieges, mit Pfeil und Bogen reitet er auf einem Pfau. Seine Aufgabe ist es, die bösen Dämonen zu besiegen.

Von seiner Geburt wird noch eine andere Geschichte erzählt. Der Gott *Shiva* meditierte lange Zeit, inzwischen hatten die bösen Dämonen die Herrschaft über die Welt erobert. Sie wollten ein Mädchen vergewaltigen. Da beendete der Gott *Shiva* seine Meditation und entriß den Dämonen das Mädchen. Er gab es dem Feuergott *Agni* zur Frau. Diese gebar dem Gott einen Sohn, nämlich den Kriegsgott *Karttikeya*.

Es wird auch erzählt, daß der Gott *Agni* die Frauen der sieben Weisen (rishi) im Ganges beim Baden gesehen habe. Da sie die Frauen von Brahmanen waren, durfte er sie nicht zur Liebe verführen. Nun wandelte eine der Frauen ihre Gestalt und gab sich dem Feuergott *Agni* zur Liebe hin. Danach gebar sie einen Sohn mit sechs Köpfen, das war der Kriegsgott *Karttikeya*. Da er sechs Köpfe hatte, mußten sechs Königstöchter ihn mit ihrer Milch säugen. Deswegen wurde er ein überaus starker Krieger. (Lex Ind Myt 170f)

68. Die erste Frau Ahalya

Sie war die erste Frau, die vom Gott *Brahma* erschaffen wurde, ihr Name bedeutet »Nacht«. Sie wurde mit dem Priester *Gautama* verheiratet. Doch der alte Kriegergott *Indra* sah sie mit seinen tausend Augen und verliebte sich in sie. Nun überredete er den Mond, die Gestalt eines Hahns anzunehmen und schon mitten in der Nacht zu krähen. Als der Hahn krähte, da stand der Priester *Gautama* auf, um seine Morgenriten am Wasser auszuführen. Denn er dachte, es sei schon der Morgen da. Nun kam der Gott *Indra* in sein Haus und paarte sich mit seiner Frau *Ahalya*.

Doch die Frau fürchtete den Zorn ihres Gatten und bat den Gott *Indra* um seinen Schutz. Als der Gatte vom Morgenritual zurückkam, da glänzte sein Körper, und er erkannte den Gott *Indra*, der in seinem Haus war. Er verfluchte den Gott, so daß dieser zeugungsunfähig wurde. Auch seine Gattin verfluchte er, sie mußte in der Asche Buße tun und den Wind essen, d.h. fasten. Doch dann kam der Held *Rama* und beendete den Fluch. *Indra* erhielt seine Zeugungskraft wieder zurück, und *Ahalya* erstrahlte wieder in ihrer weiblichen Schönheit. (Lex Ind Myt 46f)

69. Die Brotgöttin Amapurna

Ihr Name bedeutet, daß sie den Menschen reiche Nahrung schenkt. Denn sie ist die Schutzgöttin eines heiligen Berges, von dem viele Bäche fließen, die die Felder fruchtbar werden lassen.

Eine Zeitlang lebte der Gott *Shiva* als Bettelpriester in großer Armut. Er hatte Hunger, doch er bekam nichts zu essen. Auch seine Frau *Parvati* lebte in Armut und hatte nichts zu essen. Da fragten beide den weisen *Narada*, was sie tun sollten. Dieser lehrte sie, wie sie die Menschen überzeugen konnten, ihnen Nahrung zu geben.

Nun ging die Göttin *Parvati* zu den Menschen und bekam viel Nahrung geschenkt. Dahinter aber stand die Göttin *Amapurna*. So konnten *Shiva* und *Parvati* reichlich essen, sie kamen wieder zu Kräften. Die Liebeskraft erwachte wieder in ihnen und sie konnten sich paaren. Seither rufen die Menschen die Brotgöttin *Amapurna* an, wenn sie Hunger haben.

(Lex Ind Myt 52f)

70. Die Liebesgöttinnen Apsaras

Die *Apsaras* lebten im Himmel des Gottes *Indra*, sie werden mit den Wasserströmen verglichen. Beim Umrühren des Milchozeans sind sie aufgetaucht. Sie sind sinnliche Frauen, die die Männer zur sexuellen Liebe verführen. Von den Göttern werden sie immer dann ausgeschickt, wenn die Asketen zuviel Askese treiben und den Göttern zu mächtig werden. Sie sollen die Liebesverweigerer zur sinnlichen Liebe verführen. Der Kriegergott *Indra* schickt die schönen Mädchen zu den Kriegshelden, bevor sie auf den Schlachtfeldern sterben müssen. Sie können ihre Gestalt verändern, doch sie sind so schön, daß sie die Männer in erotische Raserei bringen können.

(Lex Ind Myt 52f)

71. Der männlich-weibliche Gott

Er heißt *Ardhanari-Ishvara* und ist zugleich Frau und Mann. Als der Gott *Brahma* die Erde, die Tiere, die Dämonen und die Menschen erschuf, da erkannte er, daß die männlichen Götter bei der Schöpfung nicht ausreichten. Da ließ er den Gott *Shiva* kommen, der auf der linken Seite eine Frau war und auf der rechten Seite ein Mann. Er hieß deswegen »Halbfrau« (Ardhanari). Nun half der Gott *Shiva* mit seinen zwei Geschlechtern mit, daß auf der Erde Männer und Frauen werden konnten.

Später gab der Gott *Shiva* sein weibliches Geschlecht auf, weil nur mehr die Männer stark waren. So war auch er nur mehr ein Mann. Nun waren genügend Frauen unter den Göttern und unter den Menschen. Er nahm sich die Göttin *Devi* zur Frau und paarte sich mit ihr. Durch ihre Liebesvereinigung ging die Erschaffung weiblicher und männlicher Wesen weiter.

(Lex Ind Myt 53f)

72. Die Götterzwillinge Ashvins

Die *Ashvins* hießen »Zwillingsreiter«, sie waren die Söhne des Sonnengottes *Surya*. Die beiden waren sehr weise und schnell wie die Falken. Mit einem goldenen Streitwagen fahren sie jeden Tag über das Himmelszelt, der Wagen wird von Pferden und Vögeln gezogen. Sie fahren jeden Tag der göttlichen Morgenröte voraus.

Den Menschen geben sie die Heilkräuter, damit können diese sich die ewige Jugend wiederherstellen und lange jung bleiben. Ihre Mutter *Sanjuna* hatte bei der Paarung die Gestalt einer Pferdestute angenommen. Deswegen lebt in den beiden Söhnen die väterliche Kraft der Sonne und die mütterliche Kraft der Pferde.

(Lex Ind Myt 56f)

73. Die Seelenkraft Atman

Atman ist der Geist und die Seele des Menschen, diese zeigt sich im Atem. Sie ist das innere Selbst eines Menschen, so tief im Bewußtsein verborgen, daß viele Menschen sie gar nicht entdecken. Jede Menschenseele hat Anteil an der großen Weltseele, von ihr geht jede Bewegung und Wahrnehmung aus. Die Seele wird mit dem Kern einer Nuß verglichen, aus dem einmal ein Nußbaum wird. So hat jeder Mensch an der Seele der Welt Anteil, dadurch ist er mit allen Dingen und Lebewesen verwandt. Und beim Tod vereinigt sich die Einzelseele des Menschen wieder mit der Weltseele und bereitet sich auf die nächste Geburt vor.

(Lex Ind Myt 56f)

74. Bali und Bana

Bali war ein tugendhafter Königssohn. Doch er übte soviel Askese, daß er auch die Macht über die Welt der Götter bekam. Sie mußten ihm ihr schönes Götterland abtreten. Doch das war den Göttern zuviel, der Gott *Vishnu* ersann eine List. Er erschien dem *Bali* als Zwerg und bat um soviel Land, als er mit drei kleinen Schritten ausmessen konnte. *Bali* stimmte zu. Doch da wurde der Gott *Vishnu* ein Riese und maß mit drei Schritten die ganze Welt aus. So bekam er das Land der Götter wieder zurück. Nur das Land in der Unterwelt *Patala* ließ er dem *Bali*.

Bana war sein ältester Sohn, er war ein Dämon mit tausend Armen. Er war ein Feind des Gottes *Vishnu*. Seine Tochter *Usha* verliebte sich in einen Enkel des Gottmenschen *Krishna* und paarte sich mit ihm in den Lüften. Doch nun kam es zum Streit, der Gottmensch *Krishna* griff den Dämon *Bana* mit Waffen an. Durch ein Wurfgeschoß verlor *Bana* beide Arme. Doch er wurde von *Krishna* begnadigt und durfte weiterleben.

(Lex Ind Myt 63f)

75. Die Totengeister

Die bösen Totengeister heißen *Bhuta*, sie sind die Seelen der Menschen, die mit Gewalt getötet wurden. Oder es sind die Seelen derjenigen Menschen, die ohne Ritual bestattet wurden.

Weil sie nicht durch Riten begleitet werden, kommen sie nicht zur Ruhe. Sie hassen die Menschen, weil sie ihnen die letzte Hilfe verweigert haben. So verfolgen sie die Lebenden und schicken ihnen böse Träume, sie sprechen zu ihnen mit zirpender Stimme, wie Grillen es tun. Sie haben auch keine Schatten. Wenn die Toten im Feuer verbrannt werden, dann weichen die bösen Totengeister, denn sie vertragen kein Feuer.

(Lex Ind Myt 72f)

76. Die Gandharvas

Die *Gandharvas* sind niedere Götter, die im Himmel wohnen und daher die Geheimnisse der großen Götter kennen. So wissen sie, wie der *Soma*-Trank und der Wein der Götter gemischt werden. Sie kennen die Heilkräuter und die magischen Liebesgetränke. Auf der Erde erscheinen sie den Menschenfrauen als schöne Männer, denen die Frauen nicht widerstehen können.

Im Himmel betätigen sie sich als Sänger und Musikanten, denn auch die Götter lieben die Musik. Ihre Mutter ist die Göttin der Sprache, daher sind sie sehr wortgewaltig, sie schützen die Dichter. Vor allem sind sie die großen Liebhaber, die den Menschenfrauen die Liebe auf den ersten Blick einflößen.

(Lex Ind Myt 133f)

77. Der goldene Same

Der Same hieß *Hiranya-Garbha*, in ihm war ein goldener Keim, der »Schoß des Lebens«. Der Gott *Brahma* lebte ein Götterjahr lang in diesem goldenen Keim. Dann teilte er sich aus eigener Kraft in einen männlichen Teil, den Himmel, und in einen weiblichen Teil, die Erde. Dann erschuf der Gott alle Dinge und alle Wesen aus sich selbst.

Er unterscheidet sich von den Dingen und Wesen, die er geschaffen hat. Durch den goldenen Keim ist der Schöpfergott

Brahma in jedem Ding, in jedem Wesen, in jedem Menschen. *Brahma* ist in uns Menschen, doch wir können ihn nicht erfassen. Aber alle Wesen haben Anteil am goldenen Samen des Gottes.

(Lex Ind Myt 150f)

78. Das Ende der Welt

Wenn diese Weltepoche zu Ende kommt, dann wird die Moral der Menschen zusammenbrechen. Dann werden die Weisen ein schlechtes Beispiel geben, sie werden voll Haß und Neid sein. Und die Menschen werden sich ihren sinnlichen Gelüsten hingeben, sie werden in sexueller Ausschweifung leben und einander töten. Auch die Brahmanen werden die Religion vergessen, die Ordnungen der Menschenwelt lösen sich auf.

Die Reichen werden kein Almosen mehr geben, die Armen werden daher an Hunger sterben. Die Weisheit wird verlorengehen, die Menschen werden sich keine Kleider mehr weben und nähen, sie werden wie Tiere unbekleidet gehen. Und sie werden keine Häuser mehr bauen und keine Felder mehr bestellen. Damit kommt die alte Weltzeit zu Ende.

Doch da bereitet sich schon der Held *Kalkin* auf eine neue Weltzeit vor. In ihm ist der Gott *Vishnu*, der alles erhalten möchte. Auf die vergehende Welt folgt nach einer »Weltennacht« eine neue Weltzeit.

(Lex Ind Myt 159)

79. Die Göttin Kali

Kali ist die schwarze Göttin, die überall die Spur des Todes und der Zerstörung hinterläßt. Sie ist eine große Herrscherin in der Welt, doch ihre Augen sind voll Gier nach Blut, ihre Zunge hängt ihr aus dem Mund. Um ihren Hals winden sich Schlangen, in ihren zehn Händen hält sie grausame Tötungswerkzeuge. Die Menschen haben vor ihr große Angst, denn sie bedroht das Leben.

Sie erhält viele Opfer, Tiere und Menschen, um sie zu besänftigen. Sogar dem Gott *Shiva* hat sie den Kopf abgeschlagen, sie tanzt auf seinem Leichnam. Da dieser ein Gott ist, kommt er wieder zum Leben. *Kali* ist die Göttin der Zerstörung und des Tötens. Sie muß alles das zerstören, was der Gott *Brahma* erschafft, so geht der Kreis des Werdens und des Vergehens.

(Lex Ind Myt 162f)

80. Der Gottmensch Karna

Karna war der Sohn des Sonnengottes *Surya* und der Menschenkönigin *Kunti*. Diese Frau hatte einem Weisen gedient, dieser gab ihr zum Dank einen magischen Stein. Und mit diesem Stein konnte sie sich jeden göttlichen Liebespartner wünschen. Sie wünschte sich den Sonnengott *Surya*. Der kam zu ihr in glanzvoller Kriegerrüstung und paarte sich mit ihr. Sie wurde schwanger und gebar den Kriegersohn *Karna*.

Dieser wurde König im Land, der Gott der Krieger *Indra* hatte ihm einen magischen Speer geschenkt. So war er unüberwindlich, doch nicht gegen seinen Bruder. Als er mit diesem Speer in den Krieg zog, wurde er von seinem Halbbruder *Arjuna* besiegt und getötet. Erst nach dem Tod erfuhr *Arjuna*, daß er seinen Bruder getötet hatte, er war sehr traurig und feierte für ihn das Totenritual.

(Lex Ind Myt 169f)

81. Kubera, der Gott des Reichtums

Kubera war der Wächter im Land der Toten. Doch er war bei den Menschen und Göttern auch der Beschützer des Reichtums. Sein Wohnort war der Norden, er lebte am heiligen Berg Himalaya, dort hatte er sein Königreich. Doch es war sein Halbbruder, der ihn aus seinem Königreich vertrieb. Aber er besaß das Gold, das Silber und alle edlen Steine der Erde.

Wegen seines Reichtums war auch sein Körper wohlgenährt. Er war nicht schön, doch die Menschen liebten und verehrten ihn. Denn er schenkte ihnen den Reichtum und die edlen Schätze. Mit seiner Götterfrau hatte er drei Söhne und eine Tochter. Er verteilte die Schätze an die Menschen, wie er es wollte.

(Lex Ind Myt 179f)

82. Die Göttin Lakshmi

Lakshmi war die Schutzgöttin des Reichtums, des Glücks und der Fruchtbarkeit, bei den Göttern und Menschen. Als Tochter des Gottes *Brahma* war sie die Gemahlin des Gottes *Vishnu*. Sie begleitete ihren Gemahl bei allen seinen Menschwerdungen auf der Erde. Die Liebenden rufen sie um den Schutz ihrer Liebe an. Die Reisbauern bitten sie um reiche Ernten. Die Fischer flehen sie um guten Fischfang an. So hilft sie den Menschen in vielen Nöten, sie bringen ihr viele Opfergaben und Blumen.

Lakshmi wurde aus dem Milchozean geboren, sie sitzt in der göttlichen Lotusblume. Der heilige Fluß Ganges dient ihr als Bad, zwei himmlische Elefanten übergießen sie mit dem Badewasser aus dem Fluß. Für sie blühen die Blumen jeden Tag neu auf, um ihr zu huldigen. So beschenkt die Göttin die Menschen mit Liebe, mit reicher Fruchtbarkeit, mit vielen Kindern. Und sie schenkt allen Lebewesen das Wachstum. Die Menschen sehen sie auch im dunklen Ozean und im nächtlichen Schein des Mondes. Als göttliche Ehefrau ist sie das große Vorbild für alle menschlichen Ehefrauen.

(Lex Ind Myt 183ff)

83. Die sieben Welten

Das Universum besteht aus sieben Welten. Zuinnerst ist die Erde (Bhur-Loka). Darüber breitet sich der Luftraum zwischen der Erde und der Sonne aus (Bhuvar-Loka). Dort wohnen die

Seelen der Weisen. Darüber liegt der Himmel des Kriegsgottes *Indra* (Svar-Loka), er ist zwischen der Sonne und dem Polarstern. Darüber breitet sich der Himmel der Heiligen (Marar-Loka). Diese vier Welträume wurden einmal durch einen großen Brand zerstört, dann aber vom Schöpfergott wiederhergestellt.

Darüber liegt das Himmelszelt für die Kinder des Gottes *Brahma* (Jana-Loka), die dort gut und glücklich leben. Als nächstes liegt darüber die Welt der Halbgötter, der Gottmenschen, der guten Geistwesen, der Weisen und der Heiligen, die nicht mehr wiedergeboren werden. Das höchste und letzte Himmelszelt ist die »Welt der Wahrheit« (Satya-Loka), wo der Gott *Brahma* mit den höchsten Göttern glücklich lebt.

Sie leben dort einen *Brahma*-Tag lang in Glück und Überfluß. Doch alle diese Welten vergehen, und es folgt die große »Weltennacht«. Doch danach werden sie neu entstehen, eine neue Weltzeit des Gottes *Brahma* wird beginnen. So ist alles in der göttlichen und in der menschlichen Welt wohl geordnet.

(Lex Ind Myt 185ff)

84. Der Dämon Makara

Makara war ein Meerungeheuer in der Gestalt eines Krokodils, später wechselte er die Gestalt und wurde ein Delphin. Es waren die tapferen Seehelden, die versuchten, die edlen Perlen aus dem Maul des Dämons zu holen. Dafür tauchten sie tief in das Meer hinab. Wenn sie die Perle bekamen, konnten sie mit ihrer magischen Kraft die Liebe jeder Frau gewinnen. In den Perlen lag ein Liebeszauber.

Der Dämon *Makara* war auch das Reittier des Meeresgottes *Varuna*. Den guten Menschen schenkte er das Wasser des Lebens, doch den Übeltätern brachte er die Todeswasser. Er war auch der Schützer der sinnlichen Liebe, denn er gibt den Männern einen magischen Trunk (Rasa), der ihnen die sexuelle Liebeskraft bringt.

(Lex Ind Myt 201f)

85. Die 49 Sturmgötter

Die Sturmgötter heißen die *Marut*, sie sind die Söhne des Gottes *Rudra*. Und sie dienen dem Kriegsgott *Indra* im Kampf gegen die bösen Feinde. Ihre Waffen sind der Blitz und der Donner, sie reiten in den Gewitterstürmen einher. Ihre Mutter gebar sie alle auf einmal als unförmige Masse. Doch der Gott *Rudra* formte aus ihnen kräftige Kriegersöhne. Ihre Namen sind: Windsaat, Windflamme, Windeile, Windkraft, Wirbelsturm u. a. Die Menschen haben vor ihnen große Angst, denn sie fahren in jedem Gewitter einher und bedrohen die Felder und Häuser.

(Lex Ind Myt 206f)

86. Die göttliche Mutter Matrika

Zuerst gab es sieben göttliche Mütter. Später wurde von ihnen nur mehr die Mutter *Matrika* verehrt. Sie schützt bei den Menschen die alte Weisheit und die Sittlichkeit. Sie achtet darauf, daß die Menschen die Gesetze und die alten Gewohnheiten einhalten.

Im Kampf der Götter gegen die bösen Dämonen tötete der Gott *Shiva* den Dämonenkönig *Nika*. Doch das Blut des getöteten Dämons durfte nicht auf die Erde fallen, damit die Menschen nicht böse werden. Daher schufen die acht großen Götter in aller Eile die weibliche Göttin *Shakti*. Sie sollte ihnen helfen, das Blut des bösen Dämons aufzufangen.

Es waren nun *Shakti* und die sieben göttlichen Mütter, die sich mühten, das Blut des Dämonenkönigs aufzufangen, damit es nicht auf die Erde fiel. Denn die Menschen sollten nicht dämonische Gedanken in sich aufnehmen. Dazu gehörten die böse Begierde, der Zorn, der Stolz, die Täuschung, die bösen Wünsche, die Lügen, die üble Nachrede und der Neid.

Mit Hilfe der acht Göttinnen wurde das Heer der Dämonen besiegt. Doch die acht Göttinnen sind weiterhin damit beschäftigt, die Menschen von den acht Übeln abzuhalten. Die Göttin

Matrika ist die oberste der acht göttlichen Mütter. Die Menschen rufen sie an, sie möge ihnen die acht Tugenden und die Weisheit des Lebens schenken. Sie beten voll Vertrauen zu ihr.
(Lex Ind Myt 207f)

87. Die Göttin Maya

Maya ist eine schöne und lächelnde Göttin der Verführung, sie ist launisch und besitzt die Kunst der Täuschung. Sie täuscht uns nämlich immer über die Wirklichkeit. Sie macht uns glauben, daß die Dinge der Außenwelt wirklich existieren. Doch es existiert nur die göttliche Urkraft des Schöpfergottes *Brahma*.

Die Göttin der Täuschung kennt viele Zaubersprüche, sie besitzt magische Kräfte. Sie war eine mächtige Erdmutter, die den Feldern die Fruchtbarkeit schenkte. Auch die Mutter des ersten Buddha trug ihren Namen. Die Menschen lassen sich gerne auf ihre Täuschungen ein, denn sie spielt ihnen ein schönes Leben vor.
(Lex Ind Myt 210f)

88. Die Göttin Mohini

Als die Götter den großen Milchozean umrührten, da kam der magische Göttertrank an die Oberfläche. Dieser Trank schenkte allen Göttern die Unsterblichkeit. Nun wollten auch die bösen Dämonen diesen Trank haben, und sie kämpften wild um ihn. Da tauchte aus dem Milchozean die Göttin *Mohini* auf, sie war von wunderbarer Schönheit. Sie zeigte verführerisch ihre wogenden Brüste und ließ wie eine Tänzerin die Glöckchen an ihren Füßen klingen. Da waren die Dämonen von ihrer weiblichen Schönheit derart fasziniert, daß sie vergaßen, um den Göttertrunk zu kämpfen. Damit war dieser Krieg zu Ende.

Nun brachte die Göttin *Mohini* den Göttertrank *Amrita*. Die Götter und die Dämonen mußten sich in zwei Reihen anstellen, um den Trank zu bekommen. Alle Götter erhielten einen Tropfen und waren unsterblich. Doch als die Dämonen an die Reihe kamen, da verschwand die schöne Göttin mit dem Unsterblichkeitstrank. Sie hatte die Dämonen getäuscht. Von nun an waren nur die Götter unsterblich, die Dämonen mußten sterben. (Lex Ind Myt 215)

89. Die heilige Silbe OM

Die heilige Silbe vereinigt die drei Lebensphasen des Gottes *Brahma*, nämlich sein Aufwachen, sein Wachsein und sein Einschlafen. Damit vereinigt die Silbe OM die drei Weltphasen, die der Entstehung, die des Bestehens und die des Vergehens. Und sie fügt die Götter der göttlichen Dreiheit zu einer Einheit zusammen: den Gott *Brahma* als Erschaffer der Welten, den Gott *Vishnu* als Erhalter der Welten, den Gott *Shiva* als Zerstörer der Welten. Diese heilige Silbe hat magische Kraft, sie bringt die Menschen in der Meditation an die göttliche Welt heran. Sie verbindet die Menschen mit den Göttern, deswegen muß sie in der Meditation immer wiederholt werden. Sie kann die Menschen in Ekstase bringen. (Lex Ind Myt 227)

90. Die Berggöttin Parvati

Parvati heißt die »Mutter der Berge« oder die »vom Berg Geborene«, sie lebt in den heiligen Bergen des Himalaya. Dem Gott *Shiva* ist sie eine treue und liebende Gattin. Doch als dieser ihr die Veden erklärte, da schlief sie ein. Denn die heiligen Bücher langweilen die Frauen, bei den Göttern und den Menschen. Da wurde der Gott *Shiva* sehr zornig und verstieß sie auf die Erde. Dort wurde sie als Fischermädchen geboren und wuchs mit edler Schönheit heran. Die jungen Fischer wollten sie zur Frau. Sie sagte, sie wolle dem eine gute Ehefrau sein, der einen Haifisch fangen könne.

Doch nun sah der Gott *Shiva* vom Himmel auf die Erde herab, er sah die schöne Frau. Er nahm die Gestalt eines Fischers an und kämpfte um die junge Frau. Ihm gelang es, mit seiner göttlichen Kraft einen Haifisch zu fangen. Nun gehörte ihm die schöne Frau. Doch es war *Parvati*, die schon im Himmel ihm gehörte. Er führte sie in festlichem Brautzug auf den heiligen Berg Kailash, zu seinem göttlichen Wohnsitz. Dort feierte er erneut die Hochzeit mit *Parvati*.

(Lex Ind Myt 236)

91. Der Liebesgott Kama

Kama ist der Schutzgott der sinnlichen Liebe und der erotischen Begierde. Er ist die Ursache alles Lebens, das aus der Begierde kommt. Er ist ein Sohn der schönen Göttin *Lakshmi*. Er nahm sich die Göttin *Rati* zur Frau, auch sie ist die Schützerin der Lust und der sinnlichen Begierde. Als die Göttin *Uma* von ihrem Göttergatten *Shiva* ein Kind wollte, da schickte sie den Liebesgott *Kama* zu ihm. Dieser mußte ihn aus der Meditation wecken, damit er sich der sinnlichen Begierde ergäbe. Doch der Gott *Kama* verbrannte in der Glut des dritten Auges des Gottes, es war die Glut der Askese.

Doch der Gott *Kama* erstand aus seiner Asche zu neuem Leben. So schenkt er den Menschen die Lust der Sinne und das sexuelle Verlangen. Die Männer und die Frauen lieben ihn. Wenn sie sich paaren, vereinigen sie sich auch mit dem Liebesgott. Es ist so, daß ihm die Liebenden ständig neues Leben geben. Er ist umgeben von vielen jungen Liebesgöttinnen, sie folgen ihm.

Er reitet auf einem Pfau oder einem Papagei, sie sind die Schutztiere der sinnlichen Liebe. Er trägt den Liebespfeil in den Händen, er ist mit Blumen geschmückt, der Fisch und die Biene begleiten ihn. Die Menschen ehren den Liebesgott, denn von ihm hängt die Weitergabe des Lebens ab. Er schenkt den Göttern und den Menschen die erotische Begeisterung.

(Lex Ind Myt 165f)

92. Die Göttin Prithivi

Prithivi ist die Gattin des alten Himmelsgottes *Dyaus*, den die Arier verehren. Sie ist die Mutter des Kriegsgottes *Indra* und des Feuergottes *Agni*. Doch sie ist auch die Schutzgöttin der Erde, denn sie läßt den Bauern die Pflanzen und das Getreide wachsen. Sie schenkt den Menschen die Früchte der Erde, aber sie müssen schwer dafür arbeiten. In den heiligen Kühen ist die Göttin gegenwärtig, denn sie schenkt das Leben. Sie beschützt die Bauern beim Säen und beim Pflügen, sie gibt ihnen Geduld und Ausdauer bei der harten Arbeit.

Die Morgenröte ist ihre schöne Tochter. Sie ist die Mutter vieler Götter, doch von ihr stammen auch die Pflanzen und die Tiere ab. Sie ist zu allen Lebewesen gütig und freundlich, sie will das Leben bewahren. Als Erdgöttin gibt sie den Bauern das Korn, auch wenn sie vom Pflug ständig verletzt wird.

(Lex Ind Myt 242f)

93. Der Urmensch Purusha

Purusha war der erste Mensch, er war ein kosmischer Riese. Die Himmelskörper, die Erde, die Tiere und die Pflanzen waren seine Körperteile. So wie in der Welt ein Tier das andere Tier frißt, so opfert ein Körperteil den anderen Körperteil. Der Urmensch hatte tausend Köpfe, mit ihnen konnte er das ganze Weltall ausfüllen.

Doch es waren die Götter, die ihn zum Opfer darbrachten. Sie zerstückelten seinen Riesenkörper in tausend Teile. Und aus seinen Körperteilen machten sie die einzelnen Dinge und Wesen. Aus seinem Körper wurde die Erde, es wurde der Wind und das Wasser, es wurden die Berge und die Flüsse, es entstanden die Pflanzen, die Tiere und die Menschen. So ist in jedem Wesen ein Teil des Urmenschen *Purusha*, alle Wesen sind miteinander verwandt. Es ist die Kraft der Opfer, die Neues erschafft.

(Lex Ind Myt 245f)

94. Die Göttin Radha

Radha ist die Liebespartnerin des Gottmenschen *Krishna*, sie lebte auf der Erde als schönes Hirtenmädchen. Beide waren untrennbar ineinander verliebt. *Radha* wartete die halbe Nacht auf ihren göttlichen Liebhaber. Beide streiften durch die blühenden Wälder, und sie liebten sich unter duftenden Bäumen. Sie liebten sich in den Blumen und Wiesen, während Wolken und Gewitter aufzogen.

Radha war wunderschön, sie badete nackt in einem Fluß. *Krishna* stieg auf einen Baum und sah ihr von oben zu. Dann stieg er hinab und stahl ihr Kleid (sari), so konnte sie nicht weggehen. Beide liebten sich am Fluß. So tun es auch die Hirten, wenn sie mit ihren Mädchen spielen.

Immer, wenn sich *Radha* und *Krishna* lieben, erschaffen sie die Welt neu, und das Leben geht weiter. Die beiden schenken sich Schmuck, sie salben sich gegenseitig. Durch ihr Liebesspiel (lilia) wird die ganze Schöpfung gestärkt und am Leben erhalten. So haben alle Liebespaare auf der Erde das göttliche Liebespaar als großes Vorbild, sie wollen ihnen in der Liebe nacheifern. Denn sie geben durch ihre sinnliche Liebe das Leben weiter.

(Lex Ind Myt 247f)

95. Der Gott Rudra

Rudra ist der Gott der Gewitterstürme, er heißt der »Brüllende«. Das Jahr ist sein Bogen, sein Schatten ist seine Bogensehne. Der Gott ist im dunklen Rauch der Scheiterhaufen, wenn die Toten verbrannt werden. Er sitzt dann über die Seelen der Toten zu Gericht. Seine Söhne sind die *Rudras* und die *Maruts*, sie sind böse Dämonen, vor denen sich die Menschen fürchten.

Wenn der Gott in Zorn gerät und trunken ist, dann schickt er den Menschen viele Leiden und Krankheiten. Wenn sie ihn bitten, wieder versöhnt zu sein, dann kann er ihre Krankheiten wieder heilen. Er ist der dunkle Gott, der den Menschen mehr Zerstörung als Heilung bringt. Viele sehen in ihm die dunkle Seite des Gottes *Shiva*. (Lex Ind Myt 257f)

96. Die Göttin Sarasvati

Sarasvati war zuerst eine Flußgöttin, später wurde sie die Schutzgöttin der schönen Künste, der Dichtung und der Musik. Sie reitet auf einem Schwan, in ihren Händen trägt sie ein Buch und ein Saiteninstrument. Den Menschen schenkt sie die Sprache und die Kunst der schönen Rede, sie hat das Sanskrit erfunden. Als die Gattin des Gottes *Brahma* sitzt sie in der Lotusblume, sie schenkt den Menschen die Weisheit und das heilige Wissen. In ihren Tempeln werden ihr viele Lieder gesungen.
(Lex Ind Myt 263f)

97. Vach, die Göttin der Sprache

Vach ist die Schutzgöttin des Wortes bei den Göttern und den Menschen. Sie gibt den Worten und der Sprache magische Kraft, so daß sie das ausführen, was sie sagen. Durch schöne Worte verzaubert sie die Liebenden. Sie heißt auch die »Königin der Götter«, weil sie durch die Sprache über sie herrscht. Sie ist eine Tochter des Gottes *Kama*, der in den Menschen die sinnliche Begierde weckt. Erst wenn die Menschen etwas begehren, beginnen sie zu sprechen. Das ist auch bei den Liebenden so. (Lex Ind Myt 307f)

98. Der Windgott Vayu

Vayu ist im Sturmwind und in der sanften Brise, er ist im Atem der Tiere und der Menschen. Er verleiht allen Lebewesen die innere Lebenskraft. Am Himmel fährt er mit einem Streitwagen, der von einem Hirschen gezogen wird. Er lenkt auch den Kriegswagen des Gottes *Indra*, der von tausend roten Pferden gezogen wird. Als Atem zieht er in jedes Kind ein, das geboren wird. Er wohnt dann in seinem Körper, solange ein Mensch atmet. Sein Charakter ist ungestüm und ruhelos, denn der Wind und der Atem kommen nie zur Ruhe. (Lex Ind Myt 313f)

99. Die Waldgöttin Yakshini

Yakshini lebt im Wald und trifft dort auf die Wanderer und die Asketen. Sie ist eine sinnliche und verführerische Frau, sie lenkt die Wanderer vom rechten Weg ab. Vor allem verführt sie die Waldasketen zur Liebe. Sie kann als ein Mischwesen auftreten, halb Pferd und halb Menschenfrau.

Einen Prinzen verführte sie in der Gestalt eines Fuchses zur Liebe, sie lähmte ihn und seine Begleiter. Dann gab sie sich als Göttin zu erkennen und heiratete den Prinzen. Beide hatten zwei Söhne, die kämpfen gegen die bösen Walddämonen.

(Lex Ind Myt 334f)

100. Yoni und Linga

Yoni ist das weibliche Geschlechtsorgan, die Vulva. Und *Linga* ist das männliche Geschlechtsorgan, der Penis. Die Menschen verehrten seit alters her die Geschlechtsteile, um auf der Erde die Fruchtbarkeit zu stärken. Sie wußten, daß die Weitergabe des Lebens von der Paarung der beiden Geschlechter abhängt. So hatte der Gott *Shiva* eine Menschenrasse geschaffen, die im Kult den männlichen Penis anbetete, um ihre Zeugungskraft zu stärken.

Daraufhin hatte die Göttin *Parvati* eine Menschenrasse geschaffen, die die weibliche *Yoni* anbetete, um den Kindersegen der Frauen zu mehren. Diese Menschen waren die schönsten, die gesündesten und die fruchtbarsten von allen Menschen der Erde. Später verehrten sie das weibliche Geschlecht in der Form eines Ringes und das männliche Geschlecht in der Form einer Säule. Durch die Sexualriten wollten beide Geschlechter ihre Lebenskraft stärken und ein langes Leben haben.

(Lex Ind Myt 339f)

18
Der Jainismus

Einleitung

Der Verkünder dieser Erlösungslehre wurde um 540 v. Chr. in Kundapura (bei Vaisali) geboren. Sein Name war Vardhamana, doch von seinen Schülern bekam er den Ehrentitel »großer Held« (Mahavira). Er wuchs in einer reichen Kriegersippe auf, heiratete früh und hatte eine Tochter. Als seine Eltern starben, war er 28 Jahre alt. Da er mit seinem Reichtum nicht glücklich war, entsagte er der Welt und wurde ein Wanderasket. Er schor sich die Haare kahl, zog die Kleider der Wanderasketen an und wanderte als leichtbekleideter Bettelmönch umher. Nach einiger Zeit legte er auch die Kleider ab, sie waren ihm ein Hindernis auf seinem Erlösungsweg, er wanderte unbekleidet.

Durch die Meditation und Askese gelangte er zur »Erleuchtung«, jetzt wurde er ein Sieger (Jina) über die Welt. So verkündete er bis zu seinem Tod eine neue Erlösungslehre, der viele Schüler folgten. Mit 72 Jahren soll er an Hunger gestorben sein. Seine Anhänger sehen in ihm einen neuen Propheten, der einen neuen Weg zur Erlösung beschritt. Doch vor ihm soll es schon 23 Propheten gegeben haben.

Die Anhänger dieser Lehre heißen Jainas, die nach dem großen »Sieg« (Jina) über die Welt streben. Sie organisieren sich ähnlich wie die Buddhisten, nämlich als seßhafte Laien und als wandernde Mönche. Wanderaskese war eine uralte Lebensform in Indien. Es bildeten sich zwei verschiedene Schulen, einerseits die »Weißgekleideten« und andererseits die Unbekleideten, sie heißen auch die »Luftgekleideten«. Sie haben Lebensregeln und heilige Schriften. Frauen und Männer sind zum Asketenstand zugelassen, es gibt Mönche und Nonnen. Sie werden von den Laien ernährt und versorgt.

Die Jainas glauben, daß die Götter keinen Einfluß auf den Lauf der Welt haben. Auf eine aufsteigende Weltperiode folgt eine absteigende Zeit, dann beginnt wieder der neue Aufstieg. In der ersten Epoche geht es den Menschen gesundheitlich gut. In der zweiten Zeit geht es ihnen schlecht, sie werden krank und sterben früh. In diesem zyklischen Universum wirken viele Seelenkräfte, sie sind in den Göttern, in den Menschen, in den Tieren, in den Pflanzen, in den Steinen. Die ganze Welt ist beseelt.

Durch unsere Handlungen dringen die feinsten Stoffe in unsere Seele ein, sie setzen sich wie Staub darin fest. Das sind die Karmastoffe. Erlöst werden kann die Seele nur durch die Trennung von den Karmastoffen. Durch Askese, durch Meditation und durch ein moralisches Leben wird diese Trennung möglich. Das ist der Weg der Erlösung, er hat ein strenges Leben zur Folge, die Askese ist hart. In Indien folgen einige Millionen Menschen dieser Erlösungslehre.

1. Der weise Sieger

Im Lauf des großen Zeitrades erscheinen 24 große Weise auf der Erde, sie werden »Sieger« (Jinas) genannt. Durch Askese und Meditation helfen sie den Menschen, aus ihrer Unwissenheit zu kommen und ihr Elend zu überwinden. Ihr Ziel ist es, den inneren Frieden des Nirvana zu finden. In den heiligen Schriften wird vom Leben dieser 24 Weisen berichtet, sie sind den Menschen ein Vorbild. Ihre Geburtsorte gelten als Pilgerstätten. In den Tempeln stehen die Bilder der großen Asketen, sie werden unbekleidet dargestellt. Durch Farben und Symbole können sie voneinander unterschieden werden.

Diese 24 Weisen haben einen höheren Rang als die vielen Schutzgötter der Menschen, sie werden von Wächtern und Wächterinnen begleitet. Die Götter müssen ihnen Verehrung zollen. Wer unter den Menschen die Meditation und Askese übt, kann auf dem Weg der Erleuchtung über die Welt der Götter emporsteigen. Das ist der »Weg der Sieger«.

(MdV II, 135ff)

2. Der weise Rishabha

Rishabha war der erste Weise in unserer Weltepoche, sein Vater war der letzte der 14 *Manus*. Zu seiner Zeit kam der Regen regelmäßig, die Menschen legten Felder an und pflanzten Obstbäume. Und sie begannen, die Gesetze aufzustellen. Seine Mutter *Maru Devi* sah im Traum und in 16 Visionen voraus, daß ihr Sohn ein »Sieger« werden sollte. Sie sah einen weißen Elefanten, einen weißen Stier und einen weißen Löwen. Dann sah sie die goldene Lotusblume, die Fische im Teich mit goldenem Wasser. Zuletzt sah sie den himmlischen Palast der großen Götter.

Dann wurde sie schwanger, während der Schwangerschaft benutzte sie keinen Spiegel. Als der Sohn geboren wurde, da wurde er von den Göttern *Indra* und *Sachi* begrüßt. Schon in den ersten Tagen lernte er das Wissen und die volle Weisheit. Auf Wunsch des Vaters heiratete er zwei Schwestern, denn jeder Mann konnte mehrere Frauen haben. Mit der einen Frau hatte er hundert Söhne. Mit der zweiten Frau hatte er den Liebesgott *Kama* als Sohn. Dieser weckt in den Menschen das sinnliche Begehren.

Rishabha lehrte den Menschen den Ackerbau, wie man Felder anlegt und bewässert. Dann zeigte er ihnen den Obstbau, wie man Fruchtbäume pflanzt.

Und er zeigte ihnen das Handwerk, wie man die Werkzeuge herstellt. Und er richtete die drei Kasten ein, nämlich die Krieger, die Handwerker und Bauern und die Unfreien. Nur Priester gab es keine.

Dann wurde er ein Wanderasket, er warf seine Kleider und Schmuckstücke ab und gab sich ganz der Meditation hin. Damit vermehrte er sein Wissen.

Und er begann, den Menschen seine Weisheit zu predigen. Vor seinem Tod stieg er auf den heiligen Berg Kailash, auf seinem Gipfel ging er in das Nirvana ein. (MdV II, 136f)

3. Die nachfolgenden Weisen

Auf den ersten weisen »Sieger« folgten 22 weitere, von denen sich jeder eine bestimmte Aufgabe im Leben gestellt hatte. Einer hat sich als unbesiegbar erwiesen, weil die Kraft der Meditation ihn stärkte. Ein anderer hat die Wollust beherrscht, weil er die Askese übte. Ein dritter hat den Menschen neue Kulturtechniken eröffnet. Und ein vierter hat seinen Verstand voll entfaltet. All das sollten auch seine Schüler tun. Ein fünfter kämpfte mit dem Dreizack der Fischer, ein sechster wurde mit seiner Tarnkappe gekrönt, so waren beide unbesiegbar.

Einer der Weisen ritt auf einem Meerungeheuer und hat die bösen Leidenschaften überwunden. Ein anderer hat seine Gefühlsregungen unter Kontrolle gebracht. So werden diese 22 Weisen von allen Wesen angebetet und verehrt, denn sie leben in der letzten Reinheit, die den Menschen möglich ist. Sie sind ewig und unvergänglich, denn sie haben unter den Menschen den Frieden und gerechte Gesetze gestiftet. Sie haben die Mönchsgelübde genau beachtet, deswegen sind sie den Mönchen und Nonnen ein Vorbild. Einer dieser weisen Männer war mit dem Gottmenschen *Krishna* verwandt. Nur eine Frau war unter den 24 Weisen, sie hieß *Mallinath.* (MdV II, 137f)

4. Der weise Parshva

Parshva war der 23. in der Reihe der weisen Sieger, er gilt als Inkarnation des Gottes *Vishnu* und wurde als ein Königssohn geboren. Mit dreißig Jahren wurde er ein Wanderasket, die Götter haben seinen Entschluß zum Weltverzicht begrüßt und gefeiert. Als er in einem Wald lange Zeit in der Meditation versunken war, da schickte ihm ein böser Dämon das Hochwasser.

Doch nun kamen viele gute Geistwesen, sie schützten ihn mit ihren magischen Tarnkappen. Er fand im Wald die große Erleuchtung und predigte fortan seinen Schülern die Weisheit.

Diese haben seine Predigten in den heiligen Schriften aufgeschrieben. Selbst die Götter und die Tiere haben ihn wegen seiner großen Weisheit verehrt. Mit hundert Jahren ist er gestorben und in das Nirvana eingegangen. (MdV II, 138)

5. Der weise Mahavira

Mahavira ist der 24. in der langen Reihe der weisen »Sieger«. Er wuchs im Schoß der Göttin *Devananda* heran. Doch der Gott *Shakra* ließ den Embryo in den Mutterschoß der Göttin *Trishala Rani* bringen. Die Göttin bereitete sich auf die Geburt vor, ihr Haus wurde mit Blumen geschmückt, sie wurde mit Duftwasser gewaschen und mit Öl gesalbt. Dann sah sie im Traum 16 Bilder, die das Schicksal ihres Sohnes voraussagten. So erlangte sie großen Reichtum.

Als die Zeit der Geburt kam, da eilten die Götter herbei, um die Geburt zu feiern. Ein Blumenregen fiel vom Himmel auf die Erde, Früchte von Gold und Silber kamen vom Himmel, Perlen und Diamanten, der Göttertrank und das Sandelholz fielen zur Erde. Der Sohn erhielt den Namen *Varhamana*, der »den Reichtum gebracht hat«.

Der Knabe wuchs schnell heran, er besiegte früh eine Schlange. So erhielt er den Titel *Mahavira*, das heißt »großer Held«. Er heiratete eine schöne Frau und hatte mit ihr eine Tochter. Da beschlossen seine Eltern, sich den Wanderasketen anzuschließen. Sie gingen in den Wald und fasteten so lange, bis sie verhungerten. Nun bat auch *Mahavira* seinen König um die Erlaubnis, in den Wald zu gehen und sich den Wanderasketen anzuschließen. Es wurde ihm erlaubt, und er verteilte seinen Besitz an die Armen des Landes.

Als er mit dem Weg der Askese begann, da stiegen die Götter vom Götterhimmel auf die Erde herab und riefen ihm zu: »Sieg, Sieg, Sieg!« Nun fielen Lotusblüten auf die Erde, es erklangen zauberhafte Melodien. Nun war er ein »Sieger« (Jina) geworden, denn er hatte seine Leidenschaften besiegt. So lebte er zwölf Jahre lang als Asket. Danach meditierte er in einem alten Tempel, der unter einem heiligen Baum stand.

Dort erhielt er die Erleuchtung und die höchste Erkenntnis, er war nun ein Weiser und ein Glückseliger (Arhat, Jina) geworden. Nun predigte er noch dreißig Jahre den Menschen seinen Weg zur Erlösung. Dann ging er in das Nirvana ein, er wohnt nun bei den Göttern.

(MdV II, 139f)

6. Das Hakenkreuz

Das Hakenkreuz (Swastika) hat den höchsten Platz unter den acht heiligen Symbolen und Bildern. Denn es stellt die Vollkommenheit dar. Der Mittelpunkt des Kreuzes bezeichnet das Leben. Die vier Arme zeigen die vier Möglichkeiten der nächsten Geburt an: a) ein Gott zu werden; b) in die Hölle zu kommen; c) als Mensch geboren zu werden; d) als Tier geboren zu werden.

Diese vier Arme sind aber zurückgebogen, das heißt, daß der Weise von allen vier Wiedergeburten befreit ist.

(MdV II, 140)

19
Zentralindische Stämme

Einleitung

Zu diesen Stämmen gehören die Murias, die Bihar-Stämme, die Gond, die Pardhans und die Tamilen. Sie sind keine Indo-Europäer, sondern gehören zur vorarischen Urbevölkerung Indiens. Ihre Mythen wurden teils von Hirtennomaden und teils von Ackerbauern geprägt.

1. Die Erschaffung der Welt

Am Anfang war nur Wasser, darin wuchs eine Lotusblume. Ihre Blüte ragte aus dem Wasser. Am Grund des Meeres wohnte der höchste Geist *Singbonga*. Durch den hohlen Stiel der Lotusblume stieg er an die Oberfläche des Meeres und setzte sich in die Lotusblüte. Von dort befahl er der Schildkröte, Schlamm aus der Tiefe des Meeres zu holen. Die Schildkröte tauchte zum Meeresgrund, aber sie konnte keinen Schlamm an die Oberfläche bringen. Dann versuchte es die Krabbe, doch auch sie hatte keinen Erfolg bei dieser Arbeit.

Zuletzt wurde der Blutegel gerufen, er fraß den Schlamm und würgte ihn an der Oberfläche des Wassers aus seinem Maul. So brachte er langsam immer mehr Schlamm aus der Tiefe an die Oberfläche, dieser schwamm auf dem Wasser. Aus diesem schwimmenden Schlamm erschuf der große Geist *Singbonga* eine viereckige Insel, das war die Erde für die Menschen. Dann säte er die Samen für das Getreide aus, die Felder und die Weiden wurden fruchtbar. Dann pflanzte er die Bäume, die viele Früchte tragen. Nun war die Erde für die Menschen bereitet.

(MdV II, 162f)

2. Die Erschaffung der Menschen

Der göttliche Geist *Singbonga* erschuf zuerst das Pferd mit den Flügeln. Dann nahm er den Schlamm von der Erde und knetete mit den Fingern eine Figur, das war die Gestalt der Menschen. Diese begannen zu leben. Doch das Flügelpferd hatte vor den neuen Lebewesen Angst, so zertrampelte es mit den Hufen die ersten Menschen. Nun mußte der göttliche Geist noch einmal aus der Erde die Menschen formen. Doch er formte gleichzeitig den Hund als Wächter, er sollte die Menschen vor dem Flügelpferd beschützen.

Doch diese Menschen hatten noch keine Gelenke, sie konnten nicht gehen und nicht sitzen. Daher nahm ihnen der göttliche Geist noch einmal das Leben. Und er formte die Menschen zum dritten Mal aus Lehmerde, doch diesmal gab er ihnen die Gelenke. Jetzt konnten sie gehen und sich setzen, jetzt konnten sie essen und schlafen. Die Schöpfung war ihm gut gelungen, er war sehr zufrieden. (MdV II, 162f)

3. Die Erschaffung der Lebewesen

Nun kam eine große Flut und zerstörte die Welt der Menschen, ihre Felder und Dörfer verschwanden im Wasser und im Schlamm. Doch da war ein Geschwisterpaar von Menschen, das suchte Zuflucht in einem Flaschenkürbis. Mit diesem schwamm es auf dem Wasser und konnte überleben. Alle anderen Menschen kamen um. Als die Flut zu Ende war, krochen sie aus dem Kürbis heraus. Nun zeigte ihnen der höchste Geist, wie sie die Äcker anlegen sollten, wie sie die Obstbäume pflanzen konnten. Er gab ihnen den Grabstock, so begannen sie mit dem Ackerbau.

Doch die beiden Menschen durften sich nicht paaren, weil sie Geschwister waren. Sie konnten keine Kinder bekommen. Nun schickte die Göttin der Pockenkrankheit den beiden Menschen die Windpocken. Ihre Haut wurde von Narben und Beulen übersät. Und als sie wieder gesund wurden, da konnten sie sich nicht mehr als Geschwister erkennen, sie hatten ihre Gesichter verändert. Jetzt durften sie heiraten, und sie hatten viele Kinder. Es wurden ihnen zwölf Söhne und zwölf Töchter geboren. So ging das Leben der Menschen nach der großen Flut wieder weiter. (MdV II, 162f)

4. Die Zerstörung der Welt

Die Schmiede waren ein stolzes Geschlecht, sie hatten gefährliche Waffen aus Eisen geschmiedet. Niemand konnte ihren Waffen widerstehen. Da wurden sie stolz und forderten die Sonne zum Kampf heraus. Doch die Sonne setzte ihr wildes Feuer ein, sie warf viele Feuersamen auf die Erde. Nun begannen die Felder, die Dörfer und die Bäume der Menschen zu brennen. Alle Menschen kamen in dem Feuer um, auch die tapferen Schmiede konnten nicht mehr flüchten. Nun half ihnen auch nicht ihre Körperkraft.

Nur eine Frau konnte vor dem Feuer fliehen, sie kam zu einem benachbarten Stamm. Dort wurde sie aufgenommen, sie heiratete und hatte viele Kinder. So hat sich die Erde wieder bevölkert, und das Leben ging weiter. (MdV II, 163f)

5. Die Erschaffung der Stadt

Zuerst wurden die Götter erschaffen, doch ihre Urmutter hatte sie in einem Wald ausgesetzt. Dort lebte die Göttin *Parvati*, sie zog nun die jungen Götterkinder auf. Doch diese wollten die Speisen ihrer Erzieherin nicht essen, sie wollten Fleisch und Alkohol. Nun wurden die Götterkinder fünf Jahre lang in eine Höhle eingesperrt, damit sie nicht zu Fleisch und Alkohol kamen.

Doch es war der junge Gott *Lingal*, der konnte seine Geschwister aus der Höhle befreien. Er wurde nun zum König über die befreiten Götter, denn er war ein starker Held im Krieg. Mit seiner Leier machte er Musik und rief so die Götter, die sich noch in der Höhle versteckt hatten. Mit seiner Musik konnte er sie befreien.

Dann begann er, für die Menschen eine Stadt zu bauen und zu gründen. Er lehrte die Menschen, Häuser zu bauen und Felder anzulegen. Er gab ihnen die Getreidekörner, die sie aussäen mußten. Dann stiftete er die Ehe und teilte die vielen Menschen in Sippen ein. Nun konnten sie sich vermehren, er war ihr Schützer und Lenker.

Als die Götter einen großen Fluß überqueren mußten, da halfen ihnen die Affen. Sonst wären die Götter im reißenden Fluß ertrunken. Seither sind die Götter mit den Affen eng befreundet.

(MdV II, 164f)

6. Der Held Lingal

Lingal war ein göttlicher Kriegsheld, er zeigte den Menschen die Techniken der Kultur. So führte er ihnen vor, wie man die Felder pflügt, wie man das Wasser zu den Feldern leitet, wie man Räder und Wagen herstellt. Er lehrte die Menschen die Riten und setzte bei ihnen die Festzeiten ein. Er gab ihnen die Opfer, damit sie die Götter ehren konnten. Und die Menschen lernten von diesem Helden die Sprache der Vögel, die sie zuerst benutzten.

Der Held *Lingal* hatte mehrere ältere Brüder, die waren ihm nicht gut gesonnen. Er verachtete deren Frauen und spielte lieber mit den jungen Mädchen des Götterdorfes. Doch diese klagten ihn wegen seiner Sittenlosigkeit an, er mußte ein Gottesurteil über sich ergehen lassen. Er wurde mit siedendem Öl übergossen, doch seine Unschuld wurde erkannt. Jetzt gründete *Lingal* Häuser für junge Männer, die noch nicht verheiratet sind. Und er zeigte ihnen die heiligen Tänze. Dieser göttliche Held hat den Menschen viel Gutes geschenkt, sie verehren ihn sehr.

(MdV II, 165f)

7. Der Asket Agastya

Am Anfang der Welt gab es viele große Fluten, die Felder der Menschen wurden immer von den Flüssen überschwemmt. Dabei kamen viele Menschen und Tiere um. Da trat der Asket *Agastya* auf, er lebte als Einsiedler auf einem Berg. Er war kleingewachsen, aber sehr weise. Er brachte zu den Menschen die Schrift und lehrte sie die Kunst des Schreibens. Jetzt konnten sie ihre heiligen Erzählungen aufschreiben, damit sie nicht verlorengingen. Er zeigte den Menschen die Heilkräuter, damit sie ihre Krankheiten heilen konnten.

Später kamen zu den Menschen große Dichter und Dichterinnen, sie schrieben alles auf, was die Menschen erlebt hatten. Und sie lehrten die Menschen die guten Sitten, sie gaben ihnen die Gesetze. Und sie brachten ihnen die Verehrung der Götter. Jetzt war die Welt geordnet, die Götter und die Menschen konnten gut zusammenleben. (Tamilen; MdV II, 168f)

8. Der Wettstreit der Dichter

Die Dichter baten den Schutzgott um einen hohen Stuhl, auf dem sie alle Platz finden wollten. Der Gott fertigte den großen Stuhl, und die Dichter stiegen auf den Stuhl und hatten alle Platz. Dann wurde ein großes Festmahl gehalten. Die Dichter hatten ein großes Werk verfaßt, sie lasen es vor und sprachen darüber. Dann beschlossen sie, dieses Kunstwerk den Dichtern der Nachbarstadt zu zeigen.

Nun mußte einer das Buch den Dichtern der Stadt *Madura* bringen. Doch diese waren stolz und hochmütig, sie verachteten das Werk. Auch sie saßen alle auf einem Stuhl. Als sie das Kunstwerk der Nachbarn verspottet hatten, da fielen sie alle vom Stuhl und in einen Teich. Als sie aus dem frischen Wasser wieder auftauchten, da erkannten sie die Größe des Kunstwerkes ihrer Nachbarn, und sie lobten es sehr. Seither wird diese Dichtung auch in der Stadt *Madura* verehrt, sie heißt »*Kural*«. (Tamilen; MdV II, 170f)

9. Die Schutzgeister

Es gibt viele Schutzgeister, sie schützen die Dörfer und die Sippen der Tamilen. Die Menschen verehren einen Schutzgott der Berge, der auf einem wilden Pferd reitet und von vielen Bergtöchtern begleitet wird. Er schenkt den Menschen die Lebensfreude und die Fruchtbarkeit. Oder es gibt bei ihnen die Göttin des Krieges, die die Männer in den Kampf treibt. Sie hat ihre Freude am Blutvergießen und an der Zerstörung. Sie erscheint den Menschen als Jungfrau und ist der Göttin *Kali* sehr ähnlich.

Es gibt die Göttin *Tadatagei*, sie war eine Kriegerin und wurde mit drei Brüsten geboren. Als sie den Mann ihres Lebens traf, da verlor sie ihre dritte Brust. Bei der Hochzeit gab es ein großes Fest. Bei diesem Fest war ein Zwerg, der hatte einen Heißhunger, er aß alles auf, was ihm in die Hände kam. Nun erschuf der Gott *Shiva* den Überfluß, um den Hunger des Zwerges stillen zu können. Und er schenkte den Überfluß auch den Menschen, die jetzt glücklich leben können.

(Tamilen; MdV II, 172)

20
Der Buddhismus

Einleitung

Der Buddhismus ist aus der Bewegung der altindischen Wanderasketen entstanden. Einerseits waren es marginalisierte Personen, die sich diesen Gruppen anschlossen, um überleben zu können. Zum anderen sollte jeder freie arische Mann eine Zeitlang als Asket leben, um weise zu werden; und zwar, wenn er seine familiären Pflichten erfüllt hatte und ihn seine Kinder nicht mehr brauchten.

Zu diesen Asketen gesellte sich im 6. Jh. v. Chr. Gautama Siddharta aus der Kaste der Krieger. Er soll zwischen 560 und 480 v. Chr. gelebt haben. Er war der Sohn eines Kriegerkönigs und erhielt den Clannamen Gautama, sein persönlicher Name war Siddharta. Er wuchs als Krieger heran und lernte die Kampftechniken, seine Kindheit und Jugend waren von Reichtum und Überfluß geprägt. Für die drei Jahreszeiten standen ihm drei Paläste zur Verfügung. Er heiratete eine Kriegertochter und hatte mit ihr einen Sohn.

Doch er war mit seinem Leben im Überfluß nicht zufrieden, denn er entdeckte die Vergänglichkeit des Lebens. Er sah, daß es alte und kranke Menschen gibt und daß Menschen sterben. Und er sah die Vergänglichkeit der Schönheit seiner Palasttänzerinnen. Als er diese Leidhaftigkeit sah, da beschloß er, sich den Wanderasketen anzuschließen.

So verließ er seinen Königspalast mit 29 Jahren, er trennte sich von seiner Frau, seinem Sohn und seiner Sippe. Zuerst schloß er sich den strengen Asketen an, er lernte Yoga, er fastete und kasteite seinen Körper. Als er beinahe zusammenbrach, da erkannte er den »mittleren Weg« als den richtigen. Er wollte nicht die strenge Askese, aber auch nicht den reinen Lebensgenuß.

Durch die lange Meditation unter einem heiligen Baum wurde er ein Erleuchteter (Buddha), er sah nun den rechten Erlösungsweg licht-

voll vor sich. Diese Erkenntnis begann er seinen Anhängern zu predigen (Benaresrede). Es sind die Grundsätze der neuen Erlösungslehre: Alles Leben bedeutet Leiden. Das Leiden kommt aus der Gier nach Leben. Wer diese Begierde verringert, kann sein Leiden verringern. Das Begehen des achtteiligen Weges führt zu diesem Ziel.

Als Lebensziel gilt die Überwindung der Leiden, die Erleuchtung des Geistes, die Erlösung aus dem Kreislauf der Geburten, das Aufgehen des Selbst im Nirvana. Dafür müssen die fünf Grundgebote der Wanderasketen eingehalten werden: kein Leben töten, keine Lügen sagen, kein fremdes Eigentum stehlen, keine unerlaubten sexuellen Beziehungen haben, keine berauschenden Getränke trinken. Zum neuen Lebensweg des Buddha sind alle sozialen Kasten zugelassen, Männer und Frauen gehen denselben Weg.

Nun bilden sich Gemeinschaften von Mönchen und Nonnen, die sich der Erlösung näher glaubten als die Laien. Diese haben die Aufgabe, die Klöster mit Nahrung zu versorgen.

Es bilden sich zwei große buddhistische Wege bzw. Konfessionen: Zuerst der strenge Mönchsbuddhismus (Hinayana), der sich in Südindien ausbreitet. Und dann der weltzugewandte Laienbuddhismus (Mahayana), der sich von Indien über Tibet, China, Japan nach Südostasien verbreitet. Im buddhistischen Glauben haben die göttlichen Wesen wenig Bedeutung, sie greifen kaum in das menschliche Leben ein. Die Erleuchteten haben einen höheren Rang als die Götter. Vor allem der erste Buddha wird von den Gläubigen um Hilfe, um Schutz und Gnade angerufen.

Zur Lebensform der Buddhisten gehört es, mit allen Lebewesen Mitgefühl zu haben, kein Wesen zu schädigen, niemals Kriege zu beginnen, sich nur zu verteidigen, wenn man angegriffen wird, immer die Wahrheit zu sagen, nicht an den Besitztümern zu hängen, sich an den kleinen Dingen des Lebens zu freuen.

So bilden die Buddhisten eine friedvolle Kultur, sie können sich gut fremden Lebensformen anpassen. Heute verbreitet sich diese Religion auch in westlichen Ländern. Weltweit leben ungefähr 500 Millionen Menschen als Buddhisten, sie bilden eine der großen Weltkulturen.

1. Empfängnis des Buddha

Der künftige Buddha bzw. Bodhisattva hatte bereits Tausende von Leben durchschritten. Nun bereitete er sich auf seine letzte Geburt vor. Er predigte im Himmel den Göttern das ewige Weltgesetz. Dann erkannte er, daß es Zeit war, auf die Erde hinabzusteigen. Er wählte die Sippe eines Kriegers der Shakyas mit dem Namen *Suddhodana* an der Grenze zum Land Nepal.

Seine künftige Mutter war die Königin *Maya*, sie sah im Traum den Bodhisattva in ihren Schoß hinabsteigen, und zwar in der Gestalt eines weißen Elefanten. Nun begrüßte die ganze Natur dieses große Ereignis, die Bäume begannen zu blühen, die Musikinstrumente spielten von selber, die Flüsse hielten ihre Wasser an.

Die Königin erzählte den Traum den Brahmanen. Diese sagten, ihr Sohn werde ein großer und mächtiger König sein, oder er werde ein »Erleuchteter« (*Buddha*) werden. (MdV II, 141)

2. Die Geburt des Buddha

Als die Zeit der Geburt nahte, da begab sich die Königin in den Garten des Lambini. Dort gebar sie im Stehen, wie es Sitte war, einen Sohn. In der Hand hielt sie den magischen Zweig des Teakbaumes, so war die Geburt ohne Schmerzen. Der Gott *Brahma* und andere Götter begrüßten das Kind, es begann sofort zu gehen und zu laufen. Wo seine Füße den Boden berührten, da wuchsen Lotusblumen. Der Knabe machte je sieben Schritte in alle Himmelsrichtungen, so nahm er von der ganzen Erde Besitz.

Am selben Tag wie der *Bodhisattva* wurde auch seine spätere Gattin *Yashodhara Devi* geboren, auch sein Pferd, sein Stallmeister, sein Freund und Lieblingsschüler *Ananda* und auch der Baum der Bodhi, unter dem er die Erleuchtung finden sollte.

Fünf Tage nach seiner Geburt erhielt er von der Sippe den Namen *Siddharta*. Am siebenten Tag nach der Geburt starb die Mutter *Maya* vor Freude, um in der Welt der Götter wiedergeboren zu werden. Ihre Schwester *Mahaprajapati* erzog den Sohn in liebevoller Hingabe. Ein Weiser vom Himalaya, *Asita* mit Namen, sagte das Schicksal des Kindes voraus. Er sah Zeichen der göttlichen Berufung für das Kind. Dann wurde das Kind zum Tempel gebracht, da verneigten sich alle Götterstatuen.

(MdV II, 142f)

3. Die Jugend des Buddha

Als der junge Prinz zwölf Jahre alt war, da berief sein Vater den Rat der Brahmanen ein. Sie sagten ihm nun voraus, der Sohn werde ein Asket werden, sobald er vom Alter, von der Krankheit und vom Tod erfahren werde. Doch der Vater wollte seinen Sohn als König sehen, nicht als Asketen. So baute er ihm schöne Paläste und umgab sie mit Ringmauern. Niemand durfte vom Leiden und vom Tod sprechen, der junge Knabe sollte davon nichts wissen.

Dann beschloß der Vater, den Sohn zu verheiraten. Er ließ viele Juwelen anfertigen, diese sollte der Sohn beim Fest der Hochzeit an die Prinzessinnen der Umgebung verteilen. Als dieser alle verteilt hatte, da kam die Prinzessin *Yashodhara* zu ihm, sie hatte noch kein Juwel erhalten. Da zog der Prinz seinen Ring vom Finger, denn er hatte sich in sie verliebt.

Nun ließ der Vater die Hochzeit vorbereiten, es sollte ein großes Fest werden. Doch der Vater der Braut zweifelte noch an der Tapferkeit des Prinzen, so mußte ein Turnier abgehalten werden. Doch der Prinz bewährte sich im Kämpfen und gewann im Fechten, im Reiten und im Zweikampf, er konnte den Bogen der Ahnen spannen. Nun konnte die Hochzeit stattfinden. Danach begann der Prinz ein glückliches Leben am Hof des Vaters, er war von vielen Tänzerinnen umgeben.

(MdV II, 142f)

4. Die göttliche Berufung

Langsam erwachte in *Siddharta* die göttliche Berufung. Er konnte sich an der schönen Musik und an den vielen Tänzerinnen nicht richtig freuen. Er sah, daß alles Leben vergänglich ist, so wie der Sturzbach von den Bergen und der Blitz vom Himmel kommen. Da beschloß er, mit seinem Stallmeister die Stadt der Menschen zu besuchen. Der König ließ vorher die Stadt säubern. Doch der Sohn sah erstmalig einen alten Mann, gebückt und mit zerfurchtem Gesicht. Er erfuhr, daß das beschwerliche Alter das Schicksal jedes Menschen ist, der das »ganze Leben« lebt.

Am nächsten Tag sah er einen Kranken am Straßenrand sitzen. So erfuhr er, daß es Krankheit gibt. Und zuletzt sah er einen Leichenzug. Und er erfuhr, daß die Menschen sterben müssen. Er war tief erschüttert und innerlich aufgewühlt wegen dieser Erkenntnisse. Da traf er in der Stadt einen bettelnden Wanderasketen. Dieser erzählte ihm, daß er alles aufgegeben habe, um jenseits von Freude und Leiden zu leben und um den Frieden des Herzens zu gewinnen. Da entschloß sich der Königssohn, auch diesen Weg zu gehen und sich der Askese zu widmen. (MdV II, 144f)

5. Die Flucht aus dem Schloß

Nun sagte *Siddharta* seinem Vater, daß er dem Königreich entsagen wolle, um sich den Wanderasketen anzuschließen. Sein Vater war verzweifelt wegen dieses Entschlusses, denn auf seinem Sohn ruhte der Fortgang seines Königsgeschlechts. So ließ er die Wachen im Schloß verstärken, damit der Sohn nicht flüchten könne. In dieser Zeit wurde dem Prinzen sein Sohn *Rahula* geboren. Doch auch das neugeborene Kind konnte den Vater nicht mehr an das Schloß und die Sippe binden. Er beschloß, wegzugehen.

Vor seinem Weggehen besuchte er in der Nacht noch einmal den Schlafsaal der Tänzerinnen, und er sah, wie sie im Schlaf ihre Schönheit verloren. Nun stand für ihn fest, daß alles im Leben vergänglich ist und daß er nur in der Askese seine Ruhe finden konnte. Dann ging er noch zu seiner schlafenden Frau und nahm von ihr und seinem Sohn Abschied. Er weckte sie nicht, sondern schlich mit seinem Diener *Chandaka* aus dem Schloß und bestieg das Pferd.

Die Götter halfen ihm bei dieser Flucht, sie schläferten die Wächter ein. Sie hoben die Hufe des Pferdes an, daß man ihre Geräusche nicht hören konnte. Am Stadttor übergab er seinem Diener und Freund sein Pferd, dann verabschiedete er sich von ihm. Er bat ihn, seinen Vater zu trösten. Das Pferd leckte dem Königssohn zum Abschied die Füße. (MdV II, 145f)

6. Der Baum der Erleuchtung

Nun machte sich *Gautama Siddharta* auf den Weg, denn er suchte den Baum der Weisheit. Sein Körper leuchtete, so daß ihn die Vögel und die Pfaue durch den Wald begleiteten. Selbst die bösen Walddämonen grüßten und verehrten ihn. Dann erreichte der *Bodhisattva* den heiligen Feigenbaum, er setzte sich unter diesen Baum, auf ein Bündel von Gras. Dort legte er sein Gelübde ab: »Möge mein Leib vertrocknen, möge meine Haut sich auflösen, wenn ich mich hier erhebe, ohne daß ich die Erleuchtung und Weisheit erhalten habe.« Da bebte die Erde sechsmal.

Nun wollte ihn der Dämon *Mara* von seinem asketischen Entschluß abbringen. Er schickte ihm seine sechs schönen Töchter, sie sollten ihn zur sexuellen Liebe verführen. Sie begannen vor ihm zu singen und zu tanzen, sie zeigten alle ihre weiblichen Reize. Doch der Asket ruhte in sich, er ließ sich nicht zur Liebe verführen. Nun mußten die sechs Töchter ohne Erfolg abziehen.

Dann schickte *Mara* die schrecklichen Walddämonen, mit häßlichen Gestalten und wilden Schreien. Sie sollten den *Bodhisattva* vom heiligen Baum vertreiben. Doch die Kraft der Dämonen wurde durch die Meditation gelähmt. Zuletzt schleuderte der Dämon eine gefährliche Scheibe auf den Asketen, doch dieser wurde nicht getroffen. Die Scheibe verwandelte sich in eine Krone aus Blumen, die auf seinem Kopf liegen blieb. (MdV II, 146f)

7. Die große Erleuchtung

Vor Sonnenuntergang war der böse Dämon besiegt, der Asket meditierte unter dem heiligen Baum weiter. In der Nacht spürte er die Morgenröte der Erleuchtung in seinem Herzen aufsteigen. Er erkannte die wahre Beschaffenheit aller Wesen, er sah die Ursachen der vielen Wiedergeburten. Er sah alle Welten leben, sterben und wiedergeboren werden. Nun erinnerte er sich an seine früheren Existenzen, er verstand die unausweichliche Verzahnung von Ursache und Wirkung. Dann meditierte er über das menschliche Leiden, er verstand die Entstehung des Leidens. Und er sah auf einmal die Mittel zur Überwindung der Leiden.

Als der Tag anbrach, war die vollkommene Erleuchtung (bodhi) erreicht. Nun war aus dem *Bodhisattva* ein *Buddha* geworden. Sein Körper strahlte in hellem Licht, sieben Tage verharrte er in der Meditation. Dann blieb er noch vier Wochen unter dem heiligen Baum sitzen. Als ein starkes Gewitter niederging, da schützte ihn der Dämonenkönig vor dem Regen. Er baute dem *Buddha* einen Baldachin, wie ihn die Brahmanen haben.

Der *Buddha* hatte nun zwei Wege vor sich. Er konnte sofort in das Nirvana eingehen und dort die ewige Ruhe finden. Oder er konnte seine Erlösung noch eine Zeitlang aufschieben, um vorher den Menschen seine Weisheit zu predigen. Nun trat der Dämon *Mara* noch einmal auf und beschwor ihn, die Erde sofort zu verlassen. Doch dann kamen die Götter, allen voran der Schöpfergott *Brahma*, sie baten den *Buddha*, noch auf der Erde zu bleiben und den Menschen die Erlösung zu verkündigen. Da entschloß sich der *Buddha*, noch eine Zeitlang auf der Erde zu bleiben und die neue Lehre zu verkündigen. (MdV II, 147f)

8. Die erste Predigt des Buddha

Bei der Stadt Benares traf der *Buddha* seine fünf ehemaligen Anhänger, die ihn verlassen hatten. Durch die Kraft seiner guten Gedanken wurden sie wieder zu ihm hingezogen. Im Gazellenpark nahe bei der Stadt hielt er ihnen seine erste Predigt. Damit setzte er das »Rad des Gesetzes« in Bewegung. Er warnte die Zuhörer vor den zwei extremen Wegen, die nicht zur Erlösung führen. Der eine ist der Weg des ungezügelten Genusses, der andere ist der Weg der extremen Askese. Dazwischen gibt es den »Weg der Mitte«, der führt zur Erleuchtung, zur inneren Ruhe und zum Nirvana.

Dann predigte er ihnen die heilige Wahrheit über das Leiden. Die Geburt, das Alter, die Krankheit, der Tod, die Trennung von lieben Menschen, all das bringt uns ständig neues Leiden. Doch der Ursprung alles Leidens ist unser Durst nach Vergnügen und nach Leben, nach Unbeständigkeit. Wenn wir diesen Durst nach Lebensgenuß und unsere Begierde unterdrücken, dann überwinden wir das Leiden. Dies ist die große Lehre.

Die Almosen, die wir den Armen geben, das Wissen um die letzten Dinge, die gelebte Tugend lösen sich nicht auf im Strom der Zeiten. Daher sollen die weisen Menschen Gutes tun, soviel sie können. Sie müssen keine großen Taten vollbringen. Vielmehr sollen sie mit allen Lebewesen Mitgefühl zeigen, sie sollen Betrübte trösten. Dies ist die Lehre der allgemeinen Barmherzigkeit. Dieser Weg zum Heil steht allen Menschen offen, Männern und Frauen, Freien und Unfreien. Alle Schüler der Weisheit sollen die sinnlichen Leidenschaften meiden. Dies sei das beste Werkzeug gegen die Macht des Bösen.

So begann der *Buddha* zu predigen, seine ersten Schüler folgten ihm nach. Mit ihnen lebte er zwanzig Jahre lang, bis er starb. So verkündete er den neuen Weg zur Erlösung für alle Menschen und Wesen. (MdV II, 148f)

9. Der wütende Elefant

Devadatta, ein Cousin des *Buddha*, war sein großer Gegner. Er machte einen großen Elefanten betrunken und ließ ihn frei, als der *Buddha* gerade die Almosen einsammelte. Das wilde Tier zertrampelte viele Hütten der Menschen. Doch der *Buddha* setzte seinen Rundgang fort. Als ein kleines Mädchen über die Straße lief, bat der *Buddha* den Elefanten, das Kind nicht zu töten. Da kniete der Elefant vor dem *Buddha* nieder, denn er hatte die Kraft seiner Weisheit erkannt.

(MdV II, 150)

10. Die großen Wunder

Als der *Buddha* in der Meditation versunken war, da bewegte sich sein Körper durch die Lüfte, er flog gegen Westen. Dabei war er in den vier Meditationsstellungen; er ging, er stand, er saß und er lag auf dem Boden. So wurde er in die Region des göttlichen Lichtes getragen, sein Körper strahlte wie Kristall in blauer Farbe, dann in Rot, in Weiß und in Gelb. Aus seinem Körper loderten Feuerflammen, dann fiel milder Regen auf die Erde.

Dann saß der *Buddha* auf einer großen Lotusblume, zu seiner Rechten war der Schöpfergott *Brahma*, zu seiner Linken saß der Kriegergott *Indra*. Im Götterhimmel wuchsen unzählige Lotusblumen, in jeder Blüte saß ein kleiner *Buddha*. So war die Erleuchtung bis in den Himmel der Götter vorgedrungen, der *Buddha* war den höchsten Göttern gleich geworden.

(MdV II, 150)

11. Die Bekehrung der Sippe des Buddha

Nach einiger Zeit überzeugte der *Buddha* seinen Vater *Suddhohana*, seinen Sohn *Rahula*, seinen Vetter *Ananda* und seine Frau *Mahaprajapati*. Sie schlossen sich alle seiner neuen Lehre an.

Dann stieg der *Buddha* in den Himmel der Götter hinan, dort empfing ihn seine Mutter, die nach seiner Geburt gestorben war. Die Götter baten ihn, er möge auch ihnen das heilige Gesetz lehren. Nach drei Monaten hatte er alle Götter belehrt. Dann stieg er auf einer goldenen Leiter wieder auf die Erde herab, die Götter begleiteten ihn. Nun waren auch sie seine Anhänger geworden.

Doch seinen Halbbruder *Nanda* konnte er nur schwer bekehren. Der *Buddha* klopfte an seine Tür und bat ihn um ein Almosen. Doch der *Buddha* nahm seine Gabe nicht an.

So folgte *Nanda* dem *Buddha* in die Einsiedelei. Dort ließ er sich die Haare abschneiden und zog die Kleider der Wandermönche an. Doch *Nanda* wollte sich noch nicht von seiner jungen Gemahlin trennen. Nun führte ihn der *Buddha* in den Himmel der 33 großen Götter. Dort wohnten viele schöne Mädchen im himmlischen Palast, sie waren schöner als die Frauen auf der Erde. Die Mädchen luden ihn ein, nach seinem Tod zu ihnen zu kommen.

Nun blieb *Nanda* im Kloster des *Buddha*, denn er wollte im Himmel der 33 großen Götter wiedergeboren werden. Danach führte ihn der *Buddha* in die Hölle und zeigte ihm die Strafen für die Sünder. Da stand ein Kessel, dort sollte er gekocht werden, um für seine sinnlichen Begierden zu büßen. Jetzt hatte *Nanda* den Himmel und die Hölle gesehen. Daher übte er sich fortan in der Meditation und Askese. Und er wurde ein großer Heiliger.

(MdV II, 151f)

12. Opfergaben an den Buddha

Ein kleines Kind wollte dem *Buddha* eine Opfergabe bringen, doch es besaß nichts, was es geben konnte. Da nahm das Kind Erde und Staub in die Hände und überreichte das dem *Buddha*. Der Erleuchtete nahm die Gabe dankbar an. Das Kind wurde später als der große König *Ashoka* wiedergeboren.

Ein Affe bot dem *Buddha* eine Schale mit Honig an. Als der *Buddha* das Geschenk annahm, da machte der Affe einen Freudensprung. Doch er starb an der großen Aufregung. Und seine Seele wurde als Brahmanensohn wiedergeboren.

(MdV II, 152f)

13. Der Tod des Buddha

Mit 80 Jahren verspürte der *Buddha*, daß sein Leben erfüllt sei. Er besuchte alle Klöster, die er gegründet hatte, und verabschiedete sich. Dann bereitete er sich in Kushinagava auf den Tod vor. An einem Fluß bereitete ihm *Ananga* ein Lager aus Gras. Die Bäume waren voller Blüten. Vom Himmel tönte sanfte Musik. Die Schüler standen um ihn und weinten.

Der *Buddha* tröstete alle, er sagte ihnen, seine große Lehre werde ihn ersetzen. Dann mahnte er sie: »Alle Formen sind unbeständig. Arbeitet mit Eifer an eurer Erlösung!« Das waren die letzten Worte des *Buddha*. Dann versank er in die Meditation, er geriet in Ekstase und ging so in das Nirvana ein.

Sein Körper wurde auf einem Scheiterhaufen verbrannt, der sich von selbst entzündete. Als der Körper verbrannt war, fiel milder Regen vom Himmel und das Feuer erlosch. Die Gebeine des *Buddha* wurden in den Stupas aufbewahrt, die jetzt im Land erbaut wurden. So hat der *Buddha* von der Erde Abschied genommen.

(MdV II, 153f)

14. Der Affenkönig

Im früheren Leben war der *Buddha* ein Affenkönig. Er zeigte den Affen, wie sie den Fluß Ganges überqueren konnten. Er baute mit einem Seil eine lange Brücke, er selbst stützte die Brücke. Nun konnten die Affen alle über den Fluß. Doch einer der Affen sprang dem Affenkönig auf den Rücken und brach

ihm das Rückgrat. Nun mußte der Affenkönig sterben. Der ungeschickte Affe wurde im nächsten Leben als Vetter des *Buddha* wiedergeboren.
(MdV II, 154)

15. Der treue König

Der Kriegergott *Indra* wollte die Treue eines Menschenkönigs testen. So verwandelte er sich in einen Falken, der eine Taube verfolgte. Die Taube flog in den Palast des Königs und bat um Schutz. Der König versprach ihr den Schutz. Doch der Falke forderte sein natürliches Recht auf die Taube. Da bot der König dem Falken sein eigenes Fleisch zur Nahrung an. Er schnitt Fleischstücke aus seinem Körper und gab sie dem Falken. Zuletzt opferte er sein ganzes Leben.

Nun gab sich der Gott *Indra* zu erkennen, denn er war im Falken. Nun erklang himmlische Musik, und der Körper des Königs wurde wieder unverletzt hergestellt. Blumen fielen vom Himmel, und die Geistwesen im Himmel tanzten vor Freude. Der Gott *Indra* verkündete dem treuen König, daß er im nächsten Leben als ein *Buddha* wiedergeboren werde.
(MdV II, 155f)

16. Die Buddhas der Meditation

Es gibt fünf *Buddhas* der Meditation. Der erste, *Vairochana*, hat die weiße Farbe, er reitet auf einem Drachen, in der Hand hält er die Wurfscheibe. Der zweite heißt *Ratnasambhava*, er ist gelb und reitet auf einem Pferd. Sein Herrschaftsgebiet ist der Süden. Der dritte, *Amitabha,* lebt im unendlichen Licht, er ist rot und mit vielen Lotusblumen geschmückt, ein Pfau begleitet ihn. Er herrscht über den Westen, wo das große Paradies liegt.

Der vierte heißt *Amoghasiddhi*, er trägt die grüne Farbe und reitet auf dem Adler, an seinen Händen zucken viele Blitze. Er herrscht über den Norden. Der fünfte heißt *Akshobhya* und ist blau, er reitet auf dem Elefanten. Er hat ebenfalls den Blitz in den Händen und herrscht über den Osten. (MdV II, 156)

17. Die Dhyani-Buddhas

Zu ihnen gehört *Samatabhadra*, er ist ein enger Freund des *Buddha*. Er trägt die grüne Farbe und bringt den Menschen das Glück des Lebens. Er reitet stolz auf einem Elefanten. *Vajrapani* ist der Träger des Blitzes, er zeigt die Güte der Erlösten, aber auch den Zorn, der den Ungläubigen gilt. *Avalokiteshvara* ist der große Spender der allgemeinen Barmherzigkeit, in der Hand hält er die Lotusblume. Er hat tausend Arme, um den notleidenden Menschen helfen zu können. Das Los der Verdammten in der Hölle kann er erleichtern, er führt die Menschen in das große Land des Friedens (Nirvana).

Aus seinem Körper sind die Sonne, der Mond und die vielen Sterne geworden. Aber auch die vielen Götter, die Winde und die Stürme und zuletzt die Menschen sind aus seinem Körper geboren worden. Er ist das Licht für die Blinden, er ist ein Wasserquell für alle Dürstenden, und er gibt den Menschen Schutz vor der brennenden Sonne. Er nimmt den Verfolgten die Angst und heilt die Leiden der kranken Menschen.

Die Chinesen sehen diesen *Buddha* in der Gestalt einer Frau mit Namen *Kuan Yin*, die ein Kind in den Armen hält. Auch sie schützt die Menschen in jeder Not. So können sich die Menschen beim großen *Buddha* in jeder Lebenssituation geborgen fühlen. (MdV II, 157f)

18. Die Göttinnen

Es gibt viele weibliche Göttinnen im Himmel, das sind die *Shaktis*, die den Menschen das höhere Wissen und das Mitleid mit allen Lebewesen geben. Sie begleiten die weisen und die heiligen Menschen auf dem Erdenweg, und sie zeigen den Menschen einen guten Weg zur Erlösung.

Die Göttin *Tara* wird in besonderer Weise verehrt, sie soll aus ihren eigenen Tränen geworden sein. Sie zeigt sich den Menschen immer in verschiedenen Farben. Wenn sie den Menschen in Rot, in Gelb oder in Blau erscheint, dann zeigt sie ihnen Böses an. Doch wenn sie sich in Grün oder in Weiß zu erkennen gibt, dann ist sie zu den Menschen sanft und hilfreich. Sie hat einen doppelten Charakter wie das Leben, die Menschen fürchten und lieben sie.

Es gibt noch viele Göttinnen des Wissens und der Weisheit. Es gibt die göttlichen Mütter, sie heißen *Vidya-Devis* oder *Matika-Devis*. Den Menschen begegnen sie schützend und helfend. Sie schenken ihnen die Weisheit des Lebens und die große Erleuchtung. Doch den Sündern drohen sie schwere Strafen an.

Die Göttin *Kunda* wird deswegen sehr verehrt, weil sie eine böse Hexe besiegt hat, die den Menschen viel Böses brachte. Sie hat 16 helfende Hände und unterweist die Menschen in der göttlichen Lehre. Sie trägt die Gebetsschnur und die Lotusblüte, die ist das Zeichen des Lebens. Doch die Übeltäter kann sie strafen, denn sie trägt auch den Pfeil und den Bogen, den Blitz und das Schwert hat sie in den Händen.

Die Göttin *Marichi* wird in den Strahlen der Morgenröte gesehen. Auch sie kann den Menschen Böses androhen, wenn sie Übles tun. Die Göttin *Sarasvati* unterweist die Menschen im heiligen Gesetz, das alle befolgen müssen. Sie zeigt ihnen das Lebensgesetz des Buddha. Und die Göttin *Prajna* schenkt den Menschen die göttliche Weisheit und die Erleuchtung des Lebens. Sie ist das Wesen aller *Buddhas* und lebt in ihnen als Lebenskraft.

Ihre Gegnerin ist die Göttin *Hariti*, sie ist die Nährmutter der fünfhundert Dämonen, die die ganze Welt bevölkern. Diese halten die Menschen von der Erleuchtung und vom Erlösungsweg ab. Die Göttin schenkt den Menschen den Wohlstand, Reichtum und fruchtbare Felder. So beten die Menschen zu vielen weiblichen Göttinnen, weil sie sich bei ihnen geschützt fühlen. (MdV II, 160)

19. Amitabha

Amitabha ist der älteste der fünf Meditations-*Buddhas*, er wohnt im glücklichen Land der ewigen Seligkeit. Er bestimmt das Schicksal unserer gegenwärtigen Weltepoche. Und er verkörpert die Einsicht in das heilige Gesetz der Erlösung, er lebt die Selbsterkenntnis, die zum Mitgefühl mit allen Lebewesen und mit allen Seelen führt. Seine Zeit ist der Sommer, in dem alle Früchte reifen. Seine Farbe ist Rot. Die Menschen rufen ihn an, um das Mitgefühl mit allen Wesen zu lernen, denn dieses ist der beste Weg zur Erlösung und zur Lichtwerdung. (Lex Ind Myt 49f)

20. Ananda

Ananda war ein Halbbruder des ersten *Buddha*, er wurde später sein bester Freund auf dem Erlösungsweg. Als er seine Hochzeit vorbereiten wollte, da sagte ihm der *Buddha*, er solle alle Begierden überwinden und zur Erleuchtung kommen, dann brauche er gar nicht mehr zu heiraten. Für den Erleuchteten sei jeder Tag ein Fest, weil er zur letzten Wahrheit des Daseins gekommen sei. So verzichtete *Ananda* auf die Heirat, er lebte asketisch und wurde ein Wandermönch, wie der *Buddha* selbst. Er wurde ein begeisterter Schüler und Mitstreiter des ersten *Buddha*. (Lex Ind Myt 50f)

21. Der achtfache Weg

Es gibt einen achtfachen Weg zur Erleuchtung und zur Überwindung der Leiden. Er heißt *Ashtapatha*. Zu ihm gehört die rechte Ansicht der Dinge und Wesen, der rechte Vorsatz zum guten Handeln. Dazu gehört das rechte Reden gemäß der Wahrheit des *Buddha*, dann das rechte Handeln gemäß dem ewigen Gesetz, der rechte Lebensunterhalt durch das Betteln für die Mönche, das rechte Streben nach Mitgefühl mit allen Wesen, die rechte Wachsamkeit für alle Wesen und Dinge, die rechte Meditation. Dies ist der mittlere Weg zur Erleuchtung, er führt zwischen dem übertriebenen Lebensgenuß und der strengen Askese. Deswegen heißt dieser Weg *Madhyapatha*. (Lex Ind Myt 55)

22. Der Avalokiteshvara

Er ist der Bedeutendste aller *Bodhisattvas*, die später in die Welt des großen *Buddha* gelangten. Denn er ist die lichtvolle Ausstrahlung des *Dhyani-Buddha*. Sein erstes Gebet lautete: »Om mani padme hum«, das heißt: »Das Juwel der Schöpfung ist die Lotusblume.« Dies war ursprünglich ein erotisches Gebet bei der sexuellen Vereinigung der Geschlechter.

Seine Eltern waren *Amitabha* und dessen weibliche *Shakti*. Er herrscht in der Welt über die gegenwärtige Zeit des Wohlergehens, er wird noch fünftausend Jahre regieren. Denn er ist der vierte in der langen Reihe der großen *Buddhas*, von Zeit zu Zeit erscheint er auch in menschlicher Gestalt. Dann tritt er als ein *Bodhisattva* auf. Und seine Pflicht ist es, für das Wohl der Menschen zu sorgen. Er soll ihnen die Erlösung aus den Leiden bringen.

Dieser Gott erschuf auch die Erde. Aus seinen Schultern wuchs der Gott *Brahma* heraus, aus seinen Augen wurden die Sonne und der Mond, aus seinem Mund kam der Sturmwind. Und aus seinem Nabel strömten die vielen Wasser, aus seinem Knie wurde die große Göttin der Erde. Und aus seinem Haar wuchs *Indra*, der Schutzgott der Krieger. Aus seinen Zähnen wuchs die Göttin *Sarasvati*. Er ist der große *Bodhisattva* des Mitgefühls, denn er hat auf das Nirvana verzichtet, um die Menschen den rechten Weg zur Erlösung zu lehren. Er möchte nicht friedlich im Nirvana leben, solange es noch Wesen gibt, die leiden müssen.

Oft wird er von der Göttin *Tara* begleitet, auch sie schenkt den Menschen das heilige Wissen und das Mitgefühl mit allen Lebewesen. Viele verehren sie als die Urmutter aller *Buddhas*, auf ihrem Kopf trägt sie stolz eine Siegeskrone. *Avalokiteshvara* hat geschworen, nicht eher in das Nirvana eingehen zu wollen, bis nicht alle Seelen die Erleuchtung gefunden und das Elend des Nichtwissens überwunden haben. Die Gläubigen rufen ihn um Hilfe in jeder Notsituation, sie bitten um Trost in der Trauer. In ihm lebt der Geist des ersten *Buddha* weiter.

(Lex Ind Myt 58–60)

23. Der Weg der Bodhisattvas

Bodhisattvas sind Menschen, die die Erleuchtung (bodhi) anfanghaft schon erlangt haben, die aber noch nicht in das Nirvana eingehen wollen. Sie bereiten sich auf die große Buddhaschaft vor, doch von den Leiden des Lebens sind sie schon losgelöst. Wenn sie leiden müssen, dann trifft sie dies nicht wirklich, sie können es ertragen. Sie wollen deswegen nicht in das Nirvana eingehen, damit sie vorher den Menschen helfen können, auf dem Weg zur Erleuchtung voranzukommen.

Sie führen die Mitmenschen durch das Leben und helfen ihnen in vielen Notsituationen. Sie sind die großen Vorbilder der Selbstlosigkeit und der Nächstenliebe. Durch ihre Askese und ihren Verzicht helfen sie vielen Menschen, auf dem Weg der Erlösung voranzukommen. Sie werden oft wie Könige auf großen Thronen dargestellt, sie sind die Vorbilder der allgemeinen Liebe.

(Lex Ind Myt 74f)

24. Der weiße Elefant Chadanta

Chadanta war eine Erscheinung des ersten *Buddha* in einem früheren Leben. Dieser Elefant hatte sechs Stoßzähne. Seine frühere Frau wurde als Königin wiedergeboren. Sie wollte die sechs Stoßzähne des Elefanten haben. Da beauftragte sie einen Jäger, den Elefanten zu fangen und ihm die sechs Stoßzähne abzusägen. Der Jäger versuchte es, doch das Elfenbein war zu hart, er konnte es nicht schaffen. Da nahm der Elefant die Säge in den Rüssel und sägte selbst seine Stoßzähne ab. Dann brach er in seinem eigenen Blut zusammen, denn er hatte sich für die Königin geopfert. Doch auch die Königin starb im Blut des Elefanten. (Lex Ind Myt 87)

25. Die Bekehrung der Göttin Hariti

Hariti war eine wilde Menschenfresserin, sie verlangte viele Blutopfer. Sie hatte den Kopf eines Pferdes, die Menschen fürchteten sie sehr. Da begegnete sie dem ersten *Buddha*, der ihren jüngsten Sohn entführt hatte. Denn er wollte ihr eine Lehre erteilen, sie sollte ihr grausames Leben verändern. So gelang es ihm, die wilde Göttin zu Mitgefühl und Barmherzigkeit zu bekehren.

Nun bereute sie alles, was sie den Menschen Böses getan hatte. Und sie spürte den Schmerz, den sie den Menschen zugefügt hatte. So lernte sie das Mitgefühl mit allen Leidenden. Sie wurde fortan zur Schutzgöttin der Frauen, die sie beim Gebären schützt. Als Opfer bekam sie jetzt nur mehr Blumen und Früchte der Felder. Sie war nun auf dem Weg der Buddhaschaft. So können sich auch böse Götter zum Weg der Erlösung bekehren. (Lex Ind Myt 148)

26. Die Schlangengöttin Janguli

Janguli hat die Gestalt einer giftigen Kobra, sie trägt ein magisches Halsband. Doch sie heilt alle Menschen, die von einer giftigen Schlange gebissen wurden. Wer ihr Mantra kennt, der ist vor Schlangenbissen geschützt. Deswegen sprechen die Schlangentänzer immer ihre heilige Formel, dann fühlen sie sich sicher. Die Göttin schenkt den Menschen das Gegengift, wenn sie von einer bösen Schlange gebissen werden. Damit wird das Gift unwirksam. Sie spielt auch ein Saiteninstrument und verzaubert die Menschen. Ihre Kleider sind weiß und golden.

(Lex Ind Myt 158)

27. Der Bodhisattva Maitreya

Maitreya ist der letzte der fünf großen *Bodhisattvas*, er wird erst am Ende der Weltzeit auf die Erde kommen. Dann wird das Wasser in den Meeren vertrocknen, die Berge werden ihre Höhen verlieren, die Erde wird zu einer großen Ebene werden. Dann werden die Menschen in großer Zufriedenheit leben, es wird unter ihnen keine Übeltäter und Verbrecher mehr geben. Auf den Feldern werden keine Dornen mehr wachsen, die Bäume werden ständig blühen und Früchte tragen. Es wird ein neues Paradies sein. Alle Menschen werden ein einziges Königreich bilden, überall wird das ewige Gesetz des *Buddha* gelten.

Dann werden die Menschen nicht mehr von der Göttin *Maya* getäuscht werden, sie werden alle Zweifel an der großen Lehre ablegen. Besitz und Schmuck werden ihnen dann unwichtig erscheinen. Die Sippengrenzen werden sich auflösen, alle werden eine große Gemeinschaft der Erleuchteten bilden. Die Menschen werden ihre Begierden und bösen Leidenschaften überwinden, den Schmerz wird es nicht mehr geben.

Zuletzt werden keine Kinder mehr geboren werden, denn der Kreis der Geburten kommt zu Ende. Es werden alle Menschen sterben, und ihre Seelen werden in den ewigen Frieden des Nirvana eingehen. Das wird die Vollendung der Weltzeit sein. Dann wird sich das Grab des ersten *Buddha* auftun, er wird heraustreten und dem *Bodhisattva Maitreya* die endgültige Herrschaft übergeben.

(Lex Ind Myt 200f)

28. Der Gott Mara

Mara ist der Schutzgott der sinnlichen Liebe, der sexuellen Versuchung, aber auch des Todes. Er möchte die Menschen vom großen Erlösungsweg abbringen, vor allem stören ihn die Meditation und die Askese der Menschen. Er hat zahlreiche Töchter, alle von wunderschöner Gestalt. Sie haben es auf die Asketen und die Weisen abgesehen, sie möchten diese zur sinnlichen Liebe verführen. Denn die Meditation gibt den Asketen zu viel Kraft.

So tanzen die Töchter des *Mara* um die weisen Asketen einen sinnlich-erotischen Tanz, bis diese die Konzentration verlieren. Auch der erste *Buddha* wurde von den schönen Töchtern des *Mara* versucht, doch er hat ihren Versuchungen tapfer widerstanden. (Lex Ind Myt 205)

29. Das Nirvana

Das *Nirvana* ist das Endziel auf dem Erlösungsweg. Es ist der freiwillige Übergang des Erleuchteten in die Welt des ewigen Friedens. Dort sind die Menschen von allen Wünschen und Illusionen frei geworden. Sie erleben den Zustand des großen Glücks. Nun können Menschen schon in diesem Leben diesen Glückszustand kurzzeitig erleben, wenn sie weise geworden sind. Im Zustand des Nirvana hat der Mönch oder die Nonne keine Wünsche mehr, sie sind wunschlos glücklich. Sie werden von keinen Leidenschaften und sinnlichen Begierden mehr hin und her gerissen.

Im Zustand des Nirvana sind Sein und Nichtsein aufgehoben. Alle Gegensätze sind dort wieder vereint, wie es am Anfang der Zeit war. Die Einzelseele hat die Grenzen ihres Bewußtseins gesprengt, sie geht jetzt in der einen Weltseele auf. Sie hat teil am Lichtglanz des *Buddha*. So kann die Seele des Erleuchteten mit allen Lebewesen in Verbindung treten, genauso, wie es der erste *Buddha* kann.

Der *Buddha* hat ein vollkommenes Wissen von allen Wesen und Dingen erlangt, nichts ist ihm verborgen. Und er lebt im Mitgefühl mit allen Wesen. So ist er im Frieden, ohne Leiden, ohne Begierde und ohne Leidenschaft. Viele *Bodhisattvas* sind auf dem Weg ins Nirvana, doch sie wollen dieses erst betreten, wenn alle Wesen erleuchtet sind. Nirvana ist das Ziel aller Menschen und aller Lebewesen, dann wird der Kreislauf der Geburten zu Ende kommen. (Lex Ind Myt 225f)

30. Das Paradies Sukhvati

Sukhvati ist das Land des *Amitabha*, des *Bodhisattva* des Mitgefühls. Es heißt die »glückliche Erde«, es ist ein duftender Garten, mit vielen Blumen und bunten Farben. Die Vögel singen ohne Unterlaß, auf den Bäumen hängen edle Steine in vielen Farben. Auf den Wassern wachsen die Lotusblumen in riesiger Größe. Die Blumen strahlen ein Licht aus, in dem der erste *Buddha* erscheint. Und die Menschen essen von den edlen Früchten des Gartens.

Die Flüsse haben klares Wasser, die Menschen können darin jederzeit baden. Niemand kann darin ertrinken, alle Gefahren des Lebens sind gebannt. Am Grund des Wassers ist goldener Sand. Die seligen und glücklichen Menschen erfreuen sich an den edlen Düften, sie hören zauberhafte Musik. Und sie tragen ihre schönsten Kleider, sie wohnen wie die Könige in großen Palästen. Um sie herum sind viele weibliche Wesen, die *Apsarasas*, sie erfüllen den Seligen alle Wünsche. Das ist der Ort und die Zeit des ewigen Glücks. (Lex Ind Myt 290)

31. Die Göttin Tara

Tara ist die Göttin, die den Menschen hilft, den guten Weg des Lebens zu gehen. Sie gilt als die weibliche Kraft (shakti) des *Avalokiteshvara*. Wenn sie als weiße *Tara* erscheint, sitzt sie in der weißen Lotusblüte. Dann schützt sie die Tageszeiten, sie spielt ein Musikinstrument. Auf ihrer Brust trägt sie das magische Rad. Oft ist sie von spielenden Kindern umgeben.

Die grüne *Tara* schützt die Nachtzeit, sie sitzt in der grünen Lotusblume. In ihrer Hand trägt sie den Gebetskranz und das große Buch der Weisheit. Sie führt die Menschen durch die Leiden der Nacht, sie geht der Erlösung entgegen. Als göttliche Mutter schützt sie die Seeleute, die auf dem Meer fahren müssen.

Als blaue *Tara* lebt sie in der blauen Lotusblume, sie ist die *Shakti* des zweiten *Dhyani-Buddha*.

Sie verkörpert die ewige Jugend. Und sie gibt den Menschen die Kraft, ihr Bewußtsein zu weiten und auf dem Weg der Erlösung voranzuschreiten. (Lex Ind Myt 297)

21
Die Chinesen

Einleitung

Die Anfänge der chinesischen Kultur kennen wir seit dem 2. Jahrtausend v. Chr. Die Shang-Kultur ab 1500 v. Chr. wird von niederen und höheren Ackerbauern geprägt. Die archäologischen Funde zeigen eine kontinuierliche Entwicklung von der späten Steinzeit zur frühen Bronzezeit. Die ersten Schriftzeichen finden sich auf Orakelknochen mit ca. 3500 Zeichen. Es gab also bei den großen Opferritualen die Befragung der Orakel durch den Stadtkönig. In diesen Texten, die zum Teil erst entziffert werden müssen, werden die Götter der Natur um gute Ernten und um Lebensglück gebeten. Die Orakeltexte stammen aus der Zeit nach 1300 v. Chr. Es ist darin von einem höchsten Himmelsgott (Shang Ti) die Rede, der über eine Vielzahl von göttlichen Wesen herrscht, über Götter des Windes, der Sonne und des Schnees.

Ebenso werden die Seelen der Ahnen verehrt, für sie werden viele Opfer dargebracht. Es sind dies Tieropfer und Menschenopfer, die z.T. in Flüssen und in Mooren versenkt werden. Der Schamane (Wu) mußte ein Tanzritual ausführen, um den Regen herbeizurufen. Wenn der Regen ausblieb, konnte er geopfert werden. Besonders verehrt wurden die Flußgeister, ihnen wurden weibliche Sklaven zum Opfer gebracht. Der »Geist der Erde« (She) wurde um die Fruchtbarkeit der Felder angerufen. Bei den Begräbnissen der Fürsten wurden Kriegsgefangene und Sklaven geopfert. Wir erkennen also bereits eine soziale Schichtung von Kriegern, von Bauern und von Sklaven.

Ab 1028 v. Chr. beginnt die Chou-Dynastie, die bis ca. 220 v. Chr. an der Herrschaft eines kleinen Königreiches blieb. Der König galt als Sohn des höchsten Himmelsgottes (Tien tzu), er leitete die großen Riten der Fruchtbarkeit. Aus dieser Zeit stammen die ersten größeren Werke der chinesischen Literatur, nämlich ein »Buch der Urkunden«

(Shu), ein »Buch der Lieder« (Shi), ein »Buch der Verwandlungen« (Yi). Aus diesen Texten können wir einen Teil der alten Mythologie erkennen. Da ist von einer göttlichen Urmutter (Chiang Yüan) die Rede, die schwanger wurde, als sie in die Fußstapfen des höchsten Himmelsgottes trat.

Es werden die beiden kosmischen Urkräfte Yin (dunkel, passiv, weiblich) und Yang (lichtvoll, aktiv, männlich) beschrieben. Aus ihrem Zusammenwirken entstand die ganze Welt. Außerdem wird eine frühe Seelenlehre erkennbar. Jeder Mensch hat in sich eine animalische Seele (Po) und eine Traumseele (Hun). Die erste stirbt mit dem Tod des Körpers, die zweite lebt im Totenland weiter. Für den Erdgeist (She) wurden junge Frauen als »Bräute« geopfert, um die Felder und die Obstbäume fruchtbar zu machen.

Viele Mythen kennen wir aus der sog. klassischen Zeit der chinesischen Literatur (Kung Tzu, Meng Tze, Mo Ti). Um 200 v. Chr. kam es zu einer größeren Vereinigung mehrerer Stadtkönigtümer, zu einem chinesischen Reich. Auch der Taoismus überliefert uns eine reiche Mythologie, es sind die heiligen Erzählungen der unteren sozialen Schichten. Und im 2. Jh. n. Chr. konnte auch der Buddhismus in China Verbreitung finden. Wir haben es also mit einer Vielfalt von mythischen Erzählungen zu tun.

1. Die Anfänge

Am Anfang war ein höchstes göttliches Wesen, und es waren die Chaoswasser. Auf Befehl des göttlichen Wesens teilte sich das Chaoswasser in zwei Teile, nämlich in das *Yin* und in das *Yang*. Das *Yin* war das Dunkle und Unbewegliche, das *Yang* war das Lichtvolle und Bewegliche. Aus den beiden Teilen wurden die beiden Urkräfte des Kosmos, nämlich die aktive und die passive Kraft. Beide wirkten zusammen und bildeten den Kosmos, die Menschenwelt, die Lebewesen, die Dinge und die Menschen.

Aus dem *Yang* wurde der Himmel für die Götter, aus dem *Yin* wurde die Erde für die Menschen. Und unter den Menschen wurde aus der Kraft *Yang* das männliche Geschlecht, und aus der Kraft *Yin* wurde das weibliche Geschlecht. Seither ergänzen sich beide Geschlechter, so wie die Urkräfte im Kosmos sich ergänzen. So hatten es die Weisen *Lao Tse, Lie Tse* und *Ling Hien* erzählt.

(MdV II, 266)

2. Der König über das Chaos

Am Anfang waren der König des Nordmeeres und der König des Südmeeres. Sie beide besuchten den König der Mitte. Und sie sahen, daß dieser König nicht wie die anderen Lebewesen die sieben Öffnungen des Körpers hatte; nämlich zwei zum Sehen, zwei zum Hören, zwei zum Atmen und eine zum Essen. Der König der Mitte hieß *Huen-Tuen*, er herrschte über das ungeordnete Chaosland. Da beschlossen die beiden Könige des Nordens und des Südens, auch dem König der Mitte die sieben Löcher in den Körper zu bohren.

Als sie das taten, da starb der König der Mitte und mit ihm das Chaosland. Doch aus diesem Land entstand durch dieses Opfer die geordnete Welt. Es war eine Welt mit Bergen und Tälern, mit Flüssen und Seen und mit vielen Äckern und Feldern. Auf dieser geordneten Welt wuchsen nun die vielen Lebewesen, die Pflanzen, die Tiere und die Menschen. Dies erzählte der Weise *Tschuang Tse* (Ende 4. Jh. v. Chr.).

(MdV II, 267)

3. Der Chaos-Vogel

Im »Buch der Berge und der Meere« (Chan Hai King) wird von einem heiligen Berg und einem heiligen Vogel erzählt. Dieser Vogel hatte sechs Füße und vier Flügel. Manchmal glich er einem gelben, dann wieder einem roten Sack. Er hatte kein Gesicht und damit auch nicht die sieben Löcher zum Sehen, zum Hören, zum Atmen und zum Essen. Dieser Vogel herrschte über das ungeordnete Chaos, er konnte tanzen und singen. Manche sagen, er sei ein Königssohn, der von seinem Vater verbannt wurde.

Andere erzählen, das Chaos am Anfang sei wie ein langhaariger Hund gewesen. Seine Augen konnten nicht sehen, seine Ohren konnten nicht hören, seine Nasenlöcher konnten nicht atmen, sein Mund konnte nicht essen. Das Chaos am Anfang war wie ein leerer Sack, es war noch nichts geordnet, es gab noch keine Löcher des Lebens. Das also war am Anfang der Welt. (MdV II, 268)

4. Das Urwesen Panku

Am Anfang gab es weder den Himmel noch die Erde. Da war nur eine ungeordnete Masse, das Chaos. Sie hatte aber die Form eines Hühnereis. Nun begann dieses Ei zu leben, und aus ihm wurde das Urwesen *Panku* geboren.

Die groben Teile des Eis formten sich zur Urkraft *Yin*, sie bildeten die Erde. Die leichten Teile des Eis sammelten sich zur Urkraft *Yang*, sie bildeten sich zum Himmel. Jeden Tag stieg der Himmel um zehn Fuß höher, von der Erde weg, er wurde hart wie der Stein.

In dieser Zeit, es dauerte 18 000 Jahre, da wuchs das Urwesen *Panku* jeden Tag einen Fuß lang. Dann konnte er das ganze Himmelszelt mit seiner Größe ausfüllen. Das erzählt das Buch *San-wu-li-Ki* im 3. Jh. n. Chr. (MdV II, 268)

5. Das Opfer des Panku

Später wird erzählt, das Urwesen *Panku* habe sich selbst geopfert und dabei verwandelt. Sein Körper sei zerstückelt worden, wie es mit den Opfern geschieht. Aus seinem Kopf seien die vielen weißen Berge des Landes China geworden. Aus seinen Augen seien die Sonne und der Mond geworden, aus seinem

Fett seien die Flüsse und die Meere geworden. Und aus seinen Körperhaaren seien die vielen Pflanzen gewachsen. So habe sich *Panku* durch das Selbstopfer verwandelt.

Andere sagen, daß aus seinem Bauch und den Armen die vier Hauptberge Chinas geworden seien. Aus seinen Tränen seien die Ströme und Bäche des Landes geflossen. Sein Atem wurde in den Wind verwandelt, seine Stimme wurde zum Donner, seine Augen wurden die am Himmel zuckenden Blitze.

Wenn das Urwesen *Panku* lacht, dann scheint auf der Erde die Sonne. Und wenn *Panku* traurig oder zornig ist, dann gibt es auf der Erde die Stürme und den Regen. Andere erzählen noch mehr über die Verwandlung des *Panku*. Aus seinem Blut seien die Flüsse geworden, aus seiner Haut seien die Getreidefelder, aus seinen Augenbrauen die Sterne, aus seinen Knochen die Steine und die Metalle, aus seinem männlichen Samen die Perlen und aus seinem Schweiß sei der Regen geworden.

Die Menschen aber seien aus den Mücken und den Würmern geworden, die am toten Körper des geopferten *Panku* fraßen. So stammen alle Wesen und Geschöpfe von *Panku* ab, sie sind das Ergebnis eines Opfers am Anfang der Zeit.

(MdV II, 268f)

6. Der rote Drache

In der Wüste des Nordens, wo es dunkel ist, da lebte ein roter Drache. Er kroch auf der Erde, doch er hatte das Gesicht eines Menschen. Wenn er die Augen öffnete, war bei den Menschen der Tag. Und wenn er die Augen schloß, dann war bei den Menschen die Nacht. Wenn er atmete, dann gab es bei den Menschen den Wind und den Sturm. Und wenn er seinen Atem anhielt, dann war bei den Menschen der Sommer. Wenn er kalte Luft aus seinem Mund blies, dann war der Winter da, und wenn er warme Luft ausstieß, dann war der Sommer. Die Menschen wußten sich von diesem Wetterdrachen abhängig, sie fürchteten und verehrten ihn.

(MdV II, 271f)

7. Die Erschaffung der Menschen

Als der Himmel und die Erde getrennt wurden, da gab es noch keine Menschen auf der Erde. Es war nur die Göttin *Nüü-Kua*, sie war eine kluge Töpferin. Sie konnte schöne Töpfe und Vasen aus Lehm formen. Da begann sie, aus der Lehmerde viele Menschen zu formen, das wurden später die Krieger. Doch dann wurde sie bei der Arbeit müde, die Formung dauerte zu lange. Da hatte sie eine andere Idee.

Sie flocht ein Seil aus Hanf, sie zog das Seil durch den flüssigen Lehm, dann ließ sie den Lehm trocknen. Und dann begann sie, das Hanfseil mit dem festen Lehm in viele Teile zu schneiden. Sie verwendete dabei ein Messer aus Stein. So entstanden viele kleine Stücke aus Ton, das waren die arbeitenden Menschen, die Bauern, die Viehhirten, die Händler, die Fischer und die Handwerker, die Jäger und die Sklaven.

So wurden die Ränge unter den Menschen von der göttlichen Töpferin festgelegt. Die Krieger hatten darin den höchsten Rang, denn sie waren eine Einzelfertigung der Göttin. Sie verteidigten die Dörfer und eroberten neues Land. Sie waren die ersten Besitzer des Landes, das sie den Bauern zur Bearbeitung zuteilten. Alle anderen Menschen sind eine Massenfertigung der Göttin, ihr Rang ist ein niedriger.

(MdV II, 272)

8. Erde und Himmel I

Die Erde ist eine viereckige große Fläche, die niemand überblicken kann. Sie wird von den vier Meeren und den vier Gebirgen eingegrenzt. Über der Erde wölbt sich der Himmel wie eine übergestülpte Tonschale. Diese Schale ist am Polarstern aufgehängt, sie dreht sich um diesen Stern herum. Auf der Innenseite der Himmelsschale sind die vielen Sterne als Leuchten aufgehängt.

Andere sagen, der Himmel sei ein riesiges Hühnerei, auf der Innenseite seien die Sterne befestigt. Die Erde sei der Eidotter, der unter dem großen Himmel schwimme. Und am Grund der Erde sei der gewaltige Urozean. (MdV II, 272f)

9. Erde und Himmel II

Die Erde ist eine viereckige Fläche, von den vier Meeren und Gebirgen umgeben. Über die Erde wölbt sich die Himmelsschale, aus Tonerde gebrannt. Sie wird von vier Säulen getragen. Manche sagen, es seien acht Säulen, die man nicht sehen kann. In der Mitte ragt die Himmelssäule, sie ist mit starken Seilen mit den anderen Säulen verbunden. Da die Erde viereckig ist, bauen die Menschen auch ihre Häuser, die Tempel, die Dörfer und die Altäre in der Form des Vierecks. Denn diese heilige Form gibt den Menschen Schutz vor bösen Dämonen.

Andere sagen, der Himmel sei ein riesiger Baldachin, der einen Prunkwagen bedeckt. Die Erde sei der Wagenkasten, der die Form eines Quadrats hat. Der himmlische Baldachin wird von vier Säulen und einer Mittelsäule getragen, auch er ist an Seilen befestigt. Genauso wurden in der Zeit der frühen Könige die Zeremonienwagen gebaut, die bei den großen Prozessionen mitgeführt wurden. Darin waren Himmel und Erde abgebildet. (MdV II, 273)

10. Der Dämon Kong Kong

In der frühen Zeit kämpfte ein böser Dämon gegen einen Menschenkönig. Der Dämon hatte die Gestalt eines wilden Tieres. Der Menschenkönig verteidigte mit seinen Kriegern die Erde. Doch der wilde Dämon stieß mit seinen Hörnern gegen die Himmelssäule im Nordwesten. Die Säule zerbrach, und einige Seile zerrissen. Der Baldachin des Himmels senkte sich nun nach Nordwesten.

Seither steht der Polarstern nicht mehr über der Erdmitte, sondern außerhalb. Auch die Felder der Erde wurden bei dem Kampf verschoben, die Erde neigt sich jetzt nach Südosten. Deswegen fließen alle Flüsse in China jetzt nach Südosten, von dort gelangen sie in das Meer. (MdV II, 274)

11. Die neun Himmelsregionen

Andere erzählen, daß unter der Himmelsschale aus Ton neun Wohnbereiche eingerichtet wurden. Diese sind übereinander angelegt. Dort wohnen die Götter mit ihren verschiedenen Rängen, zuunterst die niederen Götter, ganz oben die höchsten Götter. Die neun Himmelswohnungen sind durch Tore getrennt, die von Tigern und Panthern bewacht werden. So müssen die Ränge der Götter genau beachtet werden, denn so ist es auch bei den Menschen auf der Erde. Oben an der Himmelsschale ist eine kleine Öffnung, durch sie leuchtet der Blitz.

Unter der Erde gibt es die neun großen Quellen, dort wohnen die Seelen der Toten. Auch sie sind nach neun Rängen geordnet, wie sie es auf der Erde waren. So hat alles in der Welt seine bleibende Ordnung. Die Zahl neun ist daher heilig, sie bringt den Menschen viel Lebensglück. (MdV II, 275)

12. Die zehn Sonnen

In China gibt es zehn verschiedene Sonnen, die abwechselnd über die große Himmelsschale fahren. Es sind zehn männliche Sonnenkinder, die mit ihrem feurigen Wagen jeden Tag unterwegs sind, einer nach dem andern. Ihre Wagen werden von Drachenpferden gezogen. Jeden Tag besteigt ein anderer Sonnenknabe den Himmelswagen. Die Mutter der Sonnenkinder ist die Kutscherin, sie leitet die wilde Fahrt.

Im Osten gibt es einen Berg mit einem See. In diesem See wäscht die Sonnenmutter jeden Morgen ihre Sonnenkinder.

Dann besteigt sie mit einem Sohn den Himmelswagen, während die anderen Söhne unter einem heiligen Baum warten müssen, bis es Abend wird und die Sonnenmutter von ihrer Fahrt wieder zurückkommt.

Am Abend gelangt der Sonnenwagen zu einem Berg im Westen, auch dort sind ein See und ein heiliger Baum. Über diesen Baum steigt die Sonnenmutter mit ihrem Sohn auf die Erde herab, sie wäscht im See den Schmutz ab. Dann kehrt sie unsichtbar mit ihrem Sohn wieder zum Berg des Ostens zurück, während ihr Sohn im Wagen schläft. Deswegen ist es in der Nacht auf der Erde finster.

So fährt jeden Tag ein anderer Sonnensohn mit dem feurigen Wagen über die riesige Himmelsschale, er spendet den Menschen Licht und Wärme. Die Menschen sagen, daß auf dem Himmelswagen noch ein Rabe mit drei Füßen mitfährt.

(MdV II, 275f)

13. Die Unordnung der Sonnen

So fährt jeden Tag nur ein Sonnenkind über die Himmelsschale bzw. über den Baldachin des Himmels. Doch eines Tages bestiegen alle zehn Sonnensöhne auf einmal den Himmelswagen. Nun war auf der Erde die Hitze so groß, daß die Felder, die Häuser der Menschen und die Dörfer verbrannten. Nun suchten die Menschen verzweifelt nach einem guten Jäger, der die neun Sonnenkinder mit seinen Pfeilen abschießen konnte. Es fand sich der Jäger *Ji*, mit seinem magischen Bogen holte er die neun Sonnenkinder von der Himmelsschale. Nun wurden auf der Erde die Feuer gelöscht, die Menschen konnten ihre Dörfer wieder bauen und ihre Felder wieder bestellen.

Immer, wenn eine Königssippe die andere stürzt, dann kündigen dies die Sonnenkinder an. Denn dann besteigen zwei der Sonnensöhne den Himmelswagen. Dann wird es auf der Erde sehr heiß, die Menschen beginnen Kriege zu führen, aber es kommt zu keinen Feuerkatastrophen. Wenn ein König über den anderen gesiegt hat, dann kommt wieder die Ordnung in die Menschenwelt. Dann steigt wieder nur ein Sonnenkind auf den Himmelswagen. So kündigt sich alles, was auf der Erde geschieht, am Himmel an. Und ohne den Götterhimmel geschieht nichts auf der Menschenerde. (MdV II, 277)

14. Der Riese Kuafu

Kuafu war der Sohn des bösen Dämonen *Kong Kong*. Er war ein Riese, der mit seinem Atem den Wind und den Sturm entfachte. Er wollte mit der Sonne um die Wette laufen. Doch erst im Tal des Sonnenunterganges im Westen konnte er die Sonne einholen. Doch er war von dem Wettlauf so erschöpft, daß er zwei Flüsse leer trinken mußte. Doch auch das half nicht, er mußte vor Durst sterben. Sein Stock blieb im Sumpf stecken, aus dem Stock wurden viele Fruchtbäume, die den Menschen nützlich sind. Und es wurde auf der Erde ein dichter Wald. (MdV II, 278)

15. Die zwölf Monde

Es gibt zwölf Monde, die sich bei ihrer Fahrt abwechseln. Jeden Monat besteigt ein anderer Mond den Mondwagen und fährt während der Nacht über die große Himmelsschale. Auch die zwölf Mondkinder haben eine Mondmutter, sie wäscht im See des Ostens die Kleider ihrer Mondkinder. Dann schickt sie jeden Abend ein anderes Kind auf den Himmelswagen. Sie begleitet diese Reise nicht, die Kinder machen allein die weite Fahrt.

Am Morgen kehren sie wieder auf den Berg des Ostens zurück. Sie ruhen sich bei ihrer Mutter von der weiten Reise aus. Aber es dürfen niemals zwei Mondkinder auf einmal auf die Reise gehen, das würde den Menschen viel Unglück bringen. Manche sagen, daß im Wagen des Mondes noch ein Hase und eine Kröte mitfahren und daß der Mondwagen voll mit Wasser sei. (MdV II, 278f)

16. Die Mutter der Monde

Die Mutter der Monde *Heng-ngo* war die Frau des Jägers *Ji*, der die neun Sonnenkinder mit seinen Pfeilen abgeschossen hatte. Er war bis zur Sonnenmutter im Westen vorgedrungen, dort hatte er ihr die magischen Kräuter der Unsterblichkeit gestohlen. Seine Frau, die Mondgöttin, stahl ihm diese Kräuter und schluckte sie. Dann floh sie in den Mond und nahm die Gestalt einer Kröte an. Ihre Mondkinder hat sie aus eigener Kraft geboren, der Vater der Kinder ist nicht bekannt.

Seither fährt im Mond eine Kröte mit. (MdV II, 279f)

17. Der Himmel und die Sterne

Im obersten der neun Himmel wohnte der höchste Himmelsgott mit seiner Sippe und mit seinem Hofstaat. Darunter auf den Sternen wohnten die vielen Götter, in einer sozialen Abstufung, wie bei den Menschen. Auch die Götter hatten ihre Sippen, ihre Krieger und ihren Hofstaat. Der oberste Himmelsgott wohnte im Sternbild des »Großen Bären«, der Bär war sein heiliges Tier. Sein Palast war von schönen Gärten umgeben, vor seinem Tor standen magische Säulen. Der Wolf des Himmels bewachte seinen Palast.

Dieser Wolf bewachte aber auch die Unterwelt, wo die Menschen nach dem Tod weiterlebten. Ab und zu erfaßte der Himmelswolf einen toten Menschen und warf ihn in den Abgrund. Das war die Strafe für die bösen Taten im Leben. (MdV II, 280)

18. Der Rinderhirt und die Weberin

Der himmlische Rinderhirt und die göttliche Weberin wohnten in den Sternen, links und rechts von der himmlischen »Milchstraße«. Jedes Jahr am siebenten Tag des siebenten Monats verließ die Weberin ihr Sternenhaus und ging über eine lange

Brücke, über die »Milchstraße«, zu ihrem Gatten, dem himmlischen Rinderhirten. Dann feierten die beiden die »Heilige Hochzeit«, sie liebten sich, und auf den Himmelsfeldern begann wieder das Wachstum.

An diesem Tag feierten auch die Menschen auf der Erde die »Heilige Hochzeit«, sie führten die Riten der Fruchtbarkeit aus, um ihren Feldern wieder die Lebenskraft zu geben. In dieser Zeit hatten die Männer und die Frauen noch getrennt gelebt. Sie kamen zusammen, um die Hochzeit zu feiern. In dieser Zeit begannen die Frauen die Gärten zu bestellen und die Maulbeerbäume zu bewässern. Die Männer bearbeiteten die Getreidefelder und trieben das Vieh auf die Weiden.

Dieses Hochzeitsfest gab es bei den Menschen im Frühling und im Herbst, die Riten fanden an den Ufern der Flüsse und Bäche statt. Die Feiernden überquerten den Fluß wie die himmlische Weberin, sie beteten um Schutz und um Kindersegen. Und sie feierten die Verlobungen zwischen den Sippen.

Später lebten die Männer und die Frauen zusammen. Es waren die Männer, die in die Sippen der Frauen zogen. Damals war auch noch der himmlische Rinderhirt in das Haus der himmlischen Weberin gezogen. Als die Menschen ihre Sitten änderten und die Frauen in die Sippen der Männer heirateten, da tat dies auch die Weberin im Himmel so. Denn was die Menschen auf der Erde tun, das tun im Himmel auch die Götter.

(MdV II, 281f)

19. Der Windgott Yü-Kiang

Der Windgott hat seinen Wohnsitz im Norden und Nordosten, von dort schickt er den Bauern den kalten Wind und die Stürme. Er hat die Gestalt eines riesigen Vogels, doch sein Gesicht ist das eines Menschen. Zu seinen Füßen liegen grüne Schlangen, auch an seinen Ohren hängen Schlangen.

Wenn er in das Meer geht, dann nimmt er die Gestalt eines riesigen Fisches an, und er reitet auf einem Drachen. Meist hat er die Gestalt eines riesigen Wales. Wenn er in Zorn gerät, verwandelt er sich in einen Riesenvogel. Mit seinen Flügeln wirbelt er das Meer auf und verdunkelt die Sonne. Er sendet die Stürme auf das Meer, deswegen fürchten ihn die Seefahrer. Er fliegt zum Südmeer und schickt die Südwinde. So ändern die Stürme ständig ihre Richtung. (MdV II, 283)

20. Die Inseln der Unsterblichen

Im Meer des Ostens ist ein tiefer Abgrund *Kuei-Hiü*. Dorthin fließen alle Flüsse der Erde und des Himmels. Über diesem Abgrund schwimmen die fünf magischen Inseln. Dort leben unsterbliche Wesen, die mit Federn bekleidet sind. Und es wachsen die magischen Kräuter der Unsterblichkeit, von denen sie essen. Die Inseln schwammen frei im Meer, bis sie der oberste Himmelsgott fest verankern ließ. Drei Schildkröten tragen jede der Inseln.

Nun kam ein riesiger Drache zu den Inseln und fischte nach den Schildkröten. Sechs von ihnen konnte er fangen, er fraß sie auf. Nun waren zwei der Inseln ihrer Stützen beraubt, sie schwammen nach Norden und versanken im Meer. Da erzürnte der oberste Himmelsgott, er rottete viele Drachen auf der Erde aus.

Die Menschen hörten von diesen Inseln der Unsterblichkeit. Viele Könige schickten ihre Seefahrer zu den Inseln, denn sie wollten die Kräuter der Unsterblichkeit. Doch die Seefahrer sahen immer nur Spiegelungen im Wasser, die Inseln selber fanden sie nicht. So gelangten sie auch niemals zu den Kräutern der Unsterblichkeit, alle Menschen mußten sterben.

(MdV II, 284)

21. Der heilige Berg des Ostens

In China gab es vier heilige Berge, den des Ostens, des Westens, des Nordens und des Südens. Später kam noch der Berg der Mitte dazu, dann waren es fünf. Wenn der König die Herrschaft über sein Reich antrat, dann mußte er der Reihe nach alle heiligen Berge besteigen, und er mußte dort den Schutzgöttern die Opfer bringen. Erst dann war seine Herrschaft über das Land gesichert, und die Felder konnten fruchtbar werden.

Der heilige Berg des Ostens hieß *Tai-chan*, an seinem Fuß lebten die Seelen der Vorfahren weiter. Von diesem Berg kam alles Leben, und alles Leben ging zu diesem Berg zurück. Auf ihm werden die Schicksale für alle Menschen festgelegt, wenn sie geboren werden. Deswegen finden dort die heiligen Riten statt. (MdV II, 284f)

22. Der heilige Berg im Westen

Der heilige Berg des Westens hieß *Kuen-Luen*. Er ist so hoch, daß er die Himmelsschale berührt. Um den Berg fließt dreimal ein roter Fluß herum, dann mündet das Wasser wieder in der Quelle. Wer von diesem Wasser trinkt, erhält die Unsterblichkeit. Doch leider kann kein Mensch an dieses Wasser kommen, auch den Gipfel des Berges kann kein Sterblicher besteigen.

Aus dem Berg fließen vier Quellen, darunter die Quelle des Gelben Flusses. Der Berg hat neun Stufen und Terrassen, ähnlich wie die Himmelsschale. Zwischen diesen Stufen gibt es neun große Tore, aus ihnen kommen die verschiedenen Winde und Stürme. Neben den Toren fließen neun Brunnen mit heiligem Wasser.

Der Berg des Westens ist die untere Wohnung des obersten Himmelsgottes. Er hat dort einen göttlichen Verwalter mit der Gestalt eines Tigers und dem Gesicht eines Menschen. Es leben dort viele Tiere, die Menschenfleisch fressen. Denn auf dem Berg wurden dem Himmelsgott früher Menschenopfer gebracht. Ein Tiger mit neun Menschenköpfen bewacht das Lichttor im Osten. Und die heiligen Vögel führen die Befehle des Himmelsgottes aus, sie sind blitzschnell.

Dieser Berg heißt »Säule des Himmels« oder »Leiter des Himmels«. An seinen Hängen wachsen prächtige Obstgärten. Die Menschen haben immer Sehnsucht nach diesem Berg, doch sie erreichen ihn nie. Denn ihre Welt ist nicht die Welt der Götter. (MdV II, 286f)

23. Die Königin des Westens

Auf dem heiligen Berg *Kuen-Luen* wohnt die »Königin des Westens«, die eine große Göttin ist, sie heißt *Si-wang-mu*. Sie sitzt auf einem Felsen aus Jade vor einer Höhle, ihr Haar ist mit magischen Zeichen geschützt. Sie hat das Gesicht einer Menschenfrau, die Zähne eines Tigers und den Schwanz eines Leoparden. Vor ihr sitzen die neun magischen Vögel.

Diese »Mutter des Westens« schickt zu den Menschen viele Übel und Krankheiten, vor allem die Pest, die Erdbeben, die Überschwemmungen. Doch sie ist nicht nur böse, sie hat auch eine wunderschöne Seite. Dann erscheint sie als sinnliche Frau, als Gastgeberin und als Königin des Paradieses. Sie ist die Hüterin des Unsterblichkeitstrankes, damit die Herrin des Lebens und des Todes. (MdV II, 287)

24. Die Schöpfergöttin Niü-Kua

Niü-Kua hat die Gestalt einer großen Frau, doch den Schwanz einer Schlange bzw. eines Drachens. Sie zählt zu den drei erhabenen Kulturbringerinnen des Landes. Mit dem Gott *Fu-Chi*, der ebenfalls einen Schlangenschwanz hat, bildet sie ein Paar. Beide umschlingen und paaren sich. Die Göttin hat die Menschen erschaffen, und sie hat ihnen die Ehegesetze gegeben. Als geschickte Töpferin hat sie die Krieger aus Lehmerde geformt und getrocknet.

Die Bauern, die Viehhirten, die Handwerker und die Händler, die Fischer, die Jäger und die Sklaven hat sie aus einem

Hanfseil geschaffen, das sie durch den nassen Lehm zog. Sie hat das Hanfseil dann in kleine Stücke geschnitten und in der Sonne getrocknet. Daraus wurden die Menschen der niederen Schichten.

Niü-Kua war die Schwester und die Ehefrau des Gottes *Fu-Chi*. Einmal kam eine große Überschwemmung, sie zerstörte die Dörfer und Felder der Menschen, diese kamen in den Fluten um. Da mußte sich die Göttin noch einmal mit dem Gott *Fu-Chi* paaren. Beide zeugten nun die Menschensippen.

(MdV II, 289f)

25. Die Rettung der Welt

In der Vorzeit waren die vier heiligen Berge umgestürzt, nun bedeckte der Himmel die ganze Erde. Die Feuer brannten den Wald nieder, das Wasser überschwemmte die ganze Erde. Die wilden Tiere fraßen die guten Menschen, die Raubvögel töteten die Greise und die Kinder. Da trat die Schöpfergöttin *Niü-Kua* wieder auf, sie schmolz fünf farbige Steine und flickte damit wieder die Schale des Himmels, die verletzt worden war. Sie tötete den gelben Drachen, der das Land verwüstete. Und sie baute an den Flüssen hohe Böschungen aus Schilfasche, damit die Wasser das Land nicht überschwemmen konnten.

Dann tötete sie die wilden Tiere, die die Menschen fraßen. Und sie stellte die Getreidefelder wieder her, sie befestigte die vier heiligen Berge. Nun war unter den Menschen wieder Friede, die alte Weltordnung war wiederhergestellt. Die Greise und die Kinder konnten überleben.

Nun brachte die Göttin den Menschen die Kulturgüter, sie zeigte ihnen den Anbau des Getreides und des Obstes. Sie stiftete die Ehe und gab den Menschen die Heiratsregeln. Sie führt die Paare zusammen und schenkt ihnen die Kinder. Die Menschen brachten der Liebesgöttin Steine in fünf Farben als Gabe dar.

Die Göttin hatte der Schildkröte die vier Beine abgeschnitten, um die vier heiligen Berge zu befestigen. Nun war die Schildkröte ein heiliges Tier, sie gab allen Wesen die Beständigkeit. Die Göttin aber war die Retterin und die Schützerin der Menschen. Sie hat die bösen Dämonen besiegt, welche die vier heiligen Berge umgeworfen hatten. Nun war die Ordnung in die Welt zurückgekehrt, und die Menschen konnten gut und friedvoll leben. (MdV II, 291f)

26. Der Baumeister Kuen

In der Frühzeit gab es große Überschwemmungen, die Flüsse traten über die Ufer und setzten die Felder der Bauern unter Wasser. Sie schwemmten auch die fruchtbare Erde weg. Da ließ der König den Baumeister *Kuen* rufen, er sollte den Flüssen Dämme bauen. Nun war schon seit zwanzig Jahren die Überschwemmung, und der Baumeister *Kuen* baute neun Jahre lang an den Dämmen aus Erde. Doch er hatte keinen Erfolg, die Dämme waren stärker als er. Dabei war *Kuen* ein Enkel des Gelben Kaisers der Vorzeit, er konnte sich in die Gestalt eines weißen Pferdes verwandeln.

Um beim Deichbau Erfolg zu haben, entwendete er dem König die gelbe Erde, die von selber aufquillt und sich ausdehnt. Diese Zaubererde vermehrte sich, so konnte er die hohen Dämme bauen. Doch der König war über den Diebstahl sehr erzürnt, er ließ den Baumeister auf einem heiligen Berg als Opfer töten. Der Gott des Feuers und der Gerechtigkeit mußte das Opfer ausführen. Auch ein Uhu und eine Schildkröte waren bei dem Menschenopfer dabei, denn es sollten die bösen Fluggeister besänftigt werden. Diese fühlten sich durch die Dämme bedroht.

Der Leichnam des toten Baumeisters *Kuen* blieb drei Jahre lang auf dem Berg ausgestellt. Dann schlitzte ihm der König mit dem Schwert den Bauch auf, aus seinem toten Körper ging sein Sohn *Yü* hervor. Dieser nahm bald die Gestalt eines Drachen an. Der tote Baumeister *Kuen* verwandelte sich danach, er nahm die Gestalt mehrerer Tiere an. Er zeigte sich fortan als Bär, als Schildkröte und als Drache. Und er lebt bis an das Ende der Zeit. (MdV II, 294f)

27. Der Baumeister Yü

Yü war der Sohn des Baumeisters *Kuen*. Auch er wurde vom König beauftragt, die Flüsse einzudämmen. *Yü* war besser mit Werkzeugen eingerichtet als sein Vater. Er bekam vom König jene quellende Erde, die sich von selbst vermehrte. Nun verstopfte *Yü* mit der gelben Erde die Quellen der großen Flüsse. Und er erhöhte die vier heiligen Berge, sie gaben der Erde die Festigkeit.

Nun kam der gelbe Drache, der zog mit seinem Schwanz tiefe Gräben in das Sumpfland, damit das Wasser abfließen konnte. Der Baumeister und der Drache arbeiteten zusammen, sie leiteten die Flüsse in das Meer. Sie mußten einen hohen Berg durchstoßen, damit das Wasser abrinnen konnte. Das ist die große Schlucht, die noch heute das »Drachentor« heißt. Da haben viele Götter und Dämonen beim Durchstoßen des Berges geholfen. Und der Baumeister *Yü* nahm beim Durchbrechen der Berge die Gestalt eines Bären an, und er hatte die Kraft eines Bären.

Mit dreißig Jahren hatte *Yü* geheiratet. Seine Frau mußte ihm täglich das Essen bringen, wenn er die Trommel schlug. Eines Tages schlug er in der Gestalt des Bären die Steine. Seine Frau glaubte, daß er die Trommel schlug, und sie brachte ihm schon das Essen. Doch als sie den Bären sah, da floh sie und verwandelte sich in einen Felsen. Seither tanzen die Männer bei den großen Festen in den Fellen der Bären, die Frauen werden zu diesen Tänzen nicht zugelassen.

Die Frau des *Yü* wurde deswegen in einen Felsen verwandelt, weil sie ein Tabu gebrochen hatte. Da sie schwanger war, nahm der Umfang des Felsens von Tag zu Tag zu. Als die Zeit der Geburt kam, rief *Yü* zum Felsen, er möge sich öffnen. Der Felsen sprang auf, und es wurde ihm der Sohn *Ki* geboren.

Inzwischen hatte der Baumeister *Yü* mit seinen Helfern die großen Flüsse eingedämmt, er hatte ihnen neue Flußläufe gebaut. So konnte das Wasser abfließen, und die Sümpfe trockneten aus. Die Menschen konnten nun beginnen, ihre Felder anzulegen. Als der Baumeister *Yü* alt wurde, da schenkte ihm der König das Königreich. Dieser war ein guter Herrscher, die Felder der Bauern brachten viel Ertrag. Die Menschen bauten die Häuser und die Dörfer, und sie hatten Vieh in den Ställen. Als er alt war, übergab er das Königreich seinem Sohn *Ki*. Dieser wurde nun der König eines fruchtbaren und glücklichen Landes. (MdV II, 295–297)

28. Die Taten des Yü

Der Baumeister *Yü* hatte auch noch andere Leistungen vollbracht. Als er am Gelben Fluß meditierte, da stieg aus dem Wasser ein magisches Wesen, halb Mensch und halb Fisch. Dieses Wesen übergab dem Baumeister viele magische Zeichen. Mit diesen Zeichen konnte er den Verlauf der Flüsse erkennen und lenken. Nun hatte er viel Macht über das Wasser bekommen.

Als der Baumeister *Yü* beim Drachentor arbeitete, da entdeckte er eine dunkle Höhle. Darin lebte der böse Dämon *Fu-Chi*, er hatte die Gestalt einer Schlange, doch den Kopf eines Menschen. *Fu-Chi* schenkte dem Baumeister *Yü* eine Tafel aus Yade, damit konnte er die ganze Erde ausmessen. Er konnte aber auch Berge abtragen und Flüsse umleiten. Nun hatte er nicht nur Dämme gebaut, sondern er hat neue Flußbette geschaffen.

Der Baumeister kämpfte auch gegen den Wolkenberg und besiegte ihn. So konnten die Wolken nicht soviel Regen schikken, die Flüsse wurden kleiner. Er kämpfte gegen einen Drachen, der neun Köpfe hatte und die Sümpfe mit Gift verpestete. Dadurch wurden die Menschen krank. Der Baumeister schnitt dem Drachen die neun Köpfe ab. Dabei floß soviel Blut, daß die Pflanzen abstarben und die Tiere auswanderten. Nun sammelte er das Drachenblut in einem See und errichtete am Ufer einen hohen Turm. Nun waren die Sümpfe entgiftet, und die Menschen wurden nicht mehr krank.

So richtete der Baumeister *Yü* die ganze Erde für die Menschen neu ein. Er erhöhte die vier heiligen Berge, er legte die Himmelsrichtungen neu fest. Er leitete die Flüsse ab und trocknete die Sümpfe aus. Und er zeigte den Menschen, wie man Schiffe und Boote bauen kann. Er gab ihnen die Steigeisen, damit sie die Felder an den Berghängen bearbeiten konnten. Dann vermaß er die Grenzen des Reiches neu mit der Meßschnur und mit dem Zirkelmaß. Nun konnte er die Entfernungen zwischen den vier heiligen Bergen ausmessen. Er hat eine Flußkarte gezeichnet und die erste Sonnenuhr gebaut.

Den Schmieden hat er gezeigt, wie man Steine im Feuer zu Eisen schmelzen kann und wie man dann Kessel und Waffen aus Eisen herstellt. In die Kessel hat er die Karten der Flüsse und der Länder eingeritzt. Und er hat im Land auch Straßen gebaut und diese in die Karten eingezeichnet.

So war der Baumeister *Yü* der große Kulturbringer im Land China. Die Menschen verehren ihn mit großer Ehrfurcht. Denn er ist ihnen ein Vorbild für die Arbeit. (MdV II, 297–299)

29. Der Aufstand des Dämonen Tche-Yeu

Tche-Yeu hatte die Gestalt eines Menschen, aber er hatte an den Füßen Rinderhufe. Und er hatte vier Augen, sechs Arme, acht Finger und acht Zehen. Sein Kopf war aus Eisen, seine Stirn war aus Kupfer, seine Haare waren wie Schwerter und Lanzen. Als der Herr der Krieger erfand er die Waffen, er konnte sie auch herstellen. Er fraß Steine, Sand und Eisen, und er wurde immer von 72 Kriegern begleitet. Als Schmied leitete er die Zunft der Schmiede, und er tanzte mit seiner mächtigen Lanze.

Wenn er in den Krieg zog, erschienen am Himmel die Kometen, sie waren seine Kriegsfahnen. Der Kriegerdämon kämpfte gegen den Helden *Huang-Ti*, der ein erhabener Herrscher war. Auf dessen Seite kämpften die Bären, die Tiger und die Panther. Beide Seiten hatten Kriegswagen und Reiter. Da ließ der Dämon dichten Nebel aufziehen, damit er nicht gesehen werden konnte. Doch die Krieger des erhabenen Herrschers bliesen in die Kriegshörner, sie riefen den Flügeldrachen zu Hilfe. Doch der wilde Dämon rief den Sturmwind herbei. Vom Himmel aber kam die Trockenheit und besiegte den Sturmwind.

Nach einem langen Kampf wurde der böse Kriegerdämon vom erhabenen Herrscher besiegt und getötet, ihm wurde der Kopf abgeschlagen. Doch die große Dürre, die den Sturmwind besiegt hatte, blieb nun auf der Erde. Sie konnte nicht mehr in den Himmel zurückkehren. Die Menschen litten unter der Dürre, denn ihre Felder vertrockneten. Der große Drache verkroch sich in eine Erdhöhle, so wurde der Aufstand der bösen Dämonen gegen die Ordnung der Welt besiegt. Der erhabene Herrscher hatte die Weltordnung wiederhergestellt.

(MdV II, 300ff)

22
Die Japaner

Einleitung

Die ältesten archäologischen Funde in Japan lassen menschliche Kultur und Besiedlung seit dem 5. Jahrtausend v. Chr. erkennen. Es wurden Wohnhöhlen gefunden, mit Steinplatten bedeckte Fußböden, Feuerstellen mit Gegenständen aus Ton und Keramik. Diese neolithische Kultur wird dem Volk der Ainus zugeordnet. Später wurden Häuser auf Pfählen gebaut, aus Holz mit Dächern aus Stroh. Die heutigen Japaner sind wohl von Asien her über Korea auf die Inseln eingewandert.

Die Weltdeutung der neolithischen Menschen ist durchwegs animistisch, wie Funde erkennen lassen. Es gab Amulette aus Stein oder Ton, Tierzähne als Talismane, männliche Geschlechtsorgane aus Stein, Fruchtbarkeits- und Gebärsteine. Die ältesten Heiligtümer sind mit Steinkreisen versehen, es wurde vor allem die Sonne als göttliches Wesen verehrt. Die Begräbnisstätten der Toten weisen Grabbeigaben auf, auch die Farbe Ocker findet sich auf den Skeletten. Werkzeuge aus Bronze und aus Eisen waren bekannt.

Es bildete sich eine Kultur von seßhaften Ackerbauern, sie bauten Häuser und Dörfer. An ihren Grabbeigaben ist die soziale Schichtung der Menschen erkennbar. Die ersten schriftlichen Zeugnisse Japans reichen erst in das 8. Jh. n. Chr. zurück. Um 720 n. Chr. wurde das Buch Nihon in chinesischer Schrift und das Buch Kojiki in altjapanischer Schrift verfaßt. Der chinesische Kultureinfluß ist groß, die japanische Schrift ist wohl aus der chinesischen Schrift entstanden. Aus diesen Schriften haben wir die ersten Informationen über die Mythen und Rituale dieser Kultur. Es wurden viele Schutzgötter (Kami) der Sippen verehrt, aber ebenfalls viele Naturgötter.

Verschiedene Riten der Reinigung wurden ausgeführt, um zu den Ahnenseelen Zugang zu haben. Es gab Schamanen und Mantiker, spä-

ter viele Priester, die die Opferriten ausführten. Der »Weg der Götter« (Shinto) galt den Menschen als heilig. Die alten Heiligtümer bestehen aus zwei senkrechten und zwei waagrechten Holzstangen, dort sollen sich die Ahnenseelen niederlassen. Ihnen wird die Gestalt von Vögeln zugeschrieben. Die menschliche Seele wird mit einem Spiegel verglichen. Wenn ein Mensch Böses tut, dann fällt Staub auf seinen Seelenspiegel, er kann das göttliche Licht nicht aufnehmen.

Die japanischen Mythen zeigen eine Vielfalt von Traditionen, die nach Regionen und Kulturstufen unterschieden sind.

1. Die Kami

Die ganze Natur war beseelt, in ihnen lebten viele Geistwesen (*Kami*). Sie galten als die höheren und oberen Teile der sichtbaren Dinge. Sie gaben der Natur erst das Leben. Die Menschen sind von ihnen abhängig, sie sind schön und faszinierend. Die *Kamis* leben in den Bergen, in den Felsen, in den Bächen und Flüssen, in den Bäumen und Pflanzen. Alles in der Natur ist belebt und beseelt, die Menschen können mit den Geistwesen sprechen. Sie rufen diese an und bringen ihnen Opfer dar. Dann glauben sie sich geschützt und behütet.

(MdV II, 175f)

2. Frevel und Unreinheit

Wenn die Menschen gegen die Regeln der Ahnen verstießen, dann wurden sie kultisch unrein, dann durften sie nicht an den Riten teilnehmen. Aber auch nach Geburten und Begräbnissen fühlten sich die Menschen unrein, sie mußten sich dann mehreren Riten der Reinigung unterziehen. Durch Waschungen mit heiligem Wasser sollten böse Dämonen vertrieben werden.

Für böse Taten mußten die Menschen Buße tun, sie mußten sich mit den Seelen der Ahnen und mit den Schutzgeistern der

Sippe versöhnen. Auch durch zeitweilige Enthaltung von Essen und Trinken, von Schlaf und von Sexualität konnte die Reinigung erreicht werden. Der Spiegel der Seele konnte dann die Kraft der Sonne widerspiegeln. (MdV II, 177)

3. Riten der Fruchtbarkeit

Die Fruchtbarkeit der Felder, der Tiere und der Menschen hing von den Schutzgeistern ab. Die Götter mußten angerufen werden, und es mußten ihnen Opfer gebracht werden, dann ließen sie die Früchte der Felder wachsen und gedeihen. Die Bauern opferten die Erstlingsfrüchte und feierten ein göttliches Festmahl (kanname). Sie verehrten aber auch die menschlichen Sexualorgane in der Form aus Stein oder aus Holz. Damit glaubten sie, den Kindersegen vermehren zu können, ihre Lebenskraft sollte gestärkt werden. (MdV II, 179f)

4. Die Anfänge der Welt

Die einen sagen, am Anfang war ein ungeordnetes Meer aus Öl von den Früchten. Andere sagen, am Anfang war ein riesiges Hühnerei, in dem die Wachstumskräfte waren. Aus dem Ei wuchs ein riesiges Schilfrohr, und aus diesem wurde ein göttliches Wesen. Dieses erhielt einen Namen und hatte alle Macht. Aus dem Urei und dem göttlichen Wesen wurden dann die übrigen Götter, es waren sehr viele, männliche und weibliche. Sie hatten menschliche Gestalt und traten meist als Geschwisterpaare auf.

Zuerst waren sieben Götterpaare entstanden. Dann wurde das achte und wichtigste Götterpaar: nämlich *Izanagi*, der Mann, der zur sexuellen Liebe einlädt, und *Izanami*, die Frau, die zur sinnlichen Liebe verführt. Damit war die Kraft der sinnlichen Liebe in die Welt gekommen. (MdV II, 188f)

5. Die erste Insel

Das Götterpaar *Izanagi* und *Izanami* stieg über die himmlische Brücke, die über dem Meer schwamm. Sie holten gemeinsam eine Lanze aus dem Meer, wie sie die Krieger benutzen. Die Lanze war mit edlen und magischen Steinen geschmückt, mit dieser Lanze rührten sie den Meeresboden um. Und sie stachen salzige Klumpen aus dem Wasser und brachten sie an die Oberfläche des Meeres. Diese Klumpen schwammen auf dem Meer, sie bildeten die japanischen Inseln. (MdV II, 188)

6. Die göttliche Vermählung

Das Götterpaar *Izanagi* und *Izanami* betrat nun die entstandenen Inseln. Sie machten sie zum Mittelpunkt aller Inseln, die später aus dem Meer kamen. Und sie fragten einander: »Wie ist dein Körper beschaffen?« Und sie erkannten, daß beiden etwas fehlte und daß sie sich ergänzen mußten. Der Frau fehlte das männliche Geschlecht, und dem Mann fehlte das weibliche Geschlecht. Sie umschritten die Insel in entgegengesetzter Richtung. Der Gott ging nach links, die Göttin ging nach rechts. Diesen Weg muß jedes Hochzeitspaar auch gehen.

Am anderen Ende der Insel trafen sich die beiden, sie erstaunten über ihre Schönheit. Die Göttin rief voll Begeisterung: »Was für ein schöner Mann!« Und der Gott rief laut: »Was für eine schöne Frau!« Die Göttin hatte zuerst gerufen, das brachte Unglück. Also wiederholten sie das Ritual noch einmal. Nun rief zuerst der Mann und dann rief erst die Göttin. Nun war eine neue Ordnung geworden.

Dann wollten beide sich paaren, doch sie kannten noch nicht die Kunst der sexuellen Vereinigung. Da sahen sie zwei Vögel, wie die sich paarten; sie nickten mit dem Kopf und mit dem Schwanz. Das taten nun auch die beiden Götter, so lernten sie von den Vögeln die Paarung. Nun wurde die Göttin schwanger, sie gebar zuerst zwei heilige Inseln, dann gebar sie viele Göttersöhne und -töchter. Einer der Söhne war verkrüppelt, er wurde auf dem Wasser ausgesetzt. So taten es auch die Menschen, wenn ihnen verkrüppelte Kinder geboren wurden.

(MdV II, 189)

7. Der Tod der Göttin Izanami

Die Göttin hatte noch viele Gottheiten geboren, den Gott des Meeres, der Berge, der Winde, zuletzt den Schutzgott des Feuers. Doch bei der Geburt des Feuers wurde die Göttin schwer verletzt, ihre Geschlechtsteile wurden verbrannt. So war die Göttin todkrank und mußte sterben. Nun war der Gott *Izanagi* allein, und er war voll Zorn auf das Feuer. Er weinte viele Tränen am Totenbett seiner Götterfrau. Aus diesen Tränen entstanden weitere Gottheiten. In seinem Schmerz schnitt er dem Feuergott den Kopf ab, aus dessen Blut wurden wiederum Götter. So entstanden die meisten Götter aus dem Götterpaar *Izanagi* und *Izanami*. (MdV II, 190)

8. Izanagi in der Unterwelt

Der Gott *Izanagi* wollte seine tote Frau und Schwester in der Unterwelt wiedersehen. Sie hatte sich dort ein Schloß gebaut und wohnte nun dort. Er wollte sie überreden, mit ihm wieder in die Götterwelt zurückzukehren, denn die Schöpfung sei noch nicht vollendet. Doch sie sagte, sie habe schon die Speisen der Finsternis gegessen, sie könne nicht mehr in die Götterwelt zurück. Und sie schloß sich in ihrem Schloß ein. Mit einem magischen Zahn brach *Izanagi* das Schloß auf. Er fand darin die verweste Göttin, Würmer waren auf ihrem Körper. Entsetzt von diesem Anblick floh er aus der Unterwelt.

Doch die Göttin schickte ihm die wilden Dämoninnen hinterher, sie verfolgten ihn. Er warf ihnen seine Mütze zu, aus ihr wurden die Weintrauben. Und er warf ihnen seinen Kamm zu, aus ihm wurden die Bambussprossen. Dann folgte ihm ein Kriegsheer mit 1500 Kriegern. Mit seinem magischen Schwert konnte der Gott die Krieger fernhalten. Am Tor zur Unterwelt fand er drei Pfirsiche, die warf er seinen Verfolgern zu. Dann verschloß er die Pforte zur Unterwelt mit einem riesigen Stein.

Nun drohte die Göttin in der Unterwelt, sie werde jeden Tag tausend Menschen töten und als Opfer fordern. Da sagte der Gott, er werde jeden Tag 1500 Kinder neu geboren werden lassen, dann werde das Leben stärker sein als der Tod. Danach trennten sich der Gott und die Göttin endgültig. Sie sprachen die Scheidungsformel, die auch bei den Menschen üblich ist. Seither sind die Finsternis und das Licht endgültig getrennt.

(MdV II, 190f)

9. Die Geburt der Sonnengöttin

Da der Gott *Izanagi* mit dem Tod in Berührung kam, mußte er sich im heiligen Fluß reinigen. Er badete im Fluß von Tsukushi. Als er seine Kleider und Juwelen ablegte, entstanden aus diesen viele junge Götter. Und als er in den Fluß eintauchte, da wurde aus seinem linken Auge die Sonnengöttin *Amaterazu*, sie ließ nun den Himmel in Licht erstrahlen. Aus seinem rechten Auge wurde der Gott des Mondes, der in der Nacht leuchtet. Und aus seiner Nase wurde der ungestüme Meeresgott *Susanowo*.

Nun erstrahlte die Sonnengöttin in hellem Licht, *Izanagi* gab ihr die großen Himmelsfelder zum Herrschaftsbereich, und er schenkte ihr ein Halsband mit vielen edlen Steinen. Und der wilde Gott *Susanowo* sollte über das Meer herrschen. Doch er weinte und klagte mit lauter Stimme, weil er seine Göttermutter *Izanami* in der Unterwelt besuchen wollte. Daraufhin bestrafte ihn der Göttervater *Izanagi*, er verbannte ihn eine Zeitlang aus dem Götterhimmel.

(MdV II, 192f)

10. Die Paarung von Susanowo und Amaterazu

Der wilde Meeresgott *Susanowo* wollte sich von seiner Schwester *Amaterazu* verabschieden. Wild und ungestüm drang er in ihr Sonnenreich ein, so daß sie einen Überfall befürchtete. Sie rüstete sich mit einem starken Bogen und mit 1500 Pfeilen, um ihr Reich zu verteidigen. Als furchterregende Kriegerin stand sie nun ihrem Bruder gegenüber. Doch dieser versprach, er wolle sich nur von ihr verabschieden, er wolle ihr schönes Reich nicht rauben.

Nun schlug er vor, sich mit ihr zu paaren und gemeinsame Kinder zu haben. Er brachte ihr ein Schwert als Hochzeitsgeschenk, sie übergab ihm edle Juwelen. Dann mußte der Meeresgott schwören, daß er nicht gewaltsam in das Reich der Sonne eindringen wollte. Danach machten sie das Liebesspiel und paarten sich. Der Göttin wurden mehrere Götterkinder geboren. Sie zerkaute das Schwert des Bruders, und er zerkaute ihre Juwelen. Aus dem Schwert und den Juwelen entstanden viele niedere Götter, die den großen Göttern Hilfsdienste leisten mußten. (MdV II, 193)

11. Die Missetat des Meeresgottes

Doch *Susanowo* war ein wilder Gott, wie die Krieger der Menschen wild waren. Er hielt sich nicht an den Eid, den er seiner Schwester geschworen hatte. Er drang in die himmlischen Reisfelder ein, die seine Schwester *Amaterazu* angelegt hatte. Auch bei den Menschen hatten die Frauen die Reisfelder angelegt. Der Gott zerstörte die Zäune, die um die Reisfelder gelegt worden waren. Dann zerstörte er die Bewässerungsgräben für die Felder, die mühsam gegraben wurden.

Dann fiel er in den Wohnpalast der Göttin ein, er verstreute darin Schmutz und Unrat. Die Göttin glaubte, ihr Bruder sei betrunken, sie entschuldigte ihn. Doch seine Bosheiten und Gewalttaten nahmen noch zu. Er tötete ein heiliges Pferd der Göttin und zog ihm die Haut ab. Dann warf er das tote Pferd in den Palast der Göttin, wo diese mit den Weberinnen am Webstuhl saß. Dabei wurden die Webstühle umgeworfen, die Frauen hatten sich mit den Weberschiffchen an den Geschlechtsteilen verletzt.

Jetzt wurde die Sonnengöttin von Zorn erfüllt, sie zog sich aus ihrem Palast zurück. Sie versteckte sich in einer tiefen Höhle und schloß sich darin ein. Das Sonnenlicht nahm sie mit, nun war es im Götterhimmel finster. (MdV II, 193f)

12. Die Höhle der Sonnengöttin

Nun hatte sich die Sonnengöttin voll Zorn und Gram in der Höhle eingeschlossen. Bei den Göttern war Finsternis, es gab keinen Tag, nur noch die Nacht. Die vielen Götter gerieten in Angst, denn es war auch der Himmelsfluß ausgetrocknet. So versammelten sie sich am vertrockneten Fluß und hielten die Ratsversammlung ab. Sie berieten, wie sie die Sonnengöttin wieder aus der Höhle herauslocken könnten.

Zuerst schickten sie die Nachtvögel vor die Höhle, ihr Gesang sollte die Göttin herausholen. Doch es half nichts. Dann hängten sie Juwelen, Spiegel und weiße Seidenstreifen auf einen Baum vor der Höhle, und sie sprachen viele heilige Gebete. Doch die Göttin kam nicht aus ihrer Höhle, sie war schwer beleidigt.

Dann beschlossen die Götter, eine junge Göttin sollte einen erotischen Fruchtbarkeitstanz vor der Höhle aufführen. Die schöne Göttin entkleidete sich und begann wild zu tanzen. Das entzückte die männlichen Götter in der Versammlung, sie begannen ein begeistertes Gelächter. Dies hörte die Sonnengöttin, jetzt wurde sie neugierig. Sie steckte kurz ihren Kopf aus der Höhle, da hielten ihr die Götter einen Spiegel vor das Gesicht. Nun erkannte sie im Spiegel ihren eigenen Glanz, sie war von ihrer Schönheit begeistert. Und so trat sie langsam aus der Höhle heraus.

Nun wurde es in der Götterwelt wieder licht, alle göttlichen Wesen waren voll der Freude und voll sinnlicher Lust. Sie spannten ein Seil vor die Höhle, damit die Sonnengöttin nicht wieder in diese zurückkehren konnte. Nun gab es wieder den Tag und die Nacht. Das Leben konnte weitergehen, es wurde die ganze Welt neu erschaffen. So feierten die Götter und später auch die Menschen jedes Jahr das große Fest der Wiederkehr der Sonnengöttin aus der Finsternis. Sinnlichkeit und Lebensfreude gehörten zu diesem Fest der Weltschöpfung. (MdV II, 194f)

13. Die Strafe für den Meeresgott

Nun hielten die Götter Gericht über den bösen Meeresgott *Susanowo*, der die Felder und den Palast der Sonnengöttin zerstört hatte. Er hatte die Weltordnung erheblich gestört. Nun wurde er vom Göttergericht schuldig gesprochen, er mußte tausend Tische mit Opfergaben bereitstellen. Es wurden ihm die Nägel an den Händen und Füßen ausgerissen, wie es auch die Menschen ihren Feinden taten.

Schließlich wurde der Meeresgott aus dem Götterhimmel verbannt, denn er sollte die Weltordnung nicht mehr stören können. Seine Schwester *Amaterazu* konnte nun in Ruhe ihre Reisfelder anlegen, und sie konnte weben und spinnen, wie es auch die Menschenfrauen tun. Die alte Ordnung der Welt war wiederhergestellt. (MdV II, 195)

14. Die Göttin der Speisen

Der Mondgott mußte der Göttin der Speisen *Ukemochi* dienen. Als er in ihren Palast kam, da erbrach die Göttin gekochten Reis aus ihrem Mund. Der Reis fiel auf die Erde, und es wuchsen große Reisfelder. Dann erbrach die Göttin aus ihrem Körper das Meer und die Meerestiere. Sie erhob ihr Gesicht und erschuf die Wildtiere, die in den Bergen leben.

Der Mondgott erhielt von der Göttin den Reis und die Wildtiere zum Festmahl. Er war aber zornig, weil ihm die Göttin erbrochenen Reis vorgesetzt hatte. So zog er sein Schwert und tötete die Göttin der Speisen. Als er in den Götterhimmel zurückkehrte, da erzählte er von seiner Heldentat. Doch die Sonnengöttin wurde sehr zornig, weil er die Göttin der Speisen getötet hatte. Sie weigerte sich, jemals mit dem Mondgott wieder zusammenzutreffen. Seither gehen beide Götter getrennte Wege, die Sonnengöttin wandert am Tag und der Mondgott in der Nacht.

Nun schickte die Sonnengöttin einen Götterboten zum leblosen Körper der Speisengöttin. Der sah, daß aus ihrem Körper noch viele Lebewesen hervorgegangen waren. Aus ihrem Kopf sind die Rinder gewachsen und die Pferde, aus der Stirn wuchs das Hirsegras, aus den Augenhöhlen kamen die Seidenwürmer. Aus ihrem Bauch wuchs der Reis, aus ihren Geschlechtsteilen wuchsen der Weizen und die Bohnen.

So kamen alle Nahrungsmittel der Götter und der Menschen von der großen Göttin der Speisen. Der Götterbote brachte alle Tiere und Pflanzen zur Sonnengöttin und zeigte sie ihr. Die Göttin nahm von allen Pflanzen die Samen, dann schickte sie den Götterboten mit den Samen zur Erde. Sie sollten die Samen dort aussäen, damit sich die Menschen davon ernähren können.

So kamen die Fruchtpflanzen vom Götterhimmel auf die Menschenerde.

Dann nahm die Sonnengöttin die Seidenraupen aus ihrer Mundhöhle, sie zog die Seidenfäden zwischen den Zähnen hervor und wickelte sie auf Spulen auf. So zeigte sie den Menschen die Kunst der Seidenraupenzucht und der Seidenweberei. Es waren zwei Göttinnen, die den Menschen die Speisen und die Kulturtechniken brachten. Und es waren bei den Menschen die Frauen, die den Reis bauten und die Seide spannen. Alles, was die Menschen lernten, wurde ihnen von den Göttern geschenkt.

(MdV II, 196)

15. Susanowo tötet die Schlange

Der ungestüme und wilde Meeresgott *Susanowo* stieg aus dem Himmel auf die Erde herab. Er kam in das Land *Izumo*, wo ein großer Fluß floß. Dort traf er ein altes Menschenpaar und dessen Tochter, alle drei weinten bitterlich. Denn seit acht Jahren hielt eine böse Schlange mit acht Köpfen und acht Schwänzen das Land in Angst. Denn die Schlange verlangte jedes Jahr eine Tochter des Ehepaars als Opfer. In jener Zeit gab es noch die Menschenopfer auf der Erde. Acht Töchter wurden der göttlichen Schlange schon geopfert, nun sollte die letzte folgen.

Nun versprach der Meeresgott, den Menschen zu helfen. Er verlangte aber von den Eltern, daß sie ihm die junge Tochter zur Frau geben. Die Eltern stimmten der Hochzeit zu. Nun mußten die Eltern viel Reisschnaps brennen, dieser wurde in Bottiche gefüllt. Als die Schlange zu den Menschen kam, steckte sie die acht Köpfe in die Bottiche mit Schnaps. Sie wurde betrunken und fiel in tiefen Schlaf. Nun zog der Meeresgott sein scharfes Schwert und zerschlug die Schlange in viele Stücke. Das Wasser des Flusses färbte sich vom Schlangenblut ganz rot.

Als der Meeresgott das Fleisch der Schlange durchsuchte, da fand er das berühmte Schwert Kuzanagi, das das Gras schneidet. Diesem Schwert war kein Gegner gewachsen. Dann fand die Hochzeit des Gottes mit der Menschenfrau statt.

(MdV II, 196f)

16. Die Heirat des Susanowo

Der Meeresgott baute sich im Land *Izumo* einen schönen und großen Palast. Dann heiratete er die Tochter des alten Ehepaares, der er das Leben gerettet hatte. Mit seiner Frau wohnte er in diesem Palast und hatte viele Kinder. So wurde sie zur Urmutter vieler Göttergenerationen. Einer ihrer Söhne ist *Izumo*, der Herrscher der Erde. Dieser hat wie sein Vater *Susanowo* viele Heldentaten vollbracht.

(MdV II, 197)

17. Der Hasengott von Inaba

Es waren viele Göttersöhne, die die Prinzessin *Jakami* heiraten wollten. Sie zogen mit großen Geschenken zu ihrer Sippe und baten um die Tochter. Auf dem Weg dahin trafen sie einen Hasen, dem war das Fell abgezogen worden. Der Hase erzählte, daß er die bösen Krokodile im Fluß täuschen wollte. Doch als sie die Täuschung erkannten, hätten sie ihm das Fell vom Leib gezogen.

Die Göttersöhne rieten dem Hasen, in frischem Wasser zu baden und den ganzen Körper mit Blütenstaub zu bestreuen. Das tat der Hase, und so wuchs ihm seine Haut wieder über den Körper. Der Hase war der Gott aller Hasen des Waldes, er versprach den Göttersöhnen seine Hilfe bei der Brautwerbung.

(MdV II, 197f)

18. Der Gott Okuninushi

Okuninushi hatte die reiche Prinzessin zur Frau erhalten. Die übrigen Göttersöhne beneideten ihn und wollten sich rächen, weil sie die Braut nicht bekommen hatten. Sie veranstalteten eine große Jagd auf die Wildschweine. Dabei erhitzten sie einen großen Stein im Feuer und ließen ihn dann auf den Göttersohn *Okuninushi* hinabrollen. Der Stein traf den Göttersohn, seine Haut verbrannte, er schrie vor Schmerzen. Doch seine göttliche Mutter heilte ihn wieder, sie mahlte eine Schildkröte zu Pulver und streute das Pulver auf seine Haut. So wurde er wieder gesund.

Doch die anderen Göttersöhne verfolgten ihren Bruder *Okuninushi* weiter, sie zerquetschten seinen Kopf zwischen zwei Baumstämmen. Wieder war es seine göttliche Mutter, die ihm das Leben retten mußte. Sie riet dem Sohn nun zur Flucht vor den Verfolgern. Nur knapp entkam er ihren Pfeilen, denn er versteckte sich hinter einem heiligen Baum.

(MdV II, 198f)

19. Die Prüfungen des Okuninushi

Okuninushi war der Herrscher der Erde geworden. Nun kam er in das Land des Meeresgottes und bat um die Hand seiner Tochter, der kühnen Prinzessin. Als diese den jungen Göttersohn sah, da verliebte sie sich in ihn. Sie tauschten Blicke aus und fühlten sich als Paar. Doch bevor der Meeresgott die Zustimmung zur Hochzeit gab, mußte *Okuninushi* noch viele Prüfungen bestehen. So ist die Sitte bei den Göttern und den Menschen.

Zuerst schickte der Meeresgott den jungen Göttersohn in eine Hütte zum Schlafen, doch in der Hütte hausten viele Schlangen. Nun gab die Mutter des jungen Gottes dem Sohn eine Schlangenhaut, so war er vor den giftigen Schlangen geschützt, denn die Schlangen beißen sich nicht gegenseitig.

In der nächsten Nacht mußte der junge Brautwerber in einer anderen Hütte schlafen, dort gab es viele Wespen und Tausendfüßler, ekelig anzusehen. Wieder war es seine Göttermutter, die ihm eine schützende Haut mitgab.

Dann mußte der Brautwerber einen Pfeil des Meeresgottes aus der Wiese holen. Während er in das dürre Gras hineinging, entzündete der Brautvater das Gras, der junge Gott wurde vom Feuer eingekreist. Da war es die Maus, die dem Gott einen Ausweg zeigte. Sie hatte ihm ein Loch gegraben, in dem er sich vor dem Feuer verstecken konnte. So bestand er auch diese Prüfung.

Zuletzt verlangte der Brautvater vom Brautwerber, daß dieser ihm die Läuse aus der Kopfhaut löse. So kraulte der junge Gott den alten Meeresgott am Kopfhaar, so daß dieser bald einschlief. Nun band der junge Gott die Haare des Meeresgottes an den Balken des Hauses. Dann nahm er die Tochter samt Pfeil und Bogen und floh aus dem Haus. Er floh in ein Land des Lichtes. Beim Lichttor gab der Meeresgott, der inzwischen aufgewacht war, die Zustimmung zur Hochzeit der Tochter. Und er übergab seinen Bogen dem jungen Gott.

So wie bei den Göttern mußten auch bei den Menschen die Söhne viele Prüfungen bestehen, wenn sie um eine Frau anhielten. Die jungen Männer mußten unter Beweis stellen, daß sie die Frauen beschützen konnten, daß sie klug und weise waren. Vor allem die Krieger und die Adeligen mußten diese Prüfungen vor der Hochzeit ablegen.

(MdV II, 199f)

20. Okuninushi und der Zwerg

Der Weltgott *Okuninushi* begann nun, die Welt der Menschen gut einzurichten. Dabei half ihm der Zwerg *Sukuna*. Dieser ritt auf den Wellen des Meeres, er fuhr mit einem schnellen Boot über das Wasser. Das Boot war aus Baumrinden gemacht, die Haut einer Gans war das Segel. Als der junge Gott den Zwerg in seine Hand nahm und zum Gesicht führte, da biß ihm der Zwerg in die Wange. Als er dies den Göttern klagend erzählte, da sagten sie, auch der Zwerg sei ein Göttersohn. Nun beschloß er, eng mit dem Zwerg zusammenzuarbeiten.

Beide ordneten nun die Welt der Menschen, sie fanden die Heilkräuter und die Heilmethoden für alle Krankheiten. Sie zeigten den Menschen, wie sie die gefräßigen Vogelscharen oder die vielen Kriechtiere von ihren Reisfeldern fernhalten konnten. Als der Zwerg auf den Halm einer Hirseähre kletterte, da wurde er vom Wind in den Götterhimmel emporgeschleudert. Nun war der Zwerg in den Himmel zurückgekehrt, die Erde war gut eingerichtet, und den Menschen ging es gut.

(MdV II, 200)

21. Die göttliche Herrschaft

Okuninushi war nun der einzige Beherrscher der Erde. Da beschloß die große Sonnengöttin *Amaterazu*, ihm einen zweiten Mitregenten beizugeben. Sie schickte ihren Enkel *Ninigi*, er sollte im »Land der Schilfebene« (Japan) einen Teil des Landes bekommen. Nun beriet *Okuninushi* mit seinem Sohn, wie die Macht am besten zu teilen sei. Sie einigten sich, daß *Ninigi* die politische Macht auf der Erde ausüben sollte, daß er über die Krieger gebieten sollte. *Okuninushi* aber sollte die religiöse Macht behalten, er sollte die heiligen Riten leiten.

So wurde *Ninigi* der erste Kaiser von Japan, seine Großmutter ist die Sonnengöttin. Von ihr erhielt er alle Zeichen der Herrschaft, nämlich den magischen Edelstein, den Spiegel und das Schwert, das der Meeresgott der achtköpfigen Schlange entwendet hatte. Nun begann unter den Menschen die »göttliche Herrschaft«, der Kaiser war der Enkel der großen Sonnengöttin, und er ist es bis heute geblieben. (MdV II, 201f)

22. Feuerlicht und Feuerschatten

Der Gott *Ninigi* hatte zwei Söhne, der eine hieß »Feuerlicht«, der andere war »Feuerschatten«. Der erste war Fischer und brachte viel Beute aus dem Meer. Der zweite war Jäger und brachte viel Wild aus den Wäldern. Nach einiger Zeit schlug der Jäger vor, die Rollen zu tauschen, er wollte einmal Fischer sein. So tauschten sie die Rollen, und es ging ihnen gut dabei.

Doch einmal hatte der Jäger den Köder seines Bruders verloren und keinen Fisch gefangen. Er klagte und war traurig. Das hörte einer der Meeresgötter, er baute dem Jäger ein Boot und fuhr mit ihm zum Palast des höchsten Meeresgottes. Dort traf er auf die Hofdamen der Meeresprinzessin. Er übergab den Damen einen edlen Stein in ihre Wassergefäße. Sie brachten den Stein zur Prinzessin, und diese wollte den jungen Jäger sehen. Als sie ihn sah, da verliebte sie sich in ihn und heiratete ihn. So blieb der Jäger drei Jahre im Palast des Meeresgottes.

Doch dann hatte er Heimweh nach den Wäldern und der Jagd. Die Meeresgötter suchten nun den verlorenen Köder, sie fanden ihn im Maul eines Fisches und übergaben ihn dem Jäger. Außerdem gaben sie ihm magische Steine, die ihn schützen sollten. Dann kehrte der Jäger auf dem Rücken eines Krokodils zu seinem Bruder, dem Fischer, zurück. Er übergab ihm seinen Köder, und die beiden Brüder nahmen wieder ihre alten Rollen an. Denn darin fühlten sie sich wohl.

Doch der Fischer verarmte, er fing keine Fische mehr. Nun konnte der Jäger mit seinen magischen Steinen das Wasser im Meer ansteigen oder absinken lassen. Seither gibt es Ebbe und Flut. Die beiden Brüder versöhnten sich, und seither helfen sie einander.
(MdV II, 202f)

23. Verwandlung der Meeresprinzessin

Die Meeresprinzessin erwartete ein Kind vom Jäger »Feuerschatten«, der nur drei Jahre bei ihr lebte. Sie schwamm ans Ufer des Meeres und baute sich aus den Federn von Kormoranen eine Gebärhütte, wie sie auch die Menschenfrauen haben. Dann traf sie den Jäger und verbot ihm, sie während der Geburt in der Hütte zu sehen. Doch der Jäger war neugierig und sah in die Gebärhütte hinein. In diesem Augenblick verwandelte sich die Gebärende in ein Krokodil und verschwand im Meer.

Der Jäger war voll Trauer und Sehnsucht, doch er hatte die Prinzessin für immer verloren. Doch das Kind blieb auf der Erde, und er schwor ihr ewige Liebe. Seither dürfen auch die Menschenmänner nicht in die Gebärhütte der Frauen, denn sonst könnten die Frauen während der Geburt sterben.

(MdV II, 204f)

24. Die Liebe des Urashima

Urashima war ein Fischer, drei Tage hatte er nichts gefangen, bis ihm eine Schildkröte in das Netz ging. Als er die Schildkröte aus dem Netz nahm, verwandelte sie sich in ein schönes Mädchen. Dieses führte ihn auf das Meer hinaus zu einer schönen Insel. Dort war der Palast ihres Vaters. Der Fischer verliebte sich in das Mädchen, er lebte mit ihr zwei Jahre lang in dem Meerespalast auf der Insel. Doch dann bekam er Heimweh, und das Mädchen ließ ihn traurig ziehen. Sie gab ihm eine Dose aus Korallen mit, die er nicht öffnen durfte. Dann kehrte er in einem Augenblick in seine Heimat zurück.

Doch in seinem Dorf traf er nur fremde Menschen. Sie erzählten ihm, vor dreihundert Jahren sei ein Fischer namens *Urashima* in das Meer hinabgetaucht und verschwunden. Also war er dreihundert Jahre lang auf der Insel gewesen. Aus Einsamkeit und Traurigkeit öffnete er die Dose aus Korallen, da strömte ein weißer Nebel aus der Dose. Nun wußte er, daß er durch den Nebel die Meeresprinzessin nie mehr sehen werde. So schrie er seinen Schmerz in den Wind hinaus. Im Sturm hörte er die Stimme der Prinzessin, die ihn anflehte, sie zu vergessen. Doch vor Schmerz lief er wie ein Irrer herum, seine Haut wurde alt. Dann starb er, ohne seine Geliebte je wieder gesehen zu haben. So wurde er bestraft, weil er ihr Verbot mißachtet hatte.

(MdV II, 205f)

25. Der Held Yamato

Yamato-dake war ein großer Kriegsheld, der Stolz seines Vaters. Doch er tötete seine Brüder, als diese dem Vater ungehorsam waren. Und er strafte zwei Krieger, die sich nicht an die Ehrenregeln der Krieger hielten. Dabei hatte er sich in eine schöne Frau verkleidet und die beiden Krieger mit seinen Reizen betört. Als sie vom Reiswein tranken, was ihnen verboten war, da tötete er sie. Er war voller Listen und Ränke, er täuschte selbst seine Freunde. So forderte er seinen Freund auf, mit ihm das Schwert zu tauschen. Als er das Schwert hatte, tötete er den Freund.

Auf dem Weg nach Osten traf er die Prinzessin *Miyazu*, er verliebte sich in sie und heiratete sie. Dann zog er mit ihr in ein fremdes Land. Seine Tante hatte ihm ein Schwert und einen Sack mitgegeben. Der König des fremden Landes verlangte nun von dem jungen Krieger die Probe seiner Treue, nämlich die Feuerprobe. Er wurde vom Feuer umzingelt, da entzündete er schnell ein Gegenfeuer. Dieses löschte mit seinem Wind das erste Feuer aus. So wurde er gerettet. Er hatte den Menschen gezeigt, wie man Feuer löscht.

Als er mit seiner Frau auf einem Schiff über das Meer fuhr, da drohten hohe Wellen das Schiff zu versenken. Da bot sich seine Frau als Opfer für die bösen Meeresdämonen an, damit sie sich besänftigen. Sie sprang in die Fluten, und das Meer wurde wieder ruhig. Doch als er wieder an das Land kam, da war er alt, und seine Füße trugen ihn nicht mehr. So starb er in der großen Ebene, dort hatten ihm die Krieger ein großes Ehrenmal errichtet. Sie verehren seine Tapferkeit und seine Großtaten bis heute. Seine Seele aber verwandelte sich in einen Vogel, in einen Regenpfeifer, und sie flog zum Himmel hinauf. Seither heißt sein Grab das Grab des weißen Regenpfeifers.

(MdV II, 206f)

26. Der große Buddha

Vor langer Zeit lebte ein Königssohn in Indien. Er entsagte seinem Reichtum und schloß sich den Wanderasketen an, die es im Land gab. Denn er wollte die Leiden des Lebens überwinden und auf einem schnellen Weg zum himmlischen Frieden (Nirvana) kommen. Durch Meditation und Entsagung wurde er ein Erleuchteter, nämlich der Buddha *Shakyamuni*. Er hatte den Menschen die Erlösung von den Leiden gepredigt, viele waren ihm nachgefolgt.

Nun sind viele Menschen auf dem Weg zur großen Erleuchtung, und es gibt in der Welt viele Erlösergestalten. Einer von ihnen ist *Amitabha*, er trägt das unendliche Licht in sich. Ein anderer ist *Amitayus*, er trägt die unendliche Langlebigkeit in sich. Die großen Retter der Menschen sind die *Bodhisattvas*, die schon an der Erleuchtung teilhaben. Sie wollten noch nicht in das himmlische Nirvana eingehen, bevor nicht alle Wesen an

der Erleuchtung teilhaben. Wenn alle Wesen vom Leiden und vom Nichtwissen erlöst sind, wollen auch sie in den ewigen Frieden eingehen.
(MdV II, 212f)

27. Der kosmische Buddha

Die kleine Welt der Lebewesen ist ein Teil der großen Welt, sie ist mit der großen Welt des Kosmos identisch. Alles darin besteht aus sechs Elementen, nämlich aus Erde, aus Wasser, aus Feuer, aus dem Wind, aus dem Raum und aus der Erkenntnis. So ist die ganze Welt eine Erscheinungsform des großen Ur-Buddha, des *Mahavairocana.* Er ist der große Erleuchtete. Auch unser Körper ist ein Teil seines kosmischen Leibes.

Unsere Sprache ist identisch mit der Sprache des großen Buddha, unser Denken ist ein Teil seines Denkens. Das verleiht unserem Leben Gewicht und Dauer. Erst wenn wir um diese Einheit mit dem großen Buddha wissen, beginnt der Weg unserer Erlösung. Wir können unseren Leidenschaften freien Lauf lassen, wenn wir ihre Macht zu nutzen verstehen. So können wir der Erleuchtung auf vielen Wegen näher kommen.
(MdV II, 214f)

28. Der Shaka-Nyorai

Er ist der große Erleuchtete, der *Amida-Buddha,* den die Menschen in allen Nöten anrufen können. Denn er ist der vollkommene weise und tugendhafte Mensch. Die Glaubenden verehren ihn voller Hingabe und Liebe, denn er ist ihnen das große Vorbild ihres kleinen Lebens. Sie danken ihm für alle guten Gaben, die ihnen das Leben bringt. Zu seinen Ehren feiern sie große Feste mit Blumen und Umzügen.

Der große Erleuchtete zeigt mit einer Hand zum Himmel empor, und mit der anderen Hand zeigt er zur Erde. Das sollen die Menschen nachahmen, wenn sie seine Feste feiern. Sie sollen zum Himmel aufschauen, aber dennoch ihr Leben auf der Erde genießen. Vor dem großen Buddha machen die Glaubenden ihre Versprechungen und Gelübde, sie bitten ihn um Hilfe in allen Lebenslagen. (MdV II, 222f)

29. Der Yakushi-Nyorai

Er ist der große Erleuchtete, der zu Beginn seines Weges zwölf Gelübde abgelegt hat. Denn er wollte alle Krankheiten der Menschen heilen und allen Lebewesen die Mittel zum Heilen kundtun. So ist er der Herr über die Heilkräuter, die er in seiner linken Hand trägt. Sein Körper leuchtet wie der Beryllstein, so kann er alle Wesen mit seinem Licht erfüllen. Sein Land liegt im Osten, wo die Sonne aufgeht. Dort hat er seine Heiligtümer, zu denen die Pilger wandern. Sie bitten ihn um Gesundheit und um ein langes Leben. Und sie nennen ihn den »König der Ärzte«, zu ihm haben sie viel Vertrauen. (MdV II, 224f)

30. Der Amida-Nyorai

Der *Amida-Nyorai* ist der »Buddha des unendlichen Lichtes«, der im Land des Westens die Erlösung lehrt. Die Menschen zeigen tiefe Zuneigung zu ihm, sie rufen ihn voll Vertrauen und Hingabe an, sie bitten ihn um den Frieden der Seele und um Hilfe in der Stunde des Todes. Er meditiert ständig und verwandelt dadurch das Leben. Und er gilt als der große Fährmann, der die Menschen über den Ozean des Leidens führt.

Er kommt über die Berge oder er fährt auf den Wolken daher, um die Seelen der Verstorbenen aufzunehmen. Seine Helligkeit und Lichtkraft strahlt über das ganze Land und die Erde. Er wird von zahlreichen Erleuchteten umgeben, sie bilden seinen himmlischen »Hofstaat«. (MdV II, 225f)

31. Der Dainichi-Nyorai

Er ist der große Erleuchtete, der höchste aller Buddhas. Er schenkt den Menschen und allen Wesen die Urvernunft, sie mündet in die Erkenntnis des wahren Weges zur Erlösung. Und er hat die Gestalt eines großen Kindes des Mitleids. Er sitzt auf einer roten oder weißen Lotusblume, seine Haut ist mit vielen Edelsteinen bekränzt.

Die vier Buddhas der Himmelsrichtungen umgeben ihn, und die fünf Elemente Erde, Wasser, Feuer, Luft und Raum liegen ihm zu Füßen. Bei ihm fühlen sich die Menschen geborgen und fürchten kein Unheil, wenn sie zu ihm kommen. In jeder Not rufen sie voll Vertrauen zu ihm. (MdV II, 226f)

32. Der Miroku-Bosatsu

Er ist der Bodhisattva *Maitreya*, der große »Buddha der Zukunft«. Wie *Shakyamuni* wird auch er eines Tages in der Welt wiedergeboren, um alle Wesen vom Leiden zu erlösen. In ihm zeigt sich die Macht der Ur-Buddha, denn er umfaßt das ganze Weltall. Die Menschen sagen, daß er in der Ekstase gestorben sei. Seither lebt er in der Ekstase weiter und wartet auf seine Wiedergeburt. Er wird in der Haltung des Nachdenkenden dargestellt, seinen Kopf stützt er in seine rechte Hand. Die Menschen rufen ihn an um Führung im Leben, um Weisheit und um Wahrheit. Bei ihm wissen sie sich geschützt und geborgen. (MdV II, 228f)

33. Der Kwannon-Bosatsu

Er ist der Bodhisattva *Avalokiteshvara*, der die Stimmen der ganzen Welt hört und erhört. Denn er ist von den Leiden der Lebewesen tief ergriffen und voller Mitgefühl. Sein Herz gilt als »Ozean des Mitleids«, es ist für alle Leidenden offen. Er hört die Gebete und Schreie der Menschen, wenn sie in Not sind.

Und er schenkt ihnen den inneren und den äußeren Frieden, die Rettung vor Feinden, die Sicherheit in Notlagen. Um den Menschen zu Hilfe zu kommen, kann er viele Gestalten annehmen. Denn er kann es in seinem Herzen nicht ertragen, wenn Lebewesen leiden müssen.

Die Menschen verehren ihn mit Hingabe und Vertrauen, sie bitten um seine Fürsprache beim *Amida-Buddha*. Denn er schenkt ihnen ein ruhiges Familienleben, das Ende böser Schicksalsschläge, die Erhörung der Wünsche und Sehnsüchte, die Erlangung der Glückseligkeit und das Ende des Nichtwissens.

Kwannon hatte sich in ein Pferd verwandelt, um Kaufleute vor einem Überfall zu retten. Da er sechs Hände hat, schenkt er den Menschen sechs verschiedene Schicksale. Und er steht ihnen bei jeder Seelenwanderung hilfreich zur Seite. Doch er hilft auch den Tieren, denn auch sie sollen von ihren Leiden erlöst werden. Wie eine Mutter sorgt er für das Wohl der Menschen, er hat an sich auch weibliche Züge. Bei ihm ist die Teilung der Geschlechter aufgehoben, deswegen verehren ihn die Frauen und die Männer in inniger Hingabe. (MdV II, 230f)

34. Der Monju-Bosatsu

Er ist der Bodhisattva *Manjuri*, dessen unendliche Schönheit alle Wesen begeistert. Denn in ihm ist die höchste Weisheit Körper geworden, er gilt als der Anführer der anderen Buddhas. Doch er heißt auch »Mutter der Erlösung«, auch er hat weibliche Züge, die Teilung der Geschlechter ist bei ihm aufgehoben. Er schenkt den Menschen die persönliche Einsicht in den Weg der Erlösung. Wenn die Jünger versammelt sind, dann ist seine Weisheit bei ihnen. Er sitzt auf dem Rücken eines Löwen, in den Händen hat er ein Buch und ein Schwert. Denn in ihm sind Weisheit und Stärke.

Oft begleitet ihn der gütige Bodhisattva *Fugen*, der ebenfalls die höchste Erleuchtung erlangt hat. Beide werden als Brüder gesehen, ihnen ist die Erleuchtung der Frauen ein besonderes

Anliegen. So sind es vor allem die Frauen, die sich voll Vertrauen an ihn wenden, sie bitten ihn um Gesundheit, um viele Kinder und um ein langes Leben. (MdV II, 233f)

35. Der Jizo-Bosatsu

Dieser Bodhisattva ist der große Beschützer der Familien. Er gilt als »Kind der Erde« und ist eng mit dem Element der Erde verbunden. Er begleitet die Seelen in die Unterwelt, bis sie wiedergeboren werden. Da in seiner Weltperiode kein erleuchteter Buddha lebte, da gelobte er, er wolle solange nicht in das Nirvana eingehen, bis ein neuer Buddha erscheine. *Jizo* nimmt sechs verschiedene Gestalten an, um den Menschen helfen zu können.

Beim großen Totengericht ist er der Anwalt der Seelen, er bittet für sie um Milde und Gnade bei den Totenrichtern. Er bringt etwas Licht in die dunkle Welt der Toten, er schlägt die bösen Dämonen der Finsternis in die Flucht. Er trägt ein langes Gewand und einen Stock mit klingenden Ringen. Diese Ringe vertreiben die bösen Dämonen.

Vor ihm bekennen die Menschen ihre Sünden und Fehler, sie geloben ihm Besserung und Umkehr. In der Unterwelt tröstet er vor allem die Seelen der früh verstorbenen Kinder. Und auf der Menschenwelt schützt er die lebenden Kinder, damit sie nicht zu früh sterben müssen. Die Menschen nennen ihn »Vater« und »Mutter«, er ist männlich und weiblich, sie bringen ihm ihr Vertrauen entgegen. Er gilt als der Schützer der Blinden und der Wanderer, die auf gefährlichen Wegen gehen müssen. (MdV II, 236ff)

36. Der Fudo-Myoo

Er gehört zu den fünf großen Königen des Wissens, er heißt der »Unbewegliche«. Seine Gestalt ist furchterregend, doch sein Zorn gilt allein den Kräften des Bösen. Den guten Wesen gegenüber ist er voll Milde und Güte. Sein Gesicht ist angespannt, denn in den Händen trägt er das Schwert und die Schlinge. Mit beiden Waffen kämpft er gegen die Kräfte des Bösen und der Finsternis. Er schützt die Menschen vor böser Magie, vor Krankheit und vor frühem Tod.

Er hat ein Gelübde abgelegt, daß er allen Menschen helfen will, mit unerschütterlicher Entschlossenheit den Weg der Erlösung und der Erleuchtung zu gehen. So hilft er den Menschen bei allen großen Unternehmungen, wo sie sich in Gefahr begeben müssen. Er schützt die Asketen und diejenigen, die ein Gelöbnis abgelegt haben. Die Menschen rufen ihn voll Vertrauen an, wenn ihnen Naturkatastrophen und Kriege drohen. Sie tragen sein Bild mit sich, um sich gegen Seuchen, gegen Diebstahl und gegen Feuer zu schützen. (MdV II, 238f)

37. Der Aizen-Myoo

Auch er gehört zu den fünf großen »Königen des Wissens«, sein Name bedeutet »Liebe«. Er liebt alle Wesen und will sie alle zur Liebe befähigen. So überwindet er alle Leidenschaften, er besiegt sich selbst, um anderen Wesen helfen zu können. Er gerät in Ekstase, dann ist seine Begierde nach Erleuchtung groß. Doch gegen die Kräfte des Bösen ist er voller Zorn. Sein Körper ist rot, er hat acht Arme. In den Händen hält er viele Pfeile und Bogen. Auf der Stirn hat er ein drittes Auge, damit er alles sehen kann. Auf seinem Kopf sitzt ein Löwe, der den bösen Dämonen angst macht. So sitzt er in einer Lotusblume und blickt nach allen Seiten.

Die Menschen rufen ihn als Schützer der sinnlichen Liebe an, denn er gibt beiden Geschlechtern die erotischen Kräfte und reichen Kindersegen. Er schützt die Frauen der freien Liebe, die Sängerinnen, die Musikantinnen und die Schankwirtinnen. *Aizen* ist der große Helfer in jeder Liebesnot, die Menschen tragen sein Bild mit sich, und sie folgen seinem großen Vorbild. (MdV II, 240f)

38. Der Bishamon-Ten

Er ist einer der vier Weltenwächter, die auf dem Gipfel eines hohen Berges sitzen. Jeder von ihnen schützt eine der vier Himmelsrichtungen, sie schützen alle Lebewesen und helfen ihnen in Not und Bedrängnis. So wird der *Bishamon-Ten* als großer Krieger dargestellt, denn er hilft dem Volk, wenn Kriege ausbrechen und das Land verwüstet wird. Er verleiht den Kriegern den Mut und den Sieg im Kampf gegen die Feinde.

Den Menschen verleiht er die zehn Stufen des Glücks. Doch das höchste Glück besteht für ihn darin, daß in allen Lebewesen die Früchte der Erleuchtung reifen können. *Bishamon* ist der Beschützer des Lebens, er kann Krankheiten heilen und böse Dämonen vertreiben. Die zerstörerischen Geistwesen haben vor ihm große Angst.

Doch den guten Menschen spendet er Reichtum und Lebensglück. Besonders die Kaufleute und die Krieger rufen ihn um Hilfe an. Er wird als Krieger dargestellt, in seinen Händen trägt er eine gefährliche Lanze. Doch er trägt auch einen Schrein mit Edelsteinen, seine Füße treten auf die bösen Dämonen, die er besiegt hat. (MdV II, 242f)

39. Die Göttin Benzai-Ten

Sie heißt auch *Benten* oder *Benzai-Tenno*, sie ist die Schutzgöttin der Beredsamkeit und der Sprachkunst. Sie wohnt an den Wassern und läßt die Sprache der Menschen wie das Wasser plätschern. Der Sprache und der Musik gibt sie den Wohlklang. Bei den Menschen schützt sie die Techniken der Kultur und die Künste, sie gibt ihnen das Wissen und die Weisheit. Wer in der Weisheit fortschreitet, kommt langsam zur höchsten Erleuchtung. Die Göttin hält das Böse von den Menschen fern, sie schenkt ihnen ein langes Leben und Gesundheit, aber auch Reichtum und Ansehen bei den Mitmenschen. Doch alle müssen unentwegt nach Weisheit streben. Sie verkörpert auch die Schönheit und schenkt den Menschen schöne Körperformen.

Da sie am Wasser lebt, schützt sie alle Gewässer. Aus ihrem Körper sind viele göttliche Wesen geboren worden. Den Feldern schenkt sie die Fruchtbarkeit, und sie läßt die Ernten reif werden. Bei den Menschen schützt sie die Geishas, die Tänzerinnen, die Musikerinnen und die Frauen der freien Liebe. Sie hat eine helle Hautfarbe, ihre Kleider sind reich geschmückt. In den Händen hält sie die Laute, ein Schwert und den magischen Stein. Sie hört alle Gebete, die die Menschen zu ihr senden.

(MdV II, 244f)

40. Der Gott Daikoku-Ten

Daikoku-Ten heißt der »große Schwarze«, auch er schenkt den Menschen das Glück und den Reichtum des Lebens. Er hilft den Kriegern beim Kämpfen, er beschützt die Felder der Bauern und gibt ihnen reiche Ernten. Die Menschen bringen ihm Speisen als Opfer dar, damit er ihre Bitten erhöre. In seiner Hand hält er einen Sack mit vielen Geldstücken, die er unter die Menschen austeilt.

Er schützt das Ackerland, unter seinen Füßen liegen die Ballen mit Reisstroh, denn er gibt die Ernten und die Früchte. In seiner Hand hält er auch den magischen Hammer, mit dem er viele Schätze des Handwerks schaffen kann. Den Fischern schenkt er reiche Beute im Meer und schützt ihre Boote und Netze. In der Hand trägt er auch die Angelrute.

Er gehört zur Gruppe der sieben Glücksgötter, die mit heiterem Gesicht dargestellt werden, denn sie schenken den Menschen die Reichtümer und den Überfluß des Lebens. Sie schützen die Handelsschiffe, die die Güter von fernen Ländern herbeischaffen. Die Kaufleute tragen die Bilder dieser Schutzgötter bei sich.

(MdV II, 246f)

41. Das göttliche Paar

Shoten ist der Gott, der bei den Menschen alle Hindernisse aus dem Weg räumt. Doch er ist zwiespältig, wie es auch viele Menschen sind. Auf der einen Seite schenkt er den Menschen das Glück und den Erfolg, doch auf der anderen Seite zerstört er das Glück und schickt das Leiden. Er hat eine Ehefrau, und ihre Aufgabe ist es, den Zorn ihres Gemahls zu besänftigen, wie es bei den Menschen auch der Fall ist. Das göttliche Paar schenkt den Menschen die vielen großen und kleinen Freuden des Lebens. Beide Götter umarmen sich, aus ihrer Umarmung strömt zu den Menschen die höchste Erleuchtung. Ähnlich sollen sich die Menschen mit dem großen Buddha verbinden.

Im heiligen Ritual, das mit Öl ausgeführt wird, wollen sich die Menschen mit dem göttlichen Paar vereinigen. Männer und Frauen salben sich gegenseitig mit heiligem Öl, sie drücken damit die Harmonie von Erde und Himmel aus. Denn nur auf diesem Gleichgewicht der Geschlechter ruht das Glück der Menschen. So bitten die Ehepaare das göttliche Paar um Schutz und Hilfe in ihren Nöten. Sie haben die Bilder des göttlichen Paares in ihren Häusern aufgehängt. Auch die Schauspieler, die Musiker und die Geishas verehren das göttliche Paar, sie fühlen sich bei ihm geschützt. (MdV II, 249f)

42. Die Göttin Kishimo-Jin

Sie heißt auch »Mutter Hariti«. Sie war eine böse Dämonin, der die Menschen Kinder zum Opfer brachten. Doch die Menschen baten den Buddha *Shakyamuni*, die Dämonenmutter von ihrem bösen Tun abzubringen. Da versteckte der Buddha ihren Sohn unter seiner Almosenschale. Nun suchte die Göttin ihren Sohn im Himmel und auf der Erde. Als sie ihn nirgends fand, da wandte sie sich an den Buddha und bat um seine Hilfe. Der Buddha sagte ihr, daß sie den Menschen nichts Böses tun dürfe, daß sie keine Kinder mehr fressen dürfe. Das sah die Dämonenmutter ein, und sie bekehrte sich zu einem friedvollen Leben, sie wurde eine Erleuchtete.

So wandelte sich die Mutter der bösen Dämonen zu einer wohlwollenden Göttin. Der Buddha versprach ihr täglich ein Opfer in seinen Klöstern. Nun wurde sie die Beschützerin der Kinder und schenkte den Frauen reichen Kindersegen. Sie trägt immer ein Kind an ihrer Brust, in der anderen Hand hat sie den Granatapfel, das Symbol der Lebenskraft. Sie schützt die Menschen, wenn sie in Hinterhälte geraten oder wenn sie auf der Flucht sind. Die Mütter vertrauen ihre Kinder dem besonderen Schutz der Göttin an. Oft tragen die Kinder Glöckchen an ihren Kleidern, um die bösen Dämonen zu vertreiben.

(MdV II, 254f)

43. Der Totenrichter Emma-O

Er heißt auch »König *Emma*« und war der erste Vater der Menschen, der auch als erster Mensch sterben mußte. Er wurde dann der König der Toten, die nach ihm gestorben waren. Er ist der Richter über die Totenseelen, und er bestraft die Verbrecher schwer. Er muß das Gesetz der Vergeltung durchführen. Er muß auch die Strafen der Hölle verhängen, damit die Seelen bis zur nächsten Geburt geläutert werden. Die Hölle ist aber ein Zwischenort, in dem die Seele bleiben muß, bis sie zur nächsten Geburt schreiten kann. Sie ist ein dunkler Ort, wo die Seelen nur tastend einen Weg finden können. Dort gibt es einen Fluß mit drei Übergängen. Die Seelen müssen ihre Kleider ausziehen, wenn sie den Fluß überqueren wollen.

Es gibt dort Höllenwächter mit Rinder- und Pferdeköpfen, sie führen die Seelen zum Richtergott *Emma*. Dieser hat ein zorniges und rotes Gesicht. Neben ihm sitzen die zwei Schreiber, die jede Tat des Verstorbenen aufgeschrieben haben. Mit einem Spiegel kann der Totenrichter alle Taten der Menschen sehen. Er hat zehn Beisitzer, sie alle zusammen heißen die »zehn Könige«, die das Urteil über jeden Toten fällen.

Je nach den Taten im Leben wird die Seele belohnt oder bestraft. Die Seelen der bösen Menschen müssen als Dämonen oder als Tiere weiterleben, während die Seelen der guten Menschen als weise Menschen oder als göttliche Wesen wiedergeboren werden. Nur durch schrittweise Erleuchtung gelingt es der Menschenseele, sich vom Kreislauf der Geburten zu befreien. Der Seelenrichter gilt als barmherzig, die Menschen bitten ihn um Gnade und Barmherzigkeit. Er kann auch den blinden Menschen das Augenlicht wieder schenken.

(MdV II, 256f)

44. Die Göttin Marishi-Ten

Marishi-Ten ist die Göttin, die aus dem ersten Lichtstrahl der aufgehenden Sonne geboren wird. Sie eilt der Sonne immer voraus, bleibt aber dann unsichtbar, wenn die Sonne scheint. So kennen die Menschen nur ihren Namen, aber nicht ihre Gestalt. Wenn sie ihren Namen rufen, dann schützt sie die Göttin und schenkt ihnen wunderbare Kräfte. Besonders die Krieger verehren diese Göttin, denn sie erwarten sich von ihr das große Kriegsglück. Sie tragen ihr Bild unter ihrem Helm, damit sie von den Feinden nicht verletzt werden.

Die Menschen stellen sie in Bildern dar, auch wenn sie ihre Gestalt nicht genau kennen. Sie hat sechs Hände, sie trägt den Pfeil, den Bogen und das Schwert. Sie reitet auf sieben Ebern und hat drei Köpfe. Mit ihnen sieht sie in alle Richtungen, die Menschen haben vor ihr große Angst.

(MdV II, 258f)

45. Der Gott Ida-Ten

Ida-Ten ist der Schutzgott der Mönche und der Klöster. Er hat die Gestalt eines schönen Mannes, er ist mit dem Helm und dem Schwert ausgerüstet. Er gilt als schneller Läufer, den niemand einholen kann. Die Krieger führen viele Wettkämpfe aus, um die Schnelligkeit des Gottes nachzuahmen. Sie wollen wie er unbesiegbar werden. (MdV II, 259f)

46. Die zwei Wächter

Vor jedem Kloster wachen zwei göttliche Wächter, die die bösen Dämonen vom heiligen Ort abhalten sollen. Sie können auch die Diebe und die Einbrecher verjagen. In besonderer Weise schützen sie die Kinder. Die zwei Wächter gehören zu den 16 großen Jüngern des ersten Buddha. Sie mußten ihm versprechen, den anderen Wesen auf dem Weg zur Erleuchtung zu helfen, bevor sie in das Nirvana eingehen. Deswegen sind sie allen Menschen hilfreich und nützlich. Sie haben große Macht, denn sie können von den Menschen Krankheiten fernhalten, sie können die Augenleiden heilen. Vor allem die Mönche und die Nonnen verehren diese göttlichen Wächter, denn sie fühlen sich bei ihnen geschützt und geborgen. (MdV II, 260)

23
Die Südostasiaten

Einleitung

Die südostasiatischen Völker bilden keine Einheit, sie zeigen eine Vielfalt von Kulturformen und Mythen. Wir haben es hauptsächlich mit Stammesreligionen zu tun, die unterschiedliche Lebensdeutungen haben. Viele dieser Kulturen leben als niedere und als höhere Ackerbauern, andere als Jäger und Sammler. Marginal finden sich auch Hirtennomaden. Die Mythologie spiegelt diese Kulturformen.

Zunächst soll ein Überblick über diese Kulturen und Völker gegeben werden: Asiatische Negritos finden sich auf den Andamanen-Inseln, der malaiischen Halbinsel und auf den Philippinen. In Hinterindien begegnen wir den Stammeskulturen der Assams, der Kachin und der Karen, der Völker Südvietnams, von Südlaos und Kambodscha. Im Süden Chinas sind es die Stammesreligionen der tibetoburmanischen Sprachen, der Daischen-Sprachen, der Mao-Sprachen und der Mon-Khmer-Völker, dann die Altvölker Taiwans. Und es sind die Stammesreligionen Vietnams, der Thais, der Kambodschaner, der Birmanen, der Laosvölker, der Siamvölker und der Malaien.

Wir finden eine Vielfalt von Mythen und Lebensdeutungen, sie alle zeugen von bestimmten Lebensformen und Kulturstufen.

1. Blitz und Donner

Blitz und Donner sind ein göttliches Ehepaar, sie gehen mit den Monsunwinden einher. Der Südwestwind *Tarai* bringt den Regen, der Nordostwind *Paluga* bringt die trockene Jahreszeit. Beide Götter wohnen in einer Höhle, sie haben eine Familie und viele Kinder. Die Blitze sind brennende Holzscheite, die sie vom Himmelsfeuer auf die Erde hinabwerfen.

Paluga ist der allmächtige Schöpfer der Welt, er schenkt den Menschen die Felder und Tiere. Doch wenn die Menschen seinen Regeln und Gesetzen nicht folgen, die ihnen die Schamanen kundtun, dann bestraft er sie mit vielen Blitzen. Vor allem bestraft er den Diebstahl, den Mord, den Ehebruch und die Verletzung von Tabus. Die Menschen versuchen, durch Opfer und Riten den Blitzgott gütig zu stimmen. Denn nur so können sie überleben und ihre Felder bestellen. (Andamanen-Stämme; RSA 7f)

2. Der Schöpfergott Paluga

Zuerst hatte der Blitzgott die Erde geschaffen. Dann machte er die Menschen und verteilte sie auf die Inseln. Er gab ihnen das Feuer und die Waffen zur Verteidigung. Dann gab er ihnen die Werkzeuge für die Arbeit. Zuletzt gab er ihnen die Sprache, damit sie sich verständigen konnten. Und er zeigte ihnen die Wege des Lebens, damit sie gut und gesund leben konnten. Er gab ihnen die Gesetze und die Tabus, Zikaden durften sie nicht töten, denn sie waren dem Gott heilig.

Als die Menschen dieses Verbot mißachteten und Zikaden aßen, da schickte der Gott eine große Flut über die Insel. In dieser Flut kamen viele Tiere und Menschen ums Leben. Außerdem schickte er ihnen eine große Finsternis. Nur wenige Menschen konnten überleben, das sind die Andamanen-Stämme. Für sie sorgt der Gott, denn sie halten seine Gesetze.

(Andamanen-Stämme; RSA 7f)

3. Das Leben nach dem Tod

In jedem Menschen leben zwei Seelenkräfte. Und wenn ein Mensch stirbt, dann verlassen beide Seelenkräfte den Körper. Die denkende Seelenkraft geht in die Unterwelt ein, die der

Menschenwelt sehr ähnlich ist. Dort ist es immer dunkel, dort muß die Seele weiterleben. Die fühlende Seelenkraft aber wandert über die große Himmelsbrücke zum Paradies im Osten. Doch die Seelen von Mördern und Ehebrechern müssen zuerst an einen Reinigungsort, dort müssen sie ihre Schuld büßen. Dann dürfen sie in das Paradies eingehen, wo sie glücklich und zufrieden leben, bis zum Weltende.

Am Ende zerstört der Gott *Paluga* die Erde und erschafft eine neue. Dann werden alle toten Menschen und die Tiere zu einem neuen Leben auferstehen. Nur die Seelen der kleinen Kinder, die zu früh gestorben sind, können noch einmal geboren werden. Denn auch sie sollen ein langes Leben haben.

(Andamanen-Stämme; RSA 11f)

4. Sturm und Donner

Gewitter und Flut, Sturm und Donner sind göttliche Wesen. Sie wohnen in einer großen Höhle und haben eine Familie, wie die Menschen sie haben. Wenn die Menschen Böses getan haben, dann schleudern sie viele Blitze auf die Erde. Denn es ist den Menschen verboten, die Ehe zu brechen oder mit engen Verwandten sexuelle Beziehungen zu haben. Mord und Diebstahl werden streng bestraft.

Die Laute der heiligen Tiere dürfen nicht nachgeahmt werden. Am hellichten Tag ist den Menschen die Paarung im Lager verboten, dafür ist nur die Nacht da. Glänzende Steine dürfen nicht im Sonnenlicht bewegt werden, weil dies die Götter blendet. Wer gegen dieses Verbot verstößt, wird von den Gewittergöttern bestraft.

(Semang-Stämme; RSA 15f)

5. Die Entstehung der Welt

Am Anfang war das große Urmeer, dieses bedeckte die Erde. Am Grund des Meeres war die Meeresschlange. Da kam die

Schildkröte und durchbohrte mit einem Ast die Schlange. Nun konnte das Wasser im Loch der Urschlange versickern. Und es kam die Erde zum Vorschein. Nun tauchte der Mistkäfer in das Meer hinab und holte aus der Tiefe den Schlamm an die Oberfläche. Dieser schwamm auf dem Meer, und daraus entstanden die vielen Inseln.

Nun waren zwei Fischer, sie waren Brüder. Sie stiegen zum Himmel der Götter empor, doch ihre Angelruten ließen sie in der Erde stecken. Aus diesen Angelruten wuchs der große Weltberg, er hatte zwei Gipfel. Aus diesem Berg ragt die Weltsäule. Sie trägt das große Himmelszelt, das über sie ausgespannt ist.

Am Anfang war ein riesiges Urtier, doch dieses wurde bei einem Opferritual zerstückelt. Aus seinen Körperteilen entstanden die Pflanzen. Dann war ein Menschenpaar. Der Mann kletterte auf einen Baum und holte Früchte herab. Die Frau hielt unter dem Baum ihren Schoß geöffnet, sie nahm darin die Früchte auf. So entstanden in ihrem Körper die Menschen des Semang-Stammes. Die Menschen stammen von den Baumfrüchten ab. (Semang-Stämme; RSA 21ff)

6. Das Totenland

Beim Tod eines Menschen verläßt die Traumseele den Körper, sie bleibt aber sieben Tage lang in der Nähe des Leichnams. Sie hat die Gestalt eines Schattens, leuchtet aber wie ein Glühwürmchen. Sie wandert zuerst über viele Brücken gegen Osten, von wo die Sonne kommt. Dort wird sie von einer Wippe in die Höhe geschleudert. Doch sie fällt wieder ins Meer und trifft dort die Seelen der Ahnen.

Die Ahnen befragen die neu ankommende Seele über die Lebenden auf der Erde. Dann muß sie zum Tor der Totenwelt, dort gibt es einen Seelenrichter. Der trennt die guten und die bösen Seelen. Die Seelen der Übeltäter müssen nun zu einem Ort der Buße und der Reinigung.

Das Totenland ist eine Insel mit schönen Bäumen und mit großen Reisfeldern. Dort haben alle Menschen zu essen und sind glücklich. In der Mitte steht der Mapi-Baum, von seinen Früchten essen die Toten. Die früh verstorbenen Kinder saugen die Milch aus diesem Baum. So haben die Toten keinen Hunger, und es gibt im Totenland keine gefährlichen Tiere, auch nicht den Blitz und den Donner. Die Seelen der Toten leben in Frieden, sie leiden nicht mehr unter Hitze und Krankheit, sie zeugen und gebären keine Kinder mehr. Doch am Ende der Welt werden sich die Toten wieder verwandeln.

(Semang-Stämme; RSA 15–23)

7. Der Herr der Tiere

Es gibt den Herrn der wilden Tiere, er ist ein göttliches Wesen. Die Jäger müssen ihm Opfer bringen, wenn sie bei der Jagd Erfolg haben wollen. Doch wer ein Jagdtabu bricht, wird von ihm schwer bestraft. Er schickt den Blitz und den Donner, wenn er den Menschen zürnt. Die Menschen müssen seine Gesetze einhalten.

Verboten sind Inzest in der Sippe, sexuelle Paarung am hellichten Tag, das Lachen bei der Paarung der Tiere, das Spiegeln des Sonnenlichtes. Wer solches tut, wird vom Herrn der Tiere schwer bestraft. Er hat für lange Zeit kein Glück bei der Jagd und muß mit Hunger leben.

(Philippinen-Stämme; RSA 30f)

8. Die Schutzgötter

Ein weiser Gott hat die Welt und die Menschen erschaffen. Doch dann hat er sich von seiner Schöpfung zurückgezogen. Er hat die Schöpfung den niederen Göttern überlassen, die sollen sich nun darum kümmern. Da die Menschen seine strengen Gesetze nicht befolgten, hat er ihnen den Tod geschickt. Der Name des höchsten Gottes muß von den Menschen mit Ehrfurcht ausgesprochen werden, denn er hat magische Kraft. Der Schöpfergott hat eine schöne Frau, mit ihr hat er viele Kinder. Sein Bild darf von den Menschen nicht dargestellt werden, denn er könnte durch ein schlechtes Bild erzürnt werden.

Die niederen Götter sind zu den Menschen gut und hilfreich, doch ab und zu sind sie zu ihnen auch böse und furchterregend. Daher bringen ihnen die Menschen viele Opfer, um ihre Gunst zu erlangen. Es gibt böse Geistwesen, die die Menschen entführen und ihnen das Bewußtsein rauben. Doch dann gibt es die vielen guten Geistwesen, die schenken den Menschen die magischen Steine, die schützen sie vor Unglück und vor Krankheiten. Sie machen die Felder fruchtbar und schenken den Menschen reiche Ernten an Reis und Hirse. Auch in den Tigern und Schlangen leben göttliche Wesen, die den Menschen viel Angst einjagen. (Assam-Stämme; RSA 40ff)

9. Die Erschaffung der Welt

Die Welt ist das Werk mehrerer Götter, die zusammengearbeitet haben. Es waren Geschwisterpaare oder göttliche Ehepaare, die den Mond und die Sonne geschaffen haben. Es waren am Anfang zwei Vogeleier, diese stießen zusammen und zerbrachen. Daraus entstanden die Erde und der Himmel. Die Erde war unten, sie war am Anfang mit Wasser bedeckt. Doch da kam ein großer Tauchvogel, der holte Schlamm aus der Tiefe des Meeres. Aus diesem Schlamm wurden die Inseln und das Festland.

Die ersten Menschen kamen aus dem Inneren der Erde hervor, sie sind aus den Höhlen gekommen. Andere Menschen aber kamen vom Himmel auf die Erde, sie hatten die Gestalt von Tieren. Zuerst hatten die Menschen keine Krankheiten und mußten nicht sterben. Doch dann erlagen sie einem bösen Irrtum, sie hatten den Weg der Götter nicht erkannt. Deswegen kamen die Krankheiten und der Tod zu ihnen. Die Menschen hielten sich nicht an die Gesetze der Götter, deswegen wurden ihnen viele Überschwemmungen als Strafe geschickt. Dabei kamen viele Menschen ums Leben. (Assam-Stämme; RSA 44ff)

10. Das Land der Toten

Den Tod schicken die Götter oder die bösen Geistwesen über die Menschen, wenn sie erzürnt sind. Dann müssen die Menschen sterben, die Seelenkraft entweicht aus dem Körper. Oft hat die Seele die Gestalt einer Fliege, die Schamanen können sie sehen. Diese Seelenfliege verläßt das Zelt der Menschen durch eine Luke. Sie muß zuerst über einen Fluß oder einen Teich fliegen. Dort muß sie vom Wasser trinken, dann hat sie keine Sehnsucht mehr nach dem Leben auf der Erde.

Beim Eingang ins Totenland muß jede Seele ihre Probe ablegen. Erst wenn sie die harte Probe besteht, darf sie in das Land der Toten eingehen. Besteht sie aber die Probe nicht, dann muß sie als ruheloses Geistwesen in der Welt umherirren. Auch im Totenland haben die Seelen ihre Reisfelder und ihre Werkzeuge, sie haben Besitz und leben in Familien zusammen. Sie paaren sich und freuen sich an der Sinnlichkeit. Doch die Seelen von Jugendlichen, die ohne sexuelle Erfahrungen gestorben sind, irren ruhelos in der Welt der Lebenden umher.

Manche Seelen kehren aus dem Totenland in das Menschenland zurück, sie leben dann ein zweites Mal und sterben erneut. Die Menschen freuen sich auf das Totenland, denn dort werden ihre guten Taten belohnt und die bösen Taten bestraft. So bekommen dort die Übeltäter ihre gerechte Strafe.

(Kachin-Stämme; RSA 77–84)

11. Die Schutzgeister

Es waren die großen Götter, welche die Welt und die Menschen geschaffen haben. Doch dann haben sie sich aus der Welt zurückgezogen. Sie haben den Schutz über die Menschen und die Tiere an die vielen Schutzgötter übergeben. Diese beschützen nun den Himmel. Einige von ihnen bewachen die Erde, damit keine bösen Dämonen die Macht bekommen. Die Schutzgeister treten als Paare auf, sie schenken den Menschen die Kinder und den Reichtum, sie geben ihnen die Feste und die Riten, und sie schützen ihre Felder.

Sie haben den Menschen die Früchte und die Blumen gebracht, und sie gaben ihnen die wilden und die zahmen Tiere. Zuletzt haben sie ihnen die Lebensordnung und die Gesetze übergeben. Einmal kam eine große Flut, da sind viele Menschen umgekommen. Doch es waren die Schutzgeister, die die Erde wieder mit Menschen bevölkert haben. So haben die Menschen große Ehrfurcht vor ihren Schutzgeistern, sie bringen ihnen viele Opfer dar, um sie gütig zu stimmen. Denn davon hängt das Glück ihres Lebens ab.

(Kachin-Stämme; RSA 77–84)

12. Der König des Feuers

Im Himmel leben viele Götter und Göttinnen, sie haben ihre Sippen wie die Menschen auf der Erde. Es gibt dort eine feste Rangordnung, die höheren Götter befehlen über die niedrigen Götter. Auch die Seelen der Ahnen kommen den Göttern sehr nahe, wenn sie in das Totenland eingehen. Da gab es den »König des Feuers«, der besaß ein magisches Schwert. Dieses fiel auf die Erde und kam zum Stamm der *Jarei*. Durch dieses Schwert ist dieser Stamm unbesiegbar geworden.

Dann gab es den »König des Wassers«, der besaß einen Stab mit magischen Steinen. Auf dem Stab waren ewig frische Blumen und Blüten. Mit dem einen Ende des Stabes konnte er die Menschen und die Tiere töten, mit dem anderen Ende konnte er die Menschen und die Tiere wieder zum Leben erwecken. So wirkte der König des Wassers mit dem König des Feuers zusammen. Bald schickten sie den Menschen die großen Feuerbründe, die den Wald verbrannten. Dann schickten sie ihnen die Überflutungen, in denen viele Lebewesen umkamen.

Die Scheide für das Feuerschwert wird vom Volk der Kambodschaner aufbewahrt, deswegen sind diese Menschen unbesiegbar. Und es gibt einen Herrn und eine Herrin des Ackerbodens, sie machen die Felder fruchtbar und schenken den Pflanzen das Wachstum. Die beiden bekommen von den Menschen viele Opfer, damit sie keinen Hunger haben müssen. Am Opferpfahl werden die Tiere geopfert, er ist der Mittelpunkt des Dorfes. (Südvietnamesen; RSA 93–103)

13. Die Schöpfung und die Urzeit

Am Anfang waren der Himmel und die Erde noch getrennt. Da kam von oben ein lauter Ton, und von unten kam ein zarter Hauch. Beide vereinigten sich, aus ihnen wurden eine funkelnde Seele und ein glitzernder Stein. Dann wurde aus beiden das erste göttliche Wesen, es hatte eine wunderschöne Stimme. Und aus diesem göttlichen Wesen wurden der Himmel, die Erde, die Gestirne und die Seen. Sie alle hatten zuerst die weiße Farbe.

Im weißen See sah der Gott zuerst sein Spiegelbild. Da hatte er Sehnsucht nach einer Frau und einem Sohn. Diese sollten ihm beim Feldbau und beim Hüten der Schafe helfen. Aus seinen Augen flossen Tränen, sie fielen in den See. Nach drei Tagen entstieg aus dem weißen See eine wunderschöne Menschenfrau. Sie paarte sich mit dem Gott und wurde seine Ehefrau. Und es wurden ihnen neun Söhne und sieben Töchter geboren.

Da sammelte der oberste Gott seinen Speichel in einer Schale. Dann stellte er die Schale auf seinen Kopf. Nun entstanden aus der Schale und dem Speichel die vielen Sterne. Dann nahm er die Schale auf seinen Fuß, und es entstanden die Berge, die Täler, die Flüsse, die Bäume. Dann nahm er die Schale auf seinen Arm, und daraus wurde dann die Schnecke. Diese ist bei den Menschen ein heiliges Tier. (Burma-Stämme; RSA 140ff)

14. Der Anfang der Menschen

Der Himmelsvogel legte ein Vogelei, der Erdvogel brütete das Ei dann aus. Aus dem Ei entstieg zuerst heißer Dampf, daraus entstanden sechs Tropfen. Einer der Tropfen fiel in einen See. Und aus diesem See wuchs dann das erste menschliche Wesen, es war ein Menschenmann. Dieser heiratete eine der vielen Himmelstöchter, und er hatte mit ihr mehrere Kinder. Das waren die ersten Menschen, die bevölkerten die Erde.

Andere sagen, daß zuerst ein Götterpaar da war. Diese beiden Götter formten die ersten Menschen aus Meeresschlamm. Denn die Götter brauchten die Menschen, sie mußten ihnen die Opfer darbringen, und sie wollten die Weihrauchopfer bekommen.

Nun kamen aber viele böse Geistwesen. Sie zerstörten die Menschen immer wieder, denn sie sollten nicht zu alt werden. Nun mußten die Schöpfungsgötter den bösen Dämonen versprechen, daß die Menschen nicht länger als sechzig Mondjahre leben sollten. Als sie dies versprochen hatten, ließen die Dämonen die Menschen überleben. So gab es am Anfang der Weltzeit viele Trockenheiten, die Felder der Menschen verdorrten.

Dann gab es Überschwemmungen und lange Dunkelheiten. Die Menschen mußten versprechen, die Ahnen zu verehren. Dann wurden sie von diesen Übeln befreit. Wenn die Menschen die Ahnen verehren und nicht älter als sechzig Jahre werden, dann werden sie von diesen Unglücksfällen verschont.

(Burma-Stämme; RSA 130–147)

15. Der große Himmelsgott

Der Tau des Himmels und der Dunst der Erde vermischten sich. Es entstanden zwei weiße Eier, aus diesen ging ein einziges weißes Vogelei hervor. Doch niemand konnte das Ei ausbrüten, es war zu groß. Da kam der Wind, er warf das Ei zwischen Himmel und Erde. Nun wurde aus dem Urei der große Himmelsgott geboren. Dann meditierte der Gott über die Silbe A. Da entstand aus seinem Körper die Frau, die Urmutter aller Wesen.

Von dieser Urmutter wurden nun alle anderen Wesen geboren, zuerst die Götter und dann die Menschen. Der Himmelsgott aber schenkte den Menschen die Feldfrüchte und die zahmen und die wilden Tiere zur Nahrung. Er verteidigte den Frieden und beschützte die Menschen vor böser Krankheit.

Wenn er zornig ist, dann springt aus seinen Augen der Blitz, und aus seinem Mund speit er dann das Feuer. So verlangt er von den Menschen jeden Tag drei Opfertiere, dann ist er zufrieden. So leben die Menschen in Ehrfurcht vor dem großen Himmelsgott, denn sie wissen sich von ihm abhängig.

(Burma-Stämme; RSA 150–153)

16. Die Geistwesen

Es gibt in der Welt der Menschen viele böse Dämonen und Geistwesen. Das sind die Seelen der Menschen, die ermordet oder erhängt wurden, die durch Steinschlag oder im Meer ums Leben gekommen sind. Manche dieser Dämonen haben die Gestalt von Schlangen oder von Hühnern. Sie rufen bei den Menschen Krankheit hervor und bringen Unglück.

Doch es gibt in der Menschenwelt auch viele gute Geistwesen, sie bringen gute Ernten und reichen Fischfang. Den Sippen schenken sie reiche Nachkommenschaft, den Kriegern geben sie die Siege über die Feinde. Die Geistwesen der Wälder und der Berge schützen die wilden Tiere, die Jäger bitten sie um Jagdglück. Wenn die Menschen Kriege führen, dann werden sie von ihren Schutzgeistern begleitet. Sie benötigen viele Opfer, um Kraft zu erlangen.

(Burma-Stämme; RSA 152–159)

17. Die Strafen im Jenseits

Bevor die Seele in das Totenland kommt, muß sie vor ein Gericht hintreten. Dort werden alle Taten, die sie im Leben vollbracht hat, beurteilt. Die guten Seelen gehen dann in den Himmel ein, dort leben sie ein glückliches Leben. Doch die bösen Seelen werden hart bestraft: Den Dieben wird die Haut abgezogen, die Betrüger werden auf einer Waage aufgehängt.

Wer die Eltern geschmäht hat, der wird vom Donner erschlagen. Untreue Ehemänner werden zersägt und betrügenden Schamanen werden die Eingeweide herausgerissen. Den Lügnern wird die Zunge abgeschnitten. Vor diesen Strafen sollen die Menschen Angst haben, deswegen sollen sie die Gesetze befolgen und ein gutes Leben führen.

(Burma-Stämme; RSA 170ff)

18. Die Anfänge der Welt

Als am Uranfang der Gott *Panku* den Himmel erschuf, da war die Erde schon mit Wäldern bedeckt. Die Menschen lebten einzeln in den Felsspalten, sie hatten noch keine Sippen und Stämme gebildet. Es gab noch keine Wolken, da entwickelte ein böser Drache aus seinem Maul den Dunst auf der Erde. Dann kam der Regen. Und der Gott *Panku* schickte mehrere Geistwesen, sie sollten den Menschen die ersten Häuser bauen. Diese Geistwesen brachten den Menschen auch den Pflug für den Ackerbau, die Schrift für die Geschäfte und die Opfer für die Götter.

Doch dann kam eine große Flut über die Erde, die Menschen riefen zu den Göttern um Rettung. Von allen Menschen wurden nur zwei gerettet, sie trieben auf einem Blatt der Seerose über das Wasser. Als die Erde trocken war, paarten sie sich, und so wurde die Erde wieder bevölkert. Nach der großen Flut kamen Hitze und Dürre, neun Jahre lang gab es keinen Regen. Die Menschen brachten viele Opfer und flehten um Regen. Doch dann hatte der Himmel Mitleid und schickte ergiebigen Regen auf die Erde. (Nung-Stämme; RSA 181f)

19. Die Himmelsgöttin

Es gab die große Göttin *Iathanla*, sie lebte im Götterhimmel und bestimmte das Schicksal der Menschen. Den einen gab sie den großen Reichtum, den anderen teilte sie die Armut zu. Sie herrscht über den großen Himmelsgarten, dort verteilt sie viele Blumen.

Aus den Blumen werden die Menschenkinder. Die Knaben werden aus den roten Blüten, die Mädchen werden aus den weißen Blüten. Wenn ein Kind krank ist, flehen die Menschen zur großen Himmelsgöttin und bringen ihr viele Blumen als Opfer dar. (Pui-Stämme; RSA 182f)

20. Am Anfang der Welt

In der Urzeit waren noch kein Himmel und keine Erde, auch der große Himmelsbaum war noch nicht gewachsen. Da schuf der göttliche Urkönig *Kim* die Mitte des Himmels. Und dann erschuf er die beiden Grundkräfte *Yin* und *Yang*. Dann machte er den Himmel und die Erde, und er verteilte die zehntausend Länder. Er erschuf die Sonne, die Sterne und den Mond. Er ließ die Berge sich erheben und die Wasser fließen. Dann erschuf er die Pflanzen und ihre Wurzeln.

Er machte das Feuer und gab den Menschenfrauen die helle Farbe. Er zeigte den Menschen, wie man Hütten und Häuser baut und wie man die Speisen auf dem Feuer kocht, wie man Dörfer und Siedlungen anlegt und befestigt. Die Menschen paarten sich, und es wurden ihnen wunderschöne Kinder geboren. Dann gab der Gottkönig den Menschen die Waffen, und er zeigte ihnen die Kunst des Krieges.

Jetzt lernen die Menschen, gute Speisen zu kochen und schöne Kleider zu flechten. Sie richten den Rat der Alten ein, die über Krieg und Frieden entscheiden müssen. Sie lernen die Krankheiten zu heilen, und sie richten die Todesriten ein. Der erste König der Menschen stieg in den Götterhimmel hinauf, die Menschen bringen ihm seither viele Opfer dar. So ist die ganze Welt wunderbar eingerichtet worden, und die Menschen können sich darin geborgen fühlen. (Dioi-Stämme; RSA 183f)

21. Die Anfänge der Heirat

Ein König wurde im Krieg verwundet, seine Wunde am Bein wollte nicht heilen. Da versprach er dem Mann seine Tochter, der seine Wunde heilen konnte. Da kam ein Hund zum König und leckte an seiner Wunde. Und siehe da, die Wunde verheilte. Nun bekam der Hund die Königstochter zur Frau. Der Hund und die Frau paarten sich, sie bekamen zwei Kinder, einen Sohn und eine Tochter. Als der Sohn erfuhr, daß sein Vater ein Hund sei, da erschlug er den Hund. Auch die Mutter starb bald.

Nun waren die beiden Geschwister allein, aber sie durften nicht heiraten, das war ihnen verboten. Da beschlossen sie, ihr Aussehen zu verändern. Das Mädchen tätowierte sich die Haut, der Jüngling machte sich die Frisur der Krieger. Nun konnten sie vergessen, daß sie Geschwister waren. Und sie heirateten und paarten sich und hatten viele Kinder miteinander.

(Chi-Stämme; RSA 185f)

22. Die Göttin Me Pang

Me Pang ist die Schutzgöttin der Frauen, sie spendet ihnen viele Kinder. Die unfruchtbaren Frauen bringen ihr viele Opfer dar, um Kinder zu bekommen. Doch die Göttin hilft den Menschen auch, wenn sie ihre Krankheiten heilen wollen. So setzen die Menschen eine Strohpuppe auf ein Pferd, und sie bitten die Göttin in der Puppe, der Kranke möge wieder auf dem Pferd reiten können. Die Göttin wird auch angerufen, wenn die Menschen Schuld auf sich geladen haben. Sie bitten die Göttin um Vergebung und um ein gutes Leben.

Und wenn ein Mensch von bösen Dämonen besessen ist, dann wird die Göttin angerufen, sie möge die bösen Dämonen vertreiben und den Menschen wieder befreien. Wenn ein Kind zu sprechen und zu gehen beginnt, dann wird die Göttin gebeten, sie möge dem Kind die rechten Worte geben und die guten Wege des Lebens zeigen. Bei dieser Göttin fühlen sich die Menschen geborgen, sie ist wie eine große Mutter.

(Dioi-Stämme; RSA 186f)

23. Die vielen Sonnen

Als die Götter den Himmel und die Erde erschufen, da machten sie auch die Sonne. Doch diese war voller Feuer und versprühte viele Funken. So gab es auf einmal viele Sonnen am Himmel. Diese strahlten so heiß, daß alle Felder der Menschen verdorrten. Nur der Maulbeerbaum war übrig geblieben, da seine Wurzeln in das Meer reichen. Da fand sich ein tapferer Jäger, der zielte mit seiner Armbrust auf die vielen Sonnen. Er traf gut und schoß alle Sonnen vom Himmelszelt, nur eine ließ er übrig. Seitdem haben alle Gestirne am Himmel große Angst vor diesem Jäger, sie versprühen keine Feuerfunken mehr. Nun konnte auf der Erde das Leben weitergehen, die Felder wurden wieder grün und gaben reiche Ernte. (Miao-Stämme; RSA 199f)

24. Die Anfänge der Menschen I

Am Anfang brachte ein Götterpaar die Samen des Himmels und die Samen der Erde. Sie vermengten diese Samen und mischten Wasser dazu. Dann kneteten sie daraus einen Teig, und aus dem Teig formten sie den Himmel und die Erde. Auf der Erde wuchs das erste Menschenpaar, ein Mann und eine Frau. Beide waren Geschwister, doch sie paarten sich, es war ihnen nicht verboten.

Inzwischen hatte eine große Flut ihre Felder überschwemmt. Doch als die Flut vorüber war, gebar die Frau ein ungeformtes Wesen. Nun kam der Vater und schlug dieses Wesen in viele Stücke, und er verteilte die Stücke über die Felder. Über Nacht waren aus diesen Körperteilen viele Menschen geworden, Männer und Frauen. Sie paarten sich und bevölkerten die Erde. So sind die Menschen aus einem großen Opfer der Zerstückelung geworden.

(Miao-Stämme; RSA 201f)

25. Die Anfänge der Menschen II

Als der Himmel und die Erde getrennt wurden, da gebar die Erde zunächst die Tiere. Doch dann gebar sie die Blumen und die Pflanzen. Zuletzt gebar sie einen Menschenmann und eine Menschenfrau. Beide Menschen hatten Haare und Schwänze wie die Tiere. Nun badete die Frau nackt in einem See. Da berührte ein Baumast ihre Scheide, und sie wurde schwanger. Nun gebar sie einen Sohn, der wurde zum Ahnvater aller Miao-Stämme. Von ihm stammen alle Nachfahren seines Volkes ab.

(Miao-Stämme; RSA 202f)

26. Die Seelen der Toten

Die Menschen haben drei Hauptseelen und sieben Nebenseelen. Beim Tod wandern alle diese Seelen aus dem Körper aus. Die erste Hauptseele wandert in ein glückliches Land, dort gibt es keine Krankheit und keinen Tod. Dort gibt es nicht Dürre und Hitze, keine Überschwemmungen sind zu fürchten, die Wege sind eben, es gibt keine Felsklüfte. Dort leben die Seelen der Toten in großem Glück, sie haben reichlich Speisen und

Getränke, und sie tragen immer schöne Kleider. Von den Nachfahren erhalten sie viele Opfer.

Die zweite Hauptseele bleibt in der Nähe des Körpers und des Grabes, sie hält dort die Totenwache. Die dritte Hauptseele zieht sich in das Dach des Hauses zurück, wo der Verstorbene früher gewohnt hatte. Die sieben Nebenseelen steigen alle in die Luft und leben dort als Schattenseelen weiter.

(Miao-Stämme; RSA 218f)

27. Die Menschenopfer

Als die vielen Geister in den Wassern und Wäldern wohnten, da gab es viele Kaulquappen. Aus ihnen wuchsen viele und große Frösche, die fraßen die Felder leer, die die Menschen bebauten. Es lebten der Schutzgott der Jäger und die Schutzgöttin der Ackerbauern, beide wohnten in einer Erdhöhle. Als der Schutzgott der Jäger gerade ein Wildtier verfolgte, da traf er auf die Menschen, die ihre Felder bebauten. Er erschoß einen Menschen und aß sein Fleisch, seinen Schädel brachte er der Erdgöttin zum Opfer.

Die Göttin spielte mit dem Schädel, denn er gefiel ihr sehr. Nun wollte sie jeden Tag neue Menschenschädel haben. Nun begann der göttliche Jäger, jeden Tag nach Menschen zu jagen. An jedem elften Tag des dritten Monats erhielt die Erdgöttin ein Menschenopfer. Dann schickte sie den Feldern der Bauern die Fruchtbarkeit. Ohne Menschenopfer blieben die Felder dürr.

(Khmer-Stämme; RSA 228f)

28. Die Entstehung der Wesen

Am Anfang waren der Himmel und die Erde noch nicht getrennt, es gab auch noch keine Gestirne, alles war heiß und finster. Es gab nur die Schmiedegöttin und den Donnergott. Da kam ein großer Vogel, der hob das Himmelszelt weit nach oben.

Nun wurde der Himmel von der Erde getrennt. Die beiden Götter aber stiegen in den Himmel hinauf. Dort hatten sie viele Kinder, nämlich die Sonne und den Mond und die vielen Gestirne, aber auch die Winde, das Meer, die Berge, die Dämmerung und das Mittagslicht.

Unter den vielen Kindern war auch die Göttin *Donge*. Sie hatte mit vielen Helfern die Menschen und ihre Seelen erschaffen. Jetzt behütet sie die Menschen und schützt ihre Seelen. Sie zeigte ihnen den Ackerbau und die Kunst des Fischens, sie gab ihnen die Gesetze des Lebens. Bei der Geburt eines Kindes schickt sie die Menschenseelen aus, und beim Tod eines Menschen holt sie die Seelen wieder zurück.

Als eine große Flutwelle über das Land kam, da konnte sich nur ein Menschenpaar in einem Mörser aus Stein vor der Flut retten. Als die Flut vorbei war, da paarten sich die Überlebenden. Von diesem Paar stammen alle Völker Taiwans ab.

(Taiwan-Stämme; RSA 277f)

29. Die Erdgeister

Die ganze Erde ist voll von Geistwesen. Diese tun den Menschen böse Dinge, doch sie bringen ihnen auch das Glück und das gute Leben. So hat jede Sippe ihren Schutzgeist, sie stellt ihm einen Opferaltar auf, damit er ihr Haus beschütze. Auch die Felder haben ihre Schutzgeister, und die Bauern rufen sie an, wenn sie den Reis pflanzen. Sie bitten um reiche Ernte, damit sie keinen Hunger haben.

Auch das Herdfeuer wird von einem Schutzgeist geschützt, dieser wohnt in den Steinen, die das Feuer umgeben. Er überwacht die Lebensführung der Menschen, die in einem Haus zusammen wohnen. In den Wäldern leben die Schutzgeister der wilden Tiere, die Jäger bitten sie um Erlaubnis, ein Tier jagen zu dürfen. Auf den hohen Bergen wohnen die vielen Berggeister, sie schicken den Menschen den Regen, aber auch den Blitz und den Donner.

(Vietnam-Stämme; RSA 363ff)

30. Das Land der Toten

In jedem Menschen leben mehrere Seelen. Beim Tod des Körpers steigen die Seelen des Kopfes in den Himmel auf. Die Seelen des übrigen Körpers bleiben in der Erde. Im Himmel wohnen die Kopfseelen in kleinen Dörfern und Häusern. Sie haben dort ihre Haustiere und bebauen ihre Reisfelder. Sie leben dort oft hundert Jahre, doch dann müssen sie auch im Himmel sterben. Solange sie leben, müssen ihnen die Nachfahren auf der Erde die Opfer bringen.

Die Seelen, die auf der Erde bleiben, werden zu Moos, sie wachsen im Wald und auf den Bäumen. Dort erinnern sie sich, daß sie einmal menschliche Seelen waren. So beneiden sie die Menschen und schicken ihnen oft Unglück im Leben.

Einen besonderen Platz im Himmel nehmen die Seelen der Fürsten ein, denn sie stammen direkt von den Göttern ab. Sie müssen nicht mehr sterben, sondern leben wie die Götter selbst.

(Tai-Stämme; RSA 368ff)

31. Die Geistwesen der Fruchtbarkeit

Es leben viele Geistwesen in den Wäldern, in den Seen und auf den Feldern der Bauern. Diese verehren die Geister der Fruchtbarkeit, denn sie schenken ihnen die reichen Reisernten. Sie fürchten die Seelen der Menschen, die eines gewaltsamen Todes gestorben sind. Denn sie werden zu bösen Dämonen, die fortan das Leben der Menschen ständig stören. Denn sie rächen sich dafür, daß sie getötet wurden.

Die Geister der Fruchtbarkeit werden in vielen Gebeten angerufen, es werden ihnen viele Opfer gebracht. Im heiligen Tanz vereinigen sich die Menschen mit den lebenspendenden Geistwesen, sie paaren sich auf den Feldern, um das Wachstum zu wecken. Oder sie zünden Feuer an, um böse Dämonen zu vertreiben. Sie bringen große Büffelopfer dar, um dem ganzen Land die Fruchtbarkeit zu geben. So haben die Menschen große Ehrfurcht vor den Geistwesen der Felder und der Wälder. Sie bitten diese um ihr Wohlwollen, denn davon hängt das ganze Glück des Lebens ab. (Laos-Stämme; RSA 484ff)

32. Die Mutter Erde

Es ist die große Göttin des Reises, die den Menschen das Überleben sichert. Denn sie läßt die Felder gedeihen und schenkt den Bauern reiche Ernten. Sie begleitet die Reisbüschel in die Scheunen und schützt sie dort. So wird sie von den Menschen als die Herrin der Felder, des Reises, der Wälder und der Flüsse angerufen. Ihr Ritual wird in jedem Dorf von einer alten Frau geleitet.

Durch Feuer werden die bösen Dämonen von den Reisfeldern vertrieben. Die große Reismutter wird auch angerufen, wenn lange Zeit kein Regen fällt. Denn sie schickt den Regen zur rechten Zeit. Den Frauen schenkt sie viele Kinder und ein gesundes Leben. Bei ihren Festen besprengen sich die Menschen mit heiligem Wasser, um ihre Lebenskraft zu stärken.

(Siam-Stämme; RSA 500ff)

33. Der zukünftige Buddha Maitreya

Jetzt gibt es unter den Menschen viel Streit und Haß, viele Kriege werden geführt, es gibt viel Unglück und Not. Die Güter der Erde sind ungerecht verteilt, viele Menschen werden von anderen unterdrückt. Die Starken setzen sich über die Schwachen hinweg, diese müssen viel Leid ertragen. Das alles geschieht aus Unwissenheit der Menschen, weil sie nicht die letzte Wahrheit des Buddha gefunden haben.

Doch in der Zukunft wird der große *Maitreya-Buddha* erscheinen, und er wird dann eine neue Weltzeit einleiten. Dann wird das Unrecht unter den Menschen langsam abnehmen, und die Gerechtigkeit wird wachsen. Die Menschen werden das Mitgefühl mit allen Lebewesen lernen, sie werden keine Gewalt mehr anwenden. Es wird eine glückliche Zeit kommen, die Klassengegensätze zwischen den Menschen werden verschwinden. Weil die Erleuchtung unter den Menschen fortschreitet, wird diese Zeit bald kommen. Es ist der große Buddha, der alle Lebewesen liebt. Er wird den Menschen eine neue Lebenszeit ermöglichen. (Siam-Völker; RSA 531ff)

24
Die Sibirer

Einleitung

Die Sibirer besiedeln die nördlichen Regionen Asiens, sie waren Hirtennomaden, Jäger und Fischer und lebten in großen Stammesverbänden. Zu den altsibirischen Stämmen gehören die Jennissejer, die Giljaken, die Kamdschadalen, die Korjaken, die Tschutschken, die Kukagiren. An der Küste der Beringstraße leben verschiedene Stämme der Eskimos, die ebenfalls in Grönland, in Kanada und in Labrador siedeln. Ihre Mythologie ist mit der der Sibirer eng verwandt.

Die nördlichen Nachbarn der Sibirer sind die finn-ugrischen Völker, nämlich die Ostjaken und die Wogulen. Ihre südlichen Nachbarn sind die turk-mongolischen Völker, nämlich die Altaier, die Chakas, die Tuba, die Burjäten, die Jakuten und die Tungusen. Diese vermischen sich teilweise mit den Sibirern.

Alle diese Stämme und Völker sind Jäger und Sammler, einige leben als Hirtennomaden, andere als Ackerbauern. Die Menschen leben in kleinen Gruppen, sie ziehen mit den Tieren, die sie jagen oder zähmen. Sie sind nur teilweise seßhaft. Allgemein verehren sie die Ahnen, und sie bringen ihnen Opfer dar. Sie rufen Schutzgötter der Tiere und der Sippen an, sie glauben an viele Geistwesen und Dämonen. Die soziale Organisation ist mehrheitlich patriarchal, doch die Verwandtschaft wird zumeist matrilinear gezählt. Die Mythen dieser Stämme sind uns zum Großteil durch die christlichen Missionare der russischen Ostkirche bekannt geworden.

1. Der Aufbau der Welt

Am Anfang war ein riesiges Vogelei, es war in zwei Teile geteilt. Der obere Teil bildete den Himmel, der untere Teil war die Erde. Beide Teile sind in Bewegung und stoßen aufeinander. Dadurch entstehen die kalten Winde und die Stürme, die durch die Steppe ziehen. Die Erde unten spiegelt immer den Himmel oben. Beide Bereiche sind durch einen großen Baum verbunden, durch den Weltenbaum. Das ist eine Birke, eine Lärche oder eine Eiche. Das sind bei den Menschen die heiligen Bäume. Vom Weltenbaum hängen goldene Blätter, der Baum wächst aus dem Nabel der Erde, und er reicht bis zum Polarstern hinauf.

Nun bilden die Astreihen des Weltenbaumes verschiedene Stockwerke. In ihnen wohnen die vielen göttlichen Wesen, die Schutzgeister und die Dämonen, dann die Seelen der Ahnen. Und unten auf der Erde, da wohnen die Menschen, die Tiere und die Pflanzen. Durch den Weltenbaum sind alle Wesen miteinander verbunden.

Die Wurzeln des Weltenbaumes reichen in die dunkle Unterwelt, die wie eine Höhle unter der Erde liegt. Dort wohnen eine Zeitlang die Seelen der Toten. Nahe bei den Wurzeln des Weltenbaumes lebt die Göttin der Erde, die den Pflanzen das Wachstum gibt. Sie nährt die Tiere und die Menschen. In den höchsten Zweigen des Baumes wohnen die Sonne und der Mond. Vom obersten Himmel fließt ein breiter Fluß auf die Erde herab, er bringt den Menschen den Regen und mündet in der Höhle der Unterwelt. Die Seelen der ungeborenen Kinder wohnen im Weltenbaum, sie haben wie die Vögel dort ihre Nester.

(MdV III, 284ff)

2. Die Anfänge der Welt

Am Anfang waren zwei göttliche Wesen, die trugen einen Wettkampf aus. Das waren zwei Brüder, oder es war ein göttliches Paar. Der eine Bruder sagte zum anderen: »Wenn du stärker sein willst als ich, dann gestalte du zuerst die Erde.«

Am Anfang war das große Urmeer, und darüber spannte sich das große Himmelszelt. Nun trat ein riesiger Tauchvogel auf und begann im Urmeer zu tauchen. Er holte Meeresschlamm aus der Tiefe, der auf dem Wasser schwamm. Nun begannen die beiden Brüder, den Schlamm aus dem Meer zu formen und zu gestalten. Der eine formte die vielen Tiere und machte sie kräftig. Der andere formte die Menschen und machte sie schön. Da beide in einem Wettkampf waren, wollte jeder die besten und schönsten Wesen erschaffen. So sind die Tiere und die Menschen verwandt, beide sind aus Meerschlamm erschaffen. Und sie sind miteinander in Konkurrenz, wie die göttlichen Brüder es waren.

(MdV III, 286f)

3. Der gute und der böse Gott

Nun gingen die beiden göttlichen Brüder immer weiter auseinander. Der eine erschuf die guten Wesen und Dinge, doch der andere erschuf die bösen Wesen und Dinge. Als der eine Bruder das Leben erschuf, da machte der andere Bruder sofort den Tod. So hat der böse Gott den Weg in die Unterwelt gebaut, damit hat er den Menschen ein Beispiel des Todes gegeben. Seither müssen alle Menschen und Tiere sterben.

Die beiden Götter hießen *Chadau* und *Mamaldi*, sie waren den Menschen sehr ähnlich. Gemeinsam erschufen sie den Schamanen, der Gutes und Böses tun kann. Er soll über die Unterwelt gebieten und viel magische Macht haben. Die beiden Götter erschufen das weite Land und die endlosen Steppen, sie erschufen die großen Viehherden und die Küsten der Meere, wo die Fischer leben.

Die Seele des Schamanen wurde vom obersten Himmelsgott geschmiedet, seither kann der Schamane auf der Erde aus Stein das Eisen schmelzen. Die Frau des höchsten Gottes hat dem Schamanen die Seele aus Eisen eingehaucht. So hat dieser die Macht über die Geistwesen und die bösen Dämonen. Er leitet bei den Menschen die Riten und kann den Willen der Götter erkunden.

(MdV III, 285f)

4. Die Kraft des Schamanen

Der Schamane ist vom göttlichen Schöpfer erschaffen worden, seine Seele wurde aus Eisen geschmiedet. Doch sein Leben hat er von der großen Göttermutter. Deswegen hat er die Kraft und kann die Menschen vor der Krankheit und dem frühen Tod beschützen. Der Adler ist sein Schutztier, denn der fliegt in den höchsten Himmel der Götter. Wie der Adler begibt sich der Schamane auf die Himmelsreise, wenn er in der Ekstase den Weltenbaum besteigt. Auf der Erde kann er die Feinde abhalten und die Dämonen der Krankheit vertreiben.

Nun wurde der Schamane auf der Erde immer mächtiger, das störte den höchsten Himmelsgott, und er wurde von Eifersucht befallen. Er wollte sich mit dem Schamanen messen, es kam zum großen Zweikampf. Dabei wurde der Schamane besiegt, nun hatte der Himmelsgott wieder die höchste Macht und Gewalt. Doch für die Menschen war das ein Schaden, denn nun war der Schamane geschwächt, und er konnte nicht mehr alle Krankheiten heilen. Auch konnte er nicht mehr alle Feinde von den Menschen fernhalten. (MdV III, 287f)

5. Die Listen des bösen Gottes

Der böse Gott dachte sich viele Listen aus, um das Werk seines guten Bruders zu stören. Er erschuf viele böse Geistwesen, die den Menschen gefährlich waren. Einmal wollte er, daß die Menschen wie die Tiere vom Gras leben sollten. Ein anderes Mal ließ er mehrere Sonnen und Monde am Himmelszelt hervorkommen, sie verbrannten die Erde. Da mußte ein Jäger kommen und die vielen Sonnen und Monde mit seinen Pfeilen abschießen. Eine Sonne und einen Mond ließ er übrig.

Der böse Gott hatte den Menschen die Krankheiten und den Tod gebracht, nun mußten alle Menschen sterben. Da sannen die Menschen nach einer List, um sich vom Tod zu befreien. Sie wollten die Götter täuschen, doch leider gelang es ihnen nicht, denn die Götter waren klüger. Nun haben sich die Menschen mit dem Tod abgefunden, doch ihr Streben ist es, lange auf der Erde zu leben und sehr alt zu werden. Oft denken sie darüber nach, woher sie gekommen sind. Viele wissen es nicht oder haben es vergessen. (MdV III, 287f)

6. Der höchste Himmelsgott

Der höchste Himmelsgott wohnt in der obersten Region des Himmelsbaumes, in den höchsten Astreihen, mit seiner Sippe und vielen Kindern. Als er die Erschaffung der Erde beendet hatte, da zog er sich auf den Weltenbaum zurück. Seither kümmert er sich nicht mehr viel um die Erde. Wenn auf der Erde die Blumen blühen, freut es ihn. Doch wenn sie absterben, ist es ihm auch recht. Mit den Menschen verständigt er sich durch einen Boten. Auch der Schamane gelangt nicht ganz zum Himmelsgott, er kann seine Botschaft nur bei seinen Dienern abgeben. Doch die Söhne und die Töchter und die Diener des Himmelsgottes kümmern sich weiterhin um die Menschen, die schützen die Sippen und die Arbeiten der Menschen auf der Erde. (MdV III, 287f)

7. Die Aufsicht des Himmelsgottes

Der höchste Himmelsgott sorgt für die Ordnung und das Gleichgewicht im Weltall, er sieht alles, was in den unteren Regionen des Himmelsbaumes geschieht. Regelmäßig steigt er auf die Erde herab, um nachzusehen, ob die Wasser der Flüsse fließen und ob die Winde wehen. In seiner Himmelswohnung aber hat er das Wasser des Lebens und einen magischen Stein, der ihm alle Macht gibt. Die Sonne und der Mond dienen ihm als seine großen Augen. Somit kann er alles sehen, was auf der

Menschenwelt und in den Ästen des Himmelsbaumes geschieht. Die Menschen nennen ihn den »Herrn des Lichtes« oder den »Mächtigen in der Höhe«; oder sie sagen einfach der »Herr«, der alles sieht. Er gibt der ganzen Welt seine heiligen Gesetze.

Der Himmelsgott hat eine große Sippe mit Frauen und Kindern und vielen Dienern. Die niederen Götter sind ihm untertan, mit ihnen herrscht er über die Geistwesen und Dämonen. Diese wollen immer wieder seine Schöpfung stören. Er ist der Herr des Donners und des Blitzes, er hat den Menschen das Feuer geschenkt, das mit dem Blitz auf die Erde kam. Er führt die 54 Geistwesen des Ostens und die 54 Geister des Westens an. Viele dieser Geister wohnen auf den Bergen, einige wohnen an den Flüssen, an den Seen und am großen Meer.

(MdV III, 288f)

8. Sonne und Mond

Die Sonne und der Mond, aber auch die Sterne schenken den Menschen die vielen Nachkommen. Die Sonne hat goldenes Haar, sie weckt die Geister des Wachstums und läßt die Viehweiden grün werden, wenn der lange Winter vorbei ist. Der Mond vertritt die Sonne in der Nacht, wenn sie sich zur Ruhe begibt. Beide Gestirne können Kranke heilen, ja sie können sogar Tote zum Leben erwecken. Doch der Mond ist viel schwächer als die Sonne. Er trägt die Seelen zu den Frauen, die Mütter werden wollen. Und er schützt die Frauen bei der Geburt.

Der Mond leuchtet auch in der Unterwelt bei den Seelen der Toten. Deswegen heißt er bei den Menschen auch die »Sonne der Toten«. Sein Licht ist schwach und bleich. Die Seelen der Ahnen steigen nach einiger Zeit zum Mond empor, dann können sie noch einmal auf der Erde geboren werden. Denn der Mond bringt die Seelen der Kinder zu den Frauen, wenn sie Mütter werden.

(MdV III, 289)

9. Die Göttin der Erde I

Nicht nur der Himmel, auch die Erde ist voll mit göttlichen Wesen. Die dunkle Erde wird mit dem Gold verglichen, über sie herrscht die große Göttermutter. Sie wird von den Jägern und Fischern, aber auch von den Viehzüchtern verehrt. Sie ist das Spiegelbild des großen Himmelsgottes, doch ihre Wohnung ist auf der Erde. Sie ist nicht die Gattin des Himmelsgottes, und sie paart sich auch nicht mit ihm. Ab und zu steigt sie über den Regenbogen zum Himmelsgott hinauf, um ihm Botschaften auszurichten. Doch dann kehrt sie wieder auf die Erde zurück.

Manche sagen, die Erdgöttin sei eine Schwester des Himmelsgottes. Doch sie lebt auf der Erde und macht die Viehweiden fruchtbar. Von ihr geht alles Leben aus, ihre Kraft wohnt in den Tieren, den Pflanzen und den Menschen. Sie ist die Herrin der Wildtiere, die die Jäger vor der Jagd anrufen müssen. Sie spendet das Gras für die Viehherden, deswegen beten die Nomaden zu ihr. Den Ackerbauern spendet sie das Getreide und die Nutzpflanzen. Den Frauen steht sie bei der Geburt bei, und sie schenkt ihnen gesunde Kinder. Bei der Geburt schützt sie die Gesundheit der Frauen, deswegen wird sie von ihnen besonders verehrt. (MdV III, 290f)

10. Die Göttinnen der Erde

Die Erdmutter hat drei Töchter. Die eine Tochter schützt die Felder der Ackerbauern, die zweite schützt die Viehweiden der Hirtennomaden, und die dritte bewacht die neugeborenen Kinder. Die Göttin *Itchitä* wohnt in den weißen Birken, die sie wie Dienerinnen umgeben. Bei ihr wachsen die Gräser und die Blumen, sie hält die Krankheiten von den Menschen fern. Sie beschützt die jungen Tiere auf der Weide, sie läßt die Butter fest werden, sie hilft den Frauen bei der Geburt und beim Stillen der Kinder. Und sie tanzt immerzu den Freudentanz des Lebens, denn durch diesen Tanz gibt sie den Frauen die Lebenskraft. (MdV III, 291f)

11. Die Göttin Umai

Umai ist die »Mutter der Wiegen«, sie schenkt den Frauen reichen Nachwuchs. Ihr Mantel ist mit sechzig goldenen Fäden behängt, diese Fäden sind die Strahlen der Sonne. Sie ist die Göttin der Lebenskraft, die allen Wesen die Fruchtbarkeit schenkt. Sie macht die Menschen reich und vermehrt ihren Besitz. Die Göttin wurde bei der Trennung der Erde vom Himmel geboren.

Sie heißt auch die »Königin des Feuers«. Bei den Hochzeiten wird sie von den Sippen angerufen, sie möge dem jungen Paar sexuelle Kraft geben und ihm viele Kinder schenken. Sie gibt der Erde und den Wolken die Wärme im Sommer. Ihren Wohnort hat sie beim göttlichen Herdfeuer und auf der Erde bei den Feuerstätten der Menschen. Sie wacht darüber, daß die Sippen in Frieden und Gerechtigkeit zusammenleben können, daß die Regeln und Gesetze der Ahnen eingehalten werden. In der Hütte muß immer das Feuer brennen, denn es ist das »Licht der Ahnen«. Wenn dieses Licht erlischt, dann kann ein Mitglied der Sippe plötzlich sterben. Sie schützt die Seelen der Toten in der Unterwelt, die in einer Höhle darauf warten müssen, wieder in der Welt der Menschen geboren zu werden.

(MdV III, 291f)

12. Die Göttin der Erde II

Die Herrin der Erde behütet die Felle aller Waldtiere, sie hält diese unter einem heiligen Stein verborgen. Zu ihr kommt der Schamane und bittet sie um ihre Hilfe. Er bittet die Göttin *Dunne musun* um die Hilfe der heiligen Elchkuh *Bugadi musun*, die von einer Schar wilder Tiere begleitet wird. Die Erdgöttin und die Elchkuh beherrschen nämlich die ganze Erde. Aus der Erde wächst der große Weltenbaum, von seinem Wipfel fließt ein Wasserstrom auf die Erde herab und dann weiter in die Unterwelt, wo die Totenseelen leben. Die Wälder sind die Pelze der großen

Erdgöttin, die Tiere sind die Käfer in diesem Pelz. Diese Göttin ist die Urmutter aller Geistwesen, die der Schamane anrufen muß. Da die Herrin der Erde und der Tiere weiblich ist, muß bei den Menschen der männliche Schamane eine weibliche Begleiterin haben. Nur dann können seine Gebete erhört werden.

Es gibt auf der Erde viele Wachgeister, die die Wege beschützen und dem Schamanen den rechten Weg zeigen. Sie sind die weisen Ratgeberinnen, die den Menschen helfen, die richtigen Entscheidungen zu treffen und den Gefahren des Lebens auszuweichen. Über diesen Geistwesen aber herrscht die große Göttin der Erde und der Wildtiere.

(Tungusen, Jakuten, Orotschen; MdV III, 292ff)

13. Der Gott Jär Süb

Der Gott *Jär Süb* ist der Herrscher über die Erde und die Wasser. Ihm unterstehen die 17 Schutzgötter der Erdregionen und der Meere. Er gibt den Menschen die Erde zur Heimat und zum Vaterland. Unter ihm herrschen die vielen Geister der Wälder, der Berge, der Flüsse. Diese Geistwesen stehen den Jägern, den Fischern und den Viehzüchtern bei ihrer Arbeit bei. So rufen die Jäger die Schutzgeister der Tiere an und bitten sie um Jagderlaubnis und um Jagdglück. Die Fischer bitten ihre Schutzgeister um die Erlaubnis zu fischen und um reichen Fischfang. Und die Viehzüchter bitten um ein reiches Weideland für ihre Viehherden. Diese Schutzgeister sind männlich und werden doch zumeist als »Mütter« der Füchse, der Rentiere und der Fische angerufen.

(Turk-Mongolen, Tungusen, Giljaken; MdV III, 293f)

14. Die vielen Geistwesen

Der Schutzgeist der Wälder heißt *Baj Bajanai*, er schenkt den Jakuten die Pelztiere und die Vögel zur Jagd. Und der Geist *Äsi* herrscht über die Wildtiere, die auf den Bergen leben. Diese Schutzgeister erlauben den Menschen wohl die Jagd, doch sie verbieten die Ausrottung der Wildtiere. Sie wohnen in den Höhlen, dort spielen sie mit den Jägern magische Spiele. Sie schließen mit ihnen sogar Wetten ab, denn sie leben sehr ähnlich, wie die Menschen leben. Im Winter fahren sie auf Schiern aus Zweigen durch den Schnee, ähnlich wie die Jäger es tun. Die Menschen bringen ihnen Opfergaben dar, nämlich Tee, Tabak und Alkohol.

Die Geistwesen schenken den Menschen als Gegengabe für die Opfer die Kunst der Rede, die Musik und den guten Charakter. Sie suchen die Gesellschaft der Menschen und sind voll Neugier für alles, was die Menschen tun. Sie belohnen die guten Menschen mit Lebensglück, doch die bösen Menschen bestrafen sie mit dem Irrwahn und mit frühem Tod.

Manche dieser Geistwesen haben eine schöne weibliche Gestalt, sie heißen die großen »Herrinnen«. Sie haben rotes Haar und zeigen stolz ihre großen Brüste. Sie schenken den Menschen den Wohlstand, das Glück des Lebens und die reiche Beute bei der Jagd. Sie fangen gelegentlich Menschen ein und halten sie in ihren Höhlen zurück. Wer durch einen Unfall zu Tode kommt, wird von den weiblichen Waldgeistern geholt. Auch die Ertrunkenen werden von den Wassergeistern heimgeholt. Und die von wilden Tieren getöteten Menschen gehören den Waldgeistern.

Manche dieser Geistwesen können die Gestalt von Bären oder von Tigern annehmen, andere erscheinen sogar in der Gestalt von Menschen. Deswegen tragen die Schamanen die Masken von Bären und Tigern. Die hohen Berge, das weite Meer und der hohe Himmel bleiben den Menschen unzugänglich, denn dort wohnen allein die Geistwesen. Auch die Seelen der Verstorbenen gehen in die Welt der Geister, sie heißt *Yz* Dort werden die Ahnenseelen wie Schutzgeister verehrt. Die Menschen bringen ihnen viele Opfer und bitten sie um ihren Schutz.

Der Schwertwal gilt als der Beherrscher des Meeres, in ihm lebt der stärkste Geist des Wassers. Auch in den Bären verbergen sich göttliche Wesen, sie werden von den Jägern in besonderer Weise verehrt. Der Bär ist ein heiliges Tier, denn er ist der Vermittler zwischen den Menschen auf der Erde und den Göttern im Himmel. Er kam auf einer silbernen Wiege vom Himmel auf die Erde herab. Wenn der Schamane seine Reise in das Land der Toten antritt, dann dient ihm der Bär als Reittier. Auch der Gott der Unterwelt *Erlik* zeigt sich den Menschen häufig in der Gestalt des Bären. Und die große Erdgöttin begegnet den Menschen in der Gestalt eines Elches oder eines Rentieres.

(Sibirer, Tungusen, Giljaken, Jakuten, Turk-Mongolen; MdV III, 293ff)

15. Die Wassergeister

Das Wasser ist voll von guten und bösen Geistwesen. Deswegen schenkt das Wasser den Menschen das Leben. Aber es tötet auch viele Menschen, die im Wasser ertrinken. Zum Teil kommt das Wasser aus dem Himmel der Götter, zum Teil kommt es aus den Quellen der Unterwelt. Es teilt sich in fließendes und in stehendes Wasser, beides ist für die Menschen voller Gefahren. Im Norden, im Eismeer, ist der Ort des Todes, und auf den Nebelinseln ist der Ort der Totenseelen. Dort leben auch die vielen Ungeheuer des Meeres, vor denen die Menschen große Angst haben. Die großen Flüsse stürzen sich in das Eismeer, in die tiefen Abgründe. Dort herrschen die Totengötter, die die Seelen der Verstorbenen in ihrem Rachen verschlingen. Wenn sich der Schamane in das Land der Toten begibt, dann fährt er mit einem Boot auf den Flüssen nach Norden.

In den Strömen und Flüssen wohnen die vielen Wassergeister. Sie sind die Feinde der Waldgeister und kämpfen gegen sie. Sie geben den Menschen die Fische nur ungern zur Nahrung. Doch sie dienen den Göttern der Unterwelt, denn sie führen die Wasser der Flüsse in die tiefen Abgründe des Eismeeres. Die Menschen haben Angst vor den stehenden Gewässern, denn in den Teichen und Seen leben viele böse Wasserdämonen. Sie sind mit den Göttern der Unterwelt in Verbindung. Und sie bringen den Menschen die Krankheiten, die Kriege und den frühen Tod. In den Seen leben viele Tierungeheuer, die den Menschen große Angst machen. Denn sie haben sie noch nie gesehen. Diese Ungeheuer haben riesige Ausmaße, ihr Körper soll aus Eisen sein. Diese Tiere sind für die Menschen unbesiegbar.

(Tungusen, Wogulen, Ostjaken; MdV III, 295f)

16. Die Welt der Toten

Die Seelen der Toten leben in den Abgründen des Eismeeres, auf den dunklen Nebelinseln. Sie werden von den Totengeistern beherrscht, die Menschen haben vor ihnen große Angst. Doch die Totenseelen wohnen auch auf den Bergen und auf dem Mond. Im Totenland treffen sich die Sippen der Menschen wieder. Der Schamane begibt sich regelmäßig auf die Reise in das Land der Toten, dann fährt er mit dem Boot auf den Flüssen nach Norden. Oder er steigt auf einen heiligen Berg hinauf und begibt sich in der Ekstase zum Seelenland des Mondes. Von dort vermittelt er die Botschaften zwischen den Lebenden und den Toten.

Die Seelen der Toten kehren nach einer Zeit der Wanderung wieder in das Land der Lebenden zurück. Sie wechseln dann ihre Haut und werden zu einem neuen Leben auf der Erde geboren. So ziehen die Seelen von einer Welt zur anderen, von der Welt der Lebenden in die Welt der Toten und von dort wieder in die Welt der Lebenden. Alles Unrecht wird gerächt, die Übeltäter werden schwer bestraft. Und jeder Tod bereitet eine neue Geburt vor. Wenn die Toten in der Erde begraben werden, dann ist die Erde »schwanger«, und sie bereitet sich auf eine neue Geburt vor.

Die große Welt besteht aus vielen Regionen, aus der Erde und den Gebirgen, aus dem Himmel, dem Meer und aus der Unterwelt. Über alle diese Regionen herrschen verschiedene Geistwesen. Die Menschenseelen wechseln ihren Ort zwischen der Menschenwelt und der Totenwelt. Deswegen sind die Schutzgöttin der Erde und der Gott der Unterwelt von gleichem Rang, sie haben viele Verbindungen. Die Unterwelt wird von männlichen Geistwesen beherrscht, auch vom Richter der Toten. Die Erde, auf der die Menschen leben, wird von der großen Erdgöttin geleitet und beschützt. So ergänzen sich männliche Todeskräfte und weibliche Lebenskräfte.

(Tungusen, Sibirer, Turk-Mongolen; MdV III, 296f)

25
Die Eskimos

Einleitung

Die Kultur der Eskimos reicht von Sibirien und Alaska bis Labrador und Ostgrönland. Sie hat eine Geschichte von ca. 4000 Jahren und zeigt eine große Vielfalt in der Mythologie. Doch lassen sich einige Grundstrukturen der Lebensdeutung erkennen. Die Lebenswelt wird von Jägern und Sammlern geprägt, der Fischfang spielt eine große Rolle. In den Mythen ist von vielen Geistwesen die Rede, von einem »Herrn der Tiere«. Es wird erzählt, daß in der Urzeit die Menschen nicht von den Tieren verschieden waren.

Manche Wörter und Sprüche der Schamanen sind mit magischer Kraft geladen, es werden heilige Gegenstände verehrt. Die Menschen tragen Amulette, die sie vor bösen Dämonen schützen sollen. Der Tod bedeutet für diese Kultur den Übergang der Seelenkraft aus dieser Welt in eine andere Daseinsform. Das Reich der Totenseelen liegt unter dem Meer, dort herrscht eine »Meerfrau«. Der Schamane muß sich auf Seelenreise begeben, er kann mit den Geistwesen und mit den Seelen der Ahnen Verbindung aufnehmen.

1. Die große Welt

Die Welt der Menschen liegt unter einem großen Nomadenzelt, das auf riesigen Stangen aufgehängt ist. An den vier Ecken wurde dieses Himmelszelt durch Messerstiche aufgeschlitzt. So sind Löcher im Zelt, und es können die Winde von den vier Himmelsrichtungen kommen. Über diesem Zelt liegt die Welt der Götter.

Doch in der Frühzeit war dieses Weltzelt ein großes Schiff, das auf dem Meer fuhr. Durch ein Unglück ist das Schiff gekentert. Die Menschen lebten auf diesem Schiff gut und glücklich. Als das Schiff umstürzte, kam der Schiffsboden nach oben, er bildet jetzt den Himmel. Und die Menschen leben unter dem Schiffsboden, auf der Erde. Sie haben sich dort eingerichtet und fühlen sich sicher. (MdV III, 298f)

2. Die Anfänge der Welt

Am Anfang von allem war der Gott *Tulungusak*, sein Körper war aus getrocknetem Lehm und Meerschlamm. Er schlief, und um ihn herum war es dunkel. Als er aufwachte, sah er eine Schwalbe. Sie zeigte ihm den Schlamm in der Tiefe des Meeres. Nun verwandelte sich der Gott *Tulungusak* in einen Raben, und er tauchte auf den Meeresgrund.

Mit seinem Schnabel holte er Tonstücke aus dem Meeresboden und steckte sie der Reihe nach in die Erde, die es schon gab. Aus diesen Tonstücken wuchsen nun die vielen Tiere, aber auch die Pflanzen, die Berge und die Wälder. Zuletzt wuchsen aus diesen Tonstücken die Menschen, sie waren von Schalen und Hülsen umgeben. Zuerst wurden die Männer, dann erst wurden die Frauen.

Sie lernten die Paarung, und so konnten sie das Leben weitergeben. Nun besiedelten sie die Küsten des Meeres, und sie begannen, die Fische zu fangen. Sie bauten sich Hütten und richteten die Riten ein. (MdV III, 298)

3. Der göttliche Rabe

Mit Hilfe der Schwalbe erschuf der göttliche Rabe nun das Licht. Er trennte den Tag und die Nacht, die vorher eins waren. Doch auf der Erde war es nebelig und trübe, da rief der Hase nach dem Licht. Nun war es der Fuchs, der das Licht fürchtete, er liebte die Dunkelheit. Doch das Wort des Hasen war stärker.

So erschuf der göttliche Rabe die Sonne und den Mond. Dann zeigte er den Menschen, wie sie ihre Hütten bauen können, damit sie vor der Kälte geschützt sind. Und er zeigte ihnen, wie man Boote baut, um auf dem Meer fahren und Fische fangen zu können. Zuletzt zeigte er den Menschen die Kunst des Jagens und das Stellen von Fallen für die Wildtiere. Als er dies vollendet hatte, stieg er zum Himmel auf und machte dort die Sterne, damit sie auf die Erde hinableuchten.

Nun jagten die Menschen zu viele Tiere, das gefiel dem göttlichen Raben nicht. Zur Strafe nahm er ihnen die Sonne wieder weg, so wurde es Winter und sehr dunkel. Jeden Winter nimmt er ihnen die Sonne weg, doch im Sommer gibt er sie ihnen wieder zurück. Doch dann hatte der göttliche Rabe nicht mehr die Kraft, um in den Himmel aufzusteigen. Er blieb auf der Erde und starb dort. Er hinterließ viele Nachkommen, doch diese sind den Menschen böse gesonnen. Sie fressen viel und täuschen die Menschen mit vielen Listen. (MdV III, 298f)

4. Die Göttin des Meeres

Die Göttin des Meeres heißt *Sedna*, sie herrscht über alle Tiere des Wassers. Als junges Mädchen hatte sie sich geweigert, einen Mann zu heiraten, denn sie liebte nur Frauen. Einige sagten, sie hätte sich mit den Tieren gepaart. Als sie mit ihrer Sippe in einem Schiff über das Meer fuhr, wurde sie aus dem Boot geworfen. Da sie nicht ertrinken wollte, klammerte sie sich an den Rand des Bootes. Doch es war ihr Vater, der schnitt ihr alle Finger ab, einen nach dem anderen.

Aus diesen Fingern der Meeresgöttin sind die Tiere des Meeres geworden. Doch die Göttin mußte nun in den Meeresgrund absteigen. Jetzt lebt sie im Wasser und herrscht über alle Tiere des Wassers. Im Meer heiratete sie und hatte viele Kinder. Zu ihren Kindern und Enkeln gehören viele Menschenstämme auf der Erde.

Doch der Anblick der Meeresgöttin ist schrecklich, nur der Schamane kann ihren Blick aushalten. Sie hat die Aufsicht über die Tiere, die im Wasser leben. Auf ihr schwarzes Haar fallen die Sünden der Menschen, sie versinken im Wasser. Ihr zur Seite lebten ein Zwerg und eine Frau ohne Arme. Ihr Gatte ist der Skorpion, mit dem sie viele Kinder hat. Auch ihr Vater besucht sie im Meer, dann nimmt er die Seelen der sterbenden Menschen auf.

Doch wenn die Menschen böse sind und nicht nach den Regeln der Sippen leben, dann bestraft die Meeresgöttin die Menschen. Sie schickt ihnen die Hungersnöte, denn sie verweigert den Fischern die Tiere. Dann müssen die Menschen darben, sie müssen sich reinigen und mit ihr versöhnen. Die Abtreibungen der Frauen erzürnen sie, denn sie will, daß alle Kinder leben können. Vom Wasser aus hat sie auch Einfluß auf die Tiere im Wald, die Menschen verehren sie und fürchten sie sehr.

(MdV III, 299ff)

5. Die Taten der Meeresgöttin

Als die Menschen großen Hunger hatten, da begab sich der Menschenmann zu den Tieren des Meeres. Er tauchte in die Tiefe, er überwand viele Hindernisse und kam zur »Wohnstatt der Nahrung«. Als er diese Wohnstatt gefunden hatte, tauchte er wieder auf und zeigte den Menschen, wie man Fische fängt und Tiere jagt.

Auch der Schamane macht regelmäßig die Reise auf den Meeresgrund. Auch er muß viele Hindernisse überwinden, dann kommt er zum Haus der Meeresgöttin. Dort wacht ein böser Hund. Und es ist der Vater der Göttin, der den Schamanen hindert, in das Haus einzudringen.

Einmal gelang es dem Schamanen, in das Haus der Meeresgöttin zu kommen. Da reinigte er ihr das Haar, das von den vielen Sünden der Menschen verschmutzt war. Denn die Sünden der Menschen fallen in das Wasser und bleiben im Haar der Göttin hängen. Er entschuldigte sich für die vielen Sünden der Menschen und versprach ihr, daß sich die Menschen bessern werden. Dann bat er sie um die Fische und um die Tiere des Waldes, damit die Menschen keinen Hunger haben.

Als die Meeresgöttin seiner Bitte nicht zustimmte, da zog er sie wieder an die Oberfläche des Meeres. Dort schnitt er ihr wieder die Finger ab, bis sie seiner Bitte zustimmte und den Menschen die Fische und die Tiere des Waldes gab. So muß der Schamane jedes Jahr nach dem Winter zur Meeresgöttin, um auf der Erde den Hunger der Menschen zu beenden.

Auch die Seelen der Toten kommen nach dem Tod eine Zeitlang in die Meerestiefe zur Göttin *Sedna*. Dort müssen sie sich von ihrer Schuld reinigen. Doch wenn sie gereinigt sind, dann dürfen sie zum Mond aufsteigen, wo dann der Mondgott über sie herrschen wird. Die Menschen haben große Angst vor der Meeresgöttin, denn von ihr hängt ihr Überleben ab.

(MdV III, 300f)

6. Der Gott des Mondes

Der Gott des Mondes heißt *Alignak*, er regiert allein. Denn seine Schwester, die Sonne, ist ihm untergeordnet. Sie mischt sich kaum in die Herrschaft ihres Bruders ein. Einmal lebten beide Geschwister auf der Erde. Doch sie taten etwas, was verboten ist, sie paarten sich. Als sie dieses Unrecht erkannten, da verließen sie die Erde und stiegen zum Himmel hinauf. Dort verwandelten sie sich in zwei Fackeln, und sie leuchten jetzt am großen Himmelszelt als die Sonne und der Mond.

Der Gott des Mondes herrscht über die Natur, er schickt den Menschen die Gewitter und die Stürme. Er läßt das Meer ansteigen und sinken, er schickt die Finsternisse der Sonne, aber auch die Erdbeben und der Schnee kommen vom Gott des Mondes. Da er über die Wälder und die Wasser herrscht, schenkt er den Menschen die Wildtiere und die Fische. Die Jäger und Fischer bringen ihm Opfer, um ihn gütig zu stimmen.

Doch der Gott wacht über alle Taten der Menschen, er straft ihre bösen Taten. Die Sünden der Menschen steigen wie Rauch zum Mond auf, sie reizen seine Augen. Dann bestraft er die Menschen mit Hunger, indem er ihnen die Fische und die Wildtiere verweigert.

Wenn die Menschen dem Gott ihre Opfer bringen, dann übergeben sie ihm einen Kessel mit klarem Wasser. So klar wie das Wasser, so rein soll auch ihr Gewissen sein. Sie müssen vorher ihre Sünden bekennen und bereuen. Denn die Bitten böser Menschen erhört der Mondgott nicht. Der Schamane muß im Seelenflug regelmäßig zum Mondgott aufsteigen. Dort bittet er ihn um Jagdglück und um reichen Fischfang. Die Seelenreise des Schamanen ist voller Gefahren und Hindernisse, doch er wird immer von guten Geistwesen begleitet.

(MdV III, 302f)

7. Die Taten des Mondgottes

Der Mondgott kann sehr zornig werden, wenn ihn die Menschen durch ihre Sünden reizen. Doch er beschwichtigt den Zorn der Meeresgöttin, wenn diese die Menschen zu hart bestraft. Er ist der große Jäger, die Menschen ahmen ihn bei ihren Jagdzügen nach. Sie bitten ihn um die Tiere der Wälder. Und die Fischer rufen ihn an, er möge ihnen viele Meerestiere an die Küsten treiben. Die Frauen bitten ihn, er möge ihre Unfruchtbarkeit beenden und ihnen viele Kinder schicken.

Der Mondgott kann junge Frauen entführen. Dann paart er sich mit ihnen und schickt sie schwanger wieder auf die Erde. So gibt es auf der Erde auch viele Mondkinder, sie sind besonders schön und kräftig. Wenn diese Frauen bei der Geburt der Kinder sterben, dann kommt ihre Seele sofort in das Land des Mondes, sie muß zu keinem Totengericht kommen.

Der Mondgott schützt alle benachteiligten Menschen, er hilft den Verfolgten. Den Kriegern verleiht er Körperkraft, so daß sie sich und ihre Sippen verteidigen können. Den Jugendlichen hilft er, daß sie erwachsen werden. Und er beschützt die Waisenkinder, daß sie nicht schlecht behandelt werden. Mit seiner Gewalt löst er im Meer die Gezeiten aus, er läßt die Wasser steigen und sinken. Alle Lebewesen fürchten ihn, denn sie sind von ihm abhängig. Viele Menschen sehen im Mond ihr eigenes Bild. Andere fürchten sich davor, auf den Mond entführt zu werden.

Der Mondgott fährt im Winter auf einem Schlitten über Schnee und Eis, der Schlitten wird von vier schwarzen Hunden gezogen. Mit seinem Schlitten kann er die Menschen in den Himmel entführen. Auf dem Mond leben der Mondgott und die Sonnengöttin, doch sie haben getrennte Häuser. Aus dem Haus der Sonne kommen Lärm und Hitze. Es gibt ein großes Dorf auf dem Mond, da sind die Seelen der Toten versammelt. Sie spielen dort Würfelspiele oder ruhen sich auf den Bänken vor den Häusern aus, wie die Menschen es tun.

Wenn Menschen auf den Mond entführt werden, dann begrüßt sie der Mondgott sehr freundlich. Dann bietet er seinen Gästen reichlich Nahrung an. Doch wenn Menschen davon essen, dann dürfen sie nicht mehr auf die Erde zurück. Dann tritt *Ulu*, die wilde Gefährtin des Mondes, auf, sie will ihre Gäste zum Lachen bringen. Wenn ihr dies gelingt, dann tötet sie die Menschen. Dann schlitzt sie ihnen mit einem Messer den Bauch auf und ißt ihre Eingeweide. Denn der Mondgott hatte früher viele Menschenopfer verlangt, um den Menschen zu helfen. Deswegen fürchten sich die Menschen, daß sie auf den Mond entführt werden könnten.

Wenn sie dort nicht lachen, dürfen sie auf die Erde zurückkehren. Doch dann müssen sie den Menschen genau erzählen, was sie erlebt haben. Wenn sie es nicht genau erzählen können, müssen sie bald sterben.

Viele Menschen suchen freiwillig den Tod, denn sie möchten schon auf dem Land des Mondes leben. Sie stürzen sich in das Wasser, weil ihnen der Mondgott ein schönes Leben versprochen hat. Denn bei ihm gibt es keine Kälte und keinen Hunger, der ganze Tag ist ausgefüllt mit Jagden und Spielen.

Doch nach einer bestimmten Zeit kehren alle Seelen vom Mond wieder auf die Erde zurück, sie werden dann neu als Menschen geboren.

Wenn der Mond mit den Seelen unterwegs ist, dann ist auf der Erde Neumond, denn dann verdecken die vielen Seelen sein Licht. Und wenn er dann wieder allein ist, dann ist auf der Erde Vollmond, dann verdeckt niemand sein Licht. Manche Menschenseelen werden in Tiergestalt wiedergeboren, wenn sie vom Land des Mondes kommen. Alle haben große Ehrfurcht vor dem Mondgott, denn er bestimmt ihr ganzes Leben.

(MdV III, 303f)

8. Die Göttin Pinga

Die Göttin *Pinga* herrscht über den Mond, er muß ihr untertan sein. Sie wohnt noch über ihm, und sie ist die Hirtin der Wildtiere. Vor allem die Karibus sind ihr heilig. Sie regelt bei den Menschen die Jagd, die Jäger dürfen nicht zu viele Tiere töten. Sonst gerät sie in Zorn und straft die Menschen mit Hunger. Die Jäger bitten sie um Vergebung ihrer Sünden und um Jagdglück.

Sie hilft den Kranken und heilt viele Krankheiten, sie hilft den Seelen der Menschen. Sie führt die Seelen der Verstorbenen zum Mond, und sie sagt dem Mond, daß diese Seelen nach einer bestimmten Zeit wieder auf der Erde geboren werden müssen. Viele Hilfsgeister umgeben sie, denn sie setzt für jeden Menschen den Kreislauf des Lebens fest.

(MdV III, 304f)

9. Die Göttin Asiaq

Die Göttin *Asiaq* regelt das Wettergeschehen, sie schickt den Wind, den Schnee und die Sonne. Einmal war sie eine schöne Menschenfrau. Doch sie fand auf der Erde keinen Mann, deswegen raubte sie ein Kind. Das Kind sollte die Stelle des Mannes einnehmen. Mit diesem Kind ist sie in den Himmel ausgewandert, von dort schüttet sie den Regen auf die Erde. Sie schickt auch den Donner, indem sie zwei Tierhäute aneinander reibt. Dies macht den Donnerlärm.

Die Schamanen begeben sich zur Göttin, wenn sie um Regen bitten. Auf ihrer Himmelsreise müssen sie die Göttin überreden, den Menschen wieder gut zu sein. Manche sagen, die Göttin sei später ein Mann geworden oder habe mit zwei Geschlechtern gelebt. Auch vor ihr haben die Menschen Angst, sie verehren sie in Demut.

(MdV III, 304f)

10. Der Gott Sila

Der Gott *Sila* herrscht über die Luft, das Wetter und den Verstand der Menschen. Als Sohn eines Riesenpaares mußte er die Ermordung seiner Eltern erleben. Deswegen ist er in die Luft geflüchtet, wo er jetzt die Herrschaft ausübt. Er ist in den Bewegungen der Menschen und im Lebenshauch, er schenkt den Menschen Körperkraft und klaren Verstand. Als Beschützer des Verstandes heißt der Gott auch *Nartsuk*.

Der Schamane muß sich vor diesem Gott alle Kleider ausziehen, um sein Mitleid zu erregen.

Eine große Schar von Geistwesen in den Lüften begleitet den Gott, damit er seine vielen Aufgaben erfüllen kann. Einige sagen, der Gott des Verstandes habe weibliches Geschlecht.

(MdV III, 305f)

11. Die Masken

Am Anfang besaßen alle Menschen zwei Gesichter und zwei Naturen, sie waren nämlich Menschen und Tiere zugleich. Doch später wurden die Tiere von den Menschen getrennt. Danach blieben den Menschen nur noch die Masken der Tiere als Erinnerung. Diese können sie wechseln, deswegen können sie kurzzeitig wieder die Gestalt der Tiere annehmen. Sie sind mit den Tieren eng verwandt, denn in jedem Menschen lebt ein Tier weiter. So lebt im Bauch des Wales eine junge Frau, die den Menschen das Lebenslicht hütet.

Wenn ein Tier stirbt, dann lebt seine Seele als Schatten weiter. Die Tierseelen werden von den Menschen regelmäßig durch Opfer versöhnt, damit sie ihnen nichts Böses tun. Daher müssen die Menschen bei den Opferriten die Masken der Tiere tragen, damit sie mit ihnen in Verbindung treten und sprechen können. Nun sind die Masken das letzte Bindeglied zwischen den Menschen und den Tieren, die einmal vereinigt waren. (MdV III, 306f)

12. Die Geistwesen

In der Natur leben viele Geistwesen, vor denen die Menschen Angst haben. Diese Wesen können schnell anwachsen oder sich verkleinern, sie können ihr Aussehen jederzeit verändern. Sie wohnen auf den Bergen, an den Seen, in den Wäldern. In ihnen leben die Seelen der verstorbenen Menschen oder der getöteten Tiere weiter. Die Menschen haben vor ihnen Angst, denn sie sind voller Geheimnisse. Der Schamane kann in der Ekstase oder in den Träumen diesen Geistwesen begegnen, dann erhält er von ihnen Botschaften. Er trägt die Maske eines Tieres, damit kann er die Kraft dieser Wesen auffangen und zu den Menschen bringen. Er ist der große Vermittler zwischen den Menschen und den Geistern.

Nun helfen die Geistwesen dem Schamanen, die unsichtbaren Geheimnisse des Lebens zu sehen. Sie begleiten ihn, wenn er sich auf die Seelenreise begibt und durch die Lüfte fliegt. Sie schützen ihn und geben ihm den Rat, den er den Menschen weiterleitet. Wie Hunde den Jäger begleiten, so umgeben die Geister den Schamanen. Der höchste der Geister heißt *Tungat*. Diese Wesen sehen und hören alles, was in der Welt der Menschen geschieht. Sie können in der Gestalt von Bären auftreten, denn sie sind die Beherrscher aller Wildtiere. Andere Geistwesen kommen aus dem Meer, sie haben die Gestalt eines Seehundes oder eines Menschen. Sie helfen dem Schamanen, die Ursache der Krankheiten zu sehen und diese zu heilen.

(MdV III, 306f)

26
Die Tibeter

Einleitung

In den chinesischen Quellen werden die Tibeter schon vor unserer Zeitrechnung erwähnt. Ein größerer Staat der Tibeter entstand erst im 5. Jh. n. Chr., er umfaßte das Land zwischen dem Himalaya und dem Transhimalaya. Ein König war der Vertreter des obersten Schutzgottes des Landes, durch seine rituellen Handlungen mußte er die Fruchtbarkeit des Landes sichern. Ihm zur Seite standen Priester aus den verschiedenen Clans. In der Frühzeit wurde der König rituell getötet und geopfert, wenn ein neuer König sein Amt antrat.

Um 640 n. Chr. kamen die ersten buddhistischen Missionare aus China und Indien nach Tibet, sie brachten eine Schrift mit. Diese neue Religion wurde zuerst von den oberen sozialen Schichten angenommen. Später nahm auch das Volk diese Religion an, doch vermischte es sie mit der alten Stammesreligion. Ab 791 n. Chr. wird der Mahayana-Buddhismus durch eine königliche Verordnung die neue Landesreligion. Die Könige gelten fortan als die großen Brüder des Buddha. Es werden viele Klöster gegründet, sie werden die Zentren der Kultur und der Religion, später auch der politischen Macht. Es verbreiten sich tantrische Schulen der Lebensweisheit, diese vermischen sich mit den Lebensformen der alten Bön-Religion. Die religiösen Führer heißen fortan Lamas, bald regiert ein Dalai-Lama neben einem Panchen-Lama.

Die Mönche leben nur zum Teil asketisch und ehelos, zum anderen Teil sind sie verheiratet und haben Familie. Sie prägen die Religion und die Kultur der Menschen entscheidend. Der Mahayana-Buddhismus hat eine sehr positive Einstellung zum Leben, es gelten die Grundregeln des Mitgefühls mit allen Lebewesen. Die Schutzgötter der alten

Volksreligion werden weiterhin verehrt, auch weibliche Gottheiten spielen eine große Rolle.

Seit 1950 ist Tibet eine chinesische Provinz, damit wird die alttibetische Religion und Kultur stark unterdrückt. Doch die Tibeter ringen um ihre kulturelle Identität.

1. Der Anfang der Welt

Am Anfang war ein riesiges Vogelei, darin waren die fünf Urelemente enthalten. Nun brach das Ei auseinander, aus der Schale entstand der weiße Felsen der Geistwesen. Und aus dem Eidotter wurden die sechs Urlebewesen. Das Riesenei hatte 18 Schichten, in der Mitte steckte eine kleine Muschel. In dieser Muschel waren die fünf Sinnesorgane und die vier Gliedmaßen der Menschen. So wuchs aus der Muschel der erste Menschenknabe *Yesmon*, er war sehr schön anzusehen. Von ihm stammen die anderen Menschen ab. (Tib Myt 10f)

2. Die Entstehung der Menschen

Am Anfang war ein Urwesen, dieses war stark und lichtvoll. Es erschuf das weiße Licht. Und aus diesem Licht wurde ein strahlendes Vogelei, doch es war ohne Gliedmaßen. Dieses Ei konnte fliegen, denn in ihm war schon die Kraft der Bewegung. Es hatte keinen Kopf, doch aus ihm kam eine laute Stimme hervor. Nach fünf Monaten zerbrach das Ei, und aus ihm wuchs ein Mensch heraus. Dieser erste Mensch gab sich selbst den Namen, er bestimmte sein Schicksal. Dann setzte er sich auf einen goldenen Thron, der auf einer Insel im Meer stand. Von ihm stammen alle Menschen ab. Dann ordnete er die Welt der Menschen, er richtete die Riten ein und vertrieb die bösen Dämonen aus dem Land. Nun konnten die Menschen gut und sicher leben. (Tib Myt 10f)

3. Die erste Schildkröte

Am Anfang war das große Meer, darin schwamm die erste Schildkröte. Sie tauchte bis zum Meeresgrund und holte von dort Schlamm an die Oberfläche des Wassers. Der Schlamm schwamm auf dem Wasser, dann bildete er eine Insel, die immer größer wurde. Es wuchsen die hohen Berge aus der Insel, der Himalaya. Es war die Schildkröte, die die Insel und die Berge befestigte, so daß sie nicht zusammenstürzten. Bei den Menschen ist die Schildkröte das heilige Tier, denn sie hat die Erde aus dem Meer herausgeholt.

(Tib Myt 10f)

4. Das Urwesen Ston

Aus der Leere des Anfangs entstand ein Urwesen, *Ston* mit Namen. Von ihm strahlte farbiges Licht aus, denn es war ein Lichtwesen. So erfüllte bald das Licht die ganze Welt, aus dem Licht kamen die fünf Urelemente hervor. Nun war da das Meer, und im Meer lebte die Schildkröte. Sie tauchte aus dem Meer empor und legte sechs große Eier auf dem Wasser. Aus diesen Eiern wurden dann die Fische des Meeres.

Dann bildeten sich aus den Eiern die Berge, dann die Pflanzen, dann die Waldbäume, dann die Tiere und zuletzt die Menschen. Die ersten Menschen ordneten ihre Welt und richteten die Riten für die Götter ein. Doch es war da auch ein böser Dämon, der die Welt der Menschen ständig bedrohte.

(Tib Myt 12f)

5. Die fünf Ureier

Am Anfang war ein riesiges Urei aus rotem Sardonitstein. Als dieses Ei zerbrach, strömte aus seinem Inneren der Wind aus. Dann war da ein schwarzes Ei, aus ihm strömte das Feuer aus. Beide Eier bildeten einen roten und einen schwarzen Berg.

Dann war da ein Ei aus Eisen, aus ihm strömten die blauen Wasser hervor. Dann war das gelbe Ei, aus ihm wurden die Erde und der Same des Menschen. Dann gab es ein weißes Ei, aus ihm wuchs der Regenbogen. Aus diesen fünf Ureiern sind alle Wesen geworden, sie alle strahlen in hellem Licht.

(Tib Myt 12f)

6. Das Menschengeschlecht

Am Anfang wurde das Leichte vom Schweren getrennt. Da entstand unten der Wind. Und über dem Wind wurde das Feuer. Und über dem Feuer wurden die Wasser. Und über die Wasser legte sich die Erde, diese wurde mit dem großen Himmelszelt zugedeckt. Es hatte die Form eines Nomadenzeltes. Unter diesem Zelt entstanden jetzt die Menschen, doch sie hatten noch beide Geschlechter. Es waren noch nicht Männer und Frauen getrennt, und es gab unter den Menschen noch nicht den Streit und den Krieg. Auch die Sonne und der Mond waren noch nicht da.

Nun wuchsen in den Menschen die sinnlichen Leidenschaften, und sie teilten sich in zwei Geschlechter, sie bildeten ein männliches und ein weibliches Geschlecht. Dann entstanden die Sonne und der Mond. Nach den sinnlichen Leidenschaften entstanden unter den Menschen auch der Streit und der Krieg.

Der Paradiesbaum, der zuerst da war, verdorrte. Und nun gab es unter den Menschen Arme und Reiche, ihre Sünden mehrten sich. Zur Strafe wurde die Lebenszeit der Menschen kürzer, sie mußten früher sterben. Die Übel in der Welt vermehrten sich, die Freuden des Lebens wurden weniger. So wurden die zehn Tugenden und die zehn Laster eingeführt. Doch wer die Götter verehrt und seinen Mitmenschen viel Gutes tut, der verlängert sein Leben und gewinnt viel Ruhm und Ehre bei den Menschen.

(Tib Myt 13f)

7. Der Fortgang der Schöpfung

Nun wurde die unbelebte Welt unten geschaffen. Und die Welt der Lebewesen wurde oben geschaffen. Es gab sechs Ursamen für alle Lebewesen, das waren sechs Eier, die aus den Strahlen des Lichtes geworden sind. Dann wurde der Wind geschaffen, der von den Bergen weht. Dann wurde der Donner geschaffen, der wie ein Keil auf die Erde schlägt.

Dann wurde die Hölle erschaffen, sie hat verschiedene Tiefen, es gibt acht heiße und acht kalte Höllen. Dann wurde das Feuer geschaffen, es hatte die Gestalt einer Lotusblume. Dann kamen die Hungerdämonen in die Welt. Erst dann wurde die Menschenwelt erschaffen, und es wuchsen auf ihr die Menschen. Sie lebten in sieben Stämmen zusammen, und sie bekamen ein Maß für ihre Speisen.

(Tib Myt 15f)

8. Erde und Himmel

Im großen Weltmeer schwimmt eine viereckige Insel, das ist die Erde der Menschen und der Tiere. Sie hat die Form einer riesigen Lotusblume, auf ihr leben die Menschen in vielen Stämmen und Völkern. In der Mitte aller Länder liegt das Land *Tibet*, rundherum wohnen die Nachbarvölker. Und weit draußen leben die Fremdvölker. Über der Erde spannt sich das Himmelszelt, es ist wie ein Rad ausgebreitet, das acht Speichen hat. Genauso bauen die Menschen ihre Zelte, wenn sie die Tiere weiden.

Im Himmel wohnen die Götter, es sind deren viele, sie schützen die Menschen. Die Seelen der Menschen, die im Krieg fallen, kommen in den Himmel der Götter. Auf der Erde steht der große »Geisterfelsen«, der verbindet den Himmel mit der Erde. Er heißt auch die »Säule des Himmels«.

(Tib Myt 18f)

9. Die Geschichte der Menschen

Der Himmel ist ein riesiges Zelt, wie es auch die Menschen bauen. Er wird von einem starken Pfahl in der Mitte getragen, dieser hat die Form eines hohen Berges. Über diesen heiligen Berg können die Götter vom Himmel zu den Menschen auf die Erde herabsteigen. Sie benutzen für den Abstieg ein Seil oder eine Leiter. Am Himmelszelt sind innen die Sterne befestigt, sie geben den Menschen das Licht. Die Sonne fährt im Sonnenwagen über das Himmelszelt, der Wagen wird von sieben heiligen Pferden gezogen.

Doch der Mond bringt das kalte Licht in der Nacht zu den Menschen, er bringt ihnen auch die unheilvollen Wasser. Im Himmel wohnen viele Götter, über sie alle herrscht der oberste Himmelsgott. Er ist stark und mächtig und herrscht auch über die bösen Dämonen, die die Menschenwelt bedrohen.

Doch in der Menschenwelt nimmt die Macht der Dämonen zu, die Menschen werden immer schlechter, sie halten sich nicht an die heiligen Gesetze der Götter und der Ahnen. Als die Sünde der Menschen auf der Erde zu groß wurde, da brach ein großes Feuer aus, und die ganze Menschenwelt verbrannte. Doch dann entstand eine neue Welt, sie war voll Schönheit und Reichtum. Und die Menschen lebten gerne in dieser Welt bis zum heutigen Tag.

(Tib Myt 19f)

10. Der göttliche Vogel

Am Anfang war ein großes Vogelei, in ihm waren die Kräfte des Lebens. Diese Kräfte sprengten die Schale, sie brachen aus dem Ei hervor, und es entstand der erste Mensch *Yesmon*. Er hatte die Gestalt eines heiligen Vogels und breitete die Menschen über das ganze Land aus. Wie Samen trug er sie in die verschiedenen Richtungen des Himmels.

Dann hat der Urvogel mit seinem Schnabel die fruchtbare Ackererde ausgebreitet, so lernten die Menschen den Ackerbau. Sie verehrten den Vogel durch viele Riten, sie brachten ihm die Opfer dar und riefen zu ihm um Fruchtbarkeit für ihre Felder. Denn es war der göttliche Vogel, der das große Ei gelegt hatte, aus dem dann die Menschen geworden sind. (Tib Myt 19ff)

11. Das Wort des Buddha

Die schwarzköpfigen Menschen sind durch das Wort des machtvollen Buddha geworden. Er hatte das magische Wort gesprochen, und die Menschen sind geworden. Es war dann der Affenkönig, der sich mit der Felsdämonin paarte. Aus dieser Paarung wurden sechs Eier. Und aus den Eiern schlüpften ein Geistwesen, ein Riese, ein Mensch, ein Tier und zwei böse Dämonen. Der erste Mensch hieß *Yesmon*, er wurde König und hatte 18 Söhne und Töchter. Doch alle diese Wesen sind durch das machtvolle Wort des großen Buddha geworden.

(Tib Myt 21f)

12. Der Anfang der Geschlechter

Am Anfang wurden auch die Menschen wie Geistwesen geboren. Ihr Körper war schön, ohne Makel und ohne Krankheit. Er strahlte helles Licht aus und konnte durch die Luft fliegen. Es gab aber noch keine Geschlechter bei den Menschen, auch die Sonne und der Mond waren noch nicht da.

Da wurden die Menschen begierig nach dem Saft der Erde, sie tranken ihn in großem Maß. Da wurde das Licht ihrer Körper schwächer, ihre Schönheit nahm ab, und es kamen die Krankheiten. Nun brauchten die Menschen neue Speisen, und da ihre Körper weniger Licht ausstrahlten, mußten die Sonne und der Mond erscheinen. Nun haben sich die Menschen in zwei Geschlechter geteilt, und sie begannen sich zu paaren und

Kinder zu zeugen. Doch ihre Leiden nahmen zu, ihr Leben wurde kürzer. Es war der Saft der Erde, den die Menschen getrunken hatten. (Tib Myt 21f)

13. Die Sünde der Menschen

Der Himmelsgott erschuf zwei Menschen, er schnitzte sie aus dem Holz von zwei Baumstämmen. Dann gab er ihnen die Nahrung und die Kleider, damit sie gut leben konnten. Ihr Herz war am Anfang voll Güte, sie kannten keine bösen Begierden, es gab keinen Haß und keinen Krieg. Auch wußten sie nicht, daß sie zwei Geschlechter waren.

Doch dann wurden die Menschen dem Himmelsgott ungehorsam, sie hielten sich nicht an seine Gebote und Gesetze. Deswegen strafte er sie, er brachte ihnen keine Nahrung mehr vom Himmel. Nun mußten sie selber auf der Erde die Nahrung suchen. Nun erkannten sie, daß sie Frauen und Männer waren, sie paarten sich. Und die Frauen gebaren viele Kinder, die Menschen vermehrten sich. Doch das Herz der Menschen war böse, deswegen trennte sich der Himmel von ihnen. Doch er hört noch die Stimme der Menschen, wenn sie in ihren Gebeten zum Himmelsgott rufen. (Tib Myt 22)

14. Die Unsterblichkeit

Am Anfang waren die Menschen unsterblich wie die Götter. Doch dann wurden sie böse, sie hielten sich nicht an die Gebote der Himmelsgötter. Zur Strafe verloren sie die Unsterblichkeit, nur die Könige der Menschen blieben unsterblich. Denn die Könige sind Söhne des Himmels, sie steigen auf die Erde herab, um die Menschen zu lenken. Wenn ihre Zeit zu Ende ist, kehren sie in den Himmel zurück. So sind alle Könige Söhne der Götter, sie stehen über den anderen Menschen. Doch alle anderen Menschen müssen sterben. (Tib Myt 25)

15. Die Göttersöhne

Viele Göttersöhne steigen vom Götterhimmel auf die Menschenerde herab. Sie werden dann bei den Menschen die Herrscher und Könige. Sie klettern über den großen Götterfelsen zu den Menschen herab. Dann verneigen sich die Bäume des Waldes, die Quellen und die Flüsse beginnen zu rauschen, und die Felsen stürzen zu Tale. Die Tiere freuen sich und beginnen zu tanzen. Nun empfangen die Menschen ihren König mit großen Festen und Riten.

Die Erde wird wieder rein, und die Menschen geloben, wieder gut zu leben. Sie versprechen dem neuen König, nichts Böses zu tun. Die Rennpferde vermehren sich, es treten viele Lehrer der Weisheit auf, die Menschen werden weise. Es werden die alten Riten ausgeführt, die heiligen Gesetze werden erneuert. Mit dem neuen König leben die Menschen gut und glücklich. Doch wenn sein Leben alt und schwach wird, dann kehrt er wieder in den Götterhimmel zurück. (Tib Myt 26f)

16. Die Könige des Anfangs

Die ersten Könige waren Göttersöhne, ihre Frauen waren die Wassergeister. Nach dem Tod kehrten die Könige und ihre Frauen in den Himmel zurück, aus dem sie gekommen waren. Die Menschen waren glücklich, es war für alle eine gute Zeit.

Doch dann begannen die Könige die Menschenfrauen zu lieben. Sie paarten sich mit ihnen und hatten mit ihnen Kinder. Doch das gefiel den Göttern nicht, sie straften die Menschenkönige, sie brachen die Beziehung zu ihnen ab.

Jetzt konnten die Menschenkönige nicht mehr in den Götterhimmel zurückkehren. Sie hatten sich in die Schönheit der Menschenfrauen verliebt. Nun mußten sie sterben, und ihre Körper wurden in der Erde begraben. Nun war das Glück der Menschen auf der Erde zu Ende, alle mußten hart arbeiten und ihre Nahrung mühsam suchen. Die Menschen wurden krank, ihre Lebenszeit verkürzte sich. Das Glück des Anfangs war zu Ende, das Leben ist beschwerlich geworden. (Tib Myt 27f)

17. Die Sehnsucht nach Unsterblichkeit

Die ersten Menschen waren unsterblich, sie gingen mit dem Körper und ihrer Seelenkraft wieder in den Himmel zurück. Ihr Licht strahlte so stark, daß sie die Sonne und den Mond nicht brauchten. Doch dann erwachte in ihnen die Leidenschaft, und sie suchten nach dem Saft der Erde. Sie tranken gierig von diesem Saft, da wurde ihr Licht schwächer, sie wurden krank und verloren die Unsterblichkeit.

Doch die Sehnsucht nach der Unsterblichkeit ist bei den Menschen geblieben. Sie führen viele Riten aus, um ihr Leben zu verlängern. Sie lassen sich in Kultgemeinschaften einweihen, um wieder die Unsterblichkeit zu erlangen. Und sie suchen nach dem Geisterfelsen, über den die Geistwesen zu den Menschen herabsteigen.

Früher hing ein langes Seil vom Himmel auf die Erde herab. An diesem Seil konnten die Menschen in den Götterhimmel hinaufklettern. Doch dann wurde das Seil abgeschnitten, und die Menschen können nicht mehr in den Götterhimmel aufsteigen. Die Götter im Himmel haben das Seil noch, doch sie können damit nicht mehr auf die Erde hinabsteigen. So sind Götter und Menschen getrennt worden.

(Tib Myt 30f)

18. Der Stier der Erde

Zuerst hatte die Schildkröte die Erde getragen. Doch dann wurde sie von einem Stier abgelöst, der jetzt mit seinen kräftigen Schultern die Last der Erde zu tragen hat. Er ist zum Herrscher der Erde geworden, seine Farbe ist schwarz. Seine wilden Augen jagen den bösen Dämonen Angst und Schrecken ein. Er herrscht über die Seelen der Toten. Bei den Menschen herrscht er über die Berge, die Wälder und die Flüsse. So verehren die Menschen den Yak als heiliges Tier, denn in ihm ist die Kraft des göttlichen Stieres, der die Erde trägt. (Tib Myt 34f)

19. Die bösen Dämonen

Es gibt in der Welt der Menschen viele Geistwesen, es sind die guten Geister und böse Dämonen. Sie können verschiedene Gestalt annehmen. Die guten Geister beschützen die Menschen, doch die bösen Dämonen bringen ihnen das Unglück und den frühen Tod. Gefürchtet ist bei den Menschen der »Himmelshund«, denn er frißt viele der neugeborenen Kinder. Im Donner hält der Himmelshund Wache, er bringt den Menschen den Sturm und die Unwetter.

Bei den Äckern und Feldern leben die guten Wachstumsgeister, sie machen die Ernten reichlich. Viele Dämonen nehmen die Gestalt von fliegenden Tieren an, sie saugen in der Nacht das Blut aus den Menschen, wenn diese schlafen. Viele Geistwesen haben eine schöne und eine häßliche Gestalt. Die häßlichen Geister können die Menschen in den frühen Tod ziehen. Die Wasserdämonen werden sehr gefürchtet. So versuchen die Menschen, sich durch viele Riten vor den bösen Dämonen zu schützen. (Tib Myt 39f)

20. Der Himmelsgott

Der Himmelsgott *Gnam* ist mit der großen Göttin verheiratet. Er beschützt die Menschen und die Tiere und gibt ihnen die Nahrung. Den Menschen gibt er die Kleider, ihnen hat er seine Gesetze übergeben. Die Menschen müssen diese Gebote einhalten, sonst werden sie bestraft. Wenn sie gerecht leben, dann schenkt ihnen der Himmelsgott seine Gnade. Und er gibt ihnen den Regen für die Felder. Doch wenn sie böse sind, dann hält er den Regen zurück.

Zum Himmelsgott haben die Menschen Vertrauen, sie bringen ihm viele Opfer dar. Bei manchen Festen trinken sie berauschende Getränke, um die Kraft des Himmelsgottes in sich aufzunehmen. Sie veranstalten Opferfeste und Gastmähler, um die Macht des Himmelsgottes zu feiern. Sie opfern Pferde und Esel, in der Frühzeit haben sie auch Mitmenschen geopfert.

(Tib Myt 54f)

27
Die Afrikaner

Einleitung

Die Völker und Stämme Afrikas südlich der Sahara haben keine Schriftkultur entwickelt, bis zur Begegnung mit der europäischen Kultur. Sie haben ihre Mythen und Lebensweisheiten mündlich weitergegeben, vor allem durch Lehrälteste. So sind uns diese Mythen erst bekannt geworden durch christliche Missionare und durch europäische Ethnologen. Es waren vor allem die Portugiesen, die Franzosen, die Engländer, die Belgier, die Holländer und die Spanier, die in Afrika Kolonialsysteme errichteten und in einen Austausch mit diesen Kulturen eintraten.

Hingegen sind die Kulturen Afrikas nördlich der Sahara durch Schriftsysteme geprägt worden. Es waren die Ägypter, die schon um 3000 v. Chr. eine Hieroglyphenschrift entwickelt hatten, deren Dokumente uns heute zugänglich sind. Ab der hellenistischen Zeit waren es die griechische und später die römische Kultur, die Nordafrika geprägt haben.

Ab dem 7. Jh. n. Chr. waren es die Araber, die in Nordafrika den Islam verbreiteten und damit die arabische Schrift gebracht haben. Die Kopten in Ägypten haben ein eigenes Schriftsystem entwickelt.

Hier sollen vor allem die Mythen der Völker südlich der Sahara dargestellt werden, soweit sie uns bekannt geworden sind. Diese Stämme und Völker lebten auf unterschiedlichen Kulturstufen. Einige waren bis ins 20. Jh. Sammler und Jäger, andere waren Viehzüchter und Hirtennomaden. Und einige waren niedere und höhere Ackerbauern, die schon seßhaft waren und in Dorfkulturen lebten. Sie konnten bereits Metalle herstellen und hatten kleine Königreiche gebildet.

Je nach Kulturform werden fünf große Zivilisationen unterschieden:

a) *Da ist die »Zivilisation des Bogens«, die Kultur der Jäger und Sammler in Südostafrika, etwa bei den Buschmännern und den Pygmäen. Sie leben in kleinen Gruppen im Regenwald.*
b) *Dann gibt es die »Zivilisation der Lichtungen«, das sind die Ackerbauern, die in den Gürteln des Regenwaldes siedeln. Sie sind seßhaft und bauen Knollenfrüchte, Yams und Maniok an. Einige von ihnen können Eisen herstellen.*
c) *Dann gibt es die »Zivilisation der Speicher«, das sind die Hackbauern der Savannen. Sie treiben Vorratswirtschaft, sie bauen Hirse und Reis, aber auch Knollenfrüchte an. Ihre soziale Struktur wird komplexer, sie kennen Arbeitsteilung.*
d) *Dann gibt es die »Zivilisation der Lanze«, das sind die kriegerischen Hirtennomaden Ostafrikas, die große Rinderherden haben, diese verteidigen und Viehraub betreiben.*
e) *Und dann gibt es die »Zivilisation der Städte«, das sind die Stadtkulturen von Ackerbauern außerhalb des Regenwaldes. Sie hatten kleine Königreiche gebildet und betreiben Handel mit den arabischen Völkern nördlich der Sahara. In ihrer Kulturtechnik können sie Eisen und andere Erze verarbeiten. Die soziale Schichtung ist deutlich ausgeprägt, es gibt Arbeitsteilung.*

Alle diese Kulturen haben eine Vielzahl von Mythen und Ritualen, die konkrete Lebensformen und Lebenswelten spiegeln. Seit dem 19. Jh. ist die afrikanische Mythologie in Europa bekannt geworden. Es waren Ethnologen und Feldforscher, die sie systematisch erkundet haben. Hier soll nun ein Überblick über die großen Themen der afrikanischen Mythologie gegeben werden.

1. Der höchste Himmelsgott

In den tiefen Wäldern leben viele Geistwesen. Sie schützen die Wildtiere, die dort leben. Die Jäger rufen diese Geistwesen an, wenn sie auf Jagd gehen, sie bitten um Jagdglück. Über diese Geistwesen gebietet der höchste Gott *Chovum*, er lenkt alle Erscheinungen am Himmelszelt. Jeden Morgen wird die Sonne neu geboren, und jeden Abend muß sie sterben. Die Sterne sind die Trümmer der sterbenden Sonne. *Chovum* sammelt diese Trümmer in seinen großen Sack. Dann wirft er sie zum Himmel, und die Sonne wird am nächsten Morgen voll Kraft und Glanz neu geboren.

Doch *Chovum* ist auch ein großer Jäger, sein Bogen besteht aus zwei ineinander verschlungenen Schlangen. Zu den Menschen schickt er das Chamäleon, das überbringt seine Botschaften. Den Schamanen erscheint er in den Träumen, meist in der Gestalt eines Elefanten. Seine Stimme ist der Donner, der laut über die Erde schallt.

Chovum herrscht über die vielen Geistwesen, vor denen die Menschen große Angst haben. Einige verschlingen ihre Kinder, andere bringen ihnen Krankheiten und den frühen Tod. Viele dieser Geistwesen treten als Tiere auf, teils helfen sie den Menschen, doch zum andern Teil schaden sie ihnen. Die Jäger rufen den obersten Gott um Erlaubnis an, die Tiere zu jagen. Sie bitten ihn um Jagdglück und um ein langes Leben für ihre Sippen.

(Pygmäen; MdV III, 251f)

2. Die Geister der Natur

In allen Erscheinungen der Natur leben verschiedene Geistwesen, sie bringen den Menschen bald Glück und bald Unglück. Die einen bringen den Wind und den Sturm, die anderen schicken die Blitze und die Gewitter. Andere senden den Menschen die Hitze, die Krankheiten und den frühen Tod. Über diese Geister herrscht ein höchster Gott, er heißt *Kaang* oder *Khu*. Doch dieser kümmert sich nicht um die Menschen, deswegen bringen ihm diese auch keine Verehrung dar.

Sie bringen den Geistwesen der Natur ihre Opfer dar, und sie rufen sie um Hilfe an, wenn sie in Not sind. Jeder Stamm hat seinen Schutzgott, mit ihm sind die Menschen ein Bündnis eingegangen. Er führt sie im Krieg und schickt ihnen die Siege.

(Buschmänner; MdV III, 251)

3. Die Geistwesen der Tiere

Die Menschen sehen auch in den Tieren göttliche Wesen, die sie in besonderer Weise verehren. So gilt ihnen die Spinne als heiliges Tier, das magische Kräfte in sich hat. Oder es sind das Stachelschwein und die Antilope heilige Tiere. Diese leben in Sippen und sind verheiratet, wie die Menschen es sind. Und sie vollbringen große Abenteuer, von denen die Menschen erzählen.

So hat die göttliche Spinne einen magischen Zahn, der ihr unheimliche Kraft gibt. Sie sendet die Vögel als ihre Boten aus, diese fliegen zu den Menschen. Und es gibt Riesentiere, die mit der Spinne Kriege führen, doch sie können sie nicht besiegen.

Der Gott *Cagn* wurde von den Dornenmenschen getötet, die Ameisen fraßen seinen Leichnam auf. Doch die Knochen wuchsen wieder zusammen, und der Gott erstand zu neuem Leben. Seine Tochter heiratete einen Schlangenmann, seither sind auch die Schlangen dem Gott *Cagn* untertan.

Viele Menschenstämme hatten die Spinne als Schutztier, andere hatten die Schlange als Beschützerin. Wenn Spinnenmenschen sich mit den Schlangenmenschen verheiraten, dann ist ihre Ehe sippenexogam. Denn es darf nicht innerhalb der Sippe geheiratet werden. Die Schutztiere können dies nicht gutheißen.

(Buschmänner; MdV III, 252f)

4. Der Gott Gamab

Dieser Gott herrschte über die vielen göttlichen Wesen und Geister. Denn er hat die Welt der Menschen eingerichtet, er hat die Wälder und die Wildtiere geschaffen. Doch er lebt über den Sternen als großer Jäger. Mit seinen Pfeilen tötet er die Menschen, die er sich aussucht. Dann müssen ihre Seelen in tiefe Abgründe und Schluchten gehen. Von da unten können sie später in die göttliche Welt hinaufsteigen. Dann ruhen sich die Seelen der Toten im Schatten des großen »Himmelsbaumes« aus.

Die Toten haben fortan die Gestalt von Greisen, doch sie haben genug zum Essen, denn die Lebenden bringen ihnen viele Opfer dar. So müssen sie nicht mehr jagen, und sie brauchen keine Kinder mehr zeugen und aufziehen. Doch die Seelen der früh verstorbenen Kinder kommen sofort zum Himmelsgott *Gamab*, sie dürfen unter seinem großen Himmelsbaum verweilen.

(Damara-Stämme; MdV III, 252)

5. Die großen Götter

Der Gott *Tsui-Goab* hat die Gestalt eines Zauberers, er kann mit seinen Gedanken und mit seinen Worten kraftvolle Dinge tun. Ihm zur Seite steht der Gott des »großen Baumes«, er zeigt den Menschen die Technik der Jagd, damit sie überleben können. Der große Zaubergott wohnt im roten Himmel, er schickt den Menschen den Regen, die Gewitter und den Donner. Er trägt den Namen »Wunde am Knie«, denn er hat sich beim Kampf verletzt.

Sein Gegenspieler ist der Gott *Gaunab*, der Herrscher über die Seelen der Toten. Bei einem Kampf hat er dem Gott *Tsui-Goab* eine Wunde am Knie zugefügt, doch der große Zaubergott ist im Kampf der Sieger geblieben.

Der Gott *Heitsi-Eibib* wurde von einer heiligen Kuh geboren. Er ist der Erschaffer des Busches und der Vorfahre aller Buschmänner. Auch er schützt die Jäger und zeigt ihnen die Techniken der Jagd und der Fallen. Als Magier kann er die Krankheiten heilen. Doch wie der Mond muß auch er sterben, doch er steht wieder zum Leben auf. In den Wäldern kämpft er gegen die bösen Dämonen und besiegt sie.

Dann gibt es den Gott des Mondes, er schickt zu den Menschen die Leprakrankheit, die ihre Haut befällt. Diese Krankheit sollte den Menschen die Unsterblichkeit bringen, weil sich die Haut erneuert. Doch sie hat ihnen den Tod gebracht, und seither müssen die Menschen sterben.

(Hottentotten; MdV III, 252f)

6. Der Schöpfergott Unkulunkulu

Unkulunkulu hat die Welt der Menschen geschaffen, in der sie gut leben können. Er heißt der »sehr Alte« und ist der Urahn des Menschengeschlechtes. Von ihm stammen alle Sippen und Stämme ab. Vom höchsten Himmelsgott hat er die Kraft empfangen, die Menschen zu erschaffen. Er ließ aus der Erde, die sein Bett war, das Schilfrohr wachsen. Die Menschen konnten damit ihre Hütten bauen. Er hat ihnen die Techniken der Kultur gebracht. So zeigte er ihnen, wie man Felder anlegt, wie man Werkzeuge herstellt, wie man die Waffen fertigt. Dann hat er ihnen die Riten gegeben, die sie ausführen müssen. Und er hat ihnen die Kleider und die Hütten übergeben. Zuletzt freilich hat er ihnen den Tod geschickt. Seither ist das Leben der Menschen kurz. (Kaffern-Stämme; MdV III, 254)

7. Das göttliche Chamäleon

Der höchste Schöpfergott schickte aus dem Götterhimmel das Chamäleon zu den Menschen. Es sollte den Menschen die göttliche Botschaft des Lebens überbringen. Doch das Chamäleon war sehr langsam auf seinem Weg zu den Menschen, es spielte unterwegs mit anderen Tieren. Und es kam sehr spät bei den Menschen an.

Inzwischen schickte aber der Himmelsgott *Unkulunkulu* die Eidechse zu den Menschen, sie sollte ihnen die Todesbotschaft überbringen. Nun war die Eidechse schneller bei den Menschen als das Chamäleon, sie hatte sich nicht verspielt. Die Menschen nahmen die Todesbotschaft an, und sie müssen seither sterben.

Als das Chamäleon mit der Lebensbotschaft bei den Menschen ankam, da hatte die Todesbotschaft schon die Herrschaft ergriffen. Nun müssen die Menschen sterben, und das Chamäleon trägt die Schuld daran.

(Zulu, Xosa, Kaffern; MdV III, 254)

8. Der Himmelsgott Tilo

Tilo war der Herr des Himmels. Er schickte den Menschen die Regen und die Gewitter. Und er sprach zu ihnen im gewaltigen Donner. Er schickte ihnen den Blitz, und so gab er ihnen das Feuer. Er war auch für die Geburt von Zwillingen verantwortlich, die die Menschen fürchteten. Sie hießen »Kinder des Himmels«. Allerdings schickte er den Kindern auch die Krämpfe und viele Krankheiten.

Als sich die Erde vom Wasser getrennt hatte, war das Chamäleon das erste Lebewesen auf der Erde. Es mußte im Schlamm gehen, deswegen ist es sehr träge geworden. Und es braucht lange Zeit, bis es seine Botschaften zu den Menschen bringt. Doch es ist ein mächtiges Tier, die Menschen verehren es mit vielen Riten. (Bantu-Stämme; MdV III, 254)

9. Der Held Lituoloneh

Es lebten die Menschen gut auf der Erde. Da kam ein gefräßiges Wildtier und hatte alle Menschen aufgefressen. Nur eine alte Frau war übrig geblieben, denn sie hatte sich gut versteckt. Sie wurde ohne einen Mann schwanger und gebar einen Sohn. Den nannte sie *Lituoloneh.* Dieser wurde schon am Tag nach seiner Geburt ein erwachsener Mann. Er fragte nun seine Mutter nach den anderen Menschen. Die Mutter erzählte ihm, daß das Ungeheuer *Kammapa* die Menschen gefressen hatte.

Da nahm der Held ein großes Buschmesser und begann den Kampf gegen das Ungeheuer. Nun wurde der Held von dem wilden Tier verschlungen. Doch da er ein Buschmesser hatte, konnte er von innen den Bauch des Tieres aufschlitzen. Im Bauch waren alle Menschen versammelt, die das Tier verschlungen hatte. So konnte er die Menschen befreien.

Die Menschen freuten sich über diese Rettung. Doch vor dem Befreier hatten sie Angst, denn der hatte keinen Vater, er war allein aus einer Frau geboren worden. Er hatte nie die Spiele der Kinder erlebt, da er an einem einzigen Tag erwachsen wurde. So verfolgten sie diesen Helden, der sie befreit hatte. Sie waren sehr undankbar, sie warfen ihn in einen tiefen Graben, doch er konnte ihnen entkommen.

(Bantu-Stämme; MdV III, 254f)

10. Die Helden der Vorzeit

Es gab viele Helden der Vorzeit, die große Taten vollbrachten. Jeder wurde auf wundervolle Weise geboren und war sehr schnell erwachsen. Sie alle mußten gegen Riesen und wilde Tierungeheuer kämpfen. Doch sie blieben immer die Sieger, da sie über magische Kräfte verfügten. In der eigenen Sippe waren diese Helden nicht beliebt, da sie größer und stärker waren als die anderen Menschen. In ihnen waren göttliche Kräfte, so konnten sie viel Böses von den Menschen fernhalten. Sie zeigten den Menschen die Techniken der Kultur, die Werkzeuge der Arbeit, die Kunst der Jagd, die Fallen und die Werkzeuge des Krieges. Sie sind voller List und können so ihre Gegner täuschen. So sind sie die Vorbilder für die Krieger bei den Menschen.

(Bantu-Stämme; MdV III, 255)

11. Der erste Mensch Mukuru

Mukuru war der erste Mensch, von ihm stammen alle Häuptlinge der Menschen ab. Er hat den Menschen die Güter der Kultur gebracht. So zeigte er ihnen, wie man aus Gras die Hütten baut. Und er leitete sie an, Früchte in der Erde zu pflanzen. Er lenkte ihre Hand, so daß sie Werkzeuge herstellen konnten. Dann gab er ihnen die Riten des Lebens und die Gesetze. So konnten die Menschen gut miteinander leben, und sie waren glücklich und zufrieden.

(Herero-Stämme; MdV III, 255f)

12. Der Besuch im Himmel

Der Himmelsgott *Ngai* schickte den Menschen den Regen und die Gewitter, so konnten die Felder wachsen und die Früchte gedeihen. Die Erde wurde von der Göttin *Neiterogot* beschützt, daß keine bösen Dämonen sie verwüsteten. Nun gab es auf der Erde den jungen Mann *Kintu*, in ihn verliebte sich eine Tochter des Himmels. Sie setzte bei ihrem Vater durch, daß der Menschenmann sie im Himmel besuchen durfte.

Die Tochter wollte ihn heiraten, aber der göttliche Vater forderte von dem jungen Mann viele Prüfungen, bevor er der Heirat zustimmen wollte. *Kintu* mußte viele Prüfungen bestehen, wie sie auch bei den Menschen üblich sind. Als er alle Prüfungen bestanden hatte, gab der Vater die Einwilligung zur Hochzeit.

Nun zog die Himmelstochter mit ihrem Bräutigam auf die Erde hinab, sie wollte dort wohnen. Und sie brachte viele Güter als Hochzeitsgeschenke mit, nämlich die Haustiere und die Pflanzen der Felder. So lernten die Menschen die Viehzucht und den Feldbau.

Der Vater sagte dem jungen Paar, sie sollten nie mehr in den Götterhimmel zurückkehren, denn dann könnte der Todesgott da sein. Dieser war nämlich bei der Hochzeit des Paares nicht dabei.

Nun kamen die beiden auf die Erde, da fiel dem *Kintu* ein, daß er die Getreidekörner für seine Haustiere im Himmel vergessen hatte. Die Himmelstochter beschwor ihn, nicht mehr in den Himmel zurückzukehren. Doch es half nichts, er kehrte in den Himmel zurück, um seine Getreidekörner zu holen. Da traf er den Todesgott, dieser erfuhr von der Hochzeit. Da folgte der dem *Kintu* auf die Erde. Er stellte sich bei seinem Haus auf und tötete alle Kinder, die die Himmelstochter gebar. So war der Tod auf die Erde gekommen.

(Massai-Stämme; MdV III, 256f)

13. Die Erschaffung der Menschen

Der Gott *Nzame* erschuf den ersten Menschen, er nannte ihn *Fam*. Dieser war ausersehen, über die ganze Schöpfung, über die Wälder und die Tiere darin zu herrschen. Doch der erste Mensch *Fam* wurde in seiner Herrschaft übermütig, er lehnte sich gegen den Schöpfergott auf und war diesem ungehorsam. Da wurde der Gott zornig und vernichtete die ganze Erde.

Nun mußte der Gott *Nzame* einen zweiten Menschen erschaffen, er tat es und nannte ihn *Sekumeh*. Dieser ist der Vorfahre der heutigen Menschen, er war ein Mann. Dieser Mann formte sich aus einem Baumstamm eine Menschenfrau. Dann paarte er sich mit ihr und hatte viele Kinder. Die erste Frau aber nannte er *Mbongwe*, doch viele ihrer Kinder wurden krank. Die Menschen sagen, der frühere Mensch *Fam* sei in einem Erdloch eingeschlossen worden, und von dort schicke er die Krankheiten auf die Erde.

Nun begab sich der Himmelsgott *Nzame* auf die Erde hinab. Da traf er eine schöne Menschenfrau namens *Mboja*. Er verliebte sich in sie und paarte sich mit ihr. Beide hatten einen Sohn, den nannten sie *Bingo*. Nun waren beide Eltern eifersüchtig um die Liebe des Kindes. Im Zorn stürzte der Himmelsgott seinen Sohn auf die Erde. Doch dieser wurde von einem alten Mann aufgefangen und erzogen.

Nun suchte die Mutter überall das Kind, sie konnte es nicht finden. Auch der göttliche Vater suchte es und fand es nicht. Denn der alte Mann war ein Zauberer, er verbarg das Kind in einer Baumhöhle, dann unter der Erde. So konnte das Kind nicht in den Himmel der Götter zurückgeholt werden. Als der Sohn erwachsen war, da brachte er zu den Menschen alle Güter der Kultur. Er schenkte ihnen die Haustiere, dann die Feldpflanzen, dann die Werkzeuge für die Arbeit. Er zeigte ihnen, wie man Hütten baut. Und er übergab ihnen die Riten, um die Götter zu ehren. Zuletzt gab er ihnen die Gesetze, damit sie gut miteinander leben konnten.

(Bantu-Völker; MdV III, 257f)

14. Die Kulturbringer

Njiko war der Sohn des höchsten Himmelsgottes, doch er hatte die Gestalt einer Spinne. Er verliebte sich in seine Mutter und paarte sich mit ihr. Als sein Vater dies sah, da wurde er zornig und verjagte ihn aus dem Götterhimmel. Nun kam der Gottessohn auf die Erde und verriet den Menschen viele Geheimnisse seines Vaters. Er zeigte ihnen, wie man aus Stein Feuer schlagen konnte, wie man die Giftprobe macht, wie man die Fangnetze für die Jagd knüpft, wie man Kleider webt und wie man die Beschneidung vollziehen muß. So kam das geheime Wissen des höchsten Himmelsgottes zu den Menschen.

Einmal erschien der Gott *Bumba* dem Menschen *Kerikeri* im Schlaf. Er zeigte ihm, wie man aus Steinen das Feuer schlägt. Doch *Kerikeri* behielt das Geheimnis für sich. Er schlug Feuer und verkaufte die Glut an die Menschen, damit sie ihre Speisen kochen konnten. Nun wollte die Königstochter *Muschanga* von *Kerikeri* das Geheimnis des Feuers erfahren. Daher wurde sie seine Geliebte. Als die Nacht anbrach, da ließ sie alle Feuer im Dorf auslöschen.

Als sie zu *Kerikeri* ins Bett stieg, da konnte sie sich nicht mit ihm paaren, denn es war kalt und sie fror. Da bat sie ihn, Feuer zu schlagen, damit ihr Körper für die Liebe warm werde. Da er sie begehrte, schlug er schnell das Feuer, und sie liebten sich. Nun hatte aber die Königstochter gesehen, wie man das Feuer schlug. Sie gab das Geheimnis ihrer Familie weiter. So kam das Feuer vom Himmel zu den Menschen und verbreitete sich dort durch die List einer Frau.

(Bantu-Völker; MdV III, 258f)

15. Wie der Tod kam

Der höchste Himmelsgott hatte den ersten Menschen zwei Bündel als Geschenke angeboten. Sie durften zwischen den zwei Geschenken wählen. Im ersten Bündel waren die Perlen, die Messer und die Armringe. Im zweiten Bündel war die Unsterblichkeit. Nun stürzten sich die Menschenfrauen auf die Perlen und die Ringe, die Unsterblichkeit ließen sie liegen. So kam der Tod zu den Menschen, beide Geschlechter müssen sterben. Doch vorher können sie sich schmücken.

Andere erzählen, daß die ersten Menschen unsterblich waren. Denn sie wechselten wie Schlangen ihre Haut und verjüngten sich wieder. Nur durfte niemand beim Wechseln der Haut von anderen gesehen werden. Da war eine alte Frau, die war sehr langsam beim Wechseln der Haut. Sie wurde von ihrer Nachbarin gesehen, als sie die neue Haut überzog. Damit wurde ein Tabu gebrochen, und von jetzt an mußten alle Menschen sterben.

Andere sagen, ein Himmelsgott habe die ersten Menschen unsterblich erschaffen. Er gab ihnen ein Tabu: Wenn ihr Kind sterben sollte, dann sollten sie es nicht begraben. Sie sollten es auf die Erde legen und auf seine Rückkehr warten, er werde es wieder zum Leben erwecken. Nun starb tatsächlich ein Kind, und der Gott war lange Zeit weggeblieben. Da glaubten die Menschen nicht mehr an sein Versprechen, und sie begruben das Kind in der Erde. Nun kehrte der Gott zurück und sah den Ungehorsam der Menschen. Er bestrafte sie, indem er nun den Tod zu ihnen brachte. Nun müssen alle Menschen sterben, nur die Götter sind unsterblich. (Lolo, Bakongo; MdV III, 259)

16. Der Hochmut der Menschen

Die ersten Menschen waren neugierig, sie wollten wissen, wie der Mond beschaffen sei. Denn er leuchtete ihnen in jeder Nacht, bald mehr, bald weniger. Da steckten sie eine lange Stange in die Erde und stampften sie fest. Dann stieg ein Kletterer auf die Stange und befestigte mit Schnüren eine weitere Stange. Dann stieg er wieder höher und befestigte die nächste Stange. So kam er immer höher und dem Mond immer näher.

Doch da brachen die Stangen zusammen, sie erschlugen die ersten Menschen. Nun mußte der Himmelsgott erneut die Menschen erschaffen. Diese aber waren weniger neugierig als die ersten es waren. (Bambala-Stämme; MdV III, 259)

17. Die Gottessöhne

Der höchste Himmelsgott hatte drei Söhne. Der eine hatte weiße Hautfarbe, der zweite war schwarz, und der dritte war ein Gorilla-Affe. So waren die Menschen und die Tiere Geschwister. Nun war der schwarze Sohn zum göttlichen Vater ungehorsam. Da zog sich der Gott mit dem weißen Sohn zur Küste des Landes zurück. Dort wohnte er mit ihm, dieser hatte viele Kinder und Enkelkinder. Und er wurde sehr reich.

Auch der Gorillaaffe zog sich in die Wälder zurück, und er lebte dort mit seinen Kindern gut und glücklich. Nur die Kinder des schwarzen Sohnes blieben arm, weil ihr Vater gegen den höchsten Himmelsgott ungehorsam war. Sie wanderten zur Küste, dort sahen sie den Reichtum der weißen Menschen, die dort lebten. Nun hatten sie große Sehnsucht nach dem Glück des Anfangs, als die weißen Menschen und die schwarzen Menschen und die Tiere noch vereint waren. Denn sie alle sind Kinder desselben Himmelsgottes.

(Bantu-Stämme; MdV III, 259f)

18. Die zwei Schutzgötter

Es gibt einen Schutzgott *Juok*, der hat die Welt gestaltet und alle Lebewesen erschaffen. Mit seiner Schöpferkraft ist er in allen Dingen und Lebewesen gegenwärtig. Er ist in den Pflanzen, in den Tieren, in den Steinen und in den Menschen. In ihm ist die Vielheit der Dinge vereint, mit seiner Schöpferkraft bewegt er alles.

Doch ihm zur Seite steht der Gott *Njikang*, er vermittelt zwischen den Menschen und dem großen Schöpfergott. Beide Götter lenken die Menschenwelt und schützen alle Lebewesen.

(Schilluk-Stämme; MdV III, 260)

19. Der erste König

Omara ist der erste Mensch, er ist vom Götterhimmel auf die Erde herabgekommen. Einige sagen, er sei aus einer heiligen Kuh geboren worden, der Himmelsgott habe die heilige Kuh geschaffen. Andere sagen, er sei von einem Krokodil geboren worden, das ein heiliges Tier war.

Nun hatte *Omara* einen Halbbruder, dieser stritt mit ihm um die Würde und die Hoheitszeichen des Königs. *Omara* floh mit den Königszeichen und kam in das Land der Schilluk-Stämme. Diese lebten noch wie wilde Tiere, er mußte sie erst in Menschen verwandeln. So wurden diese Menschen die ersten Untertanen seines Königreiches. Er hatte die Menschen vermehrt, einige hatte er mit der Angel aus dem Wasser gefischt, andere hatte er aus einem riesigen Kürbis wachsen lassen.

Fortan schützt der erste König der Menschen die Felder der Bauern, er schickt ihnen regelmäßig den Regen, damit sie keinen Hunger haben. Er muß gegen die Sonne kämpfen, wenn sie die Felder verdorren läßt. Den Menschen hat er alle Kulturgüter übergeben, er hat ihnen den Ackerbau gezeigt, er hat die Ehen gestiftet, er hat die Sippen vereint, er hat die Verehrung der heiligen Tiere eingesetzt. Dann gab er die Anordnung, daß jeder König nur sieben Jahre lang regieren durfte. Nach sieben Jahren wurde der König bei einem Kultfest erwürgt, seine Seele fuhr im Wirbelsturm auf in den Götterhimmel.

Doch die Kraft des ersten Königs *Omara* lebt in allen nachfolgenden Königen weiter. Jeder muß bei einem großen Fest den Thron besteigen, den *Omara* errichtet hatte. Der König schützt die Fruchtbarkeit der Felder und der Tiere, er leitet die

Riten, er sorgt für die Ordnung der Dinge. So leben die Menschen glücklich und im Frieden, und ihre Felder bringen reiche Ernten.
(Schilluk-Stämme; MdV III, 260f)

20. Die göttlichen Ahnen

Es gibt einen obersten Herrn aller Himmelsgeister, dieser heißt *Njalik*. Dieser wohnt im höchsten Götterhimmel, er hat die Menschen erschaffen und ihnen das Leben gegeben. Den Ackerbauern und den Viehzüchtern schickt er den fruchtbaren Regen. Den Menschen hat er zwei göttliche Ahnen übergeben, nämlich *Deng* und *Aywil*.

Deng brachte den Menschen den fruchtbaren Regen. Doch in einem gewaltigen Unwetter war er von der Erde verschwunden. Und *Aywil* brachte den Menschen die Riten, mit denen sie die Götter verehren sollten. Und er zeigte ihnen die Technik der Ekstase, mit der sie den Göttern sehr nahe kommen konnten. Dann übergab er ihnen die Gebete und die Gesänge, die sie zu den Göttern schicken sollten. Sie sollten die Ahnen anrufen, denn diese tragen ihre Gebete zu den Göttern.

Nun gerieten die Söhne des *Aywil* in einen wilden Streit mit den Söhnen des *Deng*. Sie trennten sich und bildeten fortan zwei verschiedene Stämme. Die einen rufen den Himmelsgott an, wenn sie den Regen brauchen. Die anderen beten zur Erdgöttin, daß ihre Felder und Tiere fruchtbar werden. Die ersten glauben an die männliche, die zweiten an die weibliche Lebenskraft.
(Dinka-Stämme; MdV III, 261)

21. Der Hund als Kulturbringer

Der Hund war bei den Menschen ein heiliges Tier, denn er wurde von den Göttern im Himmel auf die Erde geschickt. So brachte er zu den Menschen das Feuer mit, damit sie sich wärmen und ihre Speisen kochen können. Zuerst gehörte das Feuer nämlich der Schlange und dem Regenbogen. Nun war beim Regenbogen die große Feuerstelle, sie war streng bewacht.

Doch da hielt der Hund seinen Schwanz in das Feuer, er begann zu brennen. Da warf sich der Hund mit dem brennenden Schwanz in das dürre Gras, dieses begann zu brennen. Es entstand ein großer Buschbrand auf der Erde, doch die Menschen konnten einige Feuerflammen einfangen und bei ihren Dörfern aufbewahren. Nun hatten sie das Feuer, und sie waren dem Hund sehr dankbar, der es ihnen gebracht hatte.

Seither verehren die Menschen den Hund mit vielen Opfern und Gebeten. Doch wenn sie ihm zu wenige Opfer bringen, dann schickt er ihnen die Trockenheit und die vielen Krankheiten. Nun hatte der höchste Himmelsgott den Hund beauftragt, den Menschen die Unsterblichkeit zu bringen. Als der Hund bei ihnen ankam und ihnen die Unsterblichkeit versprach, da spotteten die Menschen über den Hund, der ihnen dumm erschien.

Da wurde der Hund sehr zornig und brachte den Menschen den Tod zur Strafe. Er rief laut aus: »Alle Menschen werden sterben. Nur der Mond wird immer leben.« So war es dann auch, der Tod wurde das Schicksal der Menschen. Nur der Mond konnte sich immer erneuern, er wurde klein, und dann wuchs er wieder.

(Nilotische Stämme; MdV III, 261)

22. Die erste Beschneidung

Der höchste Himmelsgott hieß *Amma*. Er schuf sich die weibliche Erde, sie war sehr schön, da heiratete er sie. Nun wollte er sich mit ihr paaren, doch er konnte mit seinem großen männlichen Glied nicht in ihre weibliche Scheide eindringen. Denn bei ihrer Körperöffnung wuchs ein Termitenhügel. Nun nahm der Himmelsgott ein großes Messer und schnitt von der Erde den Termitenhügel ab. Nun war die Öffnung frei, und er konnte sich mit der weiblichen Erde paaren.

Seither tun dies auch die Menschen, sie schneiden den Frauen die Klitoris weg, damit sich die Männer besser mit ihnen paaren können. Dieses Ritual ist ein Opfer an den großen Himmelsgott, der es den Menschen geschenkt hat. Die Menschen wagen nicht, dieses Ritual zu beenden, um nicht den Himmelsgott zu erzürnen. (Dogon-Stämme; MdV III, 262)

23. Der erste Inzest

Aus der Vereinigung des obersten Himmelsgottes mit der weiblichen Erde entstand der Gott *Jurugu*. Er war von wilder Natur und brachte viel Unordnung in die Welt, denn er war ein Gegner seines Vaters. Der Himmelsgott *Amma* paarte sich wieder mit der weiblichen Erde. Dann schickte er den fruchtbaren Regen auf die Erde, und die Felder konnten Früchte und Gras hervorbringen. Nun wurde die Erdmutter schwanger, und sie gebar Zwillingskinder, einen Sohn und eine Tochter. Der Sohn war *Jurugu*, er war wild und ungezügelt.

Da er noch keine Frau gefunden hatte, fiel er über seine Mutter her und paarte sich mit ihr, was der Göttervater verboten hatte. Die Mutter wurde schwanger, aus dieser verbotenen Paarung wurden die vielen bösen Geister geboren. Jetzt war die Erde unrein geworden, und die bösen Geister trieben ihr Unwesen. Sie lebten in den Büschen und in den Wäldern, die Menschen hatten große Angst vor ihnen.

Bei den Menschenfrauen hatte nun die Menstruation begonnen, jeden Monat floß Blut aus ihrem Geschlecht. Doch den Menschen wurde der Inzest streng verboten, denn er schwächte ihre Lebenskraft und machte sie unrein.

(Dogon-Stämme; MdV III, 262)

24. Der Anfang der Kulturgüter

Nach diesem Inzest seines Sohnes führte der Himmelsgott *Amma* das Werk der Schöpfung zusammen mit der Erdmutter weiter. Zunächst formte er aus der Erde die acht Urahnen der

Menschen, vier Frauen und vier Männer. Sie paarten sich und hatten viele Kinder, von ihnen stammen alle Menschenstämme ab.

Dann schickte der Himmelsgott den Menschen den ersten Schmied, der stieg über den Regenbogen auf die Erde herab. Dort entfachte er ein großes Feuer, dann rollte er große Steine zum Feuer und brachte sie zum Schmelzen. Aus den geschmolzenen Steinen fertigte er das Eisen, er formte es zu Schwertern und hämmerte Lanzen und Schilde. Nun hatten die Menschen die Waffen und konnten sich gegen die Feinde verteidigen. Dann gab er ihnen die Gesetze und das Königtum, damit war das große Werk der Schöpfung abgeschlossen.

(Dogon-Stämme; MdV III, 262)

25. Das göttliche Königreich

Zuerst war da der Wassergeist *Domfeh*, der brachte vom Götterhimmel den Wind, den Regen und die Getreidekörner auf die Erde. Nun konnten die Menschen Felder anlegen und die Getreidekörner säen. Sie ernteten das Getreide und schufen sich Vorräte, dann bauten sie kleine Dörfer und befestigten sie. Sie stellten Wachen auf, damit niemand ihre Kornfelder plündern und zerstören konnte.

Dann schickte der Wassergeist den ersten Schmied vom Götterhimmel auf die Erde hinab. Der zeigte den Menschen, wie man große Steine im Feuer schmelzen konnte. Und er schmiedete aus den geschmolzenen Steinen die Waffen. Dann schmiedete er eine Eisenspitze für den Pflug, nun konnten die Menschen die Erde umpflügen.

Dann richtete der Himmelsgott auf der Erde ein Königreich ein. Er erschuf vier Brüder, die sollten sich die ganze Erde teilen. Nun wählte sich jeder der vier Brüder einen Ort aus, wo er als König herrschen konnte. Der erste Sohn wählte ein Land, wo es das Eisen gab. So wurde er der erste Schmied, er formte viele Waffen und stellte ein Heer von starken Kriegern auf.

Der zweite Sohn wählte das große Weideland, wo es viele Rinderherden gab. Er wurde ein großer Rinderhirt und baute für seine Sippen große Zelte. Seine Herden führte er auf die besten Weiden. Von der Milch und vom Fleisch der Tiere konnten die Menschen leben. Doch sie mußten die Rinderherden bewachen, damit fremde Stämme sie nicht rauben konnten.

Der dritte Sohn wählte ein Land, wo es viele gewebte Stoffe und Stoffballen gab. Er lernte, wie man aus den Pflanzen Fäden herstellt, wie man die Fäden zu Stoffen verwebt. Seine Sippen hatten schöne Kleider, die sie an fremde Stämme verkauften. Sein Königreich war voll mit Händlern, alle lebten in Glück und Reichtum.

Der vierte Sohn erhielt von seinem Vater einen Königspalast, aus Stein und Ziegeln erbaut, mit Gold und Silber verziert. In diesem Palast durfte er mit seiner Sippe wohnen. Und er herrschte über die drei anderen Brüder, denn er war der oberste König geworden. So gab es in seinem großen Königreich viele Krieger und Schmiede, viele Viehherden und Hirten, viele Weber und Händler. Das große Königreich konnte gedeihen, denn es waren viele Schätze vom Himmel auf die Erde herabgekommen. (Kurumba, Massai-Stämme; MdV III, 262f)

26. Die Anfänge der Welt

Am Anfang war ein großer Wirbelsturm, aus der »Stimme des Leeren« wirbelten viele Wörter. Im Wirbelsturm war der große Urgeist, er ließ eine kleine Kugel auf die Erde fallen. Aus dieser Kugel wuchsen der erste Baumstumpf und das Wasser. Nun wurde der Baumstumpf mit Leben erfüllt, er bewegte sich und knetete die Erde, die er mit Wasser vermischte. Aus der weichen und gekneteten Erde formte er die erste Menschenfrau. Diese Frau gebar aus eigener Kraft alle Tiere, dann die Pflanzen und dann die Menschen.

Nun ordnete der Baumstamm (*Pemba*) die ganze Welt. Er hatte eine Frau, diese bat er, sie möge ihn in den Erdboden pflanzen. Sie tat dies, und er wuchs zu einem großen Baum empor. Ja, er wurde zum König aller Bäume. Da er der Schöpfergott war, wollte er sich nun mit allen Menschenfrauen paaren, die auf der Erde geboren wurden. Als er sich mit seiner Frau paaren wollte, da verletzte sie sich an den Ästen und Dornen seines Stammes. Sie war voll Eifersucht auf die anderen Frauen, die sich mit *Pemba* paarten. Auch bei den Menschen hatten nämlich die Männer mehrere Frauen. (Bambara-Stämme; MdV III, 263)

27. Die Einsetzung der Riten

Da sich die Frau des Baumgottes *Pemba* bei der Paarung an seinen Dornen verletzt hatte, ordnete sie bei den Menschen die Beschneidung der Geschlechtsteile an. Die Männer mußten an der Vorhaut des Penis beschnitten werden, die Frauen aber an den Schamlippen und an der Klitoris. Das war ein Opfer an die Schutzgötter, es sollte den Menschen Glück und langes Leben bringen.

Dann hatte der Gott *Pemba* bei den Menschen die Blutopfer eingesetzt. Sie mußten ihm Tiere und ab und zu Mitmenschen zum Opfer bringen. Damit sollte seine Kraft gestärkt werden. So wuchs seine Macht ständig an. Doch da war der Gott *Faro*, der konnte das nicht hinnehmen. Er wurde ein Gegner des Gottes *Pemba*. *Faro* war nämlich der Schutzgott der Wasser, er hatte die Wasserpflanzen und die Wassertiere geschaffen, und er herrschte über sie. Nun begann er einen langen Kampf gegen den Baumgott *Pemba*, er überwältigte ihn und riß ihn aus seinen Wurzeln. Dann tötete er ihn. So war der Wassergott der Sieger geblieben. (Bambara-Stämme; MdV III, 263f)

28. Die Neuordnung der Welt

Nachdem der Wassergott den Baumgott getötet hatte, da begann er die ganze Welt neu zu ordnen. Dabei folgte er seinem weisen Wort, das er sprach. Er führte alle Lebewesen in Gruppen zusammen, damit sie sich besser verteidigen konnten. Den Menschen gab er das Getreide, und er zeigte ihnen, wie man die Felder anlegt und wie man die Fruchtbäume pflanzt. Von nun an mußten die Menschen nicht mehr jagen und nicht mehr hungern, es begann für sie eine glückliche Zeit.

Dann erschuf der Wassergott die Geistwesen, die in den Wäldern und in den Seen wohnten. Sie waren seine Vertreter bei den Menschen. Doch diese hatten große Angst vor den Geistwesen, denn sie konnten ihnen Unglück und Krankheit bringen. Nun war die ganze Welt neu geordnet, die Menschen und die Tiere konnten gut miteinander leben.

(Bambara-Stämme; MdV III, 263)

29. Der Kampf der Geistwesen

Zuerst erschuf der Himmelsgott die *Zin*, das waren die Geister der Erde, des Wassers, der Steppen und der Winde. Dann erschuf er die *Holey*, das waren Wesen, die den Menschen ähnlich waren. Auch sie bildeten Sippen und Stämme, sie herrschten über den Ackerboden und waren Menschenfresser. Die Menschen mußten ihnen viele Opfer bringen, auch Menschen mußten geopfert werden. Es war eine grausame Zeit.

Nun begann ein großer Krieg zwischen den *Zin* und den *Holey*. Beide Gruppen waren stark, denn sie verfügten über magische Kräfte. Auch der Sohn eines Fischers beteiligte sich an dem Kampf, denn er hatte von einer Geistermutter magische Kräfte erhalten. Damit wurden aber auch die anderen Menschen in den Kampf der Geistwesen hineingezogen.

Nun gelang es dem Fischer mit seinen magischen Kräften, den Wassergeist und die Wassertiere zu fangen. Der Krieg der Geistwesen ging weiter, bis sich der Geist des Donners durchsetzen konnte. Er stieg zum obersten Herrscher der Götter und der Geister auf. Den Menschen zeigte er die Initiationsriten und die Beschneidung, er setzte die Opfer ein. Nun war die Ordnung der Welt wiederhergestellt, und den Menschen ging es gut. (Songhai-Stämme; MdV III, 263f)

30. Die Hirten und Handwerker

Am Anfang war der große Wassergott, der hatte den Menschen die Kühe und die Rinder geschenkt. Nun war da ein Affe, der hatte die erste Kuh gestohlen. Er hatte sie mit einem Riemen aus Leder an seiner Höhle festgebunden. Der Affe war nämlich ein Schmied, er konnte aus Steinen das Eisen schmelzen.

Nun kam ein Menschenmann vom Stamm der *Ful* bei der Höhle vorbei. Er sah die Kuh, er streichelte sie und molk ihre Milch. Dann forderte er vom Affen die Kuh zurück. Er schor dem Affen die Haare und stutzte seinen Schwanz. Da verwandelte sich der Affe in einen Menschen. Dieser Affenmensch nahm nun am Menschenmann die erste Beschneidung vor, er schnitt ihm die Vorhaut seines Penis ab.

Nun floß das Blut der beiden Männer zusammen, sie schlossen ein Kriegerbündnis. Die Hirtenstämme der *Ful* schlossen ein Bündnis mit den Schmiedehandwerkern der Affenmenschen. Diese hatten die Affen als ihre Schutztiere, daher trugen sie ihre Namen. Beide Stämme versprachen, den Krieg zu meiden, und sie lebten friedlich zusammen.

Doch sie durften sich nicht gegenseitig heiraten, so holten sie ihre Ehepartner immer von fremden Stämmen. Sie feierten gemeinsame Riten und hatten ein Kriegerbündnis geschlossen. Bei den Riten beschimpften sie sich gegenseitig, aber sie erzürnten dabei nicht. (Ful-Stämme; MdV III, 264)

31. Die ersten Kulturbringer

Im Lande *Igara* herrschte der König *Edigeh*. Er verliebte sich in die Tochter eines Häuptlings in seinem Land. Da paarte er sich mit ihr, sie wurde schwanger und brachte einen Sohn zur Welt. Der hieß *Tsoede*. Der Vater schenkte dem Sohn vor seiner Abreise einen Ring mit magischer Zauberkraft. Als der Sohn erwachsen war, da wurde er nach altem Vasallenbrauch als Diener an den Hof des Königs *Edigeh* geschickt. Dieser erkannte seinen Sohn.

Doch auch die anderen Söhne erfuhren nun, daß sie einen Halbbruder hatten. Sie waren böse zu ihm und wollten ihn töten. Deswegen half ihm der Vater zur Flucht. Er gab ihm aber die königlichen Hoheitszeichen mit, damit er einmal ein großer König werden könne. So gelang dem *Tsoede* die Flucht.

Er ging in sein Land und versammelte viele Krieger um sich. Dann kehrte er mit den Kriegern in das Land seines Vaters zurück. Er konnte die Krieger seiner Brüder und auch seines Onkels besiegen. Sein Vater war inzwischen gestorben. Nun wurde *Tsoede* der neue König im Land, und er brachte den Menschen die Schmiedekunst. Nun konnten auch sie Steine zu Eisen schmelzen und aus Eisen gefährliche Waffen herstellen.

Er setzte im Land die Eheregeln ein, jede Sippe mußte beim Abschluß einer Ehe ein Pfand einsetzen. Dieses wurde wieder zurückgegeben, wenn die Ehe beendet wurde. Das war eine weise Regel, und die Menschen waren glücklich. Dann ordnete er die Riten und die Opfer an. Damit die Felder fruchtbar werden, mußten die Menschen an bestimmten Tagen Tiere und Menschen zum Opfer darbringen. So hatte der neue König die Welt neu geordnet. (Sudan-Stämme; MdV III, 264f)

32. Die Götterkämpfe

Am Anfang hatten auch die Götter viele Kriege geführt, ganz wie die Menschen es taten. So kämpften der Regengott und der Fruchtbarkeitsgott einen langen Kampf gegen den Todesgott, der ihr Onkel war. Die Lebensgötter waren stärker, sie blieben die Sieger. Sie brachten nun zu den Menschen das Getreide, sie zeigten ihnen, wie man Felder anlegt und Fruchtbäume pflanzt.

Dann brachten sie den Menschen das Feuer, und sie zeigten ihnen, wie man aus Steinen Eisen schmelzen kann. Zuletzt zeigten sie den Menschen die Heilkräuter und die Kunst des Heilens. Denn die Menschen sollten lange leben und ihnen viele Opfer darbringen. So hatten die Lebensgötter über den Todesgott gesiegt.

(Batta-Stämme; MdV III, 265)

33. Die Herabkunft des Getreides

Der Himmelsgott *Nuba* gab seinem Götterboten *Su* die Getreidekörner, diese sollte er zu den Menschen bringen. Und zwar sollte er die Körner mit einer langen Bambusstange vom Himmel auf die Erde hinablassen. Sobald die Körner auf der Erde angelangt seien, da sollte der Götterbote die Trommel schlagen. Denn dann wußte der Himmelsgott, daß die Körner auf der Erde angekommen waren. Dann wollte er die Bambusstange wieder in den Himmel ziehen, damit die Menschen nicht hinaufklettern konnten. Der Götterbote führte seinen Auftrag aus.

Nun war der Götterbote aber neugierig, wie die Erbsen schmeckten. Als er noch auf der Bambusstange kletterte, da öffnete er den Sack mit den Körnern und kostete die Erbsen. Nun fielen aber einige Erbsen aus dem Sack, sie fielen auf die Trommel, die auf der Erde stand. Als der Himmelsgott die Trommel hörte, da zog er sofort die Bambusstange zum Himmel empor.

Nun stürzte der Götterbote auf die Erde und brach sich ein Bein. Er gab den Menschen die Getreidekörner und zeigte ihnen, wie sie die Felder anlegen und ihre Fruchtgärten bepflanzen sollten. So waren die Menschen zu Ackerbauern geworden.

(Nuba-Stämme; MdV III, 265f)

34. Die Gaben des Himmels

Der höchste Himmelsgott *Wantu-Su* hatte einen Neffen, der hieß *Wantu*. Diesem übergab er die große Trommel, denn sie enthielt alles, was der Himmel besaß. *Wantu* sollte die gefüllte Trommel zu den Menschen bringen. Doch er mußte sich auf einem langen Hanfseil vom Himmel auf die Erde hinablassen. Nach seiner Ankunft auf der Erde sollte er die Trommel schlagen. *Wantu* führte seinen Auftrag aus.

Als er über das Seil auf die Erde kletterte, da kam der Rabe. Der klopfte mit seinem großen Schnabel an die Trommel, die laut erschallte. Da fiel die Trommel dem *Wantu* aus den Händen, sie stürzte zur Erde und zerplatzte. Nun fielen alle Samen und Pflanzen ungeordnet auf die Erde. Auch die Fische waren in der Trommel.

Da kamen die Menschen gelaufen, sie sammelten die vielen Getreidekörner ein und steckten sie in die Erde. Dann pflanzten sie die Fruchtbäume, und die Fische gaben sie in das Wasser. Nun hatten sie genügend zum Essen, sie mußten nicht mehr hungern. Und sie zerstreuten sich über die ganze Erde und bevölkerten diese.

(Sara-Stämme; MdV III, 265)

35. Wie die Tiere zur Erde kamen

Der oberste Himmelsgott hatte zwei Söhne, den *Ngakola* und den *Tere*. Als der Himmelsgott die Menschen formte, da mußte *Ngakola* den Menschen das Leben einhauchen. Und *Tere* mußte ihnen die Tiere und die Samenkörner bringen, damit sie leben konnten. Auch *Tere* ließ sich mit einem Hanfseil vom Himmel auf die Erde hinab. Auch er sollte die Trommel schlagen, wenn er unten angekommen ist.

Nun schlug *Tere* die Trommel aber zu früh, und der Himmelsgott zog das Seil wieder in den Himmel hinauf. Da fielen die Körbe mit den Tieren und mit den Früchten auf die Erde und verstreuten sich ungeordnet über den Boden. Zunächst floß das Wasser auf der Erde, das Leben spenden sollte. Die Erde wurde weich, und die Körner des Himmels begannen zu keimen und zu wachsen. Die Vögel flogen in die Bäume und nisteten dort.

Die Tiere, die auf die Erde gefallen waren, liefen in alle Richtungen auseinander. Doch *Tere* konnte sie wieder einfangen, er übergab sie den Menschen zur Aufsicht. Das waren die Haustiere der Menschen. Die Wildtiere konnte *Tere* nicht mehr einfangen, die mußten die Menschen jagen. Nun hatten die Menschen keinen Hunger mehr, denn sie hatten das Getreide, das Vieh und die Haustiere. Das alles war ein Geschenk des höchsten Himmelsgottes. (Banda-Stämme; MdV III, 265f)

36. Der Schelmengott

Es gab einen Gott *Tule*, der viele Streiche spielte. Zur Hälfte war er in Tiergestalt, zur anderen Hälfte hatte er Menschengestalt. Doch er brachte den Menschen die Kulturgüter. Einmal stieg er in den Götterhimmel empor und spielte den Göttern viele Streiche. Da wollten sie ihn auf die Erde zurückschicken, denn er war ihnen sehr lästig. Doch da bat er die Götter um Verzeihung, und er durfte noch eine Zeitlang im Himmel bleiben. Er wurde in einen Stern verwandelt, der am nördlichen Himmel steht.

Eine alte Frau hatte das Wasser versteckt. Doch *Tule* wußte, wo das Wasser war. Er stahl es der alten Frau und brachte es zu den Menschen. Nun konnten die Menschen und die Tiere trinken, soviel sie wollten. Und sie konnten noch ihre Felder bewässern.

Einmal ging *Tule* in den Götterhimmel, dort traf er den göttlichen Schmied. Der arbeitete am Feuer, da begann *Tules* Lendenschurz zu brennen. Nun rannte *Tule* mit dem brennenden Schurz auf die Erde hinab und legte sich in die Büsche. Nun begannen auf der Erde die Büsche zu brennen. So kam das Feuer zu den Menschen, die sammelten es ein und hüteten es.

Tule zog sich auf einen Baum zurück, er bewachte das Feuer. Wenn die Menschen zwei Holzstücke aneinander reiben, so können sie damit das Feuer neu entfachen. Sie können das Feuer aufwecken, wenn es eingeschlafen ist.

Tule konnte seine Gestalt wechseln. Einmal trat er als Vogelspinne auf, dann wieder in Menschengestalt. Den Menschen ist die Spinne heilig, denn sie sehen in ihr den Kulturbringer *Tule* versteckt. Dieser hat den Menschen das Wasser und das Feuer gebracht, nun können sie die Speisen kochen und die Felder bewässern. Sie leben glücklich und zufrieden zusammen und verehren *Tule* sehr. (Ostsudan-Stämme; MdV III, 265f)

37. Die großen Götter

Der große Himmelsgott hieß *Nyameh*. Er schickte den Menschen den Regen, so daß die Erde fruchtbar wurde. Seine Frau hieß *Asase Ya*, sie war die Göttin der Erde, aus ihr wurden alle Lebewesen geboren. Wenn sie sich mit dem Himmelsgott paarte, dann war bei den Menschen das Gewitter, und die Erde wurde fruchtbar. Beide Götter hatten viele Kinder, sie leben als Geistwesen in den Flüssen, in den Seen, in den Bergen und Wäldern. Einer der Söhne war *Tano*, er schickte den Menschen den Donner. Wenn er mit seiner Axt tanzte, dann zuckten in den Wolken die Blitze.

Nun stritten zwei Göttersöhne um ihr Erbgut. Einer täuschte den göttlichen Vater, der schon blind war. Deswegen erhielt er das fruchtbare Land zum Erbe, während der andere Bruder nur das trockene Weideland zum Erbe erhielt. So trennten sich auch auf der Erde die Ackerbauern von den Hirtennomaden. Überall auf der Erde waren die göttlichen Wesen, sie schützten die Tiere, die Felder und die Menschen. Es ging den Menschen gut, sie hatten genug zu essen, und sie verehrten ihre Schutzgötter. Sie brachten ihnen Opfer dar und baten sie um ein gutes und langes Leben. (Aschanti-Stämme; MdV III, 266)

38. Die göttliche Spinne

Die göttliche Spinne hieß *Ananse*. Sie konnte lange Fäden ziehen und diese verweben. So wob sie mit einem langen Faden

den Körper der ersten Menschen. Dann kam der oberste Himmelsgott *Nyameh*, der hauchte dem gewobenen Körper das Leben ein. So begannen die ersten Menschen zu leben, es waren Männer und Frauen. Sie waren das Werk der Spinne und des Himmelsgottes. Die Menschen paarten sich und hatten viele Kinder, sie vermehrten sich rasch. Und sie verehrten fortan die Spinne als heiliges Tier.

Einmal verkleidete sich die Spinne als Vogel. Und sie formte und wob gegen den Willen des Himmelsgottes die Sonne, den Mond, die Sterne, den Tag und die Nacht. Die Spinne trägt die Klagen der Menschen zu den Göttern empor, und sie bringt den Menschen die Botschaften der Götter. Oft klagen die Menschen, daß ihnen die Arbeit auf den Feldern zu schwer sei. Sie baten um längere Pausen zum Ausruhen. Da erschuf die Spinne die Nacht, nun konnten die Menschen lange ruhen und schlafen.

Dann klagten die Menschen über die lange Dunkelheit in der Nacht. Da schuf der Himmelsgott den Mond, der nun sanftes Licht auf die Erde schickte. Danach klagten die Menschen über die große Kälte. Da erschuf ihnen der Himmelsgott die mächtige Sonne, sie vertrieb die Kälte der Nacht und brachte ihnen Licht und Wärme.

Nun brannte die Sonne mit ihren Strahlen den Ackerboden aus, es konnte nichts mehr wachsen. Da bat die göttliche Spinne, der Himmelsgott möge den Regen schicken. Nun kam der Regen, der löschte alle Buschfeuer aus. Doch es regnete zu lange, und die Erde wurde überflutet. Wieder rief die göttliche Spinne zum Himmelsgott, er möge den Regen beenden. Der Gott erhörte sie, er ließ den Regen aufhören. Dann schuf er die Flüsse und die Seen, wo sich das Wasser sammeln konnte und wo es abfloß.

Am sechsten Tag seiner Arbeit stieg der Himmelsgott auf die Erde hinab, um sich die Arbeit anzusehen. Da klagten die Menschen schon wieder über den heißen Steppenwind, der die Pflanzen vertrocknen ließ. So beendete er den Steppenwind und schickte ihnen den kühlen Wind von den Bergen. Dann kehrte er schnell in den Himmel zurück, denn er wollte sich nicht ständig die Klagen der Menschen anhören.

(Aschanti-Stämme; MdV III, 266ff)

39. Die Hochzeit des Sonnengottes

Ananse war ein listiger Gott, er hatte die Gestalt einer riesigen Spinne. Er war ein großer Verführer, es gelang ihm sogar, eine Tochter des höchsten Himmelsgottes zur Liebe zu verführen und sie zu heiraten. Nun konnte der Himmelsgott die Bitten seines Schwiegersohnes nicht ablehnen. Doch dieser war keck und kam mit immer neuen Bitten zum Himmelsgott. Da wurde dieser zornig und vertrieb den *Ananse* aus dem Himmel der Götter.

Er schickte ihn auf die Erde und setzte ihn bei den Menschen als ersten König ein. Da *Ananse* aus dem Himmel kam, brachte er den Menschen viele Geschenke des Himmels mit. So brachte er ihnen die Getreidekörner und die Hacke, damit sie die Erde umgraben konnten. Er zeigte ihnen, wie man die Erde umgräbt und wie man die Getreidekörner aussät. Dann zeigte er ihnen, wie man die Felder bewässert und wie man das Getreide erntet. Nun konnten die Menschen gut leben, denn sie hatten einen König, der vom Himmel kam. Sein Schutztier war die Spinne, die die Menschen als heiliges Tier verehrten.

(Aschanti-Stämme; MdV III, 267f)

40. Die Götterzwillinge

In der ganzen Natur lebten viele Geistwesen und Dämonen. Sie waren in den Wäldern, auf den Bergen, in den Wassern und in der Erde zu Hause, doch die Menschen konnten sie nicht sehen. Da war auch das göttliche Zwillingspaar *Mahu* und *Lisa*. *Mahu* ist die weibliche Urkraft, aus der alles Leben geboren wird. Sie herrscht über die Erde, den Mond und die

Fruchtbarkeit. *Lisa* ist die männliche Kraft, die das Leben zeugt. Sie herrscht über den Himmel, die Sonne und die Krieger. Nun sind diese beiden göttlichen Zwillinge gleich stark. Daher ist in der Welt alles im Gleichgewicht, nämlich der Himmel und die Erde, der Tag und die Nacht, die Arbeit und die Ruhe.

Niemand darf dieses Gleichgewicht stören. Die beiden göttlichen Zwillinge ergänzen sich, sie leiten das Leben der Menschen.

(Fon-Stämme; MdV III, 267f)

41. Der Göttersohn Dan

Das göttliche Zwillingspaar hatte einen Sohn, der hieß *Dan*. Er war für den Kreislauf des Lebens verantwortlich, denn er konnte viele Formen und Gestalten annehmen. So war er im Regenbogen, der die ganze Erde umschlang. Im Regenbogen war auch die göttliche Schlange, die sich in den Schwanz biß. So hielt der Gott *Dan* die ganze Erde zusammen. Nun wurde aber die Erde in viele Länder geteilt, über jedem Land regiert ein Verwalter mit seiner Sippe. So können die Menschen gut zusammenleben. Diese Verwalter heißen *Wodun*, sie tun ihre Arbeit im Auftrag des Gottes *Dan*. Es gibt auch im Himmel Verwalter der Länder, sie schicken den Blitz auf die Erde und geben den Menschen das Schicksal.

Nun lebt auf der Erde die große Göttin der Erde und der Fruchtbarkeit. Sie straft die bösen Menschen für ihre Vergehen und bringt ihnen viele Krankheiten. Dann gibt es noch den Gott des Donners und des Blitzes, er hat den Menschen die Steinaxt geschenkt, mit der sie Bäume fällen können. Im Feuer lebt der mächtige Feuergott, und im Meer regiert der wilde Meeresgott. Der Donnergott schickt den Menschen den Regen, damit ihre Früchte gedeihen und sie keinen Hunger leiden müssen. Sie verehren diesen Gott in besonderer Weise.

(Dahomey-Stämme; MdV III, 268)

42. Die Erschaffung der Erde

Der höchste Gott hieß *Olorun*, er lebte im Himmel. Da er sich nicht viel um die Menschen kümmerte, verehrten ihn diese kaum. Unter dem Himmel gab es die Urgewässer, darin lebte die Meeresgöttin. Nun paarte sich der Himmelsgott mit der Meeresgöttin, beide hatten Söhne. Nun beauftragte der Himmelsgott einen der Söhne, er solle mit etwas Erde und einem Huhn vom Himmel auf das Meer hinabsteigen. Und er sollte dort die Felder erschaffen und die Erde begrenzen. Die Erde sollte wie eine Insel auf dem großen Meer schwimmen. Der Sohn machte sich an die Arbeit, doch er trank bei der Arbeit den süßen Palmenwein. Da wurde er betrunken und schlief ein. Er konnte sein Werk nicht ausführen.

Nun schickte der Himmelsgott seinen zweiten Sohn auf das Meer hinunter, er sollte das Werk ausführen. Er nahm Erde und ein Huhn aus dem Himmel mit. Dann streute er die Erde auf das Wasser und bildete eine Insel. Dann ließ er das Huhn auf der Insel frei, das Huhn suchte nach dem Futter. Nun erschuf er aus der Erde die Menschen, diese sollten die Erde bebauen. Er gab ihnen die Getreidekörner, diese sollten sie auf die Felder streuen. Sie taten es, und die Felder brachten viel Ertrag. Nun hatten die Menschen und das Huhn genügend Nahrung, sie konnten gut leben.

(Juruba-Stämme; MdV III, 268)

43. Die Anfänge der Welt

Am Anfang war ein göttliches Paar. Es war ein Herr des Himmels und eine Mutter der Erde. Diese vereinigten sich und hatten zwei Kinder, nämlich die trockene Erde und die feuchte Erde. Und sie hatten Söhne. Ein Sohn paarte sich mit seiner Mutter, der Erdgöttin. Aus dieser verbotenen Vereinigung entstanden die 16 großen Götter. Sie herrschten über alle Teile der Welt.

Da war *Schango*, er wurde der erste König der Götter und der Menschen. Er liebte den Krieg und war ein großer Held, denn er besiegte alle seine Feinde. Der Blitzstrahl war nämlich seine Waffe. Als er älter und schwächer wurde, da wollten ihm zwei junge Krieger den Königsthron streitig machen. Doch in ihm waren magische Kräfte, so konnte ihn niemand zwingen, auf den Thron zu verzichten.

Als er alt war, da verzichtete er freiwillig auf den Königsthron, denn er war nun des Lebens müde. Er ging mit einem Seil in den Wald und erhängte sich an einem Baum. So taten es auch die Menschen, wenn sie alt wurden. Nun suchten die Menschen den König im Wald, doch sie fanden ihn nicht. Denn er war in den Himmel zurückgegangen, aus dem er gekommen war.

Als *Schango* als König auf der Erde lebte, da hatte er drei Frauen. *Oja* war seine Erstfrau, er liebte sie sehr. Doch sie hatte ihm die Geheimnisse und die magische Kraft gestohlen. Sie brachte den Menschen den Regen und die Unwetter. Nach dem Tod des Königs lebte sie im Fluß Niger als Flußgöttin weiter.

Oschun war die Zweitfrau des Königs, er hatte sie seinem Bruder, dem Schutzgott der Schmiede, entrissen. Sie kannte alle Geheimnisse der guten Küche und brachte sie zu den Menschen. Die Drittfrau hieß *Oba*, sie fühlte sich vom König vernachlässigt. Um seine Gunst zu erwerben, schnitt sie sich ein Ohr ab und kochte es in einer Suppe. Der König spuckte die Suppe aus und verjagte seine Drittfrau vom Hof. Seither lebte diese Göttin ebenfalls in den Flüssen. Sie macht den Menschen angst. Wie der König, so haben auch die Krieger der Menschen mehrere Frauen.

(Juruba-Stämme; MdV III, 268f)

44. Der Himmel und die Erde

Die Göttin des Himmels und der Schutzgott der Erde waren verheiratet. Doch sie hatten oft Streit und wollten sich trennen.

Da stieg die Himmelsgöttin immer höher hinauf, die Erde blieb unten. Darüber war der Gott der Erde sehr traurig. Doch es gab bestimmte Zeiten, da stieg die Himmelsgöttin auf einer silbernen Kette auf die Erde herunter und paarte sich mit dem Erdgott.

Andere erzählen, daß der Himmel und die Erde ein Brüderpaar seien. Beide stritten sich um das Recht der Erstgeburt, denn jeder wollte über den anderen der Herr sein. Es kam zum Kampf, der Erdgott unten wollte den Himmel oben erstürmen. Doch der Himmelsgott schleuderte die Steine, den Regen und den Speichel auf den Erdgott herab. Aus diesen Steinen wurden die Berge, aus dem Speichel des Gottes wurden die Seen.

Als der Kampf schon lange dauerte und nicht entschieden wurde, kamen zwei Götter zu Hilfe, sie schlichteten den Streit. Danach lebten der Erdgott und der Himmelsgott wieder friedlich zusammen.
(Madagaskar-Stämme; MdV III, 281)

45. Die Anfänge der Menschen

Der Gott des Himmels und der Gott der Erde rangen weiter um die Vorherrschaft. Doch sie arbeiteten auch zusammen, so erschufen sie gemeinsam viele Lebewesen. Der Himmelsgott schnitzte die Menschen aus Holz, der Erdgott formte die Menschen aus Tonerde. Doch beide zusammen gaben diesen Menschen das Leben, sie hauchten ihnen den Atem ein. Nun begannen sich die Menschen zu bewegen, und sie atmeten selbst.

Nun stritten der Himmelsgott und der Erdgott, wer der Erschaffer der Menschen sei. In diesem Streit haben sie den Menschen den Atem wieder weggenommen, so kam der Tod zu den Menschen. Nun müssen die Menschen sterben. Der Kampf zwischen dem Himmelsgott und dem Erdgott geht weiter. Beide geben den Menschen das Leben, und beide nehmen ihnen wieder das Leben.
(Madagaskar-Stämme; MdV III, 281)

46. Die Erschaffung der Menschen

Im Himmel lebten viele große und starke Götter, doch sie hatten Langeweile, denn sie hatten zu wenig Aufgaben. So beschlossen sie, ein neues Wesen zu schaffen. Doch dieses Wesen war ein Schelm, der kam in den Götterhimmel und spielte den Göttern viele Streiche. Als das den Göttern zuviel wurde, da verjagten sie ihn aus dem Götterhimmel und schickten ihn auf die Erde.

Auf der Erde traf der Schelm einen Schelmenfreund. Sie sammelten Holzstücke und schnitzten daraus mehrere Menschen. Dann bliesen sie den Atem in diese Menschen aus Holz. Und die Menschen begannen zu leben. Sie sind das Werk eines Schelmenpaares, das aus der Götterwelt kam. Deswegen spielen auch die Menschen einander viele Streiche.

(Madagaskar-Stämme; MdV III, 282)

47. Wie der Tod kam

Zuerst waren die Menschen unsterblich. Doch dann stellte sie der Himmelsgott vor eine schwierige Wahl. Sie sollten wählen zwischen dem Tod des Mondes und dem Tod des Bananenbaumes. Wenn sie den Tod des Mondes wählten, dann werden sie wie der Mond immer wieder sterben und immer wieder zum Leben kommen. Aber dann werden sie keine Kinder bekommen. Doch wenn sie den Tod des Bananenbaumes wählten, dann werden sie Kinder bekommen, doch dann werden sie sterben und nicht mehr zum Leben kommen.

Die Menschen überlegten lange, doch dann wählten sie den Tod des Bananenbaumes. Denn sie wollten viele Kinder haben, sie wollten nicht wie der Mond kinderlos leben. Seither müssen die Menschen sterben, doch sie geben das Leben den Kindern weiter.

(Madagaskar-Stämme; MdV III, 282)

48. Der große Zauberer

Zatuvu war der große Zauberer, er war nicht von den Göttern erschaffen worden. Da er mächtig war, erbat er die Tochter des Himmelsgottes zur Frau. Nun fuhr er in den Himmel der Götter hinauf, dabei mußte er eine hohe Mauer übersteigen. Er setzte sich sogar auf den Silberthron des Himmelsgottes. Doch vor der Hochzeit stellte ihn die Braut auf die Probe. Er sollte ihr die Leber seiner Mutter als Brautgabe bringen.

Da tötete der Zauberer ein Rind und brachte die Leber des Rindes vor seine Braut. Doch diese ließ sich nicht täuschen, sie war nicht zufrieden. Nach langem Ringen tötete der Zauberer seine Mutter und brachte die Leber der Mutter zu seiner Braut. Doch nun verweigerte die Himmelstochter die Hochzeit, indem sie sagte: »Wenn du deine Mutter töten konntest, dann wirst du auch mich töten.« So kam die Hochzeit nicht zustande, die Kraft des Zauberers hatte versagt. (Madagaskar-Stämme; MdV III, 282)

49. Wie der Reis auf die Erde kam

Der Reis war die Nahrung der Götter im Himmel. Die Menschen aßen den Mais und Maniok. Doch als die Himmelstochter auf die Erde kam und bei den Menschen wohnte, da war sie mit dem Mais und dem Maniok nicht zufrieden. Sie wollte den Reis auf der Erde haben. Da bat sie ihren göttlichen Vater um den Reis. Doch der lehnte ihre Bitte ab, er wollte nicht, daß die Götterspeise zu den Menschen kam.

Nun hörte die Göttermutter die Bitte ihrer Tochter, sie gab ihr einen Hahn mit auf die Erde. Den Hahn hatte sie vorher mit Reiskörnern gefüttert. Auf der Erde angekommen, schlachtete die Himmelstochter den Hahn und sie nahm die Reiskörner aus seinem Magen. Dann streute sie die Körner auf die Felder, und diese begannen zu wachsen.

Bevor die Zeit der Ernte kam, da schickte der Göttervater den Hagel, der sollte die Reisfelder der Menschen zerstören.

Doch der Reis war stark genug, er widerstand dem Hagel. Nun konnten die Menschen den Reis ernten, sie kochten ihn und hatten teil an der Götterspeise.

(Madagaskar-Stämme; MdV III, 282)

50. Die Ahnen und Geistwesen

Eine Urahnin hatte zwei Töchter, die *Rasoalao* und die *Ravola*. Vor ihrem Tod übergab die Mutter ihre Schätze an die Töchter. Der älteren und kräftigeren Tochter übergab sie die Wildtiere des Waldes. Diese schützt die Tiere, und die Jäger rufen sie an, wenn sie auf Jagd gehen. Die jüngere und schwächere Tochter erhielt die zahmen Haustiere, die sie beschützt. Die Bauern rufen sie an, sie möge die Haustiere gesund erhalten und ihnen viele Nachkommen schicken.

Die Menschen sagen, daß die Seelen der Ahnen in den Götterhimmel aufsteigen und daß sie bei den Göttern wohnen. Andere sagen, daß die Seelen der Ahnen in Wassergeister verwandelt werden und daß sie in den Flüssen und in den Seen wohnen. Die Wassertöchter können junge Männer in das Wasser entführen, um sie dort zu heiraten. Es gibt Fischer, die eine Wassertochter heiraten. Sie dürfen kein Salz essen, denn sonst entschwindet ihnen ihre Wasserfrau. So leben die Seelen der Ahnen in vielen Gestalten weiter, die Nachfahren müssen sie verehren und ihnen Opfer bringen.

(Madagaskar-Stämme; MdV III, 283)

51. Die Affen und die Menschen

Im großen Wald lebte ein Menschenpaar, es hatte eine Tochter, und sie lebten von einem Bananengarten. Nun lebten im Wald auch 13 Affenweibchen, sie bekamen von den Menschen täglich Bananen zum Essen. Doch eines Tages entführten sie die Tochter des Menschenpaares in den Affenwald. Der Mann ging zum Schamanen, und der sagte ihm, wo seine Tochter sei. Der Schamane gab ihm einen Zaubertrunk, damit verwandelte er sich in einen Affenmann. Er kam zu den 13 Affenweibchen und fand dort seine Tochter. Nun lernte er die Sprache der Affen und blieb eine Zeitlang bei ihnen. Er paarte sich mit den 13 Affenweibchen, sie alle gebaren Kinder.

Nun waren die Affenweibchen mit dem Säugen ihrer Kinder beschäftigt. Dies nutzten der Menschenmann und seine Tochter, sie flüchteten aus dem Affenwald. Dann tranken sie wieder den Zaubertrunk und verwandelten sich in Menschen. Nun lebte der Mann mit seiner Tochter und mit seiner Frau glücklich zusammen, die Frau gebar ihm einen Sohn. Doch nun kamen die 13 Affenweibchen wieder, sie wollten auch den Sohn entführen. Der Vater mußte ihnen versprechen, wieder eine Zeitlang zu den Affen zu gehen, um sich mit ihnen zu paaren. Sie wollten von ihm weitere Kinder haben. Das tat der Mann, die Affenweibchen bekamen viele Kinder, das sind die Schimpansen. Sie sind deswegen mit den Menschen verwandt, denn sie haben einen menschlichen Vater.

(Pangwe-Stämme, Kamerun-Stämme; Lex Afr Myt 32f)

52. Die Wiederkehr der Ahnen

Die Seelen der Ahnen wandern nach dem Tod aus dem Körper aus, sie gehen in das Land der Ahnen. Oder sie leben unsichtbar in der Nähe des Grabes weiter. Die Menschen bringen ihnen regelmäßig Opfer dar, sie rufen sie um Schutz und Hilfe an. Die *Zulu* rufen zur Seele des Vaters, sie möge wieder in die alte Hütte kommen und dort wohnen.

Andere Stämme sagen, daß jeder Mensch mehrere Leben habe, daß die Seelen des öfteren wiedergeboren werden. Doch immer werden sie in der eigenen Sippe neu geboren, oft in den Enkelkindern. So fühlen sich die Lebenden mit den Ahnenseelen eng verbunden, sie sehen sich in einer großen Gemeinschaft.

(Lex Afr Myt 34f)

53. Die Kraft des Königs

Wenn der alte König tot war, wurde der neue König aus dem Clan gewählt. Dann wurde er zum Altar der Ahnen gebracht. Dort betreuten ihn die Frauen wie ein neugeborenes Kind. Er wurde symbolisch gesäugt. Er durfte kein Antilopenfleisch essen, denn das Tier war ihm heilig. Dann wurde er in das Amt des Königs eingeführt. Zuerst erhielt er die magischen Regensteine, mit denen konnte er den Regen herbeirufen. Denn er war nun für die Fruchtbarkeit der Felder verantwortlich.

Dann erhielt der König von den Kriegern den Speer, der auf den Schlachtfeldern wie Feuer leuchtete. Nun mußte er den Kriegern im Kampf voranziehen und viele Feinde besiegen. Weiters erhielt er die magische Trommel, mit ihr mußte er die Krieger zusammenrufen, wenn Feinde in das Land kamen. Zuletzt erhielt er den magischen Stuhl, von dem aus konnte er dem Volk die Befehle erteilen. Nun war er König und mußte dafür sorgen, daß die Menschen in Frieden leben konnten und daß die Fruchtbarkeit weiterging, auf den Feldern, bei den Tieren und bei den Menschen. (Alur-Stämme; Lex Afr Myt 36f)

54. Die Riesenmenschen

Am Anfang lebten die *Amarire*, das waren die Riesenmenschen. Sie hatten eine rote Hautfarbe und die goldenen Augen der großen Göttermutter *Ma*. Doch sie begannen einen Krieg gegen die Vögel mit zwei Köpfen, die hießen *Kaa-Ula*. Der Krieg dauerte hundert Tage, dann kam es zur Katastrophe. Die Erde wurde von einem wilden Feuersturm verbrannt, dann gab es viele Erdbeben, und das Land versank im Meer. Es blieben nur einige Inseln übrig. Nur ein Riesenpaar, *Amarava* und *Odu*, konnte auf dem Rücken eines Fisches fliehen. Sie hießen fortan die Fischmenschen. Doch aus ihnen wurden die Froschmenschen geboren.

Auch die Froschmenschen hatten Kinder, das waren die Buschmänner und die Pygmäen. Am Anfang hatten alle Menschen dieselbe Hautfarbe und dieselbe Sprache. Doch später veränderten sich die Sprachen, die Menschen konnten einander nicht mehr verstehen. Und es änderte sich auch die Hautfarbe. Seither gibt es die Eisenmenschen und die Goldmenschen auf der Erde. (Pygmäen, Buschmänner; Lex Afr Myt 37f)

55. Die Kriegerfrauen

Am Fluß Senegal lebten kriegerische Frauen, sie hatten links eine männliche und rechts eine weibliche Brust. So konnten sie links den Bogen und die Pfeile ansetzen. Andere sagten, sie hätten sich die linke Brust abgeschnitten, um kämpfen zu können. Diese Frauen lebten links vom großen Fluß, die Männer lebten auf der rechten Seite des Ufers. Nur einmal im Jahr zur Trockenzeit konnten sie durch den Fluß waten und sich paaren.

Andere erzählen, daß im rauhen Klima am Fluß nur die Mädchen überlebten, während alle Knaben starben. Wenn die Frauen im See badeten, dann kam ein männlicher Geist zu ihnen, er paarte sich mit ihnen, und sie wurden alle schwanger.

Die islamischen Frauen erzählen, daß die Kriegerfrauen ganz ohne Zutun der Männer und nur durch das göttliche Wirken schwanger werden und Kinder gebären. Denn im heiligen Buch des Korans (3, 47) steht, daß Gott die Frauen schwängern kann, wenn er es will.

So lebten die Kriegerfrauen ohne sinnliche Begierde, auch trugen sie keinen Schmuck und keine Juwelen. Sie waren gefürchtete Kämpferinnen. Sie betrieben den Ackerbau, Fleisch aßen sie nicht. Da sie ohne Begierde und ohne Reichtum lebten, waren sie ohne Sünde.

(Westafrikanische und islamische Stämme; Lex Afr Myt 37f)

56. Die Kraft des Ameisenbären

Die Schamanen konnten ein Amulett herstellen, das magische Kraft hatte. Dieses Amulett half den Liebenden, um zusammenzukommen. Es half auch den Dieben, daß sie nicht entdeckt wurden. Hergestellt wurde es aus den Wurzeln eines heiligen Baumes und aus dem Herzen eines Ameisenbären. Auch die Nägel und ein Teil des Felles wurden zu dem Amulett gemischt. Wer nun dieses Zeichen trägt, kann mit der geheimnisvollen Kraft des Ameisenbären in jedes Haus eindringen. Er kann das Herz jeder Frau erobern. Die Menschen schätzen dieses Amulett sehr, denn es kann ihnen viele Wünsche erfüllen.

(Haussa-Stämme; Lex Afr Myt 38f)

57. Der Schöpfergott Amma

Zuerst erschuf der Gott *Amma* die Sonne. Er brannte einen Topf mit Tonerde so lange, bis dieser glühend wurde. Daraus entstand die glühende Sonne. Nun brannte er den Ton im Topf weiter, daraus wurde der Mond. Der war nicht mehr so glühend wie die Sonne. Aus dem Licht der Sonne erschuf er nun die schwarzen Menschen, sie hatten die Kraft der Sonne. Und mit dem milden Licht des Mondes erschuf er die weißen Menschen, die hatten in sich die Kraft des Mondes.

Aus der gelben Tonerde formte er die Ackererde, er gab ihr die Gestalt eines weiblichen Körpers. Die weibliche Ackererde blickte nach Süden zur Sonne. Doch aus ihrem Geschlecht wuchs ein Termitenhügel, der hinderte den Schöpfergott bei der Paarung. So schnitt er den Termitenhügel weg und paarte sich mit der weiblichen Erde. Nun gebar die Erdmutter das erste Tier, den Schakal.

Danach befruchtete der Schöpfergott die Erdmutter mit dem Regen. Nun gebar sie das Gras, das Wasser, die Fruchtpflanzen und die Bäume. Damit die Erdmutter nicht nackt sei, bedeckte er ihren Körper mit Sträuchern und mit Schilfgras. Nun fegte der Wind durch die Sträucher und die Äste der Bäume. Aus dem Wind aber entstand die Sprache der Menschen.

Nun erschuf der Himmelsgott die Sterne, er streute Lichtteile der Sonne auf das Himmelszelt. Dann formte er aus der Ackererde den ersten Menschenmann, später die erste Menschenfrau. Er beschnitt beide an den Geschlechtsteilen. Aus der Penisvorhaut des Mannes wurde die schwarze Eidechse, aus der Klitoris der Frau wurde der Skorpion.

Nun paarten sich die ersten Menschen, die Frauen wurden schwanger und gebaren viele Söhne und Töchter. Von ihnen stammt das große Volk der *Dogon* ab. Die Eidechse und der Skorpion sind bei ihnen heilige Tiere.

(Dogon-Stämme; Lex Afr Myt 39f)

58. Die heilige Spinne

Ananse war die große Spinne. Als am Unglückstag in der Steppe das Feuer wütete, da waren alle Tiere von den Flammen eingekreist. Da suchte die Antilope verzweifelt einen Ausweg aus dem Feuer. Nun kam ihr die Spinne *Ananse* zu Hilfe, sie setzte sich auf das Ohr der Antilope und zeigte ihr den Weg aus dem Feuer. So hatte die Spinne die Antilope gerettet. Sie versprach, wiederzukommen, wenn sie in Not sei.

Nun gebar die Antilope ein Junges und versteckte es unter dem Gebüsch. Da kamen die Jäger und wollten das junge Tier jagen. Doch nun war die Spinne *Ananse* wieder zur Stelle. Sie spann ein dichtes Netz um das Antilopenkind, so daß es die Jäger nicht sehen konnten. So bedankte sich die Spinne dafür, daß sie mit der Antilope aus dem Feuer gerettet wurde. Die Menschen verehren die heilige Spinne *Ananse*, denn sie bringt auch ihnen Rettung in Situationen der Not und des Unglücks.

(Ghana-Stämme; Lex Afr Myt 41f)

59. Der Held Antara

Der Vater des Helden *Antara* kam aus Arabien. Als er das Land des Sudan eroberte, nahm er sich *Zabiba* zur Frau. Sie war die Tochter eines Königs aus dem Sudan. Beide hatten einen Sohn *Antara*, der wuchs schnell heran und wurde ein kräftiger Krieger. Er konnte viele wilde Tiere jagen, Wölfe und Löwen tötete er mit der Kraft seiner Arme. Er liebte seine Cousine *Abla* mit großer Leidenschaft. Dann zog er in den Krieg, er eroberte mit seinen Kriegern die Länder Marokko und Algerien.

Als er weiter nach dem Süden vordringen wollte, mußte er durch einen heiligen Baum schreiten. Das war aber der Wohnsitz vieler mächtiger Geistwesen. Er stieg durch den Baum und zog weiter. Nun kam er in das Land, wo die Granatapfelbäume wuchsen, dort traf er auf einen mächtigen König. Er konnte ihn besiegen. Dann traf er auf die gefürchteten Kriegerinnen, die Amazonen. Sie wohnten an einem großen Fluß, er konnte sie nicht besiegen. (Nordafrika; Lex Afr Myt 44f)

60. Die großen Götter

Der große Gott hieß *Onyame*, er hatte viele Kinder. Mit seiner Frau lebte er im Götterhimmel, doch von Zeit zu Zeit offenbarte er sich den Menschen. Nun müssen die Schamanen der Menschen in den Wald gehen, um dort die Offenbarung des großen Himmelsgottes zu erhalten. Der Schamane verkündet den Menschen, was die Götter wollen. Und er überbringt ihnen die Bitten der Menschen, wenn sie Kinder oder von einer Krankheit gesund werden wollen.

Dann war da die große Erdgöttin, sie schenkte den Feldern die Fruchtbarkeit, sie ließ die Früchte reifen. Doch sie schickte den Menschenfrauen viele Nachkommen. So sangen sie ihr viele Lieder, in denen sie die Göttin lobten und priesen. In den Wäldern lebten auch die Riesen. Mit denen mußten sich die Jäger gut stellen, wenn sie auf Jagd gingen. (Aschanti-Stämme; Lex Afr Myt 45f)

61. Die Königin von Äthiopien

Vor langer Zeit herrschten in Äthiopien nur Königinnen, sie waren sehr weise und gerecht. Da träumte die Königin *Malika* von einer Tochter, sie wurde schwanger. Doch als die Tochter geboren wurde, hatte sie einen Ziegenfuß. Da hörte sie von einem weisen König namens *Salomo* in einem fremden Land, der heilen konnte. Sie meldete sich durch einen Boten zu einem Besuch beim König *Salomo* an. Dieser wußte bereits von der Krankheit der Tochter. Nun reiste die Königin mit ihrer Tochter zum fernen König *Salomo*. Sie wurde dort freundlich empfangen.

Nun mußte die Königin mit ihrer Tochter durch ein Wasser schreiten, sie mußten mit den Füßen ein Stück Holz und ein Stück Eisen berühren. Bei dieser Berührung wurde der Ziegenfuß des Mädchens geheilt. Da die Prinzessin schön war, machte ihr der König ein Heiratsangebot. Sie lehnte zuerst ab. Nach einem Festessen hatte die Tochter großen Durst, doch die Diener hatten alle Wasserkrüge leeren lassen. Nun mußte sie in das Schlafgemach des Königs, denn dort gab es Wasser.

Sie bat den König um Wasser. Da mußte sie ihm die Hochzeit versprechen. Das tat die Prinzessin, denn sie hatte großen Durst. Dann wurde die Hochzeit gefeiert, doch nach dem Fest durfte die Prinzessin in ihre Heimat zurückkehren. Der König gab ihr einen magischen Ring mit auf den Weg.

In ihrer Heimat gebar sie einen Sohn, sie nannte ihn *David*. Als dieser Sohn erwachsen war, zog er zu seinem Vater, dem König *Salomo*, und er brachte ihm den Ring seiner Mutter. Nun erhielt er von *Salomo* das halbe Königreich. Seither nennen sie alle Könige von Äthiopien die »Löwen von Juda«.

(Äthiopier; Lex Afr Myt 48f)

62. Die Riesen der Frühzeit

Am Anfang gab es die roten Riesen und die schwarzen Riesen. Sie waren kräftig und kämpften gegeneinander. Sie nannten sich die »Kinder der Sonne«, sie haben die Ziegen nach Äthiopien gebracht. Alle Steine, auf die sie ihren Fuß setzten, wurden mit magischer Kraft geladen. Doch später starben die Riesen aus. Dann kamen die Menschen, die waren kleiner und schwächer. Das waren die Stämme im Swaziland, sie verehrten die heiligen Steine, auf die die Riesen ihren Fuß gesetzt hatten. Sie hüteten das heilige Feuer, das ihnen die Riesen hinterlassen hatten. (Swaziland; Lex Afr Myt 50f)

63. Die beiden Geschlechter

Der *Nzambi* erschuf zuerst den Atem, der hieß *Mahungu*. Sein Körper war männlich und weiblich zugleich, denn er war der vollständige Gott und Mensch. Er hatte die Gestalt einer mächtigen Palme. Er lebte glücklich und konnte sich alle Wünsche befriedigen. Er kannte weder den Haß noch die Eifersucht.

Nun sah *Mahungu* einen Baum, der dem höchsten Schöpfergott gehörte. Er umarmte den Baum. Doch dabei wurde *Mahungu* in zwei Teile gespalten, in einen Mann (Lumbu) und in eine Frau (Muzita). Seither hatten sie immer wieder Sehnsucht, sich zu umarmen und zu paaren. Dies war der Anfang der Liebe zwischen den beiden Geschlechtern. Der Mann war ein wilder und kräftiger Jäger, die Frau war eine sanfte und fleißige Ackerbäuerin. Auf diese Weise sind beide Geschlechter geworden, sie haben Sehnsucht nacheinander, denn sie waren einmal vereint gewesen. (Zaire-Stämme; Lex Afr Myt 52f)

64. Die Anfänge der Welt

Am Anfang war eine große Leere (Fu). Doch aus ihr kamen die Bewegung und das Erwachen (Glan). Aus dem Erwachen wurden der Atem (Nyami) und die Stimme (Yo). Und aus der Stimme wurden das Denken (Tasi) und das Handeln (Yereyeli).

Dann war da ein großer Geist, der umschloß in sich das Wasser, den Wind, die Luft, die Erde, das Feuer.

Dann wurde der Schöpfergott *Pemba*, er war im Wirbelwind und im Sturm. Er brachte die Samen der Akazienbäume auf die Erde, dann wuchs er selber aus einem großen Baum heraus.

Er erschuf die Menschen, aus weichem Holz schnitzte er sie. Er machte die erste Menschenfrau, sie hatte noch einen Schwanz wie die Tiere. Dann paarte er sich mit ihr, sie wurde schwanger. Und sie gebar nun alle Lebewesen. Die Erde bevölkerte sich. Nun trat der Regengott *Faro* auf, er schenkte den Menschen den Regen, den sie für ihre Felder brauchten. Dann befruchtete er alle Frauen, so daß sie Zwillinge gebaren.

Dann kam der Trockengeist *Teliko*, er schickte die Hitze und ließ die Felder verdorren. Doch *Faro* kämpfte gegen ihn und besiegte ihn, er herrschte nun allein. Er legte die Himmelsrichtungen und die Jahreszeiten fest, er ordnete den Tag und die Nacht. Dann erschuf er die sieben Himmel: einen für die Götter, einen für die Seelen der Tiere, einen für die Menschen, dann einen für die guten und einen für die bösen Geister.

Im fünften Himmel werden alle Tabubrecher gerichtet und bestraft. Im sechsten Himmel werden das Feuer, der Rauch und alle Geheimnisse der Welt aufbewahrt. Und im siebenten Himmel wohnt der Gott *Faro* selbst, dort speichert er den Regen. Dort hat er auch das große Seil, mit dem er jeden Morgen die Sonne über das Himmelszelt zieht.

(Bambara-Stämme; Lex Afr Myt 53f)

65. Die Lebenskraft

In jedem Wesen lebt eine innere Kraft, die unsichtbar ist. Sie gibt den Männern die Fähigkeit, bei der Jagd viele Tiere zu töten. Und sie gibt den Frauen die Fähigkeit, viele Kinder zu gebären. Die innere Kraft des Krokodils liegt in seinen Augen, die Kraft des Löwen liegt in seinen Knochen verborgen. Die Kraft der Schwalbe ist in ihren Flügeln verborgen.

Die Menschen müssen ihre Lebenskraft ständig stärken, damit sie nicht frühzeitig sterben. Sie tun dies, indem sie Riten ausführen und heilige Gegenstände mit sich tragen. Jeder Mensch hat Angst, daß seine Lebenskraft vermindert wird, was durch böse Taten und durch Tabuverletzungen geschehen kann.

(Bantu-Stämme; Lex Afr Myt 56f)

66. Der Baobab-Baum

Dieser Baum ist den Menschen heilig, denn seine Früchte sind die Flaschenkürbisse. Die Menschen essen seine Früchte voll Dankbarkeit. Und wenn sie den Baum fällen müssen, dann sagen sie dies den Baumgeistern zwei Wochen vorher, damit diese rechtzeitig den Baum verlassen können. Denn in den Ästen und Zweigen des Baumes leben viele Geistwesen. Diese können nun auf einen anderen Baum übersiedeln, wenn sie es rechtzeitig wissen, daß der Baum gefällt wird. Sie werden aber sehr böse, wenn sie nicht davon benachrichtigt werden.

Nun leben auf diesen Bäumen auch die Affen, und sie fressen von ihren Früchten. Daher nennen die Menschen diese Bäume auch die Affenbrotbäume. Sie sind für die Tiere und für die Menschen Wohltäter.

Als ein Mädchen seine Mutter verloren hatte, weil sie an einer bösen Krankheit gestorben war, da ging das Mädchen jeden Abend zu dem heiligen Baobab-Baum. Sie setzte sich zu Füßen des Baumes, da ließ der Baum eine Frucht in ihre Hände fallen. Nun hatte das Mädchen genug zu essen, denn die Stiefmutter war böse und gab ihr nicht zu essen. Als die Stiefmutter den Baum umhauen ließ, da nahm das Mädchen einen Samen des Baumes und pflanzte ihn an einer geheimen Stelle. Er wuchs schnell und konnte das junge Mädchen ernähren.

Eines Tages kam ein junger Mann zu dem Baum, er sah dort das Mädchen sitzen. Er verliebte sich in das Mädchen und machte ihm einen Heiratsantrag. Sie stimmte zu, die beiden wurden ein Paar. Sie waren glücklich und hatten viele Kinder. So hatte der Baum den Menschen das Glück geschenkt.

(Fulani-Stämme; Lex Afr Myt 58f)

67. Die zwei Geschlechter

Am Anfang hatten die Götter die Menschenmänner und die Tiere geschaffen. Dann gingen sie in ein anderes Tal, dort hatten sie die Menschenfrauen erschaffen.

Dann schickten sie den Männern zwei Botschaften: Die eine sagte, daß ihre Körper sterben werden, daß aber ihre Seelen weiterleben werden. Das war die Botschaft der Eidechse, sie kam zuerst bei den Menschen an. Die zweite Botschaft wurde vom Chamäleon überbracht, sie sagte, daß die Seelen der Menschen in vielen Leben wiedergeboren werden. Doch das Chamäleon kam zu spät bei den Männern an.

Nun hatten die Männer große Sehnsucht nach den Frauen. Sie fragten den Wolf und die Giraffe, wo die Frauen seien. Nun ging die Giraffe zu den Frauen und überredete sie, daß sie zu den Männern ziehen sollten, um mit ihnen viele Kinder zu haben. Nun zogen die Frauen aus dem Frauental in das Männertal. Und sie sangen dabei ein schönes Lied: »Wir sind die kommenden Mütter. Die Männer freuen sich auf uns.«

Dann trafen sie die Männer, sie verliebten sich in sie und paarten sich mit ihnen. Die Frauen wurden schwanger und gebaren viele Kinder. Da war die große Göttermutter, die gab den Männern den Samen der Mimose. Dieser Same gab den Männern die Kraft der Sprache, so konnten sie den Frauen den Heiratsantrag machen. So wurden bei den Menschen die Heiratsregeln eingerichtet.

(Botswana-Stämme; Lex Afr Myt 67f)

68. Die Dschinn

Die *Dschinn* waren böse Geistwesen, die den Menschen in verschiedenen Gestalten begegnen konnten. Sie waren aus der Luft geschaffen, deswegen konnte man sie nicht sehen. Und sie konnten viele Zauberkünste ausführen. Sie konnten die Menschen entführen und durch die Lüfte tragen. Sie waren männlich und weiblich, daher stifteten sie bei den Menschen die Ehen. Sie schenkten den Frauen viele Kinder, denn sie hatten magische Kräfte.

Zuerst hatte der oberste Gott das Licht erschaffen. Dann erschuf er aus dem Feuer seines Zornes die *Dschinn*, das sind böse Dämonen, die im heißen Wüstensand lebten. Sie waren dem obersten Gott ungehorsam und voller Zorn, da schickte ihnen der Himmelsgott die Lichtgeister als Gegner. Der Anführer der *Dschinn* heißt *Iblis*, er ist voller Ränke und Täuschungen. Er ist es, der den Menschen die bösen Gedanken eingibt und sie zum Ungehorsam verführt.

(Arabische Stämme; Lex Afr Myt 89f)

69. Die Anfänge der Ehe

Am Anfang lebten die Männer allein, sie gingen auf die Jagd und waren gute Bogenschützen. Da sie allein waren, erschuf der Himmelsgott eine Frau. Sie war weise, denn sie konnte Brot backen und Töpfe aus Lehm formen. Sie konnte das Getreide anbauen. Dann erntete sie es, mahlte es und kochte es zu guten Speisen. Sie sprach dieselbe Sprache wie die Männer, so konnte sie sich mit ihnen verständigen.

Nun waren unter den Männern vier Brüder, sie sahen die Frau und staunten über sie. Nun verliebte sich einer der Brüder in die Frau, er zog zu ihr und wohnte bei ihr. Doch die drei anderen Brüder gingen weiter auf die Jagd. Da aber hatten sie großes Unglück, sie kamen bei der Jagd ums Leben, sie wurden von wilden Tieren getötet.

Der erste Bruder aber lebte mit seiner Frau, sie hatten viele Kinder und Enkel. Und sie hatten das Feuer, mit dem sie die Speisen kochen konnten. Nun mußten sie nicht mehr auf die Jagd gehen. So hatte die Ehe bei den Menschen begonnen, die Männer lebten mit den Frauen und gründeten Sippen und Familien.
(Lesotho-Stämme; Lex Afr Myt 92f)

70. Die große Erdgöttin

Die Erde ist weiblich, sie hat eine wunderschöne Gestalt. Durch das Gewitter und den Regen wird sie vom Himmelsgott befruchtet, so gebiert sie immer neues Leben. Im Schoß der Erde leben viele Geistwesen, die auf der Erde wirken. Auch die Seelen der Ahnen ziehen sich eine Zeitlang in die Erde zurück, dort werden sie von der Erdmutter beschützt.

Die Menschen bringen der Erdgöttin viele Opfer, damit sie auch ihnen die Fruchtbarkeit schenke. Sie bitten um viele und gesunde Kinder, um reiche Ernten auf ihren Feldern, um viele junge Tiere bei ihren Viehherden. Als Königin der Totenseelen ist die Erdgöttin auch die große Richterin in der Unterwelt. Sie belohnt die Menschen, die Gutes taten, und sie bestraft die Übeltäter.
(Ghana-Stämme, Igbo-Stämme; Lex Afr Myt 96f)

71. Das Dorf der Frauen

In der frühen Zeit lebte die Jungfrau *Gonzuole*, sie lebte allein und hatte keinen Mann. Sie bebaute ihr Land und pflanzte auf ihren Feldern die Früchte. Sie hatte viele Töchter, die mit ihr auf den Feldern arbeiteten. Ihr Dorf hatten die Frauen gut geschützt.

Nun lebten in der Nachbarschaft am Rand des Waldes die Männer. Sie sahen die Frauen, doch sie wagten nicht, deren Dorf zu betreten. Da gab ihnen der Schamane *Debome* den Rat, sie sollten viele Pilze sammeln und diese vor das Dorf der Frauen legen. Das taten die Männer, sie sammelten die Pilze und legten sie vor den großen Zaun.

Nun kamen die Frauen aus ihren Hütten, sie sahen die vielen Pilze und waren sehr erfreut. Doch die Männer hatten sich versteckt, sie kamen hervor und überfielen die Frauen. Sie wollten sie rauben und heiraten. Sie fragten die Jungfrau *Gonzuole*. Die große Jungfrau war mit der Heirat ihrer Töchter einverstanden. Doch die Männer mußten ihr versprechen, die Frauen allesamt gut zu behandeln. Dann zog sie sich in die Wälder zurück.

Nun lebten die Männer mit den Frauen zusammen, sie zeugten viele Kinder und waren glücklich. Die Frauen kannten die magischen Kräuter, mit denen sie viele Krankheiten heilen konnten. Doch unter den Männern brach bald der Streit wieder aus, und sie begannen viele Kriege zu führen.

(Liberia-Stämme; Lex Afr Myt 108f)

72. Der goldene Stuhl

Vor langer Zeit wurde *Osai Tutu* zum König über sein Land bestellt. Der große Schamane hatte es ihm mitgeteilt, daß dies der Wille des höchsten Himmelsgottes sei. Da versammelte sich der große Rat der Männer, sie sollten den König im Amt bestätigen. Da bat der Schamane den Himmel um ein Zeichen für den neuen König. Da schauten alle nach oben, und vom Himmel kam ein goldener Thron auf die Erde herab. Er blieb direkt vor *Osai Tutu* stehen.

Nun wußten alle, daß er der neue König sein sollte. Und der Schamane rief aus: »Niemand darf den Stuhl des Königs besteigen als *Osai Tutu!*« Nun bestieg der neue König den Thron, das Volk jubelte und tanzte um ihn herum. Damit war der neue König in sein Amt eingesetzt.

(Aschanti-Stämme; Lex Afr Myt 124)

73. Die Göttin Akonadi

Als in einer großen Sippe fünf Menschen gestorben waren, da gingen die Ältesten zum Orakel der Göttin *Akonadi*. Sie befragten die große Göttin nach der Ursache der fünf plötzlichen Todesfälle. Nun ließ ihnen die Göttin durch ihre Priesterin sagen, der plötzliche Tod sei eine Strafe, denn die Großmutter der Sippe hätte ihr viele Schätze gestohlen.

Nun brachten die Ältesten diese Schätze zum Altar der Göttin und gaben sie wieder zurück. Damit war der böse Fluch gebrochen, die Menschen konnten gesund weiterleben, es gab keine weiteren Todesfälle in der Sippe. So sorgt die große Göttin *Akonadi* für Gerechtigkeit unter den Menschen. Niemand darf ihr Tempelgut stehlen oder enteignen.

(Ghana-Stämme; Lex Afr Myt 128)

74. Die Erdgöttin Dzivaguru

Dzivaguru lebte in einem fruchtbaren Flußtal, in dem auch ein großer See lag. Sie besaß viele Rinder und Ziegen, sie hatte genügend Weiden für das Vieh, und sie hatte Wälder. Bekleidet war sie mit einem Ziegenfell. Und sie besaß ein magisches Füllhorn, das ihr allen Reichtum brachte.

Nun wurde der Sohn des Himmelsgottes *Chikara* neidisch auf den Reichtum der Göttin, die über die ganze Erde herrschte. Er wollte sie mit einem magischen Band von der Erde vertreiben, um dort selber herrschen zu können. Nun zog sich die Göttin aus dem Flußtal auf die Berge zurück, doch den See nahm sie mit.

Jetzt erschuf der Sohn des Himmelsgottes die Sonne, indem er die Sonnenvögel einfing und zu einer Kugel zusammenfügte. Nun leuchtete die Sonne über die Felder, und die Erde trocknete aus. Es war kein Wasser da, denn die Göttin hatte den See mitgenommen. Auf der Erde lebten die Menschen, sie baten die Göttin um den Regen für ihre Felder.

Die Göttin schickte ihnen den Regen. Doch sie verbot ihnen den Inzest in der Sippe und Familie, verwandte Männer und Frauen durften sich nicht paaren. Wenn die Menschen dagegen verstießen, dann hielt sie den Regen zurück, und es gab eine große Hungersnot. So hat sich die Erdgöttin auf die Berge zurückgezogen, weil der Sohn des Himmelsgottes sie verfolgte.

(Korekore-Stämme, Zimbabwe-Stämme; Lex Afr Myt 128f)

75. Die großen Göttinnen

Über der Erde herrschte die große Erdgöttin, sie gab allen Wesen die Nahrung. Wenn sie die Nahrung zurückhielt, war auf der Erde die Hungersnot. So herrschte die Göttin über das Leben und den Tod der Menschen und der Tiere. Sie hatte die Menschen aus der Erde geformt, und sie hat ihnen den Atem gegeben. Immer, wenn die Menschen einen Vertrag schließen, dann rufen sie die große Göttin an. Sie erhält von den Ackerbauern viele Opfer, wenn sie ihre Felder bestellen und wenn sie ihre Ernten einbringen.

In den Wassern herrscht die große Flußgöttin, sie schenkt den Menschen die Wassertiere zur Nahrung. Sie gibt den Fischern die Erlaubnis zu fischen, und sie schenkt ihnen Erfolg bei ihrer Arbeit. Wenn die Frauen unfruchtbar sind, dann stellen sie einen Krug neben ihr Bett und bitten die Göttin um Kindersegen. Die Menschen opfern der Göttin Ziegen und Hühner, Enten und Fische, aber auch Maiskörner und Yamswurzeln. Die Göttin soll durch die Opfer gestärkt werden und soll die Menschen beschützen. Die große Göttin fährt im Sturmwind daher, sie entwurzelt die Bäume und reißt die Dächer von den Hütten der Menschen. Sie haben große Furcht vor ihr und sie bitten sie um Schonung.

(Yoruba-Stämme; Lex Afr Myt 130)

76. Die Unterwelt

Das Land der Totenseelen liegt unterhalb der Erde. Manchmal können lebende Menschen in die Welt der Toten hinabsteigen, um den Seelen der Ahnen zu helfen. Doch ist es schwierig, dann wieder den Weg in das Land der Lebenden zu finden. Die Welt der Toten ist ein kalter Platz, die Seelen zittern und frieren, denn sie haben keine Sonne. Es wachsen dort viele giftige Pilze, Fledermäuse schwirren durch die Luft.

Ein verstorbener König bat seinen Sohn auf der Erde, er möge ihm etwas Feuer in die Unterwelt bringen, damit er sich wärmen konnte. Denn er fror sehr. Dies tat der Sohn, und der Vater war zufrieden. Er schenkte dem Sohn auf der Erde viele Kühe und Schafe. Der Vater zeigte dem Sohn den Weg zurück in das Land der Menschen, der Weg führte über einen breiten Fluß und durch eine tiefe Höhle.

Nun begab sich auch ein Schamane in die Unterwelt, er ließ seinen ganzen Körper mit Erde zuschaufeln. Und seine Frau mußte ihn täglich mit Wasser begießen. So kam seine Seele in die Unterwelt zu den Seelen der Toten. Sie konnte mit den Seelen sprechen und ihre Botschaften an die Menschen empfangen.

Dann kehrte seine Seele wieder in seinen Körper zurück, und aus seiner Nase wuchs ein Kürbis. Nun begann der Schamane unter der Erde wieder zu atmen, und die Menschen gruben ihn wieder aus. Sie taten dies, wie sie die Kartoffeln ausgruben. Nun stand der Schamane auf und erzählte den Menschen von seiner Reise zu den Toten. Er überbrachte ihnen deren Botschaften, das ist die Aufgabe des Schamanen.

(Ronga-Stämme, Angola-Stämme; Lex Afr Myt 132f)

77. Die vielen Hexen

Es gibt Frauen und Männer, die werden als Hexen und als Hexer geboren. Sie tragen eine böse Zauberkraft in ihrem Magen.

So bewirken sie unter den Menschen viel Böses. Sie bringen die Krankheiten, sie töten das Vieh, sie lassen die Kinder sterben, sie machen die Tiere unfruchtbar. Nach außen sind die Hexen und Hexer immer freundlich und wohlwollend. Doch bei ihren nächtlichen Zusammenkünften feiern sie magische Riten. Dabei töten sie kleine Kinder und essen deren Fleisch. Damit stärken sie ihre Hexenkraft. Die Menschen haben große Angst vor ihnen.

Viele von ihnen müssen sich einer Giftprobe unterziehen. Sie müssen giftige Pflanzen essen. Wenn sie überleben, sind sie keine Hexen und Hexer. Wenn sie sterben, dann war böse Hexenkraft in ihnen. Dann war der Tod für sie eine gerechte Strafe.

(Sambia, Ngombe-Stämme; Lex Afr Myt 136f)

78. Die Hölle

Erst die Moslems und die Christen haben den Höllenglauben nach Afrika gebracht. Dann glaubten auch viele Afrikaner an die Hölle. Für die Moslemstämme Nordafrikas hat die Hölle mehrere Stockwerke. Im ersten werden die Weintrinker bestraft, denn der Gott *Allah* hat den Menschen den Wein verboten. Im zweiten Stockwerk werden die Geizhälse und Gauner durch das Blut gezogen, das sie anderen Menschen aus den Adern gesaugt haben. Im dritten Stockwerk werden die Lügner und Betrüger hart bestraft. Im vierten Stockwerk ist der Strafort für die Veruntreuer von fremdem Besitz.

Im fünften Höllenstock werden die ehebrüchigen Frauen und die bösen Zauberer gequält. Im sechsten Stock werden die Verehrer fremder Götter hart bestraft. Und im siebenten Stock werden die Gottesleugner gequält, für sie gibt es nur die finstere Nacht ohne Ende. Das haben die Menschen zu erwarten, wenn sie sich nicht an die Gebote des Gottes *Allah* halten.

(Nordafrikanische Stämme; Lex Afr Myt 138f)

79. Der Götterbote Hunger

Als der höchste Gott den Reis und den Maniok erschuf und den Menschen übergab, da schickte er auch den Hunger als seinen Boten zu den Menschen. Der Hunger war dürr und schmächtig, er eilte dem Reis und dem Maniok voraus. Er war es, der die Menschen aufforderte, die Felder zu bestellen und den Reis zu pflanzen. Er sagte ihnen auch, daß sie die Maniokknollen tief in der Erde vergraben sollten. Der Hunger zeigte den Menschen, wie sie den Reis ernten konnten, wie sie ihn mahlen und kochen sollten.

Und er sagte ihnen, daß sie immer den höchsten Himmelsgott verehren sollten, der ihnen den Reis geschickt hatte. Er drohte ihnen mit der Trockenheit und Dürre, wenn sie den Gott nicht verehrten und ihm keine Opfer brachten. Seither bringen die Menschen dem höchsten Himmelsgott viele Opfer, sie sprechen zu ihm Gebete und singen ihm viele Lieder. Denn sie haben Angst vor dem Hunger, dem schaurigen Boten des höchsten Gottes. Der Hunger blieb immer bei den Menschen.

(Kran-Stämme; Lex Afr Myt 141f)

80. Die Hyänenmenschen

Es gab viele böse Geistwesen, die konnten die Gestalt von Menschen oder von Hyänen annehmen. Am Tag lebten sie als gesittete Menschen in der Sippe und im Stamm. Doch in der Nacht verwandelten sie sich in wilde Hyänen und raubten die Kinder aus den Betten. Sie entführten die Frauen und die Hirten bei den Viehherden. Vor diesen bösen Geistwesen hatten die Menschen große Angst, sie konnten in jedem Mitmenschen versteckt sein.

Nun gab es Menschen, die wenig zu essen hatten. Auch sie verwandelten sich in der Nacht in wilde Tiere und raubten den reichen Menschen die Vorräte. Es gab nur eine Möglichkeit, sich in der Nacht vor den Hyänenmenschen zu schützen. Es mußte sich ein Mädchen nackt dem Hyänenmann in den Weg stellen, dann konnte er sein böses Werk nicht ausführen.

(Mali-Stämme; Lex Afr Myt 143f)

81. Die Ifrit-Geister

Die *Ifrit* sind böse Geistwesen, von denen die Moslems erzählen. Diese Geister können aus fernen Ländern einen Königsthron herbeischaffen. So brachten sie den Thron der Königin von Saba in die heilige Stadt Jerusalem zum König Salomo. Diese Geistwesen lebten in den Flüssen und Meeresbuchten. Sie konnten die Menschen lähmen, die im Wasser badeten. Nun trugen die Menschen magische Steine bei sich, um sich vor diesen bösen Geistern zu schützen. Diese Geister konnten die jungen Mädchen durch die Luft entführen. Doch manchmal hatten sie auch Mitleid mit den Menschenkindern, dann gaben sie ihnen Schutz und Nahrung.

(Nordafrikanische Stämme; Lex Afr Myt 147f)

82. Der Stammvater Ham

Ham war der Sohn des Propheten *Noach*, er wurde zum Urahnen aller Stämme und Völker Afrikas. Auf der Arche war *Noach* mit seinen drei Söhnen während der großen Flut eingeschlossen. Er hatte seinen Söhnen verboten, sich während der großen Flut mit ihren Frauen zu paaren. Zwei der Söhne hielten sich an dieses Verbot, sie blieben ihren Frauen fern.

Doch *Ham* konnte dem Reiz der Frauen nicht widerstehen, er paarte sich mit ihnen auch während des großen Regens. Als die Flut vorbei war und seine Kinder geboren wurden, da wurden diese zur Strafe schwarzhäutig. Er wanderte nach der großen Flut nach Afrika aus und wurde der erste König im Land Ägypten.

(Nordafrikanische Stämme; Lex Afr Myt 133f)

83. Der Held Itonde

Itonde wurde gleich nach seiner Geburt erwachsen und konnte sofort Fleisch essen. Er brauchte nicht die Muttermilch. So wurde er ein tapferer Jäger, er hatte keine Angst vor den wilden Tieren und vor den Geistern des Waldes. Im Wald traf er einen Vogel, der ihm eine kleine Glocke schenkte. Mit dieser Glocke konnte er alle Tiere des Waldes rufen, und diese kamen zu ihm. Auf seinem Weg durch den Wald fand er die große Trommel eines Königs. Er schlug die Trommel, und nun kamen alle Menschen des großen Königreiches zu ihm. Auch der König kam, er sah den jungen Mann und erkannte in ihm seinen Sohn.

Nun durfte der Held die Tochter des Elefantenstammes heiraten, doch zuvor mußte er noch viele Heldentaten und Mutproben ausführen. Er mußte für seine Frau viele wilde Tiere jagen, denn sie hatte großen Hunger. Doch bei einer dieser Jagden kam er ums Leben, er wurde von einem Tier zerrissen. Seither verehren die Jäger den Helden *Itonde* als ihr großes Vorbild der Tapferkeit.

(Zaire, Nkundo-Stämme; Lex Afr Myt 150ff)

84. Der letzte Tag

Am letzten Tag wird die ganze Welt untergehen. Beim ersten Trompetenstoß der Engel wird die Sonne wie eine Kerze verlöschen. Dann werden die Städte und die Häuser der Menschen zusammenfallen. Beim zweiten Trompetenstoß werden die Körper der Toten wieder aus der Erde kommen, ein heißer Sturm wird den Sand wegblasen, unter dem sie jetzt begraben sind. Tausende von Menschen werden auferstehen, und sie werden vom großen Regen reingewaschen.

Dann wird der große *Imam* erscheinen. Und beim dritten Posaunenstoß wird der heilige Prophet *Mohammed* auf seinem weißen Pferd erscheinen. Dann wird vor den Augen des höchsten Gottes *Allah* das große Gericht über alle Menschen stattfinden. Da werden alle Menschenseelen auf eine Waage geworfen, es werden ihre guten und ihre bösen Taten abgewogen. Nun wird das göttliche Licht alle Dunkelheit ausleuchten, es werden alle geheimen Sünden der Menschen sichtbar. Die gute Taten vollbracht haben, werden in hellem Licht leuchten. Die böse Taten getan haben, werden in der Dunkelheit verschwinden.

(Nordafrikanische Stämme; Lex Afr Myt 159f)

85. Die große Endzeit

Am Ende der Zeit werden die Menschen vom großen Himmelsgott abfallen. Sie werden nicht mehr im heiligen Buch des Korans lesen, sie werden lügen und plündern. Jeder Mensch wird gierig seine Lust befriedigen, die Gesetze werden nicht mehr eingehalten. Dann wird es viele Hungersnöte und Krankheiten geben. Der böse Dämon *Daijal* wird dann vierzig Tage lang herrschen.

Doch dann wird der Prophet *Isa* (Jesus) vom Himmel auf die Erde herabkommen. Er wird die Kriegsheere der Heiligen aufstellen, und er wird mit ihnen gegen die Heere der Übeltäter kämpfen. Die Heiligen werden siegen, und der Prophet *Isa* wird 84 Jahre lang in der heiligen Stadt Jerusalem herrschen. Dann wird er dort sterben.

Danach werden die Fremdvölker in das Land einbrechen, sie werden alle Städte und die Bewässerungsanlagen zerstören. Dann werden die Felder vertrocknen, die Städte werden zusammenfallen. Das wird das Ende der Welt sein.

(Swahili-Stämme; Lex Afr Myt 160f)

86. Der Gott Kalunga

Kalunga hat die Menschen erschaffen, deswegen ist er ihr großer Wohltäter. Er heilt ihre Krankheiten, die sie befallen. Und er schützt sie auf den gefährlichen Wegen durch die Wälder. Er hilft ihnen bei der Jagd und wehrt böse Feinde von ihren Dörfern ab. Auf den Feldern läßt er die Früchte reifen, er sendet rechtzeitig den Regen. Ab und zu kommt er in Menschengestalt auf die Erde. Doch er ist so groß, daß sein Kopf immer in den Wolken ist. So können ihn die Menschen nicht sehen. Sie können auch nicht direkt zu ihm sprechen, deswegen wählen sie eine Mittlerin aus.

Diese Frau hat die Aufgabe, die Bitten der Menschen zum großen Schutzgott zu bringen. Sie wird oft von einer inneren Stimme aus dem Schlaf gerissen, dann hört sie die Botschaften des höchsten Gottes, die sie dann den Menschen weitersagen muß. In ihrem Gesicht spürt sie die Liebkosungen des Gottes, sie schaut seine Schätze und Reichtümer im Himmel. Wenn die Menschen ihm zuwenig Opfer bringen, dann droht er ihnen durch seine Mittlerin eine große Hungersnot an. Dann bekehren sich die Menschen und bringen ihm viele Opfer zum Geschenk.

(Ndongo-Stämme; Lex Afr Myt 162)

87. Die Dämonin Karina

Karina erscheint den Menschen als Vogel, meist in der Gestalt einer Eule. Sie kann aber auch als alte Frau auftreten. Wenn sie kommt, dann bringt sie den Menschen den bösen Blick, der Unglück bewirkt. Oder sie bringt viele Krankheiten und den frühen Tod. Sie kann auch die Gestalt einer Schlange oder eines Hundes annehmen.

Wenn sie den Frauen den Schoß zuschnürt, dann werden sie unfruchtbar oder bringen tote Kinder zur Welt. Sie trocknet den Samen der Ehemänner aus, so daß sie keine Kinder zeugen können. Sie läßt die Felder verdorren und macht die Schafe unfruchtbar.

Als böse Hexe hatte sie ihre eigenen Kinder gefressen, deswegen hat sie der höchste Himmelsgott aus dem Himmel der

Götter verbannt. Sie gebiert nur tote Kinder, aus ihrem Geschlecht fließt Blut. Die Menschen haben Angst vor ihrem Anblick.

(Nordafrikanische Stämme; Lex Afr Myt 163f)

88. Der Gott Khadir

Khadir ist der grüne Gott, der sich im Frühjahr vom Schlaf erhebt und der ganzen Natur das Wachstum schenkt. Da er aus dem tiefen Brunnen des Lebens getrunken hat, ist er unsterblich geworden. Er besucht alle Gegenden der Erde und macht alle Wüsten und Steppen zu blühendem Land, wenn er den Regen schickt. Doch wenn er fortzieht, nimmt er den Regen mit, und das Land wird wieder dürr und trocken. Mit dem Griechenkönig *Alexander* hatte er Afrika besucht, er versteht alle Sprachen der Menschen. Er hat viele Städte erobert, und er hat die Könige Afrikas überredet, die Religion des Islams anzunehmen.

(Nordafrikanische Stämme; Lex Afr Myt 165f)

89. Der Meeresgott Kianda

Kianda herrscht im tiefen Meer, er schenkt den Menschen die Fische. Die Fischer rufen ihn um seine Hilfe an und bringen ihm viele Opfer dar. Er hatte die Gestalt eines Menschenschädels. Da überredete er eine schöne Menschenfrau, seine Gemahlin zu werden. Sie folgte ihm auf das weite Meer, wo er seinen Palast hatte. Sie betrat den Palast und feierte mit ihm die Hochzeit, viele Diener umgaben sie. Sie liebten sich und hatten viele Kinder. Diese Kinder haben die Gestalt von Menschen, doch sie leben wie Fische im Meer.

Die ältere Schwester der Meereskönigin hatte die Ehe mit dem Meeresgott abgelehnt. Sie heiratete einen anderen Mann und hatte mit ihm Kinder. Aber zur Strafe der verschmähten Liebe haben alle diese Kinder die Gestalt von Hyänen.

Denn sie hatte einen bösen Dämon geheiratet, der sich hinter einem Menschenmann versteckt hatte.

(Angola-Stämme; Lex Afr Myt 166f)

90. Die Sternenkinder

Die Kinder der Sterne lebten einst in einem heiligen Tal, es ging ihnen gut, und sie waren zufrieden. Doch da kam die große Göttermutter *Ma*, sie sah das Land der Sternenkinder. Sie schickte das große Feuer und die Seuchen, und sie zerstörte das Sternenland. Denn die Sternenkinder hatten sich zur Vollkommenheit entwickelt, das wollte die Göttermutter nicht dulden. Sie kannten nämlich keinen Streit und keinen Haß, sie erlebten keine sinnliche Lust, und bei ihnen gab es keine Krankheit. Sie waren so vollkommen wie die Göttermutter *Ma*.

Doch die Geschöpfe durften nicht so vollkommen werden wie die Götter, deswegen wurde das Land der Sternenkinder zerstört. Nun waren die Sternenkinder aber auch große Zauberer, sie erschufen sich viele Tiere. So machten sie die Giraffen, die mit langen Hälsen durch die Steppe laufen. Sie haben auf der Erde viele Steinzeichen hinterlassen, dahinter verstecken sie ihre Geheimnisse. Nur die Schamanen können diese Geheimnisse erkunden, deswegen suchen sie die Steinzeichen der Sternenkinder. Die Vollkommenheit ist nur den Göttern vorbehalten, die Geschöpfe müssen unvollkommen leben. (Mutwa-Stämme; Lex Afr Myt 170f)

91. Die zwei Gesichter

Die *Kishi* waren böse Dämonen, doch sie hatten zwei Gesichter. Das eine Gesicht war sehr freundlich und wunderschön. Doch das andere Gesicht war häßlich, die Menschen konnten es gar nicht ansehen. Einmal trafen drei Mädchen beim Wasserholen auf diese Dämonen. Diese waren sehr freundlich zu ihnen und luden sie in ihr Dämonenhaus. Dort sangen sie ihnen schöne Lieder vor und zeigten ihnen die schönsten Kleider. Doch dann sahen die Mädchen auch die häßlichen Seiten der Dämonen, sie liefen sofort weg und waren gerettet.

(Kinbundu-Stämme; Lex Afr Myt 171f)

92. Die Erschaffung der Welt

Zuerst gab es nur die Dunkelheit und das Wasser. Da herrschte ein weißer Riese, er hieß *Mbombo*. Eines Tages bekam er heftige Magenschmerzen, und er mußte sich erbrechen. Er spie aus seinem Mund die Sonne, den Mond und die Sterne aus. Dann erhoben sich aus dem Wasser die Berge und die Hügel.

Nun mußte sich *Mbombo* neuerlich erbrechen. Aus seinem Mund kamen nun der Wald und die Fruchtbäume, dann kamen die Tiere und die Menschen hervor. Alle Wesen kamen aus dem Mund des Schöpfergottes. Zuerst kam die Menschenfrau, die die Menschen gebar. Dann kamen der Leopard, der Adler, der Affe. Und zuletzt kam der Menschenmann hervor. Später spie der Gott die Werkzeuge aus, damit die Menschen arbeiten konnten. Der Gott schenkte ihnen den Amboß für die Eisenbearbeitung, dann das Buschmesser für die Jagd. Und zuletzt gab er ihnen die Heilkräuter gegen Krankheiten.

Nun gebar die erste Menschenfrau im Wasser den ersten König. Der hatte weiße Hautfarbe, er hatte Kinder. Doch seine Kinder färbte er mit schwarzer Farbe, damit die wilden Tiere im Wald sie nicht sehen konnten. Er gab ihnen die Heilkräuter, und sie lernten die Sprache. Er heiratete seine Schwester und gab seinem Stamm die Eheregeln.

Dann war da der Affe *Funu*, er schenkte den Menschen den Palmenwein. Er führte das erste Ziegenpaar zu den Menschen, das willigte ein, bei den Menschen leben zu wollen. Nun blies der König in sein magisches Horn, und es wuchsen die Bananenbäume. Nun hatten die Menschen genug zu essen, und ihre Welt war gut und schön geordnet, sie konnten ein glückliches Leben beginnen.

(Zaire-Stämme; Lex Afr Myt 176f)

93. Die Kupferstadt

Nun wurde auf einem hohen Berg eine Stadt aus Kupfer erbaut, sie leuchtete weit in das Land hinein. In dieser großen Stadt waren vierzig Paläste mit wunderschönen Gärten. Dort wohnten die Kinder der Dämonen der Luft. In der Mitte der Stadt stand das Bild eines Reiters. Der Reiter blickte grimmig nach allen Seiten, er schreckte damit alle Feinde ab. Die Stadt war vom weisen König *Salomo* erbaut worden, sie war ein Kunstwerk und voller Geheimnisse. Die Menschen durften sie nicht betreten.

(Nordafrikanische Stämme; Lex Afr Myt 177f)

94. Der Held Liongo

Liongo war ein tapferer Kriegsheld, der viele Feinde besiegt hat. Von seinen großen Taten erzählen viele Lieder und Gesänge. Er hatte die Kräfte eines Riesen, feindliche Waffen konnten ihn nicht verletzen. Nur am Nabel war er verletzbar, doch das wußte nur seine Mutter. Er konnte Ketten zerreißen und war der beste Bogenschütze. Er traf jedes Ziel mit seinen Pfeilen. Er hat im Krieg viele Feinde besiegt.

Nur sein Sohn wußte von seiner Mutter, daß er am Nabel verletzbar war. Nun wollte der Sohn König werden. Er schlich sich an den Vater heran und stach mit seinem Schwert in den Nabel. Damit tötete er den Vater und wurde König.

(Ostafrika; Lex Afr Myt 193f)

95. Die guten Geistwesen

Es gab viele gute Geistwesen, sie hießen *Malaika*. Sie halfen den Menschen, wo sie nur konnten. Sie zeigten ihnen die richtigen Wege, wenn sie durch den dichten Wald gehen mußten. Und sie gaben ihnen die guten Gedanken ein, damit sie im Leben Erfolg hatten. Diese Geistwesen sind aus dem Licht geschaffen, ihre Speise sind die Gebete der Menschen. Sie brauchen und wollen keine Opfer, denn böse Gedanken sind ihnen fremd. Sie bewachen die Wohnstätten der Götter im Himmel.

Auch der Tod gehört zu diesen guten Geistern, denn er holt die Seelen der Menschen ab und führt sie zum höchsten Himmelsgott. Dort geht es den Menschenseelen gut, und sie leben glücklich.

(Ostafrika; Lex Afr Myt 193f)

96. Die Göttin der Musik

Die Göttin der Musik hieß *Marimba*, sie brachte den Menschen die Musikinstrumente. Zuerst gab sie ihnen die Holzstäbe mit verschiedener Länge, damit konnten die Menschen verschiedene Töne spielen. Dann schenkte sie den Menschen die Harfe, die mit vielen Saiten bespannt war. Zuletzt schenkte sie den Menschen die Lieder und sie zeigte ihnen die verschiedenen Tänze. Mit der Musik und den Tänzen konnten die Menschen den Göttern nahe kommen. Als Krönung schenkte die Göttin den Menschen die Lebensfreude. Die Frauen lernten, um drei Feuer herum zu tanzen, damit sie fruchtbar wurden und viele Kinder gebären konnten.

Doch die Göttin *Marimba* konnte nicht bei den Menschen bleiben. Denn es kam der Gott *Nangai*, der holte die Göttin ab und machte sie zu seiner Frau. Aber die Menschen haben nicht vergessen, was die Göttin der Musik ihnen geschenkt hatte.

(Mutwa-Stämme, Massai-Stämme; Lex Afr Myt 197)

97. Der Milchvogel

Zwei Bauern rodeten das Unkraut und das Gebüsch bei ihren Feldern, um ihre Felder zu vergrößern. Nun kam ein großer Vogel, der brachte das Gebüsch immer wieder zurück. Die Arbeit der Bauern war vergeblich. Nun fingen die Bauern den Vogel ein und sperrten ihn in einen Käfig. Und sie brachten ihm jeden Tag einen Krug mit Milch. Der Vogel rührte die Milch mit seinem Schnabel zu Butter. Nun können die Bauern jeden Tag frische Butter essen. Und das Unkraut und die Sträucher waren von ihren Feldern verschwunden.

(Lesotho-Stämme; Lex Afr Myt 205f)

98. Der Held Mokele

Der Held *Mokele* hatte einen tapferen Vater, der hieß *Wai*, er war ein großer König. Und seine Mutter hieß *Moluka*. Während der Vater auf der Jagd war, da sollte die Mutter ein Kind gebären. Eine große Zauberin war bei der Geburt dabei. Die Mutter brachte einen Sohn zur Welt, den nannte sie *Mokele*. Dieser wurde schnell erwachsen.

Als der Vater von der Jagd zurückkam, da konnte ihm die Mutter schon einen großen und starken Sohn vorstellen. Der Vater war hocherfreut, er gab ein großes Fest und setzte seinen Sohn als Nachfolger im Königreich ein.

Doch dann wurde es lange Zeit dunkel, denn die Sonne hatte sich in einer Höhle versteckt. Nun machte sich der junge Held *Mokele* auf die Suche nach der Sonne, die Schildkröte begleitete ihn. Er fand sie in der Höhle und lockte sie wieder aus der Höhle hervor. Nun wurde es wieder licht bei den Menschen, und *Mokele* kehrte auf den Königsthron zurück. Er war den Menschen ein guter König, denn er konnte viele Feinde besiegen.

(Ntomba-Stämme; Lex Afr Myt 208f)

99. Die Hochzeit der Mondtochter

Ein Menschenkönig suchte eine Braut für seinen Sohn. Da er keine geeignete Menschenfrau fand, wollte er die Tochter des Mondkönigs als Frau erwählen. Doch wie sollte er zum Mond kommen? Denn niemand wußte den Weg. Da meldete sich der Frosch, der kannte den Weg zum Mond, denn er lebte in der Nacht. Der Frosch überbrachte die Hochzeitsbitte an die Mondmänner, die jeden Abend auf die Erde herabsteigen, um bei der Quelle das Wasser zu holen. Denn der Frosch lebte bei der Quelle.

Die Mondmänner brachten die Antwort des Mondkönigs zum Frosch, der gab die Antwort an die Menschenmänner weiter. Der Mondkönig war mit der Hochzeit einverstanden, doch vorher mußte der Brautpreis bezahlt werden. Wiederum war es der Frosch, der die Goldstücke den Mondmännern überbrachte. Dann konnte die Hochzeit gefeiert werden. Nun kam die schöne Mondtochter mit einem Seil vom Himmel auf die Erde herab. Die Spinne hatte das Seil gewoben und gespannt. Als die Mondtochter auf der Erde ankam, da vermählte sie sich mit dem Prinzen, die Menschen feierten ein großes Fest. Nun begann eine glückliche Zeit für das ganze Königreich.

(Kimbundu-Stämme; Lex Afr Myt 214f)

100. Wie der Tod kam

Der große Himmelsgott war der Vater der Menschen. Er lebte im Himmel und schickte zu den Menschen den Regen, den Sturm und den Donner. Es gab viele Geister der Luft, diese überbrachten den Menschen die Botschaften des Himmelsgottes. Wenn die Menschen alt wurden, dann durften sie an einem langen Seil in den Himmel der Götter klettern. Dort verjüngte sie der Himmelsgott, und sie durften wieder auf die Erde hinabsteigen.

Doch eines Tages kam die Hyäne, sie biß das Seil durch, das vom Himmel auf die Erde reichte. Nun war der Weg zum Himmel unterbrochen, und die alten Menschen konnten sich nicht mehr verjüngen. Nun zog der Himmelsgott das Seil ein, und die Menschen mußten sterben. So kam der Tod zu den Menschen, es war die Schuld der Hyäne.

(Korekore-Stämme; Lex Afr Myt 231)

101. Die Göttin Oduduwa

Oduduwa war eine große Herrscherin, sie war die Ehefrau des Gottes *Obatala*. Sie half ihrem Mann, als dieser die Erde erschuf und formte. Seither schützt sie die Menschen, und sie führt die Krieger an, wenn sie gegen die Feinde ziehen müssen. Ihr Sohn heißt *Ogun*, er ist ein tapferer Kriegsheld, er kämpft gegen viele Feinde. Sie ist die Urmutter der Yoruba-Stämme, die Menschen verehren sie mit vielen Opfern und Gesängen. Sie fühlen sich bei ihr geschützt und geborgen. (Yoruba-Stämme; Lex Afr Myt 239)

102. Die Regenkönigin

Die Regenkönigin war eine große Göttin, die schickte den Menschen die Wolken und den Regen. Dafür verlangte sie von ihnen viele Opfergaben. Wenn sie den Menschen böse war, dann schickte sie den Menschen lange Zeit keinen Regen, und ihre Felder verdorrten. Wenn die Dürrezeit war, da mußten die Könige die magischen Regensteine ausgraben, und sie mußten die magischen Speere gegen den Himmel schießen. Der Schamane mußte die Regentänze ausführen, dann mußte er eine Ziege opfern. Dann hofften die Menschen, daß wieder der Regen kam. Sie verehrten und fürchteten die Regenkönigin, denn von ihrem Wohlwollen hing ihr Überleben ab.

(Südafrika; Lex Afr Myt 267f)

103. Der König Salomo

Der höchste Himmelsgott hatte dem König *Salomo* die ganze Erde zur Herrschaft übergeben. Denn *Salomo* war sehr weise, so herrschte er über die Länder Afrikas. Er verfügte auch über die wilden Tiere im Wald und über die Vögel in den Lüften. Auch die Fische im Wasser, die Löwen in der Steppe und die Krokodile in den Flüssen mußten ihm dienen. Er war auch der Herrscher über die vielen bösen Dämonen (Dschinn), die den Menschen Unglück bringen. Wenn er reiste, trugen ihn die Wolken in jedes Land, in das er kommen wollte. Die Könige der Erde verehrten den weisen König *Salomo* und bereiteten ihm viele Gastmähler. Den Menschen ging es gut in jener Zeit, denn sie hatten einen weisen König. (Swahili-Stämme; Lex Afr Myt 276f)

104. Die heiligen Schlangen

In den Schlangen auf der Erde leben viele gute und böse Geistwesen. Die Menschen fürchten sich vor ihnen. Doch die Schlangen bringen den Menschen auch die Botschaften der Götter, deswegen sind ihnen die Schlangen heilige Tiere. Sie können Krankheiten fernhalten und heilen. Vor allem können sie den Regen bringen, wenn die Menschen die Regentänze ausführen. In den Schlangen leben auch eine Zeitlang die Seelen der Ahnen, bevor sie in das Totenland kommen. Menschen können sich in Schlangen verwandeln.

Diese heiligen Schlangen helfen vor allem den Frauen, wenn sie gebären müssen. Sie beschützen die Kinder und lassen sie gesund heranwachsen. Oft leben sie in den Flüssen, und sie ziehen die Frauen in das Wasser, wenn diese darin baden. Die Menschen verehren die heiligen Schlangen mit vielen Riten, die von Priestern geleitet werden.

(Zulu-Stämme, Ronga-Stämme; Lex Afr Myt 285f)

105. Die Erschaffung der Menschen

Es war der Gott *Juok*, der die Menschen aus der trockenen Ackererde erschuf. Er nahm die schwarze Erde und erschuf zuerst die schwarzen Menschen. Dann nahm er die braune Erde und erschuf die braunen Menschen, die Araber. Und dann nahm er die weiße Erde und erschuf die weißen Menschen, die Europäer. Er gab allen Menschen lange Beine, damit sie gut im

Sumpf waten konnten. Und er gab ihnen auch lange Arme, damit sie die Buschmesser schwingen konnten. Denn sie mußten sich Wege durch die Wälder schlagen, und sie mußten mit langen Stangen die Früchte von den hohen Bäumen holen.

Dann gab ihnen der Gott den Mund, damit sie die Hirse essen konnten und ein langes Leben hatten. Er gab ihnen die Zunge, damit sie ihm die Loblieder singen konnten. Und er gab ihnen die Ohren, damit sie diese Lieder auch selbst hören konnten. So wurden die Menschen geschaffen, und sie lebten gut und zufrieden. (Shilluk-Stämme; Lex Afr Myt 287)

106. Die Erschaffung der Menschen

Zuerst hatte der Himmelsgott die Echse geschaffen. Und nach ihrem Maß formte er dann den Menschenmann. Nur den Schwanz ließ er weg, damit ein Unterschied war. Dann legte er den Körper des Menschenmannes in das Wasser, damit er weich werde. Nach einer Woche rief er laut aus: »Der Menschenmann komme nun heraus!« Da erhob sich der Mann aus dem Wasser und konnte gehen.

Nun erschuf der Himmelsgott auch die Menschenfrau aus der Erde. Er legte auch sie in das Wasser. Auch sie wurde weich und beweglich. Der Mann und die Frau paarten sich und hatten viele Kinder. Das war der Anfang des Menschengeschlechts.

(Kamerun-Stämme)

Die guten Menschen hatte der Himmelsgott aus weichem Lehm geschaffen und geformt. Doch die bösen Menschen hat er aus stinkendem Schlamm geformt. So unterschieden sich die guten und die bösen Menschen von Anfang an. Der Himmelsgott formte zuerst die Männer, dann formte er die Frauen. Als die Männer die Frauen sahen, mußten sie herzlich lachen, denn die Frauen waren nackt. Und als die Frauen die nackten Männer sahen, mußten sie ebenfalls vergnügt lachen. Denn sie freuten sich auf die sinnliche Liebe. (Ewe-Stämme; Lex Afr Myt 286f)

107. Die Erschaffung der Welt

Am Anfang waren die beiden Götter *Abatangana* und *Sa*, sie erschufen den festen Boden am Meeresgrund. Denn am Anfang war überall nur sumpfiges Land. Sie machten den festen Ackerboden und leiteten die Wasser ab. Dann pflanzten sie Bäume und Kräuter. Nun erschufen sie das Licht, die Erde wurde hell.

Dann paarten sie sich mit ihren Frauen und zeugten 14 Kinder. Aus diesen Kindern wurden dann die 14 großen Stämme der Menschen. Sie alle sprachen verschiedene Sprachen, doch sie konnten sich verstehen. Die Götter schenkten den Menschen die Hacke, damit sie den Boden umgraben konnten. Sie gaben ihnen das Buschmesser, damit sie Wege in den Wald schlagen konnten. Dann brachten sie die Sonne. Der Hahn sang sein Lied, als die Sonne zum ersten Mal schien. Nun singt er sein Lied jeden Tag.

(Kongo-Stämme)

Am Anfang erschuf der Himmelsgott das große Licht. Dann nahm er Teile des Lichtes und formte daraus die Seelen der Engel und der guten Geistwesen. Sie müssen den höchsten Gott immerdar anbeten. Dann erschuf er das Himmelszelt und färbte es mit blauer Farbe. Er schnitt viele Löcher in das Zelt, damit das göttliche Licht hereinleuchten konnte. Dann erschuf er den großen Himmelsthron, auf dem wird er Gericht halten über alle Menschen. Er machte die Steintafeln, auf denen die Taten der Menschen aufgeschrieben werden. Zuletzt erschuf er den Lotusbaum, der bis in den Himmel ragt.

(Kenia, Swahili; Lex Afr Myt 289f)

108. Als der Tod zu den Menschen kam

Das erste Menschenpaar wurde im Himmel erschaffen. Doch der Schöpfergott schickte die beiden Menschen auf die Erde. Und er gab ihnen das Huhn als Nahrung mit. Die Menschen sollten nicht mehr in den Himmel zurückkehren, der war den Göttern vorbehalten. Nun hatte die Frau die Hirsekörner für das Huhn im Himmel vergessen. Sie ging in den Götterhimmel zurück und holte einen Korb mit Hirsekörnern. Dann kam sie auf die Erde und leerte den Korb aus. Doch nun war am Boden des Korbes die Todesschlange. Sie brachte den Menschen den Tod, seither müssen die Menschen sterben, weil die Frau das göttliche Verbot mißachtet hatte. (Baganda-Stämme)

Am Anfang war die Götterwelt eng bei der Menschenwelt. Die Menschen konnten die Götter mit den Händen berühren. Doch sie durften es nur mit reinen und gewaschenen Händen tun, denn die Götter wollten keinen Schmutz. Nun hatte eine Frau einmal den Himmel mit schlammigen Händen berührt, das gefiel den Göttern nicht. Nun hoben die Götter den Himmel empor, so daß die Menschen ihn nicht mehr erreichen können. Seither müssen die Menschen sterben, denn sie sind weit vom Himmel weggerückt. (Yoruba-Stämme; Lex Afr Myt 307f)

28
Die Nordamerikaner

Einleitung

Zu Beginn der Neuzeit, als europäische Eroberer den nordamerikanischen Kontinent betraten, da lebten in diesem Gebiet einige hundert verschiedene Indianerstämme. Sie waren zum Teil Fischer, zum Teil jagten sie Karibus, Hirsche und Bisons. Die südlichen Stämme hatten von Mittelamerika den einfachen Ackerbau übernommen. Sie bauten vor allem den Mais an, wie die Irokesen und die Pueblo-Stämme. Andere Stämme lebten als Sammler, sie lebten von wildem Reis und von Waldbeeren, sie gruben nach eßbaren Wurzeln und jagten Kleintiere. Einige von ihnen waren seßhaft, sie lebten in kleinen Dörfern. Andere waren Hirtennomaden und Viehzüchter, sie lebten in beweglichen Zelten.

Die einzelnen Stämme lassen sich in größere Sprachfamilien zusammenfassen. Wir kennen die Sprachen der Irokesen, der Algonkin, der Sioux, die Nadene-Sprache, die uto-aztekische Sprache und die Hoka-Sprache. Die wichtigste soziale Rolle in diesen Kulturen war die des Schamanen, der im Traum und im Zustand der Ekstase Verbindung zu den Schutzgeistern hatte. Er mußte aber auch durch magische Kräfte die Krankheiten und die wilden Tiere abwehren. Bei den Ackerbauern mußte er auch die Regenriten ausführen, oder er mußte den Ahnenkult leiten. Bei einigen Stämmen gab es Opferpriester.

Die Mythen dieser Stämme kreisen um einen Schöpfergott, der die Tiere und die Menschen erschaffen hat. Sie erzählen von den Ahnen, die in die Welt der Lebenden zurückkehren. Die ganze Lebenswelt der Menschen wird von guten und von bösen Geistwesen bestimmt. Es werden viele heilige Tiere verehrt, in allen Naturphänomenen werden göttliche Kräfte gesehen. Es ist von riesigen Ungeheuern die Rede, von Menschenfressern und von Totengeistern, von Seelenschlangen und von

Donnergöttern. Auch hier spiegeln die Mythen auf symbolische Weise reale Lebenswelten und Kulturstufen.

1. Die Geistwesen

Überall in der Welt der Menschen leben unsichtbare Geistwesen. Vom Himmel brüllt der Donnergeist, und über das nächtliche Himmelszelt wandern die Sternengeister. In den Bergen leben die Bergdämonen, die die Jäger fürchten. In den Felsen und Steinen sind dämonische Wesen verborgen, der Geist im Feuerstein entzündet sogar das Feuer. Die Sonne schickt den Menschen die Lebenskraft, aber sie will durch viele Opfer verehrt und gestärkt werden.

In den Wildtieren des Waldes leben die Geistwesen, die nicht beleidigt werden dürfen. Und im Meer leben die Meeresdämonen; es gibt eine Seeschlange mit Hörnern, die Menschen frißt. Alle Stämme haben ihre Schutztiere und Schutzgeister, die sie in Not und Bedrängnis anrufen. Sie fürchten die Totengeister, die in ihre Siedlungen zurückkehren können und dann den frühen Tod bringen. Vor allem stehlen sie oft die Kinder. Die Menschen haben viele Riten, um die guten Geistwesen zu stärken und sich vor den bösen Geistern zu schützen. (MdV III, 162f)

2. Die vielen Welten

Die Menschen und die Tiere leben gemeinsam in der Welt der Berge und der Wälder. Doch darüber breitet sich die Welt der Geistwesen, dort wohnen auch die Seelen der Ahnen. Ganz oben liegt die Welt der Schutzgötter, dort lebt auch der Schöpfergott mit seiner großen Sippe.

Unterhalb der Menschenwelt leben die bösen Dämonen, die Ungeheuer der Seen, der Flüsse und des Meeres. Aber auch die Seelen der Toten leben in dieser Unterwelt. Manche sagen freilich, das Land der Totenseelen sei auf den Sternen am Himmelszelt. Es sind die Schamanen, die zur Welt der Götter und der Schutzgeister aufsteigen können. Doch sie haben auch die Fähigkeit, in die Welt der Toten abzusteigen und ihnen die Botschaften der Menschen zu überbringen. (MdV III, 162f)

3. Die sechs Richtungen

Die große Welt der Menschen, der Geistwesen und der Tiere hat sechs Richtungen und sechs feste Bezugspunkte. Da ist zuerst der höchste Punkt oben am Himmelszelt, dann der tiefste Punkt unter der Erde. Dann gibt es den Punkt im Osten, wo die Sonne aufgeht. Und dann ist der Punkt im Westen, wo die Sonne untergeht. Und es ist der Punkt des Südens, wo die Sonne zu Mittag steht. Und es ist der Punkt des Nordens, wo die Sonne in der Nacht steht. Jeder dieser Richtungen ist eine andere Farbe zugeordnet.

Gelb ist die Farbe des Nordens, Weiß ist die Farbe des Ostens, Rot ist die Farbe des Südens, Blau ist die Farbe des Westens. Und der höchste Punkt am Himmelszelt hat viele Farben, doch der tiefste Punkt unter der Erde ist schwarz.

Die Tiere und die Steine werden nach diesen sechs Richtungen eingeteilt. Es gibt Tiere des Südens und Tiere des Nordens, es gibt Steine des Westens und des Ostens. Es gibt die Geistwesen der Höhe und die Geister der Tiefe. Der Schamane muß diese Richtungen kennen, denn er weiß um die Geheimnisse der Steine, der Tiere und der Geistwesen. Auch die Riten der Menschen gelten den vier Richtungen und Zielpunkten des Kosmos. So erhält die ganze Menschenwelt ihre Ordnung.

(MdV III, 162f)

4. Der Anfang der Welt

Am Anfang lebten auf der Welt nur die Tiere, sie bevölkerten die Berge, die Wälder und die Gewässer. Sie verhielten sich wie die Menschen, sie mußten hart arbeiten und wählten sich ihre Häuptlinge. Sie schnitzten schöne Figuren und Gestalten, mit denen sie spielten. Die Tiere hießen die »Umformer«, denn sie konnten neue Gestalten hervorbringen.

Als im Himmel die Götter die Menschen formten, da durften sich die Menschen ihre Gestalt frei wählen. Sie gefielen sich in dieser Gestalt, dann stiegen sie vom Himmel auf die Erde herab. Dort verbreiteten sie sich und lebten friedlich mit den Tieren zusammen.

Doch es waren die Tiere, die früher da waren. Sie brachten den Menschen die Kulturgüter. Sie zeigten ihnen, wie man Fische fängt, wie man Fallen stellt und wie man aus Steinen das Feuer schlägt. Seither genießen sie bei den Menschen große Verehrung. (MdV III, 163f)

5. Die Tiere als Kulturbringer

Es waren die Tiere, die den Menschen die Kulturgüter gebracht haben. So war es der Rabe, der den Menschen zeigte, wie man in den Flüssen die Fische fängt. Und es war der Blauhäher, der mit seinen Flügeln den Wind auf die Erde brachte. Der Steppenwolf schenkte den Menschen den Regen und den Schnee. Der Hase war daran beteiligt, als den Menschen das Feuer übergeben wurde. Später waren es mehrere Tiere, die sich zusammentaten, um den Menschen das Sonnenlicht zu bringen. Sie hatten es im Haus der Sonne gestohlen.

Dann ließen die Tiere die Berge emporwachsen, und sie gruben die Meeresbuchten aus. Sie zogen die Flußtäler und ließen die Wasser der Berge darin fließen. Zuerst waren die Flüsse und die Fische in einer großen Höhle eingeschlossen. Es gelang dem Vater Raben, die Höhle zu öffnen. Seither fließen die Flüsse von den Bergen, und die Lachse tummeln sich in den Wassern. Die Menschen haben gelernt, die Lachse zu fangen. Seither verehren die Menschen ihre Schutztiere, sie tragen ihre Masken und geben sich ihre Namen. Dann fühlen sie sich stark und geschützt. (MdV III, 164f)

6. Der Flug des Hasen

Die Tiere lebten in Gruppen zusammen, sie schlossen Bündnisse, sie kämpften gegeneinander, wie die Menschen es tun. Als zu viele Tiere auf der Erde lebten, da brachten sie den Hunger und den Tod. Es mußten viele Tiere sterben, dann reichte die Nahrung wieder aus. Mit großer List kämpften sie gegen böse Dämonen und Geistwesen. Sie waren klug und weise; was sie planten, das führten sie aus.

Einmal streifte der Hase durch den Wald, bei einem Teich traf er viele Enten. Er tauchte in den Teich und umwickelte mit einer Schnur die Füße der Enten. Am anderen Ende der Schnur hing er selbst. Als die Enten in die Luft flogen, da trugen sie den Hasen an der Schnur mit. So konnte der Hase fliegen, doch das sah seine Großmutter. Sie warf einen Topf zu den Enten hinauf, die Schnur zerriß und der Hase fiel zu Boden. So hatte der Hase das Fliegen probiert, doch seine Großmutter meinte, sein Platz sei auf der Erde. So war sein Traum zu Ende. (MdV III, 164)

7. Der Hase und die große Flut

Die Tiere lebten in ihrer Welt recht glücklich. Doch es gab die bösen Dämonen, die wollten das Leben der Tiere stören. Nun war da die Herrin der Vulkane, sie hatte den Menschen das Feuer geschenkt. Sie ließ die Vulkane Feuer speien, die Wälder fingen Feuer und verbrannten. Doch nun trat der Hase auf, er schickte eine große Flut, um die Feuer zu löschen. Auch die Herrin der Frösche half ihm, das Wasser zu vermehren. Doch nun kamen viele Tiere in der großen Flut um. Der Hase flüchtete mit seiner Sippe auf einen hohen Berg, wo er vor den Fluten sicher war.

Als die Flut aufhörte, da befahl der Hase der Bisamratte, in das Wasser zu tauchen und aus der Tiefe Schlamm zu holen. Die Bisamratte tat dies, sie gab den Schlamm dem Hasen. Dieser formte aus dem Schlamm die Erde, und dann formte er die

Menschen. Diese wohnten zuerst in den Wäldern, und der Hase zeigte ihnen die Künste des Feuers und der Jagd. Dann gab er ihnen die Gesetze, so daß sie gut miteinander leben konnten. Zuletzt gab er ihnen die Riten, damit sie die Schutzgeister richtig verehren konnten. Seither verehren die Menschen den Hasen als ihr heiliges Tier, als ihren Schöpfer und Kulturbringer.

(MdV III, 165)

8. Der alte Mann Coyote

Als die große Flut kam, da baute sich der alte Mann *Coyote* ein Boot aus Rinden, und er fuhr mit dem Boot über das Wasser. Dann landete er auf einem hohen Berg, dorthin schwammen auch zwei Enten. Der alte Mann befahl den Enten, im Wasser nach Schlamm zu tauchen. Nun tauchten die Enten in die Tiefe und brachten viel Schlamm an die Oberfläche. Jetzt formte *Coyote* aus dem Schlamm die Erde, sie schwamm auf den Wassern. Dann formte er die Berge und die Flußtäler. Danach machte er aus dem Schlamm die Pferde und die anderen Tiere. Zuletzt machte er noch die Bäume und die Kräuter.

Am Ende formte *Coyote* aus dem Schlamm die Menschen, Männer und Frauen. Als er die erste Frau geformt hatte, da paarte er sich mit ihr. Und sie gebar ihm viele Kinder, Söhne und Töchter. Dann gebot er den Menschenkindern, sich ebenso zu paaren und viele Kinder zu zeugen. Er gab ihnen die Pfeile, damit sie die Tiere jagen konnten. Als die Menschen sich vermehrten, da teilte er sie in verschiedene Stämme ein. Er zeigte ihnen, wie sie die Dörfer in der Form des Kreises bauen sollten.

In der Mitte des Waldes siedelte der Stamm der Krähenmenschen, denn ihr Schutztier war die Krähe. Er zeigte ihnen den Freudentanz, den sie immer tanzen sollten, wenn sie böse Feinde im Kampf getötet hatten. Und er gab ihnen den Mut und die Tapferkeit zum Kämpfen. So ist der alte Mann *Coyote* der Vorfahre der Krähenmenschen und aller anderen Stämme.

(MdV III, 165f)

9. Der Aufstieg zur Erde

Die Menschen wurden im vierten Stockwerk unter der Erde von den Göttern erschaffen. Doch dort war es finster und kalt. Die Menschen hatten eine schwarze Haut und lange Schwänze, wie die Tiere. Sie wollten zur Erde hinaufsteigen, wo es Licht und Wärme gab. Nun waren dort viele Geistwesen, die kannten den Weg zur Erde. Auch die Tiere halfen mit, daß die Menschen über drei Stockwerke zur Erde hinaufsteigen konnten. Die Schutzgöttin des Maises war eine Führerin auf den langen Wegen.

Es dauerte sehr lange, bis alle Menschen auf der Erde ankamen und dort ihre Plätze gefunden hatten. (Pueblo-Stämme)

In der Erde lagen vier Stockwerke übereinander. Das unterste war weiß, das zweite war rot, das dritte war blau, das vierte war gelb. Nun war da die große »Menschenmutter«, sie ließ eine große Fichte durch alle vier Stockwerke der Erde hindurchwachsen. Jetzt konnten die Menschen den Fichtenstamm hinaufklettern. Doch jedes Stockwerk war durch einen Felsen verschlossen. Es war der Specht, der mit seinem Schnabel den Felsen durchlöcherte, so daß die Menschen durchklettern konnten.

Jedes Stockwerk war also durch einen Felsen verschlossen. Der Aufstieg zur Erde dauerte vier Jahre. Beim Durchbrechen der Erde mußte auch der Dachs mithelfen, denn er wußte, wie man Löcher gräbt. Auch der Wirbelwind half mit, das Loch zu vergrößern. Die Menschenmutter hatte die Menschen beim Aufstieg begleitet. Sie gab ihnen die Maiskolben, die sie auf der Erde anpflanzen konnten. Deswegen nennen sie diese göttliche Mutter auch die »Maismutter«.

So hatten also die Menschen gelernt, den Mais zu pflanzen. Da sagte die Göttin zu ihnen: »Das ist mein Herz, es soll eure Nahrung sein. Und der Saft des Maises soll euch so gut schmecken wie die Milch aus meinen Brüsten.« Damit verabschiedete sich die göttliche Mutter und ging wieder in das Innere der Erde zurück. Doch die Menschen lebten nun gut auf der Erde.

(MdV III, 166f)

10. Im Innern der Erde

Die Menschen sind im Innern der Erde von der großen »Menschenmutter« geboren worden. Und einige der Menschenstämme sind mit der »Maismutter« auf die Erde aufgestiegen. Der Dachs half ihnen, das Loch durch die Erde zu graben. Dieses Loch verehren die Menschen noch heute, es gilt ihnen als der Mittelpunkt der ganzen Welt. Dort haben sie ihre Kultplätze, und dort verehren sie die Ahnen.

Nun sind aber nicht alle Menschensippen mit der Maismutter über die große Fichte auf die Erde hinaufgestiegen. Einige Sippen blieben im Innern der Erde, wo sie mit der Maismutter leben. Auch die Seelen der Verstorbenen, die auf der Erde lebten, kehrten nach dem Tod wieder zur Maismutter zurück. In bestimmten Zeitabständen kommen sie wieder auf die Erde zurück, um den Menschen eine gute Maisernte zu sichern.

(MdV III, 166f)

11. Die ersten Wanderungen

Als die Menschenstämme auf der Erde angekommen waren, da begannen sie, sich ihre Wohnsitze zu suchen. Dabei erlebten sie viele Abenteuer. Einmal hatte eine große Flut ihre Maisfelder zerstört, dabei sind viele Kinder ertrunken.

Einmal wurde ein Mädchen vom Sonnengott geschwängert, es gebar zwei Kriegsgötter, die Zwillinge waren. Seither gibt es bei den Menschen den Krieg. Diese beiden Zwillinge mußten schwere Prüfungen der Krieger bestehen. Dann erhielten sie vom Sonnengott den Pfeil und den Bogen, aber auch die Lanzen. Nun waren sie für den Krieg gerüstet.

In dieser Zeit wohnten der Sonnengott und die Menschengöttin auf der Erde. Sie waren Geschwister, aber sie wußten es nicht. Da verliebten sie sich, sie paarten sich und hatten Kinder. Als sie erfuhren, daß sie Geschwister waren, da schämten sie sich. Denn es ziemt sich nicht, daß sich Geschwister paaren. So flohen beide auf das große Himmelszelt und verwandelten sich in Sterne. Seither schauen sie auf die Menschenkinder herab.

(MdV III, 166)

12. Der getötete Held

Am Anfang lebte der tapfere Kriegsheld *Nanabozo*, er beschützte den ganzen Stamm vor bösen Feinden. Niemand konnte ihn besiegen. Doch auch sein Bruder war ein Held, er konnte im Kampf die Gestalt eines Wolfes annehmen. Dieser wurde von den Geistwesen in den Wassern getötet. Da war sein Bruder voller Trauer.

Die Geistwesen des Himmels führten den getöteten Helden in die Unterwelt, dort gaben sie ihm das Reich der Toten zur Wohnung. Zu ihm kommen nun die Seelen der Verstorbenen, er herrscht über sie.

Die Menschen feiern jedes Jahr den Tanz der »großen Medizin«, in dem sie ihren Schmerz über den getöteten Helden ausdrücken. Dabei stärken sie ihre eigene Gesundheit und Lebenskraft. Sie tanzen auch zur Ehre der großen Maismutter, damit sie ihnen eine gute Ernte schenke. (Algonkin-Stämme; MdV III, 167f)

13. Die alte Felsenfrau

In der Frühzeit lebte die alte Felsenfrau in einem heiligen Berg, sie verfügte über die heilenden Kräfte. Da gab es bei den Menschen auch viele böse Schamanen, die den Menschen die Krankheiten und den frühen Tod brachten. Nun kämpfte die alte Felsenfrau gegen die bösen Schamanen und die Krankheitsdämonen.

Sie nahm ihren großen Kochtopf und kochte das Herz des bösen Schamanen. Mit dem Rührholz rührte sie im Kochtopf um. Dabei riß sie dem bösen Schamanen die Arme aus. Mit diesen Armen führte sie einen magischen Tanz aus. So zeigte sie ihre Kraft zu heilen.

Bei den Menschen gab es auch viele gute Schamanen, diese wurden von der Felsenfrau geschützt. Auch sie mußten den Tanz mit dem Kochtopf und dem Rührholz ausführen, um die bösen Schamanen und die Krankheitsdämonen zu vertreiben. Dabei riefen sie immer den Adler und den Raben um Hilfe an.

(Algonkin-Stämme; MdV III, 168f)

14. Der Weg des Schamanen

Im Traum wurde der Schamane zu den großen Schutzgeistern des Stammes gerufen. Er stieg auf einen hohen Berg, mit großen Schritten erreichte er den Gipfel. Dort traf er zwei riesige Gestalten, sie sahen wie Menschen aus. Es waren die großen Geistwesen, sie zeigten ihm die Heilkräuter. Dann sagten sie ihm, wo er sie findet und wie er sie zubereiten muß. Damit lernte der Schamane, die bösen Krankheitsdämonen zu vertreiben.

Ein anderes Mal kam der Schamane wieder auf den heiligen Berg. Da kam zuerst der Rabe zu ihm und zeigte ihm eine Blume mit magischer Kraft. Dann kam der Fuchs zu ihm und zeigte ihm, wie man die Wunden heilt. Der Schamane mußte um den Kranken herumgehen und die böse Krankheit ausspucken.

Nun wurde der Schamane selber krank, da kam die Schildkröte zu ihm und brachte ihm einen Kräutertrank. Nun wurde der Schamane wieder gesund, und die Tiere riefen laut: »Wie wir dich geheilt haben, so mußt du nun die Menschen heilen.« Und sie gaben ihm die Heilkräuter mit auf den Weg. So kehrte der Schamane mit viel Weisheit und Wissen zu den Hütten der Menschen zurück.

(Winnebargo-Sioux-Stämme; MdV III, 169)

15. Die große Wanderung

In der frühen Zeit sind die Stämme der Menschen weit gewandert, denn sie waren auf der Suche nach Nahrung. Es waren die großen Helden, die ihnen voranzogen. Denn sie wollten ihr

Volk vor dem Hungertod bewahren. Nun waren da die guten Schutzgeister, sie zeigten den Menschen den Weg in die großen Wälder. Dort fanden sie viele Tiere, die sie jagen konnten. Es war die Schutzgöttin der Bisons, die die Menschen auf ihren Wegen führte. Doch dann zogen die Stämme in die große Ebene nach dem Süden und nach dem Westen. Da war es die große Maismutter, die ihre Wege leitete.

Später vermählten sich die Menschen mit der Großen Maismutter und mit der Schutzgöttin der Bisons. Jetzt hatten sie große Felder mit Mais und große Jagdgebiete, sie mußten keinen Hunger mehr leiden. Nun konnten die Menschen gut leben. Jedes Jahr tanzten sie den heiligen Tanz, um sich mit den beiden Göttinnen zu vermählen. Denn so blieb die Lebenskraft in ihnen, und das Glück begleitete sie.

(Plains-Indianer; MdV III, 170)

16. Tod und Neugeburt

Der Tod und das Leben stehen sich immer gegenüber. Es gibt Tiere, die töten. Und es gibt Tiere, die wieder das Leben bringen. Bei den Menschen bringt der Feldbau das Leben, der Krieg aber bringt den Tod.

Als ein tapferer Mann seine Frau durch den Tod verloren hatte, da wollte auch er nicht mehr leben. Er starb und führte seine Frau in die Unterwelt, wo die Seelen der Toten wohnen. Dort mußte er viele Prüfungen bestehen. Doch als er sie alle bestanden hatte, da durfte seine Frau wieder auf die Erde zurückkehren. Auch er selbst durfte wieder auf der Erde leben, so war das Paar glücklich vereint.

Wie der Mann seiner Frau in den Tod gefolgt war, so gehen auch die Krieger freiwillig in den Tod, um ihren Stamm vor den Feinden zu schützen. Auch sie kommen erneut zum Leben, wenn sie im Krieg gefallen sind.

Ein junger Mann hatte seine Braut verloren, sie kam in die Unterwelt. Da tötete sich der Mann selbst und kam zu seiner

Braut in das Land der Toten. Auch er mußte dort viele Prüfungen bestehen. Die letzte Prüfung war an dem Ort, wo seine Frau verstorben war. Auch er hatte alle Prüfungen bestanden, dann konnte das Paar wieder auf die Erde zurückkehren. So ist der Tod ein Ort der Prüfungen, aber auch ein Übergang zu neuem Leben.

(Pueblo-Stämme; MdV III, 171f)

17. Die Herrscher der Tiere

Jedes Tiergeschlecht hatte einen obersten Herrn, der alle seine Untertanen streng kontrollierte. So gab es einen Herrn der Karibus, einen Herrn der Biber, der Wölfe und der Füchse. Die Jäger mußten viele Gebete zu den Herren der Tiere sprechen, bevor sie ein Tier jagen durften. Und sie mußten versprechen, die Knochen der Tiere zu verbrennen oder sie in den Wassern zu versenken. Wenn sie die Knochen aber den Hunden zum Fraß vorwarfen, dann schickte ihnen der Herr der Tiere eine lange Hungersnot. Dann mußten sich die Jäger durch ein Ritual reinigen.

Allein der Bär hat keinen obersten Herrscher, denn jeder Bärenvater ist das Oberhaupt seiner Sippe. Wenn die Jäger eine Bärenhöhle entdeckten, dann riefen sie hinein: »Großvater, komm heraus, die Sonne scheint warm. Zeige deinen Kopf, ich möchte die Pfeife anzünden.« Wenn der Bär aus der Höhle kam, dann töteten ihn die Jäger und steckten ihm eine Friedenspfeife in das Maul. Sie rauchten mit ihm die Friedenspfeife. Dann tanzten sie um den Bärenschädel, um die Kraft des Tieres in sich aufzunehmen. Frauen durften beim Bärenfest nicht dabei sein, das war Sache der Männer allein.

(Algonkin-Stämme; RAA 186ff)

18. Der höchste Geist

Die Jäger glaubten, daß die vielen Herren der Tiere noch einen obersten Herrscher hatten. Dieser herrschte über alle Tiere und über die Menschen, er schenkte den Lebewesen das Licht. Die Jäger nannten ihn den »großen Geist« oder den Besitzer, den Schöpfer, den Urahnen. Sie waren überzeugt, daß sie alle von diesem höchsten Geistwesen abstammen.

Der höchste Geist zeigte sich den Menschen in der Sonne, im Mond, in den Sternen, in den Wolken, in den Bergen, in den Wäldern. Zu ihm gehört das Licht, er wohnt im Himmel des Nordens. Wenn die Sonne aufgeht, begrüßen die Menschen den höchsten Geist, denn er schickt ihnen das Licht und die Wärme. Jedes Jahr feiern sie ein großes Fest für diesen Geist, da bitten sie ihn um Schutz vor Feinden und um ein langes Leben. Dabei tanzen sie sich in die Ekstase, um sich mit dem höchsten Geist zu vereinen.

(Delaware-Stämme; RAA 186-192)

19. Das Paradies der Seelen

Die Seele ist das Spiegelbild des menschlichen Körpers, sie ist ohne Stoff und wohnt im Herzen des Menschen. Ein Teil von ihr wohnt auch im Blut. Nach dem Tod zieht sie aus dem Körper aus, dann schweift sie zwölf Tage durch die Lüfte. Am zwölften Tag geht sie in das Land der Ahnenseelen ein, das im Südwesten liegt. Ein breiter Fluß trennt das Totenland vom Land der Lebenden.

Für die guten Seelen, die ohne Sünde sind, gibt es ein glückliches Land im zwölften Himmel. Dort scheint ein helleres Licht als die Sonne. Dort gibt es keine Leiden und keine Krankheit, keinen Tod und keine Trennung. Dies ist der Lohn für die guten Menschen, die den Geboten der Ahnen gefolgt sind. Doch die Seelen der bösen Menschen bleiben von diesem Glück ausgeschlossen, sie müssen in den Lüften und in den Wäldern umherirren. Denn sie können nicht zur Ruhe kommen.

(Delaware-Stämme; RAA 197-199)

20. Die zwei Welten

Am Anfang lebten alle Wesen im Himmel: nämlich die Götter, der Himmelshäuptling, die Tiere, die Pflanzen, Tag und Nacht, die Menschen. Es gab den Hirsch, das Reh, den Bären, den Biber, den Wind, das Licht, die Sterne, die Sonne und das Wasser. Da wollte der Himmelshäuptling eine Menschentochter heiraten. Sie hieß *Awenhai.* Ihr Vater willigte zur Hochzeit ein. Nun wurde sie schon durch den Atem des Himmelshäuptlings schwanger.

Daraufhin entbrannte der Häuptling vor Zorn, denn er glaubte, das Nordlicht oder der Feuerdrache hätten seine Frau geschwängert. So riß er im Zorn den Himmelsbaum aus. Durch das Loch, das entstand, warf er die Frau, die Tiere und die Pflanzen auf die Erde hinab. Doch von allen Wesen durfte ein Geschwister im Himmel verbleiben.

Nun leben auf der Erde die Hirsche, die Rehe, die Bären, die Winde, das Licht, die Sterne, die Sonne und das Wasser. Doch jedes Wasser auf der Erde hat ein Geschwister, das im Himmel lebt. Nun gebar die Frau *Awenhai* Zwillingsbrüder, der eine war sanft und mild, der andere war wild und zornig. Der milde Bruder formte die Vögel, die Bäume und die Berge. Doch der wilde Bruder störte ihn dabei.

Als beide den Menschen formten, da gelangen ihnen nur wackelige Gestalten. Dann aber tötete der gute Bruder den bösen Gegenspieler. Und er warf die Sonne und die Sterne an das Himmelszelt, wo sie hängen blieben. Damit war nun die Welt fertig, sie war nach dem Abbild des Himmels gemacht.

(Irokesen-Stämme; RAA 213)

21. Die Welt der Götter

Nun war die Welt der Götter streng geordnet, jeder Gott hatte seine Aufgabe zu erfüllen. Da gab es den obersten »Sonnenvater«, der brachte das Licht und die Wärme in den Götterhimmel. Dann war der Regengott *Uwanami*, der lebte am Rande der Götterwelt. Er brachte den Menschen die Wolken, den Regen, den Blitz und den Donner. Dann gab es die vielen Schutzgötter der Tiere, sie lebten im Norden, im Süden, im Osten und im Westen. Sie kannten die Heilpflanzen und jede Medizin. Dann gab es die Götter mit den Masken, sie wohnten am See und erschienen den Menschen bei den Kultfesten. Und es gab die zwei großen Kriegsgötter, sie waren Söhne des Sonnenvaters. Sie gaben den Kriegern die Waffen und führten sie in den Kampf.

Nun waren die Priester der Menschen diesen Göttern zugeordnet. Es gab den *Pekwin*, der war der Diener des Sonnenvaters. Und es waren 15 Kultgemeinschaften, die den Regengöttern dienten. Dann gab es zwölf Medizinvereine, die sich den Tiergöttern verschrieben. Und es gab sechs Tanzvereinigungen, die mit den Göttern und den Masken in Verbindung waren. Die großen Kultpriester dienten den beiden Kriegsgöttern, sie trugen Pfeil und Bogen. So waren die Welt der Götter und die Welt der Menschen ähnlich geordnet.

Die Menschen hatten wenig Rechte. Sie besaßen keinen Boden, keinen Wald und kein Wasser, denn das gehörte alles den Göttern. Sie mußten es von den Göttern erbitten. Sie hatten soviel Rechte wie die Hirsche, die Hasen und die Maus. Doch sie verehrten die Ahnen und brachten ihnen Opfer dar.

(Zuni-Stämme, Pueblos; RAA 224–240)

22. Der Anfang der Welt

Am Anfang lebten nur die Tiere auf der Erde. Sie wohnten am »krummen Ufer« und hatten zwei Dörfer. Im ersten Dorf waren der Rabe und der Nerz die Häuptlinge, im anderen waren die Wölfe die Schutztiere. Beide Dörfer kämpften gegeneinander, doch der Rabe und der Nerz blieben die Sieger. Sie gestalteten nun die Welt.

Zuerst brachten sie das Sonnenlicht. Dann warfen sie die Lachse in die Flüsse; und sie erschufen den Wind. Dann schufen sie die Menschen aus den Tieren. Ein Teil der Tiere verwandelte sich in Menschen, ein Teil blieb in Tiergestalt. So sind die Tiere die Urahnen der Menschen, sie werden in vielen Kultfeiern verehrt.

Im Weltgebäude ganz oben wohnen die Wolken, die Sonne, das Morgenrot und der große Donnervogel. In der Mitte leben die Menschen und die Tiere. Und im unteren Gebäude wohnen die Seelen der Toten. (Pueblo-Völker; RAA 240–248)

23. Die Sprache der Geistwesen

Alle Dinge sind voller Leben, sie haben eine Seele und hören die Menschen. Die Bäume, die Steine, die Berge, die Wasser hören die Menschen, wenn sie mit ihnen sprechen. Auch die Häuser und die Geister der Häuser hören die Menschen. Deswegen gehen diese abends vor das Haus, sie rauchen eine Pfeife und sprechen zu den Geistwesen. Sie bitten um Schutz und Gesundheit und um eine gute Nacht. In der Nacht sprechen auch die Dinge miteinander. So sprechen die Steine mit den Bergen und mit dem Wasser. Hie und da können Menschen sie sprechen hören. Es ist der Schamane, der ihre Sprache versteht. Sie sagen dann: »Sieh da, ein Mensch. Er hat uns seinen Rauch geschickt. Wir müssen ihn schützen, daß ihn kein Unheil trifft.«

So sind alle Dinge voller Leben, und die Menschen können mit ihnen sprechen. Denn alle Wesen verstehen dieselbe Sprache. (Kalifornier; RAA 256ff)

24. Die Erschaffung der Welt

Am Anfang war alles nur Wasser. Da ballten sich die Regenwolken zusammen, und daraus wurde der Geist *Coyote*. Dann ballten sich die Nebel zusammen, und daraus wurde der Silberfuchs. *Coyote* und der Fuchs bauten sich nun ein Boot. Sie fuhren auf dem Wasser und lebten im Boot. Der Silberfuchs kämmte dem *Coyote* das Haar, er zupfte einige Haarbüschel aus seinem Kopf. Aus diesen Haarbüscheln erschuf er den großen Weltbaum, dann die Sträucher und die Felsen, zuletzt die Erde.

Dann rief der Fuchs dem *Coyote* zu: »Wach auf, wir sinken!« Da wachte *Coyote* vom Schlaf auf. Und er sah am Rand des Wassers die Kirschen und die Pflaumen an den Bäumen hängen. Er begann, sie zu essen. Im Schlaf hatte er gar nicht bemerkt, wie der Silberfuchs aus seinem Haar die ganze Welt erschaffen hatte. Er war mit diesem Werk sehr zufrieden, denn nun gab es viel zu essen.

Nun schnitzten der Silberfuchs und *Coyote* aus Holzstücken die Tiere und die Menschen. Das war anstrengend, sie waren beide müde. Doch dann stritten sich die beiden Schöpfergeister, wie es weitergehen sollte. Der Silberfuchs wollte, daß es nur den Sommer gebe. Doch *Coyote* schuf auch den Winter mit dem Eis.

Der Silberfuchs wollte auch, daß die Menschen ewig leben sollten. Doch *Coyote* erschuf den Tod. Nun wurde der Silberfuchs zornig, er erschlug den *Coyote*. Doch dieser erwachte nach drei Tagen wieder zum Leben, denn er war unsterblich.

So haben *Coyote* und der Silberfuchs die ganze Welt eingerichtet und erschaffen.

(Kalifornier; RAA 259ff)

29
Die Mittelamerikaner

Einleitung

Die mittelamerikanischen Völker haben Hochkulturen entwickelt, die ca. 3 000 Jahre Dauer hatten. Wir unterscheiden zumeist eine vorklassische, eine klassische und eine nachklassische Periode dieser Kulturen. Sie waren zunächst geprägt von Jagd und Fischfang, erst später lernten sie den Ackerbau. Das waren die Kulturen von Zacatenco, von Ticoman und die La-Venta-Kultur. Sie haben uns viele Gegenstände aus Ton und Keramik hinterlassen.

Zu den klassischen Kulturen Mittelamerikas zählen die von Teotihuacan, die eine Sonnenpyramide schuf, dann die Kultur von Monte Alban, von Oaxaca, von El Tajib. Zu den historischen Völkern, auf die die europäischen Eroberer ab dem 16. Jh. trafen, gehören die Tolteken, die Azteken, die Puebla-Mixteca-Stämme, dann die Zapoteken, die Totonaken, die Tarasken.

Eine eigene Kulturengruppe bilden die Maya-Völker, die uns sogar ein Schriftensystem hinterlassen haben. Sie benutzten eine kunstvolle Bilderschrift. Leider haben die spanischen Eroberer viele dieser Schriftzeugnisse der Mayas verbrannt und zerstört. Bis heute kann ungefähr ein Drittel der bekannten Maya-Zeichen gelesen werden. Es muß zwischen den nördlichen und den südlichen Maya-Völkern unterschieden werden.

Alle diese Hochkulturen waren Ackerbauern. Sie hatten Dörfer und größere Städte gebaut, und sie hatten große Kultplätze für die Opferriten. Die Bevölkerung war deutlich sozial geschichtet, es gab Herren und Sklaven. Die Mythologie zeigt uns eine patriarchale Lebensordnung. Doch es waren die christlichen Europäer, die mit ihrem Monopolanspruch auf Weltdeutung diese Kulturen und ihre Menschen weitgehend zerstört haben. Später waren es die christlichen Missionare und die Ethnologen, die uns die Mythen dieser Stämme vermittelt haben.

1. Der Anfang der Götter

Zuerst gab es den obersten Schutzgott, der hieß *Huitzilopochtli*, der hatte den Stamm der Azteken zu seinem Volk gemacht. Er war mit ihnen verbündet und schützte sie. Die Menschen siedelten am Meer, sie waren seßhaft geworden. Sie schufen einen Bund von Stämmen und verehrten die Sonne. Ihre Priester führten die Riten aus und brachten der Sonne die großen Opfer dar. Der König ließ für den obersten Schutzgott einen Tempel erbauen, der hatte neun Stockwerke und Stufen. Denn auch der Himmel der Götter hatte neun Stufen.

Am Anfang war ein Götterpaar, dieses zeugte und gebar viele Götterkinder. Die Menschen stammen von diesem Götterpaar ab. Das Paar hieß »Herr und Herrin des Fleisches«, denn sie herrschten über die Menschen und die Tiere. Zuerst zeugte das göttliche Paar vier Söhne. Diese vier erschufen die Welt. Zuerst formten sie die Erde, dann das Meer, dann die Wolken für den Regen, dann die Bäume mit den Früchten. Zuletzt formten sie den Mais, der den Menschen zur Nahrung dienen sollte. Dann brachte eine Göttin das große Opfermesser auf die Erde. Nun entstanden aus dem Meer noch viele Schutzgötter der Erde und der Äcker.

Die Azteken waren das vom Sonnengott auserwählte Volk, denn sie hatten die anderen Völker und Stämme besiegt. Sie mußten nun der Sonne beistehen, sie mußten ihr täglich viele Opfer bringen, damit sie gestärkt werde. Denn es war die Aufgabe der Sonne, der Welt Bestand und Leben zu schenken. Alles in der Welt hing vom Lauf der Sonne ab.

(Azteken; MdV III, 175f)

2. Die Welt der Götter

Nun gab es viele Götter, sie waren Kinder des göttlichen Urpaares. Sie wirkten alle in der Menschenwelt. Da war der Regengott *Tlaloc*, der brachte die Wolken, den Donner und den

Regen. Es war der Erdgott, der den Menschen die Fruchtbarkeit schenkte. Vor allem gab er ihnen den Mais zur Nahrung. Dann war da noch der Kriegsgott, der führte die Krieger an. Er gab ihnen Mut und Kampfkraft, er schenkte ihnen die Siege. Es kämpften auch männliche Götterheere gegen weibliche Göttinnenheere.

Nun führten die Mächte der Nacht einen langen Krieg gegen die Mächte des Todes. Sonne und Mond kämpften lange Zeit gegen die anderen Sterne. Die Götter hatten magische Kraft, die sie im Krieg einsetzten. Doch auch die Götter waren sterblich, denn sie waren dem »Buch des Schicksals« ausgeliefert. Die Menschen mußten ihnen viele Opfer bringen, um sie zu stärken. Denn die Götter waren die größeren und die stärkeren Wesen. Das Leben der Menschen hing von den Göttern ab.

(Azteken; MdV III, 176ff)

3. Die fünf Sonnenzeiten

Die erste Sonne hieß »vier Jaguare«, ihre Sonnenzeit dauerte 676 Jahre. In dieser Zeit lebten viele Tiere und Menschen auf der Welt. Doch dann kamen die Jaguare und fraßen alle Menschen auf. Die Sonne verschwand nun, und es wurde dunkel.

Danach kam die Sonne der »vier Winde«, sie leuchtete hell. Die Tiere und die Menschen lebten wieder auf der Erde. Ihre Sonnenzeit dauerte 364 Jahre, dann wurde sie von den Winden und Stürmen weggeweht. Die Sonne verschwand, und es wurde finster.

Dann kam die Sonne der »vier Regen«, sie regierte 312 Jahre lang. Nun fiel Feuerregen vom Himmel auf die Erde, die Tiere kamen im Feuer um. Die Menschen wurden in Vögel verwandelt, die Sonne verschwand, und es war wieder lange Zeit finster.

Zuletzt kam die Sonne der »vier Wasser«, sie leuchtete auf der Menschenwelt 676 Jahre lang. Dann kam die große Flut, und alle Menschen verwandelten sich in Fische und lebten im Wasser weiter.

Schließlich kam noch die Sonne der »vier Bewegungen«, sie leuchtet heute noch vom Himmel auf die Erde und spendet den Tieren und den Menschen das Licht und das Wachstum.

(Azteken; MdV III, 177f)

4. Die Erschaffung des Maises

Am Anfang erschufen die Götter die Menschen, doch die Schöpfung gelang nicht sofort. Zuerst hatten die Menschen viele Mängel, doch die Götter waren vollkommen. Erst der vierte Schöpfungsversuch war den Göttern gelungen. Sie erschufen nämlich zuerst die Maispflanze. Und aus dieser Pflanze formten sie den Menschen.

Nun geht es den Menschen gut, sie haben den Mais zur Speise, sie haben Äcker und Dörfer. Sie müssen nicht mehr nach den Tieren jagen. Doch die Menschen müssen den Göttern viele Opfer bringen, damit die Sonne gestärkt wird. Denn die Sonne gibt der Maispflanze das Leben.

Die Menschen feiern die großen Riten, um die Götter zu ehren und zu stärken. Sie haben die heiligen Zahlen, mit denen haben sie Zugang zu den Schutzgöttern. Und sie haben das Buch des Schicksals, aus dem die Schamanen und die Priester die Ereignisse der Zukunft ablesen. Das Schicksal aber wird vom Willen der Götter bestimmt. Wenn die Götter viele Opfer bekommen, schenken sie den Menschen ein gutes Schicksal.

(Azteken; MdV III, 179f)

5. Die Verehrung der Sonne

Die Sonne ist für die Menschen das Zeichen der Geburt und der Wiedergeburt, denn jeden Abend geht sie weg, und jeden Morgen kommt sie wieder. Sie stirbt und kommt wieder zum Leben, denn sie führt einen Kampf gegen die Mächte der Finsternis. Den gewinnt sie, aber sie kommt dabei immer zu Tode.

Genauso müssen die Krieger im Kampf ihr Leben für den Stamm einsetzen.

So kämpfen die Azteken unter dem Schutz des Sonnengottes *Tonatiuh*, der durch viele Opfer gestärkt werden muß. Er hat die Zunge herausgestreckt, denn er dürstet immerzu nach Menschenblut. Der große Gegenspieler des Sonnengottes ist *Tezcatlipoca*, der Herrscher der Nacht und der Finsternis.

Eines Tages versammelten sich die Götter und fragten: »Wer wird uns das Licht spenden?« Sie hatten ein großes Feuer angezündet. Nun waren zwei junge Götter bereit, in das Feuer zu springen und den anderen Göttern als Licht zu dienen. Danach sprangen der Adler und der Jaguar in das Feuer, sie wurden darin verwandelt. Dann stürzte sich ein kleiner Gott in das Feuer, denn er konnte keine anderen Opfer bringen. Nun war genügend Licht im Himmel, und die Sonne und der Mond begaben sich auf die Wanderschaft.

Einmal aber waren der Mond und die Sonne auf ihrer Wanderung stehen geblieben. Nun war es wieder finster im Götterhimmel. Da beschlossen die Götter, zu sterben, denn ohne Licht wollten sie nicht leben. Alle Götter opferten sich selbst. Nur der Gott *Xolote* wollte fliehen. Doch er wurde zuerst in den Mais und dann in den Fisch verwandelt. Doch dann opferte auch er sich.

Nun konnten die Sonne und der Mond wieder die Wanderung fortsetzen, sie konnten wieder Licht spenden. Denn die Götter hatten sich geopfert, doch sie standen zu einem neuen Leben auf. Genauso müssen sich die Menschen für die Sonne opfern, auch sie stehen zu einem neuen Leben auf.

(Azteken; MdV III, 180–184)

6. Die großen Menschenopfer

Der Sonnengott mußte jeden Tag viele Opfer bekommen, damit er genügend Licht spenden konnte. Es waren viele Priester, die opferten die Mitmenschen, um den Sonnengott zu stärken. So führten die Azteken viele Kriege gegen Nachbarvölker, um die Kriegsgefangenen dem Sonnengott opfern zu können. Die Seelen der geopferten Menschen stiegen wie Adler zur Sonne auf und begleiteten sie auf ihrem Weg.

Die Götter liebten das Menschenblut mehr als das Blut der Tiere. Und die Priester nannten es das »Wasser der Edelsteine«, es durfte nicht versiegen. So opferten sie dem Regengott *Tlaloc* viele Kinder, damit die Felder fruchtbar werden. Die Priester aßen vom Fleisch der Menschenopfer und tranken das Blut der Mitmenschen, um sich mit den Göttern zu vereinen. Die Tränen der geopferten Menschen sollten bewirken, daß der Regen fällt. Den geopferten Menschen wurden die Köpfe abgeschnitten, es wurden ihnen die Herzen herausgerissen. Dann wurden sie im Feuer verbrannt. Das nannten die Priester die »neue Geburt«.

Durch die vielen Opfer wurde die Sonne gestärkt, sie gab den Menschen und den Göttern das Licht und das Wachstum.

(Azteken; MdV III, 184ff)

7. Die Feuerschlange

Zusammen mit der Feuerschlange kämpft die Sonne gegen die vielen Dämonen der Finsternis. Am Schlangenberg wohnte die Schlangenmutter, sie war eine alte Erdgöttin. Sie hatte die Sonne und die vierhundert Sterne geboren. Zuerst trug sie die Sonne am Rücken, wie die Menschenfrauen ihre Kinder tragen. Doch dann wurde die Sonne erwachsen und konnte selber gehen.

Die Schlangengöttin lebt im Blitz, in den Flüssen und am Meer. Sie hat zwei Köpfe. Mit dem einen Kopf frißt sie am Abend ihr Sonnenkind auf. Mit dem anderen Kopf speit sie am Morgen ihr Sonnenkind wieder aus. Sie kann sich ohne Beine bewegen, deswegen bringt sie den Menschen die Geschicklichkeit und hilft ihnen im Krieg.

Da sie im Wasser lebt, bringt sie den Menschen auch den Regen. Da begleitet sie den Regengott *Tlaloc.* Die Feuerschlange bringt den Menschen die Krankheiten und den Schmerz. Aber sie kennt auch die Mittel und die Kräuter der Heilung. Die Schamanen wollen ihre Kraft in sich aufnehmen. Die Menschen verehren sie voll Ehrfurcht und Dankbarkeit.

(Azteken; MdV III, 187f)

8. Die Tiergeister

In den Tieren leben viele heilige Kräfte, sie können den Menschen helfen. Jeder Mensch hat seinen Schutzgeist, er heißt *Nahual.* Der hat meist die Gestalt eines Tieres. Deswegen tragen die Schamanen die Masken der Tiere, sie können sich beim Ritual in einen Adler, in eine Schlange oder in einen Jaguar verwandeln. Die Menschen möchten die Kräfte und Weisheiten dieser Tiere in sich aufnehmen. Doch auch die Götter können sich in Tiere verwandeln.

Die Menschen verehren die Tiergeister des Adlers, der Schlange und des Jaguars, sie erbitten von ihnen Schutz und Lebenskraft. Sie rufen die junge Adlermutter um Lebensglück an. Sie rufen zum Schutzgeist des Hundes, wenn sie einen beschwerlichen Weg gehen müssen. Denn sie fürchten immer die Willkür der Götter, denen sie nicht vertrauen können.

(Azteken; MdV III, 190f)

9. Die Kraft der Götter

Die Menschen wollen auch die Kraft der Götter in sich aufnehmen. Deswegen vollziehen sie die Riten und bringen ihnen viele Opfer dar. So verehren sie die Göttin der sinnlichen Lust *Tlazolteotl,* sie war eine alte Erdgöttin. Von ihr erbitten sie Zeugungskraft und reichen Kindersegen. Beim Ritual bekennen sie ihre sexuellen Verfehlungen. Ein ganzer Monat ist dieser Göttin geweiht, die Menschen reinigen sich von Schuld.

Auch in der Berauschung bei den heiligen Festen wollen die Menschen den Göttern nahe kommen. Dann trinken sie giftige Getränke oder essen von giftigen Pilzen. Dadurch geraten sie in Trance und Ekstase. In ihren Visionen sehen sie dann die göttlichen Wesen, denen sie nahe kommen wollen. Sie möchten an der Kraft der Götter teilhaben, um ein langes Leben zu haben. So achten sie genau auf die vielen Zeichen, die ihnen die Götter senden. Manche dieser Zeichen deuten auf Glück hin, andere bringen Unglück. (Azteken; MdV III, 190ff)

10. Das Land der Toten

Früher gab es zwei Totenreiche für die Seelen der Verstorbenen. Das erste Totenland war im obersten Himmel, es hieß *Tamohuanchan*. Dort lebte der höchste Himmelsgott. Es war ein schönes Land, voll mit Früchten und Blumen. Für die Jäger gab es viele Tiere zu jagen. Dorthin kamen die Seelen der Krieger, sie durften den Sonnengott begleiten.

Das zweite Totenland hieß *Mictlan*, es lag in der tiefsten Unterwelt. Dort war es düster und kalt. Dorthin kamen die Seelen der niederen Menschen, sie wurden in Mistkäfer und in Stinktiere verwandelt. Doch die Seelen der Ertrunkenen, der vom Blitz Getöteten und der Aussätzigen gehörten dem Regengott. Sie wohnten bei ihm auf einem hohen Berg. Viele Totenseelen schwirrten als Gespenster durch die Nacht, sie erschreckten die Menschen. (Azteken; RAA 38ff)

11. Die Entstehung der Welt

Die Erde ist aus einer riesigen Kröte geworden, die ein Götterpaar aus dem Götterhimmel holen mußte. Die beiden Götter opferten und zerstückelten die Kröte. Aus ihren Körperteilen formten sie die Berge, dann die Täler, dann die Flüsse, die Seen, die Pflanzen und die Bäume. Doch die Schöpfung der Welt mißlang des öfteren.

Zwei Bäume mußten das Himmelszelt tragen. Doch einmal stürzte die eine Himmelssäule um. Die Götter entzündeten das Feuer, aus dem Feuer machten sie die Sterne und die Sonne. Nun dienen die kleinen Sterne der großen Sonne als Speise. Ein göttlicher Zauberer erschuf aus einem Edelstein die Menschen. Die Erdgöttin half ihm dabei, sie knetete aus Mehl einen Teig und formte daraus die Körper der Menschen.

Dann kam der Maisgott, er erschuf die Pflanzen. Sie sollten den Menschen zur Nahrung dienen. Es war eine große Höhle, in der die Menschen geschaffen wurden. Diese Höhle ist bis heute heilig.

(Azteken; RAA 40f)

12. Der Aufbau der Welt

Die Welt besteht aus drei großen Flächen, die die Form eines Viereckes haben. Die unterste Fläche ist die Unterwelt, dort leben die Seelen der Verstorbenen. Die mittlere Fläche ist die Menschenwelt. Dort leben die Tiere, die Pflanzen und die Menschen. Die oberste Fläche ist der Himmel, dort leben die Schutzgötter und die vielen Geistwesen. Dort leuchtet das Licht der Sonne.

Doch die Götter senden das Sonnenlicht auch auf die Erde zu den Menschen. Die Weltenden werden von vier Farben begrenzt, es sind dies die Farben Rot, Weiß, Schwarz und Gelb. Über jeder Himmelsrichtung herrscht ein mächtiger Geist.

(Maya; MdV III, 194)

13. Die große Schöpfung

Die Götter versammelten sich zum großen Rat und beschlossen, die Welt zu erschaffen. Zuerst beschlossen sie, die Pflanzen zu formen. Sie faßten den Beschluß in Worte, sie sprachen magische Formeln. Aus dem magischen Wort der Götter sind die Pflanzen geworden, dann die Blumen, die Gräser, die Heilkräuter.

Doch die Götter waren damit nicht zufrieden, sie trafen sich wieder zum großen Götterrat. Und jetzt beschlossen sie, die Tiere zu erschaffen. Wiederum sprachen sie das magische Wort, und es entstanden die Tiere, die Vögel, die Schlangen und die Wildtiere des Waldes. Auch die Geister der Berge wurden jetzt geschaffen. Die Tiere sollten die Hüter der Pflanzen sein, sie sollten sich von ihnen nähren. Die Tiere erhielten ihre Wohnungen und ihre Sprache, so konnten sie miteinander sprechen.

Nun wollten die Götter von den Tieren angerufen und verehrt werden. Doch die Tiere konnten nur gackern, wiehern und blöken. Das gefiel den Göttern nicht. Da beschlossen sie, die Menschen zu erschaffen. Die Menschen sollten über die Tiere herrschen, diese sollten ihnen zur Nahrung dienen. Aber die Tiere sollten sich in Menschen verwandeln, denn sie waren ihnen ähnlich.

(Maya-Völker; MdV III, 194)

14. Die Erschaffung der Menschen

Nun hielten die Götter wieder Rat, und sie beschlossen, die Menschen zu erschaffen. Sie versuchten es des öfteren, doch viele Versuche schlugen fehl. Zuerst formten sie die Menschen aus Töpfererde, so, wie sie ihre Krüge formten. Doch das Wasser löste die neuen Geschöpfe aus Tonerde wieder auf.

Dann machten sich 13 Götter mit einer Göttermutter an die Arbeit. Sie schnitzten aus Holz die Menschengestalten, dann gaben sie ihnen das Leben. Die Menschen hatten zwei Geschlechter wie die Götter. Sie paarten sich und zeugten viele Söhne und Töchter. Doch die Menschen hatten noch nicht den Verstand und die Weisheit, sie verehrten noch nicht die Götter. Deswegen gingen diese Menschen in einer großen Flut unter.

Nun begann der Todesgott sein Werk, er tötete dieses Menschengeschlecht. Nur einige Menschen konnten in die Wälder flüchten, dort leben sie noch heute als Affen. So sind die Menschen mit den Affen verwandt. Diese haben keinen Verstand und können nicht die Götter verehren.

(Maya-Völker; MdV III, 194f)

15. Das erste Menschenpaar

Nun begannen die Götter erneut ihr Werk. Sie erschufen das erste Menschenpaar, dem gaben sie den Verstand. Diese Menschen konnten nun die Götter preisen und verehren. Sie paarten sich und zeugten viele Kinder. Die Erde war noch dunkel, denn die Sonne war noch durch die Schatten verhangen.

Nun lebten in der Welt noch die Riesen, sie störten das Werk der Götter. Da beschlossen die Götter im großen Rat, den Riesen ein Ende zu machen. Sie lauerten ihnen im großen Garten auf, wo die Riesen von den Früchten der großen Bäume aßen. Dann erschlugen sie die Riesen von hinten. Nun konnten die Menschen ungestört in der Welt leben, und sie konnten die Götter verehren.

(Maya-Völker; MdV III, 195f)

16. Die göttlichen Zwillinge

Als die Götterzwillinge im großen Fluß badeten, da sahen sie vierhundert Menschenknaben bei der Arbeit. Sie schleppten einen Baum herbei, um sich ein Haus zu bauen. Da halfen ihnen die Götterzwillinge bei der harten Arbeit. Dann hoben die Knaben und die beiden Götter eine tiefe Grube aus. Nun wollten die Knaben die Götterzwillinge in der Grube einsperren. Doch das gelang ihnen nicht. Zur Strafe wurden die vierhundert Knaben in Sterne verwandelt. Sie leuchten den Menschen am Himmelszelt und begleiten sie in der Nacht.

Nun wollten die göttlichen Zwillinge den Feuerriesen töten, der immer die Erdbeben und die Vulkanausbrüche hervorrief. Sie verleiteten den Riesen, bei einem Festmahl einen Vogel zu essen. Der Vogel war mit giftiger Erde bestrichen. Nun aß der Feuerriese den Vogel, und er starb. Seither gibt es auf der Erde keine Erdbeben mehr.

Dann erschufen die göttlichen Zwillinge die magische Kraft und schenkten sie den Menschen. Sie gaben ihnen auch die Sprache und das Echo, dann die Gebärden und die Zeichen. Zuletzt zeigten sie ihnen das heilige Ballspiel, das den Lauf der Welt darstellt. Wenn die Menschen dieses Spiel ausführen, werden die Sonne und der Mond gestärkt. So haben die göttlichen Zwillinge die Welt der Menschen weise eingerichtet, sie haben ihnen die Güter der Kultur geschenkt. (Maya-Völker; MdV III, 196)

17. Das Maiszeitalter

Zum Schluß erhielten die Menschen von den Göttern die Maispflanze. Sie lernten, Felder anzulegen und den Mais zu pflanzen. Sie ernteten und kochten ihn und konnten davon leben. Es war eine gute Zeit für die Menschen, das vierte Zeitalter des Maises.

Am Anfang wußten nur die Tiere, wo der Mais wuchs. Sie zeigten den Göttern den Ort. Und die Götter gaben die Maispflanze an vier Menschenmänner. Diese dankten den Göttern überschwenglich, das freute diese sehr. Und so schufen sie vier Menschenfrauen, die sich mit den Männern paaren konnten. Sie hatten viele Söhne und Töchter. Die Mayas sind die Nachkommen dieser vier Menschenpaare.

Nun legten die Menschen Felder an, um den Mais zu pflanzen. Und sie bauten Häuser und Dörfer, die sie befestigten. Für die Götter bauten sie Tempel und Altäre, und sie brachten ihnen viele Opfer dar. Sie vollzogen die Riten, die die Götter eingerichtet hatten. Nun war die Welt im Gleichgewicht, und die Menschen waren zufrieden, sie hatten keinen Hunger.

(Maya-Völker; MdV III, 196f)

18. Die Schutzgötter

Die Menschen wurden von vielen Schutzgöttern beschützt. Zu ihnen sprachen sie die Gebete, sie flehten um Regen für ihre Felder. Da war der oberste Himmelsgott, er wurde vom Mond und von der Sonne begleitet. Auch der Himmelsdrache und der himmlische Jaguar begleiteten den Himmelsgott. Dieser hatte eine lange Nase. Um ihn war auch der Regengott, der hatte mehrere Schlangenköpfe. Die Menschen brachten ihm viele Opfer dar.

Dann gab es den Sonnengott, der den Menschen das Licht und die Wärme schenkte. Er ließ die Felder fruchtbar werden und den Mais reifen. Es gab den Windgott, der im Sturm einherfuhr. Der Wassergott lebte in den Flüssen und Seen, und der Maisgott war in den Maisfeldern.

Auch in den Tieren lebten göttliche Kräfte, so konnten sie die Menschen beschützen. Die Menschen verehrten die Schlange mit den zwei Köpfen, aber auch den himmlischen Jaguar. Beim heiligen Baum brachten die Menschen den Göttern die Opfer dar. Der Maisgott erhielt viele Maiskörner als Gabe. Auch die Fledermaus wurde verehrt, denn sie hatte magische Kräfte. Bei den Kultfesten trugen die Menschen die Masken der Tiere, sie wollten deren Kräfte in sich aufnehmen. Diese heiligen Kräfte nannten sie *Teotl*.

(Maya-Völker; RAA 66ff)

19. Die Opferriten

Es gab verschiedene Weltalter, in denen die Menschen lebten. Doch alle diese Weltalter sind durch große Wasserfluten zerstört worden. Die Menschen hatten Angst vor dem großen Himmelsdrachen, der in jedem Regen sein Wasser auf die Erde spie. Sie fürchteten auch das Feuer, das die Felder und die Häuser verbrennen konnte. Und sie hatten Sorge, daß der Mond und die Sonne vom Himmel fallen und alles auf der Erde verbrennen.

Sie verehrten viele weibliche Göttinnen, die sie um die Fruchtbarkeit der Felder und der Tiere anriefen. An den Feldern stellten sie weibliche und männliche Geschlechtsorgane auf, damit die Felder fruchtbar werden. Sie feierten die Riten der Fruchtbarkeit, denn die Angst war groß, daß ganze Sippen und Stämme aussterben könnten.

Die Krieger verehrten ihren Schutzgott, der ihnen die Waffen und die Tapferkeit schenkte.

Durch Rauch und Lärm mußten die bösen Geistwesen aus den Siedlungen der Menschen vertrieben werden. Viele Menschen mußten ihr Leben opfern, damit die Kraft der Sonne gestärkt wurde. So wurden Zungen und Ohren mit Dornen durchbohrt, es wurden Finger abgeschnitten. Es wurden Menschen und Tiere den Göttern geopfert. Die Priester rissen den Opfern die Herzen aus dem Leib, dann schlugen sie ihnen die Köpfe ab. Dabei riefen sie den Regengott an, er möge den Feldern die Fruchtbarkeit schenken. (Maya-Völker; RAA 70–75)

20. Die Verehrung der Ahnen

Die Menschen glaubten, daß die Seelen der Toten in der Welt der Ahnen weiterlebten. Deswegen gaben sie ihnen viele Geschenke mit auf die Seelenreise in das Totenland. Die Krieger erhielten die Waffen und viel Schmuck mit in die Gräber.

Die Seelen der Krieger und der Opferpriester kamen in das göttliche Paradies. Auch die Seelen der geopferten Menschen und der bei der Geburt verstorbenen Frauen kamen dorthin. Das Paradies war hoch oben im Himmelsbaum, dort lebten die Verstorbenen in ewigen Freuden. Doch die Seelen aller anderen Menschen mußten in die Unterwelt, dort war es finster und traurig.

An den Gräbern stellten die Menschen die Bilder der Ahnen auf. Aber auch die Masken waren dort, es wurden auch Opfer für die Ahnen dargebracht. So hatten die Lebenden immer Verbindung zu den Ahnen, sie riefen zu ihnen und baten sie um Schutz und Führung. (Maya-Völker; RAA 76–78)

21. Die göttlichen Wesen

Am Anfang war ein göttliches Brüderpaar, beide waren begeisterte Ballspieler. Nun hatten sie die Todesgötter zum Wettkampf herausgefordert. Dabei wurden die beiden göttlichen Brüder besiegt und getötet. Doch da kamen die Söhne der Brüder, sie rächten den Tod ihrer Väter. Sie kämpften gegen die Todesgötter, auch gegen die Götter des Feuers und der Erdbeben. Und sie blieben die Sieger, denn sie gewannen das Ballspiel.

Da sie gute Ballspieler waren, spielten sie auch gegen die Götter der Unterwelt. Auch dabei blieben sie Sieger. Nun durften sie ihre Väter aus der Unterwelt hinausführen. Beide Väter stiegen zum Himmelszelt auf, der eine wurde zur Sonne, der andere wurde zum Mond. Der Kampf gegen die Todeskräfte dauerte lange Zeit. Auch die Tiere waren den Göttersöhnen zu Hilfe gekommen.

(Maya-Völker; RAA 81ff)

22. Die Menschenopfer

Wenn ein Krieger gestorben war, dann mußten ihm seine Diener und seine Hauptfrau in das Grab folgen. Die Frau bekam einen Mühlstein mit in das Grab, damit sie auch im Jenseits die Maiskörner mahlen könnte. Und die Diener erhielten das Werkzeug mit in das Grab, damit sie dort ihre Arbeiten verrichten konnten. Denn das Leben ging im Jenseits weiter wie auf der Erde.

Die Menschen opferten den Göttern viele Mitmenschen, um gegen die Feinde zu siegen, um genügend Regen zu bekommen, um die Sonne zu stärken, um die bösen Dämonen zu vertreiben. Besonders der Regengott, die Maisgöttin und der Sonnengott lechzten nach den Menschenopfern. Krieger machten Raubzüge zu anderen Stämmen, um den Göttern Gefangene opfern zu können.

(Maya-Völker; RAA 82ff)

30
Die Südamerikaner

Einleitung

Über die Mythen der südamerikanischen Völker sind wir nur lückenhaft informiert. Wir haben keine schriftlichen Quellen, da keine Schriftkulturen entwickelt wurden. Wir haben nur die mündlichen Berichte einzelner Stämme sowie eine Vielzahl von archäologischen Funden. Diese Völker waren teilweise Sammler und Jäger, zum Teil waren sie schon Pflanzer und Ackerbauern.

Zunächst sollen die wichtigsten Stämme aufgezählt werden, die hier behandelt werden.

Es sind dies die Stämme in Costa Rica und in Panama, in Kolumbien und in Ekuador. Dann handelt es sich um eine Vielzahl von Stämmen in Peru, in Bolivien, in Nordchile, im westlichen Argentinien. Und es sind die Stämme in Brasilien, in Südchile und auf den Feuerland-Inseln.

Diese Kulturen wurden seit dem 19. Jh. von Ethnologen umfassend erforscht. Wir kennen die Grundstruktur ihrer Weltdeutung. Zu den Hochkulturen dieser Region gehören die Inkas, die Chibcha-Stämme und die Mochika-Stämme. Hier werden einige große Themen der Mythologie ausgewählt.

1. Die Geistwesen

Alle Dinge der Natur haben eine unsichtbare Seelenkraft. Überall in der Welt gibt es geheimnisvolle Kräfte und Kraftfelder, die auf die Menschen einwirken. Diese Kräfte heißen *Huaca*, sie wohnen in den Felsen und Bergen, in den Seen und in den Wäldern. Sie können die Gestalt von Menschen annehmen und sich den Menschen zeigen. Der Schamane kann sie sehen, und er kann mit ihnen sprechen.

Sie haben eine auffallende Gesichtsbemalung, oft sind sie körperlich verunstaltet. Manche haben dichtes Haar, andere sind ohne Hände. Manche dieser Geistwesen sind zusammengewachsen, viele haben keine Zehen, andere sehen wie Tiere aus. Einige fressen das Kochgeschirr der Menschen. Deswegen haben diese vor ihnen Angst.

Nun lieben viele dieser Geistwesen die Gesellschaft der Menschen. Sie helfen ihnen beim Jagen und beim Fischen. Manche verheiraten sich mit Menschen, doch sie legen ihnen dann ein Tabu auf. Wenn die Menschen das Tabu verletzen, dann flüchten die Geistwesen. Ihr Land ist außerhalb des Menschenlandes. Die Schamanen können sie besuchen, wenn sie auf Himmelsreise gehen. Diese Geister schützen die Tiere, denn jedes Tier hat seine Schutzgeister.

Es gibt einen »Vater der Affen«, einen Schutzgeist der Nabelschweine, einen Geist der Krokodile. Diese Tiergeister können die Menschen am Zelt des Himmels sehen, und zwar als Sternbilder. Sie sehen dort den Geist des Skorpions, des Jaguars, des Krokodils.

Die Jäger bitten die Schutzgeister der Tiere um die Erlaubnis, die Tiere zu jagen und zu töten. Aus Lust am Töten durften die Menschen nicht jagen, doch sie durften ihren Hunger stillen. Dann gaben die Schutzgeister ihre Zustimmung. Doch sie straften die Jäger, wenn sie mehr Tiere töteten, als sie zum Leben brauchten. (Guayana-Stämme; MdV III, 198ff)

2. Die Naturgötter

Der Sonnengott *Inti* schützt die Menschen, er gibt ihnen die Lebenskraft. Nun schickte der Donnergott den Blitz und den Regen auf die Erde, damit die Menschen das Wasser hatten. Doch wenn er erzürnt war, dann schickte er ihnen den Hagelschlag. Der zerstörte die Ernten der Menschen. Der Donnergott ist wie ein

Jäger mit der Steinschleuder unterwegs, in seiner Hand hat er die Schlagkeule. Am großen Himmelsfluß schöpft er das Wasser und gießt es auf die Erde. Mit lautem Getöse durchschreitet er den Himmel, wilde Vögel begleiten ihn mit ihrem Flügelschlag.

Dann war da die Erdgöttin, die schenkte den Bauern das Wachstum ihrer Pflanzen. Sie gab ihnen aber auch die Kinder und die Enkel. Deswegen nennen sie die Menschen die »Mutter der Erde«, und sie singen ihr viele Lieder des Lobes. Die Schamanen trinken den Saft der Tabakpflanze, im Trancezustand vereinigen sie sich mit der Erdmutter. Sie bitten sie um reiche Ernte und um ein gutes Leben. (Inka-Stämme; MdV III, 200f)

3. Der große Weltschöpfer

Am Anfang war ein göttliches Urwesen, es war ein mächtiger Stammvater. Der erschuf die Erde und richtete sie wohnlich ein. Er formte die Pflanzen, dann die Tiere und zuletzt die Menschen. Nur den Menschen gab er die Werkzeuge, die sie zum Leben brauchten. Er zeigte ihnen den Ackerbau und die Kunst des Webens. Dann richtete er die Opfer ein, denn in ihm waren magische Kräfte.

Dieser Schöpfergott ist aus dem magischen Urwort entstanden. In diesem Wort des Anfangs waren alle Kräfte enthalten. Seither ist der Schöpfergott der Herr über alle magischen Worte. Aus seinem Körper wurden die Pflanzen, dann wurden die Tiere. Er schenkt der Erde das Wachstum und läßt alle Pflanzen gut gedeihen. Den Menschen und den Tieren gibt er die Pflanzen zur Nahrung. Er sorgt gut für alle Lebewesen.

(Amazonas-Stämme; MdV III, 201f)

4. Die Weltentstehung

Am Anfang, da war die große Nacht, denn das Licht war in einem Felsen eingeschlossen. Doch das Licht hatte göttliche

Kraft, es durchbrach den Felsen und verteilte sich überall. Dann begann das Licht, alle Dinge und alle Wesen zu erschaffen. Es war nämlich der Lichtgott in dem verteilten Licht.

Zuerst schuf er die schwarzen Vögel. Sie flogen durch die ganze Welt, sie trugen das Licht in ihrem Schnabel und verteilten es überall. Wie ein Lufthauch, so strömte das Licht aus ihrem Schnabel heraus. Nun wurde die ganze Welt licht und hell.

Es begannen auf der Erde die Blumen, die Gräser und die Bäume zu wachsen. Dann kamen die Tiere hervor, dann der Wald. Zuletzt kamen die Menschen aus der Erde hervor, sie wuchsen durch die Kraft der Sonne. Sie spendete allen Wesen Licht und Wärme. Die Welt war sehr schön geworden.

(Chibcha-Stämme; MdV III, 202f)

5. Die himmlische Frau

Am Anfang war die göttliche Mutter, sie hieß *Schete wuarha*. Sie schenkte den Göttern das Leben, sie ist ihre Stammutter. Mit dem großen Geist, der ihr Gemahl ist, herrscht sie über die Götter und die Menschen. Da sie alles Leben geboren hat, muß sich ihr Gatte unterordnen. Sie hat die Welt geschaffen, zuerst die Erde, dann die Berge. Dann schuf sie die Wasser, später die Pflanzen, die Tiere und zuletzt die Menschen.

Dann hat sie allen Geschöpfen die passende Nahrung gegeben. Seither lebt die große Göttermutter in der Sonne, von dort her spendet sie allen Wesen das Licht und die Wärme. Ein großer Käfer und ein Falke helfen ihr bei ihrem Werk, wenn sie alle Wesen leitet. Die Menschen rufen sie um Hilfe an, wenn sie in Not sind.

(Chamacoco-Stämme; MdV III, 202f)

6. Der Kulturbringer und sein Bruder

In der frühen Zeit kam der große Kulturheld von der Sonne auf die Erde. Da hat er bei den Menschen die heiligen Riten eingerichtet. Zuerst gab er ihnen die Opfergeräte, und er nannte ihnen die Zeiten für die Opfer. Doch er hatte einen Begleiter, der ihm boshafte Streiche spielte. Das ist sein Bruder. Dieser kam vom Mond und ist ein Schelm, denn er betrügt und täuscht die Menschen. Er spielt ihnen schöne Dinge vor und stört die Schöpfungen seines Bruders.

Dieser Schelm schickt den Menschen regelmäßig die Überschwemmungen. Er wäre schon oft in den Fluten umgekommen, wenn sein Bruder ihn nicht gerettet hätte. Da der Schelm faul ist, scheut er die Arbeit. Es macht ihm richtig Freude, die schönen Werke seines Bruders zu stören. So schickt er den Menschen die Krankheiten, wenn das Leben schön ist. Oder er schickt die Feuerbrände und die Trockenheit der Felder, so daß nichts wachsen kann. Und er bringt den Menschen den frühen Tod, wenn sie sich des Lebens freuen.

Nun muß der gute Bruder die Schäden seines bösen Gespielen wieder gutmachen. Er heilt die Kranken, er bringt die Fruchtbarkeit, er schenkt den Menschen das Jagdglück und reichen Fischfang. So ist das Leben der Menschen nicht nur schön, es wird immer von Leiden bedrückt. Das ist das Werk der beiden ungleichen Brüder. (Guayana-Stämme; MdV III, 203f)

7. Die göttlichen Zwillinge

Der große Schöpfergott hatte zwei Zwillingssöhne. Doch seine Frau wurde von einem bösen Jaguar verschlungen, als sie schwanger war. So wurden die Zwillinge aus einer Jaguarmutter geboren. Sie wuchsen schnell heran und waren geschickt beim Kampf und bei der Jagd.

Ein Vogel erzählte ihnen, daß ihre wirkliche Mutter von einem bösen Jaguar verschlungen worden war. Sie wurden zornig und töteten den Jaguar. Dann suchten sie ihren Vater im Götterhimmel.

Dabei mußten sie viele Abenteuer bestehen. Sie kämpften gegen viele böse Dämonen im Wasser und in den Wäldern. Bei einem dieser Kämpfe wurde der dümmere Bruder getötet und von den Dämonen zerstückelt. Der weise Bruder sammelte die Körperteile ein und machte sie wieder lebendig. Als sie wieder gegen die Dämonen kämpften, wurde einer von einer Felswand zerdrückt. Doch der andere Bruder konnte ihn wieder zum Leben erwecken. Am Ende fanden die beiden Brüder den göttlichen Vater, sie waren glücklich und blieben bei ihm.

(Guayana-Stämme; MdV III, 203f)

8. Die Erschaffung der Menschen

Am Anfang lebte der Urmensch *Kenos*. Er wurde vom höchsten Himmelsgott ausgesendet, um die Welt zu ordnen. Da erschuf er die Menschen, er formte die weiblichen und die männlichen Geschlechtsorgane. Dann gab er den Menschen die Gesetze und die Sprache. Nun konnten sie sich paaren und miteinander reden. Dann flog er zum Himmel zurück, er lebt jetzt auf den Sternen.

Danach kamen zwei göttliche Brüder auf die Erde, sie brachten den Menschen die Werkzeuge für die Feldarbeit und für die Jagd. Nun änderten sie die Gesetze, die *Kenos* den Menschen gegeben hatte. Sie nahmen den Menschen viele Fähigkeiten, die sie bisher hatten. Sie verkürzten die Nacht, jetzt konnten die Menschen nicht mehr soviel schlafen. Nun gab der eine Bruder den Menschen die Güter des Lebens, doch der andere Bruder brachte ihnen die Nöte und Beschwernisse. Er sagte, nach der Mühsal sei die Freude größer. Beide Brüder brachten den Menschen das Feuer, sie zeigten ihnen die Jagd der Robben und die Gewinnung des Fischtrans.

Dann kamen noch zwei andere Zwillinge, auch sie brachten den Menschen viele Güter. Der eine hieß *Keri*, der andere hieß *Kame*. Sie raubten dem Geier die Sonne und den Mond und brachten diese zu den Menschen. Der Eidechse stahlen sie die Augenlider und gaben sie den Menschen. Nun können die Menschen im Schlaf die Augen schließen und sich besser erholen.

(Feuerland-Indianer, Bakairi-Stämme; MdV III, 204f)

9. Der höchste Gott Huiracocha

Huiracocha war der höchste Schutzgott der Inkas, er hatte die Menschenwelt geschaffen und geordnet. Zuerst erschuf er die Erde, dann ließ er das Wasser fließen. Dann formte er die Wälder und die Berge. Zuletzt machte er die Tiere und die Menschen. Dann führte er bei den Menschen die Gesetze ein, und er stellte die strengen Strafen auf. Er ordnete die Riten und die Opfer an und setzte die Festzeiten ein.

Nun hat der höchste Himmelsgott einen bösen Begleiter. Mit ihm zieht er durch die Berge der Anden. Der böse Gegenspieler stört das Werk des Schöpfergottes. Wenn dieser Berge aufbaut, macht jener daraus wieder Ebenen. Als die guten Menschen geschaffen wurden, da schuf der Gegenspieler die bösen Menschen, die Räuber und die Mörder.

Der gute Gott warf seinen Mantel auf das Meer, er machte daraus ein Boot. Dann fuhr er mit dem Boot zur untergehenden Sonne und verschwand in ihr. Seither ist das Leben der Menschen gespalten, teilweise ist es schön und gut, teilweise ist es hart und bitter. Dies ist das Schicksal aller Menschen, die Götter haben es so gewollt.

(Inka-Stämme; MdV III, 204f)

10. Der Held Bochica

Der große Held *Bochica* kam vom Aufgang der Sonne her. Er schuf die Erde, dann die Tiere und dann die Menschen. Diesen gab er strenge Gesetze, damit sie in Frieden miteinander leben konnten. Als er sein Werk vollendet hatte, ließ er seine Fußspuren im Felsen zurück. Dann verschwand er beim Untergang der Sonne.

Auf ihn folgte eine göttliche Frau namens *Chia*. Sie hatte mit den Menschen andere Pläne. Sie erleichterte die Gesetze, damit die Menschen glücklich und lustvoll leben konnten. Doch als der große Held *Bochica* zurückkam, da strafte er die göttliche Frau. Er verwandelte sie in eine Eule.

Doch die Göttin brachte die große Flut auf die Hochebene von Bogotá. Nun spaltete der große Held den Felsen mit seinem goldenen Stab. Da konnte das Wasser abfließen, und die große Flut war zu Ende. Seither muß ein göttlicher Riese die Erde auf seinen Schultern tragen. Wenn sie ihm zu schwer wird, dann wechselt er die Schultern. Dabei gibt es bei den Menschen die Erdbeben. (Chibcha-Stämme; MdV III, 205)

11. Der große Geist

Der große Geist wohnte im Himmelsgewölbe, über den Sternen. Da er sich selbst genug war, brauchte er keine Speise und keine Getränke. Die Menschen nannten ihn den Machtvollen, den Höchsten und den »himmlischen Vater«. Er hat die ganze Welt geschaffen und eingerichtet, zuerst die Berge und die Flüsse, dann die Tiere und die Menschen. Dann gab er den Menschen die Waffen für die Jagd, damit sie leben konnten.

Schließlich übergab der große Geist die Herrschaft über die Welt dem großen Kulturhelden. Dieser brachte zu den Menschen die heiligen Riten und die Gesetze. Er unterrichtete die Ahnen und strafte die Gesetzesbrecher. Auch die Ahnen wachten streng über die Einhaltung der Gesetze. Wer die heiligen Gesetze verletzte, wurde mit der Krankheit und mit dem frühen Tod bestraft. So war das Leben der Menschen.

(Feuerland-Indianer; MdV III, 205)

12. Die Erschaffung der Menschen

Die einen sagen, die Menschen seien vom Himmel auf die Erde herabgekommen. Andere sagen hingegen, sie seien aus der Unterwelt auf die Erde hinaufgestiegen. Andere sagen wieder, ein Gott habe die Menschen aus Lehmerde geformt und in der Sonne getrocknet. So trocknen die Menschen auch ihre Tongefäße und Ziegel. Andere berichten, es seien zwei göttliche Zwillinge gewesen, die hätten die Menschen aus Schilfrohr geflochten. So flechten die Menschen ihre Hütten.

Wieder andere sagen, der Mond und die Sonne hätten eng zusammengearbeitet. Den Menschenmann hätten sie aus Tonerde geformt. Die Menschenfrau hätten sie aus Schilfrohr geflochten. Deswegen hätten die Männer härtere Köpfe, die Frauen seien weich und biegsam.

Einige Schamanen erzählen, der göttliche Held der Taulipang hätte die ersten Menschen aus dem Wachs der Bienen geformt. Als die Sonne schien, seien die Menschen dahingeschmolzen. Dann habe er die Tonerde genommen und daraus die Menschen geformt. Der Ton sei in der Sonne hart geworden, nun konnten die Menschen überleben. Es gibt Schamanen, die sagen, der göttliche Held *Choco* hätte die Menschen aus Holz geschnitzt. Als sie fertig waren, gingen sie in eine andere Welt hinüber, um auf das ewige Leben zu warten. Beim Schnitzen habe sich der Held die Finger verletzt. Deswegen nahm er nun die Tonerde und formte daraus die weiteren Menschen. Denn das Schnitzen war ihm zu mühsam geworden. Nun sind die Menschen aus Ton sterblich, doch die Menschen aus Holz sind unsterblich geworden. (Bakairi-Stämme; MdV III, 205f)

13. Die Auswanderung der Menschen

Auch dem Schöpfergott gelang die Erschaffung der Menschen nicht immer. Einmal hatte er die Menschen aus Stein gehauen und aus Erde geformt. Er hatte ihnen die Gesetze gegeben, doch die Menschen übertraten die Gesetze. Da hatte der Gott beschlossen, die Menschen wieder zu vernichten.

Nun schuf er neue Menschen, doch die waren gewalttätig. Diese Menschen fraßen einander auf. Der Gott mußte diese grausamen Menschen in Tiere verwandeln. Das dritte Menschengeschlecht erschuf der Gott aus Tonerde. Diese Menschengattung war standhaft, sie folgte den göttlichen Gesetzen und lebt bis heute.

Einige erzählen, daß die Menschen zuerst in der Unterwelt lebten. Dort waren sie glücklich, denn sie mußten nicht sterben. Als der große Schöpfergott mit seinem Begleiter auf der Jagd war, da verfolgten sie ein Gürteltier. Dabei kamen sie in die Unterwelt, wo die Menschen lebten. Sie flochten ein Seil aus den Fasern der Baumwollstaude. Dann ließen sie von der Erde aus das Seil in die Unterwelt. Nun konnten die Menschen auf das Seil klettern und auf die Erde gelangen.

Doch bevor alle Menschen auf die Erde kamen, zerriß das Seil. Nun blieb ein Teil der Menschen in der Unterwelt. Dort erhielten sie jeden Abend Besuch von der Sonne, die dort die Nacht verbrachte. Den Menschen in der Unterwelt ging es gut, denn sie waren unsterblich. Doch die Menschen auf der Erde mußten sterben.
(Mundurucu-Stämme; MdV III, 206)

14. Der Ursprung der Menschen

Manche erzählen, die Menschen seien am Anfang in einer Berghöhle eingeschlossen gewesen. Es sei der Gott *Huirachocha* gewesen, der habe sie in den Berg geschickt. Doch aus der Höhle seien sie auf die Erde hinaufgestiegen.

Andere sagen wieder, die Menschen hätten zuerst im Himmel gelebt. Um die Tiere zu jagen, seien sie mit einem Seil auf die Erde hinabgestiegen. Zuerst seien nur die Männer auf die Erde gekommen. Später seien auch die Frauen nachgekommen, um die Beute an Fischen zu holen. Ein Falke habe das Seil mit seinem Schnabel zerrissen. Nun mußten auch die Frauen auf der Erde bleiben.

Andere sagen, die Menschenrassen seien aus drei verschiedenen Vogeleiern gewachsen. Die einen seien aus dem goldenen Ei geschlüpft, die anderen aus dem silbernen Ei. Und die letzten seien aus einem Kupferei geworden. Ein göttlicher Vogel habe die drei Eier ausgebrütet. Seither sprechen die Menschen verschiedene Sprachen. Die einen leben als Jäger und Sammler, die anderen als Hirten und andere als Bauern.
(Inka-Stämme, Warrau-Stämme; MdV III, 206f)

15. Die Herkunft der Nutzpflanzen

Am Anfang hatten nur die Tiere die Pflanzen zur Nahrung. Doch dann kam ein großer Held, der entwendete die Pflanzen den Tieren und brachte sie zu den Menschen. Die Maispflanze war zuerst beim Fisch gewesen, doch der gab sie dem Hirschen zur Speise. Dann kamen zwei Menschenzwillinge, die stahlen den Mais dem Hirschen und brachten ihn zu den Menschen. Jetzt lernten die Menschen, den Mais anzupflanzen. Die Schoten des Johannisbrotbaumes kamen vom Hasen, und die Maiskörner hatte der Fuchs vom Himmel mitgebracht.

Andere erzählen, es seien die heiligen Menschen gewesen, die die Nutzpflanzen hatten. Sie wurden verfolgt, da ließen sie die Samen der Pflanzen fallen. Als sie getötet wurden, da verwandelten sich ihre Körper in Nutzpflanzen.

Es war der Gott *Pachacamac*, der tötete und zerstückelte ein Kind. Dann steckte er die einzelnen Körperteile in die Erde. Nun wuchsen aus der Erde der Mais, die Bohnen, die Kürbisse. Und in der Erde wuchsen die Maniokknollen. Nun hatten die Menschen genug zu essen, sie brauchten nicht mehr zu hungern.

Andere sagen, daß ein getöteter Kriegsheld über die Felder geschleift wurde. Da wuchsen aus der Erde die Bohnen, der Mais und der Kürbis. Dann wurde ein heiliges Schutztier verbrannt. Aus seiner Asche sollen die anderen Pflanzen geworden sein.

(Bakairi-Stämme; MdV III, 207f)

16. Der Lebensbaum

Am Anfang war der große Lebensbaum, von ihm stammen alle anderen Pflanzen ab. Alle Bäume und Sträucher, die Blumen und die Gräser sind aus dem Lebensbaum gewachsen. Da war ein Zauberer, der schützte den großen Baum, denn niemand sollte seine Geheimnisse kennenlernen. Doch der Bruder des Zauberers fand den Baum. Er beschloß, den Baum zu fällen, obwohl der Hase ihn gewarnt hatte.

Als der große Lebensbaum zur Erde fiel, da schossen Wassermassen aus dem Wurzelstock. Sie überfluteten die ganze Erde. Jetzt breiteten sich die Pflanzen und die Bäume gleichmäßig über der Erde aus, alle Menschen konnten sich von ihren Früchten nähren.

Andere erzählen, daß im Weltenbaum alle Pflanzen und alle Tiere wohnten. Als der Sonnengott den Baum fällen wollte, da konnten es die Tiere verhindern. Doch dann holte der Sonnengott die goldene Axt und fällte den Baum. Er stürzte mit lautem Donner zu Boden. Nun sammelte der Sonnengott mit seinem silbernen Netz alle Früchte und alle Tiere ein, die aus dem Baum herausfielen. Er verteilte nun die Samen der Bäume und der Pflanzen über die ganze Erde.

(Guayana-Stämme; MdV III, 208)

17. Der Ursprung des Feuers

Das Feuer brannte immer schon, doch es wurde von einem heiligen Tier voll Eifersucht bewacht. Das Tier wollte den Menschen kein Feuer geben. Nun machten sich die anderen Tiere daran, das Feuer zu stehlen. Sie wollten es zu den Menschen bringen. Als der Geier der Herr und Hüter des Feuers war, da schlichen sich die Kolibri, die Hasen und die Jaguare an das Feuer heran. Doch der Geier behütete die Flammen.

Dann kam ein Menschenheld, auch er wollte das Feuer stehlen. Er ließ sich im Feuer verbrennen. Doch dann erstand er zu einem neuen Leben. Er nahm einen Funken des Feuers mit sich und floh zu den Menschen. Nun hatten die Menschen das Feuer, sie konnten ihre Speisen kochen. Die Kröte konnte das Feuer schlucken und im geheimen zu den Menschen bringen.

Als der Jaguar das Feuer hütete, da lebte er vom gebratenen Fisch. Doch als die Kröte und der Hase ihm das Feuer stahlen, da mußte er den Fisch roh fressen. Nun ließ der Feuerherr starke Regengüsse auf die Erde kommen, sie sollten das Feuer löschen. Doch es war der Geier, der breitete seine Flügel schützend über die Flammen, so daß der Regen sie nicht löschen konnte.

Der große Held brachte nun die Feuerflammen zu bestimmten Hölzern, die bei Reibung zum Brennen kamen. Manche sagen, die Menschen hätten das Feuer in ihrem Körper, deswegen hätten sie magische Kräfte. Doch nun war das Feuer bei den Menschen, sie mußten ihre Speisen nicht mehr roh essen. (Guayana-Stämme; MdV III, 208f)

18. Der Ursprung des Todes

Am Anfang waren die Menschen unsterblich. Sie gaben sich dem langen Schlaf hin, denn sie wurden vom Schamanen gereinigt. Nach diesem Heilschlaf waren sie wieder jung und kräftig. Doch dann kam der große Zauberer, der brachte den Tod zu den Menschen. Er schickte ihnen nämlich zwei fremde Menschen. Den einen von ihnen sollten sie freundlich begrüßen, den anderen aber sollten sie abweisen. Nun kam zuerst ein alter Mann, der trug einen verdorbenen Fisch mit sich. Diesen wiesen sie zurück, denn er stank. Dann kam ein junger Mann mit kräftigen Armen. Diesen begrüßten sie freundlich und nahmen ihn bei sich auf. Doch die Menschen hatten sich getäuscht, im jungen Mann war der Tod versteckt. So mußten sie nun sterben. Der alte Mann mit dem stinkenden Fisch aber hätte ihnen das Leben gebracht.

Andere sagen, daß am Anfang der Zeit die Seele jedes Verstorbenen wieder in die Sippe zurückkehrte und dort weiterlebte. Da verspätete sich die Seele eines jungen Mannes um einen Tag. Sie kam erst am sechsten Tag bei der Sippe an. Darauf beschimpfte ihn seine Frau und schlug ihn. Nun zog sich seine Seele in das Totenland zurück. Seither bleiben alle Totenseelen im Totenland, sie kehren nicht mehr zu den Lebenden zurück.

Andere sagen, in der Frühzeit seien die Menschen unsterblich gewesen. Doch dann hätten sie eine Botschaft der Götter schlecht verstanden, denn sie hätten schlecht hingehört. Die Götter hatten ihnen zugerufen: »Wechselt eure Haut!« Doch die Menschen hatten verstanden: »Macht Schluß jetzt!« So konnten sie ihre Körper nicht mehr erneuern, sie wurden alt und mußten sterben. So ist der Tod durch einen Hörfehler der Menschen gekommen, er war nicht im Plan der Götter vorgesehen.

(Peru-Stämme, Chipaya-Stämme, Amazonas-Stämme; MdV III, 209f)

19. Der Mond

Der Mond war ein junger Mann mit mehreren Frauen. Wenn seine Frauen ihn gut ernährten, dann nahm er zu und sandte mehr Licht zu den Menschen. Wenn die Frauen ihn schlecht nährten, dann nahm er ab und wurde schwach. Doch alle zwei Wochen änderten die Frauen die Nahrung des Mondes.

Andere sagen, daß der Mond alle zwei Wochen von einem Gürteltier angefressen wird. Dann wird er immer dünner und schwächer. Doch bevor er stirbt, hört das Tier zu fressen auf, und der Mond kann sich wieder erholen. Er wächst und wird wieder stärker.

Andere sagen, der Mondgott habe sich mit seiner Schwester, der Sonnengöttin, gepaart, was verboten war. Er schlich sich vor Tagesanbruch aus ihrem Bett fort. Doch die Sonnengöttin zerkratzte ihm das Gesicht und bestrich es mit heller Farbe. Nun wußten alle Götter, daß der Mond Verbotenes getan hatte. Er schämte sich aber, denn sein Gesicht war nun voller Flecken.

Andere Stämme erzählen, daß der Mond ab und zu von einem Jaguar gefressen wird. Dann gibt es bei den Menschen die Mondfinsternis, der Mond kann sein Licht nicht senden. Oder es sind die Fledermäuse, die mit ihren Flügeln den Mond zudecken. Dann ist bei den Menschen Neumond. Wenn die Fledermäuse abziehen, dann ist auf der Erde der Vollmond.

(Bakairi-Stämme; MdV III, 210f)

20. Die großen Sterne

Am Himmelszelt leben viele göttliche Wesen, sie haben die Gestalt von Tieren. Da gibt es den Bären, der hat die Gestalt von Menschenknochen. Und es gibt den Strauß, der von einem Hund verfolgt wird. Dann gibt es am Himmelszelt drei alte Frauen, die aus dem Feuer aufgestiegen waren.

Es war eine schöne Sternenfrau am Himmelszelt, doch sie verliebte sich in einen häßlichen Menschenmann. Da kam sie auf die Erde und half den Menschen, sie gab ihnen gute Ernten. Doch die Sippe des Mannes durfte die Sternenfrau nicht sehen. Deshalb schloß sie sich in einem Kürbis ein. Doch die Mutter des Mannes entdeckte die Sternenfrau im Kürbis. Nun floh die Frau zum Sternenhimmel und nahm den Menschenmann mit. Dieser litt nun große Kälte am Sternenhimmel, denn in den Sternen brennen eisige Feuer.

Vom Himmel kam der Regenbogen auf die Erde, in ihm war die große Himmelsschlange. Diese Schlange kam als kleiner Wurm auf die Erde. Doch der Wurm fraß so viel, daß er riesig anwuchs. Er verlangte von den Menschen die Menschenopfer. Da töteten die Menschen die Himmelsschlange, ihr Blut verfärbte sich in vielen Farben. In ihrem Blut badeten die Vögel, deswegen haben sie bunte Federn.

(Chaco-Indianer; MdV III, 210f)

21. Der Sonnengott

Der Sonnengott hat die Gestalt eines Menschen, er schickt auf die Erde das Licht und die Wärme. Auf seinem Kopf trägt er eine Krone mit bunten Federn von heiligen Vögeln. Auch trägt er glänzenden Schmuck, so können ihn alle Wesen auf der Erde sehen. Früher verschlang der Sonnengott viele Menschensöhne als Opfer. Doch da gelang es einem Opfer, sich zu wehren und den Sonnengott zu töten. Nun war es finster in der Welt. Der tapfere Mann konnte sich die Lichtkrone nicht auf den Kopf setzen, sie wollte ihm nicht passen. Da kam der Sohn des Sonnengottes, ihm paßte die Lichtkrone des Vaters. Nun war es wieder licht bei den Menschen, sie mußten keine Menschenopfer mehr bringen.

(Chipaya-Stämme)

Der Sonnengott lebte im Land der Vögel, diese brachten das Sonnenlicht über die ganze Erde. Es gibt auch viele Geistwesen, die das Sonnenlicht wie glänzendes Metall durch die Welt tragen. Es sind die Geier, die ganze Lichtbüschel durch die Luft tragen.

Wenn der Tag beginnt, dann holen sie die vielen Lichtbüschel aus den Verstecken. Und wenn der Tag zu Ende kommt, dann legen sie die Lichtbüschel an einen geheimen Ort.

Früher lief die Sonne viel schneller über das Himmelszelt. Doch die Mädchen auf der Erde hatten nicht genügend Zeit, um Reisig zu sammeln. So bat ein Mädchen einen starken Kriegshelden, er möge die Sonne aufhalten, damit der Tag länger sei. Dieser kämpfte gegen die Sonne und brach ihr ein Bein. Seither humpelt die Sonne, sie braucht nun mehr Zeit. Und bei den Menschen ist der Tag länger geworden. Die Mädchen haben mehr Zeit, um Reisig zu sammeln.

Wenn die Sonne mit dem Mond um die Wette läuft, bleibt sie immer die Siegerin. Denn der Mond ist schwächer, er kommt oft zu Tode. Oder er wird von seinen Feinden zerstückelt. Doch dann sammelt die Sonne seine Körperteile wieder ein und fügt sie zusammen. Sie gibt ihm neues Leben, und er beginnt wieder zu leuchten. Das findet alle vier Wochen statt, dann gibt es bei den Menschen den Vollmond und den Neumond.

(Guaraya-Stämme, Chibcha-Stämme; MdV III, 211f)

22. Das Weltende

Die Welt wird nicht ewig bestehen, denn am Ende wird sie zusammenbrechen. Dann wird der Schöpfergott die Stützen wegziehen, auf denen die Welt nun ruht. Es wird ein großes Feuer kommen, die Wälder, die Tiere und die Berge werden verbrennen. Dann wird die Sonne vom Himmelszelt herabstürzen, auf der Erde beginnt die ewige Nacht. Und es wird der blaue Jaguar kommen, der wird im Dunkeln alle Menschen fressen.

Doch wenn das große Feuer zu Ende sein wird, dann wird ein Menschenpaar aus einer Höhle kommen, wo es sich versteckt hatte. Es wird die Samen mitbringen, die in der Höhle waren. Die Menschen werden den Samen auf die Erde streuen, und die Früchte werden wieder wachsen. Die Menschen werden sich paaren, und sie werden viele Kinder und Enkel haben. Sie werden die Erde von neuem bevölkern, dabei wird ihnen der große Schutzgott helfen. So wird eine neue Zeit beginnen.

(Guarani-Stämme; MdV III, 212f)

23. Die lange Nacht

Auf das große Weltfeuer folgt dann die lange Weltnacht. Viele Menschen sind an Hunger gestorben, andere sind im Feuer verbrannt. Zwei göttliche Zwillinge hatten die Sonne gestohlen, sie hatten diese in ein Gefäß aus Ton eingeschlossen. Die Vögel fanden keine Nahrung, denn sie konnten nichts sehen. Da kam das Rebhuhn, es stieß den Topf mit der Sonne um. Der Topf zerbrach, nun konnte die Sonne wieder scheinen. Doch in der langen Nacht hatten die Arbeitsgeräte und die Werkzeuge einen Aufstand gegen die Menschen gemacht, sie wollten diesen nicht mehr dienen.

(Guarani-Stämme; MdV III, 212f)

24. Die große Flut

Der göttliche Held hatte die Menschen geschaffen, und er hatte ihnen die weisen und heiligen Gesetze gegeben. Doch die Menschen waren ungehorsam und übertraten die Gesetze. Da wurde der Gott zornig und beschloß, die Menschen zu töten. So schickte er eine große Wasserflut, um die Menschen zu vernichten. Es kamen gewaltige Regenfälle, das Meer überflutete die Ufer. Die Menschen kamen fast alle in der Flut um. Es war der Mondgott, der die Wassermassen geschickt hatte. Denn die Männer hatten ihn mit Stöcken geschlagen, weil er ihnen nicht das Geheimnis der Initiation der Frauen mitteilen wollte.

Und es war die große Wasserschlange, die die Meereswellen anschwellen ließ, denn sie war von den Menschen beleidigt worden. Dazu kamen zwei magische Schlangen, die ihre Kraft erproben wollten. Sie riefen die Wasserfluten über die Erde, und fast alles Leben kam darin um.

(Guayana-Stämme; MdV III, 213f)

25. Die Überlebenden der großen Flut

Als die große Flut kam, da gab es ein Menschenpaar, dieses schlüpfte in einen großen Kürbis und konnte dort überleben. Denn der Kürbis konnte auf dem Wasser schwimmen. Ein anderes Paar hatte auch überlebt, denn es hatte sich aus Holzstämmen ein Floß gebaut und konnte auf dem Wasser schwimmen. Andere Männer und Frauen sind auf hohe Berge gestiegen und konnten dort überleben, weil das Wasser nicht auf die Berge kam.

Als die Flut zu Ende war, brachten ihnen die Vögel die Botschaft, daß das Wasser zurückging. Dann konnten sie in die Ebene zurückkehren. Der Sägefisch hatte versucht, den Weltenbaum mit seiner Säge umzusägen. Doch es war ihm nicht gelungen.

Viele Menschen, die vor der großen Flut Angst hatten, wurden in Affen verwandelt. Diese konnten auf die Bäume klettern und waren vor dem Wasser sicher. Und die Menschen, die auf dem Weltenbaum wohnten, wurden in Ameisen und in Frösche verwandelt. Dann kamen Wasservögel, sie holten Schlamm aus dem Meer und machten daraus eine Insel. Aus der Insel wurde dann wieder die Erde.

Zwei junge Männer waren während der großen Flut auf einen hohen Berg geklettert. Sie suchten in den Wäldern nach

Nahrung. Am Abend, als sie in ihre Berghütten kamen, fanden sie dort ein reiches Mahl bereitet. Es waren zwei Papageien, die das Mahl bereitet hatten. Diese zwei Vögel verwandelten sich in schöne Mädchen. Sie wurden die Frauen der zwei jungen Männer. Diese paarten sich und hatten viele Kinder. Von ihnen stammen die Canari-Indianer ab. Als die große Flut vorbei war, stiegen sie wieder von den Bergen auf die Ebene herab und lebten dort friedlich und glücklich. (Canari-Stämme; MdV III, 214)

26. Die Urmutter Gauteovan

Es war die große Urmutter *Gauteovan*, die aus ihrem Menstruationsblut die große Sonne erschuf. Damit kam das Licht in die Welt, und es begann das Wachstum der Pflanzen und der Tiere. Dann erschuf die Urmutter aus ihrem monatlichen Blut die Erde, dann die Berge und die Wälder, dann die Tiere und die Menschen. Doch aus ihrem monatlichen Blut sind auch die bösen Dämonen geworden, die bei den Menschen die Krankheiten hervorrufen.

Doch dann wurde die Göttin schwanger, und sie gebar die vier großen Priester, von denen alle Sippen der Priester abstammen. Es waren nun die Priester, die den Menschen das Feuer brachten. Dann brachten sie ihnen die Werkzeuge für die Felder, dann die Früchte der Felder, die Früchte des Waldes. Zuletzt brachten sie ihnen die Gesetze, damit sie gerecht leben konnten. Nun zog sich die göttliche Urmutter aus der Welt zurück. Und die Herrschaft über die Welt übernahm die Sonne. Die Menschen lebten gut und zufrieden, sie verehrten die Sonne. (Cabaga-Stämme; RAA 95f)

27. Die Urpriester

Es waren die großen Urpriester, die leiteten die heiligen Tänze. Dabei trugen sie die Masken der Tiere. Sie übten die Askese und konnten mit den Tieren sprechen. Sie verfügten über die magische Kraft der Trommeln, über die Flöten und über die Rasseln. Wenn ein Mensch gestorben war, dann leiteten sie die Trauerriten, die dauerten über neun Tage lang. Denn sie begleiteten die Seelen auf ihrem weiten Weg in das Land der Ahnen.

Die Priester brachten den Göttern die Opfer dar, damit die Felder fruchtbar werden konnten. Vor allem opferten sie junge Knaben, denen wurde beim Opfer das Herz aus dem Körper gerissen. Wenn sie einen neuen Tempel bauten, dann opferten sie junge Mädchen und Sklaven den Göttern. Und wenn ein Krieger gestorben war, dann mußten auch seine Frau und seine Sklaven sterben, denn sie mußten auch nach dem Tod bei seiner Seele sein. Bei den Priestern war alle Macht der Menschen, sie gaben diese an die jüngeren Priester weiter.

(Muisca-Stämme; RAA 95–99)

28. Die Opferriten

Die Urpriester hatten unter den Menschen die großen Opfer eingerichtet. Sie bauten einen Tempel, den nannten sie das »Haus der Sonne«, denn er schaute nach Osten, von wo die Sonne jeden Tag zu Besuch kam. Im Tempel wurden die Orakel befragt und die Opfer gebracht. Aus dem Flug der Vögel wurde der Wille der Schutzgötter erkundet. Und es gab die heiligen Frauen, die deuteten aus der Lage der Asche die zukünftigen Ereignisse. Sie alle verehrten den guten Gott *Am*, und sie verfluchten den bösen Gott *Chusma*.

Die Opfer brachten die Menschen für die Sonne, für den Mond und die Sterne, denn sie lenkten das Schicksal der Menschen und der ganzen Welt. Die Schlangen waren heilige Tiere, denn sie brachten den Menschen die Botschaften der Götter. Die Menschen feierten ein Maisfest, das dauerte drei Tage. Wenn dieses Fest richtig gefeiert wurde, dann gab es gute Ernten auf den Feldern. Bei diesem Fest wurden viele Menschen geopfert und getötet, ihr Blut wurde über die Felder vergossen, um die Felder fruchtbar werden zu lassen.

Die Priester sagten, daß es am Anfang nur Männer gegeben habe, doch später habe sich ein Teil der Männer in Frauen verwandelt. Seither können sich die Männer mit den Frauen paaren, und sie können Kinder zeugen. Die Männer brachten viele Menschenopfer an die Götter, sie töteten die gefangenen Krieger, die sie besiegt hatten. Manche Opfer wurden auf Pfähle aufgespießt und der Sonne zugekehrt. In manchen Tempeln wurde jeden Tag ein Mensch geopfert, um die Kraft der Sonne zu stärken.

Der Tod war nach der Lehre der Priester nur ein Übergang in ein anderes Leben. Deswegen wurde jeder Häuptling von seiner Frau und von seinen Sklaven in den Tod begleitet. Durch die Opfer sollte die Kraft der Schutzgötter gestärkt werden, so lehrten es die großen Priester. Sie waren die Vermittler zwischen den Menschen und den Göttern. Sie aßen auch von dem Fleisch der geopferten Menschen, um ihre eigene Kraft zu stärken.

In jedem Menschen wohnte eine gute und eine böse Seele, beide hatten nach dem Tod des Körpers ein anderes Schicksal. Die gute Seele lebte in einem glücklichen Land; die böse Seele aber mußte an einen Ort der Strafe. So beherrschten die Priester das Leben der Menschen, denn sie hatten Macht bei den Göttern.

(Puruha-Stämme, Manta-Stämme, Huancavelica-Stämme; RAA 107–124)

29. Der Sonnengott und die Mondgöttin

Am Anfang war die große Erdmutter. Von ihr stammen der Sonnengott und die Mondgöttin ab, sie wurden von ihr geboren. Viele Göttinnen und Götter sind die Kinder der großen Erdgöttin, sie lebten auf den Sternen. Diese Götter schützten die Berge und die Wälder, sie wachten über die Seen und die Flüsse. Von den Menschen verlangten sie viele Opfer. Es wurden ihnen Lamas, Menschenkinder, Fische, Muscheln, Kartoffeln und Maisbier geopfert. Dadurch wurden die Götter gestärkt, und sie schenkten den überlebenden Menschen das große Glück.

Der Sonnengott schenkte der Erde die Fruchtbarkeit, denn er schickte den Blitz und den Regen. Wenn ihm ein Lama geopfert wurde, dann wurde das Blut des Tieres über die Felder versprengt. Oft wurde auch das Mehl vom Mais über die Felder gestreut, um sie fruchtbar zu machen. Die Menschen aßen von dem Mehl und tranken das Blut der Opfertiere, um ihre Lebenskraft zu stärken. Denn es war die Sonne, die den Menschen den Mais, die Bohnen, die Erdnüsse und den Maniok schenkte. Die Erdgöttin beschützte die Felder der Menschen. Und im Regenbogen verband sich der Himmelsgott mit der Erdgöttin.

Nun war der große Sonnengott der Ahnherr des Stammeshäuptlings. Er gab den Kriegern die Kraft, um ihr Land zu verteidigen. Die Mondgöttin hieß bei den Menschen die »Mutter Mond«, denn sie schickte auf die Erde das Wachstum. Die Menschen waren die Kinder der Götter, sie mußten ihnen gehorsam sein, denn ihr Lebensglück hing von den Göttern ab.

(Peru-Stämme, Inka-Stämme, Aymara-Stämme; RAA 130–147)

30. Der Schöpfergott Huiracocha

Zuerst erschuf der Gott *Huiracocha* den Himmel und die Erde. Und dann erschuf er das Licht. Und dann formte er die Menschen in der Gestalt von Riesen. Doch die Riesen waren ihm zu stark, er ließ sie in einer großen Flut umkommen. Andere verwandelte er in Statuen, die am Weg standen. Dann aber ließ er die Sonne und den Mond aus dem Titicacasee aufsteigen, sie gaben das Licht. Und er formte aus dem Lehm die heutigen Menschen, dann gab er ihnen die Kleidung. Er zerteilte sie in verschiedene Stämme und Sprachen. Ihnen allen aber gab er die Gesetze des guten Benehmens und die moralischen Sitten.

Und er setzte bei ihnen die Riten ein, die sie genau befolgen mußten. Die Menschen schickte er zuerst in die Erdhöhlen, dort mußten sie wohnen. Doch dann sagte er ihnen, daß sie aus den Höhlen herauskommen sollten. Nun durften sie auf der Erde leben.

Als die Schöpfung zu Ende war, da wanderte der Schöpfergott über die ganze Erde. Er ging mit einem Bettelstab, doch die Menschen erkannten und verehrten ihn. Er kam in die heilige Stadt *Cuzko*, dort richtete er den Tempel ein. Dann ging er weiter nach Westen und stieg bis zum Meer hinab. Er wanderte über das Wasser und verschwand vom Land der Menschen.

(Ketschua-Stämme; RAA 147ff)

31. Die vier Brüder

Am Anfang lebten vier Brüder und vier Schwestern. Sie begannen eine weite Wanderung, wie die Menschenstämme es tun. Da wurde der erste Bruder mit seiner Frau in einer Höhle eingeschlossen. Der zweite und der dritte Bruder kamen zur heiligen Stadt *Cuzko*, dort wurden sie in Säulen verwandelt. Auch ihre Frauen wurden zu Steinsäulen. Der vierte Bruder wanderte ebenso nach *Cuzko*, dort versank sein goldener Wanderstab in der Erde. Nun gründete er dort mit seinen Schwestern, die ihn begleiteten, die heilige Stadt und richtete den Tempel ein. Die Herrschaft über die heilige Stadt gab er seinem Sohn *Sinchi Roca*. Von diesem Sohn stammen die zehn großen Könige des Volkes ab. Sie regierten die heilige Stadt über lange Zeit.

Die Inkas verehrten in der heiligen Stadt *Cuzko* den Sonnengott, der ihnen das Leben spendete. Und sie errichteten die Tempel und die Opferplätze. Die Sonne war der Urahn der Könige. Diese mußten unter den Menschen für das Recht und die Ordnung sorgen, und sie mußten mit den Priestern die Opfer leiten. Wenn ein König starb, ging seine Seele in die Welt der Götter ein. Sein Körper wurde begraben, doch seine Frau und seine Sklaven mußten ihn in das Grab begleiten. Sein Körper wurde mit heiligen Ölen balsamiert, damit er nicht seine Gestalt verlor. (Ketschua-Stämme, Colla-Stämme, Inka-Stämme; RAA 184f)

32. Die Sonnenjungfrauen

Die Priester mußten dem Sonnengott die Opfer darbringen. Und sie mußten die Orakel lesen, um den Willen der Schutzgötter zu erkunden. Und es war die Aufgabe der Schamanen, zu den Göttern und zu den Dämonen zu sprechen. Im Tempel der heiligen Stadt *Cuzko* gab es viele Tempeljungfrauen, sie taten ihren Dienst im Heiligtum. Sie wurden von Tempelmüttern beaufsichtigt und mußten in sexueller Enthaltsamkeit leben. Im Tempel mußten sie das Maisbier brauen, das bei den großen Festen getrunken wurde. Sie mußten die Kleider für die Priester weben, die sie bei den Opferfeiern trugen. Manche der Tempeljungfrauen wurden getötet und den Göttern zum Opfer gebracht. Die nicht geopfert wurden, durften dann heiraten, wenn ihr Dienst am Tempel zu Ende war. Die Priester leiteten den Dienst in den Tempeln, sie standen unter dem Schutz der Mondgöttin. Sie war die Gattin des Sonnengottes.

(Inka-Stämme; RAA 150ff)

33. Die Sündenbeichte

Wer gegen die heiligen Gesetze der Priester verstoßen hatte und wer Sünde auf sich geladen hatte, wurde von den heiligen Riten ausgeschlossen. Als schwere Sünde galten der Diebstahl von fremdem Eigentum, die Lüge und der Betrug, die Arbeitsscheu und das Töten von Mitmenschen.

Auch böse Magie und Ehebruch wurden bestraft. Die Sünder mußten vor den Priestern ihre Schuld eingestehen, dann mußten sie sich dem Ritual der Reinigung unterziehen. Sie mußten dann zu den Schutzgöttern um Vergebung rufen: »Ihr

Schöpfer der Menschen, ihr kennt meine Sünden. Tut mir kund, woran ich kranke und welche Sünde mir das Leiden bringt.«

Jeder Mensch glaubte der Lehre der Priester, daß die Sünde bei den Menschen die Krankheit zur Folge hat. So mußte der Schamane erkunden, welche Schuld ein kranker Mensch auf sich geladen hatte, wenn er ihn heilen wollte. Der Sünder nahm eine Handvoll Stroh. Dann spuckte der Schamane den Sündenstoff in das Stroh, und er warf das Stroh in das Wasser, in einen Bach oder einen Fluß. Danach mußte sich der Sünder mit dem heiligen Wasser reinigen. Dann durfte er wieder an den Riten teilnehmen. (Inka-Stämme; RAA 156f)

34. Der höchste Gott

Der höchste Gott hieß *Temaukel*, er lebte im Himmel. Da beauftragte er den Urahnen der Menschen, die Welt zu gestalten und bei den Menschen die Gesetze einzuführen. Er greift nicht in die Taten der Menschen ein, doch er wacht über ihr Tun und Lassen. Er sieht und hört alles. Wer die Gesetze übertritt, wird mit Krankheit und frühem Tod bestraft. Dann gehen die Seelen der Toten zum höchsten Himmelsgott, und sie wohnen dann hinter den Sternen.

Die Menschen brachten dem höchsten Gott kleine Opfer, sie warfen kleine Fleischstücke aus ihren Hütten für den Gott. Beim Gewitter warfen sie ihm glühende Holzstücke zu, damit er sie vor dem Blitzschlag bewahre und den Sturm beende.

(Ona-Stämme, Feuerland-Indianer; RAA 276f)

35. Der Herrscher der Menschen

Es gab einen obersten Himmelsgott, der hieß der »Herrscher der Menschen« oder der »Herr des Landes«. Er lebte in der Sonne und hatte männliches und weibliches Geschlecht. Er hat die Welt der Menschen geschaffen und eingerichtet, er spendet den Tieren und den Menschen das Leben. Die Bäume und die Nutzpflanzen hat er wachsen lassen, er sorgt für die Fruchtbarkeit der Felder und für das Wohlergehen der Menschen.

Die Menschen opferten dem Gott die ersten Feldfrüchte oder Teile von Tieren, die sie gejagt hatten. Von jeder Mahlzeit gaben sie dem Gott einen Bissen Fleisch und ein paar Tropfen Tierblut, um ihn gütig zu stimmen. Sie wollten ihn stärken, dann baten sie ihn um seinen Schutz und um Hilfe in der Not. Beim großen Opferfest erhielt der Gott ein ganzes Lamm als Opfer, denn er sollte den Menschen gute Ernten und ein langes Leben schenken.

(Araukaner-Stämme; RAA 277f)

36. Die göttlichen Wesen

Es gab die große Urmutter *Tschamakoko*, von ihr wurden alle Geistwesen des Waldes geboren. Auch der »große Geist« war ihr Sohn. Sie herrschte über ihren Göttergatten und sorgte dafür, daß die Menschen genügend Wasser bekamen. Denn sie ist die Mutter der Wolken, zu ihr beten die Menschen um Regen, in jeder Nacht singen sie zu ihr die heiligen Lieder.

Der höchste Gott hieß »Vater Weißkopf« oder »Alter Mann«, er war der Häuptling des Himmels und der göttlichen Geistwesen. Er selber kam niemals auf die Erde. Doch wenn die Schamanen ihn anriefen, dann schickte er seine Hilfsgeister zu den Menschen. Er hat viele Tiere um sich und ist den Menschen wohlgesonnen. Ihn ruft der Schamane in der Nacht an, zu ihm singt er die heiligen Lieder. Der höchste Gott bestraft bei den Menschen die Mörder, er schickt den Regen und den Sturm. Und mit seinen Pfeilen tötet er alle Feinde. Den Mond läßt er wachsen und abnehmen. Er hat die Gestalt eines alten Menschen, sein Kopf ist weiß, seine Haare sind rot, sein Penis ist riesengroß. So kann er viel Leben zeugen, er schickt den Menschen die Fruchtbarkeit.

Auch die Sonne und der Mond sind göttliche Wesen. Auch sie werden von den Menschen angerufen, denn auch sie schicken den Regen und die Fruchtbarkeit. Sie geben ein langes und gutes Leben. Bei den großen Festen tanzen die Menschen den Sonnentanz, sie bemalen ihre Körper mit roter Farbe. Für den Mond tanzen die Menschen nächtliche Tänze, damit dieser wieder wachsen kann. Der Mondgott schützt die Jäger und die Tiere des Waldes.

(Gran-Chaco-Stämme, Botokuden-Stämme, Apinaye-Stämme; RAA 278–281)

37. Der Gott Karusakaibe

Es war der Gott *Karusakaibe*, der den Himmel mit den vielen Sternen erschuf. Er hat auf der Erde die Seelen der Menschen gemacht, aber auch die Jagdtiere, die Fische. Er hat die Kulturpflanzen wachsen lassen, er hat die Schutzgeister der Tiere und der Pflanzen erschaffen. Den Menschen hat er die Bäume und die Früchte geschenkt. Dann zeigte er ihnen die Kunst der Jagd, dann den Ackerbau, das Rösten des Maniok, zuletzt die Tätowierung der Haut. Und er hat den Menschen die Gesetze und die heiligen Riten gegeben.

Der Gott ist mit einer Götterfrau verheiratet, doch er hat mit ihr keine sexuellen Beziehungen. Sie wurde durch das magische Wort ihres Gatten schwanger und gebar einen Sohn. Doch den zweiten Sohn schnitzte sich der göttliche Vater aus dem Holz eines Baumes. Da der Gott von den Menschen schlecht behandelt wurde und zu wenig Opfer bekam, zog er sich in den Nebel zurück. Er verwandelte sich in die Sonne und schickt den Menschen das Licht und die Wärme. Er ist den Menschen trotzdem wohlgesonnen und hilft ihnen in jeder Not. Sie richten ihre Bitten an ihn und bringen den Dank vor ihn. Am Ende der Zeit wird die ganze Erde im Feuer aufgehen, dann wird das Leben zu Ende sein.

(Tupi-Stämme; RAA 283ff)

38. Pura und Mura

Pura war der große Gott, *Mura* war sein treuer Diener. Beide sind klein gewachsen und haben rote Hautfarbe und lange Bärte. Da sie unsterblich sind, werden sie nicht älter durch die Jahre. Geschwister und Frauen haben sie keine. Da sie sich wie die Schlangen häuten, erneuern sie immerzu ihr Leben. Sie stehen am hohen Himmelsberg und sehen alles, was auf der Menschenwelt geschieht. Der Gott *Pura* schafft die guten Dinge, doch der Diener *Mura* macht alles verkehrt. So gibt es bei den Menschen viele gute und viele böse Dinge.

Pura und *Mura* waren am Anfang da, sie kamen zusammen mit dem Himmel, dem Wasser und der Erde. Im Himmel wohnen viele kleine Männer und Frauen, sie sind nicht miteinander verheiratet. Sie senden den Regen auf die Erde, sie bringen den Donner und den Blitz.

Die großen Tiere leben im Himmel in großen Höhlen, das sind die Sternbilder der Tiere. Eines Tages kamen *Pura* und *Mura* in den Wald. Dort schnitzten sie aus den heiligen Bäumen die Menschen, Männer und Frauen. Sie gaben den Menschen das Leben, diese paarten sich und hatten viele Kinder. So bevölkerten die Menschen die Erde. Auch die Tiere wurden von *Pura* und *Mura* aus dem Holz der Bäume geschnitzt. Auch die Tiere paarten sich und besiedelten die ganze Erde. Zuerst häuteten sich die Menschen, denn sie sollten unsterblich sein. Dann verletzten sie die Regeln der richtigen Häutung, seither müssen sie sterben. Singend hatten *Pura* und *Mura* den Menschen die Gesetze verkündet.

Dann gingen *Pura* und *Mura* in den Himmel zurück. Von dort sehen sie alles, was die Menschen tun. Als die Menschen böse wurden und die göttlichen Gesetze nicht befolgten, da schickten sie das große Feuer. Viele Tiere und Menschen sind darin umgekommen. Auch große Fluten schicken sie zur Strafe der Menschen. Wenn die Menschen fortfahren, die heiligen Gesetze zu übertreten, dann wird *Pura* wieder auf die Erde kommen und alle Lebewesen im großen Feuer verbrennen. Doch die guten Menschen schützt und leitet der Gott, er hört immer ihre Gebete und Bitten. (Karaiben-Stämme; RAA 284ff)

39. Die Urmutter Amana

Die Urmutter *Amana* wurde nie geboren, sie war schon immer da. Deswegen hatte sie keinen Nabel. Sie war die Schutzgöttin der Wasser. Ihr Körper war zur Hälfte eine Menschenfrau, zur anderen Hälfte eine Wasserschlange. Sie lebte in den Wassern des Himmels und konnte jede Gestalt annehmen. Doch zeitweilig lebte sie auch auf den Gestirnen, deswegen hieß sie die Sonnenschlange. Sie wechselt ständig ihre Haut, sie erneuert sich und wird nicht älter. So herrscht sie über alle Geistwesen in den Wassern.

Die Urmutter gebar zwei Zwillingsbrüder, den einen am Morgen, den anderen am Abend. Der ältere hieß *Tamusi*, er war der Urahn der Menschen und der Erschaffer aller guten Dinge. Er lebte am Mond und im Götterhimmel, dort gab es keinen Abend und keine Nacht. Zu ihm kamen die Seelen der Toten, sie lebten dort sehr glücklich. Er muß ständig gegen die bösen Dämonen kämpfen, die die Welt verschlingen. Immer, wenn sie diese verschlingen, erschafft er die Welt neu.

Der zweite Sohn hieß *Yolokan*, er war der Herrscher der Naturgeister, er erschuf die Dunkelheit und das Unheil. Er lebte auf einer Insel des Himmels, dort war es immer finster, denn dort gab es keinen Tag. Er schuf die bösen Dämonen, und er schickte den Menschen die Krankheiten und die Übel. Er war der Gegenspieler des lichtvollen Bruders und störte sein gutes Werk der Schöpfung. (Kalina-Stämme; RAA 288f)

40. Die Ankunft des Todes

Der Gott *Amalivaca* schuf mit seinem Bruder *Votchi* die Erde und den Fluß Orinoko. Dann erschuf er die Menschen und lebte mit ihnen auf einem heiligen Felsen. Bevor er von den Menschen wegging, sagte er zu ihnen, sie sollten sich immer wieder häuten, denn dann würden sie unsterblich sein. Nun war da eine Frau, die glaubte dieses Versprechen des Gottes nicht. Zur Strafe schickte der Gott nun den Tod zu den Menschen, sie müssen alle sterben.

Der Gott *Guanari* erschuf die Menschen aus der Erde. Dann schenkte er ihnen das Wasser, die Tiere und die Pflanzen. Bevor er aber von der Erde wegging, hinterließ er seine Fußspur in einem Felsen. Die Menschen verehren diesen Felsen als heiligen Ort. Der Gott kämpft nun gegen die bösen Dämonen, die sein Werk stören und zerstören wollen. Mit seiner Frau wohnt er im östlichen Himmel. Doch in jedem Bergkristall begegnet er den Menschen auf der Erde. (Guayana-Stämme; RAA 290f)

41. Die höchsten Wesen

Omouna erschuf die Erde und alle Lebewesen, er war ein großer und starker Gott. Vom Götterhimmel schickt er die Wolken und den Regen. Doch wenn er den Menschen zürnt, dann schickt er die Regengüsse und die Überschwemmungen. Er wohnt im Götterhimmel, von dort beschützt er die Menschen. Doch wenn diese Böses tun und seine Gesetze brechen, dann schickt er ihnen die Feinde ins Land. (Waika-Stämme)

Der höchste Gott *Enore* hat alle Lebewesen und die Menschen erschaffen. Das erste Menschenpaar hat er aus Holz geschnitzt. Der Mann und die Frau paarten sich, sie zeugten Kinder, Söhne und Töchter. Nun erhielten die Menschen alle Güter, die sie zum Leben brauchten, nämlich die Werkzeuge und die Samen der Früchte. So konnten sie gut leben und hatten keinen Hunger. (Pase-Stämme)

Der Schöpfergott *Mareigua* erschuf die Menschen, dann gab er ihnen die heiligen Gesetze, nach denen sie leben sollten. Er ließ sie aus dem Erdboden hervorkommen. Dann zeigte er ihnen, wie sie mit Holz das Feuer entfachen konnten. Sie mußten mit einem harten Holz in einem weichen Holz bohren, und schon kam das Feuer und brannte. Als die große Flut kam, da hob er die Erde an und machte sie zu einem hohen Berg. Nun konnte das Wasser die Felder der Menschen nicht überschwemmen. Den Menschen schickt er den Regen und die Früchte der Bäume. Wenn sie Blutschande treiben, werden sie schwer bestraft.

(Guayana-Stämme)

Der göttliche Großvater *Kanobo* lebte im Götterhimmel, dort war er von vielen göttlichen Geistern umgeben, die ihm dienen mußten. Er schützt die Menschen auf der Erde, wenn sie seine Gesetze befolgen. Doch die Übeltäter bestraft er, ihnen bringt er das Unglück. Die Menschen schnitzen sein Bild aus Holz und stellen es an den heiligen Orten auf. Dort rufen sie den himmlischen Großvater um seinen Schutz an. (Warran-Stämme)

Die große Göttin *Kuma* lebte im Mond. Sie hatte die Welt erschaffen, doch die Wasserschlange und der Jaguar halfen ihr dabei. Ihr Gatte war der Sonnengott, doch der mußte sich seiner Götterfrau unterordnen. Die große Göttin hatte einen Sohn *Hatchawa*, der brachte den Menschen die Kulturgüter. Zuerst brachte er ihnen die Werkzeuge, dann das Feuer und dann die heiligen Gesetze. Sein Wissen hatte er von der Wasserschlange erhalten. Als die Menschen böse wurden und die Gesetze des Gottes übertraten, da schickte ihnen die Göttin eine große Flut. Und viele Menschen kamen darin um. Einige Sippen überlebten die Flut, sie teilten sich in die Sippen der Wasserschlange und in die Sippen des Jaguars. Das waren ihre Schutztiere. Die Menschen heirateten in fremde Sippen, sie waren nach ihren Müttern verwandt.

So lebte die Göttin im glücklichen Himmelsland, nur der Schamane hatte zu ihr Zugang. Er tanzte um einen Pfahl, bis er in Ekstase geriet, dann hatte er Zugang zur himmlischen Welt. Er ist für das Glück der Menschen verantwortlich.

(Yuraro-Stämme; RAA 286–297)

42. Der große Waldgeist

Es war der große Waldgeist *Korupira*, der schützte die Wälder und die Tiere des Waldes. Den Jägern schenkt er die Tiere, wenn es sein Wille ist. Doch wenn die Jäger ein erlegtes Tier nicht essen, dann bestraft er sie. Er zeigt ihnen die Heilpflanzen und die Geheimnisse des Waldes. Er kann in vielen Gestalten auftreten.

Bald ist er zu den Menschen freundlich, doch dann zürnt er ihnen wieder. Er ist unberechenbar, die Menschen haben vor ihm Angst. Seine Gestalt ist klein, er hat lange Haare und nur ein Auge. Seine Beine sind grün, und seine Füße sind nach hinten gedreht. Er wohnt in den hohlen Bäumen und kennt die Sprache der Tiere. Die Jäger opfern dem Waldgeist etwas Tabak, denn dann erhalten sie von ihm die Erlaubnis, die Tiere des Waldes zu jagen. Wenn sie Glück haben, dann opfern sie ihm auch Blumen und die Federn von Vögeln.

(Tupi-Stämme; RAA 302ff)

43. Die Geistmutter der Tiere

Putcha Si war die Geistmutter der Tiere, sie schützte diese vor den Menschen. Den Jägern zeigte sie sich in unterschiedlicher Gestalt. Sie war die unsichtbare Kraft des Waldes, die alles beherrschte. Nur die Schamanen konnten sich ihr nähern und ihre Stimme hören. Wenn die Menschen auf die Jagd gehen, warnt sie die Tiere, daß sie flüchten können. Sie lebte in der Schildkröte und in den Affen, deswegen dürfen diese Tiere von den Menschen nicht gejagt und getötet werden. Wer ein solches Tier tötet, setzt sich der bitteren Rache der Göttin aus. Nur die Schamanen kennen das große Ritual, mit dem sie sich und den ganzen Stamm mit der Tiermutter versöhnen können.

(Gran-Chaco-Stämme; RAA 304ff)

44. Die Tiergeister

In allen Tieren leben Geistwesen, sie werden vom obersten Schutzgott geleitet. So hat der Wassergeist die Gestalt einer Schlange. Wenn die Jäger die Schlange im heiligen Ritual töten, dann flechten sie aus der Schlangenhaut Stirnbänder, um ihre Kraft in sich aufzunehmen. Auch die Vögel erhalten dann Teile der Schlangenhaut.
(Taulipang-Stämme)

Auch der Frosch ist ein heiliges Tier, er schenkt den Jägern die magischen Pfeile, und er zeigt ihnen, wie man die Pfeile zum Himmel schießt. Der Frosch kennt auch die Zaubermittel, die sich die Jäger in die Haut ritzen, um Jagdglück zu haben.
(Guayana-Stämme)

Es gab den großen Herrn der Fische, der herrschte über alle Wassertiere. Ihn und seine Frau rufen die Fischer an, wenn sie sich zum Fischfang vorbereiten. Sie bitten ihn um die Erlaubnis, die Fische zu fangen. Sie singen ihm viele Lieder und schenken ihm Tabak. Dann bitten sie ihn, er möge ihnen die Fische aus den tiefen Wassern schicken. Nach dem Fischfang bedanken sich die Schamanen bei dem Herrn der Fische für seine reichen Geschenke.
(Taulipang-Stämme, Yamana-Stämme)

Jede Tierart hat ihre Schutzgeister und ihre Wächter, die Menschen dürfen die Tiere nicht beliebig töten. Die Jäger müssen sich mit den Schutzgeistern der Tiere versöhnen, wenn sie auf die Jagd gehen. Sie führen Tänze auf, bei denen sie die Masken der Tiere tragen. Sie tanzen in der Gestalt der Tapire und der Jaguare. Sie rufen den Schutzgeist der Tiere und versprechen, im Jahr nur eine bestimmte Zahl von Tieren zu jagen. Sie rufen die Schützer der Wildschweine und der Fische an um die Erlaubnis, Tiere zu fangen und zu töten.
(Yamana-Stämme, Goajiro-Stämme)

Die Schutzgeister der Tiere leben in den Sternen. Deswegen sehen die Jäger auf der Erde die Sternbilder der Tapire, der Jaguare, der Wildschweine, der Fische. Sie rufen die Geistwesen in den Sternbildern an, sie bitten um Schutz des Lebens und um Jagdglück. Sie wollen sich mit den Schutzgeistern versöhnen, um kein Unglück erwarten zu müssen. An den Sternbildern lesen die Jäger die Jahreszeiten ab. Beim Versöhnungsritual mit dem Tiergeist tragen die Schamanen die Masken der Tiere. Sie wollen die Seelenkraft des getöteten Tieres in sich aufnehmen. Deswegen bewahren sie die Knochen der gejagten Tiere auf, denn darin sehen sie magische Kräfte. Sie tragen die Körperteile der getöteten Tiere mit sich herum, um sich vor bösem Zauber zu schützen. Im heiligen Tanz vereinigen sie sich mit den Seelenkräften der Tiere. (RAA 310–326)

45. Die Erdgöttin Nungui

Die Schutzgöttin der Erde war *Nungui*, sie schenkte den Menschen die Maniokknollen, sie machte die Felder fruchtbar. Die Frauen loben die große Göttin, wenn sie die Maniokfrüchte pflanzen. Sie tanzen zu Ehren der Göttin und rauchen Tabak, sie singen Lieder der Beschwörung. Dann setzen sie die Pflanzen in die Erde. Dabei berühren sie mit den Pflanzen ihre weiblichen Geschlechtsteile, damit diese fruchtbar werden. Manche Frauen tragen während des Pflanzens eine Maniokknolle in ihrem Geschlecht. Es dürfen nur Frauen die Knollen pflanzen, denn nur dann werden sie wachsen. Es soll die weibliche Lebenskraft auf die Erde übergehen. Dann bitten die Frauen die große Göttin um das Wachstum für die Früchte. Sie tanzen fünf Nächte lang auf den Feldern, damit diese fruchtbar werden.

(Jiraro-Stämme; RAA 327f)

46. Der Urvater Moma

Der Urvater *Moma* erschuf aus seinem männlichen Körper die Pflanzen und die Tiere. Dann gab er den Menschen den Maniok, den Mais und die Erdnuß. Er zeigte ihnen, wie man diese Früchte pflanzt. Dann schenkte er den Feldern die Fruchtbarkeit und die Lebenskraft. Er wohnte auf dem Mond, doch dort wurde er getötet, jetzt lebt er in der Unterwelt. Er ist der Herr der Toten. Wenn die Menschen sein Fest feiern, dann feiern auch die Ahnen und die Totenseelen mit. Dann tanzen die Menschen und stampfen mit den Füßen auf die Erde, sie schlagen die Rasseln. Das hören die Toten unter der Erde, und sie tanzen in der Totenwelt mit.

Zuerst treten bei der heiligen Feier die Krieger auf, sie führen Kampfspiele aus. Dann tanzt die Mondfrau, die sich auf einen Stock stützt. Ein junges Mädchen wurde durch einen Gott bzw. seinen Priester schwanger, sie gebar die Maniokpflanze. Seither hüten die Frauen die Pflanze und geben ihr die Fruchtbarkeit.
(Vitoto-Stämme; RAA 328f)

47. Der große Tanz der Fruchtbarkeit

Alle Götter der Fruchtbarkeit müssen gestärkt werden, damit sie den Feldern das Wachstum schenken können. Auch die Männer müssen zur Fruchtbarkeit beitragen. Sie flechten sich große männliche Geschlechtsteile aus Stroh, diese binden sie um ihren Körper. Dann führen sie einen ekstatischen Tanz aus. Sie machen dabei die Bewegung der Paarung mit einer Frau. Sie tanzen über die Felder und durch die Dörfer, überall wollen sie ihren männlichen Samen verstreuen. Dann tanzen sie durch die Reihen der Frauen und der Mädchen, um diese fruchtbar zu machen. Durch diesen großen Tanz der Männer werden die Geister der Fruchtbarkeit geweckt, die Früchte beginnen zu wachsen. Auch die Tiere und die Menschensippen werden viele Nachkommen haben.

Dies ist der große Tanz des Lebens, die bösen Dämonen werden dabei vertrieben. Die Männer schlagen sich gegenseitig mit den Peitschen, um das Böse auszutreiben. Dann feiern sie zusammen mit den Frauen das große Festmahl. Sie rufen die Schutzgeister und die Ahnen an und bitten um das Glück des Lebens.

(Kaua-Stämme, Kobeua-Stämme, Yahuna-Stämme; RAA 330–336)

48. Die Riten der Fruchtbarkeit

Es war eine göttliche Frau, die hatte die erste Palme vom Götterhimmel auf die Erde gebracht. Das Fest der ersten Palme feiern die Menschen jedes Jahr. Sie spielen mit einem großen Ball, in dem die Seele des göttlichen Urvaters *Moma* lebt. Dieser hatte den Menschen die Opfer aufgetragen. Er aß das Fleisch der besiegten Feinde, seither müssen die Menschen auch Mitmenschen zum Opfer bringen. Die Zähne und die Knochen der getöteten Opfer werden in den Hütten aufbewahrt, um den Menschen Kraft und Glück zu bringen. So hatte es der große Himmelsgott angeordnet. Die Menschen essen jetzt den Fisch und die Früchte von den Bäumen, früher haben sie auch das Fleisch der besiegten Feinde gegessen. Sie glauben damit ihre Lebenskraft zu stärken. Doch das Fleisch der Mitmenschen haben sie wieder erbrochen.

Einige Stämme aßen die Asche der verbrannten Toten, denn sie glaubten, auf diese Weise ihr Leben stärken und die Fruchtbarkeit mehren zu können. Sie rodeten die Felder durch Verbrennen der Sträucher. Dann sahen sie, wie aus der Asche viele Früchte wuchsen. Das wollten sie durch ihr Ritual nachahmen. Sie wollten durch die Opfer ihre Lebenskraft stärken und die Felder fruchtbar machen.

(Uitoto-Stämme, Jivaro-Stämme, Shipaya-Stämme; RAA 338–342)

49. Die Welt der Ahnen

Jeder Mensch hat mehrere Seelen, sie leben an verschiedenen Orten im Körper. Nach dem Tod des Körpers gehen die Seelen der Menschen getrennte Wege. In jedem Menschen ist noch eine Tierseele, sie kommt aus der Welt der Götter und läßt die Menschen die großen Taten tun. Die Seelen der Kinder und der guten Menschen kommen nach dem Tod des Körpers in ein glückliches Land, wo es nichts Böses gibt. Doch die Seelen der bösen Menschen verwandeln sich in böse Dämonen, die den Menschen nachstellen. (Guarani-Stämme)

Jeder Mensch hat eine Hauchseele, die durch den Atem in den Körper gelangt. Nach dem Tod des Körpers tritt diese Seele mit dem letzten Atemzug aus dem Körper aus, sie gelangt dann in die Welt der Toten. Die Seelen der Toten leben im Innern der Berge und der Felsen. Die äußere Hülle der Seele verwandelt sich in einen Walddämon, der den Menschen angst macht.

(Tupi-Stämme)

Andere sagen, daß in jedem Menschen fünf Schattenseelen wohnen. Nach dem Tod des Körpers verwandeln sich drei dieser Seelen in wilde Raubvögel, eine Seele wandert zu den Sternen und eine bleibt in der Nähe des toten Körpers.

(Taulipang-Stämme)

Andere sagen, wenn der Tote im Feuer verbrannt wird, dann steigt die Seele aus dem Rauch in den Himmel auf. Dort lebt sie glücklich in der göttlichen Welt. Nur die Seelen der Kinder können noch nicht in den Himmel kommen, weil ihr Leben noch nicht vollendet ist. Deswegen wandern die Seelen der Kinder als Geistwesen durch den Wald. Doch auch die Seelen der Erwachsenen, die nicht nach dem heiligen Ritual bestattet wurden, irren ruhelos in der Welt umher und machen den Menschen angst. (Waika-Stämme)

Der Schamane leitet die großen Trauerriten, in ihm lebt die Seele eines verstorbenen Schamanen weiter. Die Menschen wollen sich mit den Seelen der Toten versöhnen, und sie wollen die Seelenreise der Ahnen durch Gebete und Riten begleiten. So tanzt der Schamane den Tanz der Totengeister, und er

singt die Seelen der Verstorbenen in das Land der Ahnen. Die Lebenden erwarten sich von den Ahnen Schutz und Hilfe. Die Seele ist für die Menschen ein zweites Ich, sie nennen es ihre »Bildseele«.
(RAA 343–351)

50. Die Bilder und die Masken

In der Welt der Menschen leben viele Geistwesen, es gibt Schutzgeister und böse Dämonen. Die Menschen wollen sich mit den Kräften der Schutzgeister verbinden, um ein gutes Leben zu haben. Und sie wollen sich vor den bösen Dämonen schützen, um nicht von der Krankheit bedroht zu werden. Sie schnitzen sich Bilder aus Holz oder sie flechten Gestalten aus Stroh. In diesen Bildern verehren sie ihre Schutzgeister. Sie stellen diese bei den Wegkreuzungen oder bei ihren Hütten auf. Sie tragen die Gestalten ihrer Schutzgötter mit sich, dann fühlen sie sich geschützt und geborgen.

Wenn sie die Riten feiern, dann tragen sie die Masken der Tapire, der Jaguare, der Schlangen, der Spinnen, der Greifvögel, der Eidechsen. Sie möchten die Lebenskraft dieser Tiere in sich aufnehmen. Der Schamane hat eine besondere Maske, denn in ihm lebt der Geist des höchsten Schutzgeistes. Er kann zu den Göttern sprechen, er kann deren Botschaften an die Menschen verstehen. Wenn er sich in die Ekstase tanzt, dann vereinigt er sich mit den göttlichen Lebenskräften. Doch er muß diese Kräfte an den Stamm weitergeben, dies ist seine Aufgabe. Die Menschen tragen die Masken bei den Prozessionen, um auch den Feldern die Fruchtbarkeit zu spenden.
(RAA 352–368)

51. Die Kraft des Schamanen

Der Schamane war der Vermittler zwischen den Menschen und den göttlichen Wesen. Denn er kannte die Geheimnisse der

Welt und die heiligen Riten, er hatte Zugang zur Welt der Geister und der Dämonen. In ihm waren magische Kräfte, er konnte böse Dämonen vertreiben und Krankheiten heilen. Es waren vor allem Männer in der Rolle der Schamanen, doch es gab auch weibliche Schamaninnen. In diese Rollen wurden Menschen von den Göttern berufen. Das waren Menschen mit auffallend dichter Behaarung, mit ekstatischen Fähigkeiten, mit abnormen Veranlagungen.

Schamanen mußten bei ihrer Ausbildung die »Sprache der Tiere« lernen. Sie mußten eine Zeitlang in den Wäldern oder in Höhlen verbringen. Dann durften sie feierlich ihr Amt antreten, sie tanzten sich in Ekstase. Oder sie bestiegen den Lebensbaum, um den Göttern nahe zu kommen. Zu ihren Geräten gehörten die Trommel, die Rassel, eine Puppe aus Stroh, die die Geister darstellte. Der Schamane mußte die Träume der Menschen deuten, seine eigenen Träume galten als Offenbarung der Götter.

Wenn sich der Schamane in die Ekstase tanzte, dann begab sich seine Seele zu den Geistwesen, zu den Schutzgöttern und Dämonen. Sie konnte sich mit dem Jaguar verbinden, dann war die Kraft dieses Tieres im Schamanen. Er kannte die Heilkräuter, aber auch die Gifte für die Jagd. Er trug einen Bergkristall, in dem magische Kräfte waren. Er mußte Krankheiten heilen, böse Dämonen vertreiben, den Regen herbeirufen, die Feinde bannen. Zu den Totengeistern und zur »Wassermutter« hatte er eine besondere Beziehung. Die Schamanin hieß *Machi*, der Schamane hieß *Bari*. Beide waren die großen Vermittler zwischen den Menschen und den Göttern. (RAA 369–376)

31
Die Ozeanier

Einleitung

Unter den Ozeaniern werden verschiedene Kulturen der Inselwelten im Pazifischen Ozean zusammengefaßt. Dazu gehört die Kultur der Polynesier, der Melanesier, der Mikronesier, der Ureinwohner Australiens. Es gibt zwischen diesen Kulturen gewisse Verwandtschaften und Ähnlichkeiten. Die Menschen leben zum Großteil als Fischer, als Jäger und Sammler. Es gibt nur wenige Kulturen, die einfachen Ackerbau betreiben. Die Gruppen sind klein und flexibel, die Menschen können von einer zur anderen Gruppe wechseln.

Allgemein werden die Ahnen verehrt und viele Riten ausgeführt. In der Mythologie spielen die Tiere eine große Rolle, da die Menschen von und mit den Tieren leben. Die heiligen Erzählungen werden mündlich durch Lehrälteste weitergegeben. Es sind die Schamanen, die die Riten leiten und den Bezug zu den Schutzgöttern herstellen.

Melanesien umfaßt drei große Kulturräume, nämlich Neuguinea, die Neuhebriden, Neukaledonien, die Salomoninseln und die Fidschiinseln. Es leben dort unterschiedliche Völker, nämlich die Papuas auf Neuguinea bis hin zu den Stämmen der Semang im zentralen Malaysien.

1. Was am Anfang war

Am Anfang war *Jo*, die »Seele der Welt«. Das war ein Wesen, das man nicht ansprechen konnte. Durch seinen mächtigen Atem hat es alle Dinge und alle Wesen geschaffen. Doch die Dinge waren zuerst ohne Ordnung, in ihnen aber lebte die Seele der Welt. Zunächst bildete sich das weibliche und das männliche Geschlecht. *Papa* war die weibliche Erde, *Rangi* war der männliche Himmel. Beide paarten sich, und aus der Kraft ihrer Vereinigung ging das Leben hervor. Nun wurden die vielen Lebewesen geboren, zuerst die Pflanzen, die Bäume, die Blumen, das Gras. Dann kamen die Fische, die Vögel, die Landtiere. Und zuletzt wurden die Menschen geboren. Die Mutter Erde und der Vater Himmel sind ihre Eltern, sie sind von ihnen umgeben und geschützt.

Am Anfang ruhte der Himmel auf der Erde, da gab es weder die Finsternis noch das Licht. Als sich Himmel und Erde voneinander entfernten, da wurde das Licht, und es kam die Finsternis. Der Himmel und die Erde paarten sich weiterhin, so entstanden die vielen Götter, die die Menschen beschützen.

(Polynesier, Neuseeland, Samoa-Stämme; MdV III, 217f)

2. Das Chaos am Anfang

Am Anfang war das große Urchaos. Es war ein ungeordneter Stoff, wie Wasser und Nebel. Dieser Stoff veränderte sich aus eigener Kraft. Aus ihm entstand der große Geist, dann wurde der große Raum. Später wurde durch Veränderung des Urstoffes die Erde, dann kam das Wasser, danach kam der Wald. Und es entstanden aus dem Urstoff die Wolken, es wurden die Pflanzen, es wuchsen die Tiere. Und zuletzt kamen die Menschen. So ist alles durch die Kraft und die Veränderung des Urstoffes geworden. Am Anfang war alles eine Einheit, doch dann kam die Zweiheit der Geschlechter. Seither gibt es die Gegensätze in der Welt.

(Cook-Inseln, Hawaii-Stämme; MdV III, 217f)

3. Die Erschaffung der Welt

Der Himmelsgott *Rangi* und die Erdgöttin *Papa* waren die Eltern der vielen Götter. Die Kinder wollten ihre Göttereltern voneinander trennen. Sie wollten den Himmel anheben, damit sich auf der Erde das Leben entfalten konnte. Der wilde Kriegsgott *Tu* hatte sogar vorgeschlagen, die Göttereltern zu töten. Doch dann kam der Waldgott *Tan*, der hatte eine gewaltlose Trennung der Eltern vorgeschlagen. Die Götter verbündeten sich, um dieses Ziel zu erreichen. Nur der Sturmgott *Tauhiri* war nicht bereit, mitzutun, denn er wollte keine Veränderung.

Nun schob der Waldgott seinen mächtigen Körper zwischen die göttlichen Eltern, den Himmel und die Erde. Dabei wurde der Himmel angehoben, und es kam Licht auf die Erde, die Welt wurde hell und leuchtend. Doch der Sturmgott *Tauhiri* kämpfte gegen den Waldgott, er schickte das Heer der Stürme gegen ihn aus. Dieser Kampf dauerte lange, doch der Waldgott *Tan* trug den Sieg davon. Nun wurde der wilde Kriegsgott aus dem Götterhimmel verjagt, er mußte auf die Erde ins Exil.

Nun erschuf der Waldgott *Tan* aus Sand und aus Lehm die erste Menschenfrau *Hin*. Er war ihr Vater, doch er paarte sich mit ihr. Sie gebar ihm viele Söhne und Töchter, von ihr stammen alle Menschenkinder ab. Doch als sie erfuhr, daß ihr Vater ihr Liebespartner war, da floh sie vor Scham in die Unterwelt. Dort herrscht sie über die Seelen der Toten. Sie hat einen neuen Namen angenommen und heißt nun *Hin-Nui-Te-Po*, das heißt die »große Frau der Nacht«. Mit dieser verbotenen Liebe zwischen Vater und Tochter kam auch der Tod zu den Menschen. Seither will die Menschenmutter *Hin* alle Menschenseelen zu sich in die Unterwelt ziehen. Deswegen müssen alle Menschen sterben, und ihr Leben ist kurz.

(Maori-Stämme, Polynesier; MdV III, 217ff)

4. Die Anfänge der Welt

Was war am Anfang von allem? Da war ein riesiges Ei, das enthielt alle Lebenskraft in sich umschlossen. Nun kam der Gott *Taaroa*, der brach das Urei in zwei Hälften. Aus der oberen Hälfte wurde der Himmel, aus der unteren Hälfte wurde die Erde. Aus der Erde wuchsen nun durch die Schöpferkraft die

Gräser, dann die Blumen und die Bäume. Die Schöpferkraft ließ dann die Tiere und die Menschen aus der Erde wachsen.

(Tahiti-Stämme)

Andere sagen, am Anfang war die männliche Urkraft *Tiki*. Diese Urkraft hatte dann die erste Frau *Hin* geschaffen. *Tiki* war vom großen Waldgott *Tan* erschaffen worden, der nun zum obersten Himmelsgott aufgestiegen ist. Dieser Gott setzte die männliche Zeugungskraft ein, sie war sein Bote und sein Werkzeug. Alles wurde durch die männliche Zeugungskraft erschaffen. Als er die erste Frau *Hin* erschaffen hatte, paarte er sich mit ihr, sie gebar viele Kinder. Von der Urmutter *Hin* stammen alle Menschenstämme auf der Erde ab. Sie verehren sie und fühlen sich bei ihr geborgen.

(Marquesas-Inseln, Polynesien; MdV III, 221f)

5. Der große Kulturbringer Maui

Maui war der große Held und Kulturbringer. Denn er hat den Menschen die Techniken der Arbeit gebracht. Zuerst hat er ihnen die göttlichen Gesetze und die heiligen Riten übergeben. Er war ein großer Kriegsheld, der viele Abenteuer ausführte. Doch er hat einen Begleiter, der ist ein Spaßvogel (trickster), der bringt die Menschen immer zum Lachen. Er sucht nämlich die Frauen zur sexuellen Liebe zu verführen.

Maui war von seiner Mutter zu früh geboren worden. Sie fürchtete den Makel einer Fehlgeburt und warf das Kind in das Meer. Die Sonne holte das Kind in ihr Sonnenreich und erzog es als göttliches Kind. Als *Maui* erwachsen war, wollte er auf die Erde zurückkehren, wo er geboren wurde. Er kam zu seiner Mutter und beschloß, auf der Erde zu bleiben. Nun hatte er viel Streit mit seinen älteren Brüdern. Doch er hatte bei den Göttern die magischen Künste gelernt, so konnte er alles verwandeln. Nun führte er seine magischen Künste seinem Vater vor. Doch er machte beim Ritual einen Fehler. Deswegen beschlossen die Götter, ihn zu verraten. Denn das Ritual muß ohne Fehler sein.

Nun begann *Maui* mit seinen magischen Taten und Wunderhandlungen. Er ging bis an das Ende der Welt und stahl seiner Urahnin *Muri-Ranga* das Gebiß. Daraus fertigte er gefährliche Kriegswaffen an. Dann beschloß er, die Tage auf der Erde zu verlängern, damit die Menschen länger auf den Feldern arbeiten konnten. Er mußte die Sonne anhalten, da kämpfte er gegen sie und verletzte sie am Bein. Seither humpelt die Sonne, sie geht langsamer über das große Himmelszelt. Nun ist der Tag bei den Menschen länger. (Neuseeland-Stämme; MdV III, 222f)

6. Die Taten des Maui

Nun wollte der Held *Maui* seiner Urahnin *Mahuika* auch das Feuer stehlen. Sie aber herrschte über die Unterwelt. Er fuhr mit dem Boot in die Unterwelt und konnte das Feuer entführen. Bei einem großen Fischzug geriet er in Streit mit seinem Schwager *Irawaru*, er wollte mit ihm nicht die Beute teilen. Da verwandelte *Maui* den Schwager in einen Hund. Seither ist der Hund bei den Menschen ein Haustier.

Nun wollte *Maui* die schwierigste Aufgabe lösen, er wollte die Unsterblichkeit von den Göttern zu den Menschen bringen. So stieg er wieder in die Unterwelt, dort traf er die Göttin *Hin-Nui-Te-Po*, auch sie war seine Urahnin. Sie war gerade eingeschlafen, da entkleidete er sich. Dann kroch er der schlafenden Göttin in den Schoß, um den Tod zu besiegen. Sie sollte keinen Todesdämonen mehr gebären können. Doch ein Vogel sah den *Maui* bei seinem Tun, er mußte lachen, als er den Helden zur Hälfte im Schoß der Göttin sah. Nun erwachte die Göttin und tötete den Helden *Maui*.

Dieser letzte Plan des Helden war fehlgeschlagen, denn kein Sterblicher durfte den Tod besiegen. Seither müssen die Menschen sterben, ihnen wird kein ewiges Leben geschenkt. Doch der Held *Maui* hatte vor seinem Tod den Menschen noch die

Werkzeuge und die Kriegswaffen gebracht. So konnten die Menschen arbeiten und kämpfen. Ihr Leben war kurz, doch sie konnten gut leben. Und sie verehrten den großen Kulturbringer durch viele Riten. (Neuseeland-Stämme; MdV III, 222f)

7. Die Götter und die Menschen

Die Götter sind größere und stärkere Wesen als die Menschen. Aber sie sind den Menschen sehr ähnlich. Der Held *Maui* war ein Menschensohn, doch er hatte göttliche Vorfahren und war in der Götterwelt aufgewachsen. Als er auf die Erde zurückkehrte, da wollte er auch den Menschen göttliche Fähigkeiten bringen. Er brachte ihnen die Kriegswaffen, die langen Tage und das Feuer. Doch die Finsternis der Nacht konnte er nicht vertreiben, und den Tod konnte er nicht besiegen. Einige sagen, daß *Maui* auch daran beteiligt war, den Himmel anzuheben, damit Licht auf die Erde kommen konnte. Nach seinem Tod sei er wieder lebendig geworden und in den Götterhimmel zurückgekehrt. (Hawaii-Stämme)

So ist der Held *Maui* der Wanderer zwischen der Welt der Götter und der Welt der Menschen. Allein durch ein fehlerhaftes Ritual ist es ihm nicht gelungen, die Unsterblichkeit zu den Menschen zu bringen. Denn es ist die Kraft der Rituale, die auf die Götter und Menschen wirkt. So bleiben die Menschen den Göttern untergeordnet, auch wenn in ihnen ein göttlicher Funke lebt. Das Leben hat eine heitere und eine ernste Seite, es gibt Zeiten zum Lachen und Zeiten zum Weinen. Das zeigt der Kulturbringer *Maui* mit seinem lustigen Begleiter den Menschen.

(Neuseeland-Stämme; MdV III, 223–226)

8. Die großen Taten des Helden Maui

Der große Held *Maui* war auch daran beteiligt, den Himmel anzuheben, damit auf der Erde mehr Platz zum Leben wurde.

Früher lag das schwere Himmelszelt tief auf den Gräsern, den Sträuchern und den Blumen. Es gab wenig Licht und Platz, die Menschen lebten wie Tiere. Sie konnten nicht aufrecht gehen, sie krochen wie die Tiere. Als das Himmelszelt angehoben war, da konnten sich die Menschen aufrichten. Doch die Tiere kriechen und gehen auf vier Beinen. Seither unterscheiden sich die Menschen von den Tieren.

Der Held *Maui* war auch daran beteiligt, die vielen Inseln aus dem großen Meer zu fischen. Er verwendete dabei das Gebiß seiner göttlichen Ahnin *Muri-Ranga*, das er ihr gestohlen hatte. Er fischte aus dem Meer den Schlamm und bildete damit die Inseln Hawaii und Tuamotu. Nun konnten die Menschen auf diesen Inseln leben, und sie konnten mit ihren Booten zu den Inseln fahren. (Hawaii-Stämme; MdV III, 227f)

9. Der Anfang der Welt

Am Anfang der Welt war eine große Wüste, alles war Sand. Es gab noch keine Ordnung und keine Landschaften. Es waren auch noch keine Berge und keine Jahreszeiten. Doch über der Wüste leuchtete ein helles Licht. Für das Meer gab es noch keine Gezeiten, alles war ohne Maß und ohne Grenzen.

Da wurde der große Geist *Quat* geboren, er trat aus einem Felsen hervor. Seine Aufgabe war es nun, die Wüste zu gestalten, dem Licht eine Form zu geben, das Wasser in Bahnen zu leiten. Dann begann er, die vielen Lebewesen zu erschaffen. Zuerst schuf er die Bäume, dann formte er die Wildschweine. Und dann begann er, die Menschen zu erschaffen. Dafür brauchte er viel Zeit.

Nun schnitzte der große Geist aus einem Baumstamm drei Menschenmänner und drei Menschenfrauen. Er bearbeitete diese Gestalten mit großer Sorgfalt und versteckte sie dann im Schatten eines Busches. Dann gab er ihnen das Leben, und sie konnten sich bewegen. Er schlug nun die magische Trommel und tanzte um die Menschen herum. Durch diesen magischen Tanz begannen sie zu leben.

Nun gab es noch den zweiten großen Geist, der hieß *Marawa*. Der hatte die Arbeit des *Quat* beobachtet. Er wollte es ihm gleichtun, und er schnitzte ebenfalls Menschen aus Holz. Auch er gab den Menschen das Leben, doch dann vergrub er sie im Wald unter den Blättern und Zweigen in einer Mulde. Er wollte sie auf Vorrat halten, wie die Tiere es tun. Doch als er nach sieben Tagen nachsah, wie es den Menschen ging, da waren sie schon zerfallen und verfault. Damit war ihm seine Schöpfung mißlungen. Doch durch dieses Mißgeschick kam der Tod auch zu den anderen Menschen, die der große Geist *Quat* geschnitzt hatte. Seither müssen alle Menschen sterben, und ihr Leben dauert nur kurze Zeit. (Melanesier; MdV III, 229ff)

10. Der Tag und die Nacht

Am Anfang war immer Tag, es gab keine Nacht. Da wünschten sich die Brüder des großen Geistes *Quat* die Nacht, denn es war zu hell und zu heiß. Nun mußte *Quat* die Nacht erschaffen, sie folgte dem Tag. Nun gab es den Wechsel zwischen dem Licht und der Finsternis, es kamen die Gegensätze in die Welt. Jetzt setzte der große Geist *Quat* auch den Winter und den Sommer ein. Er ließ die Wasser des Meeres ansteigen und wieder zurückgehen. Alles war im Wechsel und in der Veränderung. Er schenkte den Feldern den regelmäßigen Regen. So war die Welt nun gut geordnet, und alles konnte gedeihen. Die Menschen waren zufrieden. (Melanesier; MdV III, 230f)

11. Der erste Ehebruch

Der Sonnengott *Tortali* war der Herrscher des Tages. Er hatte sich eine Menschenfrau zur Gemahlin genommen, sie hieß *Avin*. Diese lebte in einem wunderschönen Garten, der war voller Früchte und Blüten. Als ihr Gatte abwesend war, da kam der Mondgott *Ul* zu ihr auf Besuch. Er war der Beherrscher der

Nacht. Der Mondgott verführte sie zur Liebe, sie paarte sich mit ihm. Doch das war ihr verboten, sie brach die Ehe. Als der Sonnengott davon hörte, war er zornig. Er jagte seine Frau aus dem schönen Obstgarten. Sie mußte nun draußen auf den Feldern arbeiten, um sich zu ernähren.

Seither müssen alle Menschenfrauen auf den Feldern arbeiten, denn es ist mühsam, dem Ackerboden die Nahrung abzugewinnen. Zum anderen müssen die Frauen jeden Monat die Menstruation erleben, sie verlieren Blut. Dies ist die Strafe für den Ehebruch der ersten Frau *Avin*.

(Neue Hebriden; MdV III, 230f)

12. Die ersten Menschen

Der Schöpfergott *Quat* wollte die Menschen erschaffen. So formte er den Menschenmann aus Lehm und Erde. Die erste Menschenfrau aber flocht er aus Palmenzweigen. Daher ist die Frau weich und biegsam, der Mann aber ist hart und erdverhärtet.

Andere sagen, die Menschen seien aus dem Zuckerrohr herausgewachsen. Es bildeten sich aus dem Zuckerrohr zwei Knospen. Aus der einen Knospe wuchs der Menschenmann, aus der zweiten Knospe wuchs die Menschenfrau. So wuchsen beide Geschlechter aus einer Pflanze, diese ist ihnen seither heilig. Die Menschen bilden eine Einheit, die Geschlechter müssen sich paaren.

(Saa-Stämme; MdV III, 231f)

13. Die zwei Kulturbringer

Ein göttliches Wesen zeichnete mit dem Finger zwei Bilder von Menschen in den Erdboden. Dann benetzte es diese Bilder mit seinem Blut und deckte sie mit Blättern zu. Nun erschuf es die beiden Kulturbringer *To-Kabinana* und *To-Karvuvu*. Diese beiden sammelten Kokosnüsse und warfen sie auf den Boden.

Dort zerplatzten sie, und aus den Nüssen wurden die Frauen. Sie wurden die Gattinnen der beiden Kulturbringer, jeder hatte zwei Frauen. Sie hatten viele Kinder, und sie schenkten den Menschen das Feuer, die Werkzeuge und die heiligen Gesetze.

(Melanesier, Neu-Britannien; MdV III, 231f)

14. Als der Tod kam

Am Anfang mußten die Menschen nicht sterben, denn alles war im Werden und im Vergehen. Wenn die Menschen alt waren, taten sie es wie die Schlangen, sie wechselten ihre Haut und waren wieder jung. Die Menschen lebten glücklich, sie wurden von vielen Geistern geschützt.

Doch da geschah ein Unglück. Eine Mutter wurde von ihren Kindern nicht wiedererkannt, als sie die Haut gewechselt hatte. Sie sah nämlich wie ein junges Mädchen aus. Da war sie traurig und verzweifelt, weil ihre Kinder sie nicht mehr kannten. Nun zog sie ihre alte Haut wieder über ihren Körper, und die Kinder erkannten ihre Mutter. Doch nun kam der Tod zu den Menschen, nun mußten alle Menschen sterben, denn es war ihnen verboten, die alte Haut wieder anzuziehen.

Eine andere Lehre sagt, eine Großmutter hätte aufgehört, sich zu häuten, weil ihre Enkelkinder sie zur Frau nehmen wollten. Denn auch sie sah wie ein junges Mädchen aus. Da die Paarung mit den Enkeln verboten ist, verzichtete die Frau auf die Häutung. So kam der Tod zu den Menschen.

(Admiralitätsinseln, Melanesier; MdV III, 232f)

15. Der Tod als Ausweg

Als die Menschen nicht starben, da wurden sie sehr alt und geizig. Sie wollten ihren Besitz nicht mit den Jungen teilen. So gab es viel Streit, denn die Alten besaßen fast alles, und die Jungen waren arm. Deswegen hat der Schöpfergott *Quat* den Tod zu den Menschen gebracht, damit die Alten sterben. Denn dann müssen sie sich von ihrem Besitz trennen, und die Jungen bekommen die Güter. Wegen des Geizes und der Raffsucht der alten Menschen ist der Tod notwendig geworden. Das hatte der Schöpfergott gesehen. (Banks-Inseln, Melanesier; MdV III, 232f)

16. Der Ursprung der Menschen

Am Anfang war ein riesiges Vogelei, dieses wurde von der göttlichen Schlange *Ndegei* ausgebrütet. Als das Ei zersprang, krochen die Menschen aus den Schalen. Sie haben nun einen göttlichen und einen irdischen Anteil. Deswegen leben sie bald gut und bald böse. Sie sind den guten Kräften der Sonne ausgesetzt, aber auch den bösen Kräften der Unterwelt. Die Schlange gilt den Menschen als heiliges Tier. (Fidschi-Inseln; MdV III, 233f)

17. Die Kulturbringer

Die Kulturgüter der Menschen kamen aus der göttlichen Welt. Es waren zwei Götter, die den Menschen die nützlichen Dinge des Lebens gebracht haben. Das waren *Takaro* und sein Gegenspieler *Mueragbu* (Neuhebriden). Oder es waren *Quat* und *Marawa* (Banks-Inseln). Oder sie hießen *Tokabinana* und *Tokarvuvu*.
(Neuguinea)

Diese beiden traten immer zusammen auf, denn sie ergänzten sich. Der eine brachte den Menschen das Leben und die Vermehrung, der andere brachte die Krankheit und den Tod. So waren den Menschen immer die Gegensätze beschieden, sie erhielten Gutes und Böses als Geschenk. Sie lebten mit der Weisheit und mit der Torheit. Die beiden Gegenspieler streiten sich oft, doch wenn sie in Gefahr geraten, dann helfen sie einander, so wie menschliche Brüder es tun.

(Neuhebriden, Neuguinea; MdV III, 234)

18. Was war am Anfang?

Am Anfang war die große Finsternis, denn der Himmel war noch nicht von der Erde getrennt. So kam kein Licht auf die Erde, denn der Himmel lag dicht auf ihr. Nun war es der Gott *Naro*, der in die Welt das Licht brachte.

(Gilbert-Inseln)

Am Anfang war ein großer Felsen, der war schon immer da, denn er war die »Mutter der Welt«. Aus diesem heiligen Felsen wurden zuerst die verschiedenen Götter geboren. Sie machten sich an die Arbeit und richteten sich als Handwerker ein. So formten sie Gegenstände und gaben ihnen das Leben. Es war der Gott *Solal*, der auf dem Urfelsen einen Baum pflanzte. Er stieg auf den Baum hinauf, und dort oben erschuf er die Erde.

Dann stieg er höher in den Baum hinauf und erschuf das Himmelszelt, das er über der Baumkrone befestigte. Im Himmel herrschte nun sein Bruder *Aluelop*. Dann stieg der Gott *Solal* zu den Wurzeln des Baumes hinab, dort richtete er die Welt der Toten ein. So verbindet der Weltenbaum die Unterwelt mit der Welt der Menschen und dem Götterhimmel.

(Karolinen-Inseln; MdV III, 236)

19. Der Himmel und die Unterwelt

Es war der große Gott *Tpereakl* und die Göttin *Latmikaik*. Beide waren aus einem Urfelsen geboren. Der große Felsen wurde vom wilden Meer umspült. Nun teilten sich die beiden Götter die Herrschaft. *Tpereakl* ließ sich im Himmel nieder und herrschte über die himmlischen Geistwesen. *Latmikaik* stieg hinab zum Meeresgrund, dort gebar sie zwei Söhne. Darauf gebar sie eine Vielzahl von Fischen. Der erste Sohn stieg zum Himmel empor, der zweite blieb im wilden Meer.

Nun errichteten die Fische im Meer einen großen Turm. Auf dem Turm richteten sie die Erde ein. Nun trafen sich die himmlischen Geistwesen mit den Fischen, beide gemeinsam schufen sie die Menschen. Seither leben die Menschen auf einem hohen Turm, rundherum ist das wilde Meer. Sie müssen den Geistwesen und den Fischen untertan sein, doch die Fische dienen ihnen als Nahrung. (Palau-Inseln; MdV III, 237f)

20. Die vielen Geistwesen

Die Menschen blieben von den Geistwesen abhängig, sie mußten ihnen dienen. Das Wasser habe sich mit den Pflanzen gepaart, daraus seien die Vorfahren der Menschen geworden. So sind die Menschen zum Teil aus dem Wasser und zum Teil aus den Pflanzen. Dann haben sie den Ackerbau gelernt, sie können Pflanzen auf ihren Feldern vermehren. Sie haben gelernt, Schiffe zu bauen, um über das Meer zu fahren. Und sie haben die Fischnetze geflochten, um Fische zu fangen.

Es sind die Geistwesen, die den Menschen die Stürme, die Überflutungen und den Regen schicken. Da wirken die Geister oben und die Geister unten zusammen. Sie haben den Menschen die Regeln des Lebens gegeben, und sie wachen darüber, daß diese eingehalten werden. Wer die heiligen Gebote übertritt, wird von den bösen Geistwesen schwer bestraft.

(Mikronesier; MdV III, 238f)

21. Der Tod und das Licht

Am Anfang gab es keinen Tod bei den Menschen. Doch diese häuften viel Macht und Reichtum an. Das gefiel dem Gott *Aluelop* gar nicht, denn die Menschen wurden ihm zu mächtig. So schickte er ihnen den Tod. Die Menschen müssen nun sterben, ihr Reichtum ist vergänglich.

Am Anfang gab es kein Licht bei den Menschen. Sie konnten nicht arbeiten. Denn in der Dunkelheit konnten nur die Geistwesen sehen. Da erschuf der Gott *Jegag* das Licht, nun konnten die Menschen arbeiten. Die Geistwesen wollten nicht mehr die schwere Arbeit tun, dafür waren nun die Menschen da. Doch die Geistwesen oben beaufsichtigen die Arbeit der Menschen, sie dürfen nicht faul und untätig sein.

(Palau-Inseln, Mikronesier; MdV III, 239)

22. Der Ursprung des Feuers

Es war der große Held *Bue*, der den Menschen die Kulturgüter brachte. Dabei half ihm der große Geist *Naro*, der in der Gestalt einer Spinne auftrat. Er schwebte in einer Wolke und brachte den Menschen viele nützliche Dinge für das Überleben.

Vom großen Himmelsfeuer fing er einige Sonnenstrahlen ein und brachte sie zu den Menschen. Diese waren zuerst gegen das Feuer, denn sie hatten Angst vor den großen Flammen. Auch die Geistwesen des Meeres und der Unterwelt fürchten das Feuer.

Doch die Menschen gewöhnten sich an die großen Flammen und konnten ihre Speisen kochen.

(Gilbert-Inseln, Mikronesier; MdV III, 240)

23. Die Techniken der Kultur

Es waren zwei Götter vom Himmel auf die Erde herabgestiegen, sie wollten den Menschen eine Unterweisung geben. Zuerst zeigten sie ihnen die Kunst der Tätowierung der Haut, die den Göttern sehr gefällt. Dann zeigten sie ihnen die Kunst der schönen Haarfrisur. Und sie gaben ihnen die Kokospalme zur Speise.

Dann zeigten sie ihnen, wie man die Bäume fällt, wie man das Holz bearbeitet und wie man die Hütten baut. Und sie unterrichteten sie in der hohen Kunst, Boote zu bauen und auf dem Wasser zu fahren.

Nun können die Menschen gut leben. Sie müssen zwar sterben, denn die Unsterblichkeit haben sich die Götter und die

Geistwesen gesichert. Die Menschen verrichten die heiligen Riten und tätowieren ihre Haut, denn sie glauben, daß sie damit der Unsterblichkeit sehr nahe kommen. Sie wollen ein langes Leben, deswegen bringen sie den Göttern viele Opfer dar.

(Karolinen-Inseln, Mikronesier; MdV III, 240f)

24. Der große Held Olofad

Der Held *Olofad* war der Sohn des Gottes *Lugeilan*, seine Mutter war eine Meeresfrau. Er wurde aus dem Kopf seiner Mutter geboren und war schnell erwachsen. Zuerst vollführte er auf der Menschenwelt viele Streiche, er reizte und ärgerte die Menschen. Doch dann stieg er zum Himmel hinauf und begann einen langen Krieg gegen die Götter.

Als er dabei den Tod fand, mußte ihn sein Vater wieder zum Leben erwecken. Nun erhielt er die Erlaubnis, sich im Himmelspalast niederzulassen. Von nun an lebte er eine Zeitlang im Himmel und eine Zeitlang auf der Erde. Er bringt die Botschaften der Götter zu den Menschen und nimmt an den Tänzen und Kultfesten der Menschen teil. Er hat ihnen auch das Feuer auf die Erde gebracht, jetzt können sie ihre Speisen kochen.

So verbindet der göttliche Mensch das Oben und das Unten, den Himmel und die Erde, die Götterwelt und die Menschenwelt. Die Menschen fühlen sich bei den Göttern und Geistern geschützt, denn sie haben alle Kulturgüter bekommen.

(Karolinen-Inseln, Mikronesier; MdV III, 240f)

32
Die Australier

Einleitung

Die Ureinwohner Australiens waren Sammler und Jäger. Sie hatten nicht den Ackerbau gelernt und keine Haustiere gezähmt. Auch konnten sie nicht die Töpferkunst. Das Leben auf diesem Kontinent war beschwerlich. Im 18. Jh. gab es noch ca. 500 Stämme, die als nomadisierende Jäger lebten. Ihre Gesamtzahl wird zu dieser Zeit auf ungefähr 300 000 Personen geschätzt.

Diese Stämme hatten unterschiedliche Lebensregeln und Verwandtschaftsverhältnisse. Die Heiratsregeln waren zum Großteil sippenexogam. In den Mythen gibt es Einflüsse aus Melanesien und von den Tasmaniern, die aber heute ausgestorben sind. Die Mythen werden im Kult symbolisch dargestellt. Häufig werden Totemstiere verehrt, die den Menschen Glück bringen sollen.

1. Der Himmelsheld Bajame

Am Anfang waren das Meer und die Wüste. Die Erde wuchs langsam aus dem Meer heraus. Es gab eine »Traumzeit«, da wurde den Menschen das heilige Wissen geoffenbart. Da war der Himmelsheld *Bajame*, er heißt der »Vater aller Dinge«. Er wohnte im Himmel, wo das Wasser ist und wo es die magischen Steine gibt. Er besaß die Bergkristalle, die für die Zauberhandlungen notwendig sind. Wenn die Menschen krank sind, dann kann er sie heilen. Und er hilft den Schamanen, wenn sie das Heilungsritual vollziehen. Doch er sendet den Menschen den Tod, wenn er es will. Oft tritt er in der Gestalt des Schamanen auf.

In seinen Träumen geht *Bajame* auf Himmelsreise und kommt in die Welt der Götter und Dämonen. Dort wird er oft getötet, die Schlange des Regenbogens trägt ihn am Rücken. Doch der Gott *Daramulum* erweckt ihn wieder zum Leben. Nun erlangt er die Botschaften der Geister und kehrt zu den Menschen zurück. Bei den Kultfeiern leitet er die Riten. Dann steigt er über den hohen Himmelsbaum wieder in die Welt der Götter auf. Vom Himmel bringt er die heiligen Gesetze mit, und er hat von den Göttern die Techniken der Jagd gelernt. So ist der Himmelsheld *Bajame* das Vorbild für jeden Schamanen, der auch von den Geistwesen erwählt und eingesetzt wird.

(Ostaustralier; MdV III, 243f)

2. Die Töchter der Sonne

Am Anfang waren zwei Schwestern und ein Bruder, sie waren Kinder der Sonne. So stammten sie aus einem fernen Land. Mit einem kleinen Schiff fuhren sie zu einer geheimnisvollen Insel, dort wohnten die Urgeister und die Seelen der Toten. Als sie von dieser Insel zum Festland zurückkehrten, da durchquerten sie das ganze Land zu Fuß, von Osten nach Westen. Das tun die Stämme der Menschen auch heute noch.

Auf dem langen Fußweg erschufen sie menschenähnliche Wesen, die Vorfahren der heutigen Menschen. Sie gaben dem Land die Form, sie schufen die Hügel und die Steppen, sie ließen die Bäume und die Gräser wachsen. Dann erschufen sie die heiligen Orte und die Kultgegenstände, sie richteten die Riten und Festzeiten ein. Bei diesen Festen schmücken sich die Menschen mit roten Federn, sie sollen die Strahlen der Sonne darstellen.

Die Riten sollen die Fruchtbarkeit der Menschen vermehren. So stecken die zwei Schwestern bei den Quellen und heiligen Bäumen viele Zauberstäbe in die Erde. Diese Stäbe stellen den männlichen Penis dar und sollen die Erde fruchtbar machen. Dann gebären die zwei Schwestern viele Kinder, sie bevölkern das ganze Land. Die Menschen folgen dem Weg der Sonne, sie verehren den Regen und die Wolken. Die großen Wege der Menschen wurden ihnen von den Göttern vorgezeichnet. (Australier; MdV III, 244f)

3. Die Ahnen der Menschen

Am Anfang war das große »Traumzeitalter«. Da wuchsen die Vorfahren der Menschen wie Blumen aus der Erde. Sie vollbrachten große Wanderungen durch die Wüste. Ihren Weg markierten sie mit den Wasserlöchern, die sie in den Sand gruben. Sie konnten genau erkennen, wo unter dem Sand Wasser war. Sie paarten sich und hatten viele Kinder, das waren die Menschen. Ihnen gaben sie die Gesetze und die heiligen Regeln. Sie zeigten ihnen die Techniken der Jagd und des Sammelns.

Als die große Wanderung durch die Sandwüste von Osten nach Westen zu Ende war, da verschwanden die Ahnen wieder von der Welt. Nun lebten die Menschen allein weiter, sie schlossen sich zu Sippen und zu Stämmen zusammen. Sie lernten das Lesen der Tierfährten, sie bauten sich Hütten und vollzogen die Riten der Ahnen. (MdV III, 246)

4. Die große Mutter

Am Anfang war die große Mutter, sie lebte unter der Erde. Sie ließ die Pflanzen und die Bäume aus der Erde wachsen. Doch einmal stieg sie aus der Erde und machte den langen Marsch durch die Savanne, die Steppe und die Wüste. Dabei richtete sie die heiligen Orte ein. Und sie zeigte ihren Nachfahren, den Menschen, die Wasserstellen. Sie ließ in der Erde die Knollen und die Erdfrüchte wachsen. (MdV III, 246)

5. In der Traumzeit

Am Anfang, in der großen »Traumzeit«, da lebte die riesige Schlange. Und es kämpften die weiblichen und die männlichen Geistwesen um den Besitz der heiligen Gegenstände. Da kamen zwei göttliche Zwillinge und brachten den Menschen die Riten und die magischen Steine. Nun ging die Traumzeit zu Ende.

Aber mit den heiligen Steinen können die Menschen für kurze Zeit in die Traumzeit zurückkehren. Wenn sie die Riten ausführen, begegnen sie der glücklichen Zeit des Anfangs.

(MdV III, 246f)

6. Die beiden Brüder

Es waren göttliche Zwillinge, die den Menschen die Kulturgüter brachten. Beide Brüder marschierten lange Zeit durch die Steppe und die Sandwüste. Ihre Schwestern waren mit ihnen unterwegs, sie waren ihre Frauen. Auf dem Weg führten sie die Beschneidung der männlichen Penisvorhaut ein. Dann tauschten sie ihre Frauen.

Nun folgen die Menschen dem langen Marsch der göttlichen Zwillinge. Sie führen die alten Riten aus. Sie tauschen ihre Frauen, denn sie nehmen sie immer von der fremden Sippe. Bei den Riten der Initiation nabeln sie sich von der göttlichen Urmutter ab, sie werden nun erwachsen und selbständig. So folgen die Menschen immer den Spuren ihrer Vorfahren, dann fühlen sie sich geborgen.

(MdV III, 246f)

7. Die Sonnentöchter

Zwei Göttinnen hatten alle Lebewesen geboren, und zwar ohne Mitwirken eines Mannes. Sie waren jungfräuliche Mütter und konnten das Leben aus weiblicher Kraft weitergeben. Sie gebaren die Götter, die Sonnentöchter und die Sonnensöhne. Die Menschen und die Tiere stammen von den Sonnentöchtern ab, sie wurden von ihnen geboren. Deswegen leiten bei den Menschen die Frauen die Riten.

Doch dann trat ein Umschwung ein, die männlichen Götter stahlen ihren Müttern die heiligen Gegenstände. Nun bekamen sie mehr Macht als die weiblichen Göttinnen. So ist es auch bei den Menschen gekommen, die Männer verdrängten die Frauen aus den Riten. Jetzt haben die Männer bei den Göttern und bei den Menschen das Sagen. Doch am Anfang war es nicht so.

(MdV III, 247f)

8. Der erste Inzest

Am Anfang paarten sich die Menschen, wie es ihnen gefiel. Die Väter liebten ihre Töchter, die Mütter vereinigten sich mit den Söhnen. Auch Schwestern und Brüder paarten sich und hatten viele Kinder. Doch da ging es den Menschen nicht gut, die Erde wurde nämlich unrein. Da verboten die Götter den Menschen die Paarung innerhalb der Sippe, sie stellten die Heiratsregeln auf. Es waren die göttlichen Boten, die den Menschen diese Regeln überbrachten. Nun hielten sich die Menschen an diese Regeln, und ihr Leben konnte sich entfalten. Wer gegen diese Regeln verstieß, wurde von den Göttern bestraft. Nun holten sich die Menschen ihre Ehepartner aus den fremden Sippen, so war ihr Leben gut geordnet. (MdV III, 248)

9. Die Kulturbringer

Ein göttlicher Wohltäter und ein Spaßvogel (trickster) taten sich zusammen, sie wollten den Menschen Gutes tun. Der Wohltäter war weise und klug, der Spaßvogel aber war töricht und listig. Nun trafen sich die beiden und arbeiteten zusammen. Sie brachten den Menschen von den Göttern die Techniken der

Kultur. Sie gaben ihnen die Werkzeuge für die Jagd, und sie zeigten ihnen, wie man die Fische fängt. Sie schenkten ihnen die Riten und die heiligen Gesetze. Dann brachten sie ihnen das Feuer, die Heilpflanzen und das heilige Wissen. Nun hatten die Menschen alles, was sie zum Leben brauchten. Sie waren glücklich und zufrieden. (MdV III, 248)

33
Der Islam

Einleitung

Der Islam ist heute eine Weltreligion und Weltkultur mit ungefähr 1, 5 Milliarden Anhängern. Er erhebt einen absoluten Anspruch auf Wahrheit und ein Monopol der richtigen Lebensgestaltung. So darf von den Gläubigen nur ein einziger Weltgott Allah verehrt werden, dieser ist ausschließlich männlich. Die Götter der früheren Religionen sind zu bösen Dämonen (dschinn) degradiert worden.

Diese monotheistische Religion ist auf der Basis der altarabischen Volksreligion entstanden. Es waren vor allem Hirtennomaden und Viehzüchter, die sie geprägt haben. Die Menschen lebten in Sippen und Stämmen zusammen, sie hatten ihre Häuptlinge und verehrten ihre Ahnen. Sie verehrten viele Schutzgötter, die ihr hartes Leben in den Steppen und Savannen begleiteten. Die Gegenspieler der Schutzgötter waren die bösen Dämonen, die das Leben der Menschen bedrohten. Die Menschen waren bereits sozial geschichtet, die Männer waren deutlich dominant. Ihre Anführer waren Scheichs und Häuptlinge, auch Könige.

Altarabien wurde nie in das römische Imperium eingegliedert. Doch es gab rege Handelsbeziehungen mit Ägypten, mit Palästina, mit Syrien, mit Persien, auch mit Äthiopien. Dabei kam es zu einem kulturellen und religiösen Austausch. Nach der Zerstörung der jüdischen Stadt Jerusalem durch die Römer (129 n. Chr.) siedelten viele Juden in arabischem Gebiet, sie bildeten Handelskolonien. Und es kamen auch christliche Siedler nach Arabien, die von der römischen Reichskirche verfolgt wurden.

So lernten die arabischen Händler jüdische und christliche Lehren kennen. Sie schätzten diese Lehren, weil die Kultur der Juden und der Christen der eigenen Lebensform überlegen war. Nun fühlte sich der arabische Händler Muhamad durch göttliche Stimmen berufen, die eigene Volksreligion nach dem Vorbild der jüdischen und der christlichen Religion zu erneuern. Er las die jüdische Bibel, aber auch christliche Schriften. Und er kam zur Annahme, daß Abraham der gemeinsame Stammvater der Juden und der Araber sei.

Nach der neuen Lehre des Propheten Muhamad durfte ab sofort nur mehr ein einziger Gott öffentlich verehrt werden, nämlich der altarabische Schutzgott Allah. Alle anderen Götter wurden zu bösen Dämonen degradiert, nun gab es keine weiblichen Götter mehr. Wer weiterhin öffentlich die alten Schutzgötter verehrte, wurde mit dem Tod bedroht. Die neue Gebetsrichtung sollte zuerst die heilige Stadt der Juden, Jerusalem, sein. Doch als die Juden die Zusammenarbeit mit Muhamad ablehnten, wurde die heilige Stadt Mekka das Ziel der Gebetsrichtung. Dort war das alte Steinheiligtum der Kaaba.

Nach längeren Kämpfen und kriegerischen Auseinandersetzungen gelang es Muhamad mit seinen begeisterten Anhängern, die heilige Stadt Mekka zu erobern (630 n. Chr.). Dies ist der Beginn einer neuen Zeitberechnung. Nun wurde dort ein neuer Kult eingerichtet. Die arabischen Stämme mußten sich nach und nach der neuen Lehre anschließen, sie wurden mit militärischer Gewalt dazu gezwungen. Sie durften nur mehr den einen Gott Allah verehren. Dreimal am Tag sollten sie die heiligen Gebete sprechen. Sie sollten den Armen das Almosen geben, einmal im Jahr sollten sie einen Monat lang fasten. Und einmal im Leben sollten sie die große Wallfahrt in die heilige Stadt Mekka unternehmen.

Der heilige Krieg (dschihad) wurde für alle männlichen Moslems zur Pflicht. Sie sollten die neue Lehre mit dem Schwert verteidigen und ausbreiten. Auf diese Weise hat sich der Islam (Hingabe an Allah) sehr schnell in ganz Arabien durchgesetzt. Die Moslems eroberten im heiligen Krieg die angrenzenden Länder, nämlich Palästina, Ägypten, Libyen, Nordafrika bis Spanien, im Osten Persien und Teile des oströmischen Reiches. Damit ist der Islam zu einer der großen Weltreligionen geworden. Er reicht heute weit nach Indien und Indonesien hinein.

Die Hauptlehren des Islam sind im heiligen Buch »Koran« zusammengefaßt. Teile davon gehen auf die Predigt des Propheten Muhamad und seine Schüler zurück. Der Koran ist die Grundlage der Glaubensinhalte und der Lebensformen. Die gläubigen Moslems sehen darin die

Offenbarung des Weltgottes Allah. Auch das islamische Recht wird aus dem Koran abgeleitet, es gibt vier große Schulen der Rechtsauslegung.
  Der Islam ist bis heute durch keine rationale Aufklärung und Kritik berührt worden, die Philosophie hat darin nur eine Dienerrolle für die Religion. So akzeptieren die Moslems nicht die Menschenrechte der westlichen Kultur, sie formulieren eigene Menschenrechte. Sie betonen dabei stärker die Pflichten des einzelnen für das Volk und die Religion. In den meisten islamischen Ländern gibt es keine Trennung von Religion und Staat. Die Menschen leben in geschlossenen und autoritären Glaubenssystemen. Die Zeitrechnung wird seit der Flucht des Propheten (hidschra) gezählt. Es gelten die Mondjahre, die um 16 Tage kürzer sind als die Sonnenjahre.

1. Die Schutzgötter und der König

Im alten Arabien gab es viele kleine Königreiche. Es gab das Reich der Sabäer, der Minäer, der Nabatäer, der Himjariter und andere. Sie verehrten viele Schutzgötter und Göttinnen. Das waren *Il, Ilah, Attar, Sams, Wadd, Alamquah*. Die Menschen nannten sich »Kinder« der Schutzgötter. Und der König war ein »Sohn« des obersten Schutzgottes, er mußte ihnen die Opfer darbringen. Deswegen hieß er Malik, d.h. Opferer und Heiliger. Er vertrat das ganze Volk vor den Göttern. In den Tempeln wurden die großen Riten ausgeführt, dort gab es die göttlichen »Offenbarungen« an die Menschen.   (Hb RG III, 356f)

2. Der Tempel und die Riten

Die Städte in Altarabien hatten schöne Tempel, dort wurden die Schutzgötter verehrt. Es gab eine große Priesterschaft, sie tat im Tempel ihre Dienste. Es wurden Orakel gegeben und Träume gedeutet. Der König und die Priester feierten mit den Priesterinnen die »Heilige Hochzeit«, um von den Göttern die Fruchtbarkeit auf die ganze Stadt herabzurufen. So sollten das

Wachstum der Früchte auf den Feldern der Ackerbauern und die Vermehrung der Tiere der Nomaden angeregt werden. Den Göttern wurden Tiere geopfert, es wurden ihnen Harze und Duftstoffe dargebracht. So sollte das Bündnis der Stadt mit dem Schutzgott befestigt werden. (Hb RG III, 356f)

3. Die Helden des Stammes

Jeder Stamm hatte seine Stammesgründer und Helden (sayyid, saih). Diese waren von den Schutzgöttern auserwählt, den ganzen Stamm zu führen und zu schützen. Sie waren tapfere Krieger und haben viele Feinde besiegt. So erzählen die Nachfahren die Heldentaten ihrer Vorfahren. Der Kriegsheld mußte die Ehre des Stammes verteidigen, und er mußte jede Ehrverletzung rächen. Jedes vergossene Blut mußte gerächt werden, erst dann bestand zwischen den Sippen wieder Rechtsgleichheit. Der Held führte die Rachekriege gegen andere Stämme, und er schloß die Kriegsbündnisse mit fremden Stämmen. Alle Stammeshelden wurden von den Schutzgöttern geleitet, denn diese sorgten für die Menschen. (Hb RG III, 360-364)

4. Die alten Eheregeln

Die Ehen der Menschen sind Bündnisse zwischen den Sippen, sie werden von den Sippenältesten ausgehandelt. Freie Männer dürfen mehrere Frauen als Ehepartnerinnen haben, wenn sie diese beschützen und ernähren können. Die Frauen müssen den Männern treu sein, sie spornen diese zu großen Taten an. Doch sie müssen ihre Männer auch tadeln, wenn diese die Familiengüter verschleudern. Frauen werden mit Vogeleiern verglichen, sie sind der »Schatz« jeder Sippe, der verteidigt werden muß.

Wenn sich die Frauen vernachlässigt fühlen, haben sie das Recht, die Scheidung der Ehe zu beantragen. Dann muß der

Sippenrat darüber beschließen. Auch die Männer haben das Recht, die Scheidung zu beantragen. Beide Geschlechter müssen hart arbeiten. Da die Männer die Herrschaft in der Sippe haben, werden Söhne höher eingeschätzt als die Töchter. Es sind die Schutzgeister, die die Ehe begleiten und ihr viele Kinder schenken. (Hb RG III, 364f)

5. Die heiligen Steine

Es gab im Land Arabien viele Heiligtümer mit heiligen Steinen, dort wohnte die göttliche Lebenskraft *Ilah*. Oft war ein Zelt über dem heiligen Stein, um ihn zu schützen. In der frühen Nomadenzeit wurden die heiligen Steine auf den langen Wanderungen mitgetragen. Bei den Heiligtümern gab es die Seher (Kahin) und die Seherinnen (Kahina), sie sagten den Menschen den Willen der Schutzgötter voraus. Sie mußten den Stammesführern helfen, wichtige Entscheidungen über Krieg oder Frieden zu treffen. Sie sprachen den Segen über das eigene Volk, und sie riefen den Fluch über die Feinde herab. Bei Streitfällen sprachen sie am heiligen Ort das Recht. Und sie halfen den Menschen, Verlorenes wiederzufinden.

An den Heiligtümern wurden auch die Waffen geweiht und mit magischer Kraft aufgeladen. Ein großes Steinheiligtum war in *Mekka*, dort wurden viele Schutzgötter der Stadt verehrt. Die Pilger berührten den heiligen Stein, um göttliche Kraft in sich aufzunehmen. Dort wurden viele Opfer dargebracht, um den Göttern Kraft zu geben. Am Steinheiligtum war ein Brunnen oder eine Quelle, der bzw. die den Dürstenden Wasser gab.

(Hb RG III, 365–370)

6. Das Leben des Propheten

Muhamad ist der große Prophet des Islam. Er wurde im »Elefantenjahr« geboren und stammte aus dem adeligen Geschlecht der *Hasimiden.* Andere sagen, er sei ohne Eltern aufgewachsen und niederer Herkunft gewesen. Als er die reiche Händlerin *Hadischa* heiratete, da begann er Handelsreisen bis nach Syrien zu unternehmen. Dabei lernte er den jüdischen und den christlichen Glauben kennen. Die Kultur der Juden und der Christen erschien ihm höher entwickelt, deswegen wollte er die arabische Religion erneuern.

Nun hörte er immer öfter innere Stimmen und göttliche »Offenbarungen«. Er sah den höchsten Gott und vernahm seine Botschaften. Er fühlte sich beauftragt, diese Botschaften den Stammesgenossen zu verkünden. Zuerst erzählte er seiner Frau *Hadischa* von diesen Offenbarungen. Diese ermutigte ihn, öffentlich davon zu erzählen. So begann er mit großen inneren Widerständen, seine Offenbarungen öffentlich zu predigen. Doch es fanden sich nur wenige, die ihm Glauben schenkten.

Da er in der heiligen Stadt *Mekka* für seine neue Lehre nur wenige Anhänger fand, wanderte er mit diesen aus der Stadt aus und kam nach *Medina.* Dort verkündete er den neuen Glauben und fand mehr Anhänger. Nun baute er mit diesen ein Kriegsheer auf, er überfiel viele Karawanen, die nach *Mekka* zogen. Nach und nach gelang es ihm, mit seinem Kriegsheer die heilige Stadt *Mekka* zu erobern.

Jetzt setzte er die neue Lehre in der heiligen Stadt durch. Er ließ am Steinheiligtum der *Kaaba* alle Götterbilder entfernen, denn von nun an durfte nur der Gott *Allah* verehrt werden. Wer weiterhin die alten Schutzgötter verehren wollte, wurde mit dem Tod bedroht.

Nun baute der Prophet sein Kriegsheer aus, und er führte den heiligen Krieg gegen alle Stämme. Er konnte die Stämme Arabiens besiegen, sie mußten nun den neuen Glauben annehmen. Sie mußten sich dem alleinigen Gott *Allah* unterwerfen und *Muhamad* als den großen Propheten anerkennen.

(Hb RG III, 374–377)

7. Allah ist der einzige Gott

Dies ist die Offenbarung an den Propheten: Es gibt nur einen einzigen Gott, *Allah*, der muß von allen Menschen anerkannt und verehrt werden. Der Gläubige muß *Allah* fürchten, er muß sich ihm ergeben, und er muß zu ihm regelmäßig Gebete sprechen. Außerdem muß er für die Armen Almosen geben. Er muß jedes Jahr einen Monat lang fasten, solange die Sonne scheint. Und er soll einmal im Leben die große Wallfahrt in die heilige Stadt *Mekka* unternehmen.

Die nicht an den einen Gott *Allah* glauben, haben im jenseitigen Leben große Strafen zu erwarten. Sie betrügen den höchsten Gott und sich selbst. *Allah* wird über sie richten, und er wird sich über sie lustig machen. Jetzt läßt er die Ungläubigen in der Dunkelheit und im Finstern, doch er hat sie alle in seiner Gewalt. Sie werden im Feuer der Hölle brennen, die Steine und die ungläubigen Menschen sind der Brennstoff für das Höllenfeuer.

(Koran, Sure 1, 3–24)

8. Der Lohn der Gläubigen

Die Gläubigen werden nach dem Tod in einen Paradiesgarten gelangen. Dort werden kühle Bäche fließen, und es wird immer köstliche Früchte zum Essen geben. Die Frauen werden gereinigt und verjüngt, die Menschen werden ewig im Paradiesgarten leben. Denn der Gott *Allah* macht alle Toten lebendig, er schenkt ihnen die Auferstehung. Denn er hat die Erde geschaffen und die sieben Zelte des Himmels geformt.

(Koran, Sure 2, 25–29)

9. Der erste Mensch Adam

Gott, der Herr, sagte zu den Engeln, er werde auf der Erde einen Nachfolger einsetzen, der alle Namen der Dinge kennt. Da erschuf er den ersten Menschen *Adam*. Und er lehrte ihn alle Namen, die die Engel nicht wußten. Nun mußten sich die Engel vor *Adam* niederwerfen. Das taten nun alle Engel. Nur der Engel *Iblis* tat es nicht, denn er war ungläubig.

Nun erschuf Gott die erste Frau *Eva*. Und er übergab dem ersten Menschenpaar das Paradies mit vielen Fruchtbäumen. Von allen Bäumen durften sie essen, nur einer war ihnen verboten. Nun verführte der Teufel aber die ersten Menschen, und sie aßen vom verbotenen Baum. Jetzt mußten sie das himmlische Paradies verlassen und auf die Erde hinabsteigen. Der Teufel war nun ihr Feind. Doch Gott gab ihnen das Wort der Verheißung, denn er ist gütig.

Wenn sie nach *Allahs* Leitung leben, brauchen sie das große Gericht am Ende der Tage nicht zu fürchten. Doch die Ungläubigen, die den Propheten Muhamad einen Lügner nennen, werden in das ewige Höllenfeuer kommen.

(Koran, Sure 2, 30–39)

10. Die zehn großen Gebote

So, wie der Gott *Allah* die Juden erwählt hatte, so leitet er jetzt die Moslems. Doch auch die Juden, die Christen und die Sabäer brauchen den Gerichtstag Gottes nicht zu fürchten. *Allah* macht die Toten wieder lebendig. Doch das Höllenfeuer für die Ungläubigen wird ewig sein. Auch für die Moslems gelten die Gebote, die Gott den Kindern Israels gegeben hatte: Es darf nur ein Gott verehrt werden; die Eltern, die Verwandten, die Waisen und die Armen müssen geehrt werden; das Gebet muß regelmäßig verrichtet werden; die Almosen müssen gegeben werden. Die Moslems sollen sich nicht gegenseitig töten, nicht gegenseitig vertreiben und nicht belügen. Sie sollen ihre Versprechungen einhalten. Doch alle Sünder werden nach dem göttlichen Gericht schwer bestraft.

(Koran, Sure 2, 74–87)

11. Gottes Erwählungen

Der eine Gott *Allah* hat den Moses erwählt. Und er hat *Jesus*, den Sohn der *Maria*, mit dem Heiligen Geist gestärkt. Er hat seine Engel Gabriel und Michael geschickt, und er hat sich dem König *Salomo* gnädig erwiesen. Doch die Juden und die Christen streiten sich, sie sagen, daß nur sie in das ewige Paradies eingehen werden. Doch das wird der Gott *Allah* am Tag des Gerichts entscheiden.

Allah hat den Abraham zu einem Vorbild für die Menschheit gemacht, er hat mit ihm ein Bündnis geschlossen. Und er hat unseren heiligen Ort, die *Kaaba*, zu einer Stätte der Einkehr gemacht. Abraham war dabei, als die Grundmauern der *Kaaba* errichtet wurden. *Allah* ist gnädig und barmherzig, er sieht alles. Wir müssen nicht Juden oder Christen werden, denn auch wir Moslems haben die Religion des Abraham. Unsere Gebetsrichtung soll nach Mekka gehen, nicht nach Jerusalem. *Allah* hat uns auf die Probe gestellt.

Zuletzt hat *Allah* einen Gesandten aus unseren Reihen erwählt, den Propheten *Muhamad*. Er hat ihn mit Weisheit erfüllt. Die Menschen sollen den Geboten des Schöpfers folgen, sie sollen nicht in die Fußstapfen Satans treten. (Koran, Sure 2, 87–169)

12. Die Lebensform der Moslems

Den Gläubigen ist die Blutrache vorgeschrieben: ein Freier für einen Freien, ein Sklave für einen Sklaven, eine Frau für eine Frau sollen getötet werden. Der heilige Monat dient dem Fasten und der Wiedervergeltung. Doch die Ungläubigen, die viele Götter verehren, sollen vertrieben und getötet werden. Männer und Frauen dürfen sich während der großen Wallfahrt nicht sexuell paaren. Die Sexualität ist ihnen auch im Monat *Ramadan* verboten, solange die Sonne scheint. Niemand soll den Fußstapfen des Teufels folgen. Die Gottesfürchtigen werden am Tag der Auferstehung in das Paradies eingehen.

Die Gläubigen müssen die Ungläubigen mit dem Schwert bekämpfen, und sie dürfen keine ungläubigen Frauen heiraten. Der Wein und das Losspiel sind ihnen verboten. Die Männer können ihre Frauen aus der Ehe verstoßen, doch sie müssen eine Frist von vier Monaten einhalten. Den entlassenen Frauen steht eine Ausstattung zu. *Allah* hört und weiß alles, er ist der einzige Gott. Den Ungläubigen schickt er die ewige Hölle.

(Koran, Sure 2, 178–257)

13. Die Gläubigen und die Ungläubigen

Die Ungläubigen, die jetzt viele Götter verehren, werden der Brennstoff für das ewige Feuer der Hölle sein. Doch die Gläubigen dürfen alles genießen: die Frauen, die Söhne, das Geld, das Silber, das Vieh und die Saatfelder; doch alles nur für kurze Zeit. Sie sollen keine Ungläubigen als Freunde haben. Und sie dürfen keinen Zins nehmen, wenn sie Geld verleihen. Gegen die Ungläubigen müssen sie kämpfen. Doch am Tag der Auferstehung werden sie ihren Lohn bekommen.

(Koran, Sure 3, 10–28)

14. Die Verheißung an Maria

Der Engel sagte zu Maria: »Gott hat dich auserwählt von allen Frauen der Welt, er hat dich rein gemacht. Sei deinem Herrn demütig ergeben, wirf dich vor ihm zum Gebet nieder. Allah verkündet dir ein Wort, dessen Name Jesus Christus ist. Er ist dein Sohn, er wird im Diesseits und im Jenseits angesehen sein. Er wird schon als Kind zu den Menschen sprechen.«

Da sagte Maria: »Wie soll ich ein Kind bekommen, wo mich noch kein Mann berührt hat?« Da sagte der Engel: »Dies ist *Allahs* Art, so zu handeln. Er schafft, was er will. Wenn er eine Sache beschlossen hat, dann tut er sie.«

Denn am Anfang hat *Allah* Wesen geschaffen, die aussahen wie Vögel. Er blies in sie den Lebensatem und gab ihnen die Sprache. Er hat Blinde und Aussätzige geheilt, er hat Tote wieder lebendig gemacht. Daher sollen alle Menschen *Allah* fürchten und ihm gehorchen. (Koran, Sure 3, 42–50)

15. Der Prophet Jesus

Die Kinder Israels schmiedeten Ränke, doch auch *Allah* schmiedete Ränke. Er hatte den *Jesus* von der Erde abberufen und in den Himmel erhoben. Er hat ihn den Ungläubigen entrückt. Die ihm nachfolgen, werden am Tag der Auferstehung den Ungläubigen überlegen sein.

Dann werden alle zu *Allah* zurückkehren, er wird alle Streitfälle entscheiden. Die Ungläubigen wird er schwer bestrafen, sie werden keine Helfer haben. Doch die Gläubigen werden reich belohnt. *Jesus* war vor *Allah* gleich wie Adam, den er aus der Erde geschaffen hatte. Er sagte nur: »Sei!« Und Adam ist geworden. Daran soll niemand zweifeln. Es gibt keinen Gott außer *Allah*. (Koran, Sure 3, 55–62)

16. Der Tag der Auferstehung

Wenn *Allah* euch zum Sieg verhilft, dann gibt es keinen, der über euch siegen könnte. Und wenn *Allah* euch im Stich läßt, dann kann keiner euch helfen. Die um *Allah* willen im Kampf getötet werden, sind nicht wirklich tot. Sie leben im Jenseits weiter und erhalten bei ihrem Herrn himmlische Speisen. Sie freuen sich über das, was *Allah* ihnen geschenkt hat. Sie brauchen keine Angst haben vor dem Tag des Gerichts. Sie sind froh über *Allahs* Gnade, denn er bringt die Gläubigen nicht um ihren Lohn.

Die Ungläubigen können *Allah* keinen Schaden zufügen. Hinter ihnen steckt Satan, der Zerstörer. Jeder Mensch wird den Tod erleiden. Am Tag der Auferstehung werden alle ihren Lohn bekommen. Wer nicht in das Höllenfeuer kommt, der kommt in das Paradies. Dort wird ihm ewiger Friede zuteil. Doch wir müssen im Leben viele Prüfungen über uns ergehen lassen.

(Koran, Sure 3, 169–188)

17. Der Gott Allah

Allah ist gütig und barmherzig, außer ihm ist kein Gott. Die Männer stehen über den Frauen, weil *Allah* sie von Natur her ausgezeichnet hat. Denn sie haben von ihrem Vermögen die Morgengabe für die Frauen gebracht. Wer andere Götter verehrt, dem vergibt *Allah* nicht. Er wird alle Menschen am Tag der Auferstehung zum Gericht versammeln.

Doch *Allah* kann die Menschen auch irreführen, wenn er es will. Niemand kann über *Allah* richten, denn er kann tun, was er will. Wenn ein Mensch Böses tut, dann muß er *Allah* um Vergebung bitten. Denn ihm gehört alles, was auf der Erde und im Himmel ist. *Allah* ist nicht einer in drei Personen, wie die Christen sagen. Er ist darüber erhaben, einen Sohn zu haben. *Jesus* ist nur der Gesandte *Allahs*, er ist der Sohn der Maria.

(Koran, Sure 4, 3f.87–89.172)

18. Iblis und die Engel

Als *Allah* die Menschen erschaffen hatte, da gab er ihnen eine schöne Gestalt. Dann befahl er den Engeln, sich vor dem Menschenmann Adam niederzuwerfen. Das taten alle Engel, nur *Iblis* weigerte sich. Er sagte: »Ich bin aus Feuer geschaffen, ich bin besser als der Mensch. Der ist nur aus Lehm geschaffen.« Da sagte *Allah* zu *Iblis*: »Geh weg vom Paradies, geh auf die Erde! Du gehörst jetzt zu denen, die geringgeachtet sind, weil du stolz gewesen bist.«

Darauf bat *Iblis* den Schöpfergott um Aufschub bis zum Tag der Auferstehung und des letzten Gerichts. Er erhielt den Aufschub. Seither darf *Iblis* die Menschen verführen, so daß sie vom rechten Weg *Allahs* abirren. *Allah* aber sagte zu *Iblis*: »Geh aus dem Paradies! Und am Tag des Gerichts mußt du in die Hölle. Und alle Menschen, die sich von dir verführen lassen, gehen ebenso in die Hölle.« (Koran, Sure 7, 11–18)

19. Die Sünden der Menschen

Adam und seine Frau lebten im Paradies, sie durften von allen Früchten essen. Nur von einem Baum durften sie nicht essen. Da sagte der Teufel zu den beiden Menschen: »Der Schöpfer hat euch verboten, von diesem Baum zu essen, weil ihr sonst zu Engeln werdet und ewig leben sollt. Eßt von dem Baum und ihr werdet Engel sein!« Da aßen die beiden Menschen von dem Baum. Jetzt schämten sie sich, weil sie nackt waren. Und sie flochten sich Kleider aus Baumblättern.

Dann sprach der Schöpfer zu ihnen: »Habe ich euch nicht gesagt, daß der Teufel euer Feind ist?« Die Menschen gestanden ihre Schuld ein. Jetzt schickte sie *Allah* vom Paradies auf die Erde hinab, diese sollten sie eine Zeitlang bearbeiten. Dann müssen sie sterben, doch nach der Auferstehung werden sie wieder leben.

Nun sagte *Allah* zu den Menschen: »Ich habe euch die Kleidung vom Himmel gesandt, damit sie eure Nacktheit bedecke. Doch besser als jede Kleidung ist die Gottesfurcht, sie läßt euch nicht sündigen. Der Teufel hat euch die Kleider der Scham ausgezogen.« (Koran, Sure 7, 19–25)

20. Das Höllenfeuer

Die Gesandten *Allahs* brauchen am Tag des Gerichts nicht traurig zu sein. Doch die Menschen, die den Gesandten nicht glauben und die ihre Rede für Lüge halten, werden in das ewige Höllenfeuer gehen. Dort werden sie auf die acht bösen Teufel (*Dschinn*) und die verdammten Menschen treffen. Jeder bekommt dort seine Strafe doppelt, denn die Verdammten haben andere Menschen zum Bösen verführt.

Zwischen den Verdammten in der Hölle und den Seligen im Paradies gibt es eine hohe Wand. Da rufen die Menschen in der Hölle zu denen im Paradies: »Gießt Wasser zu uns herab, gebt uns etwas von euren Gütern!« Doch die Seligen werden antworten: »*Allah* hat es uns verboten.« (Koran, Sure 7, 35–50)

21. Der Schöpfergott

Allah hat den Himmel und die Erde in sechs Tagen geschaffen. Dann hat er sich auf den Königsthron gesetzt, um die Welt zu regieren. So läßt er die Nacht über den Tag kommen, sie sucht ihn eilends einzuholen. Er hat die Sonne, den Mond und die Sterne geschaffen und sie in den Dienst der Menschen gestellt. Er allein ist der Herr über die Welt, den Menschen schenkt er seinen Segen. Doch sie dürfen auf der Erde kein Unheil anrichten, nachdem der Schöpfer alles geordnet hat. Er schickt die Winde, die den Regen ankündigen. Wie nach dem Regen die Früchte wachsen, so werden bei der Auferstehung die Toten wieder zu leben beginnen. (Koran, Sure 7, 54–58)

22. Die Gläubigen und die Ungläubigen

Die gläubigen Männer und Frauen sind untereinander Freunde. Sie gebieten, was recht ist. Und sie verbieten, was unrecht ist. Sie verrichten das Gebet und geben die Almosensteuer, sie gehorchen *Allah* und seinem Propheten. Den gläubigen Männern und Frauen hat *Allah* die Gärten des Paradieses versprochen, in den kühlen Niederungen werden Bäche fließen. Die Seligen werden ewig in den Gärten von Eden weilen.

Gegen die Ungläubigen müssen die Gläubigen den heiligen Krieg führen. Jene werden in der Hölle ihren Ort haben, ihr Ende wird böse sein. Nur die Schwachen, die Kranken und die Armen müssen nicht in den heiligen Krieg gegen die Gottesfeinde ziehen.

(Koran, Sure 9, 71–73.91)

23. Der göttliche Tausch

Der Gott *Allah* hat den gläubigen Moslems ihre Person und ihren Besitz abgekauft, aber dafür sollen sie am Ende der Zeit das himmlische Paradies bekommen. Jetzt müssen sie kämpfen und viele Gottesfeinde töten. Am Ende werden sie selber sterben. Doch *Allah* wird sein Versprechen einlösen, das er den Juden, dann den Christen und zuletzt den Moslems gegeben hat. Über diesen Handel sollen sich alle freuen, denn sie haben ihre Person und ihren Besitz gegen das himmlische Paradies eingetauscht. Die jetzt bußfertig und fromm leben, werden im Jenseits die ewige Seligkeit erleben.

(Koran, Sure 9, 111–112)

24. Der göttliche Herrscher

Allah ist der Herr, er hat den Himmel und die Erde in sechs Tagen geschaffen. Dann hat er sich auf den göttlichen Thron gesetzt, um den Weltgeist (*Logos*) zu lenken. Bei der Auferstehung werden alle Menschen zu *Allah* zurückkehren, dann wird er an allen Vergeltung für ihre Taten üben, aber in Gerechtigkeit. Die Ungläubigen werden in die Hölle kommen, dort wird ihnen heißes Wasser zum Trinken gegeben. Doch die an *Allah* glauben und das Gute tun, kommen in das himmlische Paradies, in den Garten der Wonne, wo kühlende Bäche fließen. Sie loben und preisen dort den göttlichen Herrscher *Allah.*

(Koran, Sure 10, 3–10)

25. Der göttliche Koran

Der Koran, das heilige Buch, ist nicht aus der Luft gegriffen. Es ist keine Erfindung des Propheten, wie die Gegner sagen. Es ist die Offenbarung des Gottes *Allah*. Es ist die Bestätigung aller Offenbarung, die vorher war. Die Ungläubigen sagen, der Koran sei Lüge. Doch sie kennen ihn gar nicht. Diese Lügner werden ein böses Ende haben, denn *Allah* wird sie mit der Hölle bestrafen. Der Koran ist als Offenbarung und als Trost zu den Menschen gekommen. Er mahnt die Menschen zum rechten Leben, denn *Allah* offenbart seine Huld und Gerechtigkeit. Die Worte *Allahs* darf niemand ändern, denn sie gelten ewig.

(Koran, Sure 10, 37–58)

26. Das große Gericht

Das große Gericht *Allahs* wird kommen, dann folgen die ewigen Strafen für die Ungläubigen. Alle Menschen werden zum Gericht versammelt, doch jetzt wird es noch eine Zeitlang aufgeschoben. Niemand darf beim Gericht ein Wort sagen, außer mit der Erlaubnis *Allahs*. Die Sünder kommen in das ewige Höllenfeuer, wo sie vor Schmerzen heulen werden. Denn *Allah* tut, was er will. Die Gläubigen kommen in das Paradies, sie werden ewig selig sein. Daher darf niemand fremde Götter verehren, denn *Allah* ist der einzige Gott und Herrscher.

(Koran, Sure 11, 103–109)

27. Die göttlichen Aufseher

Allah ist der Herr, denn er hat das Himmelszelt emporgehoben. Er hat sich auf seinen Thron gesetzt, um die Welt zu regieren. Er hat die Sonne und den Mond in den Dienst der Menschen gestellt. Und er lenkt den *Logos*, das ist die Weltordnung. Wie einen Teppich hat er die Erde ausgebreitet. Er hat göttliche Aufseher in die Welt gesetzt, die vom *Logos* kommen. Sie sehen alles, was die Menschen tun. Vor ihren Augen bleibt nichts verborgen.

(Koran, Sure 13, 2–11)

28. Allah führt in die Irre

Allah ist der alleinige Herr, niemandem schuldet er Rechenschaft. Er führt in die Irre, wen er will. Und er leitet die Menschen auf dem rechten Weg, die er rechtleiten will. Er ist der Höchste und der Weise. Doch die Sünder kommen in die Hölle, dort leiden sie ewige Qual. Nur die Glaubenden kommen in das himmlische Paradies. Dort fließen kühlende Bäche, es gibt köstliche Früchte und ewigen Schatten.

(Koran, Sure 13, 35; Sure 14, 4–5)

29. Die Erschaffung der Wesen

Der Gott *Allah* erschuf die Menschen aus feuchter Lehmerde. Doch die Geistwesen hat er aus der Glut des Feuers geschaffen. Den Menschen blies er seinen Geist in die Nase. Dann sagte er zu den Engeln, sie sollen vor den Menschen niederfallen und sie anbeten. Das taten alle Engel, nur *Iblis* tat es nicht. Denn er sagte sich: »Ich will mich nicht vor Wesen niederwerfen, die aus Lehmerde erschaffen wurden.« Deswegen wurde *Iblis* aus dem Paradies vertrieben.

(Koran, Sure 15, 26–36)

30. Hat Allah Töchter?

Die Ungläubigen behaupten, der göttliche Schöpfer habe viele Töchter. Doch dann würde er ein finsteres Gesicht machen und dem Schicksal grollen. Wenn er wollte, könnte er viele Söhne haben. Doch *Allah* ist mächtig und weise, er hat weder Söhne noch Töchter. Er zeugt nicht und wurde nicht gezeugt. Die Ungläubigen schreiben ihm etwas zu, was ihm zuwider ist. Doch sie haben wegen ihrer Lüge die ewige Höllenstrafe zu erwarten.

(Koran, Sure 16, 56–62)

31. Maria und Jesus

Der Gott *Allah* schickte seinen Geist zu *Maria*, in der Gestalt eines schönen Mannes. Dieser verkündete der *Maria*, daß sie einen Sohn bekommen werde. *Allah* werde ihn zu einem Zeichen seiner Barmherzigkeit zu den Menschen machen. Da wurde *Maria* schwanger, und sie zog sich an einen einsamen Ort zurück. Als sie gebären sollte, rief sie aus: »Ach, wäre ich vorher gestorben!«

Dann gebar sie ihren Sohn *Jesus*, er konnte gleich nach der Geburt sprechen. Er sagte zu seiner Mutter: »Sei nicht traurig. *Allah* schenkt dir labendes Wasser und einen Baum mit vielen Datteln. Und wenn du Menschen triffst, dann deute ihnen an, daß du ein Schweigeversprechen gegeben hast.«

So ging *Maria* mit ihrem Sohn zu ihren Verwandten. Diese machten ihr Vorwürfe wegen des Kindes, weil der Vater nicht bekannt war. Doch *Maria* schwieg, sie deutete auf ihren Sohn. Und dieser sprach zu den Verwandten: »Ich bin ein Diener *Allahs*, er hat mir seine Offenbarungen gegeben und mich zu einem Propheten gemacht. Ich verrichte das tägliche Gebet, ich gebe die Almosensteuer, ich ehre meine Mutter, ich bin nicht gewalttätig. Heil sei über mir an dem Tag, da ich geboren wurde, an dem ich sterben werde und an dem ich zum Leben auferstehen werde.«

Dies ist *Jesus*, der Sohn der *Maria*. Er ist kein Sohn *Allahs*. Denn *Allah* steht es nicht an, ein Kind zu zeugen, wie die Christen sagen. Was *Allah* beschlossen hat, das tut er.

(Koran, Sure 19, 16–35)

32. Hat Allah Kinder?

Die Ungläubigen und die Christen sagen, *Allah* habe Kinder gezeugt. Doch *Allah* ist darüber erhaben, Kinder zu zeugen. Die Menschen, die als Kinder Gottes gelten, sind nur seine Boten und Diener. Sie sind nicht göttlicher Natur, sie dürfen nur in der Nähe *Allahs* leben. Sie führen seine Befehle aus und haben vor ihm Angst. Wer sich nicht an die Seite *Allahs* stellen will, dem vergilt er mit der ewigen Hölle. Kein Mensch ist unsterblich, alle müssen den Tod erleiden. Doch alle werden nach dem Tod zu neuem Leben auferstehen.

(Koran, Sure 21, 26–35)

33. Die große Güte Allahs

Allah hat dem *Moses* und dem *Aaron* die Rettung geschenkt, er hat die Frommen erleuchtet und ermahnt. Er hat dem *Abraham* die Einsicht gegeben, später hat er den *Lot* geführt. Er hat den Noach erhört, als dieser zu ihm rief. Er hat sich dem *Ismael*, dem *Idris*, dem *Dhul Kifl* zugewandt. Und er hat den Propheten *Jonas* aus dem Maul des Fisches errettet. Er hat den *Zacharia* erhört.

Er beschützte die *Maria*, ihr schickte er durch seinen Geist einen Sohn. Dieser sollte ein Zeichen für die Menschen sein. Alle Menschen sollten in der Gemeinschaft leben. Doch sie zerfielen in viele Gruppen. Wer gläubig ist, wird bei *Allah* die Rettung finden.

(Koran, Sure 21, 48–94)

34. Lohn und Strafe

Allah wird alle Menschen aus dem Tod auferwecken. Denn er hat sie aus Erde gemacht und ihnen den Samen geschenkt. Den Menschen gibt er die Schwangerschaft und die Geburt. Und er schenkt allen die Auferstehung aus dem Tod.

Doch die Ungläubigen bestraft er mit dem Feuer der Hölle. Dort werden sie mit kochendem Wasser übergossen, mit Eisenstöcken werden sie in das Feuer getrieben.

Doch die Gläubigen gelangen in die kühlen Gärten, in denen Bäche fließen. Er gibt ihnen seidene Kleider und schmückt sie mit Perlen und mit Armringen aus Gold. Denn *Allah* ist allen Lobes würdig.

(Koran, Sure 22, 5-24)

35. Die Engel

Die Engel tragen den Herrscherthron *Allahs*, sie umgeben ihn von allen Seiten. Sie glauben an ihn und singen sein Lob. Sie bitten ihn um Vergebung und um Barmherzigkeit für alle Glaubenden. Diese mögen von den Strafen der Hölle bewahrt werden, sie mögen in das Paradies des Himmels eingehen. Doch die Engel warnen die Ungläubigen vor den Strafen der Hölle, denen sie nicht entgehen. Die Beschlüsse *Allahs* sind unwiderrufbar.

(Koran, Sure 40, 7-14)

36. Die Leute Pharaos

Pharao war der König der Ägypter. Er sagte zum Baumeister *Haman*, dieser solle ihm ein großes Schloß bauen. Denn er wollte damit die sieben Himmel erreichen und zum Schutzgott des *Moses* emporsteigen. Er hielt nämlich *Moses* für einen Lügner. Doch der Plan des *Pharao* scheiterte und führte ins Verderben.

Ein Diener des *Pharao* glaubte an den Schutzgott des *Moses*, der *Allah* ist. Er sagte, daß unser Leben hier vergänglich ist und daß erst das Leben nach dem Tod ewigen Bestand hat. Die guten Menschen werden in das Paradies gehen, die Bösen aber kommen in das ewige Höllenfeuer. Die Leute *Pharaos* glaubten nicht an *Allah*, deswegen kamen sie alle in das ewige Höllenfeuer.

(Koran, Sure 40, 36-46)

37. Das Wirken Allahs

Allah ist es, dem jede Ehre gebührt. Denn er hat die Menschen aus Lehmerde geschaffen. Dann erschafft er jeden einzelnen aus dem männlichen Samen. Daraus läßt er ein Bündel Fleisch werden, das dann von einer Frau geboren wird. Er läßt die Menschenkinder heranwachsen und reif werden, so daß sie sich paaren können. Die einen läßt er ein hohes Alter erreichen, die anderen beruft er früh aus diesem Leben ab. Jedem Menschen ist eine bestimmte Frist gesetzt. *Allah* ist es, der lebendig macht und sterben läßt. Was er in seinem Geist beschlossen hat, das führt er durch sein machtvolles Wort aus. Er ist huldvoll zu den Menschen. Es gibt keinen Gott außer ihm. (Koran, Sure 40, 65–68)

38. Allahs Größe

Der Mond und die Sonne sind die Zeichen für die Nacht und den Tag. Doch den Mond und die Sonne dürfen die Menschen nicht anbeten, denn diese sind von *Allah* geschaffen worden. Vielmehr müssen alle Menschen *Allah* anbeten und ihm dienen. Denn er schenkt den Menschen die Offenbarungen, er gibt ihnen die Nachkommen, Söhne und Töchter. Er führt die Männer und Frauen zu Paaren zusammen. Die einen macht er unfruchtbar, den anderen schenkt er viele Kinder. Er weiß alles, und er kann alles tun, was er will. Niemand kann ihn zur Rechenschaft ziehen. (Koran, Sure 41, 37; Sure 42, 49–50)

39. Die Ungläubigen

Die Ungläubigen sagen, daß es nur dieses Leben gibt und daß mit dem Tod alles zu Ende sei. An die Auferstehung glauben sie nicht, darüber haben sie kein Wissen. Sie sagen, daß man die Seelen der Toten noch nie gesehen hat. Doch sie sind Lügner, die Wahrheit haben sie nicht. Denn *Allah* macht die Menschen lebendig, und er läßt sie sterben. Dann weckt er sie wieder zum Leben auf, am Tag der Auferstehung. Er ist der Herrscher über den Himmel und über die Erde. Er hält das große Gericht über die Erde. (Koran, Sure 45, 24–27)

40. Der heilige Krieg

Alle Gläubigen müssen mit dem Schwert gegen die Ungläubigen kämpfen, sie müssen deren Nacken brechen und zerschlagen. Wenn sie die Feinde besiegt haben, dann müssen sie diese in Fesseln legen. Gegen ein Lösegeld können sie diese wieder freigeben. So müssen die Gläubigen immer an der Seite *Allahs* kämpfen, denn er will die Ungläubigen vernichten. Er stellt die Menschen auf die Probe, die einen führt er zum Glauben, die anderen in den Unglauben. Wer im heiligen Krieg zu Tode kommt, wird sofort in das himmlische Paradies eingehen. (Koran, Sure 47, 4–6)

41. Der Prophet Muhamad

Muhamad ist der Gesandte *Allahs*. Dieser hat sein Traumgesicht wahrgemacht, das er dem Propheten geschickt hat. Den Gläubigen hat er die heilige Kultstätte geschenkt, die sie in Frieden besuchen sollen. Er schickt die Boten der wahren Religion und leitet die Gläubigen auf dem rechten Weg. Doch die Glaubenden müssen heftig gegen die Ungläubigen kämpfen, denn alle Menschen müssen sich dem Gott *Allah* unterwerfen, und sie müssen ihn anbeten. *Allah* hat allen Gläubigen die Vergebung ihrer Sünden und reichen Lohn versprochen. (Koran, Sure 48, 27–29)

42. Hat Allah Töchter?

Da sagen einige, *Al Lat, Al Ussa* und *Manat* seien die drei Töchter des Gottes *Allah*. Doch wenn wir Menschen auch Söhne haben, wie soll dann *Allah* nur Töchter haben? Das wäre eine ungerechte Verteilung. Nun hat *Allah* aber keine Tochter. Das sind nur leere Namen, die die Alten verehrt haben. Sie wußten es nicht, doch uns hat *Allah* die Wahrheit geoffenbart.

Andere sagen, die Engel seien weibliche Wesen. Doch das sind nur Vermutungen. Wir Menschen können nicht haben, was wir uns wünschen oder ersehen. Denn nur *Allah* ist der Herr über den Himmel und die Erde, ihm gehört das Diesseits und das Jenseits. (Koran, Sure 53, 19–31)

43. Der Tag des Gerichts

Wenn der große Gerichtstag *Allahs* kommt, dann wird alles Niedrige erhöht, und alles Hohe wird erniedrigt. Dann wird die Erde hin und her geschüttelt, die Berge werden zerbrechen, überall werden sich Staub und Wüste ausbreiten. Dann werden die Menschen in drei Gruppen eingeteilt: die einen, die früher gelebt haben, dann die Gläubigen und die Ungläubigen. (Koran, Sure 56, 1–7)

44. Die Seligen

Auf der rechten Seite des göttlichen Richters werden die Seligen stehen. Sie leben nun in den Gärten des Himmels. Sie haben früher gelebt und waren rechtgeleitet. Nun ruhen sie auf goldenen Betten. Junge Knaben bringen ihnen frisches Quellwasser und Früchte aller Art. Junge Mädchen, die *Huris*, verwöhnen sie mit sinnlicher Zärtlichkeit. Dies ist der Lohn für ihr gutes Erdenleben.

Auf der rechten Seite stehen auch die Gläubigen, die von *Allah* rechtgeleitet wurden. Sie stehen unter schattigen Bäumen mit reichen Früchten, und sie liegen auf weichen Betten. In ihrem Fruchtgarten fließen Bäche mit kühlem Wasser. Auch ihnen stehen schöne Mädchen, die *Huris*, als Liebespartnerinnen zur Verfügung. Das sind die schönen Jungfrauen, die *Allah* ei-

gens für die seligen Männer geschaffen hat. Sie sind sinnliche
Wesen voll heißer Liebe. (Koran, Sure 56, 8–40)

45. Die Verdammten

Auf der linken Seite des göttlichen Richters stehen die Ungläubigen, die von *Allah* nicht rechtgeleitet wurden. Sie stehen in der sengenden Hitze und sind von Rauch umgeben, sie werden ständig von heißem Wasser übergossen. Denn sie waren Sünder und haben an die Botschaft *Allahs* nicht geglaubt. Sie werden von giftigen Früchten essen und nie davon satt werden. Und sie werden heißes Wasser trinken, ohne aufzuhören; wie Kamele, die die Trinkkrankheit haben. Das wird ihre Strafe sein am Tag des Gerichts. (Koran, Sure 56, 41–56)

46. Das Schicksal der Menschen

Allah bildet die Menschen aus dem männlichen Samen, dann gibt er ihnen das Gehör und die Augen zum Sehen. Er stellt sie auf die Probe, ob sie seiner Rechtleitung folgen. Für die Ungläubigen hat er ein ewiges Höllenfeuer bereitgestellt, mit Ketten und Fesseln. Darin werden sie bestraft. Doch für die Gläubigen hat er frisches Wasser und kühlen Wein bereitgestellt, die aus einer göttlichen Quelle fließen. Dies ist das Schicksal der Menschen. (Koran, Sure 76, 2–6)

47. Die Auferstehung

Am Tag der Auferstehung wird es strahlende Gesichter geben, die auf *Allah* schauen. Das sind die Seligen und die Gläubigen. Und es wird finstere Gesichter geben, die ihren Blick von *Allah* abwenden. Das sind die ungläubigen und bösen Menschen.

(Koran, Sure 75, 22–24)

Die Sünder müssen an den Ort der ewigen Höllenstrafe, dort lodert das heiße Feuer. Doch die Gläubigen gehen in den schattigen Garten mit kühlen Quellen und vielen Früchten. Sie dürfen essen, soviel sie wollen. Dies ist der Lohn für ihre guten Taten. (Koran, Sure 77, 29-45)

Die Bösen gehen in die Hölle, dort gibt es nur heißes Wasser zum Trinken. Die Verdammten müssen Eiter essen, und sie haben keinen Schatten. Doch die Seligen gehen in die Gärten mit Weinstöcken. Dort sind die sinnlichen Mädchen, die *Huris*, mit den schwellenden Brüsten. Sie bringen ihnen den Wein und die Zärtlichkeit. Dies ist das Schicksal der Gläubigen. Das ist kein leeres Gerede, wie die Gegner sagen. (Koran, Sure 78, 21-36)

48. Der Tag des Gerichts

Am Ende wird sich der Himmel spalten, die Sterne werden sich in alle Richtungen zerstreuen, die Meere werden aus den Ufern treten. Da werden alle Gräber ausgeräumt, und alle Toten werden auferstehen. Beim großen Gericht werden sie sehen, was ihre Taten im Leben wert waren. Denn alle Taten der Menschen werden von den Engeln aufgeschrieben. Die Frommen und die Gläubigen sind in einem Zustand der Wonne. Doch die Frevler und Sünder gehen in die ewigen Höllenstrafen. (Koran, Sure 82, 1-16)

49. Das Ende der Zeit

Am Ende wird die Erde von einem gewaltigen Erdbeben erschüttert werden, die Toten werden aus der Erde hervortreten. Dann werden die Auferstandenen in mehrere Gruppen eingeteilt werden. Alle werden ihre Taten sehen, die sie während ihres Lebens auf der Erde vollbracht haben. Sie werden jedes Stäubchen an guten Taten, aber auch alle bösen Taten zu sehen bekommen. Dies ist das große Gericht des Gottes *Allah*. (Koran, Sure 99, 2-8)

50. Allah ist der Herr

Allah ist der einzige Gott, er herrscht und lebt durch sich selbst. Er ist es, an den sich die Menschen in ihren Sorgen und Nöten wenden. Er hat nicht gezeugt und wurde nicht gezeugt. Kein Wesen ist ihm ebenbürtig. Die Menschen finden bei ihm Zuflucht vor dem Unheil und vor den Einflüsterungen der bösen Dämonen.

(Koran, Sure 112 und 114)

34
Das Judentum

Einleitung

Das Judentum ist aus einem semitischen Stämmebund des Alten Orients hervorgegangen. Im 12. Jh. v. Chr. verbündeten sich semitische Hirtennomaden, die teils aus Babylonien und teils aus Ägypten kamen. Sie verbanden sich zu einem Kriegerbund. Gemeinsam eroberten sie das Land der Kanaanäer, die dort bereits als Ackerbauern lebten und kleine Stadtkulturen bildeten. Sie vermischten sich mit den Kanaanäern und lernten den Ackerbau. Doch in der Religion versuchten sie, sich von diesen abzugrenzen.

Die Israeliten wurden seßhaft, sie gründeten kleine Städte. Sie richteten feste Kultorte ein und hatten eine Priesterschaft. Geleitet wurden sie zuerst von Richtern, dann von Kriegerkönigen. Sie verehrten den Bündnisgott Jahwe, der vorher bei den Medianitern ein Schutzgott der Rinderherden war. Die anderen Stammesgötter wurden mit dem Gott Jahwe bzw. El verbunden. Doch das Volk verehrte weiterhin männliche und weibliche Schutzgötter, auch die Götter der Kanaanäer.

Die jüdischen Priester waren bestrebt, die alleinige Verehrung des Bundesgottes Jahwe mit Gewalt durchzusetzen. Dieser Prozeß dauerte um die 600 Jahre, doch das Volk blieb noch lange bei seinen alten Glaubensformen. Es waren die Priester, die die heiligen Erzählungen auf mehreren Schriftrollen aufschrieben, denn sie hatten ein Schriftsystem entwickelt. So entstand das heilige Buch, die »Bibel«, die fortan als Richtschnur des jüdischen Glaubens gelten sollte. Auf einer Versammlung in Jabna um 100 n. Chr. wurde festgelegt, welche Schriften endgültig zur Bibel gehören sollten.

Die heilige Stadt Jerusalem wurde von den Römern in den Jahren 70 und 129 n. Chr. zerstört. Ein Großteil der Bevölkerung wurde aus-

gesiedelt, sie verteilte sich im römischen Imperium und in Arabien. Dort kam es zur Begegnung mit den arabischen Stammesreligionen, aus der im 7. Jh. n. Chr. der Islam entstanden ist. Die jüdische Lehre wurde fortan von den Rabbinen geprägt, auch die Mystik der Kabbala spielte darin eine große Rolle. Seit Philo von Alexandria (1. Jh. n. Chr.) entwickelte das Judentum auch eine eigenständige Philosophie, die bis in die moderne Zeit hineinreicht.

Einige der heiligen Erzählungen wurden bereits im 6. Kapitel (»Die Israeliten«) dargestellt, sie werden deswegen hier nur mehr verkürzt wiedergegeben.

1. Der göttliche Schöpfer

Als der göttliche Schöpfer den Himmel und die Erde erschuf, da gab es noch keine Pflanzen, denn es war noch kein Regen. Da strömte Wasser aus der Erde. Nun formte der Schöpfergott den Menschenmann aus der Ackererde, dann blies er ihm den Lebensatem durch die Nase.

Er pflanzte einen Obstgarten mit schönen Bäumen und übergab diesen dem Menschenmann. Nur von zwei Bäumen des Gartens durfte er nicht essen. Und es flossen vier Ströme durch den Garten.

Da der Menschenmann allein war, erschuf der Schöpfergott aus dessen Rippe die Menschenfrau. Beide Geschlechter waren nackt, sie paarten sich und hatten Kinder. So vermehrten sich die Menschen. (Gen 2, 4b–25)

2. Der Anfang der Welt

Am Anfang war die große Urflut, über sie schwebte der göttliche Schöpfergeist. Durch sein magisches Wort erschuf der göttliche Schöpfer das Tageslicht, dann das große Himmelszelt, dann die Erde und das Meer. Dann ließ er die Pflanzen und die Bäume wachsen. Und er machte die Leuchten am Himmelszelt. Dann ließ er die Tiere wachsen, die Vögel, die Fische und die Landtiere.

Zuletzt erschuf er das erste Menschenpaar, einen Mann und eine Frau. Beide waren die Abbilder des göttlichen Schöpfers, denn sie hatten männliches und weibliches Geschlecht. Nun segnete der göttliche Schöpfer die Menschen, die sollten sich vermehren. Sie sollten über die Tiere gebieten, die Pflanzen sollten ihnen zur Nahrung gelten.

Am siebten Tag ruhte der göttliche Schöpfer von seinem Werk. Er sah, daß die Welt sehr gut war. Nun sollten auch die Menschen am siebten Tag von der Arbeit ruhen.

(Gen 1, 1–2, 4a)

3. Die erste Sünde

Im Fruchtgarten lebte auch die Schlange, die von den Frauen verehrt wurde. Sie sprach zur Menschenfrau, die Menschen sollten doch von den Früchten des verbotenen Baumes essen, denn dann würden sie selbständig erkennen können, was gut und was böse ist. Nun aß die Frau *Eva* von den Früchten des verbotenen Baumes, und auch der Mann *Adam* aß von den Früchten. Da gingen den Menschen die Augen auf.

Sie flochten sich Kleider. Nun kam der Schöpfergott in den Fruchtgarten und fragte den Mann *Adam*, warum sie vom verbotenen Baum gegessen hätten. Er verfluchte die Schlange, die Frau und den Mann. Die Frauen sollten fortan unter Schmerzen gebären. Und die Männer sollten hart auf den Feldern arbeiten, um die Nahrung zu haben.

Jetzt vertrieb der göttliche Schöpfer die ersten Menschen aus dem Obstgartenparadies. Denn er fürchtete, daß sie auch vom verbotenen Baum des Lebens essen könnten. Denn dann würden sie unsterblich werden. Nun mußten die Menschen den Acker bebauen. Vor das Paradies stellte der Schöpfergott aber einen Flammenengel, der es bewachte.

(Gen 3, 1–24)

4. Der erste Totschlag

Das erste Menschenpaar hatte zwei Söhne, den *Kain* und den *Abel*. Der eine war Ackerbauer, der andere war Viehhirt. Eines Tages brachten die beiden dem Schöpfergott ein Opfer dar. Doch der Schutzgott nahm nur das Opfer des Rinderhirten an, das Opfer des Ackerbauern wies er zurück. Deswegen erschlug *Kain* seinen Bruder *Abel*, weil der von Gott bevorzugt wurde.

Doch jetzt forderte der Schutzgott Rechenschaft vom Mörder *Kain*. Er fragte ihn, wo sein Bruder sei. Dann verfluchte er den *Kain* und vertrieb ihn vom Ackerland. Ruhelos sollte er in der Welt umherirren. Doch er zeichnete ihm ein Mal auf die Stirn, daß ihn niemand töten sollte. Nun ging *Kain* von seiner Sippe weg, er ließ sich in einem fremden Land nieder.

(Gen 4, 1–16)

5. Die Gottessöhne

Die Menschen vermehrten sich, und es wurden ihnen schöne Töchter geboren. Das sahen die Gottessöhne vom Himmel aus. Sie paarten sich mit den Menschentöchtern, wie es ihnen gefiel. Die Menschentöchter gebaren nun die Riesen und die Helden der Vorzeit. Doch dem Göttervater gefiel das nicht, er verbot seinen Söhnen die Menschenfrauen. Denn sein göttlicher Lebensgeist sollte nicht in den Menschen weiterleben. Dann begrenzte er die Lebenszeit der Menschen auf 120 Mondjahre.

(Gen 6, 1–4)

6. Die große Flut

Die Menschen wurden böse, denn sie waren dem Schöpfergott ungehorsam. Da reute es den Schöpfergott, die Menschen geschaffen zu haben. Und er beschloß in seinem Herzen, die

Menschen wieder von der Erde zu vertilgen. Nur *Noah* mit seiner Sippe fand Gnade vor den Augen des Schöpfers, denn er lebte gerecht und gottesfürchtig.

Nun ließ der Schöpfergott den *Noah* aus Holz ein Schiff bauen. Er sollte von jeder Tiergattung ein Paar auf das Schiff mitnehmen. Dann mußte er mit seiner Sippe das Schiff besteigen. Nun ließ der Schöpfergott vierzig Tage und vierzig Nächte lang regnen, die ganze Erde wurde überflutet. Alle Menschen und Tiere kamen in den Fluten um. Nur *Noah* mit seiner Sippe und den Tieren war vor der großen Flut geschützt, denn er hatte es gelernt, ein Schiff zu bauen.

Als aber die große Flut vorüber war und die Erde langsam trocken wurde, da schickte *Noah* eine Taube aus. Sie brachte einen grünen Zweig auf das Schiff. Nun wußte *Noah*, daß er mit seiner Sippe und den Tieren das Schiff verlassen konnte.

Dann segnete der Schöpfergott den *Noah* und die Tiere, und er versprach, daß er das Leben auf der Erde nicht mehr zerstören wollte. So vermehrten sich die Menschen und die Tiere wieder, sie bevölkerten die ganze Erde. Der Schöpfergott aber schloß mit *Noah* einen Bund für das Leben. (Gen 6, 5–9, 28)

7. Die Verwirrung der Sprachen

Am Anfang hatten alle Menschen dieselbe Sprache. In der Stadt Babylon lebten tüchtige Ackerbauern, Viehzüchter, Handwerker und Händler. Sie konnten Ziegel aus Lehm herstellen und in der Sonne brennen. Aus diesen Ziegeln bauten sie ihre Häuser und ihre ganze Stadt. Die Fugen verschmierten sie mit Erdpech. Da beschlossen die Bewohner von Babylon, einen hohen Stufenturm zu bauen, so, wie ihre Tempel es waren. Der Turm sollte bis in den Himmel der Götter reichen. Da stieg der höchste Gott vom Himmel herab und sah den Turm der Menschen. Nun verwirrte er die Sprache der Menschen, so daß sie den Turm nicht weiterbauen konnten.

Seither haben auf der Erde die Menschen und Völker verschiedene Sprachen, sie können sich nicht mehr miteinander verständigen. Ihre Bauten und Türme können seither nicht mehr in den Himmel wachsen.
(Gen 11, 1–9)

8. Der Stammvater Abram

Der Stammvater *Abram* lebte mit seiner Sippe in der Stadt *Ur* in Babylon. Da forderte ihn sein Schutzgott auf, das Land zu verlassen und in ein fernes Land zu ziehen. Er versprach ihm reiche Nachkommenschaft und seinen Segen. Da zog *Abram* mit seiner Sippe aus der Heimat weg, seine Knechte und Mägde und seine Viehherden nahm er mit. Er zog nach Westen bis in das Land der Kanaaniter. Auf einem Berg errichtete er für seinen Schutzgott ein Heiligtum aus Steinen.

Als eine große Dürre über das Land kam, da zog *Abram* mit seiner Sippe und seinen Viehherden in das Land Ägypten, weil dieses fruchtbar war. Dort gab es Nahrung und Weideland, dort wurde er als Gast aufgenommen. Der König von Ägypten holte den Beduinen *Abram* und seine Erstfrau *Sara* zu sich. Er nahm *Sara* in seinem Harem auf, denn *Abram* hatte ihm gesagt, sie sei seine Schwester.

Doch nun kamen viele Plagen und Nöte über das Land Ägypten. Deswegen ließ der König von Ägypten den Beduinen *Abram* mit seiner Frau und seiner Sippe wieder aus dem Land fortziehen. Dieser siedelte nun im Negev, denn die Dürrezeit war dort zu Ende.
(Gen 12, 1–20)

9. Das Bündnis mit Abraham

Abram trennte sich mit seinen Viehherden von seinem Schwager *Lot*. Der Schutzgott hatte ihm ein reiches Land und viel Nachkommen versprochen. Nun brachte *Abram* ein großes Dankopfer dar. Da seine Erstfrau *Sara* kinderlos war, zeugte er mit seiner ägyptischen Sklavin *Hagar* einen Sohn. Dieser erhielt den Namen *Ismael.* Doch *Sara* schickte die Sklavin *Hagar* samt ihrem Sohn aus der Sippe fort.

Als der Schutzgott mit *Abram* ein Bündnis schloß, da gab er ihm einen neuen Namen. Er nannte ihn nun *Abraham.* Und seine Erstfrau sollte fortan nicht Sarai, sondern *Sara* heißen. Außerdem ordnete er an, daß alle Männer an der Penisvorhaut beschnitten wurden. Dies war ein Teilopfer an den Bundesgott und zugleich ein Zeichen des Bundes. Seither wurden alle männlichen Nachfahren an der Penisvorhaut beschnitten.

Bei einer heiligen Eiche erschienen dem *Abraham* drei Männer. Sie wurden von ihm als Gäste bewirtet. Sie versprachen seiner Erstfrau *Sara* einen Sohn, obwohl sie bisher unfruchtbar war. Als *Sara* dies hörte, mußte sie lachen, denn sie konnte es nicht glauben. Doch aus den drei Männern sprach die Stimme des Bundesgottes. (Gen 15; 16; 17; 18)

10. Der Stammvater Isaak

Sara wurde tatsächlich im vorgerückten Alter schwanger, und sie gebar einen Sohn. Dieser wurde von seinem Vater *Isaak* genannt. Als dieser erwachsen war, sollte der Vater ihn auf Geheiß des Bundesgottes als Menschenopfer darbringen. Denn der Schutzgott forderte jede Erstgeburt. *Abraham* war zum Opfer bereit. Doch da schickte der Gott einen Engel, der hielt den *Abraham* von der Tötung seines Sohnes ab. So opferte *Abraham* einen Schafwidder.

Seither opfern die Nachfahren des *Abraham* ihrem Bundesgott keine Mitmenschen mehr. Sie opfern ihm die erstgeborenen männlichen Tiere eines Jahres. Denn der Schutzgott ist ein strenger Herrscher, er fordert von den Menschen viele Opfer.

Sara starb in hohem Alter, sie wurde im Land Kanaan begraben. Dann heiratete der Sohn *Isaak* die *Rebekka* aus der Stadt

Nahor, nachdem die Brautwerber sie ausgesucht hatten. Auch *Abraham* starb, er wurde von seinen Söhnen in einer Höhle bei Mamre begraben.

Isaak hatte mit *Rebekka* zwei Söhne, den *Esau* und den *Jakob*. Als es dem *Esau* schlecht ging und er wenig zu essen hatte, da verkaufte er sein Erstgeburtsrecht an seinen jüngeren Bruder *Jakob*. Damit ging der Segen des Bundesgottes auf *Jakob* und seine Sippe über.

(Gen 21–25)

11. Der Stammvater Jakob

Isaak segnete seinen Sohn *Jakob* und sagte zu ihm, er solle eine Kanaanäerin zur Erstfrau nehmen. Dann verstarb er. Nun zog *Jakob* nach Haran, zum Beduinen *Laban*. Dieser hatte zwei Töchter, die *Lea* und die *Rachel*. Nun mußte *Jakob* sieben Jahre lang bei *Laban* arbeiten, um eine Tochter als Frau zu bekommen. Zuerst bekam er die ältere Tochter *Lea* zur Frau, mit ihr hatte er sechs Söhne. Nach weiteren sieben Jahren Arbeit bekam er auch die jüngere Tochter *Rachel* zur Frau. Da diese zuerst unfruchtbar war, hatte *Jakob* weitere Söhne mit deren Sklavin.

Doch dann gebar auch *Rachel* einen Sohn, er wurde *Josef* genannt. So hatte *Jakob* von den beiden Frauen und ihren Sklavinnen zwölf Söhne. Diese sollten die Stammväter des späteren Volkes Israel werden. *Jakob* hatte wie alle Beduinen mehrere Frauen, doch sein Erbe trugen nur die Söhne seiner Erstfrau weiter. Doch in Israel galten fortan *Lea* und *Rachel* als die Stammütter des ganzen Volkes.

Nach einiger Zeit trennte sich *Jakob* mit seiner Sippe von der Sippe seines Schwiegervaters *Laban*, der ein Aramäer war. Doch *Rachel* hatte die Götterbilder ihres Vaters mitgenommen, sie wußte sich von ihnen beschützt. Nun errichteten *Laban* und *Jakob* ein Steinheiligtum und brachten dem Schutzgott ein gemeinsames Opfer dar. Dann trennten sich ihre Sippen, *Laban* verabschiedete sich von seinen Töchtern.

Als *Jakob* mit seinen Söhnen, mit seinen Frauen und Mägden den Fluß Jabbok überschritten hatte, da mußte er mit einem unbekannten Krieger ringen. Beide kämpften die ganze Nacht, bis es Tag wurde. Darauf bat *Jakob* den Fremden um seinen Segen. Dieser nannte *Jakob* nun »Israel«, das heißt Gotteskämpfer. *Jakob* aber war seit diesem Kampf an der Hüfte verletzt.

Danach versöhnte sich *Jakob* mit seinem Bruder *Esau*, er errichtete dem Schutzgott einen Opferaltar. Dann wurde ihm durch seine Frau *Rachel* noch ein Sohn *Benjamin* geboren. Als in seinem Land eine Hungersnot war, zog er mit seiner Sippe für kurze Zeit nach Ägypten, wo sein Sohn *Josef* war. Als er nach der Hungersnot aus Ägypten zurückkehrte, starb er. Und er wurde bei Mamre begraben. (Gen 29–36)

12. Josef in Ägypten

Josef war der Lieblingssohn seines Vaters *Jakob*. Doch deswegen haßten ihn seine Brüder. Als sich eine Gelegenheit ergab, verkauften sie ihn als Sklaven nach Ägypten. Doch *Josef* kam als Sklave in die Königssippe des Landes. Die Frau des Königs verliebte sich in ihn. Deswegen wurde er als Aufseher der großen Kornspeicher im Land eingesetzt.

Als im Land Kanaan eine Hungersnot ausbrach, da mußten die Brüder des *Josef* nach Ägypten ziehen, um dort für ihre Sippen und Herden Getreide einzukaufen. Denn im Land gab es kein Getreide mehr. Da begegneten sie ihrem Bruder *Josef*, doch sie erkannten ihn nicht. Er gab ihnen reichlich Getreide mit auf den Weg. Und auch das Geld, das sie bezahlt hatten, legte er wieder in ihre Säcke zurück. Doch dann gab er sich als ihr Bruder zu erkennen.

Als die Hungersnot im Land Kanaan länger dauerte, da zog auch *Josefs* Vater *Jakob* für kurze Zeit mit seiner Sippe in das Land Ägypten, um sich zu ernähren. Dort segnete er die Söhne des *Josef*, dann segnete er alle seine Söhne. So hatte *Josef* die Sippen seiner Brüder und seines Vaters vor dem Hungertod

bewahrt. Er blieb in Ägypten und wurde dort alt. Als er starb, wurde er in diesem Land begraben. Doch er bat seine Brüder, sie sollten seine Gebeine mit nach Kanaan nehmen, wenn sie dorthin zogen.
(Gen 37–50)

13. Moses in Ägypten

Der König von Ägypten ließ alle Knaben der Hebräerinnen nach der Geburt in den Fluß Nil werfen. Denn er fürchtete, daß sich dieses Volk zu schnell vermehrte. Nun gebar die Frau eines Priesters einen Sohn, den setzte sie drei Monate nach der Geburt in einem Weidenkorb auf dem Fluß Nil aus. Als die Tochter des Königs zum Fluß zum Baden ging, da sah sie den Korb und nahm den Knaben zu sich. Sie zog ihn auf und adoptierte ihn als ihren Sohn. Sie nannte ihn *Moses*, weil sie ihn aus dem Wasser gezogen hatte.

Doch als *Moses* erwachsen war, da erschlug er im Zorn einen ägyptischen Aufseher, der einen Hebräer bei der Fronarbeit schlecht behandelt hatte. Nun mußte *Moses* flüchten, denn der König sann auf Rache. Er flüchtete zum Stamm der Medianiter, außerhalb von Ägypten. Er wurde dort vom Priester *Jetro* aufgenommen, und er heiratete dessen Tochter. Dort lernte er den Schutzgott der Medianiter kennen.

Als *Moses* die Schafe seines Schwiegervaters *Jetro* weidete, da sah er einen brennenden Dornbusch, der nicht verbrannte. Als er näher hintrat, hörte er aus dem Dornbusch eine göttliche Stimme sprechen. Die Stimme berief *Moses* zum Führer seines Volkes, er sollte die Hebräer aus dem Land Ägypten herausführen. Doch *Moses* hatte große Angst vor dieser Berufung. Nun gab ihm der Schutzgott einen magischen Stab als Zeichen mit. Dieser Stab konnte sich in eine Schlange verwandeln.

Danach zog *Moses* mit seiner Sippe wieder nach Ägypten zurück, denn seine Gegner am Hof des Königs waren verstorben. Nun mußte er mit dem König verhandeln, daß dieser sein Volk aus dem Land fortziehen lasse. Doch der *Pharao* widersetzte sich diesem Ansinnen des *Moses*, er brauchte die Hebräer als Sklaven.

Nun schickte der Bundesgott *Jahwe* große Plagen und Nöte über das Land Ägypten. Es kamen Heuschrecken und Stechmücken, viele Krankheiten überfielen die Menschen. Da beschloß der *Pharao* widerwillig, das Volk der Hebräer aus seinem Land fortziehen zu lassen. (Ex 1–11)

14. Der Auszug aus Ägypten

Da rief *Moses* die Ältesten der Israeliten zusammen, sie feierten das alte Passahfest, ein Fest der Hirten. Jede Sippe mußte ein Lamm schlachten und im Stehen essen. Die Zeltpfosten wurden mit dem Blut des geopferten Lammes bestrichen. In dieser Nacht nun tötete der Schutzgott der Israeliten alle männlichen Erstgeburten der Ägypter. Jetzt zogen die Israeliten aus Ägypten fort. Sie mußten durch das Schilfmeer ziehen, das die Grenze Ägyptens war. Sie folgten einer Wolkensäule, die ihnen voranzog. In dieser Säule war ihr Schutzgott.

Als die Israeliten durch das Schilfmeer zogen, da reute es den König von Ägypten, daß er sie hatte ziehen lassen. Er schickte ihnen Reiter und Kampftruppen nach, um sie einzuholen. Sie ritten durch das Schilfmeer, durch das die Israeliten gezogen waren. Doch da stieg das Wasser an, und die Krieger des *Pharaos* kamen im Meer um.

Die Israeliten aber waren gerettet. *Moses* sang seinem Schutzgott ein großes Danklied. Denn der Gott *Jahwe* ist ein starker Krieger, der sein Volk schützt und dessen Feinde vernichtet. Dann zog *Moses* mit seinem Volk weiter zum heiligen Gottesberg, im Land der Medianiter. Dorthin kam auch *Jetro*, der Schwiegervater des *Moses*, und sie lobten zusammen die Stärke und Kraft des Gottes *Jahwe*.

Als *Jetro* sah, wie *Moses* über viele Sippen zu Gericht saß, da riet er ihm, viele Richter zu ernennen. Für tausend, für fünfzig und für zehn Männer sollte je ein Richter bestellt werden. *Mo-*

ses tat, was sein Schwiegervater ihm geraten hatte. Dann verabschiedete er sich von ihm und zog weiter. (Ex 12–18)

15. Am Gottesberg Sinai

Die Israeliten kamen in die Wüste am Sinai, dort schlugen sie ihre Zeltlager auf. Dann stieg *Moses* auf den heiligen Gottesberg. Dort hörte er die Worte seines Bundesgottes. Das Volk mußte sich reinigen und die Kleider waschen, es durfte nicht an den heiligen Berg herantreten. Dann brach ein gewaltiges Gewitter los, und die Kriegshörner ertönten. Im Donnergrollen sprach der Schutzgott zu seinem Volk: »Ich habe euch aus Ägypten herausgeführt, daher haltet meine Gesetze. Ihr sollt keinen anderen Gott neben mir verehren. Ihr sollt meinen Namen nicht zu magischem Handeln mißbrauchen. Ihr sollt den Sabbat heilig halten und an diesem Tag keine Arbeit verrichten. Ihr sollt eure Eltern ehren, dann werdet ihr ein langes Leben haben. Ihr sollt nicht fremdes Leben töten, außer im Krieg und bei der Blutrache. Ihr sollt die Eheverträge nicht brechen. Ihr sollt keine fremden Besitztümer stehlen oder rauben. Ihr sollt gegen Mitmenschen keine Falschaussagen machen. Ihr sollt nicht nach dem Besitz oder der Frau des Nachbarn begehren.«

Das Volk zitterte vor dieser Rede im Blitz und Donner. Und *Moses* fügte hinzu, das Volk dürfe keine Götterbilder aus Gold oder Silber herstellen. Der große Opferaltar sollte aus Erde errichtet werden. Darauf wurden für den Schutzgott Rinder, Ziegen und Schafe geopfert. Es sollen keine Stufen zum Altar führen, damit das Volk nicht die Geschlechtsteile des Priesters sehen kann, wenn er zum Altar schreitet. (Ex 19, 1–20, 26)

16. Der Bundesschluß mit Gott Jahwe

Daraufhin wurden im ganzen Volk die Gesetze festgelegt, es wurden die Kultorte eingerichtet. Dann errichtete *Moses* am Fuß des Gottesberges einen Opferaltar und zwölf Steintafeln, für jeden der zwölf Stämme im Kriegerbund. Dann brachte er mit den Priestern ein Stieropfer dar, er vergoß das Blut des Stieres um den Altar. Dann verlas er die Urkunde des Bundes mit dem Schutzgott. Und das Volk mußte laut schwören, daß es diesen Bund einhalten wolle.

Dann stieg *Moses* mit den Opferpriestern und mit den siebzig Ältesten der Stämme zum heiligen Gottesberg hinauf. Dieser Berg glänzte wie der Himmel, er war mit Saphirsteinen verkleidet. Die Abgesandten des Volkes durften auf dem heiligen Berg den Schutzgott sehen, sie durften mit ihm essen und trinken. Der heilige Berg war sechs Tage lang von einer dunklen Wolke umhangen, doch dann begann der Gipfel wie Feuer zu brennen. *Moses* blieb mit den Abgesandten des Volkes vierzig Tage lang auf dem Gottesberg. (Ex 24, 1–18)

17. Der goldene Stier

Als *Moses* vierzig Tage lang auf dem heiligen Berg geblieben war, da dachten die Israeliten, er sei schon verstorben. So baten sie den Priester *Aaron*, er solle ihnen ein Götterbild aus Gold gießen, das sie zu ihrem Schutz mittragen konnten. Nun spendeten die reichen Frauen und Männer ihren Schmuck und ihre Armreifen und die Ohrringe. Dieses Gold wurde nun im Feuer geschmolzen. Daraus wurde das Bild eines Stieres gegossen, wie es auch die Kanaanäer haben. Dieses Bild sollte den Menschen die Fruchtbarkeit bringen und erhalten. Nun wurde dem Stierbild ein Opfer gebracht, und es wurde ein Festmahl gehalten.

Das sah der Schutzgott *Jahwe* von seinem heiligen Berg aus, sein Zorn entbrannte gegen sein Volk, das sich mit ihm verbündet hatte. Da stieg *Moses* vom heiligen Berg herab, er zerschmetterte die Steintafeln, die ihm der Bundesgott übergeben hatte. Dann nahm er den goldenen Stier und warf ihn in das Feuer, er zerstampfte das Bild mit seinen Füßen. Nun mußte das Volk Buße tun für seine Untreue. Die Menschen mußten versprechen, keine fremden Götter mehr zu verehren und keinen Schmuck zu tragen.

Dann baute *Moses* ein Zelt, abseits der anderen Nomadenzelte. In diesem »Zelt der Offenbarung« konnte er mit dem Bundesgott sprechen. Vor dem Eingang zum Zelt stand eine dichte Wolkensäule aus Weihrauch. *Moses* sah die Herrlichkeit des Bundesgottes nur von hinten. Nun mußte er wieder zwei Steintafeln aus dem Felsen hauen, auf diese Tafeln schrieb der Bundesgott selber seine Gesetze für die Menschen. Damit wurde der Bund mit dem Volk Israel erneuert. Dann mußte *Moses* vor das Volk hintreten, und das Volk mußte erneut die heiligen Gesetze beschwören. Denn *Jahwe* ist ein eifersüchtiger Schutzgott, er duldet nicht, daß andere Götter verehrt werden.

(Ex 32–34)

18. Der Tod des Moses

Am Gottesberg Horeb hatten sich die Stämme des Volkes Israel versammelt, sie hatten ein Kampfbündnis geschlossen. Sie hatten sich unter den Schutz ihres Bundesgottes gestellt. Dann zogen sie in Kriegsordnung vom Berg Horeb in das Land, das östlich vom Fluß Jordan liegt. Ihre Bundesurkunde trugen sie mit. Dabei kämpften sie gegen verschiedene Stämme, die dort siedelten. Sie besiegten diese. Dann überschritten sie den Fluß Jordan und begannen das Land zu erobern. *Jahwe* zog ihnen als mächtiger Kriegsgott im Kampf voran.

Nun befahl *Moses* den Heerführern, beim Übergang über den Fluß Jordan Steine mit Kalk zu bestreichen und sie auf dem heiligen Berg *Garizim* aufzustellen. Dort sollte das Volk die Brandopfer für den Schutzgott darbringen. Dann gab *Moses* die letzten Anordnungen, er ließ wieder den Bundesschwur erneuern. Er sprach feierlich den Segen über das Volk, und er verfluchte die Gesetzesbrecher. Dann setzte er den *Josua* als den obersten Heerführer ein. Darauf stieg *Moses* auf den Berg Nebo, von dort konnte er das Land westlich des Jordanflusses sehen. Er starb auf diesem Berg und ging heim in das Land zu seinen Vorfahren. Doch er hatte das verheißene Land geschaut.

(Deut 1–3; 29–34)

19. Die Eroberung des Landes Kanaan

Als *Moses* gestorben war, da wurde *Josua* der Heerführer der Krieger. Er schickte Kundschafter aus, die das Land Kanaan erkunden sollten, das die Israeliten mit der Kraft ihres Schutzgottes erobern wollten. Dann überschritten sie den Jordanfluß und stellten zwölf Gedenktafeln auf, wie es *Moses* befohlen hatte; je einen Stein für jeden Stamm. Sie trugen das heilige Zelt und die Lade des Bundes mit sich. Und in Gilgal stellten sie wieder zwölf magische Steine auf.

Dann begannen sie den Kampf gegen die Stämme der Amoriter und der Kanaanäer. Zuerst nahm *Josua* die Beschneidung der Penisvorhaut an allen Männern vor. Das war das Bundeszeichen und ein Opfer an den Schutzgott *Jahwe*. Dann begannen sie die Eroberung des Landes. Als erste wurde die Stadt Jericho erobert. Durch die Kriegshörner und das Kriegsgeschrei stürzten die Mauern der Stadt ein. Nun wurde die Stadt von den Israeliten geplündert und zerstört. Sie bauten dort für *Jahwe* einen Altar und brachten ihm Dankopfer dar. Dann wurden erneut die heiligen Gesetze verkündet.

Dann ging der Kampf weiter gegen fünf Stadtkönige der Kanaanäer, es wurden weitere Städte erobert. Auch der Norden des Landes wurde nach mehreren Kämpfen von den Israeliten besiegt. So hatten die Nomadenkrieger die Städte der Ackerbauern erobert. Nun wurden die Sieger dort seßhaft und verteilten das Land. Sie lernten von den Besiegten den Ackerbau, und sie gründeten neue Städte. So wurden Städte für die Priestersippen und Asylstädte für die Verbrecher eingerichtet. Am Fluß Jordan errichteten die Sieger einen großen Opferaltar, sie brachten *Jahwe* große Dankopfer dar. (Jos 1–22)

20. Der erste König Saul

In der Frühzeit hatten die Israeliten keinen König, sondern starke Heerführer, Richter und Propheten. Da lebte der große Prophet *Samuel*, er setzte seine Söhne als Richter ein. Doch die Söhne wichen vom Weg ihres Vaters ab. Daher gingen die Ältesten des Volkes zum Propheten *Samuel* und erbaten sich einen König, der sie führen sollte. *Samuel* erwählte einen jungen Krieger namens *Saul* zum König in Israel. Der Bundesgott *Jahwe* hatte ihm dies in einem Traumgesicht geoffenbart. Nun versammelten sich die Heerführer und warfen das Los. Dieses fiel auf den Stamm Benjamin, dann auf die Sippe Matri, dann auf den jungen Krieger *Saul*. Dieser war größer und stärker als die anderen Krieger.

Das Volk stimmte der Königserhebung zu, und *Samuel* verkündete das neue Recht des Königs. Dann schrieb er dieses Recht nieder. Nun führte *Saul* die Kriegerscharen. Er kämpfte gegen die Stämme der Philister, die vom Meer gekommen waren. Er zerstörte ihre Städte. Doch den König von Amalek verschonte er. Deswegen machte ihm der Prophet *Samuel* schwere Vorwürfe, denn er hatte angeordnet, alle besiegten Könige zu töten. Da ließ der Prophet den König von Amalek zu sich bringen und tötete ihn mit dem Schwert. Doch dem *Saul* sagte er voraus, daß der Schutzgott *Jahwe* ihm das Königtum wieder nehmen werde.

(1 Sam 8–15)

21. Der König David

Der Prophet *Samuel* erhielt von *Jahwe* den Auftrag, einen neuen König zu salben. Er sollte aus dem Stamm Isai und aus der Stadt Bethlehem kommen. Es war *David*, der jüngste von acht Brüdern. Er wurde vom Propheten zum neuen König gesalbt. Doch *David* war noch im Kriegsheer des Königs *Saul*. Er kämpfte gegen den Philister *Goliath* einen Zweikampf, den er gewann. Nun fürchtete *Saul* seinen jungen Konkurrenten *David*, so daß dieser aus dem Heer des Königs flüchtete. Bei der Flucht half ihm sein Freund *Jonathan*.

Nun erkundete der König *Saul* bei der Totenbeschwörerin von Endor sein zukünftiges Schicksal. Dann wurde er im Kampf gegen die Philister von einem Bogenschützen getroffen, und er starb an seinen Verletzungen. Nun hielt der junge *David* für den König *Saul* die Totenklage.

Danach wurde er zum König für das ganze Volk ausgerufen. Er führte den Krieg gegen die Philister und gegen die Amalekiter weiter. Als er sie besiegt hatte, ließ er die heilige Lade des Bundes in die Stadt Jerusalem bringen, er gab ihr dort einen festen Ort. Denn nun war das Volk seßhaft geworden. Dort erhielt der König die Verheißungen des Bundesgottes. *David* ließ das Volk zählen, er festigte seine Herrschaft. Sein Sohn hatte gegen ihn einen Aufstand gemacht, aber er war dabei umgekommen. (1 Sam 16–2 Sam 24)

22. Der König Salomon

Als *David* alt geworden war, ließ er den Propheten *Nathan* zu sich kommen und befragte ihn. Dieser sagte ihm, daß sein Sohn *Salomon* der neue König werden solle. Da trat *David* vor die Sippe der Krieger und setzte seinen Sohn als seinen Nachfolger ein. Nun bestieg *Salomon* den Königsthron, und das Volk huldigte ihm. David hatte seine letzten Anordnungen getroffen, dann war er verstorben. Nun mußte der neue König noch einige Gegner im Volk besiegen.

Der junge König heiratete eine Tochter des ägyptischen Königs Pharao, sie war seine Erstfrau. Daneben hatte er viele Zweitfrauen. Mit ihnen hatte er viele Kinder, Söhne und Töchter. Er bat den Schutzgott *Jahwe* um Weisheit, die ihm reichlich verliehen wurde. Nun verwaltete er das Reich mit Umsicht, er war ein weiser Richter. Selbst fremde Könige hörten von seiner Weisheit und schickten ihre Boten zu ihm. So besuchte die arabische Königin von Saba seinen Palast in der heiligen Stadt Jerusalem.

Wie die Könige von Ägypten es taten, so ließ auch *Salomon* einen Tempel bauen, in der heiligen Stadt Jerusalem. Und er ließ die Lade des Bundes in den Tempel überführen. Als der Tempel fertig war, baute er seinen Königspalast. Dann richtete er das große Königsritual ein. Er war vierzig Jahre lang König in Jerusalem, dann verstarb er. Er wurde in der Stadt seines Vaters *David* begraben.

(1 Kön 1–11)

23. Totenerweckung durch Elischa

In Israel lebte ein großer Prophet *Elischa*, er konnte im Namen des Schutzgottes *Jahwe* große Wundertaten vollbringen. Da war eine Witwe in Schulden geraten, die Gläubiger wollten ihre beiden Söhne als Sklaven verkaufen. Da rief sie den Propheten zu Hilfe. Dieser vermehrte ihr Olivenöl im Haus derart, daß sie es verkaufen und damit ihre Schulden zahlen konnte.

In Schunem ging *Elischa* zu einer reichen Familie, dort lebte er als Gast. Da die Frau kinderlos war, versprach er ihr einen Sohn. Nach einem Jahr gebar sie einen Sohn und war sehr glücklich. Doch als der Knabe heranwuchs, wurde er krank und verstarb. Nun eilte die Frau zum Propheten auf den Berg Karmel, sie klagte ihm ihr Leid. Nun schickte der Gottesmann seinen Diener *Gehazi* mit dem magischen Stab zum toten Kind. Dieser legte den Stab auf den toten Körper, doch der Knabe wurde nicht wieder lebendig.

Nun kam der Gottesmann selber, er sah das tote Kind und betete zu seinem Schutzgott *Jahwe* um Hilfe. Dann legte er sich auf das tote Kind, Gesicht zu Gesicht, Hände zu Händen, Augen zu Augen. Nun kam wieder Wärme und Lebenskraft in das tote Kind. Der Knabe mußte niesen, dann schlug er die Augen auf. Nun holte der Gottesmann die Frau und gab ihr ihren Sohn wieder lebend zurück.

(2 Kön 4, 1–37)

24. Judit und Holofernes

Eines Tages zogen die Krieger der Assyrer gegen die Israeliten, *Holofernes* war ihr Heerführer. Nun war das Volk Israel in großer Bedrängnis, die Ältesten hielten Rat. Da versprach ihnen die Witwe *Judit*, sie werde mithelfen, die Feinde abzuwehren. Und sie machte den Männern wieder Mut, dann betete sie zum Schutzgott des Volkes.

Mit ihrer Dienerin machte sie sich auf in das Heerlager der feindlichen Assyrer. Den Wachsoldaten erzählte sie, sie habe dem Heerführer eine Botschaft der Israeliten zu überbringen. Sie sagte, sie wolle ihm die Geheimnisse der belagerten Stadt verraten. So wurde sie zum Heerführer *Holofernes* vorgelassen. Dieser war von ihrer Schönheit bezaubert, als er ihre Rede hörte. Sie sagte ihm, sie sei eine weise Seherin, und sie werde dem Feldherrn den besten Zeitpunkt für die Schlacht nennen. Denn das Volk Israel sei wegen seiner Sünden gegen den Schutzgott sehr geschwächt.

Nach vier Tagen gab *Holofernes* ein Fest, *Judit* zog ihre schönsten Kleider an. Dann verführte sie den Feldherrn mit ihren weiblichen Reizen. Er trank viel Wein, wie nie zuvor. Als er betrunken war, schlief er in seinem Zelt ein. Nun nahm *Judit* das Schwert des Kriegers, das an seinem Bett hing. Sie sprach ein Gebet zu *Jahwe*, dann schlug sie dem Feldherrn mit dem Schwert den Kopf ab. Sie steckte den Kopf in den Sack ihrer Dienerin und ging aus dem Feldlager in ihre Stadt Betulia zurück. Die Wächter ließen sie durch das Stadttor. Dort zeigte sie den Kriegern den Kopf des toten *Holofernes*. Die Krieger der Israeliten brachen in Jubel aus, und sie dankten ihrem Schutzgott. Doch die Assyrer mußten ihre Belagerung abbrechen, denn sie hatten ihren Feldherrn verloren. (Judit 8–13)

25. Aus der Kabbala

Nach dem Buch »Jezirah« ist die ganze Welt auf 32 Wegen der Weisheit aus dem göttlichen Urwesen herausgeflossen. Die höchste Gottheit, die reines und vollkommenes Licht ist, strahlt nach allen Seiten in zehn Strahlungen (sephiroth) aus. In diesen zehn Strahlungen sind die Formungspläne der ganzen Welt enthalten. Aus diesen Plänen entstehen die Dinge und die Wesen.

Die Menschenseele steigt vom obersten Himmel auf die Welt herab, sie verbindet sich dort mit einem menschlichen Körper. Doch dann hat sie starke Sehnsucht nach dem Himmel, aus dem sie gekommen ist. Sie möchte wieder zum Himmel zurückkehren. Doch sie muß durch viele Menschenleben wandern, bis sie wieder in die himmlische Welt zurückkehren darf.
(Jezirah, 8. Jh. n. Chr.)

35
Heilige Erzählungen des Christentums

Einleitung

Das Christentum ist kulturgeschichtlich eine Vermischung von jüdischer Religiosität und griechisch-hellenistischer Kultur. Die Anfänge gehen von der Jesusbewegung aus, die im 1. Jh. n. Chr. die jüdische Volksreligion erneuern wollte. Jesus von Nazareth lebte 6 v. Chr. bis ca. 30 n. Chr., er hatte ein Handwerk ausgeübt. Mit ca. 30 Jahren begann er eine Predigttätigkeit in Galiläa, er sammelte Jünger um sich. Und er verkündete das baldige Kommen des »Reiches Gottes«. Die Menschen sollten zu ihrem Schutzgott umkehren und dessen Gebote im Leben verwirklichen.

Jesus lehrte die Menschen die Friedfertigkeit, das Ringen um Gerechtigkeit, die Versöhnung im Streit, die allgemeine Nächstenliebe. Auch den Gegnern sollte Wohlwollen entgegengebracht werden. Er soll Wundertaten vollbracht haben: Kranke wurden von ihm geheilt, Blinde erhielten das Augenlicht, Tote kamen wieder zum Leben. Er kritisierte die jüdische Priesterschaft und den Tempel, deswegen ahnte er seinen gewaltsamen Tod.

Er wurde durch ein jüdisches und ein römisches Gerichtsverfahren zum Tod verurteilt. So starb er am Kreuz. Doch am dritten Tag danach ist er auferstanden und seinen Jüngern erschienen. Er hat vierzig Tage auf der Erde gelebt, dann ist er in den Himmel aufgefahren. Dabei hatte er seinen Jüngern den Auftrag gegeben, der ganzen Welt seine Botschaft zu verkündigen.

So bildeten sich bald neue Gemeinden, zuerst in Jerusalem und Antiochia, die sich langsam vom Judentum lösten. Es schlossen sich Juden und Griechen, die mit der jüdischen Religion sympathisierten, der neuen Bewegung an. Sie nannten Jesus den »Gesalbten Gottes« (griech. Christos). Deswegen erhielt die Bewegung den Namen »Christen«, zu-

erst wohl in der Stadt Antiochia am Orontes. Missionare zogen durch die wichtigsten Städte der Griechen, später der Römer, sie verkündeten den neuen Glauben.

Nun entstand langsam die christliche Glaubenslehre. Es wurden viele jüdische und griechische Ehrentitel auf Jesus übertragen. Er war der leidende »Gottesknecht«, der kommende »Menschensohn«, der »Gesalbte Gottes«, der »Retter und Erlöser« der Welt, der »Sohn Gottes«. Ja, er war dem göttlichen Vater und dem göttlichen Geist wesensgleich (homoousios). In der einen Gottheit sind drei göttliche Personen. Die Mutter Jesu erhielt den Titel »Gottesmutter«, sie beerbte viele griechische Göttinnen.

Ab 311 n. Chr. wurde die neue Religion überall im Römischen Reich toleriert. Ab 380 n. Chr. wurde sie im ganzen Imperium zur Staatsreligion. Sie beerbte nun die griechische und die römische Religion. Und sie verbreitete sich im ganzen Reich, später in ganz Europa. Sie wurde zur großen Weltreligion. Heute gehören weltweit ungefähr 1,5 Milliarden Menschen einer der christlichen Konfessionen an. Das Christentum ist eine monotheistische Religion, sie erhebt einen Universalitätsanspruch. Ihr Monopol auf Religion wird in der letzten Zeit aber stark relativiert. (Hier werden nur einige der heiligen Erzählungen des Christentums ausgewählt, weil sie in unserer Kultur weitgehend bekannt sind.)

1. Die Geburt Jesu

Der Engel Gottes hatte der *Maria* aus Nazareth die Geburt eines Sohnes verheißen. *Maria* besuchte ihre Cousine *Elisabeth*, denn auch sie erwartete ein Kind. Ihr Sohn war *Johannes*, der später zum Täufer wurde.

Als für *Maria* die Zeit der Geburt kam, nächtigte sie mit *Josef* in einem Stall bei Bethlehem. Denn in den Herbergen war kein Platz mehr frei. Dann gebar sie ihren ersten Sohn und wickelte ihn in Windeln. Die Engel verkündeten dies den Hirten auf dem Feld, diese eilten herbei und beteten das Kind an. Die Engel sangen das Lob Gottes und verkündeten den Menschen Frieden und Gnade.

(Lk 2, 1–20)

2. Die Taufe Jesu

Johannes war ein Prophet, er lebte am Jordan. Er rief die Menschen zu Umkehr und Buße auf, und er taufte sie im Fluß Jordan. Da kam auch *Jesus* zu ihm und ließ sich taufen. Dabei sprach eine Stimme vom Himmel, daß *Jesus* der geliebte »Sohn Gottes« sei, an dem der göttliche Vater sein Wohlgefallen habe.

Danach ging *Jesus* vierzig Tage lang in die Wüste und fastete. Da wurde er vom Teufel zum Bösen versucht. Er sollte den Teufel anbeten. Dieser versprach ihm große Macht und Reichtümer. Doch *Jesus* blieb seinem göttlichen Vater treu, er verjagte den Teufel. Dann kamen Engel zu ihm und dienten ihm.

(Lk 3, 21–4, 13)

3. Die Heilungen Jesu

Als *Jesus* vom heiligen Berg herunterstieg, da kam ein Aussätziger zu ihm. Der fiel vor ihm nieder und bat ihn um Heilung. *Jesus* berührte ihn und sagte mit magischem Wort: »Ich will es, sei rein!« Da wurde der Aussätzige gesund. Er mußte sich den Priestern zeigen und Gott ein Dankopfer bringen.

(Mt 8, 1–4)

Jesus heilte den Diener eines römischen Hauptmannes, der gelähmt war. Und er heilte die Schwiegermutter seines Jüngers *Petrus*, die von Fieberanfällen befallen war, indem er ihre Hand berührte. Am Abend trieb er viele böse Dämonen aus den Menschen aus, die von diesen Geistwesen gequält wurden.

(Mt 8, 5–17)

Einmal schickte er die bösen Dämonen, die er aus einem Menschen vertrieb, in eine Schweineherde. Diese lief dann in den See und ertrank. Dann heilte er einen Gelähmten, dem er zuvor seine Sünde vergeben hatte.

(Mt 8, 28–9, 8)

Dann kamen zwei Blinde zu *Jesus* und baten ihn, er möge sie von ihrer Blindheit heilen. Er fragte sie, ob sie glaubten, daß er sie heilen könne. Als sie dies bejahten, berührte er ihre Augen, und sie konnten wieder sehen. Er gebot ihnen, die Heilung geheimzuhalten. Doch sie erzählten es allen Leuten weiter. (Mt 9, 27–31)

Dann kam ein Stummer zu *Jesus*, in ihm war ein böser Dämon. Da vertrieb *Jesus* den Dämon, und der Mann konnte wieder sprechen. Die Pharisäer sagten, daß *Jesus* mit der Kraft des höchsten Dämons die anderen Dämonen austreibe. (Mt 9, 32–34)

4. Der Seesturm

Jesus fuhr mit seinen Jüngern in einem Boot über den See Genezareth. Er schlief im Boot, da brach ein Sturm aus. Die Wellen schlugen über das Boot. Nun weckten die Jünger *Jesus* und baten ihn um Rettung. Doch er machte ihnen Vorwürfe wegen ihrer Angst. Dann drohte er den Dämonen, die im Wasser und im Sturm waren. Nun trat völlige Stille ein, der Sturm legte sich, die Jünger waren gerettet. Sie staunten über die Macht *Jesu*, daß er sogar den Kräften der Natur befehlen konnte.

(Mt 8, 23–27)

5. Eine Totenerweckung

Während *Jesus* seine Jünger belehrte, kam der Vorsteher einer Synagoge zu ihm. Er warf sich vor ihm nieder und bat ihn, in sein Haus zu kommen. Denn seine Tochter sei krank, sie sei dem Tod nahe. *Jesus* möge ihr die Hände auflegen.

Als *Jesus* in das Haus des Synagogenvorstehers kam, da war die Tochter schon verstorben. Die Verwandten hielten die Totenklage. Da sagte *Jesus*, das Mädchen sei nicht tot, es schlafe nur. Und er trieb die Flötenspieler und die Klagefrauen hinaus. Da lachten die Menschen über seine törichten Worte.

Nun faßte *Jesus* das Mädchen bei der Hand, und es konnte wieder aufstehen. Das hatten auch die Propheten vor *Jesus* getan. Die Kunde davon verbreitete sich im ganzen Land.

Dann berührte eine Frau, die an dauernden Blutungen litt, von hinten das Kleid *Jesu*. Auch sie wurde durch seine Kraft geheilt. (Mt 9, 18–26)

6. Verletzung des Sabbats

Als die Jünger am Sabbat durch ein Kornfeld gingen und Hunger hatten, da rupften sie reife Kornähren ab und aßen sie. Das sahen einige Pharisäer. Sie machten *Jesus* darauf aufmerksam, daß dies am Sabbat verboten sei. Denn an diesem Tag durfte keine Arbeit verrichtet werden. Nun erinnerte *Jesus* seine Gegner an den König *David*, der seinen Kriegern sogar die Schaubrote des Tempels gegeben hatte, als diese Hunger hatten. Die Schaubrote waren nur für die Priester bestimmt. *Jesus* sagte, daß er der Herr über den Sabbat sei und daß Gott von den Menschen die Barmherzigkeit wolle, nicht aber die Opfer. (Mt 12, 1–8)

Vor der Synagoge saß ein Mann mit einer verkrüppelten Hand. Er wollte geheilt werden. Da fragten *Jesus* seine Gegner, ob es denn erlaubt sei, einen Menschen am Sabbat zu heilen. *Jesus* sagt, wenn ein Schaf in die Grube fällt, muß man es auch am Sabbat herausziehen, sonst ist es tot. So sei es auch mit der Heilung von kranken Menschen. Er ließ nun den Kranken die Hand ausstrecken und diese wurde wieder gesund. Doch die Pharisäer nahmen daran Anstoß. (Mt 12, 9–14)

7. Die Enthauptung des Johannes

Der Täufer *Johannes* war vom König *Herodes* eingesperrt worden, weil er daran Kritik übte, daß *Herodes* die Frau seines Bruders *Philippus* geheiratet hatte. Das war nach dem jüdischen Gesetz nicht erlaubt. Zur Geburtstagsfeier der Tochter seiner Frau *Herodias* tanzte das Mädchen vor dem König. Dieser bedankte sich und gab ihr einen Wunsch frei.

Die Tochter beriet sich mit der Mutter, dann wünschte sie sich den Kopf des Täufers *Johannes.* Nun wurde der König traurig, denn er wollte den *Johannes* nicht töten. Doch nun mußte er sein Versprechen einhalten, so ließ er den Täufer *Johannes* enthaupten. Die Soldaten brachten den Kopf des Toten auf einer Schale zur Tochter, diese gab ihn ihrer Mutter weiter. Nun war diese zufrieden.

Die Schüler des *Johannes* begruben seinen Leichnam. Dann gingen sie zu *Jesus* und erzählten ihm den bösen Vorfall.

(Mt 14, 3–12)

8. Die Brotvermehrung

Jesus fuhr mit dem Boot über den See in eine einsame Gegend. Doch die Menschen aus den Dörfern und Städten kamen zu ihm, um ihn zu hören. Er heilte viele Kranke, denn er hatte großes Mitleid mit ihnen. Als es Abend wurde, bekamen viele Menschen Hunger. Die Jünger hatten nur noch fünf Brote und zwei Fische. Da segnete *Jesus* die Brote und die Fische. Er brach die Brote in viele Teile, die Jünger verteilten diese an die vielen Menschen. Nun aßen alle, und sie wurden satt. Am Ende des Mahles sammelten die Jünger noch zwölf Körbe mit übriggebliebenen Stücken ein. Es sollen an die fünftausend Menschen gewesen sein. So hatte Jesus das Brot und den Fisch vermehrt, und alle Menschen wurden satt. So war es auch mit seinem Wort, das er verkündete.

(Mt 14, 13–21)

9. Der Gang über das Wasser

Wieder fuhren die Jünger *Jesu* über den See. *Jesus* hatte seine Zuhörer nach Hause geschickt. Er selbst ging auf einen Hügel, um zu beten. Als auf dem See starker Wind aufkam, wurde das Boot der Jünger hin und her gerissen. Die Jünger bekamen große Angst um ihr Leben. Nun ging *Jesus* über das Wasser des Sees auf die Jünger zu. Diese aber glaubten, es sei ein böser Dämon. Doch *Jesus* sprach zu ihnen: »Fürchtet euch nicht, ich bin es.«

Nun wollte auch *Petrus* über das Wasser gehen. Er versuchte es und ging auf *Jesus* zu. Doch da bekam er Angst, und schon begann er zu sinken. Da nahm *Jesus* seine Hand und hielt ihn fest. Er tadelte den geringen Glauben des *Petrus*. Die Jünger aber staunten über *Jesus,* und sie fielen ihm zu Füßen und sagten, er sei der »Sohn Gottes«. (Mt 14, 22–33)

10. Die Verklärung Jesu

Da nahm *Jesus* den *Petrus,* den *Jakobus* und den *Johannes* mit auf einen heiligen Berg. Dort wurde er vor ihren Augen in eine andere Gestalt verwandelt. Sein Gesicht und seine Kleider wurden weiß wie helles Licht. Die Jünger sahen, wie die Propheten *Moses* und *Elias* mit *Jesus* redeten. Nun sagte *Petrus,* er wolle drei Hütten bauen, eine für *Jesus,* eine für *Moses* und eine für *Elias*.

Da rief aus einer Lichtwolke eine Stimme: »Dies ist mein geliebter Sohn, auf ihn sollt ihr hören!« Die Jünger warfen sich vor Angst zu Boden. Aber *Jesus* faßte sie an der Hand, und als sie aufblickten, war nur mehr *Jesus* da. Die beiden Propheten waren verschwunden. So hatten die drei Jünger *Jesus* im göttlichen Licht gesehen. (Mt 17, 1–9)

11. Der Einzug in Jerusalem

Jesus zog mit seinen Begleitern in die heilige Stadt Jerusalem ein, wo der große Tempel stand. In einem nahen Dorf bei der Stadt nahmen sie eine Eselin mit, sie legten ihre Kleider darauf.

Jesus setzte sich auf das Tragtier. Dann rissen sie Zweige von den Bäumen und breiteten sie auf dem Weg aus. Und sie riefen laut: »Gelobt sei der Sohn *Davids,* er kommt nun im Namen des höchsten Gottes!«

So zog *Jesus* mit seinen Jüngern in die heilige Stadt ein. Die Leute aber erkannten ihn, denn es war der Prophet aus Nazareth in Galiläa. (Mt 21, 1–11)

12. Die Reinigung des Tempels

Dann zog *Jesus* mit seinen Anhängern zum Tempelberg hinauf. Dort vertrieb er die Händler und Verkäufer aus der Vorhalle des Tempels, die dort Opfertiere anboten. Er stieß die Tische der Händler und der Geldwechsler um, denn der Tempel sollte ein Ort des Gebets sein. Dann heilte er Lahme und Blinde, viele Kinder priesen ihn als den Sohn *Davids.*

Die Hohenpriester und die Schriftgelehrten aber forderten *Jesus* auf, sein Tun einzustellen. Er aber sagte zu ihnen, schon der Prophet *Jesaia* habe vom Lob der Kinder und Säuglinge gesprochen. Dann zog er sich vom Tempelbezirk zurück und ging in das Dorf Bethanien, wo er die Nacht verbrachte.

Dort verfluchte er einen Feigenbaum, der keine Früchte trug. Der Feigenbaum verdorrte. Den Jüngern sagte er, sie sollten an das glauben, was sie von Gott erbitten. (Mt 21, 12–22)

13. Der Verrat Jesu durch Judas

Der Ältestenrat und die Hohenpriester faßten den Beschluß, *Jesus* zu töten, weil er das Volk verführe. *Judas* war einer seiner Jünger. Er ging zu den Hohenpriestern und bot ihnen an, das nächtliche Versteck *Jesu* zu verraten. Dafür erhielt er dreißig Geldstücke aus Silber.

Jesus war in einem Haus in Bethanien zu Gast. Da kam eine Frau zu ihm und salbte sein Haar mit wohlriechendem Öl. Die

Jünger aber murrten über die Verschwendung des teuren Öles. Sie sagten, man solle das Geld lieber den Armen geben. Doch *Jesus* sagte, die Salbung sei schon für sein Begräbnis geschehen.

(Mt 26, 1–16)

14. Das letzte Mahl

Am Abend vor dem Passahfest wollte *Jesus* mit seinen Jüngern das Passahlamm essen. So bereiteten die Jünger das Mahl vor. Beim Essen sagte *Jesus,* daß ihn einer seiner Jünger verraten werde. Und er sagte zu *Judas,* daß er es tun werde.

Dann sprach er den Lobpreis über das Brot, und er gab das Brot seinen Jüngern. Und er sagte, das sei sein »Leib«. Dann segnete er den Becher mit Wein und gab ihn den Jüngern. Und er sagte, das sei sein »Bundesblut«, das für viele vergossen werde, zur Vergebung der Sünden. Er sagte voraus, daß er vom Wein nicht mehr trinken werde, bis das Reich Gottes kommen werde. (Mt 26, 17–29)

15. Die Gefangennahme Jesu

In der Nacht ging *Jesus* mit seinen Jüngern auf den Ölberg. Da sagte er ihnen voraus, daß sie alle von ihm abfallen werden. Während die Jünger auf dem Berg Wache hielten, ging *Jesus* ein Stück weiter, um zu beten. Er betete zu Gott, seinem »Vater«, daß er ihn vor dem Todesleiden bewahren möge. Doch er wollte den Willen Gottes annehmen. Als er zu den Jüngern kam, waren alle eingeschlafen.

Nun kam sein Jünger *Judas,* der sein Versteck verraten hatte. Er führte einige Soldaten der Tempelwache an, die von den Hohenpriestern geschickt waren. Durch einen Kuß machte er *Jesus* in der Gruppe kenntlich. Nun nahmen ihn die Soldaten fest. Einige der Jünger hatten versucht, ihn zu verteidigen. *Petrus* hatte sogar ein Schwert gezogen. Doch *Jesus* verbot ihm, mit

dem Schwert zu kämpfen. So wurde *Jesus* auf dem Ölberg gefangengesetzt.
(Mt 26, 30–56)

16. Der Prozeß Jesu

Die Soldaten der Tempelwache führten *Jesus* vor den Hohen Rat. Die Mitglieder des Rates suchten einen Anklagepunkt gegen *Jesus*, doch sie fanden keinen. Es waren falsche Zeugen gegen *Jesus* aufgetreten. Nun fragten die Richter *Jesus*, ob er der Messias sei, der besondere Sohn Gottes. Nun sprach *Jesus* vom »Menschensohn«, der zur Rechten der göttlichen Macht sitzt und auf den Wolken des Himmels kommt. Da zerriß der Hohepriester sein Amtsgewand und sagte, *Jesus* sei des Todes schuldig, weil er Gott gelästert habe.

Im Hof des Gerichtssaales leugnete *Petrus, Jesus* je gesehen zu haben. Am nächsten Morgen wurde *Jesus* dem römischen Statthalter *Pontius Pilatus* zum Verhör vorgeführt. Dieser fragte den Angeklagten, ob er sich als König der Juden sehe. Auf diese Frage gab ihm *Jesus* keine Antwort. Der Statthalter erkannte, daß *Jesus* politisch unschuldig war, deswegen wollte er ihn freilassen. Doch die Hohenpriester und der Ältestenrat wollten ihn beseitigen.

So hetzten sie das Volk auf, es solle lautstark den Tod *Jesu* fordern. Als dies geschah, gab *Pilatus* nach und verurteilte *Jesus* zur Kreuzigung.
(Mt 26, 57–27, 26)

17. Kreuzigung und Tod Jesu

Nach dem Todesurteil wurde *Jesus* von den Soldaten verspottet, er wurde mit Dornen gekrönt. Dann führten sie ihn auf den Berg Golgatha, wo die Verbrecher gekreuzigt wurden. Sie gaben ihm Wein und Galle zum Trinken, um die Schmerzen zu lindern. Dann verteilten sie seine Kleider untereinander. Sie nagelten ihn mit zwei Verbrechern ans Kreuz. Den Grund der

Kreuzigung hatten sie auf eine Tafel geschrieben: »Jesus von Nazareth, König der Juden.« Seine Gegner verhöhnten ihn am Kreuz.

Zu Mittag gab es eine Sonnenfinsternis. Dann rief *Jesus* mit lauter Stimme: »Mein Gott, warum hast du mich verlassen?« Dann stieß er einen lauten Schrei aus und starb. Im Tempel soll der Vorhang vor dem Allerheiligsten zerrissen sein. Die Erde bebte, einige Tote sollen aus den Gräbern gekommen sein.

Am Abend des Tages wurde *Jesus* begraben, es wurde ein großer Stein vor sein Grab gewälzt. Vor das Grab setzten sich zwei Frauen namens *Maria,* sie beweinten *Jesus. Pilatus* schickte auch Soldaten, um das Grab zu bewachen. (Mt 27, 27–66)

18. Das leere Grab

In der Morgendämmerung des Sabbats gingen die zwei Frauen namens *Maria* wieder zum Grab. Da war ein Erdbeben, ein Engel Gottes kam vom Himmel und wälzte den Stein vom Grab. Dann setzte er sich auf den Stein, sein Gesicht leuchtete wie Schnee. Die Grabwächter fielen vor Angst zu Boden. Nun sprach der Engel Gottes zu den Frauen, sie sollten sich nicht fürchten, denn der gekreuzigte *Jesus* sei auferstanden.

Nun zeigte der Engel den Frauen das leere Grab. Dann befahl er ihnen, den Jüngern zu sagen, daß *Jesus* auferstanden und nach Galiläa gegangen sei. Die Frauen eilten voll Freude zu den Jüngern und sagten ihnen die Botschaft des Engels.

(Mt 28, 1–8)

19. Die Erscheinung des Auferstandenen

Als die Frauen zu den Jüngern eilten, da sahen sie *Jesus.* Er begrüßte sie. Doch sie warfen sich vor ihm nieder und umfingen seine Füße. Nun sagte er zu ihnen selbst, sie sollten zu den Jüngern nach Galiläa gehen.

Auf einem Berg in Galiläa traf *Jesus* die elf Jünger, sie fielen vor ihm nieder. Doch einige zweifelten, ob es *Jesus* sei. Nun sagte der auferstandene Jesus, Gott habe ihm alle Macht gegeben, im Himmel und auf der Erde. Die Jünger sollten alle Menschen zu seinen Schülern machen, und sie sollten die Menschen auf den Namen Gottes taufen. Allen sollten sie die göttlichen Gebote verkünden. *Jesus* versprach, bei ihnen zu sein bis ans Ende der Zeit.

(Mt 28, 9–20)

20. Jesu Himmelfahrt

Jesus hatte seine Jünger zum gemeinsamen Mahl versammelt. Er versprach ihnen die Taufe mit dem heiligen Geist Gottes. Doch als er zu ihnen sprach, wurde er vor ihren Augen in den Himmel emporgehoben. Er entschwand ihren Blicken. Dann sahen die Jünger zwei Männer in weißen Kleidern. Sie sagten, daß *Jesus* so wiederkommen werde, wie sie ihn zum Himmel auffahren sahen.

(Apg 1, 4–11)

21. Das kleine Glaubensbekenntnis

Gott, der himmlische »Vater«, ist allmächtig. Er hat den Himmel und die Erde erschaffen. Sein Sohn war *Jesus,* der »Gesalbte«, er ist zum Herrscher der Welt geworden. Er wurde von der Jungfrau *Maria* geboren und ist unter *Pontius Pilatus* zum Tod verurteilt worden. Er wurde gekreuzigt, er ist am Kreuz gestorben, er wurde begraben. Dann ist er hinabgestiegen in die Unterwelt, in die Welt der Toten. Am dritten Tag nach seinem Tod ist er wieder zu neuem Leben auferstanden.

Er ist in den Himmel aufgefahren und sitzt zur rechten Hand Gottes, seines himmlischen Vaters. Am Ende der Zeit wird er wieder auf die Erde kommen, um die Menschen zu richten, die Lebenden und die Toten.

Es gibt noch den Heiligen Geist, die Schöpferkraft Gottes. Und es gibt die Gemeinschaft der Glaubenden, denen werden die Sünden nachgelassen. Es gibt die Auferstehung der Toten und das ewige Leben aller Menschen.

(Apostolisches Glaubensbekenntnis)

Anhang
Die Welt der Mythen
(Anton Grabner-Haider)

1. Einleitung

Die Mythen der Völker und Kulturen finden heute wieder ein breites Interesse. Viele Zeitgenossen möchten erkunden, wie frühere Menschengenerationen ihr Leben gedeutet und ihr Dasein gestaltet haben. Nicht wenige vermuten, daß sie daraus etwas für die persönliche Lebensgestaltung lernen können. Doch gehen die meisten sehr selektiv beim Umgang mit mythischen Daseinsdeutungen vor. Sie wählen sorgfältig aus, was für ihr Leben wichtig sein könnte. Doch sie sehen in den Mythen der Völker bleibende Lebensweisheit gespeichert, die der Menschheit nicht verlorengehen sollte.

Vor einiger Zeit noch war recht impulsiv von »*Entmythologisierung*« die Rede, es wurde darin der große Fortschritt gesehen. Die christliche Religion und die ganze Kultur sollte von Mythen befreit werden. Denn es wurde vermutet, daß uns die rationale Weltdeutung allein genügen und ein besseres Leben bescheren könnte. Es wurde davon ausgegangen, daß mythische Lebensdeutung nicht mehr verträglich sei mit unserem naturwissenschaftlich geprägten Weltbild. Unser fortschreitendes und gesichertes Wissen über die Welt und das Leben benötige keine alternative Daseinsdeutung.

Vor allem im 19. Jahrhundert und lange Zeit im 20. Jahrhundert wurde recht kämpferisch gegen den Mythos und auch gegen die Religion argumentiert. Um ein besseres Leben zu haben, sei es dringlich, jede Form von altem »Köhlerglauben« zu überwinden. Das ganze Volk müsse naturwissenschaftlich gebildet werden. Und die »Entzauberung der Welt« (Max Weber) schreite unaufhörlich und nicht mehr umkehrbar fort. So hatten es Soziologen vorausgesehen, und für einen Teil der Bevölkerung traf ihre Prognose durchaus zu.

Doch in den letzten drei Jahrzehnten hat in den westlichen Kulturen ein gegenläufiger Trend eingesetzt. Viele Menschen interessieren sich wieder für die Lebensdeutungen alter Kulturen. Sie befassen sich mit Mythen und mit alten Ritualen, sie sehen darin eine Form der Daseinsbewältigung. Nicht wenige versprechen sich daraus einen persönlichen Gewinn. Und es sind keineswegs nur wenig gebildete Zeitgenossen, die dieses tun. Auch viele Naturwissenschaftler erkennen die Grenzen ihrer Daseinsdeutung und interessieren sich für Mythos, Ritual und Religion. Manche sprechen von einer subtilen »Wiederverzauberung« der Welt.

Dieser Trend hält heute ungebrochen an, wie die soziologischen Untersuchungen bestätigen. Große Teile der Bevölkerung, nicht nur die wenig Gebildeten, interessieren sich für mythische Daseinsdeutung. Sie gehen zumeist selektiv mit den alten Traditionen um, sie wählen das aus, was für ihr Leben nützlich erscheint. Oft wird dafür der unscharfe Begriff »Esoterik« verwendet. Dieser meint die selektive Auswahl und Vermischung von archaischen Lebensdeutungen.

Es sind einige *Ursachen* erkennbar, die den Prozeß der *subtilen Remythisierung* unterstützen. Wir sind auf die theoretischen und auf die praktischen Grenzen unserer naturwissenschaftlichen Weltdeutung gestoßen. Und wir haben erkannt, daß unsere wissenschaftliche Erkenntnis in vielen Bereichen nicht so präzis und exakt sein kann, wie wir es uns gerne wünschen. In den Naturwissenschaften gibt es keine monopolhaften Erklärungen, denn es sind immer alternative Theoriemodelle möglich.

Und wir sind vor allem auf die praktischen Grenzen unserer naturwissenschaftlichen Welterklärung gestoßen. Unser Wissen ist weithin zu einem Herrschaftswissen geworden, es geht uns um Beherrschung und um Ausbeutung der Natur. Dabei nehmen wir immer auch viel Zerstörung von Lebensraum in Kauf. Viele wünschen sich im Umgang mit der Mitnatur mehr Vorsicht, manche auch mehr Ehrfurcht. Sie meinen, diese andere Einstellung zum Leben in den alten Mythen zu finden.

Zum anderen ist der »Druck des Daseins« (S. Freud) für viele einfach größer geworden. Die Welt der Arbeit und der Wirtschaft erzeugt emotionale Belastungen, die schwer erträglich sind. Durch die neuen Medien der Kommunikation und durch die Digitalisierung der ganzen Lebenswelt gehen alte Orientierungen verloren. Bisherige Lebenswerte verändern sich zu schnell, das Lebenstempo scheint ständig zu wachsen. Viele glauben nun, durch die Rückkehr zum Mythos den gesteigerten Druck des Daseins auffangen zu können.

Ein weiterer Faktor ist unser *globales Denken*, das langsam beginnt. Es ist vor allem mit der Wirtschaft verbunden. Wir reisen nicht nur im Urlaub in fremde Länder und lernen deren Kulturen kennen. Viele sind durch wirtschaftliche Beziehungen mit neuen Kulturräumen verbunden, in denen der Mythos eine größere Rolle spielt, als es bei uns der Fall ist. Es werden uns die Lebensdeutungen bisher ferner Kulturräume zugänglich, das hat eine deutliche Faszination.

Schließlich sind die Vertreter einiger östlicher Kulturen (Indiens z.B.) seit mehr als hundert Jahren in westlichen Ländern missionarisch tätig. Sie haben begonnen, ihre Lebensdeutungen und Glaubensformen in Westeuropa und in Nordamerika bekannt zu machen. Denn sie lehnen einen westlichen Kulturimperialismus entschieden ab. So war ihnen auch die christliche Glaubensmission in ihren Ländern suspekt. Auf diese Weise wurden buddhistische und hinduistische Lebensformen bei uns bekannt. Östliche Weisheitslehren finden vermehrt ihre Anhänger bei uns.

Diese und andere Faktoren tragen dazu bei, daß das Interesse an mythischer Weltdeutung zunimmt. Es sind große Teile der Bevölkerung, die von fremden Kulturen etwas lernen möchten. Auch naturwissenschaftlich Gebildete sind sich der Grenzen ihrer Denkmodelle deutlich bewußt. Viele suchen nach Alternativen der Lebensdeutung und der Lebensgestaltung. Sie glauben, daß Wissenschaft und Mythos nicht unbedingt Gegensätze sein müssen. Auch dies gehört zu unserem kulturellen Lernprozeß, in dem wir stehen.

Um die Verträglichkeit von *Naturwissenschaft* und *Mythos* scheint es heute zu gehen. Die beiden Deutungsmodelle müssen sich nicht bekämpfen, wenn sie jeweils um ihre Grenzen wissen. Sie könnten sich als zwei komplementäre »Sprachspiele« erweisen, die beide dem Leben nützlich sind. Freilich müßten dann beide ihre Monopolansprüche aufgeben, sonst können sie sich nicht ergänzen. Wenn beide über ihre unterschiedlichen Funktionen wissen, dann können sie in einen offenen Dialog eintreten.

So könnte es sein, daß Mythos und Naturwissenschaft zwei komplementäre Deutungssysteme werden, an denen wir gleichzeitig partizipieren können. Nur wenige sind es heute, die noch mit letzter Entschiedenheit zu sagen wagen, ihr Deutungsmodell sei das einzig richtige und mögliche. Gewiß gibt es weiterhin Materialisten, Positivisten und Rationalisten. Und es gibt auf der anderen Seite die religiösen und die mythologischen Fundamentalisten. Beide setzen vorrationale Grundannahmen absolut.

Für die Wissenschaft scheint der agnostische Standpunkt gegenüber dem Mythos der angemessene zu sein. Er sagt, daß die Grundannahmen des Mythos und der Religion rational nicht entschieden werden können. Es kann wissenschaftlich nicht entschieden werden, ob es Gott oder viele Götter oder einen göttlichen Urgrund gibt. Damit bleibt für die private Mythenrezeption und für die persönliche Religiosität viel Platz und Raum.

Vor allem in den helfenden und therapeutischen Berufen gibt es seit langem eine enge Zusammenarbeit mit mythischen Glaubensformen. Viele psychologische und psychodynamische Heilmethoden greifen auf mythische Lebensdeutung zurück. Dasselbe gilt von alternativen Methoden der Medizin, der Körpertherapie und der Meditation. In diesem Bereich nimmt die Kooperation deutlich zu, doch es ergeben sich daraus auch neue Problemlagen. Der Mythos transportiert immer die Ambivalenz des Lebens.

Soweit Mythen real erlebte Lebensgeschichte auf symbolische Weise ausdrücken und darstellen, tragen sie immer die Widersprüchlichkeit des Lebens mit sich. Sie enthalten viele lebensentfaltende Kräfte und Dynamiken, aber gleichzeitig auch viel zerstörerisches Potential. Mythen können immer auch lebensfeindlich agieren, wir können sie also nicht beliebig übernehmen.

Wir müssen also durchwegs kritisch mit Mythen umgehen. D.h. wir müssen genau hinsehen, aus welchen Lebenssituationen sie kommen, und zweitens, welches Verhalten sie zur Folge haben. Wir müssen auf ihre Entstehungszusammenhänge und auf ihre Verhaltenskonsequenzen achten. Wir benötigen die rationale Kritik, genauer die Ideologiekritik, um verantwortlich mit Mythen umzugehen.

2. Strukturen des Mythos

Unter Mythos verstehen wir eine archaische bzw. vorwissenschaftliche Form der Weltdeutung. Im griechischen Wort »myein« steckt die Bedeutung »Geheimnisvolles sagen« und »mit Macht sprechen«. Der Mythos enthält das geheimnisvolle Wort, das in den alten Kulturen nur Schamanen, Mantiker, Priester, Könige und Lehrälteste kennen. Sie deuten für ihre Bezugsgruppe das Dasein. Sie geben auf existentielle Lebensfragen Antworten, die der Daseinsgestaltung nützlich sind.

So sagen uns die Mythen, warum wir Menschen leben, wie wir entstanden sind, was am Anfang war und was am Ende sein wird. Sie erzählen, wie die Tiere und die Pflanzen geworden sind, wie die Menschen die Techniken der Kultur erlernt haben, woher die Riten stammen, warum Menschen sterben müssen. Oder sie sagen, was nach dem Tod sein wird, was vor der Geburt war, wie die Götter leben und vieles andere.

Wir nennen das Weltbild dieser alten Kulturen ein mythisches bzw. ein mythologisches. Hier ist der Sprachgebrauch nicht ganz scharf. Dieses Weltbild hat kulturübergreifend sehr ähnliche Grundstrukturen. Diese sollen hier kurz skizziert werden.

Zunächst fällt auf, daß die Außenwelt der Menschen in zwei getrennte Bereiche zerlegt wird. Da ist einerseits der Bereich dessen, was empirisch erfahren werden kann, was also gesehen und getastet wird, was mit den Sinnen wahrgenommen wird. Und da ist zweitens ein Bereich, der hinter dem Sichtbaren vermutet wird, der erlebt wird, auch wenn er nicht gesehen werden kann. Es wird also zwischen einem *empirischen* und einem *metaempirischen* Bereich unterschieden.

Die Menschen nehmen die Dinge der Außenwelt mit den Sinnen wahr. Sie spüren und tasten sie, oder sie sehen und hören sie. Und sie glauben, daß diese Dinge wirklich existieren. Doch vermuten sie hinter den sichtbaren Dingen noch unsichtbare Bereiche und Wesen, die auf sie wirken können. Sie fühlen sich einer *unsichtbaren Welt* ausgesetzt, die genauso wirklich ist wie die sichtbare Welt.

Die Zweiteilung der Lebenswelt verläuft noch etwas anders. Es gibt für die Menschen einen Bereich, über den sie verfügen können, den sie verändern können. Und es gibt einen zweiten Bereich, der sich ihrer Verfügung entzieht, den sie nicht verändern können. So teilen sie ihre Welt in *Verfügbares* und *Nichtverfügbares*. Das entspricht ungefähr dem Sichtbaren und dem Unsichtbaren.

So glauben die Menschen früherer Kulturen, daß in ihrer Welt unsichtbare Kräfte und Kraftfelder wirksam sind, über die sie nicht verfügen können. Aus heutiger Sicht nennen wir dies ein dynamisches Weltbild (griech. dynamis = Kraft). Im Laufe der Kulturentwicklung stellen sich die Menschen diese Kräfte in bestimmten Formen und Gestalten vor. Sie sagen, diese Kräfte seien ähnlich wie Pflanzen oder wie Tiere oder wie Menschen. Sie wissen sich von diesen Kräften abhängig und möchten auf sie einwirken.

Oder die Menschen glauben, daß hinter jedem Gegenstand eine unsichtbare *Seelenkraft* sei. Alle Dinge und Gegenstände sind beseelt, sie haben Seele. Wir nennen dies eine animistische

Weltdeutung (lat. anima = Seele). Alles, was in der Welt ist, hat eine Seelenkraft: die Tiere, die Pflanzen, die Menschen, aber auch die Steine, das Wasser, die Luft, die Erde u.a.

Nach dieser Deutung sind in den Menschen meist mehrere Seelenkräfte. Sie haben eine andere Seele am Tag und eine andere in der Nacht. Sie haben eine Traumseele und eine Nachtseele, eine Tagseele; eine Lichtseele und eine Schattenseele; eine Körperseele und eine Geistseele. Die Menschen können also ihren Seelenzustand wechseln. Eine Seele kann aus dem Körper sogar auswandern. Sie tut dies im Traum, in der Ekstase oder beim Tod.

Die Körperseele bewegt den Körper und gibt ihm Leben. Sie kommt mit dem Tod des Körpers zu Ende. Die Traumseele kann in der Nacht aus dem Körper auswandern, sie kann sich zu den Ahnen oder zu den Göttern begeben. Die Geistseele kann sich frei aus dem Körper fortbewegen. Wenn der Körper tot ist, wandert sie aus diesem aus und zieht in ein Land der Seelen. Die Lichtseele und die Schattenseele können sich abwechseln, je nach der Sonne.

Die Menschen der alten Kulturen verehren die Seelen ihrer Ahnen und Vorfahren. Sie glauben, daß diese Seelen im Totenland weiterleben. Wir nennen dies die *Ahnenverehrung*. Die Seelen der Ahnen sehen und hören alles, was die Nachfahren tun oder unterlassen. Sie wachen über diese und strafen ihre Verfehlungen.

Die Seelen der Ahnen können nach einer bestimmten Zeit wieder in einen Körper eintreten. Sie werden dann wiedergeboren. Zumeist erfolgt die Wiedergeburt innerhalb der eigenen Sippe. So gehören die Seelen der Toten weiterhin zur Sippe. Sie erhalten Opfergaben und werden zu den Kultfesten eingeladen. Die Lebenden und die Toten bleiben in Verbindung.

Neben den Ahnen verehren die Menschen noch *göttliche Wesen* bzw. Götter. Das sind Kräfte und Kraftfelder, zumeist in menschlicher Gestalt. Sie können aber auch die Gestalt von Tieren und Pflanzen haben. Götter sind die Wesen, die man anrufen kann, die die Sprache der Menschen verstehen, die den

Menschen helfen. Sie sind nur größer und stärker und lichtvoller als Menschen. Der germanische Wortstamm *guda, God, Gott* bedeutet »anrufbare Wesen«.

Der indo-europäische Wortstamm *deivas, deivs, deus, theos* bedeutet die größeren, die stärkeren und die lichtvollen Wesen. Göttliche Wesen begegnen den Menschen in der Natur, im Blitz und im Donner, im Feuer und im Wasser, in der Sonne und im Mond. Wir sprechen dann von Naturgöttern bzw. von Naturdämonen. Die Menschen wissen sich ihnen ausgesetzt, sie können nicht über sie verfügen.

Manche göttliche Wesen waren früher einmal Ahnen der Sippe oder Kriegshelden der Vorzeit, Kulturbringer oder Könige. Die Menschen neigen dazu, bestimmte Vorfahren in den göttlichen Bereich zu erheben. Sie rufen diese Wesen um Schutz und um Hilfe in allen Lebenslagen an. Jede Gruppe, jede Sippe und jeder Stamm hat seine bestimmten Schutzgötter.

Doch diese göttlichen Wesen sind den Menschen gegenüber ambivalent und zwielichtig. Zum einen helfen sie den Menschen und beschützen diese, sie geben ihnen Nahrung und Lebenskraft. Doch zum anderen können sie die Menschen auch bedrohen, sie nehmen ihnen Lebenskraft und zerstören ihr Leben. Sie tun Gutes und Böses, sie bringen Glück und Unglück.

Zumeist fungieren sie als Richter über die Menschen, denn sie sehen alles, was die Menschen tun oder unterlassen. Daher belohnen sie diejenigen, die Gutes tun, die das Gesetz der Gruppe einhalten. Und sie bestrafen diejenigen, die Böses tun, die die Gesetze der Gruppe übertreten. Die Götter und die Ahnen fungieren als die höchsten Richter und als Rächer von Unrecht. Nur so gibt es Gerechtigkeit unter den Menschen.

Doch manche dieser göttlichen Wesen sind den Menschen böse gesonnen. Wir nennen sie zumeist *Dämonen*. Sie sind von den Menschen einmal beleidigt worden und rächen sich. Oder in ihnen sind die Seelen von Verbrechern, von gewaltsam Getöteten. Auch diese rächen sich. Andere Dämonen kämpfen einfach gegen die guten Götter und Ahnenseelen.

Die Menschen früherer Kulturen leben durchwegs in einer Vielfalt von Beziehungen zu den göttlichen und dämonischen Wesen. Sie rufen ihre Schutzgötter um Hilfe an, sie bitten um Nahrung und um Fruchtbarkeit der Felder. Sie machen ihnen Versprechungen und bringen ihnen Gaben und Opfer dar. Sie glauben, daß sie ihre Schutzgötter stärken müssen.

Die bösen Dämonen aber möchten sie aus ihrem Leben fernhalten. Sie bitten um Schonung und um Versöhnung, wenn ein Dämon beleidigt wurde. Oder sie haben Riten, um böse Dämonen aus ihrem Lebensbereich abzuwehren. Die Menschen haben große Angst vor bösen Geistwesen, denn sie können ihr Leben frühzeitig zerstören.

Von Interesse sind nun die verschiedenen *Rollen* in mythischen Lebenswelten. Wir nennen diese Rollenträger zumeist »heilige Personen«, weil sie göttlichen Wesen und Kräften zugeordnet werden. Von ihnen wird erwartet, daß sie einen besonderen Zugang zur Welt der Götter und der Ahnenseelen haben. So werden Personen in der Gruppe erwählt oder durch das Los bestimmt, die als Vermittler zur Welt der Götter fungieren. Zu diesen heiligen Personen gehören: die Schamanen, die Mantiker, die Priester, die Könige, die Magier, die Lehrältesten, die Stammeltern u.a.

Die älteste Rolle ist die des *Schamanen*. Er wird in der Gruppe entweder durch das Los ermittelt oder wegen besonderer Fähigkeiten erwählt. Oder er erbt seine Rolle in der Sippe. Seine Aufgabe ist es, in besonderer Weise Umgang mit den Ahnenseelen und den Schutzgöttern zu haben. Er muß sich zunächst von der Gruppe absondern, muß eine Zeitlang allein in der Natur leben. Dabei muß er die Sprache der Tiere lernen. Oder er muß eine schwere Krankheit durchmachen und dabei die Kunst der Selbstheilung lernen.

Nach einem großen Ritual wird er dann in seine Rolle als Schamane eingeführt. Dabei muß er sich in Ekstase tanzen, er muß den Baum des Lebens ersteigen, um den Göttern nahe zu kommen. Seine Aufgabe ist es dann, Krankheiten in der Gruppe zu heilen. Dafür kennt er die Heilkräuter. Und er muß Konflikte schlichten und in der Gruppe Frieden stiften. Er muß die Rituale leiten, muß die Menschen von Schuld reinigen.

Der Schamane muß Träume deuten, die ihm die Menschen erzählen. Und er muß die Totenseelen verabschieden, wenn Menschen sterben. Wenn Trockenheit herrscht, muß er die Götter um Regen bitten. Er muß Regenrituale ausführen. Und wenn die Krieger in den Kampf ziehen, muß er den Sieg auf sie herabflehen. Er haftet mit seinem Leben für das Wohlergehen der Gruppe. Wenn er schwere Fehler macht, kann er getötet werden.

Die zweite Rolle ist die des *Mantikers* bzw. des Orakelgebers. Es können Männer und Frauen in dieser Rolle sein, doch hier haben Frauen einen deutlichen Vorzug. Ihre Aufgabe ist es, die Zeichen zu deuten und zu verstehen, welche die Schutzgötter und die Ahnenseelen den Menschen zusenden. Sie vermitteln Botschaften der Götter, sie deuten die Orakel, sie können Ereignisse der Zukunft voraussagen. Sie lesen die Orakel aus ihren Träumen, aus inneren Stimmen, aus Visionen. Sie beobachten den Vogelflug oder das Fließen des Opferblutes.

Die dritte archaische Rolle ist die des *Priesters*. Er ist zunächst für das Opferritual zuständig. Denn er muß die Opfer leiten, damit die Götter gestärkt oder versöhnt werden. Priester können zu den Göttern sprechen, sie können die Bitten der Mitmenschen überbringen. Sie töten die Opfertiere und zerteilen sie, sie sprechen darüber die Gebete. Sie leiten die Riten der Reinigung und der Versöhnung. Sie sind die großen Vermittler zu den Göttern und zu den Ahnen.

Es gibt männliche und weibliche Priester. Wenn ein Gott männlich dargestellt wird, dann werden ihm zumeist männliche Priester zugeordnet. Und weibliche Göttinnen haben meist weibliche Priesterinnen in ihrem Dienst. Beide Geschlechter verrichten den Dienst an den heiligen Orten, in den Tempeln. Sie hüten das heilige Feuer, sie feiern die »Heilige Hochzeit«, sie leiten die Riten der Fruchtbarkeit.

Eine weitere Rolle ist die des *Propheten* bzw. der *Prophetin*. Diese Personen fühlen sich von den Göttern oder den Ahnen berufen, wichtige Botschaften in der Gruppe zu vermitteln. Oft treten sie in Krisensituationen auf und sagen den Mitmenschen, wie es weitergehen soll. Oder sie sagen Unglück voraus, wenn die Menschen ihren moralischen Lebenswandel nicht verändern. Doch sie verheißen Glück, wenn die Menschen den Willen der Schutzgötter erfüllen. So sind Propheten die großen moralischen Autoritäten in den frühen Kulturen.

Auch *Könige* gehören zu den heiligen Personen. Sie führen die Krieger an und tragen die Waffen. Sie wurden von den Ahnen bzw. den Schutzgöttern eingesetzt, um die Gruppe zu verteidigen. Oft gelten sie als Abkömmlinge der Götter. Doch sie sind verantwortlich für das Glück und Wohlergehen der Menschen. Sie vermitteln ihnen die Lebenskraft und die Fruchtbarkeit. Wenn die Lebenskraft eines Königs zu Ende geht, kann er getötet werden.

Könige leiten häufig die Riten der Fruchtbarkeit. Sie feiern mit einer Priesterin die »Heilige Hochzeit«, um die Felder und die Viehweiden fruchtbar zu machen. Sie gelten als göttliche Menschen bzw. als »Gottmenschen«. Nach ihrem Tod gehen sie meist in die Welt der Götter ein, oder sie kehren in die göttliche Welt zurück, aus der sie gekommen sind. Könige sind die obersten Richter und Heerführer, die Garanten der Kraft und der Stärke.

3. Die Entstehung der Mythen

Was wird in den Mythen erzählt? Sie geben zumeist Antworten auf Fragen, die uns das Leben stellt. Es sind sogenannte existentielle Fragen: Woher kommen wir? Wohin gehen wir? Was war am Anfang? Was wird am Ende sein? Mythen haben fast immer die Form der Erzählung, sie haben eine narrative Sprachstruktur. Denn sie erzählen, wie es am Anfang war und was am Ende sein wird. Sie erzählen von Handlungen der Götter und der Ahnen, der Helden und der Schamanen.

Doch wer erzählt einen Mythos zum ersten Mal? Es sind die *heiligen Personen*, die befugt sind, Mythen zu erzählen und zu prägen. Schamanen und Mantiker erzählen von ihren Träumen und Visionen, Priester und Könige erzählen von ihrem inneren Erleben. Und sie deuten damit das Leben. Es sind Erfahrungen aus dem tiefen Bewußtsein, wir können auch sagen aus dem »Unterbewußtsein«. Mythen kommen aus der Tiefenstruktur der menschlichen Seele.

Die Erzählungen heiliger Personen werden in der Gruppe als »Offenbarung« der Schutzgötter oder der Ahnen rezipiert. Sie gelten fortan als ein Geheimwissen, das nicht beliebig aufgedeckt werden darf. Vor allem dürfen Mythen über längere Zeit nicht verändert werden. Sie gelten als tabu. Denn sie geben den Menschen Orientierung für das Leben.

Mythen werden lange Zeit in den Gruppen mündlich tradiert. Es sind die Schamanen und die Mantiker, später die Lehrältesten, die das heilige Wissen der Gruppen weitergeben. Die Jugendlichen werden bei der Initiation in dieses Wissen eingeführt. Gemeinsame Mythen halten die Gruppen zusammen, sie definieren die Zusammengehörigkeit in alten Kulturen. Sie gelten durchwegs als göttliche Offenbarung von geheimem Wissen.

Doch Mythen werden immer wieder den neuen Lebenssituationen angepaßt. Es ist dann die Aufgabe der heiligen Personen, auf neue Situationen und Fragen auch neue Antworten zu geben. Wenn sich größere Gruppen zusammenschließen, dann bilden sie Großmythen. Wenn sich Sippen zu einem Kampfbündnis zusammentun, dann erzählen sie einen Bundesmythos. Wenn sich Stämme bilden, dann erzählen die heiligen Personen Stammesmythen, und sie verehren Stammesgötter, Stammväter und Stammütter. So geben Mythen der Gruppe einen festen Zusammenhalt und Orientierung. Es kann keine Gruppe ohne Mythos überleben.

Damit lassen sich einige *Funktionen* von Mythen zusammenfassen. Mythen bilden Kleingruppen und definieren sie. Sie halten aber auch große Gruppen zusammen und geben ihnen

Orientierung. Sie deuten das Leben und geben jedem Mitglied der Gruppe eine Funktion und einen Lebenssinn. Zum anderen geben sie die ethische Wertorientierung. Sie sagen, was die Ahnen und die Götter wünschen. Mythen bilden Gruppen und halten sie stabil, sie haben eine sozialisierende Funktion. Und sie geben Lebensorientierung und deuten das Dasein. Sie prägen damit ganze Kulturen.

4. Inhalte der Mythen

Welche sind nun die wichtigsten Inhalte mythischer Erzählungen? Mythen sind die Antworten auf Fragen, die uns das Leben stellt. Es sind immer nur vorläufige Antworten, in bestimmten Lebenssituationen gegeben. Diese Antworten bleiben über lange Zeit stabil, bis neue Fragen und Problemfelder auftauchen. Dann müssen neue Antworten gefunden werden. Es sind die existentiellen Fragen des Lebens, die wir uns beantworten müssen.

Das sind die Fragen nach der Herkunft der Gruppe, nach den Ahnen und nach den Schutzgöttern, nach dem Anfang der Welt. Es sind Fragen, warum wir leben, warum es zwei Geschlechter gibt, warum es Tag und Nacht wird, woher unter den Menschen das Böse kommt. Oder es sind Fragen nach dem Tod, was nach dem Tod sein wird, was am Ende der Welt sein wird. Es sind Fragen nach den Tieren und den Pflanzen, nach der Natur.

Beginnen wir mit den *Anfangsmythen*. Sie geben eine Antwort darauf, wie die Welt entstanden ist, woher die Tiere kommen, wie die Pflanzen geworden sind, warum es das Meer und das Festland gibt. Sie sagen etwas, wie die Menschen geworden sind, warum es zwei Geschlechter gibt, warum die einen herrschen und die anderen dienen müssen. Oder sie erzählen, wie die Götter geworden sind, woher die Dämonen und die Riesen kommen.

Analog dazu sind die *Mythen vom Weltende* oder vom Ende des Lebens. Es wird erzählt, daß sich die Sippen der Menschen auflösen werden, daß die Götter mit den Riesen kämpfen werden, daß alles zerstört werden wird. Die Mythen sagen, daß die Weltordnung zu Ende kommen wird, daß die Sonne und der Mond nicht mehr leuchten werden, daß es auf der Erde kein Wachstum mehr geben wird, daß alles Leben aufhören wird. Am Ende wird alles in Frost erstarren, oder es wird alles im Feuer verbrannt werden. Es werden keine Götter und keine Menschen mehr sein. In diesen Erzählungen drückt sich die Angst der Menschen vor der Zerstörung aus.

Eine große Gruppe von Mythen bilden die *Kulturbringermythen*. Sie erzählen, wie die Menschen die einzelnen Kulturtechniken gelernt haben. Sie sagen, daß sie diese von den Göttern und den Helden der Vorzeit gelernt hätten. Götter hätten das Feuer vom Himmel auf die Erde gebracht. Göttinnen hätten das Getreide bei den Menschen gesät. Von den Göttern sei die Schmiedekunst zu den Menschen gekommen. Die Frauen hätten das Spinnen und Weben gelernt. Die Männer hätten gelernt, das Eisen herzustellen und Häuser zu bauen. Sie hätten den Pflug, das Rad und die Bewässerung der Felder von den Göttern erlernt.

Umfassend sind die verschiedenen *Seelenmythen* bzw. Erzählungen über den Tod. Sie sagen, daß sich die Geistseele vom Körper trennen wird, daß sie auf eine lange Reise gehen wird und vor ein göttliches Gericht muß. Dann geht die Seele ein in ein Seelenland, wo sie glücklich sein wird, wenn sie auf der Erde gut gelebt hat. Doch die Seele wird bestraft werden, wenn sie auf der Erde Böses getan hat. Denn es ist nicht beliebig, wie ein Mensch auf der Erde lebt.

5. Mythos und Kulturstufe

Mythen drücken immer konkrete Lebensverhältnisse aus. Wir können aus ihnen deutlich die Lebenswelt und die Kulturstufe erkennen, in denen sie entstanden sind. Menschen beschreiben Gegenstände und Werkzeuge, die sie benutzen. Sie erzählen von ihren sozialen Lebensregeln. So spiegeln Mythen immer konkrete Lebenswelten und Lebensformen wider. Wir können sie daher sehr realistisch lesen. Mythen erweisen sich als gespeicherte Lebenserfahrung, in einer symbolhaften Sprache ausgedrückt. Wir können jeden Mythos nach Gesichtspunkten der Kulturanthropologie lesen.

Welche sind nun die wichtigsten Kulturstufen, die in den Mythen thematisiert werden? Die ältesten Mythen entstanden auf der Kulturstufe der *Jäger und Sammler*, der *Wildbeuter*. In dieser Kulturform haben die Menschen 99 Prozent ihrer bisherigen Zeitgeschichte gelebt. Da lebten sie in kleinen Gruppen zusammen, von 15 bis 50 Personen. Sie hatten noch keine soziale Schichtung, die Führerrollen waren flexibel. Es gab die Verehrung der Tierseelen und der Ahnen. Schamanen waren in der dominanten Rolle. In den Mythen werden die Tiere thematisiert, vor allem die heiligen Tiere, die die Gruppe schützen (Schutztiere). Die Jagdtechnik und das Sammeln von Früchten spielen eine große Rolle.

Eine höhere und komplexere Kulturstufe bilden die *Hirtennomaden* und die *Viehzüchter*. Sie haben bei der Jagd gelernt, Tiere einzupferchen und zu fangen. Da sich die Tiere in dem Pferch vermehrten, brauchten sie diese nicht mehr zu jagen. Sie mußten ihnen nur genügend Weideland suchen und sie zähmen. Die Hirtennomaden werden zeitweise seßhaft, ihre Gruppen werden größer. Es leben bis zu 200 Personen in Sippenverbänden zusammen, und es gibt eine deutliche Rollenverteilung zwischen den Geschlechtern. Die patriarchale Struktur nimmt zu, was sich auch in den Mythen ausdrückt.

Die Inhalte der Mythen der Hirtennomaden stellen Tiere in den Mittelpunkt. Sie haben Schutztiere, die sie nicht jagen dürfen. Nur im kultischen Ritual dürfen Schutztiere getötet werden, dies ist dann mit einem Versöhnungsritual verbunden. Häufig gelten die Rinder als heilige Tiere, da sie die Menschen ernähren. Die Verehrung der Ahnen bleibt erhalten, die Schutzgötter erhalten viele Tieropfer.

Eine weitere Kulturentwicklung bilden die *niederen Ackerbauern*. Sie haben in den großen Flußtälern der Erde gelernt, Gräser am selben Ort zu kultivieren und zu vermehren. Daraus züchten sie Frühformen des Getreides, Gerste, Hirse, Hafer und Weizen. Sie können nun dauerhaft seßhaft werden, denn sie können ihre Nahrung an einem Ort reproduzieren. Sie legen Felder an und pflanzen Fruchtbäume. Die Gruppen werden noch größer, sie bauen Dörfer und kleine Städte mit bis zu 2 000 Einwohnern.

Hier wird die Arbeitsteilung noch deutlicher. Es müssen Felder gerodet und bepflanzt werden. Vor allem müssen sie gegen Eindringlinge bewacht werden. Es bildet sich die Gruppe der Krieger, die die Siedlungen bewachen. Die Rollen werden auf Lebenszeit verteilt, es entsteht eine deutliche soziale Schichtung. Die Mythen erzählen, daß vor allem Frauen mit dem Getreidebau befaßt waren. Es waren weibliche Gottheiten, die den Menschen das Korn schenkten.

Die nächste Kulturentwicklung bilden die *höheren Ackerbauern*. Sie haben gelernt, Wasser zu den Feldern zu leiten und sie zu bewässern. Sie haben aus der Rolle das Rad entwickelt und aus dem Hackstock den Pflug. Der Pflug aber muß von Tieren oder von Menschen gezogen werden. Es werden auch Menschen unter das Joch gespannt, sie werden zu Arbeitssklaven. Die Dominanz der Männer nimmt deutlich zu, es bilden sich patriarchale Kulturen.

In der Sozialordnung bilden sich drei Schichten: Oben die Krieger und die Priester, die den Boden besitzen und verteidigen. Dann die freien Arbeiter, Handwerker, Händler, Hirten, die für ihre Arbeit entlohnt werden. Und schließlich die Schicht der Sklaven und der Zwangsarbeiter, die unfrei sind. Wir haben es mit einer Gesellschaft von Herren und Sklaven zu tun, die patriarchal organisiert ist. Frauen haben wenig Rechte, ihr Bereich ist die Aufzucht der Kinder und die Bereitung der Nahrung.

In den Mythen wird die Fruchtbarkeit der Felder thematisiert. Die Menschen feiern große Riten der Fruchtbarkeit, z.B. die Heilige Hochzeit. Sie bitten um Regen und gute Ernten. Sie erzählen von Göttern, die wie ein Getreidekorn in der Erde sterben und dann wieder zum neuen Leben kommen. Und sie bringen ihren Göttern viele Opfer dar, Tieropfer und Menschenopfer. Die Erde ist ihnen heilig, sie verehren Götter der Fruchtbarkeit. Auch die Ahnen sind ihnen weiterhin heilig, doch sie fürchten sich vor bösen Dämonen.

Wenn die Mythen kulturanthropologisch gelesen werden, dann wird sehr genau auf die Kulturtechniken geachtet, die sich darin finden. So läßt sich jeder Mythos einer dieser Kulturstufen zuordnen, er wird in seiner Intention verständlicher. Besonders zu achten ist auf die Verteilung der sozialen Rollen, auf das Verhältnis der beiden Geschlechter, auf die Lebensregeln. So gilt der Mythos als Spiegelung realer Lebensverhältnisse und als Speicherung tatsächlicher Lebenserfahrung.

6. Die Rituale der frühen Kulturen

Die Menschen führen seit ihrer frühesten Geschichte Rituale aus, um ihrem Leben eine Struktur zu geben. Riten sind genormte Handlungen und Zeichenfolgen, die etwas Bestimmtes bedeuten und bewirken sollen. Aus der vergleichenden Verhaltensforschung wissen wir, daß höhere Tiere (Hominiden) im Ansatz längst Rituale ausführen; etwa Riten der Begrüßung, der Unterwerfung, der Werbung u.a. Wir Menschen haben diese Riten vielfältig weiterentwickelt und ihnen vielerlei Bedeutungen gegeben.

Rituale sind eng mit Mythen verbunden, in ihnen werden sie gedeutet. Auch Riten bilden Gruppen und halten Gruppen zusammen. Wir Menschen verfolgen ganz bestimmte Intentionen mit unseren Riten und symbolischen Handlungen. Wir wollen die Lebenskraft vermehren und auf die unverfügbaren Bereiche einwirken. So zielen Riten häufig auf göttliche und dämonische Wesen, auf Ahnenseelen und auf Schutzgeister. Die Menschen glauben, daß sie mit den Riten auf den nichtverfügbaren Bereich einwirken können.

Hier sollen nun die wichtigsten Riten, gemäß ihren Intentionen, in einer Übersicht dargelegt werden:

a) Wir kennen die große Gruppe der Abwehrriten und der Vertreibungsriten. In beiden geht es darum, böse Dämonen und lebensfeindliche Kräfte abzuwehren oder zu vertreiben. Es wird also angenommen, daß diese Kräfte in den menschlichen Bereich eindringen können und dort Schaden anrichten. Sie können von den Menschen durch rituelles Handeln beeinflußt werden. Was tun nun die Menschen, um solche Kräfte abzuwehren oder zu vertreiben?
Zunächst erzeugen sie Lärm mit verschiedenen Gegenständen; mit Holz, mit Metall, mit Blasinstrumenten. Ähnlich wie sie wilde Tiere vertreiben, wollen sie Dämonen verjagen. Oder sie erzeugen Feuer und Rauch, weil sie annehmen, daß die Dämonen wie die Tiere beides fürchten. Oder sie erzeugen Gestank und spucken zu Boden, oder sie drohen den Dämonen mit Kampfgesten. So wollen sie sich vor Krankheit und frühem Tod schützen.
Oder sie fegen und räuchern Räume aus, sie peitschen die Felder und das Meer. Sie tragen Tiermasken, um den bösen Dämonen der Krankheit angst zu machen. Vieles von diesen Riten lebt in den alten Volksbräuchen bis heute weiter. So werden im Frühjahr die Winterdämonen vertrieben. Oder vor einer Hochzeit werden die Krankheitsdämonen ausgejagt (Polterabend). Die Menschen sind überzeugt, daß die unsichtbaren Kräfte ihre Zeichensprache verstehen.
b) Eine weitere Gruppe von Riten bilden die Reinigungsriten. Sie haben die Intention, die Menschen von Schuld und von Verfehlungen zu reinigen. Denn sie glauben, daß Schuld ihre Lebenskraft schwächt. Sie fühlen sich schuldig, wenn sie Tiere getötet haben oder wenn sie die Regeln der Ahnen verletzt haben. Sie glauben, daß ihre Beziehung zu den Ahnen und zu den Schutzgöttern gestört ist. Deswegen wollen sie sich reinigen und ihre Lebenskraft erneuern.

Was tun sie, um dies zu erreichen? Sie besprengen sich mit Wasser, oder sie tauchen in Wasser ein. Oder sie gehen durch ein Feuer, weil dieses die Schuld verbrennt. Oder sie besprengen sich mit dem Blut eines Opfertieres, weil dieses die Sünden löschen kann. Sie laden ihre Schuld auf symbolische Weise einem Tier oder einem Mitmenschen auf und vertreiben diesen aus ihrem Lebensbereich. Das ist das Ritual des »Sündenbocks«.

Oder die Menschen werfen einen bösen Tabustoff in den Wind oder in das Wasser. Zur Reinigung gehört auch der Verzicht auf wichtige Lebensbedürfnisse: der zeitweilige Verzicht auf Essen und Trinken, auf Schlaf und auf Sexualität. Sie glauben, daß Askese und Fasten eine reinigende Wirkung haben. Die Japaner sagen, daß die Schuld wie ein Staub auf dem Spiegel der Seele liegt, so daß dieser nicht mehr das göttliche Licht aufnehmen kann. Riten der Reinigung tragen zum emotionalen Gleichgewicht bei, sie dienen der Erneuerung des Lebens.

c) Eine große Gruppe von Riten bilden die Opferriten. Dabei geben Menschen an ihre Schutzgötter und Ahnen etwas Wertvolles, um diese zu stärken oder um diese zu versöhnen. Es ist wie bei einem Tauschgeschäft, die Menschen geben etwas von sich, um etwas Wertvolles zu bekommen. So bringen die Ackerbauern Früchte ihrer Felder als Opfer, aber auch Tiere und Mitmenschen. Denn der Lebenssaft Blut wird als besonders wirksam angesehen, um die Götter zu stärken. In den Mythen wird von Göttern erzählt, die viel Blut brauchen, um wohlwollend zu sein.

Die Viehzüchter bringen häufig die Erstlingstiere eines Jahres zum Opfer. Oder sie bringen die erstgeborenen Menschenkinder, um die Ahnen zu versöhnen und die Götter gütig zu stimmen. Geopfert werden junge und alte Menschen, Männer und Frauen, Verbrecher und Kriegsgefangene. Die Blutopfer gehören zur düsteren Geschichte der menschlichen Kultur, sie werden durch den Mythos legitimiert.

Im Lauf der Kulturentwicklung werden die Menschenopfer durch Teilopfer ersetzt. Vor allem die Propheten kritisieren die Menschenopfer und die Tieropfer. Sie sagen, den Göttern sei ein reines Herz wichtiger als fette Opfer. Als Teilopfer werden nur mehr Körperteile geopfert, ein Zahn, ein Auge, ein Ohr. Es werden Geschlechtsorgane beschnitten, weibliche und männliche, um die Fruchtbarkeit zu mehren. Oder es werden Eheverbote (Zölibat) eingeführt, um die Götter gütig zu stimmen.

d) Eine andere Gruppe von Riten bilden die Vereinigungsriten. Dabei wollen sich die Menschen mit den göttlichen Kräften vereinigen, um ihre Lebenskraft zu stärken. Sie vollziehen unterschiedliche Symbolhandlungen, um das zu erreichen. So berühren sie einen heiligen Stein oder ein Götterbild, um dessen Kraft in sich aufzunehmen. Oder sie küssen am heiligen Ort eine heilige Person oder ein Götterbild (Ikone).

Oder sie salben sich mit einem heiligen Öl, um die Lebenskraft zu mehren. Das geschieht vor allem bei der Hochzeit. Oder sie vereinigen sich sexuell am heiligen Ort, um die Fruchtbarkeit zu mehren. So feiert der König mit einer Priesterin die Heilige Hochzeit, um gute Ernten zu bekommen. Die Paarung am heiligen Ort überträgt göttliche Kräfte und verlängert das Leben (Tantra). Sexualität wird als etwas Heiliges erlebt, als Begegnung mit dem Göttlichen.

Die Menschen feiern kultische Mahlzeiten, um sich mit den Ahnenseelen und den Schutzgöttern zu vereinigen. Oder sie tanzen sich in Ekstase, um der göttlichen Welt nahe zu kommen. Sie berauschen sich mit Getränken, um aus dem Alltagsbewußtsein herauszutreten und die göttliche Welt zu erleben. Sie feiern Mysterienfeste, um ein langes und glückliches Leben zu haben und um nach dem Tod in das Land der Seligen zu gelangen. Das kultische Mahl soll den Menschen Unsterblichkeit und Verähnlichung mit den Göttern bringen.

e) Eine große Gruppe von Riten bilden die sog. Übergangsriten bzw. die Riten der einzelnen Lebensphasen (rites des passages). Sie werden immer dann gefeiert, wenn Menschen in einen neuen Lebensabschnitt eintreten. Man nennt sie daher auch die lebensbegleitenden Riten. So wird die Geburt eines Menschen durch viele Riten vorbereitet, die die Frau stärken sollen. Sie wird mit heiligem Öl gesalbt, mit Blütenwasser gebadet, mit einer magischen Schnur umwickelt. All dies soll eine glückliche Geburt vorbereiten.

Auch bei und nach der Geburt gibt es viele Rituale, die das Kind und die Mutter schützen sollen. So wird das Kind mit Öl gesalbt, es werden Trommeln geschlagen. Und es werden ihm magische Silben ins Ohr geflüstert, es werden Opfer gebracht. Das Kind erhält einen geheimen und einen öffentlichen Namen. Es wird der Sippe vorgestellt, die Ahnen werden um Schutz angerufen. Die Mutter wird durch ein Reinigungsritual gestärkt.

Große Riten werden zur Zeit der Pubertät und der Erlangung der sexuellen Reife ausgeführt. Zunächst vermittelt der Lehrälteste den jungen Menschen das heilige Wissen der Mythen und der Riten. Dann lernen die Jugendlichen die Einübung in die Sexualität. Sie müssen einige Mutproben bestehen, um in die Welt der Erwachsenen hineinzuwachsen. Dann gibt es verschiedene Riten der Fruchtbarkeit. Auch Teilopfer sind weit verbreitet, es werden Geschlechtsteile den Ahnen geopfert. Mit einem kultischen Mahl werden die Feiern beendet.

Umfangreiche Rituale begleiten die Hochzeit und die Eheschließung. Hier geht es darum, daß das Leben in der Gruppe weitergeht. Die Menschen bitten die Schutzgötter und die Ahnenseelen um Glück und Fruchtbarkeit für das junge Paar. Zwei Sippen haben sich verbündet, sie feiern gemeinsam das große Fest. Zuerst werden die Hausgeister begrüßt. Braut und Bräutigam unterziehen sich einem Reinigungsritual, meist in Duftwasser. Dann werden sie mit Öl gesalbt, um ihre Lebenskraft zu stärken. Sie umschreiten das

Feuer des Herdes und verehren die Ahnen. Oft werden auch die Gräber der Ahnen besucht. Dann beginnt das kultische Festmahl, zu dem die Ahnen geladen sind, indem ihnen Plätze frei gehalten werden.

Riten begleiten die Menschen auch, wenn sie krank werden. Dann kommt der Schamane ins Haus, er muß die bösen Krankheitsdämonen vertreiben. Und er sucht die Versöhnung mit den Ahnenseelen. Dann salbt er den Kranken und flüstert vor ihm magische Formeln. Er saugt den Krankheitsstoff aus seinem Körper und spuckt ihn aus. Wenn der Kranke nicht mehr zu heilen ist, wird er auf den Tod vorbereitet.

Große Rituale werden gefeiert, wenn ein Mensch gestorben ist. Dann geht es darum, den Toten zu betrauern und zu verabschieden. Seine Seele soll auf der schwierigen Reise in das Totenland begleitet werden. Es werden Gebete gesprochen und Gesänge gesungen. Mund und Augen des Toten werden geschlossen. Es werden die Schutzgötter angerufen, dann wird der Körper des Toten aus dem Haus getragen. Er wird verbrannt oder in der Erde bestattet. Oft werden Werkzeuge, Schmuck und Nahrung mit in das Grab gegeben.

Nach dem Begräbnis reinigen sich die Menschen von allen bösen Kräften. Sie verwischen die Spuren, die zum Grab führen. Dann feiern sie ein Totenmahl, dabei stellen sie Speisen für den Verstorbenen auf. Sie bitten die Seele des Toten um Verzeihung für alle Beleidigungen. Und sie bitten für sich selber um ein langes Leben. Dann organisiert sich die Gruppe neu. Die Seele des Toten bleibt in Erinnerung, zu den Jahrestagen des Todes finden wieder Riten statt.

Dies ist ein kurzer Überblick über wichtige Riten des menschlichen Lebens. Gewiß gibt es noch viele andere Riten, etwa der Begrüßung, der Verabschiedung, der Versöhnung, des Kampfes. In den Riten drücken wir Menschen unsere emotionalen

Lagen aus. Und wir kommunizieren sie in der Gruppe, wir teilen anderen unsere Gefühle mit. Es sind Gefühle der Angst und der Freude, der Trauer und des Glücks. Durch die gemeinsamen Riten fühlen wir uns einer Gruppe zugehörig, wir fühlen uns darin geborgen. So tragen Riten wesentlich zu unserem emotionalen Gleichgewicht bei. Wir brauchen sie, um unsere Gefühle darzustellen. Sie gehören zu unserem biologischen Erbe. Daher erzeugen wir ständig neue Riten, auch in sehr profanen Gruppen.

So gehören Rituale und Mythen eng zusammen, beide sind miteinander verflochten. Viele Mythen entstehen aus einem Ritual, das sie dann deuten. Umgekehrt werden mythische Erzählungen im Ritual dargestellt und gespielt. Das Drama hat seinen Ursprung im Ritual. Aber auch der Sport hat dort seinen Ursprung. Aus den rituellen Wettkämpfen entstanden die sportlichen Veranstaltungen. Und in der Sozialtherapie werden vermehrt Rituale benutzt, um emotionale Befindlichkeiten darzustellen. So werden z.B. im Psychodrama ganze Lebensgeschichten nachgespielt.

7. Formen der Mythosdeutung

Wie sollen wir alte und neue Mythen deuten? Wir kennen viele Möglichkeiten, dies zu tun. Mythen benutzen offensichtlich eine symbolische und verschlüsselte Sprache. Denn sie wollen zwei Deutungsebenen des Lebens miteinander verbinden. Sie verflechten eine *empirische* und eine *metaempirische* Deutungsebene. In symbolischer Sprache drücken sie reale Lebenserfahrungen und Daseinsprobleme aus. Mythen werden nie bloß erdacht oder erfunden. Sie geben immer auf konkrete Fragen eine Antwort.

Mythen sagen etwas über die Personen, die sie geprägt haben. Es sind dies die Schamanen, die Mantiker, die Priester, die Lehrältesten, die Könige, die Propheten. Wir erfahren darin etwas über die emotionale Lage dieser Personen und ihres

Umfeldes. So spiegeln Mythen immer konkrete Problemfelder und existentielle Nöte. Wir können sie als gespeicherte Lebenserfahrung lesen und deuten. Wir erfahren darin viel über emotionale Tiefenstrukturen, über Unbewußtes und Vorbewußtes.

Mythen sagen uns etwas über das Selbstbild der Menschen, die sie erzählt und geglaubt haben. Wir können darin eine hohe oder eine niedere Selbstbewertung erkennen. Und sie sagen uns etwas über das Fremdbild, das die Menschen von ihren Mitmenschen hatten. Wir erkennen, wie fremde Gruppen bewertet wurden. Und wir sehen, wie die Menschen miteinander kommuniziert haben, ob sie sich gegenseitig getäuscht haben, oder ob sie ehrlich zueinander waren.

a) Eine frühe Form der Mythendeutung war die *allegorische*. Sie wurde von der griechischen Philosophie, vor allem von der Schule der Stoa entwickelt, um die alten Mythen mit dem rationalen Denken verträglich zu machen. Der Mythos wurde auf zwei Bedeutungsebenen gelesen, auf einer empirischen und einer metaempirischen. Die heilige Erzählung handelt noch von »etwas anderem« (griech. to allon), als in der empirischen und realen Welt ausgesagt wird. Sie handelt noch von unsichtbaren Wesen und Kräften. So hat Mythos neben dem realen noch einen tieferen Sinn, nämlich einen mystischen. Später wurde der mystische Sinn in einen ethischen Sinn transformiert: Mythen wollen den Menschen etwas über Ethik und Lebenswerte sagen.

b) Heute ist vor allem die *kulturanthropologische Mythendeutung* wichtig geworden. Sie befragt jeden Mythos nach seinem kulturellen Hintergrund. Welche Kulturform drückt sich darin aus? Wie haben die Menschen gelebt, welche Probleme hatten sie? Wie sind sie miteinander umgegangen, wie war ihre Sozialstruktur? Welche Kulturtechniken und welche Werkzeuge haben sie benutzt? Ist der Mythos von Jägern und Sammlern formuliert worden oder aber von Hirtennomaden und Viehzüchtern?

Oder sind es niedere oder höhere Ackerbauern, die einen Mythos prägen? Welche war die »Lebensform« und die »Lebenswelt« (L. Wittgenstein), die sich in einem Mythos ausdrückt? Wie haben die Menschen gelebt? Wie deuten sie ihr Dasein? Welche Lebenswerte verfolgen sie? Wie ist das Verhältnis der Geschlechter? Gibt es patriarchale Strukturen? Oder gibt es Reste matriarchaler Daseinsdeutung? Sind soziale Schichtungen zu erkennen? Welche Problemlagen zeigen sich an, und welche existentiellen Fragen mußten beantwortet werden?

Oder es wird gefragt: Wie ist das Selbstbild der Menschen, die den Mythos erzählen? Wie bewerten sich die Menschen, etwa den Ahnen oder den Göttern gegenüber? Wie deuten Frauen und wie die Männer ihr Leben? Und welche Fremdbilder lassen sich erkennen? Wie werden die anderen in der Gruppe bewertet? Und wie ist die Bewertung der Fremden? Wie gehen die Menschen miteinander um, welche Formen der Kommunikation leben sie? Und welchen Lebensorientierungen folgen sie?

Die kulturanthropologische Deutung liest die Mythen sehr realistisch, nämlich auf ihren realen Lebensgehalt hin. Sie sammelt alle relevanten Faktoren, die für eine Kultur wichtig sind. Welche Vorstellungen haben die Menschen von ihren Schutzgöttern? Und wie stellen sie sich die Seelen der Ahnen vor? Was sagen sie von den Dämonen, die sie fürchten? Und wie erfahren sie ihre Umwelt? Wie stellen sie sich den kleinen und den großen Kosmos vor?

Die meisten Forscher sind überzeugt, daß in den Mythen das kleine Leben der Menschen »groß geschrieben« wird. Die kleinen Ereignisse der Menschenwelt werden in einen größeren Götterhimmel projiziert. Dort bekommen sie mehr Gewicht. Es herrscht durchwegs Analogie. »Wie im Himmel, so auf Erden.« Oder: »Wie auf der Erde, so im Himmel.« Meist spiegelt sich im Götterhimmel die Lebenswelt der oberen sozialen Schichten – zumindest in sozial geschichteten Gesellschaften – wider.

c) Eine andere Form der Mythendeutung ist die *psychologische* bzw. die *psychodynamische*. Sie achtet vor allem auf die emotionalen Prozesse, die sich in den Mythen ausdrücken. Es wird deutlich, daß in den mythischen Erzählungen eine Vielzahl von Gefühlen und von leidenschaftlichen Emotionen zum Ausdruck kommt. Doch viele Emotionen sind auch nur versteckt erkennbar. So wird gefragt: Welche Gefühlslagen drücken Menschen aus, wenn sie einen Mythos erzählen und an ihn glauben? Sind es Gefühle der Angst, der Bedrücktheit, der Sorge? Oder Gefühle der Schuld, der Trauer, der Lähmung? Oder aber geht es um ganz andere Gefühlslagen, um Lebensfreude und um Glück?

Wir kennen Mythen, die ein Übermaß an Lebensfreude und an Sinnlichkeit ausdrücken. Bei anderen wieder sind Trauer und Schmerz dominant. Wir können annehmen, daß alle Gefühle im Mythos ihren Ausdruck finden können, die von Menschen erlebt werden. Denn in der Form des Mythos werden sie kommuniziert. Durch diese symbolische Kommunikation werden sie zum guten Teil personal integriert. So trägt der Mythos in der Gruppe wesentlich zur seelischen Gesundheit bei.

Nun gibt es mehrere Forschungsrichtungen, die diese emotionalen Prozesse und Dynamiken erforschen. Da sind zunächst psychoanalytische und psychodynamische Methoden, aus der Schule des S. Freud oder des Chr. G. Jung. Sie achten auf die unbewußten und oft verdrängten Prozesse, die sich im Mythos anzeigen. Oder sie analysieren die Oberflächenebene des Mythos und achten auf die Symbolsprache, die verwendet wird.

Nach der Methode von Chr. G. Jung spielen Träume eine wichtige Rolle bei der Erforschung von Mythen. Dabei werden Träume als reale Erfahrungen in symbolischer Verschlüsselung gelesen. Welche bewußten Botschaften werden in den Mythen gegeben? Und welche sind die unbewußten und vorbewußten Mitteilungen in diesen verschlüsselten Erzählungen? Welche Personstrukturen werden in den heiligen Erzählungen erkennbar? Welche Bedürfnisse werden ausgedrückt und kommuniziert? Wo finden Prozesse der Verdrängung statt? Und welche Gefühle liegen offensichtlich zutage?

Die experimentelle Psychologie konnte bisher zur Erforschung der Mythen relativ wenig beitragen. Sie beschränkt sich nur auf empirisch überprüfbare Theorien. Damit aber kommt sie über Erkenntnisse des gesunden Menschenverstandes nicht viel hinaus. Gewiß, sie kann diese Erkenntnisse empirisch prüfen und bestätigen. Aber ihre Erklärungskapazität ist gering.

d) Mythen lassen sich auch *kommunikationstheoretisch* deuten und analysieren. Dann wird untersucht, welche Kommunikationsformen sich in den Mythen finden: Wie gehen die Menschen miteinander um? In welchen Rollen befinden sie sich darin? Wie bewerten sie sich selbst? Und wie bewerten sie ihre Gesprächspartner? Wie bewerten Männer die Frauen? Und wie schätzen die Frauen die Männer ein? Welchen Stellenwert haben männliche Götter? Und welchen Wert haben weibliche Göttinnen?

Gehen die Menschen offen und ehrlich miteinander um? Oder wählen sie die verdeckte Kommunikation, täuschen sie sich gegenseitig? Stehen sie bei der Kommunikation auf derselben Ebene, oder tun sie das nicht? Auf welcher semantischen Ebene erfolgt die Kommunikation? Und welche Sprechakte werden ausgeführt? Welche sind die Regeln dieser Sprechakte? In welchen Rollen sind die Menschen den Göttern oder den Ahnen gegenüber?

Mythen prägen die Kommunikation der Menschen über lange Zeiträume hinweg. Dasselbe gilt auch von den Religionen. Deswegen ist es wichtig, zu sehen, welche Modelle der Kommunikation hier vorgegeben werden: Wie sprechen die Götter und die Ahnen zu den Menschen? Und wie sprechen die Menschen zu ihren Schutzgöttern? Welche Formen der Körpersprache werden benutzt? Und wie erfolgt die emotionale Prägung der Menschen durch den Mythos? Wie erfolgt die Sozialisation, die Einbindung in die Gruppe?

Das sind wichtige Fragen, die uns Mythen besser verstehen lassen. Sie können auf vielfache Weise und unter vielen Aspekten gedeutet werden.

e) Mythen können auch in *soziologischer* Sichtweise untersucht werden. Dabei wird nach den sozialen Strukturen gefragt, die sich in den heiligen Erzählungen ausdrücken. Welche soziale Schichtung ist erkennbar, wie sind die Rollen und die Aufgaben verteilt? Wie ist der Zugang zu den Ressourcen des Lebens, wie sind die Besitztümer verteilt? Wie ist das Verhältnis der Geschlechter organisiert? Welche Heiratsregeln gelten, wird sippenextern geheiratet? Gibt es auch endogame Eheformen? Wie sind die Sippen, die Clans oder die Stämme organisiert? Wie gehen die Jüngeren mit den Älteren um? Wie werden die Schwächeren vor den Stärkeren geschützt? Wie wird die Verwandtschaft gezählt?

f) Erwähnt werden muß auch die *strukturalistische Mythendeutung*. Sie geht auf den französischen Strukturalismus zurück, genauer auf Claude Levi-Strauss. Dieser hat eine biologistische Mythostheorie vertreten, sein Menschenbild ist positivistisch. Da die biologischen Prozesse bei allen Menschen ähnlich verlaufen, seien auch die Grundstrukturen der Mythen ähnlich. Denken und Fühlen wird als neurologischer Prozeß untersucht. Daraus wird versucht, Mythen und Mytheme (kleinste sprachliche Einheiten) zu verstehen und zu deuten. Doch diese Methode, die einmal sehr verbreitet war, entwertet die Inhalte der Mythen. Sie geht nämlich davon aus, daß nur Materielles wirklich sei und daß Geistiges ein Nebenprodukt der Biologie sei.

g) Deutlich anders geht die *kognitive Mythenanalyse* vor. Sie wird vom amerikanischen Strukturalismus und der modernen Linguistik geprägt. D.H. Goodenough ist einer ihrer Vordenker. Sie untersucht die kognitiven Strukturen, die sich in den Mythen finden. Denn jeder Mythos hat einen starken Anteil an rationalem Gehalt, sonst könnte er nicht auf logische Weise kommuniziert werden. Diese Methode klammert die vorrationalen Bereiche aus ihrer Untersuchung aus, sie beschränkt sich auf einen Teilbereich. Doch sie gibt auch nicht vor, den Mythos in seiner Gesamtheit deuten zu wollen. Insofern erweist sie sich als sehr nützlich.

h) Schließlich gibt es verschiedene Formen einer *existentialistischen Mythendeutung*. Dabei wird versucht, die Inhalte der Mythen auf heutige Lebenssituationen und auf persönliche Lebenserfahrungen zu beziehen. Damit werden Mythen aktualisiert, denn es wird angenommen, daß sie die Lebenserfahrung vergangener Menschen gespeichert haben. Es wird die eigene Lebenssituation und emotionale Befindlichkeit in die Mythosdeutung eingebracht. Damit beginnt ein personaler Lernprozeß, der Mythosgläubige sucht in der heiligen Erzählung eine Antwort auf seine persönlichen Fragen. Dies ist auch ein hermeneutischer Prozeß, Mythen werden in heutige Lebenswelten übersetzt. Diese Methode benutzen alle Religionen, wenn sie den Glauben an heilige Bücher weitergeben wollen.

Existentielle Mythendeutung finden wir in jeder Kultur. Sie geschieht zumeist auf selektive Weise: Es wird aus den heiligen Erzählungen das ausgewählt, was für persönliche Situationen von Nutzen ist. Im Grunde ist der interkulturelle Dialog im Bereich des Mythos auf dieser existentiellen Hermeneutik aufgebaut. So gesehen werden Mythen zu einer Bereicherung für das eigene Leben. Es findet ein Lernprozeß statt zwischen der Lebenserfahrung von Menschen der Vergangenheit und heutigen Situationen. Diese existentielle Deutung kann durchaus mit anderen Formen der Mythosinterpretation verbunden werden. In diesem Bereich sind die großen Buch- und Schriftreligionen Spezialisten.

Dieser Überblick über verschiedene Formen der Mythosdeutung soll zur Einführung genügen. Ich habe sie ausführlich dargestellt in meinem Buch »*Strukturen des Mythos. Theorie einer Lebenswelt*« (Frankfurt 1989). Wir können grundsätzlich die Mythen fremder Kulturen verstehen, weil wir an anderen Lebenswelten und auch an der emotionalen Befindlichkeit fremder Menschen partizipieren. Die existentiellen Grundfragen des Lebens verändern sich kaum, auch nicht über lange Zeiträume hinweg. Wir werden geboren und müssen sterben, und wir müssen unserem Dasein einen Sinn geben.

Wir können fremde »Sprachspiele« verstehen, sofern wir an deren »Lebenswelt« und »Lebensform« partiell teilnehmen können. Das ist uns über die Kulturen hinweg möglich. Was L. Wittgenstein in seiner pragmatischen Sprachspieltheorie formuliert hat, hat weiterhin seine Gültigkeit. Wir haben also viele Möglichkeiten, mit Mythen umzugehen, sie zu analysieren und von ihnen zu lernen. Wir entkommen dem Mythos nicht, da wir ihn vielfältig benötigen. Wo wir ihm entkommen wollen, bilden wir bereits neue Mythen. Doch wir haben die Wahl, welche Form des Mythos wir übernehmen wollen.

8. Mythos und Religion

Wie verhalten sich nun Mythos und Religion? Kann man die beiden Glaubensformen voneinander abgrenzen? Mythen als heilige Erzählungen sind Teil einer Religion, sofern wir unter einer Religion eine Beziehung bzw. Bindung an göttliche Wesen verstehen. Mythen sind Ausdruck einer religiösen Daseinsdeutung, in der an metaempirische Welten und Bereiche geglaubt wird. Die religiöse Beziehung kann einem einzigen göttlichen Wesen gelten, als persönliche Gottesverehrung. Oder sie kann einer Vielzahl von göttlichen und dämonischen Wesen gelten. Oder diese Beziehung kann sich auf einen göttlichen »Urgrund« richten, der nicht näher erkennbar und beschreibbar ist.

Hier ist also nur von Mythen im Kontext der Religion die Rede. Denn es können auch unreligiöse Menschen an Mythen glauben und diese sogar prägen. Das können dann politische oder künstlerische oder sogar pseudowissenschaftliche Mythen sein. Religion ist eine Weiterentwicklung der mythischen Weltdeutung, sie ist Ausdruck eines kulturellen Lernprozesses. Je mehr die unverfügbaren Mächte des Lebens als personale und menschenähnliche Wesen vorgestellt werden, umso deutlicher werden persönliche Beziehungen zu ihnen möglich.

Und diese Beziehungen zu göttlichen Wesen machen den Kern der Religion aus. Die Menschen stellen sich diese Wesen anthropomorph vor, sie sprechen zu ihnen, sie hören deren Botschaften. Dies wird besonders in den monotheistischen Religionsformen deutlich. Hier wird der eine Gott als persönliches Wesen vorgestellt, analog zum Menschen selbst. Er kann denken und fühlen wie Menschen, nur alles unbegrenzt und intensiver. Daher entwickeln gläubige Menschen emotionale Beziehungen zu Gott. Sie beginnen ihn zu lieben, oder sie hassen ihn. Sie fühlen sich bei ihm geborgen oder aber von ihm verstoßen.

Sie wissen sich in Gottes Gnade oder aber von ihm verdammt. Die eigene Lebensgeschichte wird auf Gott bezogen, er wird zu einem Gesprächspartner des Lebens. Gläubige nennen Gott daher ihren »Vater« oder ihre »Mutter«. Sie entwickeln eine Liebesbeziehung zu Gott, wie sie einen Mitmenschen lieben. Häufig ist diese Liebesbeziehung erotisch mitgeprägt, Gott wird zu einem weiblichen oder zu einem männlichen Liebespartner.

So ist Religion eine deutliche Weiterentwicklung der frühen mythischen Lebensdeutung. Die göttlichen Wesen sind konkret geworden, sie haben Gestalt angenommen, sie sind menschenähnlich geworden. Der rationale Gehalt hat in den Religionen deutlich zugenommen, es ist mehr Wissen in die Lebensdeutung eingeflossen. Und es ist rational gar nicht entscheidbar, ob eine göttliche Welt existiert oder nicht. Daher ist es auch für wissenschaftlich orientierte Menschen weiterhin möglich, religiös zu sein und zu leben. Eine intensive Liebesbeziehung zu einem persönlichen Gott stört in keiner Weise das soziale Leben. Und sie verstößt schon gar nicht gegen die Regeln der Wissenschaft.

Abschließend soll noch die Frage gestellt werden, ob und unter welchen Bedingungen heute unter modernen Zeitgenossen und in modernen und postmodernen Gesellschaften neue Mythen gebildet werden. Es ist die Frage, ob wir dem Mythos überhaupt entkommen können. Viele haben das Ende des Mythos und der Religion vorausgesagt. Das Gegenteil ist eingetreten, das Interesse der Menschen an Religion und Mythos ist deutlich größer geworden.

Aber sind nicht auch viele *profane Mythen* im Entstehen, die in kein religiöses Weltbild passen? Tatsächlich entstehen unter uns ständig politische und künstlerische Mythen. Die Kunst ist wohl am stärksten mythosbildend, sei es im Film, im Roman, im Theater, in der Malerei. Aber auch die Politik kommt ohne Mythen nicht aus. Und in unserem alltäglichen Leben erzeugen wir unsere kleinen und großen Mythen. Es scheint, daß wir ohne den Mythos nicht gut leben können.

Wenn wir unsere emotionalen Befindlichkeiten in der Form des Mythos ausdrücken und kommunizieren, dann wird einsichtig, warum wir ihm nicht entkommen. Als emotionale Wesen brauchen wir diese Form der Sprache und des Ausdrucks. Wenn wir heute an die sog. *virtuellen Welten* denken, dann ahnen wir erst, welche Mythenbildungen uns dabei möglich werden. Wir folgen mit Begeisterung den Mythen der Technologie, der digitalen Vernetzung, der Computerwelt. Und wir kennen gar nicht die Richtung, in die wir uns bewegen werden.

Tatsächlich bilden wir auch in den modernen Gesellschaften ständig neue Mythen, die auch von breiten Massen rezipiert werden. Sie haben offensichtlich mit unseren Bedürfnissen und Wünschen zu tun. Es sind politische Mythen, um bestimmte Ziele zu erreichen; etwa die Vorstellungen von sozialer Gerechtigkeit. Oder es sind die Mythen unserer Wirtschaft und unserer Werbung vor allem, in denen wir uns gegenseitig ein immer besseres und einfacheres Leben versprechen. Oder es sind die Mythen im Sport, mit denen wir unsere eigene Leistung steigern wollen oder in die wir unsere nicht erfüllbaren Erwartungen projizieren.

Wir bilden unsere großen Mythen in den Medien der Kunst, der Filme und der Romane. Darin extrapolieren wir unsere nicht eingeholten Möglichkeiten, oder wir projizieren unsere Sehnsüchte. Solche Mythen halten uns lebendig und beweglich, wir setzen unserem Leben Ziele. Oder es sind die neuen Mythen der virtuellen Welten, in denen wir alle unsere Traumphantasien verwirklichen können. Wir können uns selber beteiligen an diesen Traumwelten, so daß es für viele schwierig werden wird, ihre reale Welt zu bestehen.

Und wir bilden die Mythen der Medizin und der modernen Technik, in die wir unsere Erwartungen setzen. Es sind die Vorstellungen, daß wir immer mehr können, daß wir einmal fast alle Probleme des Lebens lösen werden, daß wir länger leben werden, daß der Prozeß des Alterns verlangsamt wird. Ja, einige mögen davon träumen, daß sie den Tod überlisten können. Auch Wissenschaft benötigt Mythen, um ihre innere Dynamik aufrechtzuerhalten. Nur fällt es ihr schwer, dies zuzugeben. Denn nach ihrem Reglement möchte sie ja alle Mythen überwinden.

Wir entkommen dem Mythos nicht. Wir brauchen ihn einfach zum Leben, um innerlich lebendig zu bleiben. Rationalisten und Empiristen täuschen sich und andere fundamental, wenn sie glauben, den Mythos überwinden zu können. Sie mögen selber karg an Phantasie leben, ihr emotionales Leben mag arm sein. Doch sie dürften für ihre mythosfeindlichen Einstellungen keine Mehrheit finden. Mit Vernunft allein können nur wenige leben. Sie allein ist nicht ausreichend, um Lebensprobleme zu lösen.

Nun sind Mythen gewiß nicht beliebig, denn sie haben eminente Folgen für das soziale Leben. Wir erzeugen Mythen, die das Zusammenleben fördern, die zur Entfaltung der Person hilfreich sind, die uns liebesfähig machen. Das sind die *lebensfreundlichen* Mythen. Doch wir erzeugen immer auch Mythen, die das soziale Leben stören und behindern, die Leben zerstören, die zutiefst gefährlich sind. Das sind die *lebensfeindlichen* Mythen.

Wir haben in unserem Jahrhundert die dramatischen Auswirkungen von lebensfeindlichen Mythen erlebt. Sie haben in ihrer politischen Umsetzung hundert bis hundertfünfzig Millionen von Menschenleben gekostet. Es waren dies die Großmythen des Kommunismus und des Nationalsozialismus, mit ihren vielen Varianten. Wir beginnen erst heute, die Folgen zu berechnen und zu begreifen. Es waren autoritäre und totalitäre Mythen, mit schönen Worten getarnt, doch mit ungeheurer Zerstörungsdynamik ausgestattet.

Gewiß, wir haben uns heute mehrheitlich von solchen Mythen verabschiedet. Aber wir können keineswegs sicher sein, daß solche und ähnliche Großmythen nicht wieder entstehen, wenn auch in anderem Gewand. Es gibt einige Vorträumer, die an solchen neuen Destruktionsmythen arbeiten. Sie sind Meister der schönen Worte und der Tarnung. Und wir müssen auf der Hut sein, um die Folgen neu entstehender Mythen rechtzeitig zu erkennen.

Die Inhalte der Mythen sind keineswegs beliebig. Auch die Inhalte der Religion sind es nicht. Wir kennen Religionsformen, die eindeutig lebensfeindlich sind, die das soziale Leben zutiefst stören, die persönliches Wachsen stark behindern. Dazu gehören alle autoritären Religionsformen, im Islam, im Christentum, in den neu entstehenden Sekten. Auch in der sog. Esoterik gibt es deutlich autoritäre und lebensfeindliche Strukturen.

Wir müssen also darauf achten, welche Form des Mythos wir übernehmen, welcher Form von Religion wir folgen wollen. Wir müssen auf der Hut sein vor jeder Form eines blinden Glaubens oder eines totalen Gehorsams. Wir müssen uns rechtzeitig schützen vor den Vordenkern einer Mentalität der Herrenmenschen, die andere Menschen bedrücken und verdrängen möchten. Wir müssen uns absichern vor religiösen und politischen Fanatikern, die in heiliger Begeisterung fremdes Leben zerstören.

Alle Mythen und Glaubensformen werden wir nur an ihren »Früchten« erkennen, nämlich am konkreten Verhalten und

Leben ihrer Anhänger. Die *Lebensform* ist das einzige Kriterium für Mythen und Religionen, so hatte es schon Jesus von Nazareth gesagt. Mit Worten können wir uns gegenseitig täuschen. Doch mit unseren Handlungen können wir nicht lügen, oder wir können es nur kurzzeitig. Es kommt alles darauf an, welche Lebensform aus einem Mythos und einer Religion folgt.

Es ist wichtig, daß wir uns erinnern an die destruktiven Folgen lebensfeindlicher Mythen. Etwa an die Mythen von den »Herrenmenschen« und den Untermenschen, an die Mythen des »heiligen Krieges«, des natürlichen Rechts des Stärkeren, der natürlichen Ungleichheit der Menschen. Wir müssen die Folgen unserer neuen Mythen bedenken: etwa des Mythos vom unbegrenzten Wachstum unserer Wirtschaft, von der Gewinnmaximierung der Großkonzerne, vom Monopol des freien Marktes.

Wir sind keineswegs den alten und den neuen Mythen schutzlos ausgeliefert. Sondern wir sind fähig, mit unserem kritischen Verstand die Folgen von Mythen zu erkennen und rechtzeitig abzusehen. Wir können uns schützen vor lebensfeindlichen Mythenerzeugern. Allerdings brauchen wir deutliche Kriterien, um Mythen bewerten zu können. Es sind die Kriterien unserer humanistischen und demokratischen Kultur, die wir uns in der »Erklärung der Menschenrechte« für alle Völker und Nationen vorgegeben haben.

Es sind die Kriterien der *Menschenrechte* und der *Menschenpflichten* für alle Menschen, die auf dieser Erde leben. Nach diesem egalitären Modell gibt es keine Herrenmenschen und keine Sklavenmenschen, alle Erdenbürger haben dieselben Bedürfnisse nach Schutz und Überleben. Wir haben erkannt, daß die Menschenrechte heute allein nicht mehr ausreichen, um Politik zu gestalten. Es müssen die allgemeinen Menschenpflichten dazukommen. Daran haben uns islamische und asiatische Staaten erinnert.

Zu diesen allgemeinen Menschenpflichten gehören: der Schutz der Natur und der Umwelt, die Erhaltung der Menschenwürde für alle, die gerechte Verteilung der Nahrung für alle Menschen auf der Erde, die Vermeidung von Gewalt und Krieg. Zu diesen Pflichten gehört die gegenseitige Verantwortlichkeit, zunächst in kleinen Räumen. Dazu kommt heute die globale Verantwortlichkeit, eine Folge unserer wirtschaftlichen Vernetzung.

Wenn wir heute die Mythen fremder Kulturen übernehmen, dann tun wir es zumeist selektiv. Wir wählen das aus, was unserer Lebensgestaltung als günstig und nützlich erscheint. Und wir weisen all das zurück, was unser eigenes und fremdes Leben abwertet und stört. Wir müssen uns aber hüten vor einer fundamentalistischen Übernahme von Mythen, sie wäre für das soziale Leben gefährlich. Wir können auch offen und tolerant miteinander umgehen, wenn wir Mythen rezipieren. Denn wir sind auch zu einer humanen und lebensentfaltenden Religion fähig.

So sind wir längst in den *interkulturellen Dialog* eingetreten. Damit werden wir auch mit den Mythen fremder Kulturen konfrontiert. Es ist gut, wenn wir diese Mythen umfassend kennenlernen. Dann werden wir wahrscheinlich auch unser eigenes Leben besser verstehen. Doch wir sollten um die Ambivalenz der Mythen wissen, daher müssen wir selektiv mit ihnen umgehen. Als Kriterien der Selektion gelten uns die allgemeinen Menschenrechte und Menschenpflichten.

Wenn wir diese Wertordnung konsequent akzeptieren, dann ist es sinnvoll, daß wir ohne Scheu in den interkulturellen Dialog eintreten. Denn dann werden wir uns auch beteiligen an der mühsamen Suche nach einem allgemeinen »Weltethos« (Hans Küng). Das Verstehen fremder Mythen kann zu einer Bereicherung des eigenen Lebens und der eigenen Kultur werden.

Abkürzungen und Quellenangaben

Hb RG	Handbuch der Religionsgeschichte I–III. Hg. von J. P. Asmussen u. a. 1971
MdV	Mythen der Völker I–III. Hg. von P. Grimal. 1963; deutsch 1967
Lex Myt	Lexikon der Mythologie. Hg. von H. Gottschalk. 1996
Griech Myt	Griechische Religion der archaischen und klassischen Epoche. Von W. Burkart. 1977
Germ Rel	Germanische und Baltische Religion. Von A. von Ström und H. Biezais. 1975
Lex Ind Myt	Lexikon der indischen Mythologie. Von J. Knappert. 1991
RSA	Die Religionen Südostasiens. Von A. Höfer, G. Prunner, E. Kaneko, L. Bezacier, M. Sarkisyanz. 1975
Tib Myt	Mythologie der Tibeter. Von M. Hermanns. 1955
Lex Afr Myt	Lexikon der afrikanischen Mythologie. Von J. Knappert. 1990
RAA	Die Religionen des alten Amerika. Von W. Krickberg, H. Trimborn, W. Müller, O. Zerries. 1961
Gen	Genesis der jüdisch-christlichen Bibel
Ex	Exodus (Bibel)
Deut	Deuteronomium (Bibel)
Jos	Josua (Bibel)
1 Sam	1. Buch Samuel (Bibel)
1 Kön	1. Buch der Könige (Bibel)
2 Kön	2. Buch der Könige (Bibel)
Judit	Buch Judit (Bibel)
Jezirah	Buch Jezirah, 8. Jh. n. Chr. (Kabbala)
Luk	Lukas (christliche Bibel)
Mt	Matthäus (christliche Bibel)
Apg	Apostelgeschichte (christliche Bibel)

Literatur

J. Campbell, *Die Kraft der Mythen.* 1991
J. Campbell, *Mythen der Menschheit.* 1993
A. Grabner-Haider, *Strukturen des Mythos.* 1989, ²1994
A. Grabner-Haider, *Kritische Kulturphilosophie.* 1995
P. Sprengel, *Die Wirklichkeit der Mythen.* 1991

Dieses Buch soll helfen, das Herz zu entdecken, zu öffnen und zu aktivieren. Es soll den Leser inspirieren, seine himmlische Natur in seinem eigenen Herzen (wieder) zu entdecken und zu verwirklichen.

Safi Nadiaye erzählt, warum das Herz das Geheimnis aller Geheimnisse birgt, den Kern von Religion und Spritualität. Sie zeigt, wie man sich auf die Herzen großer Meister oder Heiliger einstimmt, wie man durch das Herz Kontakt mit Engelwesen bekommt, wie man lernen kann, mit dem Herzen zu sehen und zu hören sowie aus dem Herzen heraus zu sprechen und zu handeln. Ein Mosaik von Inspirationen, die das Herz berühren.

ISBN 3-404-70153-4

Seit ihrer Errichtung haben die Pyramiden die Menschen fasziniert. Doch welche Geheimnisse, welche Mysterien bewahren sie wirklich? Ist es möglich, von der magischen Kraft der Pyramiden zu profitieren?
Jahrelang erforschten die Autoren die Energie dieser Bauwerke. Sie entdeckten deren geheimen Kräfte, wie man sie richtig nutzt und wie man sich der Pyramide anvertrauen kann, um Wünsche zu erfüllen, Schutz, Entspannung, Gedanken- oder Meditationskraft zu erhalten oder um Glücksbringer »aufzuladen«, denn anscheinend sind die Pyramiden mit den großen Kräften des Universums verbunden.
Dieses Buch zeigt Ihnen, wie Sie Schritt für Schritt dahin kommen, alle Wohltaten einer jahrhundertealten Form zu nutzen.

ISBN 3-404-70157-7

Jeder Mensch erzeugt durch sein Verhalten ein spirituelles Energiefeld, das sich auf ihn selbst beziehungsweise auf seine Umwelt positiv oder negativ auswirkt. Wenn aus den Energiefeldern einzelner Individuen Mischfelder entstehen, tritt jenes »unsichtbare Dritte« auf den Plan, das zu Chaos, aber auch zu Erfüllung und Glück führen kann.

Penny McLean lehrt, wie man – vor allem in der Partnerschaft – das »unsichtbare Dritte« erfährt, es positiv einsetzen kann und somit der Manipulation von innen und außen entgeht. Mit dieser Erkenntnis läßt sich auch mit der Liebe besser umgehen, so daß man die damit verbundenen Ängste und Komplikationen vergessen kann. Es eröffnen sich neue Möglichkeiten des Verstehens und des Vertrauens.

ISBN 3-404-70158-5